EXTRAITS

DES

ORATEURS ATTIQUES

TEXTE GREC PUBLIÉ

AVEC UNE INTRODUCTION, DES ÉCLAIRCISSEMENTS HISTORIQUES
UN INDEX ET DES NOTES

PAR

LOUIS BODIN

Maître de Conférences à la faculté des lettres
de Dijon.

HACHETTE
Classiques

ISBN 2-01-002987-9

PRÉFACE

On trouvera dans ce volume, conformément aux instructions du programme officiel, des extraits de Lysias, d'Isocrate, d'Eschine et d'Hypéride. J'ai cherché avant tout, en choisissant les morceaux qui le composent, à donner une idée aussi exacte et aussi complète que possible du talent de chacun de ces orateurs. L'histoire résumée de l'éloquence attique qui forme l'*Introduction* aidera les élèves à les replacer dans leur milieu, parmi les orateurs moins illustres que le programme excluait. J'ai cru aussi qu'un livre tel que celui-ci pouvait contenir un enseignement d'un autre ordre. Il est certain que la démocratie athénienne n'avait pas atteint à l'époque de Solon et de Clisthène la perfection qu'Isocrate se plaît à lui reconnaître dans l'Aréopagitique et, d'autre part, il serait imprudent de juger ce qu'elle était devenue au IVe siècle, d'après les discours d'Eschine et d'Hypéride. Entre ces deux moments cependant, les mœurs politiques ont subi une évolution qu'il est utile aujourd'hui encore de suivre, et dont il m'a paru qu'on devait retrouver les phases dans des extraits d'orateurs. L'important était de dégager la vérité des faits au milieu d'assertions intéressées, souvent inexactes. C'est à quoi je me suis appliqué dans les deux chapitres d'*Éclaircissements historiques* qui accompagnent l'*Introduction*, dans les *Arguments* et dans les notes.

Pour des raisons qu'il serait trop long d'énumérer ici et dont quelques-unes apparaîtront sans doute d'elles-mêmes, je n'ai pas suivi dans la disposition des *Extraits* un système uniforme. Tantôt les morceaux tirés d'un même discours sont reliés par de courtes analyses qui permettent de suivre le progrès de l'argumentation; tantôt au contraire ils sont détachés les uns des autres, le plan suivi par l'orateur étant résumé d'avance dans l'argument.

On trouvera dans les *Notes critiques* les indications relatives à l'établissement du texte. Pour le commentaire, j'ai mis à contribution, dans une très large mesure, les travaux des précédents éditeurs. Lorsque cette ressource me manquait, en particulier pour les discours XV et XVII d'Isocrate, pour celui d'Eschine *Sur l'Ambassade*, et pour ceux d'Hypéride (sauf le *Contre Athénogène*), j'ai eu recours aux ouvrages généraux où je croyais pouvoir trouver quelque renseignement utile. Ma préoccupation unique a été de faciliter aux élèves l'intelligence complète et précise du texte. On ne sera point étonné que je doive beaucoup à l'*Histoire de la littérature grecque* de MM. A. et M. Croiset, ainsi qu'aux deux livres de Schæfer sur *Démosthène et son temps*, et de M. Blass sur *l'Éloquence attique*. J'ai multiplié les renvois d'un passage à un autre, non seulement pour éviter d'avoir à présenter deux fois une même observation, mais aussi dans la pensée qu'il pouvait y avoir profit à rapprocher différents emplois d'une même expression ou d'une même tournure[1].

L'*Index* placé à la fin du volume complète le commentaire. Il n'a pas d'autre but, ni d'autre prétention. On ne s'étonnera pas, dès lors, que toutes les parties n'en soient pas également développées. Comme il importe que les élèves puissent se rendre compte des conditions dans lesquelles ont été prononcés les discours qu'ils doivent étudier, l'organisation judiciaire a été exposée, sinon d'une façon complète, du moins avec plus de détails que le reste. J'ai eu constamment sous les yeux, en composant cet *Index*, les manuels de Gilbert et d'Hermann, et, sur plusieurs points spéciaux, j'ai profité de précieux renseignements qui m'ont été fournis avec un empressement dont je les remercie par M. Haussoullier, directeur à l'École des Hautes Études, et par M. Chamonard, professeur au collège Stanislas; mais, autant que je le pouvais, je me suis imposé de recourir aux textes eux-mêmes. Il me serait difficile de dire tout le profit que j'ai tiré, pour cette partie de mon travail, des leçons professées au Collège de France par M. Paul Foucart : je m'estimerais heureux si on y retrouvait quelque chose de la méthode qui les inspire.

1. Les renvois sont faits par numéros de paragraphes et de notes : la page n'est indiquée que quand, dans un paragraphe, deux notes portent le même numéro. Lorsque le passage auquel on se réfère ne figure pas dans les *Extraits*, le numéro de renvoi est donné entre parenthèses.— L'*Index analytique* et les *Éclaircissements historiques* sont désignés par les deux abréviations : Ind. et Hist. — Les traductions proposées dans les notes sont presque toujours accompagnées d'un commentaire littéral. Ce système a ses inconvénients : est-on bien certain que, pour la majorité des élèves, le système contraire en ait moins? Traductions et commentaires sont en italiques, mais les traductions seules sont placées entre guillemets.

Qu'il me soit permis, en terminant cette édition, d'acquitter une dette de reconnaissance envers MM. Tournier et Desrousseaux. C'est à l'enseignement reçu auprès d'eux, soit à l'École Normale, soit à l'École des Hautes Études que j'ai dû de pouvoir l'entreprendre. Tous deux en ont suivi la préparation et m'ont communiqué, avec plusieurs excellentes conjectures sur le texte, un grand nombre de remarques qui ont pris place dans le commentaire. M. Desrousseaux s'est imposé en outre la peine de lire entièrement la première épreuve. Je les prie d'accepter l'un et l'autre l'expression de ma profonde gratitude. Mon ami Paul Couvreur avait bien voulu se charger d'annoter les discours d'Hypéride. Sa mort — qui a été si vivement ressentie par tous ceux qui s'intéressent au progrès des études philologiques — m'a privé du plus précieux et du plus dévoué des collaborateurs. J'ai pu, néanmoins, utiliser toutes les notes qu'il m'avait remises, et c'est avec un sentiment de reconnaissance et d'affection fidèle que je joins ici son nom à celui de ses deux maîtres.

L. B.

AVIS RELATIF A LA SEIZIÈME ÉDITION

Depuis que ce petit volume a vu le jour, il y a plus de trente-cinq ans, de nombreux travaux ont été publiés, concernant soit le texte des quatre orateurs ici réunis, soit l'histoire des événements auxquels ils ont été mêlés. Sans doute y aura-t-il lieu ultérieurement, en s'en inspirant, de remanier sur certains points, l'*Introduction*, les *Éclaircissements historiques* ou le *Commentaire*. Je n'ai pas cru nécessaire d'entrer aujourd'hui dans cette voie : le livre a son unité qu'on aurait risqué d'altérer par des modifications de détail trop précipitées, dont aucune ne me paraissait s'imposer.

Il n'en allait pas de même en ce qui concerne la *Bibliographie*. Elle devait être d'autant plus exactement tenue au courant que l'on ne mettait pas à profit les travaux récents. Fidèle à l'esprit qui l'avait inspirée au début, j'ai évité de la surcharger. J'y ai fait, en même temps que des additions, des suppressions, voulant avant tout qu'elle ne contînt rien qui ne fût utile à la connaissance de nos orateurs et à l'intelligence de leur temps.

Dijon, 27 avril 1934. L. B.

NOTES CRITIQUES

On trouvera mentionnés ici les passages où le texte de cette édition s'écarte de celui des éditions critiques de Scheibe pour Lysias, de Benseler-Blass pour Isocrate, et de Blass pour Eschine et Hypéride. Les différences de ponctuation n'ont été notées que lorsque le sens se trouvait modifié; celles qui concernaient l'orthographe ont été négligées, ainsi que les rares suppressions rendues nécessaires par la destination du recueil.

Le signe <> indique les mots ajoutés, le signe [ ] les mots retranchés. Les deux points (:) veulent dire : « *au lieu de* ».

LYSIAS

Les manuscrits de Lysias dérivent tous d'un manuscrit du XIIe siècle, conservé à Heidelberg et désigné généralement par la lettre X (quelquefois P). Le texte de l'orateur y est gravement altéré en beaucoup d'endroits : je me suis appliqué à faire un choix aussi méthodique que possible parmi les nombreuses conjectures qui ont été proposées pour l'améliorer. La collation de Kayser, successivement revue par Lampros, Schoell, Pertz et Fuhr, a servi de base à ce travail. — Le discours XXXII ne figure pas dans le manuscrit d'Heidelberg et ne nous est connu que par la citation qu'en fait Denys d'Halicarnasse; sauf une légère modification orthographique, le texte suivi est celui qu'avait adopté M. Desrousseaux dans son édition du *Jugement sur Lysias*.

VII

2. — ἡγούμενοι corrigé dans X : οἰόμενοι. — ταύτῃ Desrousseaux : ταύτην X. — ἀπορωτέραν Tournier : ἀπορωτάτην X.
3. — διαγνωσομένοις [περὶ τοῦ πράγματος] L. B. (cf. VI, 35 et 50).
4. — δ' ἐκείνου τῶν ὄντων Meutzner : τῶν ὄντων δ' ἐκείνου X.
5. — πολλαὶ... μορίαι Reiske et Graux : πάλαι... μυρίαι Scheibe avec un ms. inférieur (πάλαι... μορίαι X).
6. — τῶν πάλαι L. B. : τῶν τῇ πόλει X. — Ἀλλ' ὅτι καὶ avec virgule après ἔτη Thalheim : ἄλλως τε καὶ avec un point après ἔτη X. — ἄπρατον X (Schoell) : ἄπρακτον mauvaise lecture de X.
7. — θαυμαστὸν εἰ X : θαυμαστὸν δ' εἰ Scheibe avec un ms. inférieur.
10. — τέθνηκε· κατὰ τρία ἔτη ὁμοίως Sauppe, d'après Meutzner : τέθνηκε ταῦτα τρία ἔτη. Ὁμοίως X.
11. — φανερώτερον Brulart : φανερωτέρως Markland (φανερῶς X).
12. — ἡγούμενός μ' ἄλλον λέγεσθαι ἢ ὡς Meutzner : αἱρούμενος μᾶλλον λέγεσθαι ὡς Sauppe (ἡγούμενος μᾶλλον λέγεσθαι ὡς X). — σκοπεῖν <ἂν> Frohberger. — περιποιήσαντι Kayser : ποιήσαντι X.
13. — ὑμᾶς <τε> Frohberger.
14. — κινδύνων. Ἐγὼ δ' εἴ τι Frei, d'après Reiske : κινδύνων, εἴ τι en supposant une lacune après ἔπραττον Scheibe avec X. — τοιοῦτον Hertlein : τούτων X.
18. — <τοὺς παριόντας ἢ> X. — ἀποκρυπτόμεθα X : ἀποκρυπτόμενοι οἰόμεθα Scheibe.

22. — εἰ ὅτε φῄς μ' ἰδεῖν Markland : εἰ φήσας μ' ἰδεῖν Reiske (φῄς· μὴ δεῖν X).
23. — ταύτην [τὴν] ζημίαν Bekker.
25. — ἐπιγνώμονας d'après Harpocration : γνώμονας X. ἐζημίωσέ μ' ὡς Meutzner : ἐζημίωσεν ὡς X.
26. — κινδύνους <οὕτω> X. — μίαν Blass : μορίαν X.
29. — ζημιῶσαί <με> μήθ' Meutzner.

XII

3. — ποιήσομαι X : ποιήσωμαι Scheibe.
6. — τὴν ἀρχὴν δὲ Reiske : τὴν δ' ἀρχὴν Scaliger (δὲ om. X).
7. — ὥσπερ τι τῶν ἄλλων [εὐλόγως πεποιηκότες] Desrousseaux.
11. — ὡμολόγητο Fritzsche : ὡμολόγησα Scheibe (ὡμολ$\overset{ο}{ν}$ X Schoell). — ἀργυρᾶς, au-dessus de la ligne et de première main, mais en abrégé, dans X (Schoell et Fuhr) : ἀργυρίου Scheibe.
12. — ὅποι Sauppe : ὅπῃ X.
17. — ἐπ' ἐκείνων Reiske : ὑπ' ἐκείνων X.
19. — κτήσεσθαι Dobrée : κτήσασθαι X. — τοσαύτην εἰς Tournier : εἰς τοσαύτην X. — οὓς ἔχουσα... κ. τ. λ. Scheibe met une virgule devant ὅτε τὸ πρῶτον et place après Μηλόβιος celle qui dans le texte est avant.
20. — ὥσπερ [οὐκ] ἂν X. — πάσας <μὲν> τὰς Reiske. — λυσαμένους... κ. τ. λ. Scheibe ponctue : λυσαμένους· τοιούτων ἠξίωσαν οὐχ....
25. — Ἵνα <ἀποθάνωμεν ἢ> μὴ Frei, Mähly et Frohberger d'après Reiske (ἵνα ἀποθάνωμεν; X).
27. — Ἔπειτα X : ἐπεί τοι Taylor. — καὶ [ἐναντίαν] γνώμην X.
29. — ἰσχυροτέρα [αὐτῆς], ὑφ' ἧς Dobrée.
31. — τοῦτο γὰρ Tournier : ταῦτα γὰρ X.
34. — ἐτυγχάνετε... ἀπεψηφίζεσθε Kayser : ἐτύχετε... ἀπεψηφίσασθε X.

35. — τηρουμένους X (Schoell) : τιμωρουμένους Markland (mauvaise lecture de X τηρομένους).
62. — πῶς Ἐρατοσθένους Tournier : ὡς Ἐρατοσθένους X.
63. — Ἦ που Tournier : καίτοι X.
64. — περιέστηκε δ' οὖν Tournier : περιέστηκεν οὖν X. — γὰρ <ἦν> Reiske.
65. — ταὔτ' Classen : ταῦτ' X.
66. — ἑαυτὸν <ἐν τῷ τέλει> Tournier (d'après X ἑαυτὸν τῇ πόλει). Peut-être ἕως μὲν <ἐν> τῇ πόλει ἐτιμᾶτο (?).
68. — τἄλλα δὲ Weidner : ταῦτα δὲ X.
71. — ὑπ' ἐκείνου X : ὑπ' ἐκείνων Markland.
72. — παρόντος corrigé dans X (Schoell) : παρόντων.
73. — ἠκκλησιάζετε Frohberger : ἐξεκλησιάζετε Sauppe (ἐκκλησιάζετε X).
77. — αὐτοῖς αἴτιος Kayser : αὐτὸς αἴτιος X. — αὐτοῖς ἔργῳ mss inférieurs : αὐτὸς ἔργῳ Markland (αὐτῷ X).
78. — αἰτίῳ γεγενημένῳ Weidner : αἰτίου γεγενημένου Reiske (αἴτιοι γεγενήμενοι X). — κατέλυε L. B. : κατέλυσε X.

XXIV

2. — οὐ μὲν γὰρ... με συκοφαντεῖ, εἰ δ' ὡς... ψεύδεται Sauppe : οὐ μὲν γὰρ... με συκοφαντεῖ, οὐδ' ὡς... [ψεύδεται] Scheibe, d'après Cobet (εἰ μὲν γὰρ... συκοφαντεῖ, εἰ δ' ὡς... ψεύδεται X).
3. — ἰᾶσθαι [καλῶς] Cobet.
8. — ἑπόμενα, mss inférieurs : ἐχόμενα X.
9. — Καίτοι πῶς Cobet : καὶ πῶς X. — <ὁμολογεῖν ἂν ἐμὲ> τοιοῦτον εἶναι καὶ ἔτι πονηρότερον d'après Kayser et Rauchenstein : τοιοῦτον εἶναι; καὶ ἔστι τι π. Scheibe (εἰ δὲ... τύχοι τις γενόμενον τοιοῦτον εἶναι καὶ ἔτι π. X).
10. — Λέγω γὰρ Desrousseaux : Ἔγνων γὰρ Scheibe (ἐγὼ γὰρ X). — εἷς <ὢν> ἐγὼ [καὶ] περιπεπτωκὼς d'après Herwerden.
11. — <τὸ> τοιοῦτον Desrousseaux.

12. — τοῦτον <ἂν> αὐτὸν Kayser. Scheibe ajoute ἄν après σιωπᾶν.
13. — οἱ δὲ <θεσμοθέται> Frohberger.
15. — πραόνως, [μηδὲ ψεύδηται] Kayser (πρᾶον ὡς X). — ταὐτὰ Desrousseaux : ταῦτα X.
16. — <τοὺς> πενομένους Reiske.
17. — τοῖς δὲ πρεσβυτέροις Frohberger : τοῖς δ' ἑτέροις X.
25. — Χαλκίδα [τὴν ἐπ' Εὐρίπῳ] Frohberger. — ἀπελθὼν Baeker : ἀπάντων X.
26. — ὁμοίων Cobet : ὁμοίως X.

XXV

7. — <οὓς> δημοκρατίας Bake.
8. — καθεστάναι Fuhr : καθιστάναι X.
10. — εἴ τις corrigé dans X : ἥτις.
11. — τὰς <περὶ> τούτων Francken.
12. — τετριηράρχηκά τε Gebauer : τετριηράρχηκα μὲν Scheibe (ἐτριηράρχησα μὲν X).
13. — γένοιτο X (Lampros) : γίνοιτο X douteux (Fuhr).
15. — χρῆσθαι X : κεχρῆσθαι Reiske.
19. — νῦν δὲ, ὅτε Gebauer : νῦν δ' ὅτι X.
22. — δ' ἐπυνθάνεσθε Markland : δὲ πυνθάνοισθε X. — τοὺς ἄλλους δὲ X : τοὺς δὲ ἄλλους mss inférieurs. — ἐκ τοῦ ἄστεως ἐκκεκηρυγμένους Fuhr : ἐκκεκηρυγμένους ἐκ τοῦ ἄστεος Taylor (στασιάζοντας ἐκ τοῦ ἄστεος X). — ὑπὲρ ὑμῶν X : ὑπὲρ ἡμῶν Scheibe.
23. — τούτων χαλεπώτερον Gebauer : χαλεπώτερον τούτων X.
27. — διετέθητε <ὥστε> mss inférieurs.

ISOCRATE

Isocrate est de tous les orateurs et peut-être de tous les auteurs classiques grecs celui dont le texte a été le mieux conservé. Je renvoie, pour la classification des manuscrits, au travail de Drerup, *De codicum Isocrateorum auctoritate* (Leipziger Studien, vol. XVII, fasc. 1. — 1895). Bien avant lui, Baiter avait fait ressortir l'excellence de l'Urbinas (Γ) et de l'Ambrosianus (E). On trouvera mis entre crochets droits dans le discours XVII quelques passages qui ne figurent pas dans les manuscrits d'Isocrate et qui ne sont connus que par une citation de Denys d'Halicarnasse (*Jugement sur Isocrate*, XIX sq).

IV

40. — Τοῖς ἄλλοις ΓΕ : τοῖς λοιποῖς vulg.
85. — ἀρετὰς ΓΕ : εὐψυχίας citation du passage dans le discours *Sur l'Échange*.
87. — <τὴν> τῶν βαρβάρων mss (τὴν est omis dans le discours *Sur l'Échange*).

VII

43. — δαμασθῆναι Baiter, Sauppe : παιδευθῆναι Bekker. La leçon de Γ est incertaine. — ἐπιμελείαις Bekker : γυμνασίαις Blass (ἐπιθυμίαις Γ).

XVII

8. — πᾶσι δ' εἶναι φανερὸν mss : πᾶσί τε φανερὸν texte de Denys. — προσαιτούμενον Tournier : ἀπαιτούμενον mss.
9. — <ἀπαιτήσοντας> vulg. Benseler ; omis dans ΓΕ.
14. — κωλύειν Tournier : κωλύων mss.
15. — ἑλομένῳ Tournier : ἑλόμενοι mss.
17. — αὐτὸς ᾐτιᾶτ(ο) Tournier : αὐτὸν ᾐτιᾶτ(ο) mss
19. — <αὐτῷ> ἐξείη mss.
21. — <Πασίων> vulg. ; omis dans ΓΕ

ESCHINE

Les nombreux manuscrits que nous possédons d'Eschine n'ont pas encore été classés d'une manière entièrement satisfaisante. J'adopte la division en trois familles proposée par A. Weidner et acceptée, avec certaines réserves, par M. Blass. La famille désignée par la lettre A représente la tradition la moins altérée : mais les leçons des deux autres (B et C) méritent souvent d'être prises en considération. Le principe de Weidner, excellent en lui-même, mais d'une application délicate, est que, quand A donne une leçon absurde et qu'on croit retrouver dans B la trace d'une correction ancienne destinée à éviter cette absurdité, il y a lieu de supposer une intrusion. M. Blass m'a paru abonder quelquefois un peu trop dans ce sens. Il cède aussi à certaines raisons de rythme et surtout d'euphonie, très contestables quand il s'agit d'un orateur comme Eschine. Je mentionne les passages où je n'ai pas accepté les suppressions proposées ou admises par le savant éditeur.

II

21. — καὶ βαρὺν ἄνθρωπον om. Blass. — λέγειν ἡμῶν] ἡμῶν om. Blass; ἡμῶν τῶν συμπρέσβεων A B (Un ms. om., τῶν συμπρέσβεων).

23. — καὶ... τράπεζαν om. Cobet. — οὐδ' ὅθεν... προΐεται om. Weidner avec A. — ὁ... ἐπικαλούμενος om. Blass.

34. — δειλίᾳ om. Sakorraphos d'après des imitations anciennes.

37. — οἱ τοῦ Φιλίππου om. Blass.

40. — παραδόξως ὡς Cobet : παραδόξως καὶ mss.

54. — καὶ τὰ.... Δημοσθένους om. Taylor.

148. — τοῦ αὐτῆς ἀνδρὸς] αὐτῆς om. Cobet.

III

107. — ὠνομασμένον om. Weidner.
108. — ἡ Πυθία om. Blass. — Προναίᾳ : Προνοίᾳ mss ; de même 110, 111, 121. — καὶ ταύτην τὴν χώραν... ἐὰν om. Herwerden.
112. — La disposition adoptée pour les pièces citees est celle de Weidner.
113. — γενομένης om. Blass avec 1 ms.
118. — ἐπὶ τὴν γνώμην om. Baiter.
120. — τοῖς βωμοῖς om. Weidner.
121. — ἐν τῇ ἀρᾷ om. Blass.
140. — ἐπήγαγε mss : ἐπῆγε Blass.
147. — τοῦτ' <ἤδη> ἀγανακτεῖ A.
155. — ἀρετῆς <ἕνεκα> ; variantes dans les mss.
169. — ἐλεύθερον αὐτὸν] αὐτὸν om. Weidner.
170. — πεφυκέναι <αὐτὸν> mss. — τὴν τοῦ ῥήτορος om. Blass.

HYPÉRIDE

A part la péroraison du discours VI que Stobée nous a conservée, nous ne connaissons Hypéride que par les papyrus retrouvés en Égypte depuis 1847. Le fac-similé, donné en frontispice, de deux colonnes du *Contre Athénogène* (IIe siècle av. J-C.) permettra de se rendre compte des difficultés qu'ont dû rencontrer les premiers éditeurs. M. Blass a fait un choix parmi les différentes restitutions proposées et en a introduit lui-même d'excellentes : le texte de la présente édition s'écarte rarement du sien.

III

15 (et 27). — χρῆν : ἐχρῆν papyrus.
17. — ἄξιος <εἶ> Schneidewin.
30. — καὶ πάλιν· Τάδε... L.B. · καὶ· Πάλιν τάδε... Blass.

V

2. — πονηρίαν Foucart, d'après le papyrus (.....ιαν). — μ' ἔτι Herwerden : μέ τι (avec une virgule devant τριακοσίας), Blass.
6. — ὅταν Herwerden : ὅτε ἂν papyrus.
8. — τι προγεγραμμένον Weil : τι τὸ ἐγγεγραμμένον Blass. Ce qui précède εγραμμένον manque ou est peu lisible dans le papyrus.
12. — ἐπιβουλὴν αὐτοῦ [τούτου] Weil.

VI

6. — ἑκάστου Babington : ἑκάστων Piccolomini (ἑκάστω papyrus).
10. — καὶ <ἤδη> κατεπτηχυῖαν Schenkl; passage mutilé.
11. — Εὐβοᾶς Cobet : Εὐβοέας papyrus.
27. — διά τοι τούτους Cobet : διὰ τούτους Babington (διὰ του τούτους papyrus). — πρὸς τοῦ δήμου Caesar : πρὸς τὸν δῆμον papyrus.
36. — μετὰ τῶν συνθαπτομένων νῦν αὐτῷ papyrus : μετά γ' ὧν συνθάπτομεν νῦν αὐτὸν Blass.

INTRODUCTION

L'ÉLOQUENCE ATTIQUE

L'éloquence apparaît dans la littérature grecque avec les poèmes homériques. On voit, en effet, que le poète s'intéresse aux délibérations des chefs, et, parmi ceux-ci, quelques-uns se distinguent par leur habileté à faire prévaloir leur avis. Mais leur éloquence est une éloquence toute spontanée, faite d'instinct et de passion, qui peut atteindre son but, mais qui n'a pas une claire conscience de ses moyens. C'est un don, une heureuse faculté : ce n'est pas un art. Plus tard, à l'époque historique, avec Pisistrate, avec Thémistocle, avec Périclès surtout, l'éloquence exerce une action considérable. Elle se mûrit, elle connaît ses ressources : dans une certaine mesure, elle devient savante. Mais elle reste encore improvisée dans la forme. L'éloquence écrite, œuvre de réflexion et œuvre d'art, l'éloquence littéraire, en un mot, ne se développe à Athènes qu'à la fin du ve siècle, sous l'influence des Rhéteurs et des Sophistes.

I. FORMATION DE L'ART ORATOIRE. LES RHÉTEURS ET LES SOPHISTES. GORGIAS ET ANTIPHON.

Tout favorisait à Athènes la naissance et le développement de l'éloquence. La constitution d'abord. Tout citoyen est membre de l'Assemblée, et, dans l'Assemblée, chacun n'acquiert de crédit que dans la mesure où il s'impose par son éloquence.

L'homme politique est celui qui sait parler : on l'appelle *orateur* (ῥήτωρ). Devant les tribunaux, l'Athénien, privé du secours de l'avocat, doit se défendre lui-même. Recourt-il aux bons offices d'un *synégore*[1] ou à l'expérience d'un *logographe*[2], ceux-ci ne peuvent que le décharger d'une partie de sa tâche et sont obligés, pour l'assister, de déployer eux-mêmes toutes les ressources de leur éloquence. De plus les Athéniens sont sensibles au charme de la parole[3], ils la proclament utile et bienfaisante : « Nous estimons, dit Périclès dans l'oraison funèbre rapportée par Thucydide[4], que ce n'est pas la parole qui nuit à l'action, mais que le danger est de ne pas s'éclairer par la parole avant d'agir. » Au sens pratique ils joignent l'amour des choses de l'esprit, le culte du beau, le sentiment de la forme. Plus que chez tout autre peuple, l'éloquence devait chez eux, après avoir été longtemps une arme, un instrument de combat, devenir une œuvre d'art, une fête pour l'esprit. Aussi est-ce à Athènes que nous voyons se constituer les trois genres oratoires distingués par la rhétorique ancienne : le genre judiciaire, le genre délibératif — tous deux essentiellement pratiques — et le genre épidictique ou d'apparat, qui peut être pratique à l'occasion (par exemple chez Isocrate), mais dont le but est avant tout de plaire.

L'impulsion néanmoins était venue du dehors. La Rhétorique est d'origine sicilienne. Ses premiers représentants furent deux Syracusains : Korax et son élève et continuateur Tisias. De nombreux procès, nés à la suite d'une révolution, obligeaient les citoyens à se défendre devant les tribunaux : c'est pour leur en fournir les moyens que fut écrit le premier traité de rhétorique (τέχνη). Ce traité était l'œuvre à la fois de Korax et de Tisias, l'élève n'ayant fait que reprendre et développer les préceptes du maître. Préoccupés d'être utiles, ces premiers rhéteurs ne se souciaient pas des questions d'art, de forme, de style. Peut-être faut-il leur attribuer la distinction des différentes parties du discours, au moins des principales : l'*exorde* (προοίμιον), la *narration* (διήγησις), la *discussion* (ἀγών), la *péroraison* (ἐπίλογος)? Mais ce qu'il y eut de nouveau et de

1. Cf. Ind., n° 87.
2. Cf. Ind., n° 86.
3. Cf. Platon, *Lois*, I, 641, E.
4. Thuc., II, 40.

fécond dans leur œuvre, ce fut l'importance qu'ils accordèrent dans les affaires judiciaires à la considération du *vraisemblable* (τὸ εἰκός). Un exemple cité par Aristote montre ce qu'il faut entendre sous ce mot : Un homme est poursuivi pour coups et blessures. Est-il peu robuste? on soutiendra que l'accusation est *invraisemblable*, l'accusé n'ayant pu commettre le délit. Est-il vigoureux et bien constitué ? on soutiendra encore que l'accusation est *invraisemblable*, l'accusé étant trop naturellement exposé à paraître coupable. On voit que le procédé était commode et applicable à tous les cas. Les orateurs attiques le reprirent et quelques-uns le manièrent avec une grande dextérité.

Non moins profonde fut l'influence des sophistes, notamment celle de Protagoras d'Abdère (485-415 environ). Deux de ses ouvrages, dont nous n'avons guère que le titre, les *Antilogies* et l'*Art de disputer* (τέχνη τῶν ἐριστικῶν), paraissent avoir contenu une théorie de la méthode dialectique, avec exemples à l'appui. On connaît en tout cas de lui deux propositions caractéristiques. Il professait que « sur tout sujet, il existe deux thèses opposées (δύο λόγους εἶναι περὶ παντὸς πράγματος ἀντικειμένους ἀλλήλοις) », et s'engageait à « faire triompher la thèse faible de la thèse forte (τὸν ἥττω λόγον κρείττω ποιεῖν », ce qui suppose qu'il s'entendait à déterminer, pour tout problème, les deux solutions contraires possibles et à trouver des arguments en faveur de l'une comme de l'autre. D'autres sophistes, Prodicos de Céos, Hippias d'Élée, firent à leur tour progresser l'art oratoire. Prodicos, en particulier, très curieux de définir le sens des mots, de distinguer les synonymes, contribua à donner au style plus de justesse et de précision. A cet égard, son influence sur Isocrate est sensible.

Deux hommes résument les acquisitions dues à la sophistique et à la rhétorique : Gorgias de Léontium, dans l'éloquence d'apparat ; Antiphon de Rhamnonte, dans l'éloquence judiciaire.

Gorgias tenait au titre de ῥήτωρ ; il était Sicilien, comme Korax et Tisias ; mais, par son genre de vie, par ses idées, par ses procédés d'enseignement, il appartenait à la famille des Sophistes. Il vécut plus de 100 ans (105 suivant les uns

109 suivant les autres), de 485 à 380 environ; et pendant cette longue carrière, il semble n'avoir connu que des triomphes. Comme les Sophistes, il voyagea dans toute la Grèce; comme celui des Sophistes, son enseignement était payé; autour de lui, comme autour de Protagoras, se pressait dans chaque ville la jeunesse la plus brillante. Il avait composé un Περὶ φύσεως, auquel Isocrate fait allusion[1], des discours d'apparat : un *Pythique*, un *Olympique*, une *Oraison funèbre*, dont un fragment caractéristique nous est parvenu, et des *Éloges* (ἐγκώμια). On possède sous son nom un *Éloge d'Hélène* et une *Défense de Palamède* dont l'authenticité a été plusieurs fois contestée.

Gorgias est avant tout un styliste, le plus méticuleux, le plus raffiné des stylistes. Il appartient à l'époque où la prose élevée se constitue, en se dégageant à la fois et de la langue des prosateurs ioniens et de celle des tragiques athéniens. Avec Thucydide, qui le suivra, il est un des principaux ouvriers de cette transformation. Il se sert du dialecte attique, mais d'un attique un peu ancien qui n'est pas tout à fait celui de la conversation courante. Gorgias, en effet, se préoccupe de trouver des mots rares et brillants, et multiplie les figures. C'est à lui que remonte l'invention de la plupart des procédés de style qu'on retrouve ensuite chez tous les orateurs : πάρισα (membres de phrases qui se répondent), παρόμοια (mots de forme semblable se correspondant à des places déterminées dans deux membres de phrase consécutifs) et toutes les variétés que cette figure comporte : ὁμοιοτέλευτα (mots qui finissent de même), ὁμοιοκάταρκτα (mots qui commencent de même), etc. Une telle attention portée au vocabulaire était de nature à assouplir et à enrichir la langue : mais Gorgias ne sut pas éviter l'excès « *Primus invenit* », dit Cicéron[2] en parlant des figures, « *sed iis est usus intemperantius* ». Aussi rien de plus monotone que son style. D'autant que la phrase elle-même, composée de membres très courts, opposés deux à deux par μέν et δέ, manque à la fois d'ampleur et de variété.

Le soin que Gorgias donnait à l'expression des idées, à la forme, Antiphon (480 environ-411) le donne à l'invention, à la

1. Cf. Isoc., XV, § 268.

2. Cic., *Orat.*, § 175.

disposition des arguments, à la matière du discours. Il est le premier orateur judiciaire. Sa vie, qu'il semble avoir tenue renfermée, est mal connue. Il ne se mêla à la politique d'une façon active que dans ses dernières années. Très attaché au parti aristocratique, il avait beaucoup contribué, tout en se tenant au second plan, à l'établissement du régime des *Quatre-Cents* ; celui-ci renversé, il fut une des premières victimes de la réaction démocratique.

L'antiquité connaissait d'Antiphon 60 discours (25 contestés), une τέχνη (constestée également) et une collection d'exordes et de péroraisons. Il ne nous reste, pour le juger, que les trois *tétralogies*[1] et trois discours dont le plus célèbre et le plus intéressant est le discours *Sur le meurtre d'Hérode*. Les *tétralogies* (réunion de 4 discours relatifs à une même affaire : accusation, défense, réplique de l'accusation, réplique de la défense) sont des exercices d'école et se rapportent à des causes fictives. Cela seul nous donne une idée de la méthode du maître. Il s'agit pour lui, moins de mettre le futur orateur aux prises avec la réalité que de lui fournir des types d'arguments, des cadres applicables à toute affaire. Son principal effort porte sur l'argumentation : peu ou point d'exordes ni de péroraisons (sujet traité à part) ; pas de narration : un simple exposé des faits ; mais une discussion serrée, parfois un peu sèche, où sont mis en œuvre tous les *moyens de preuve* (πίστεις), *vraisemblances* (τὰ εἰκότα), *indices* (τὰ τεκμήρια), etc... que la rhétorique enseignait. Même dans les plaidoyers écrits pour être prononcés, Antiphon s'en tient à des arguments généraux : bon nombre de *lieux communs* qu'illustreront Lysias, Eschine, Hypéride se trouvent déjà chez lui. Son style a de la gravité, sa phrase — au moins dans le corps du discours — n'a pas l'éclat de celle de Gorgias, mais elle a plus de variété. Le procédé antithétique (oppositions par μὲν... δέ, τοῦτο μὲν... τοῦτο δέ, οὐ μόνον... ἀλλὰ καί), quoique encore sensible, y revient d'une façon moins irritante. Avec Antiphon, l'éloquence a gagné en force : il lui reste à acquérir plus de facilité et de naturel. C'est le progrès qu'elle va réaliser avec Andocide et Lysias.

1. Leur authenticité, admise par MM. Blass et Croiset, a été souvent contestée et récemment encore par M. Haussoullier.

II. L'ÉLOQUENCE JUDICIAIRE : ANDOCIDE, LYSIAS, ISÉE.

Bien qu'ils n'aient pas été exclusivement tous les trois *logographes* et que l'un d'eux même ne l'ait jamais été, ANDOCIDE, LYSIAS, ISÉE appartiennent à l'éloquence judiciaire. Grâce à eux, ce genre est le premier qui ait reçu une forme littéraire définitive et laissé des monuments écrits.

ANDOCIDE figure dans le Canon des orateurs attiques établi par les Alexandrins. Il était né vers 440 et appartenait par son père Léogoras à une ancienne famille d'Athènes. Impliqué en 415 dans l'affaire à la fois politique et religieuse de la mutilation des Hermès, il n'avait échappé à une condamnation qu'en se faisant lui-même dénonciateur. Cette circonstance pesa sur toute sa vie, qui fut très agitée et se passa presque entièrement en exil. Rentré à Athènes, grâce à l'amnistie de 403, il fut, en 399, accusé d'impiété et prononça, à cette occasion, son discours *Sur les Mystères*. Chargé d'une ambassade à Sparte en 391, il échoua dans sa mission et fut probablement de nouveau exilé. A partir de ce moment on perd sa trace. — Outre le discours *Sur les Mystères* (399), on possède sous son nom trois discours : *Sur son retour* (vers 408), *Sur la Paix* (391) et *Contre Alcibiade* (apocryphe). Son éloquence, bien que formée à l'école d'Antiphon, n'est pas une éloquence travaillée : les anciens la caractérisent par les mots de ἁπλοῦς, ἀκατάσκευος, ἀφελής, ἀσχημάτιστος, et la tiennent en médiocre estime. Andocide n'a été orateur que par occasion, et en cela il fait songer à Eschine : comme lui il excelle à raconter et le discours *Sur les Mystères*, presque tout entier en récits, renferme deux ou trois narrations très brillantes. Son style, souvent lâché, vaut surtout par la facilité. Après le double effort accompli par Gorgias et par Antiphon, ce laisser-aller était utile. Aux effets péniblement acquis du premier, à l'argumentation trop tendue du second, Andocide a substitué une manière plus libre, qui n'a pas été sans influence sur Lysias.

Ce qu'Andocide n'avait été que par accident et grâce à un heureux tempérament, LYSIAS l'a été par système, avec intention et avec art, et c'est lui qui est véritablement le créateur de l'éloquence judiciaire.

Lysias était né à Athènes, d'une famille syracusaine, aux environs de 440. Il était fils de ce Képhalos dont Platon nous a peint la vieillesse heureuse dans le début de sa *République*. A la mort de son père (vers 425), il alla avec ses deux frères, Polémarque et Euthydème, en Sicile, à Thurium. C'est là qu'enseignait Tisias, et Lysias suivit probablement ses leçons. Rentré à Athènes après le désastre de Sicile, il y vécut en qualité de *métèque isotèle*, exploitant avec Polémarque une riche fabrique d'armes. L'établissement de l'oligarchie en 404 bouleversa son existence : désignés par leur fortune à l'avidité des Trente, les deux frères furent arrêtés [1]. Polémarque fut mis à mort, Lysias parvint à s'enfuir. De Mégare, où il s'était retiré, il encouragea et soutint de son argent les efforts des démocrates. Le succès de Thrasybule lui permit de retourner à Athènes. Son premier soin fut de venger la mort de son frère. Encouragé par le retentissement du discours qu'il prononça alors *Contre Ératosthène*, il se consacra désormais à la profession de *logographe* et l'exerça sans interruption jusqu'à sa mort (vers 380).

Lysias avait donc environ quarante ans, lorsqu'il commença à composer des discours judiciaires; mais déjà avant la révolution et sans doute sous l'influence de son séjour en Sicile, il s'était livré à la sophistique. Platon, dans le *Phèdre*, nous donne comme de lui un discours *Sur l'Amour* (Ἐρωτικός), qui n'est, suivant toute vraisemblance, qu'un pastiche, mais qui permet de saisir ce qu'était alors son talent. Dans une langue claire, facile, et cependant soignée, l'orateur soutient un de ces brillants paradoxes auxquels s'amusait la dialectique des Sophistes. A de pareils exercices, si puérils qu'ils fussent, Lysias avait acquis cette souplesse de style, cette agilité de pensée qui devaient plus tard le servir dans les discussions plus sérieuses du tribunal.

Lysias avait également enseigné la rhétorique. Peut-être même avait-il composé une τέχνη; mais c'est surtout comme logographe qu'il se distingua. Des quatre cent vingt-cinq discours que l'antiquité lui attribuait — parmi lesquels Denys n'en reconnaissait qu'un peu plus de deux cents comme authentiques — trente-quatre seulement nous sont parvenus. Dans le

1. Cf. *Contre Ératosthène*, §§ 4-17.

nombre, quelques-uns sont incomplets, cinq sont considérés comme apocryphes, plusieurs comme d'une attribution douteuse. Deux enfin n'appartiennent pas au genre judiciaire : l'un est un discours politique (XXXIV), l'autre, l' Ὀλυμπιακός, est un morceau d'apparat dans la manière d'Isocrate.

Le rhéteur Denys d'Halicarnasse, qui, dans son traité : Περὶ ἀρχαίων ῥητόρων, avait consacré un chapitre important à Lysias, résume ainsi son appréciation sur le style de cet orateur : « Ses qualités sont la pureté des termes et l'exactitude du langage, l'expression des pensées par des combinaisons de mots propres et sans tropes, la clarté (ἡ σαφήνεια), la concision, l'art de resserrer et d'arrondir ses pensées (τὸ συστρέφειν τε καὶ στρογγυλίζειν τὰ νοήματα), de rendre sensible ce que l'on montre (c'est ce que Denys appelle ailleurs l'ἐνάργεια), de donner la vie à tous ses personnages avec des mœurs fidèles (d'un mot l'ἠθοποιΐα), un arrangement de mots agréable, qui imite l'homme ignorant (μιμουμένη τὸν ἰδιώτην), l'adaptation du langage convenable aux personnages et aux sujets proposés, la persuasion et l'art de convaincre, la grâce, l'à-propos qui règle tout[1]. » Ce sont là des qualités de tout premier ordre chez un *logographe*, notamment l'ἐνάργεια et l'ἠθοποιΐα. On verra par les extraits qui suivent (cf. XXIV, XXV, XXXII avec les arguments) que Lysias les a possédées au plus haut degré. Sans doute il excelle à trouver des preuves, à faire valoir les *vraisemblances* (τὰ εἰκότα), à tirer parti des *indices* (τὰ τεκμήρια); il discute avec beaucoup d'habileté, généralement avec une finesse pénétrante, quelquefois avec une ingéniosité qui confine au tour de force (cf. VII, 12, sq.); il est spirituel à l'occasion et sait ridiculiser un adversaire; mais en tout cela il a des faiblesses : son argumentation gagnerait souvent à être plus solidement liée et disposée avec plus d'art; il manque de chaleur et il n'a pas cet esprit mordant, cette ironie puissante qui empêchent la réplique. Dans l'invention, dans la disposition, il a des rivaux et même des maîtres. Dans la narration, il est hors de pair. « Il peut y servir de modèle et de règle », dit Denys d'Halicarnasse. Il sait voir et il sait peindre : il donne à tout ce qu'il touche un air de naturel et de vérité, qui n'est le plus souvent de sa part

1. Περὶ Λυσίου, § 13. Traduction Max Egger.

qu'un artifice, mais qui inspire confiance. Naturel et vérité, ce sont là en effet les deux qualités maîtresses de Lysias. Il les porte partout avec lui : dans l'exposition des faits et dans l'argumentation, dans la composition et dans le style. De là ce sentiment exquis des convenances, cette justesse et aussi cette variété du ton, qui s'unissent chez lui à la sobriété des développements et à la concision forte et élégante de la phrase.

Les anciens, qui se plaisaient à ces rapprochements, font d'Isée l'imitateur de Lysias, le disciple d'Isocrate, le maître de Démosthène. Ces indications, outre qu'elles expriment assez bien certains caractères de son talent, permettent de replacer l'orateur à sa date (1re moitié du IVe siècle). Sa biographie est en effet fort mal connue. On sait seulement qu'il ne fit pas de politique, sa condition de métèque lui interdisant la tribune aux harangues, et qu'il se consacra à la profession de logographe. Les onze discours que nous possédons de lui ont tous trait à des affaires de succession. Cela tient à ce que ses œuvres étaient classées par ordre de matières et que nous n'avons qu'une des divisions de son recueil. Mais les titres de ses autres discours et un long fragment conservé par Denys prouvent qu'il avait aussi traité d'autres questions.

Dans le genre spécial auquel il s'était donné, Isée fut un très grand orateur Sa langue est aussi pure, aussi précise que celle de Lysias; sa phrase a moins de naturel, mais elle a plus de force. Inférieur à son modèle dans la narration, il le surpasse dans la discussion; suivant l'expression de M. A. Croiset, son style annonce un dialecticien. « C'était en effet, ajoute le savant et délicat historien de la littérature grecque, l'un des mérites les plus remarquables d'Isée; il avait, plus que Lysias, l'art d'analyser une preuve, de pousser à bout un raisonnement, de tirer d'un fait ou d'un texte toute la somme de démonstration qu'on en pouvait faire sortir.... Il savait ordonner tout son discours avec habileté en vue de la démonstration, user de préparations subtiles et de marches savantes, diviser au besoin la narration en plusieurs parties pour mettre le récit des faits plus près de l'argumentation, annoncer son plan pour guider l'attention du juge, résumer ensuite et répéter ses preuves, noter le chemin parcouru, y revenir même plusieurs fois pour obliger l'auditeur à le suivre sans distraction[1]. » On ne saurait caractériser avec plus de précision l'élément original du talent d'Isée. Toutes ces qualités lui appartiennent en propre : poussez-les à un degré supérieur, appliquez-les à des causes plus variées, soutenez-les par une imagination plus puissante et plus riche, animez-les de toute la chaleur que peut donner la passion, et vous aurez l'éloquence de Démosthène. Si le disciple s'est élevé au-dessus du maître, c'est en suivant la voie que celui-ci lui avait tracée.

III. L'ÉLOQUENCE D'APPARAT : ISOCRATE

Isocrate a eu des rivaux illustres, comme Alcidamas et Polycrate. Il peut suffire néanmoins à représenter l'éloquence d'apparat. De cet art très spécial, il avait fait son domaine, et, par la perfection à laquelle il l'a porté, il mérite une place à part à côté de Lysias et de Démosthène.

Isocrate était né en 436 dans le dème d'Herchia. Appartenant à une famille de condition moyenne, il reçut une éducation soignée. Protagoras, Prodicos furent ses premiers maîtres; il fréquenta également Socrate. Ruiné par la guerre du Péloponnèse, il résolut, pour refaire sa fortune, de se consacrer à l'éloquence. Gorgias enseignait alors en Thessalie : Isocrate alla suivre ses leçons. En 400 il est de retour à Athènes et, jusqu'en 390 environ, il y exerce la profession de *logographe* (six plaidoyers conservés : *Contre Callimaque*, *Contre Lochitès*, *Contre Euthynous*, *Sur l'Attelage*, *le Trapézitique*, *l'Eginétique*). Mais le genre judiciaire convient peu à son tempérament. Vers 395 il avait fondé une école d'éloquence et exposé son programme dans le discours *Contre les Sophistes* (la fin malheureusement nous manque). Bientôt, avec l'*Éloge d'Hélène* et le *Busiris* (entre 390 et 380) — jeux d'esprit (παίγνια) dans la manière des Sophistes, mais d'inspiration plus sérieuse — il s'efforce de montrer par des exemples ce qui fera l'originalité de son enseignement. Le *Panégyrique* (380) commence la série des grands discours *épidictiques* et ouvre, en quelque sorte, la période la plus brillante de la vie d'Isocrate. Son école était florissante. Cicéron, en songeant au

1. A. Croiset, *Histoire de la littérature grecque*, IV, p. 461.

grand nombre d'hommes distingués qui en sortirent, pourra la comparer au cheval de Troie. Elle allait produire non seulement des orateurs : Léodamas d'Acharnes, Isée, Lycurgue, Hypéride, mais des stratèges : Timothée, fils de Conon — un de ceux qui devaient garder au maître le plus vif attachement — et Diophantos, des hommes d'État, des poètes dramatiques, des historiens, comme Éphore de Cymé et Théopompe de Chios. Isocrate avait en effet des disciples dans tout le monde grec. Successivement il sera en relations avec Nicoclès, fils d'Évagoras, tyran de Salamine (dans l'île de Chypre), avec Archidamos, roi de Sparte, avec Jason de Phères, avec Philippe de Macédoine. Entre 380 et 360 il compose pour le premier trois discours : *Évagoras*, *Nicoclès*, *Nicoclès ou les Cypriotes*. Vers la même époque, il prend contre les Thébains la défense des Platéens (*Plataïque*). De plus en plus les choses de la politique l'attiraient. Écarté de la tribune aux harangues par sa timidité et par l'insuffisance de son organe, autant que par la nature de son talent, il se dédommageait en exposant ses idées, sous la forme, soit de *lettres* adressées aux chefs des principaux États grecs (nous en possédons neuf), soit de *discours* fictifs, censés prononcés dans des moments importants (entre 356 et 351, l'*Archidamos*; au lendemain de la guerre Sociale, le discours *Sur la Paix* (356-55), et l'*Aréopagitique* (355-354); après la paix de Philocrate (346), le *Philippe*). Il ne renonçait pas cependant à son rôle d'éducateur et, en 354, dans le discours *Sur l'Échange*, il défendait ses théories en matière d'enseignement. Les années n'avaient point ralenti son activité intellectuelle et, âgé de quatre-vingt-dix-sept ans, il publiait encore à la gloire d'Athènes son *Panathénaïque* (339). Ce fut sa dernière œuvre : en 338, peu après la bataille de Chéronée, il se laissa mourir de faim — sans doute pour échapper aux infirmités et aux misères de la vieillesse

Trois objets se partagent les préoccupations d'Isocrate pendant cette longue carrière : l'éloquence, la politique, l'éducation. On trouvera dans l'Argument du discours *Sur l'Échange* (p. 177) un résumé de ses idées pédagogiques : elles sont d'un rhéteur, mais d'un rhéteur qui a le sentiment des choses de son temps et qui vise moins à faire de bons orateurs que de bons citoyens. En politique, Isocrate a cette originalité qu'il se place, non au point de vue athénien, mais au point de vue hellénique. Ce qu'il rêve, c'est d'arracher les Grecs à leurs divisions pour les entraîner dans une expédition commune contre les Barbares d'Asie. Projet aventureux, mais non chimérique, qui de 380 à 338 inspirera tous les discours d'Isocrate et qui explique toutes ses illusions et toutes ses erreurs. Pour le réaliser, il songera d'abord à Athènes (*Panégyrique*), puis à Jason de Phères, enfin à Philippe de Macédoine. Celui-ci lui paraît seul capable de s'imposer comme chef à toute la Grèce : l'ennemi d'Athènes est à ses yeux le représentant de l'hellénisme, et c'est après la paix de Philocrate, au lendemain de la ruine de la Phocide, qu'Isocrate remet entre ses mains l'exécution de son dessein (*Philippe*).

Aussi bien Isocrate est-il surtout un artiste. Il a le culte, on dirait volontiers la superstition de l'éloquence : il la mettrait au-dessus de la poésie qu'on n'en serait pas surpris. Nul n'a contribué plus que lui à la développer : il a renouvelé les genres, créé le style oratoire, et enseigné l'art de la composition. On a vu que dans ses premiers *Éloges* (ἐγκώμια), il avait protesté contre les exercices puérils auxquels se livraient les sophistes. Bientôt il va plus loin et, avec son *Évagoras*, il assigne à ce genre oratoire, qu'il avait contribué à discréditer, un nouvel objet qui le relève : la louange des contemporains. Dans son *Nicoclès*, il donne un modèle d'*exhortation* (παραίνεσις). La forme du grand discours épidictique ne suffit plus à son ambition : il la rajeunit dans son *Panégyrique* en mêlant à l'*éloge* la *discussion politique*. Le genre *délibératif* (*Archidamos*, *Paix*, *Aréopagitique*), le genre *judiciaire* lui-même (*Sur l'Échange*), fournissent des cadres à ses discours d'apparat et deviennent par là aptes à porter des idées générales

Même souci de la variété et de la nouveauté dans le style. Gorgias avait été l'initiateur : Isocrate, avec un goût sûr et délicat, met la réforme au point et la rend durable. Sa langue est celle du plus pur atticisme : son vocabulaire est celui de tous, mais il en tire des effets nouveaux en donnant aux mots tout leur sens, en distinguant avec un soin minutieux les synonymes, en écartant des constructions usitées mais peu correctes. S'agit-il d'assembler les mots dans la phrase, il le fait avec la même science des ressources de la langue, des conditions de la pensée, des exigences de l'oreille. Il ne s'attache pas seulement à la force des mots, comme le fait par exemple Thucydide, il tient compte de leur forme, de leur sonorité, du nombre et de la quantité des syllabes. Le premier il proscrit résolument l'hiatus. Tout aussi bien que Gorgias il connait les figures de style, *parisa, paromoia, homœotéleutes, paréchèses*, etc., mais il les emploie avec mesure. Chez lui la phrase prend une ampleur jusqu'alors inconnue. Au système antithétique si fatigant chez Gorgias, il substitue la grande période oratoire divisée en *membres* (κῶλα) dont l'importance rythmique est savamment calculée. Grâce à un heureux emploi des particules et des artifices de liaison : μέν et δέ, οὐ μόνον... ἀλλὰ καί (ἀλλ' οὐδέ), grâce aussi à une symétrie sans raideur dans la disposition des κῶλα, les idées se déroulent, se subordonnent les unes aux autres, et, en se faisant valoir mutuellement, mettent la pensée dans tout son jour.

Aucun des secrets de l'art de la composition n'échappe à Isocrate et c'est ce qui donne toute leur valeur à des discours comme le *Panégyrique*. Non que l'orateur s'attache à suivre un plan tracé dès l'abord et connu du lecteur : cela sentirait l'artifice. Non que le discours s'en aille non plus à l'aventure, sans qu'on puisse en entrevoir d'avance la limite : cela rebuterait l'attention. Isocrate sait faire attendre une conclusion sans l'annoncer : on la prévoit, on la devine, et des développements qui semblent s'appeler les uns les autres l'amènent insensiblement. Qu'a-t-il donc manqué à Isocrate et d'où vient qu'à la longue son style fatigue? La variété? mais nul n'a été plus préoccupé que lui de briser le moule rigide de la phrase pour éviter la monotonie. La clarté? mais les plus longues périodes d'Isocrate sont si parfaitement ordonnées, les idées y sont si pleinement analysées que la lumière s'y fait en quelque sorte d'elle-même. Ce qui lui manque, ce sont ces négligences hardies, ces alliances de mots imprévues, ces constructions neuves qui saisissent l'esprit. Son style est trop savant, d'une pureté trop parfaite : la variété même est chez lui calculée. Pour soutenir l'ampleur de pareils développements, il faudrait plus de chaleur intérieure, plus de passion, plus de vie

IV. L'ÉLOQUENCE POLITIQUE; PARTISANT ET ADVERSAIRES DE DÉMOSTHÈNE : HYPÉRIDE, LYCURGUE, ESCHINE.

Démosthène, qui représente l'éloquence politique dans ce qu'elle a eu de plus puissant, n'entre pas dans le cadre de cette étude. Parmi les orateurs qui se formèrent autour de lui, trois surtout, Hypéride, Lycurgue, Eschine, autant par l'originalité de leur talent, que par l'importance du rôle qu'ils ont joué, méritent d'être retenus.

Hypéride, fils de Glaukippos, du dème de Kollyte, était né en 389, cinq ans avant Démosthène, dont il allait être l'émule et, pendant une partie de sa vie, l'ami et l'allié politique. Il appartenait à une famille aisée, et put suivre les leçons d'Isocrate. Peut-être fut-il aussi disciple de Platon? Mais ni l'un ni l'autre de ces deux maîtres ne paraissent avoir eu sur lui une grande influence. D'un tempérament ardent, il aimait cette vie de plaisirs dont Isocrate se vantait de détourner ses élèves. Les Comiques raillaient son amour de la bonne chère, sa passion pour le jeu, ses relations avec les courtisanes les plus célèbres (on sait qu'il défendit Phryné en justice). Son activité comme logographe, les concours qu'il prêtait à des gens riches (Discours *Pour Lycophron* et *Pour Euxénippe*), lui permettaient de dépenser sans compter. Entré jeune dans la vie politique, il débuta par des coups d'audace. L'accusation qu'il intenta en 343 à Philocrate, l'auteur de la paix de 346, le classa parmi les adversaires de la Macédoine et, jusqu'à la fin de sa vie, il resta fidèle à ce parti. Peu après le procès de l'ambassade, l'Aréopage le désigna pour soutenir à Délos les droits d'Athènes sur l'administration du temple. Eschine, nommé par le peuple, n'avait pas inspiré assez de confiance : Hypéride s'acquitta avec succès de sa mission. Jusqu'à Chéronée, il se signale par de nombreux services rendus à l'État, contributions, chorégies, ambassades; mais, dans l'Assemblée, il laisse le premier rôle à Démosthène. Après la bataille — à laquelle il n'assistait pas, retenu comme Lycurgue par ses fonctions de membre du Conseil — c'est lui, au contraire, qui prend les mesures destinées à ranimer la confiance et à garantir la sécurité d'Athènes. La défaite n'avait fait qu'accroître son patriotisme. Bientôt même, il trouve Démosthène trop timide et, dans l'affaire d'Harpale, il se tourne contre lui. Il l'accuse de s'être laissé corrompre par Alexandre (discours *Contre Démosthène*, conservé en partie, mais très mutilé) et contribue à sa condamnation. C'était là une grave faute politique et qui ne pouvait que servir la cause macédonienne : Hypéride a l'excuse d'une conviction profonde et d'un amour sincère pour son pays. Désormais il était le chef du parti des patriotes : aussi à la mort d'Alexandre, se montre-t-il un des plus ardents pour la lutte. Avec Léosthène, il est l'âme de la guerre lamiaque. Tandis que celui-ci levait une armée, il parcourt le Péloponnèse, tâchant de le soulever contre Antipater. Malgré l'aide de Démosthène, réconcilié avec lui, il échoue. L'armée réunie par Léosthène n'avait pu résister à la mort de son chef. De cette glorieuse tentative de réaction, il nous reste un beau monument, l'*Oraison funèbre* prononcée par Hypéride, pendant la première année de la guerre. La bataille de Krannon ruina les dernières espérances des patriotes. Athènes, qui, après Chéronée, avait refusé de livrer à Philippe ses orateurs, n'avait plus l'énergie nécessaire pour résister. Hypéride fugitif fut saisi à Égine par Archias, le limier d'Antipater, et, sur l'ordre de celui-ci, mis à mort avec plusieurs de ses amis. A la même heure, Démosthène expirait dans le temple de Calaurie.

Les critiques anciens, qui connaissaient Hypéride beaucoup mieux que nous (sur 52 discours considérés par eux comme authentiques, six seulement ont été retrouvés, dont un seul dans son entier), le comparaient à Démosthène : quelques-uns même le mettaient au-dessus du grand orateur. Ce que nous possédons de lui ferait plutôt songer, par le naturel et la simplicité, à Lysias[1]. Mais Hypéride a subi l'influence d'Isocrate et de Démosthène : l'un lui a appris la science de la composition, l'autre lui a donné des exemples de force et de pathétique. Une certaine grâce native, une facilité élégante complètent sa physionomie et donnent à son talent une marque originale.

Avec Lysias et Isocrate, Hypéride est un modèle d'atticisme. Mais déjà sa langue est moins pure que la leur : il ne s'interdit ni les mots poétiques, ni les expressions prises à la vie

1. Voyez l'Argument du *Contre Athénogène*, p. 347.

commune. Son vocabulaire y gagne en force et en variété. Sa phrase a du nombre et de la fermeté : on y sent moins le travail qu'un sentiment instinctif du style. Peu de figures, peu de grands mouvements ; un pathétique sobre, une ironie légère et vive qui pénètre profondément, mais qui s'interdit les violences et les attaques grossières d'un Eschine et même d'un Démosthène ; de la chaleur par endroits et de la gravité ; mais avant tout une merveilleuse souplesse dans l'argumentation, une agréable variété de ton, un art de toucher toutes les parties d'un sujet sans s'y appesantir font de lui un des représentants les plus aimables et les plus brillants de l'éloquence attique.

Inférieur à Hypéride par le talent, Lycurgue s'élève de beaucoup au-dessus de lui par son caractère, par la dignité de sa vie, par ses qualités d'homme d'État. Il était né vers 390 et appartenait à une des plus anciennes familles d'Athènes, à la famille des Étéoboutades. Élève de Platon et d'Isocrate, il avait reçu une très forte culture littéraire et morale. Son esprit profondément religieux le portait vers la lecture des poètes, trésor de toute sagesse et de toute expérience pour les Grecs. Il les avait étudiés avec sérieux, il aimait à les citer, et on sait qu'il avait fait établir pour les trois grands tragiques une sorte d'exemplaire d'État, dont les acteurs ne devaient pas s'écarter. Lorsqu'il entra dans la politique, ce fut pour se ranger à côté de Démosthène et d'Hypéride. Mais il n'avait rien du démagogue : son véritable rôle ne commence qu'en 338. Appelé à cette époque à la direction des finances athéniennes, il conserva cette fonction, d'abord sous son nom, puis sous le nom de deux de ses amis, pendant une période de douze années, et prit une série de mesures qui révèlent en lui un administrateur de premier ordre. Non seulement il doubla les revenus d'Athènes, mais il entreprit et surveilla lui-même un grand nombre de travaux publics qui avaient pour but la défense (arsenaux, ports, etc.) ou l'embellissement (Théâtre de Dionysos) de la ville. Malgré les tâches délicates qu'il avait à remplir, il affronta toujours victorieusement les *dokimasies* et les *redditions de comptes*. Il mourut en 324. Ses ennemis ne purent se venger que sur ses enfants : rendus responsables par Ménésaichme, le successeur de leur père, d'un prétendu déficit dans les caisses de l'État, ceux-ci furent, en dépit d'une belle défense d'Hypéride, jetés en prison. Mais en 307 le peuple répara cette injustice : on éleva à Lycurgue une statue de bronze sur l'Agora, et on lui décerna, ainsi qu'à son fils aîné, les plus hautes distinctions honorifiques.

Nous n'avons, pour apprécier le talent de l'orateur, qu'un seul discours, le discours *Contre Léocrate*; mais l'impression qui se dégage de cette œuvre répond à l'idée qu'on se fait de l'homme et de sa tournure d'esprit. Lycurgue n'était pas un logographe : administrateur, homme politique, il ne se servait de l'éloquence que pour assurer la prospérité intérieure de l'État. Il s'était donné pour mission de refaire l'esprit public en assurant l'observation rigoureuse des lois : l'histoire d'Athènes ne compte pas de censeur plus vigilant ni d'accusateur plus inflexible. Il ne se contentait pas de poursuivre les moindres fautes, il le faisait avec la dernière rigueur, n'admettant aucune atténuation dans l'application de la peine. Poursuivi par lui, l'Aréopagite Autolycos, coupable d'avoir après Chéronée fait sortir d'Athènes sa famille, est condamné à mort; même sort pour le stratège Lysiclès rendu responsable de la défaite; Léocrate, accusé de lâcheté pour avoir abandonné la ville après le désastre, n'est acquitté que grâce au partage des voix..., etc.

L'éloquence de cet homme austère contraste avec celle d'Hypéride. Elle a du sérieux et de la gravité, et ne sacrifie rien à la grâce ou à l'élégance de la forme : ce qui l'anime, c'est le patriotisme, la conviction, la noblesse des sentiments. Non que Lycurgue n'ait le souci du style. On retrouve en lui le disciple d'Isocrate : son vocabulaire est choisi, il évite généralement l'hiatus, il ne néglige pas la composition et, malgré certaines parties un peu lâchées, son discours a de la tenue. Mais les préoccupations d'art ne sont plus chez lui, comme chez son maître, dominantes. Il cherche moins à plaire qu'à s'imposer par l'autorité de son caractère. Ses digressions même et les nombreuses citations de poètes qui rompent l'harmonie de son discours ne sont pas là pour l'ornement : elles répondent à ce besoin de réformer et de fortifier les mœurs qui était l'âme de son talent et qui fait l'honneur de sa vie.

ESCHINE ne fut ni un homme d'État, ni un politique influent.

Avec des dons de premier ordre et un tempérament d'orateur qui n'est comparable qu'à celui de Démosthène, il ne réussit pas à s'élever au-dessus du second rang.

Il était né vers 390. Son père Atromète et sa mère Glaucothée étaient Athéniens, mais de petite condition. Ils n'avaient pu lui donner cette éducation que recevaient auprès d'Isocrate et de Platon un Lycurgue et un Hypéride. Eschine n'avait pas davantage trouvé chez eux cet attachement aux vieilles traditions, ce culte des ancêtres, cet amour du passé qui développent le patriotisme. D'abord acteur, puis greffier, il aborda tard la politique (probablement en 348) et ne s'y mêla jamais d'une façon active et suivie. Au lendemain de la prise d'Olynthe, il avait été, conformément au plan d'Eubule, envoyé dans le Péloponnèse, pour provoquer une ligue des Grecs contre les entreprises de la Macédoine. Il échoua, mais son échec ne saurait lui être imputé. En 346, il prit part aux trois ambassades qui préparèrent et conclurent définitivement la paix de Philocrate, et fut de ceux qui rendirent cette paix désastreuse pour Athènes. Pylagore à Delphes en 339, il soulève par son intervention la troisième guerre Sacrée. Enfin, après Chéronée, il est de nouveau délégué auprès de Philippe pour négocier ; mais c'est Démade qui règle les conditions du traité.

Comme orateur, Eschine ne nous est connu que par ses démêlés avec Démosthène et par les trois discours, *Contre Timarque*, *Sur l'Ambassade* et *Contre Ctésiphon* qu'il prononça à cette occasion. Tous les critiques anciens s'accordent à lui reconnaître le tempérament oratoire. Ses qualités, en effet, sont de celles qui ne s'acquièrent pas : la richesse du vocabulaire, la variété du tour, la force et l'ampleur des mouvements, l'éclat des figures, l'habileté de l'argumentation. L'expression est chez lui plus brillante que soignée : comme Lycurgue, il emprunte à la langue populaire, à celle de la poésie et des comiques; mais il le fait avec moins de mesure que lui. Il aime le mot fort et qui frappe, les tournures vives qui saisissent l'attention. Sa phrase n'a pas les lignes arrêtées de celle d'Isocrate, les idées ne s'y subordonnent pas les unes aux autres comme dans celle de Démosthène ; mais elle est claire, facile, abondante. Tantôt il multiplie les particules de liaison, tantôt au contraire il les supprime, donnant ainsi plus de poids ou plus de vivacité à ses affirmations. Il sait élever ou abaisser le ton à propos : mais de préférence il l'élève. Alors les figures se pressent : ce sont des prosopopées hardies, des évocations puissantes, des apostrophes indignées. Puis brusquement le ton change ; la colère fait place à l'ironie. C'est là l'arme de prédilection d'Eschine. Il la manie en maître : incapable d'atteindre à la hauteur de Démosthène, il le couvre de ridicule. Enfin, s'il n'a pas comme son adversaire l'instinct de la composition ni cette puissance d'imagination qui suggère la disposition la plus apte à mettre en valeur tous les arguments, il sait néanmoins ordonner un discours, habile à prévoir les difficultés et ingénieux à les tourner.

Mais une chose lui fait défaut, à laquelle les qualités les plus brillantes ne sauraient suppléer : la force de conviction qui seule produit l'émotion vraie. Un amour ardent du bien public soutient l'éloquence de Lycurgue ; la passion de la liberté, le sentiment de la grandeur d'Athènes, communiquent une flamme à celle de Démosthène : Eschine n'est l'homme d'aucune cause ni d'aucun parti ; la haine seule l'inspire. On ne peut que souscrire sur ce point au jugement si sévère, mais si juste de M. Blass[1] : il n'a ni idées politiques, ni patriotisme, ni désintéressement. Il se dit ennemi des Thébains ; il reproche à Démosthène de *béotiser* et, quand Philippe a détruit la Phocide, il célèbre sa victoire et s'associe à la joie de Thèbes. A l'égard de la Macédoine, a-t-il une ligne de conduite plus ferme? D'honnêtes citoyens comme Eubule ou comme Phocion considéraient que toute tentative de résistance était inutile et que, dans l'état de faiblesse morale où était Athènes, la lutte ne pouvait aboutir qu'à la ruine. Mais Eschine est si loin de représenter cette idée que, dans le discours *Contre Ctésiphon*, il cherche à déconsidérer Démosthène en le présentant comme un flatteur de Philippe et d'Alexandre. Et de son patriotisme, quelles preuves a-t-il données ? Quelles alliances a-t-il procurées à Athènes? quels amis lui a-t-il acquis? quelles contributions s'est-il imposées pour son salut? Démosthène lui pose la question et il n'y répond pas. S'est-il du moins laissé éblouir par le prestige de Philippe? parvenu de la fortune, a-t-il cédé à quelque égarement? mais lui-même n'invoque pas cette

1. Cf. Blass, *l'Éloquence attique*, V, pp. 150 sq. C'est ce passage que je résume librement dans ce qui suit.

excuse. Contre l'accusation très précise de corruption portée par Démosthène dans le discours *Sur l'Ambassade*, que trouve-t-il à dire? Des phrases sur le sol de la patrie et sur les tombeaux des ancêtres ne sont pas des arguments. S'il possède, lui citoyen de condition plus que modeste, des terres dans la région de Pydna, dans un pays conquis par la Macédoine, c'est qu'il les a reçues de Philippe: et si ensuite, par tous ses actes, en toute circonstance, il a favorisé les intérêts du vainqueur, qui nous empêche de voir dans tous ces bons offices le prix dont il avait payé les présents de son hôte? Pour ne pas reconnaître ici un lien de cause à effet, il faudrait que, par sa droiture, par la loyauté éprouvée de son caractère, Eschine inspirât confiance. On pourrait alors plaider pour lui l'inconscience ou la naïveté. Mais quel crédit accorder à un homme qui plusieurs fois se contredit dans ses propres affirmations et qu'on surprend à chaque instant en flagrant délit de mensonge? Les faits confirment l'impression qu'on ressent en lisant ses discours. Eschine ne touche pas, parce que nulle grande passion ne l'anime. Son pathétique sonne faux, sa gravité irrite plus qu'elle n'impose, ses indignations nous laissent froids: le moindre sentiment vrai produirait plus d'effet que tous les artifices de sa rhétorique.

Pour être complet, ce résumé de l'histoire de l'éloquence attique devrait peut-être accorder une mention à DÉMADE et à DINARQUE. Mais le premier, bien que doué, semble-t-il, d'un talent original, n'avait rien écrit. Et quant au second, logographe habile et bien en possession de son métier, il ne représente aucun progrès de l'art oratoire. Bientôt, avec DÉMÉTRIUS DE PHALÈRE, ce sont les influences d'école qui dominent dans le discours. La liberté ruinée, l'éloquence n'avait plus de rôle à jouer; elle disparaît avec la grandeur même d'Athènes.

ÉCLAIRCISSEMENTS HISTORIQUES

I

L'AGITATION POLITIQUE A ATHÈNES PENDANT LES DERNIÈRES ANNÉES DU Ve SIÈCLE

Les revers qui marquèrent la fin de la guerre du Péloponnèse eurent leur contre-coup sur la politique intérieure d'Athènes. Entre 413 et 403 le parti oligarchique réussit par deux fois à s'emparer du pouvoir et détermina ainsi des troubles auxquels il est souvent fait allusion chez les orateurs.

1. Un premier mouvement révolutionnaire avait été provoqué par l'échec de l'expédition de Sicile. Sous l'impression de terreur causée par ce désastre on avait nommé un conseil de dix citoyens âgés (πρόβουλοι), chargés de veiller au salut public. En réalité ces πρόβουλοι devaient préparer le renversement de la démocratie. L'agitation était entretenue secrètement par des *associations politiques* (συνωμοσίαι, ἑταιρεῖαι). On amena ainsi le peuple à décréter que vingt nouveaux citoyens seraient adjoints aux dix πρόβουλοι pour arrêter, de concert avec eux, un projet de réformes politiques. Ces trente commissaires commencèrent par faire abroger les dispositions constitutionnelles qui, comme la γραφὴ παρανόμων, étaient de nature à prévenir les innovations en matière de législation, et les partisans de l'oligarchie, libres de leurs mouvements,

achevèrent leur œuvre. L'instigateur du complot était un certain Pisandre. Poussé et dirigé par des hommes comme Antiphon, orateur habile, citoyen estimé, politique écouté et de bon conseil; Phrynichos, démocrate récemment gagné à la cause oligarchique, mais qui allait la servir de toute son activité; Théramène, esprit fin et souple, modéré par tempérament, mais remuant, ambitieux, ami de l'intrigue, Pisandre réussit, par une série de mesures[1] savamment graduées, à faire adopter une nouvelle constitution. L'ancien conseil des Cinq-Cents faisait place à un conseil de quatre cents membres, élus à raison de quarante par tribu. Les droits de l'assemblée du peuple passaient à une assemblée de cinq mille citoyens que les Quatre Cents devaient convoquer toutes les fois qu'ils le jugeraient à propos. C'est également aux Quatre-Cents que revenait le soin de désigner les magistrats.

2. Les oligarques s'étaient établis par surprise: la flotte stationnée à Samos s'était déclarée contre eux : ils hâtèrent leur ruine en se divisant. Les uns, hommes à principes, sectaires et intransigeants, comme Antiphon, Phrynichos, Pisandre, Kallaischros, voulaient maintenir coûte que coûte, et dût-on pour cela faire appel à Sparte, le régime qu'ils avaient établi. Les autres, conduits par Théramène et Aristocratès, se déclaraient ennemis de toute intervention étrangère et prétendaient populariser le nouveau gouvernement en rendant publique la liste des cinq mille citoyens prévue par la constitution. Ils étaient secrètement encouragés par Alcibiade qui se ménageait alors une rentrée. Les intransigeants parurent d'abord l'emporter, et demandèrent l'appui de Sparte. Une première ambassade ayant échoué, Antiphon et Phrynichos partirent pour Lacédémone. Lorsqu'ils revinrent, après une mission à peu près infructueuse, ils trouvèrent le parti modéré beaucoup plus fort. Phrynichos fut assassiné en pleine Agora et le peuple refusa de poursuivre ses meurtriers. Théramène lui-même, à la tête des hoplites révoltés, fit démolir les ouvrages que les

1. Ces mesures furent proposées par Pythodoros et appuyées par Mélobios. On en trouvera le détail dans Aristote. *Constitution d'Athènes*, ch. XXIX-XXXI. Voyez aussi Horace Micheli : *La révolution oligarchique des Quatre-Cents*

oligarques avaient élevés à Éétioneia pour s'assurer le Pirée. Une révolte de l'Eubée, appuyée par Sparte, précipita les évènements. Le sentiment national s'exalta contre le parti oligarchique : les Quatre-Cents furent renversés. Leur domination avait duré de mai à septembre 411.

3. Théramène était tout-puissant. Sous son inspiration, on institua un nouveau gouvernement dit des Cinq-Mille, qui rétablissait le conseil des Cinq-Cents et marquait un retour à la démocratie. Les oligarques les plus compromis, Pisandre entre autres, se retirèrent à Décélie auprès des Spartiates. Antiphon et Archéptolémos restés à Athènes furent déclarés coupables de trahison et mis à mort. Quel fut le rôle de Théramène dans ce procès dirigé contre ses anciens amis? Il est impossible, malgré les assertions haineuses et intéressées de Lysias, de le dire avec certitude : on sait seulement que l'accusation avait été déposée, non par lui, mais par un certain Andron, ancien membre du gouvernement des Quatre-Cents. Ce qui reste à l'honneur de Théramène, c'est qu'après avoir contribué plus que personne à établir l'oligarchie, il n'avait pas hésité à la renverser, le jour où il s'était aperçu qu'elle mettait en péril l'indépendance d'Athènes.

4. Le règne des modérés fut de courte durée : la victoire de Cyzique (408) ranima les espérances des démagogues et on revint promptement à l'ancienne constitution démocratique. Alcibiade, rentré triomphalement à Athènes, était bientôt obligé de s'éloigner, tandis que le commandement de la flotte passait aux mains de démocrates éprouvés, Léon, Diomédon, Érasinidès, Thrasylle. Faut-il voir dans le fameux procès des Arginuses une tentative des oligarques pour ressaisir le pouvoir? On sait quelle fut l'occasion de ce procès. Grâce à un effort énergique, les Athéniens avaient triomphé auprès des îles Arginuses de l'amiral lacédémonien Kallicratidas (406). Mais le succès avait été chèrement acheté : on avait fait beaucoup de pertes en hommes et en vaisseaux. Il était du devoir des stratèges de recueillir les morts. Manquèrent-ils à leur devoir, ou bien, comme on le dit pour leur défense, s'en déchargèrent-ils sur Théramène qui était alors triérarque? Théramène, à son tour, négligea-t-il d'exécuter leurs ordres, ou bien, comme les stratèges eux-

mêmes l'affirmèrent, en fut-il empêché par la tempête? Toujours est-il qu'une véritable conspiration se forma contre les stratèges victorieux, et qu'après un procès conduit avec hâte, en dehors de toutes les formes légales, ceux qui étaient rentrés à Athènes furent condamnés et exécutés. Xénophon représente Théramène comme le meneur et en quelque sorte comme le metteur en scène de toute l'affaire, et il est possible, en effet, que celui-ci, se sentant compromis, ait prévenu, en la rejetant sur les stratèges, l'accusation qui le menaçait lui-même. Il est certain aussi que les victimes appartenaient au parti démocratique. Mais n'est-il pas singulier d'autre part que Lysias — si acharné cependant contre Théramène — ne souffle pas mot de son rôle en cette occasion, et que, parlant incidemment du procès des Arginuses, il évite avec une attention peu dissimulée de le caractériser? Le silence gardé par l'orateur démocrate est d'autant plus remarquable qu'à l'époque où fut prononcé le *Contre Ératosthène*, les Athéniens, revenus de leur erreur, avaient condamné comme coupables envers l'État ceux qui s'étaient montrés le plus acharnés contre les stratèges.

5. Quel qu'ait été dans la circonstance le rôle des oligarques, les événements leur fournirent bientôt une occasion de réaliser leurs projets. Au commencement de l'année attique 405-404, Lysandre remportait la brillante et décisive victoire d'Ægos-Potamos, croisait sur les côtes d'Asie Mineure, détachait une partie de sa flotte sur Samos qui résistait encore, et venait mouiller devant le Pirée. Les troupes de terre, de leur côté, s'établissaient près d'Athènes, et, vers la fin d'octobre de la même année, la ville était complètement bloquée. Jamais, depuis le début de la guerre, la situation n'avait été aussi critique pour Athènes. Sur la proposition de Patrokleidès, on prit d'abord une mesure qui devait avoir surtout un effet moral : on décida de rendre leurs droits à ceux qui en avaient été privés par suite de quelque condamnation. Cette amnistie une fois votée, on songea à traiter avec Sparte.

Une première ambassade resta sans effet. Les Athéniens demandaient à conserver les Longs-Murs et les fortifications du Pirée : les Éphores répondirent en exigeant la destruction des Longs-Murs sur une longueur de dix stades. Le démagogue Kléophon, qui déjà une première fois, au lendemain de la victoire de Cyzique, avait fait repousser des propositions plus avantageuses de Sparte, s'opposa avec succès à la discussion de ces nouvelles conditions.

6. C'est alors que Théramène reparaît sur la scène. Envoyé à titre officieux auprès de Lysandre, pour sonder les dispositions des Lacédémoniens, il reste trois mois absent et revient sans avoir rien gagné. Malgré cet échec — et en dépit d'une opposition assez vive — il est de nouveau envoyé, à titre officiel cette fois, et avec neuf collègues, pour reprendre les négociations. Si l'on en croit Lysias, il se serait engagé, avant son départ, à ménager la paix, sans qu'Athènes dût avoir ni à donner d'otages, ni à détruire ses murs, ni à livrer ses vaisseaux. Le résultat fut loin de répondre à ces belles promesses. Dans le congrès réuni à Sparte, les Thébains et les Corinthiens avaient demandé la destruction d'Athènes. Sparte plus généreuse ou plus avisée se contenta d'exiger la destruction des Longs-Murs et des fortifications du Pirée, l'abandon des vaisseaux et le rappel des bannis (Lysias ajouté, mais certainement à tort, le renversement de la démocratie). Ces conditions étaient beaucoup plus humiliantes que celles que Kléophon avait fait repousser. Mais les circonstances étaient bien changées : quatre mois de siège avaient usé les derniers éléments de résistance; Kléophon avait disparu, condamné sur une accusation des oligarques. Lorsque Théramène revint, Athènes épuisée ratifia la paix qu'il apportait : Lysandre aborda au Pirée, les bannis purent rentrer et on commença à démolir les murs.

Tels sont les faits d'après Lysias et Xénophon. Tous deux s'accordent pour insister sur les lenteurs de Théramène et pour les attribuer à une intention arrêtée chez celui-ci de mettre le peuple à sa discrétion et à celle de Sparte en le réduisant à la dernière extrémité. On ne peut apprécier la valeur de cette accusation qu'en rapprochant la conduite de Théramène de celle de Kléophon. Par deux fois, Kléophon avait fait refuser la paix, déclarant qu'Athènes ne devait traiter qu'à la condition de recouvrer toutes ses possessions. Même après le succès de Cyzique, de telles exigences étaient-elles raisonnables? à plus forte raison, après Ægos-Potamos, de la part des Athéniens bloqués par Lysandre, étaient-elles seulement soutenables? Et en admettant qu'elles le fussent, ne peut-on pas concevoir, sans pour cela les accuser de trahison, que des hommes politiques aient été d'un sentiment différent? Théramène n'a-t-il pas pu croire que l'heure des illusions était passée et qu'il était du devoir d'un bon citoyen d'amener le peuple — fût-ce contre son gré — à consentir à la paix? Enfin, si les conditions acceptées en dernier lieu étaient plus humiliantes que celles que Sparte avait jadis proposées, la faute en est-elle moins à Kléophon, qui, par sa précipitation, avait fait rompre les négociations engagées qu'à Théramène, qui avait dû les reprendre dans des circonstances beaucoup plus défavorables?

7. La conclusion de la paix eut pour conséquence de fortifier le parti oligarchique, les bannis qui rentraient à la faveur du traité étant pour la plupart d'anciens membres influents du gouvernement des Quatre-Cents. Aussi les *hétairies* ne tardent-elles pas à se reformer : un comité directeur de cinq *éphores*, parmi lesquels se trouvent Kritias et Ératosthène, donne le mot d'ordre, prépare les votes, désigne les candidats à élire. Au commencement de l'année attique 404-403, sous l'archontat de Pythodoros, ces menées aboutissent. Le régime démocratique est aboli : on adopte une nouvelle constitution proposée par Dracontidès et le gouvernement passe aux mains de trente citoyens. Maîtres du pouvoir, ceux-ci réorganisent le conseil des Cinq-Cents en y faisant entrer leurs amis, mettent à la tête de la police onze hommes résolus, avec un de leurs plus violents partisans, Satyros, pour chef, et instituent un conseil de dix membres chargé de l'administration du Pirée. Dans quelles conditions fut votée la constitution de Dracontidès? Quelle fut à ce moment l'attitude de Théramène? Ici encore nous nous trouvons en présence de récits contradictoires. On lira dans le *Contre Ératosthène* (72-76) celui de Lysias; voici celui d'Aristote qui aidera à remettre les choses au point : « Le traité de paix stipulait que les Athéniens devraient se gouverner d'après la constitution de leurs ancêtres. Chacun interprétait ce texte à sa façon : les démocrates s'efforçaient de sauver le gouvernement populaire; quant aux conservateurs, les uns, membres des associations politiques (ἑταιρεῖαι), ou bannis revenus après la paix, désiraient l'oligarchie; d'autres

qui, sans faire partie d'aucune association, ne le cédaient cependant en considération à aucun citoyen, cherchaient à restaurer le véritable gouvernement des ancêtres.... L'âme de ce parti était Théramène. Cependant Lysandre s'étant déclaré en faveur du parti oligarchique, le peuple, frappé de terreur, fut obligé de rétablir l'oligarchie à mains levées[1]. » Il ressort de ce passage que la nouvelle constitution fut bien votée sous la pression de Sparte, mais que, contrairement aux affirmations de Lysias, Théramène se distinguait nettement de ceux qui la proposèrent. S'il fut ensuite au nombre des Trente, c'est sans doute que, fidèle à son système ordinaire, il se flattait de prendre la tête d'un mouvement qu'il n'avait pu d'abord arrêter.

8. Les premiers actes du nouveau gouvernement eurent pour but de faire disparaître un certain nombre de citoyens odieux à tous et parurent dictés par l'amour du bien public. Néanmoins, comme au temps des Quatre-Cents, l'opposition apparut vite entre les deux fractions du parti au pouvoir : les modérés conduits par Théramène, les intransigeants poussés par Kritias. Bien vite aussi ces derniers l'emportèrent. Ils obtinrent l'envoi à Athènes d'une garnison lacédémonienne et, forts de l'appui étranger, ils prétendirent imposer leur domination par la violence. « Ils n'épargnèrent plus aucun citoyen, envoyant au supplice ceux mêmes qui se distinguaient par la fortune, la naissance ou la considération, tantôt pour se débarrasser d'un sujet de crainte, tantôt pour s'enrichir par la spoliation de leurs victimes[2]. » Beaucoup d'habitants quittèrent alors Athènes et se réfugièrent à Thèbes, à Mégare, à Chalcis et partout où on voulut bien les accueillir.

Vainement Théramène, comprenant le danger, veut chercher un appui parmi les citoyens riches qu'on avait jusque-là tenus à l'écart et demande qu'on les associe effectivement au gouvernement. C'était la politique qu'il avait suivie sous les Quatre-Cents. Kritias et son parti feignent d'accepter sa proposition, mais limitent à trois mille le nombre des citoyens qui recevront les droits politiques et se gardent d'ailleurs

1. Aristote, *Constitution d'Athènes*, XXXV.

2. Aristote, *Constitution d'Athènes*, XXXIV.

d'en publier la liste, pour pouvoir la modifier à leur gré. Peu après, ils enlèvent leurs armes aux citoyens autres que les Trois-Mille, et désormais libres d'agir, recommencent leurs spoliations

9. Comme on manquait d'argent pour entretenir la garnison, on décida de mettre à mort quelques riches métèques et de confisquer leurs biens. Le parti modéré essaya encore d'intervenir. Théramène, et avec lui Ératosthène, protestèrent contre cette mesure; mais ils étaient en minorité : leur opposition fut inutile et entraîna la perte de Théramène. Kritias, en effet, accuse celui-ci devant le *conseil*, lui reproche de conspirer contre le gouvernement après avoir contribué à l'établir, rappelle sa versatilité politique et demande sa mort. Théramène savait qu'il avait de nombreux amis parmi ses juges : il entreprit de se défendre. Il le fit avec une grande habileté, en homme d'État maître de lui-même. Loin de nier cette versatilité qu'on lui reprochait, il s'en vanta comme d'un mérite, montrant que sous tous les régimes, il n'avait toujours eu qu'un but : établir un gouvernement également éloigné d'une démocratie sans limites et d'une oligarchie sans contrôle. L'effet produit par cette apologie fut profond : Théramène allait être acquitté, quand Kritias intervint de nouveau. Usant d'un artifice de procédure, il revendique pour les Trente le droit de prononcer la sentence sans l'approbation du Conseil, déclare que, de concert avec ses collègues, il condamne Théramène à mort et séance tenante le livre à Satyros.

10. De pareilles violences ne pouvaient manquer de provoquer une réaction. Lorsque Sparte enjoignit à ses alliés de ne pas accueillir les victimes des Trente, fugitifs ou exilés, on vit plusieurs villes, de celles mêmes qui, au début, s'étaient montrées le plus acharnées contre Athènes, refuser d'obéir. A Thèbes, on rendit un décret aux termes duquel était passible d'une amende tout citoyen qui, voyant arrêter un réfugié, ne viendrait pas à son secours. Dans Sparte même, la politique personnelle de Lysandre rencontrait une vive opposition. Ces causes réunies expliquent le succès du hardi coup de main tenté par Thrasibule.

A la tête d'une petite troupe d'exilés rassemblés à Thèbes,

celui-ci s'était établi, au commencement de l'hiver, dans la petite place de Phylé (au nord d'Athènes, à l'ouest de Décélie). Les Trente avaient tenté une sortie contre lui, mais la neige les avait arrêtés. Dès lors, se sentant menacés, ils songèrent à s'assurer une retraite pour l'avenir. Ils se rendirent à Éleusis et à Salamine et firent massacrer trois cents citoyens sur l'appui desquels ils savaient ne pouvoir compter. Cette nouvelle violence compromit encore leur situation. Le parti des émigrés, de jour en jour plus nombreux, quittait bientôt Phylé et venait s'établir à Munichie, à deux pas du Pirée. Une nouvelle attaque des Trente n'eut pas plus de succès que la première : les exilés vainqueurs purent occuper le Pirée[1]; deux des chefs de l'oligarchie, Kritias et Hippomachos, furent tués dans le combat avec environ soixante-dix de leurs partisans

11. Le lendemain de la bataille de Munichie, les Trente sont déposés et se retirent à Éleusis : le pouvoir est remis à un comité de dix citoyens, auxquels on confie le soin de terminer la guerre civile. La situation des exilés devenait plus forte de jour en jour : ceux qui ne pouvaient se joindre à eux — Lysias par exemple — leur fournissaient des subsides ; d'anciens partisans de l'oligarchie venaient grossir leurs rangs. Toute résistance n'était pas cependant vaincue : les Dix, au lieu de chercher à rétablir la paix, invoquaient de nouveau l'appui de Lysandre, et, soutenus par l'harmoste Kallibios, continuaient les violences des Trente. Qui donc allait faire appel aux modérés des deux partis et jouer le rôle de conciliateur ? Si Théramène eût vécu, nul doute qu'il se fût acquitté habilement de cette tâche ; mais, dans son parti, personne n'avait assez d'autorité pour le suppléer. L'action décisive vint de l'étranger. On a vu plus haut quelle résistance rencontrait la politique de Lysandre. Cette résistance prit corps et devint effective le jour où celui-ci se fit nommer harmoste pour répondre à l'appel des Dix. A ce moment, le roi Pausanias sort de Sparte avec la garnison, entraîne une partie des alliés et s'établit en Attique. Déjà les idées de rap-

1. Jusque-là on les appelait : *les bannis* (οἱ φεύγοντες). A partir de ce moment, sous le nom de οἱ ἐν Πειραιεῖ, ils s'opposent à ceux qui, partisans ou non des Trente, étaient restés dans la ville : οἱ ἐν ἄστει

prochement et d'apaisement avaient fait leur chemin : le premier comité des Dix avait été déposé et on lui en avait substitué un second composé des citoyens les plus estimés. Aidé de ceux-ci, Pausanias travaille à préparer une réconciliation : très habilement il négocie avec le parti de la ville et avec le parti du port. La tâche lui était d'ailleurs plus facile qu'à tout autre, sa présence à la tête d'une armée sur le sol de l'Attique étant bien faite pour rassurer ceux qui auraient pu redouter la violence d'une réaction démocratique.

12. Grâce à son intervention, on conclut un accommodement : les Trente conserveront Éleusis ; un délai de sept jours est accordé à ceux de leurs partisans qui voudront se faire inscrire pour aller se joindre à eux. A dater du moment de leur inscription ceux-ci auront vingt jours pour émigrer. Enfin les auteurs de la convention s'accordent sur les points suivants : « Nul ne pourra incriminer personne en raison des faits passés, à l'exception des Trente, des Dix (le premier comité), des Onze et des commandants du Pirée ; encore ces personnes seront-elles inattaquables dès qu'elles auront rendu leurs comptes. Les fonctionnaires du parti du port rendront leurs comptes devant les hommes de leur parti, ceux d'Athènes devant les τιμήματα παρεχόμενοι (citoyens justifiant du degré de revenu atteint par le trésor) : s'ils sont condamnés, ils pourront alors émigrer[1]. »

Le 12 Boédromion (21 sept. 403), les gens du Pirée rentraient dans la ville. Tandis que le roi Pausanias licenciait son armée, ils montaient à l'Acropole, offraient un sacrifice à Athèna et sanctionnaient par des serments les conventions[2] qu'ils venaient d'accepter. Ainsi des deux côtés les modérés s'étaient ressaisis : grâce à leur esprit politique, la contre-révolution organisée par Thrasybule avait été contenue dans de sages limites. Quelques résolutions énergiques qu'ils prirent alors et qu'Aristote nous a conservées nous les montrent décidés à défendre leur œuvre et à l'imposer aux intransigeants des deux partis. Beau-

1. Aristote, *Constitution d'Athènes*, XXXIX. A partir de « Les fonctionnaires... », j'adopte l'interprétation de M. de Wilamowitz-Moellendorff. (*Aristoteles und Athen*, II, p. 217 sq.).

2. Ce sont là les ὅρκοι καὶ συνθῆκαι auxquels il est fait si

coup de ceux qui avaient fait cause commune avec les Trente bien que voulant émigrer, hésitaient à se faire inscrire : un certain Archinos fit supprimer les délais d'inscription et força ainsi les hésitants à rester dans la ville. Le même Archinos s'opposa avec succès à un décret de Thrasybule accordant le droit de cité à tous ceux qui revenaient du Pirée. Ce fut lui enfin qui fit condamner par le Conseil un citoyen qui, au mépris des conventions, avait intenté des poursuites à raison de faits passés. Cette fermeté, cette décision n'allèrent pas sans soulever une opposition dont le discours *Contre Eratosthène* est un éloquent témoignage. Mais les idées d'apaisement prévalurent. Dans la troisième année qui suivit ces événements (Archontat de Xenænètos, 401-400), la réconciliation fut complète et comprit les émigrés d'Eleusis[1].

souvent allusion chez les orateurs.

1. Voyez pp. 77-78 l'Argument du Discours *Pour un Suspect*.

II

LA POLITIQUE ATHÉNIENNE DE 347 A 339

1. Dès son avènement (359), Philippe avait travaillé à étendre la puissance macédonienne de deux côtés : à l'est, vers la Chalcidique et la Chersonèse de Thrace, au sud, en pénétrant dans la Thessalie et la Phocide. En 347, il avait en grande partie réalisé ce dessein. Déjà maître d'Amphipolis, il avait su garder cette place qui lui assurait l'embouchure du Strymon et s'était successivement emparé de Pydna (357), de Potidée (356) et de Méthone (353). En dernier lieu, il avait réussi à mettre la main sur Olynthe (348), malgré les secours envoyés par Athènes à cette ville. Du côté du sud, ses projets avaient été favorisés par la guerre de Phocide. Cette guerre était née en 357 de la rivalité des Phocidiens et des Delphiens qui se disputaient l'administration du temple de Delphes. De là son nom de *Guerre Sacrée*. Par deux fois, en 353 et en 352, Philippe était intervenu contre les Phocidiens. Phères et Pagases étaient tombées en son pouvoir, et il avait pu s'avancer jusqu'aux Thermopyles. En face de ces progrès de la Macédoine, la résistance d'Athènes avait été faible. De 357 à 355, elle avait même été complètement paralysée par la guerre que la ville avait dû soutenir contre ses alliés révoltés de Chios, Rhodes, Cos et Byzance (Guerre Sociale).

2. En 347, la situation parut devoir se modifier. La prise d'Olynthe avait produit sur les Athéniens une impression profonde : plusieurs des leurs avaient été faits prisonniers et ils voyaient Philippe libre de se porter vers la Chersonèse. On conçut alors le projet de former contre les envahissements de la Macédoine une ligue de tous les peuples grecs. Sur la proposition d'Eubule, des députés furent envoyés dans toute la

Grèce. Soit qu'il comprît l'inutilité de cette résistance tardive, soit qu'on ne lui eût pas demandé son concours, Démosthène ne s'associa pas à cette campagne. Eschine, au contraire, déploya une grande activité. Il parcourut le Péloponnèse : à Mégalopolis, il parla devant l'assemblée des Dix-Mille d'Arcadie et soutint avec beaucoup de chaleur les idées d'Eubule. Mais il se heurta là aux deux obstacles que devaient rencontrer presque partout sur leur chemin les envoyés d'Athènes : la jalousie et l'esprit de défiance des cités grecques à l'égard les unes des autres, l'existence d'un parti dévoué à la Macédoine. Sa mission échoua, et il en fut de même de la plupart des autres.

Philippe néanmoins ne pouvait rien entreprendre contre Athènes, tant qu'il n'aurait pas mis fin à la guerre de Phocide. Les Phocidiens luttaient avec avantage et couvraient les Thermopyles. La marine Athénienne, d'autre part, était toujours maîtresse de bloquer les ports récemment acquis par la Macédoine et d'entraver son commerce. Aussi Philippe désirait-il vivement la paix. Il eut l'habileté de la faire non seulement sans abandonner aucune de ses positions, mais en s'emparant, à la faveur des négociations, de plusieurs places en Thrace, en ruinant la Phocide et en s'établissant aux Thermopyles.

3. Déjà avant la prise d'Olynthe, par l'intermédiaire d'Eubéens venus pour négocier en leur propre nom, Philippe avait fait entendre aux Athéniens qu'il était disposé à traiter avec eux. Bientôt après, ayant eu l'occasion de restituer sa rançon à un prisonnier athénien, Phrynon de Rhamnonte, il avait renouvelé les mêmes assurances à Ctésiphon, l'envoyé public d'Athènes, chargé de négocier cette affaire. Ces premières ouvertures avaient eu pour conclusion le vote d'un décret autorisant Philippe à envoyer à Athènes un héraut et des ambassadeurs pour traiter de la paix. Ce décret — présenté par le même Philocrate qui devait jouer un rôle prépondérant dans la suite des négociations — était d'ailleurs resté sans effet. Mais quand Olynthe eut succombé, et après l'échec des ambassades d'Athènes dans le monde grec, de nouvelles démarches intervinrent. Ceux des Athéniens dont les parents ou les amis avaient été emmenés en Macédoine étaient disposés à la paix. Ils insistèrent pour qu'on demandât la mise en liberté de quelques captifs de marque. L'acteur

Aristodème, chargé de cette mission, ramena un des prisonniers, Iatroclès, renvoyé sans rançon, et tous deux témoignèrent encore des bonnes dispositions de Philippe.

Les négociations devinrent alors officielles. Sur la proposition de Philocrate, on décida que dix députés seraient envoyés à Philippe pour s'entretenir avec lui au sujet de la paix et des intérêts communs d'Athènes et de la Macédoine. Les députés devaient probablement aussi lui demander d'envoyer, de son côté, à Athènes, des ambassadeurs munis de pleins pouvoirs et chargés de traiter en son nom.

4. L'ambassade comprenait, entre autres Athéniens, Philocrate, l'auteur des deux décrets, Phrynon, le captif auquel Philippe avait restitué sa rançon, Ctésiphon, qui avait négocié cette restitution, Iatroclès, le captif d'Olynthe renvoyé sans rançon, l'acteur Aristodème, Eschine et Démosthène. Plusieurs des députés étaient donc déjà gagnés à Philippe par les bienfaits qu'ils avaient reçus de lui. Eschine, au contraire, était surtout connu par l'opposition qu'il lui avait faite. Démosthène, qui s'était jusque-là signalé comme partisan d'une résistance énergique, sentait probablement l'impossibilité, à ce moment, de lutter contre le penchant de plus en plus fort des Athéniens pour la paix. Un représentant des alliés, Aglaocréon de Ténédos, accompagnait les députés d'Athènes.

L'ambassade partit vers la fin du mois de Gamélion (janvier-février) 346. On trouvera dans les *Extraits* (pp. 231-251) une partie du long et pittoresque récit qu'Eschine nous a laissé de ses démarches et de ses opérations. Malgré cet important témoignage, il n'est pas aisé de se rendre compte de ce qui fut fait alors. Eschine et Démosthène, dans leurs discours, se disputent l'honneur d'avoir revendiqué les droits d'Athènes sur Amphipolis. Peut-être ne faut-il voir là que le désir de plaire à des auditeurs passionnément attachés à l'idée de recouvrer cette ville? ce qui est certain, c'est qu'il n'était pas très habile de faire porter, devant Philippe, tout le poids du débat sur ce point, et qu'il était tout au moins naïf d'espérer qu'au lendemain de la prise d'Olynthe, le vainqueur se dessaisirait, au profit des vaincus, d'une place aussi importante qu'Amphipolis.

On n'est pas beaucoup mieux renseigné sur les résultats

positifs de l'ambassade que sur ses opérations. Philippe avait promis d'envoyer prochainement à Athènes des ambassadeurs pour négocier la paix : il s'était engagé à ne rien entreprendre contre la Chersonèse tant que dureraient ces négociations : il avait enfin remis aux députés athéniens une lettre dont un passage seulement — mais passage très significatif — nous est parvenu : « *Je vous manderais par écrit et en termes exprès*, y disait-il, *quels avantages je suis prêt à vous faire, si j'étais sûr qu'une alliance dût être conclue* ». Ainsi ce qu'il voulait obtenir, c'était non pas seulement la paix, mais un traité d'alliance, et cela sans s'engager personnellement par aucune promesse précise.

5. Devant le *conseil*, Démosthène, qui en était membre pour l'année, fit son rapport et déposa plusieurs projets de décrets qui furent adoptés et soumis à l'*assemblée du peuple*. Il demandait : 1° Qu'on accordât un sauf-conduit au héraut de Philippe qui avait accompagné les députés athéniens à leur retour, ainsi qu'aux ambassadeurs macédoniens dont l'arrivée était annoncée; 2° qu'on attribuât à ceux-ci des places d'honneur pour assister aux Dionysies; 3° qu'aussitôt l'arrivée des ambassadeurs, on convoquât l'Assemblée pour deux jours[1] de suite afin de délibérer sur la paix[2]; 4° qu'on votât aux députés athéniens les distinctions d'usage : une couronne de laurier et une invitation au Prytanée. Toutes ces mesures furent adoptées dans l'Assemblée, après que l'ambassade eut rendu compte de sa mission.

Ce fut encore Démosthène qui, après l'arrivée des ambassadeurs de Philippe, fit, par un décret, fixer au 18 et 19 du mois d'Élaphébolion (mars) les deux assemblées dans lesquelles

1. Eschine n'est pas sur ce point tout à fait d'accord avec lui-même. Dans le discours *Sur l'Ambassade*, il ne dit point que Démosthène eût, avant l'arrivée des ambassadeurs de Philippe, fixé de date pour la convocation de l'Assemblée. Mais dans le discours *Contre Ctésiphon*, voulant exagérer l'empressement de Démosthène à conclure la paix, il lui reproche d'avoir, contrairement à tous les précédents, et sans attendre l'arrivée des ambassadeurs, demandé cette convocation pour le 8 Élaphébolion, qui était un jour consacré à Asclépios. (Cf. Esch., II, 53 et 60; III, 66-68.)

2. Eschine ajoute « *et sur l'alliance* »

devaient être discutées les conditions de la paix (et de l'alliance) à conclure. Que se passa-t-il dans ces deux assemblées? Sur quoi porta la discussion? et comment fut-elle conduite?

En raison des divergences profondes que présentent ici les affirmations d'Eschine et de Démosthène, il est impossible de répondre avec certitude à ces questions. Voici ce qui paraît le plus probable.

6. Lorsque s'ouvrit la discussion, on se trouvait en présence de deux propositions, celle de Philocrate et celle des alliés d'Athènes. Ceux-ci, en effet, avaient voix consultative sur la question de la paix. Dès le retour de l'ambassade, leurs représentants s'étaient réunis pour entendre le rapport de leur député, Aglaocréon de Ténédos, et avaient exprimé leur opinion dans une pièce qui devait être lue et qui fut lue en effet, au début de la première assemblée. Cette opinion (δόγμα) était qu'il fallait faire un traité de paix avec Philippe (il n'était pas question d'alliance), mais que, cette paix une fois conclue, un délai de trois mois serait réservé pour permettre aux villes grecques qui le désireraient d'y adhérer[1].

D'après le projet de traité présenté par Philocrate, chacun des deux partis conservait ce qu'il possédait actuellement — ce qui était reconnaître toutes les récentes conquêtes de Philippe; — il y avait non seulement paix mais alliance, chaque parti s'engageant à faire respecter les possessions du parti opposé — ce qui, dans l'espèce, était, pour Athènes, promettre de combattre quiconque voudrait lui faire restituer ce qu'elle avait perdu; — enfin les alliés des deux partis étaient admis à participer au traité; mais ni la ville d'Halos, ni les Phocidiens n'étaient compris parmi les alliés d'Athènes.

1. C'est Eschine qui, dans le discours *Contre Ctésiphon* (§§ 69-70), nous fait connaître cette *opinion* des alliés. Dans le discours *Sur l'Ambassade* (§ 60), il la présente sous une forme sensiblement différente. Les alliés auraient demandé qu'on attendît, pour fixer la date des assemblées, le retour de tous les députés envoyés par Athènes aux villes grecques. L'impossibilité où l'on était de retarder la discussion, les ambassadeurs de Philippe étant présents, rend cette affirmation peu vraisemblable. Sur ce point d'ailleurs, les assertions de Démosthène (*Amb.*, § 16 et *Cour.*, §§ 22-24) ne sont pas non plus très nettes.

Cette restriction était, au point de vue athénien, de la plus grande conséquence. La Phocide était le rempart naturel d'Athènes contre les envahissements de la Macédoine : les Phocidiens détruits, Philippe était maître des Thermopyles et du chemin de l'Attique. Or, grâce à cette clause, insérée vraisemblablement sur sa demande par Philocrate, il se réservait le droit de les combattre au moment même où il empêchait les Athéniens de les soutenir.

La motion des alliés aurait pu ménager dans l'avenir une solution à cette difficulté ; mais, quoique Eschine et Démosthène se vantent — probablement à tort l'un et l'autre — de l'avoir soutenue, cette motion fut négligée. On vota la proposition de Philocrate, en supprimant la restriction relative à Halos et aux Phocidiens. A une difficulté c'était substituer une équivoque dangereuse et dont Philippe n'allait pas tarder à profiter.

7. Un traité n'était conclu que par un échange de serments entre les partis aux prises : les Athéniens et leurs alliés jurèrent la paix devant les ambassadeurs de Philippe ; une ambassade athénienne composée des mêmes députés que la première devait aller recevoir les serments de Philippe et de ses alliés.

On connaît assez bien les opérations de cette seconde ambassade : par maladresse ou par trahison, elle aggrava singulièrement les conditions déjà mauvaises de la paix de Philocrate, et c'est elle qui doit porter en grande partie la responsabilité des événements ultérieurs. Elle commit en particulier deux fautes graves que Démosthène a relevées avec une grande force. Du moment qu'on avait pris pour base de la paix les possessions actuelles des deux partis en présence, il importait au plus haut point d'arrêter les conquêtes de Philippe en lui faisant prêter serment le plus rapidement possible. Ce prince était en ce moment en Thrace où il achevait de réduire Kersèblepte[1], ami d'Athènes, pour se frayer ensuite un chemin vers la Chersonèse. Démosthène pressa vivement ses collègues

1. Le représentant de Kersèblepte n'avait pas été admis à prêter serment avec les autres alliés d'Athènes, et cela, si l'on en croit Eschine (II, 81-86 et III, 73-75), par la faute de Démosthène.

d'aller le rejoindre, et, comme neuf jours après la prestation des serments, l'ambassade n'avait pas encore quitté Athènes, il fit même voter par le Conseil un décret lui enjoignant de partir immédiatement et ordonnant à Proxénos, le commandant athénien à Oréos en Eubée, de la conduire où était Philippe, partout où il pût être. L'ambassade se mit en route; mais au lieu de se rendre en Thrace, comme le spécifiait le décret, elle s'arrêta à Oréos, puis gagna à petites journées la ville de Pella où elle attendit tranquillement qu'il plût à Philippe de revenir. Ce fut là une première faute, dont il semble que la conséquence fut la ruine de Kerséblepte. La seconde fut beaucoup plus grave et eut pour résultat l'écrasement des Phocidiens.

Philippe était enfin de retour à Pella : les députés athéniens devaient recevoir ses serments et aller ensuite, conformément à leur mandat, recevoir ceux de ses alliés. Mais cela n'entrait pas dans les vues du roi de Macédoine. Il préparait sous main une expédition contre les Phocidiens, et son plan consistait à profiter de la présence de l'ambassade pour se rapprocher autant que possible des Thermopyles sans éveiller l'attention, et s'en emparer ensuite brusquement avant que les Athéniens eussent pu le prévenir. De tout cela les députés ne virent rien ou ne voulurent rien voir : Démosthène affirme qu'après les avoir vainement avertis, il voulut faire connaître à Athènes d'abord par une lettre, ensuite en s'échappant lui-même, le danger qui menaçait la ville. Quoi qu'il en soit, Philippe avait si bien gagné les ambassadeurs, tant par ses promesses que par son or, que ceux-ci l'accompagnèrent encore jusqu'à Phères. Là ils reçurent ses serments et ceux d'une partie de ses alliés, et rentrèrent à Athènes le 13 skirophorion (juin), près de trois mois après leur départ.

8. Devant le Conseil, Démosthène fit sans délai son rapport. Il reprocha à l'ambassade d'avoir, par ses lenteurs au début, livré Kerséblepte; il fit ressortir l'importance de la dernière démarche de Philippe, supplia le conseil, tandis qu'il en était encore temps, de sauver les Thermopyles et la Phocide et fit adopter un projet de décret rédigé en ce sens et qui ne comportait pas pour les ambassadeurs les honneurs habituels.

Devant l'Assemblée, les choses se passèrent autrement. On ne lut pas, paraît-il, le projet de décret arrêté par Démosthène, et Eschine, prenant la parole le premier, s'efforça d'atténuer le mauvais effet produit par la brusque arrivée de Philippe. Il reprit des considérations qu'il avait dû déjà développer lors de la conclusion de la paix, affirmant qu'il ne fallait pas se fier aux apparences, que Philippe était au fond dévoué aux Athéniens et hostile aux Thébains, qu'il ne s'était rapproché que pour anéantir ces derniers et sauver la Phocide, qu'il allait rendre leur indépendance aux villes béotiennes et que, d'ailleurs, il ménageait à Athènes de sérieuses compensations. Il laissa même entendre qu'on allait recevoir l'Eubée et peut-être la ville d'Oropos. Démosthène voulut protester; mais Philocrate l'empêcha de parler : « Belle merveille, Athéniens, si nous ne sommes pas du même avis, Démosthène et moi : il boit de l'eau, je bois du vin ». On lut une lettre de Philippe pleine de vagues promesses et, sur la proposition de Philocrate, les Athéniens votèrent des éloges et des remerciements à Philippe, étendirent à leurs enfants la paix et l'alliance qui venaient d'être conclues et s'engagèrent même à forcer, le cas échéant, les Phocidiens à restituer aux Amphictyons le sanctuaire de Delphes.

Phalécos, le chef phocidien, suivait par des envoyés toutes les négociations engagées. Se voyant définitivement abandonné, il se décida à conclure une convention avec Philippe, évacua le pays avec tous ceux qui voulaient le suivre et livra à son vainqueur toutes les villes de Phocide. Philippe, de son côté, réunissait ses forces à celles des Thébains, leur rendait leurs anciennes possessions et leur abandonnait une partie considérable des terres enlevées à Phalécos.

9. Lorsque ce désastre se produisit, une troisième ambassade était en route pour annoncer à Philippe le vote de la proposition de Philocrate. Ce fut un des ambassadeurs, Derkylos, qui revint à Athènes en porter la nouvelle (27 skirophorion). L'effet produit fut considérable : on prit des mesures de protection énergiques et les Athéniens se retirèrent avec tout ce qu'ils possédaient de la campagne dans la ville. L'ambassade cependant avait continué son voyage. Démosthène avait refusé d'en faire partie : Eschine, qui s'était excusé au moment du

départ, venait de la rejoindre et assistait avec ses collègues aux fêtes célébrées en l'honneur des récentes victoires de Philippe. Bientôt on apprit que celui-ci avait convoqué le congrès amphictyonique et s'était fait attribuer les deux voix qui appartenaient jadis aux Phocidiens. Il écrivit même aux Athéniens pour leur demander de les lui reconnaître. Cette dernière démarche faillit provoquer une rupture; mais la position de Philippe était actuellement trop avantageuse pour qu'on pût rien tenter contre lui. Ce fut Démosthène qui, par son discours *Sur la Paix*, engagea ses compatriotes à accepter ce qu'ils n'avaient pas su prévenir.

10. Philippe n'avait traité que pour immobiliser Athènes. Maître de la Phocide et des Thermopyles, il n'entendait pas rester inactif. Démosthène, de son côté, surveillait étroitement ses projets. Aussi de 346 à 340, une lutte sourde d'influence se continua-t-elle entre les deux adversaires dans le Péloponnèse, en Eubée et surtout du côté des détroits. La possession des détroits était pour Athènes, qui tirait des pays situés au nord du Pont-Euxin ses approvisionnements de blés, d'une importance capitale. Or Philippe se rapprochait chaque jour de la Chersonèse et il était évident qu'il ne tarderait pas à porter ses armes contre Byzance, soit pour contraindre la ville à une alliance, soit pour la détruire. En Chersonèse, Démosthène soutint énergiquement le général athénien Diopithe qui ne cessait de harceler les alliés de Philippe. A Byzance, il se fit lui-même envoyer comme ambassadeur, et, malgré les dissentiments créés entre Athènes et cette cité par la guerre Sociale, il réussit à conclure une alliance avec les Byzantins (341). C'était un échec pour Philippe : il se vengea en mettant le siège devant Périnthe. La guerre était imminente : une lettre qu'il adressa aux Athéniens (commencement de l'été de 340) acheva la rupture. Sur la proposition de Démosthène, les Athéniens votèrent le renversement de la stèle où était gravé le traité d'alliance avec la Macédoine.

11. Tant que les hostilités se maintinrent du côté de la Thrace, Athènes eut l'avantage : Philippe dut lever le siège de Périnthe et ne put s'emparer de Byzance. Ce fut une nouvelle faute — ou plutôt une nouvelle trahison — d'Eschine

qui ramena la guerre au cœur même de la Grèce[1]. Envoyé comme pylagore à l'assemblée amphictyoniqué (printemps de 339), il dénonça aux Amphictyons une impiété des Locriens d'Amphissa. Les Amphictyons tentèrent une première expédition, mais échouèrent. Une seule ressource leur restait : faire appel à Philippe. Celui-ci était alors en Thrace. Il accepta avec empressement une offre qu'il avait probablement sollicitée, revint en Grèce, franchit les Thermopyles et, pour avoir un centre solide d'opérations, il fortifia Élatée[2].

12. Il ne s'agissait donc plus seulement de punir les Locriens d'Amphissa. Thèbes et Athènes étaient également menacées. Allaient-elles s'unir contre l'ennemi commun? Les circonstances les y invitaient. Eschine, qui veut diminuer le rôle de Démosthène dans la conclusion de l'alliance, le fait remarquer avec insistance, et c'est un point qu'on peut lui accorder. Mais on doit observer : 1° que contrairement à ce qu'il avance (III, 140) Thèbes n'était pas immédiatement exposée aux coups de Philippe, 2° que Philippe, non seulement la ménageait, mais lui demandait son concours contre Athènes, 3° qu'il y avait entre les Athéniens et les Thébains un sentiment de rivalité très fort, habilement exploité par les partis macédoniens, et capable de prévenir tous les rapprochements. Réaliser l'union dans de telles conditions était une tâche des plus délicates. Démosthène néanmoins y réussit.

13. Eschine lui rend involontairement hommage en rappelant qu'avant lui beaucoup de bons citoyens s'y étaient inutilement employés, mais il mêle les dates et confond deux situations tout à fait différentes. Il affecte de ne pas distinguer entre l'époque où Athènes, Sparte et Thèbes se disputaient la prééminence en Grèce, et celle où ces rivalités durent s'effacer devant la puissance grandissante de la Macédoine. Lorsque Athènes luttait pour l'hégémonie, elle avait le choix entre deux

1. Le long récit d'Eschine, dont on trouvera la plus grande partie dans les *Extraits* (pp. 275-288), n'infirme en rien sur ce point la rigoureuse argumentation de Démosthène (*Couronne*, §§ 140-160).

2. On connaît le beau passage du discours *Sur la Couronne* (§§ 169 sq.) dans lequel Démosthène rappelle l'effet produit à Athènes par la brusque nouvelle de la prise d'Élatée.

politiques : ou bien profiter de la prospérité naissante de Thèbes pour tenir Sparte en échec, mais en affirmant contre les exigences des Thébains le principe de l'autonomie des villes béotiennes ; ou bien accepter sans réserves l'alliance de Thèbes et s'en faire un appui contre Sparte. L'une de ces politiques était représentée par l'orateur Callistrate, l'autre par le démagogue Aristophon d'Azénia. C'était la première qui avait prévalu. De 395 à 369, Athènes avait soutenu Thèbes, mais en sauvegardant l'indépendance des villes de Béotie. Lorsqu'en 378-377 elle avait reformé la confédération maritime sur les bases du traité d'Antalcidas, Thrasybule de Collyte, Aristote de Marathon et Pyrrhandre d'Anaphlyste avaient réussi à faire entrer Thèbes dans la confédération. Mais le succès des Thébains à Leuctres (371), leur expédition dans le Péloponnèse (369) avaient amené un renversement des alliances. Athènes s'était rapprochée de Sparte, et, à partir de ce moment jusqu'à la brusque arrivée de Philippe, il n'avait plus été question d'alliance thébaine. Démosthène, il est vrai, toujours préoccupé des progrès de la Macédoine, avait prévu qu'un moment viendrait où les deux grandes cités de la Grèce du nord devraient de nouveau s'unir. Lorsqu'il conseillait de ménager les Thébains — en qui il voyait la suprême ressource d'Athènes — on l'accusait de *béotiser* ; mais c'est précisément parce qu'il avait, dans cette mesure, *béotisé* toute sa vie, qu'il put, à l'heure du danger, prendre les mesures qu'imposait la situation.

14. L'Assemblée était réunie, personne ne demandait la parole : seul il se leva, rappela aux Athéniens qu'ils avaient à Thèbes des partisans dévoués qui n'attendaient qu'une démonstration de leur part, proposa, pour enhardir ceux-ci, de faire avancer jusqu'à la frontière toutes les forces dont la ville disposait, et insista pour qu'on envoyât à Thèbes dix ambassadeurs munis de pleins pouvoirs. L'alliance avec Thèbes était le seul moyen de salut, mais, pour obtenir cette alliance, il fallait oublier toute rancune, ne demander ni concessions, ni conditions, offrir simplement le concours désintéressé des forces de la république. Cette proposition ne souleva aucune opposition ; Démosthène fut envoyé comme ambassadeur avec neuf collègues, et, malgré les belles promesses de Philippe, les

Thébains acceptèrent l'alliance qu'Athènes venait leur offrir. Quoi que fasse Eschine pour diminuer sa gloire, Démosthène avait, dans cette occasion — grâce surtout à sa décision et à son esprit politique — remporté une des plus belles victoires qu'ait jamais obtenues un orateur ou un homme d'État.

15. Aussi jouit-il à ce moment d'une influence incontestée. Les Athéniens et les Thébains coalisés ayant remporté quelques succès militaires, on lui décerne une couronne d'or sur la proposition d'Hypéride et de Démomélès. La situation de Philippe était compromise : l'exemple de Thèbes pouvait entraîner les cités péloponnésiennes. Très habilement Philippe feignit de reprendre son rôle de vengeur du dieu de Delphes. Il marcha contre Amphissa, détruisit les mercenaires qu'on lui avait opposés et s'empara de la ville. Puis, fort de ce succès, il offrit la paix. Les Béotarques étaient assez disposés à l'accepter. A Athènes, des politiques considérés, comme Phocion, inclinaient à les suivre. Mais il était évident que Philippe ne cherchait qu'à gagner du temps pour diviser ses adversaires. Démosthène s'en rendait compte : il entraîna l'assemblée, releva le courage des Béotarques et fit rejeter les propositions de paix.

16. Le succès ne répondit cependant ni à cet effort énergique, ni à la bonne volonté des Athéniens. La bataille de Chéronée, livrée en août 338, trompa les espérances des patriotes et assura le triomphe de Philippe.

EXTRAITS

DES

ORATEURS ATTIQUES

I

LYSIAS

Sur l'olivier[1].

(VII)

Argument.

L'olivier (ἐλάα) à Athènes n'était pas seulement un arbre sacré, présent d'Athèna, placé sous la protection de la déesse et de Zeus μόριος; c'était aussi un arbre de rapport, qui se reproduisait rapidement et dont l'exploitation était pour le trésor une source importante de revenus. Aussi la culture des oliviers était-elle de la part de l'État l'objet d'une étroite surveillance. Un propriétaire ne pouvait disposer librement des oliviers qui se trouvaient sur sa terre. Les uns (ἴδιαι ἐλᾶαι) lui appartenaient en propre; mais il ne pouvait en arracher plus de deux par an pour son usage personnel. Toute contravention était punie d'une amende de 200 drachmes par arbre arraché. Les autres, bien qu'ayant poussé dans sa propriété, ne lui appartenaient pas. C'étaient ceux qu'on appelait *oliviers sacrés*

1. Titre donné par le ms. : Ἀρεοπαγιτικὸς περὶ τοῦ σηκοῦ ἀπολογία.

(μορίαι). Ils faisaient partie du domaine de l'État : une marque apparente les distinguait : on mettait en ferme la récolte de leurs fruits, et chaque année l'Aréopage, sous la surveillance duquel ils étaient placés, envoyait des commissaires spéciaux (ἐπιγνώμονες) pour s'assurer de leur entretien. Sous peine d'amende il était défendu de cultiver la terre dans un certain rayon autour de leur pied pour ne pas les empêcher de se reproduire ou d'étendre leurs racines. Les arracher était un crime pour lequel la prescription (προθεσμία) n'était pas admise. Tout citoyen (ὁ βουλόμενος) pouvait intenter au coupable une *accusation d'impiété* (γραφὴ ἀσεβείας) qui était portée devant l'Aréopage.

Ces mesures de protection ne s'appliquaient pas seulement aux oliviers en plein rapport et dont la conservation était d'un intérêt immédiat pour l'État. Comme l'olivier est une plante vivace et qui repousse du pied quand l'arbre a été abîmé, elles s'étendaient aussi aux oliviers sacrés qui avaient été brûlés pendant la guerre et dont il ne restait plus que le tronc (στέλεχος). Ces troncs dépouillés de leurs branches étaient entourés d'une palissade (σηκός), et ce mot avait fini par s'appliquer à la fois à la palissade, au terrain qu'elle limitait et à l'arbre lui-même.

C'est comme inculpé de destruction d'un σηκός (au sens le plus large du mot) que le client de Lysias comparut devant l'Aréopage. Ce n'était pas, il est vrai, au début, le motif allégué dans l'*acte d'accusation*. Il était question dans cette pièce d'une suppression de μορία. Mais avant l'audience l'accusateur s'était ravisé et avait modifié les termes de sa plainte. (Cf. § 2.)

Pour repondre à cette situation nouvelle, Lysias dut remanier[1] son plaidoyer. Il sut le faire sans en altérer les lignes générales, et son discours, tel qu'il nous est parvenu, est composé avec une habileté qu'on n'a pas coutume de rencontrer chez lui au même degré.

Dans un *exorde* (1-3) rapide, l'orateur signale la manœuvre de son adversaire. Puis, comme s'il avait hâte de se débarras-

1. J'attribue à ces remaniements une certaine confusion dans l'emploi des termes μορία et σηκός. Il faut aussi tenir compte, dans l'étude de ce discours, de la signification très étendue du second de ces termes. Pris au sens de *tronc d'olivier*, il peut, quoique les deux mots ne soient pas synonymes, être remplacé par μορία.

ser de l'accusation, il va droit aux faits, et par des rapprochements de date, des citations de témoins, il établit que cette accusation ne repose sur rien de solide (4-11). — A la rigueur, cette première discussion dans laquelle la *narration* se mêle à l'*argumentation* pourrait suffire. Mais les témoignages sont quelquefois suspects et peuvent laisser des doutes : d'ailleurs si la cause est bonne, on peut tenter d'obtenir un acquittement à l'unanimité en profitant de tous les avantages qu'elle offre à la défense : enfin l'accusateur est un jeune homme, un débutant qui, malgré son inexpérience, s'est fait l'instrument de rancunes cachées. — En homme pour qui le métier n'a plus de secrets, Lysias veut lui donner une bonne leçon. De là ce long examen des *vraisemblances* et des *indices* (12-29) qui remplit la plus grande partie de son plaidoyer. Non seulement l'accusation péchait par la base, mais de tous côtés elle donnait prise à la critique. Lysias se fait un jeu de le démontrer, et cela, sans se départir de son rôle de logographe, en conservant à son client son caractère. — Cette discussion brièvement résumée, l'orateur, conformément à l'usage, énumère les services qu'il a rendus à l'État (30-33), puis, appropriant à sa cause un *lieu commun* qu'on retrouve fréquemment dans les plaidoyers, il rappelle qu'il a voulu livrer ses esclaves à la torture, mais qu'il s'est heurté au refus de Nicomaque (34-37). — Cela l'amène à une nouvelle attaque contre son adversaire auquel il reproche de n'être qu'un sycophante (38-39). — Un appel à la pitié des juges, appel pathétique mais très court, comme il convient devant l'Aréopage (40-41) et un *épilogue* (42-fin) dans lequel sont sommairement indiqués les points les plus faibles de l'accusation terminent le plaidoyer.

Indépendamment de l'habileté avec laquelle la discussion y est conduite, le περὶ τοῦ σηκοῦ peut prendre place à côté du *Discours sur l'Invalide* pour la finesse d'observation que Lysias y déploie dans la peinture des mœurs et des caractères. La physionomie de l'accusé — homme riche mais de vie retirée, esprit simple, droit, plein de bon sens et que révoltent les attaques inconsidérées du jeune Nicomaque — y est très heureusement mise en lumière.

Quoique la date ne puisse en être déterminée avec certitude ce discours a dû être prononcé vers 395.

I

EXORDE ET EXPOSÉ DES FAITS

(§§ 1-11)

[1] Πρότερον μέν, ὦ βουλή[1], ἐνόμιζον ἐξεῖναι τῷ βουλομένῳ, ἡσυχίαν ἄγοντι[2], μήτε δίκας[3] ἔχειν μήτε πράγματα[4]· νυνὶ δὲ οὕτως ἀπροσδοκήτοις αἰτίαις καὶ πονηροῖς συκοφάνταις[5] περιπέπτωκα, ὥστ' εἴ πως οἷόν τε, δοκεῖ μοι δεῖν καὶ τοὺς μὴ γεγονότας ἤδη δεδιέναι περὶ τῶν μελλόντων ἔσεσθαι[6]· διὰ γὰρ τοὺς τοιούτους οἱ κίνδυνοι κοινοὶ γίγνονται καὶ τοῖς μηδὲν ἀδικοῦσι καὶ τοῖς πολλὰ ἡμαρτηκόσιν. [2] Οὕτω δ' ἄπορος[7] ὁ ἀγών μοι καθέστηκεν, ὥστε ἀπεγράφην τὸ μὲν πρῶτον ἐλάαν ἐκ τῆς γῆς ἀφανίζειν, καὶ πρὸς τοὺς ἐωνημένους[8]

1. Ὦ βουλή, façon ordinaire de parler quand on s'adresse soit, comme ici, au *conseil* de l'Aréopage, soit, comme dans XXIV, au *conseil* des Cinq-Cents.

2. Ἡσυχίαν ἄγοντι = *in otio viventi* (*se tenant à l'écart de la politique*).

3. Δίκας, au sens général de *procès*, quoiqu'il s'agisse en réalité d'une γραφή. Cf. Ind., n° 61.

4. Πράγματα, « *ennuis* ».

5. Συκοφάνταις = l'accusateur Nicomaque et ceux qui l'avaient poussé à intervenir. — La construction de περιπίπτω avec un datif de personne est rare.

6. Δοκεῖ ... ἔσεσθαι. Allusion probable à quelque proverbe. La familiarité du tour contribue à fixer la physionomie du personnage. — Τοὺς μὴ γεγονότας : « *ceux qui ne sont pas encore nés* ».

7. Οὕτω δ' ἄπορος... κ. τ. λ. La difficulté (ἀπορία) réside dans la modification apportée à l'acte d'accusation (voyez l'Argument). Elle est définie par les deux membres de phrase : ἀπεγράφην τὸ μὲν πρῶτον et ἐπειδὴ δέ : « *J'ai d'abord été accusé... puis comme ils n'ont pu... ils disent maintenant.* » Sur ἀπεγράφην, cf. Ind. 66.

8. Τοὺς ἐωνημένους, « *ceux qui avaient pris à ferme* » (litt. : *le*

τοὺς καρποὺς τῶν μορίων πυνθανόμενοι προσῇσαν· ἐπειδὴ δ' ἐκ τούτου τοῦ τρόπου ἀδικοῦντά με οὐδὲν εὑρεῖν ἐδυνήθησαν, νυνί με σηκόν φασιν ἀφανίζειν, ἡγούμενοι ἐμοὶ μὲν ταύτῃ[1] τὴν αἰτίαν ἀπορωτέραν εἶναι ἀπελέγξαι, αὐτοῖς δὲ ἐξεῖναι μᾶλλον ὅ τι ἂν βούλωνται λέγειν. [3] Καὶ δεῖ με, περὶ ὧν[2] οὗτος[3] ἐπιβεβουλευκὼς ἥκει, ἅμ' ὑμῖν[4] τοῖς διαγνωσομένοις ἀκούσαντα καὶ περὶ τῆς πατρίδος καὶ περὶ τῆς οὐσίας ἀγωνίσασθαι[5]. Ὅμως δὲ πειράσομαι ἐξ ἀρχῆς ὑμᾶς διδάξαι.

[4] Ἦν μὲν γὰρ[6] τοῦτο Πεισάνδρου[7] τὸ χωρίον, δημευθέντων[8] δ' ἐκείνου τῶν ὄντων Ἀπολλόδωρος[9] ὁ Μεγαρεὺς δωρεὰν παρὰ τοῦ δήμου λαβὼν[10] τὸν

ayant acheté). — En refusant de témoigner, ils avaient rendu l'accusation impossible sous sa première forme (ἐπειδὴ δ' ἐκ τούτου..., κ. τ. λ.).

1. Ταύτῃ, « *de cette façon* ». En effet, en procédant ainsi, 1° ils obligent l'accusé à improviser sa défense; 2° ils deviennent eux-mêmes libres de dire ce qu'ils veulent, sans craindre le témoignage des fermiers.

2. Περὶ ὧν. Construisez : ἀκούσαντα (ταῦτα) περὶ ὧν.

3. Οὗτος, comme en latin *iste*, désigne l'adversaire.

4. Ἅμ' ὑμῖν, « *en même temps que vous* ». A cause de la modification apportée à l'acte d'accusation.

5. Περὶ τῆς... ἀγωνίσασθαι. Cf. Ind. n° 98.

6. Γάρ, employé ici, comme souvent au début des narrations oratoires, parce qu'il s'agit d'une *explication* des faits.

7. Πεισάνδρου. Un des promoteurs les plus actifs de la révolution oligarchique des Quatre-Cents. Cf. Hist., I, n° 1.

8. Δημευθέντων. Cf. Ind., n° 96.

9. Ἀπολλόδωρος. Apollodore de Mégare s'était acquis la reconnaissance du peuple par la part qu'il avait prise au meurtre de Phrynichos, l'ami et le collègue de Pisandre. Cf. Hist., n° 2.

10. Λαβών. Confisqué à Pisandre à la chute des Quatre-Cents (411), le terrain resta, par suite de la guerre, *sans acquéreur* pendant plus de trois ans (cf. § 6, ἄπρατον). Donné, par conséquent, à Apollodore en 408-407, il passa aux

μὲν ἄλλον χρόνον ἐγεώργει, ὀλίγῳ δὲ πρὸ τῶν τριάκοντα Ἀντικλῆς παρ' αὐτοῦ πριάμενος ἐξεμίσθωσεν· ἐγὼ δὲ παρ' Ἀντικλέους εἰρήνης οὔσης ἐωνούμην[1]. [5] Ἡγοῦμαι τοίνυν, ὦ βουλή, ἐμὸν ἔργον ἀποδεῖξαι ὡς, ἐπειδὴ τὸ χωρίον ἐκτησάμην, οὔτ' ἐλάα οὔτε σηκὸς ἐνῆν ἐν αὐτῷ. Νομίζω γὰρ τοῦ μὲν προτέρου χρόνου[2], οὐδ' εἰ πολλαὶ ἐνῆσαν μορίαι, οὐκ ἂν δικαίως ζημιοῦσθαι· εἰ γὰρ μὴ δι' ἡμᾶς[3] εἰσιν ἠφανισμέναι, οὐδὲν προσήκει περὶ τῶν ἀλλοτρίων ἁμαρτημάτων ὡς ἀδικοῦντας κινδυνεύειν[4]. [6] Πάντες γὰρ ἐπίστασθε ὅτι ὁ πόλεμος[5] καὶ ἄλλων πολλῶν[6] αἴτιος κακῶν γεγένηται καὶ τὰ μὲν πόρρω ὑπὸ Λακεδαιμονίων ἐτέμνετο, τὰ δ' ἐγγὺς ὑπὸ τῶν φίλων[7] διηρπάζετο· ὥστε πῶς ἂν δικαίως ὑπὲρ τῶν πάλαι γεγενημένων συμφορῶν ἐγὼ νυνὶ

mains d'Antiklès peu avant les Trente (vers 405). Enfin l'orateur l'acheta, *après la conclusion de la paix* (εἰρήνης οὔσης), sous l'archontat de Pythodoros en 404-403 cf. § 9).

1. Ἐωνούμην. L'imparfait au lieu de l'aoriste, qui n'est pas attique.

2. Τοῦ... χρόνου = τῶν ἐν τῷ προτέρῳ χρόνῳ γεγενημένων. — Seul exemple de ζημιοῦσθαι construit avec le génitif. Mais on trouve la même construction avec des verbes de sens analogue comme τιμωρεῖν, κολάζειν.

3. Ἡμᾶς, « *moi et les miens* ». — Διά avec l'accusatif = soit « *grâce à* », soit, comme ici, « *par la faute de* ».

4. Κινδυνεύειν, « *courir des risques (en justice), être l'objet d'une poursuite* », sens fréquent chez les orateurs.

5. Ὁ πόλεμος. La guerre du Péloponnèse, et spécialement la période pendant laquelle les Lacédémoniens, établis à Décélie (à partir de 413) bloquaient Athènes et dévastaient l'Attique (τὰ μὲν πόρρω... ἐτέμνετο).

6. Καὶ ἄλλων πολλῶν, s'oppose à τὰ μὲν πόρρω... κ. τ. λ. = « *entre autres maux dont la guerre fut cause* ».

7. Ὑπὸ τῶν φίλων. Allusion à la destruction systématique de tout ce qui aurait pu faciliter l'approvisionnement des Lacédémoniens. (Cf. Thucydide, II 14.)

δίκην διδοίην; Ἀλλ' ὅτι καὶ[1] τοῦτο τὸ χωρίον ἐν τῷ πολέμῳ δημευθὲν ἄπρατον ἦν πλεῖν ἢ τρία ἔτη, [7] οὐ θαυμαστὸν εἰ τότε τὰς μορίας ἐξέκοπτον[2], ἐν ᾧ[3] οὐδὲ τὰ ἡμέτερ' αὐτῶν φυλάττειν ἐδυνάμεθα. Ἐπίστασθε δὲ, ὦ βουλὴ, ὅσοι[4] μάλιστα τῶν τοιούτων ἐπιμελεῖσθε, πολλὰ ἐν ἐκείνῳ τῷ χρόνῳ δασέα ὄντα[5] ἰδίαις καὶ μορίαις ἐλάαις, ὧν νῦν τὰ πολλὰ ἐκκέκοπται καὶ ἡ γῆ[6] ψιλὴ γεγένηται· [8] καὶ τῶν αὐτῶν καὶ ἐν τῇ εἰρήνῃ καὶ ἐν τῷ πολέμῳ κεκτημένων[7] οὐκ ἀξιοῦτε παρ' αὐτῶν, ἑτέρων ἐκκοψάντων, δίκην λαμβάνειν. Καίτοι εἰ τοὺς διὰ παντὸς τοῦ χρόνου γεωργοῦντας τῆς αἰτίας ἀφίετε, ἦ που[8] χρὴ τούς γ' ἐν τῇ εἰρήνῃ πριαμένους ἀφ' ὑμῶν[9] ἀζημίους γενέσθαι.

[9] Ἀλλὰ γὰρ[10], ὦ βουλὴ, περὶ μὲν τῶν πρότερον γεγενημένων πολλὰ ἔχων εἰπεῖν ἱκανὰ νομίζω τὰ εἰρημένα· ἐπειδὴ δ' ἐγὼ παρέλαβον τὸ χωρίον, πρὶν ἡμέρας πέντε γενέσθαι, ἀπεμίσθωσα Καλλιστράτῳ,

1. Ἀλλ' ὅτι καί, « *mais comme de plus* ». — Ἄπρατον s'oppose à τὰ ἡμέτερα. Cf. § 4, n. 10.

2. Ἐξέκοπτον, 3e personne du pluriel : « *on arrachait* ».

3. Ἐν ᾧ = ὅτε, et répond à τότε.

4. Ὅσοι μάλιστα, « *vous tous surtout qui* », à savoir les ἐπιγνώμονες. Cf. l'Argument.

5. Ὄντα. Participe imparfait.

6. Καὶ ἡ γῆ... κ. τ. λ. Proposition indépendante. Ψιλή ne peut, en effet, se construire avec ὧν, génitif partitif.

7. Καὶ τῶν αὐτῶν... κεκτημένων. Proposition au participe équivalant à une proposition concessive. Le raisonnement est celui-ci : Vous ne rendez pas responsables des dégâts commis pendant la guerre ceux qui étaient déjà propriétaires de leurs terres à cette époque : à plus forte raison ne devez-vous pas inquiéter ceux qui, comme moi, n'ont acheté qu'après la conclusion de la paix. — Κεκτημένων est employé absolument.

8. Ἦ που. Cf. XII, 35, n. 8.

9. Ἀφ' ὑμῶν, « *de votre fait* », se rattache à ἀζημίους γενέσθαι.

10. Ἀλλὰ γάρ. Cf. XXIV, 14, n. 7.

ἐπὶ Πυθοδώρου ἄρχοντος[1]· [10] ὃς δύο ἔτη ἐγεώργησεν, οὔτε ἰδίαν ἐλάαν οὔτε μορίαν οὔτε σηκὸν παραλαβών. Τρίτῳ δὲ ἔτει Δημήτριος οὑτοσὶ[2] εἰργάσατο[3] ἐνιαυτόν· τῷ δὲ τετάρτῳ Ἀλκίᾳ Ἀντισθένους ἀπελευθέρῳ ἐμίσθωσα, ὃς τέθνηκε[4]· κᾆτα τρία ἔτη ὁμοίως[5] καὶ Πρωτέας ἐμισθώσατο. Καί μοι δεῦρο ἴτε[6] μάρτυρες.

ΜΑΡΤΥΡΕΣ

[11] Ἐπειδὴ τοίνυν ὁ χρόνος οὗτος[7] ἐξήκει, αὐτὸς γεωργῶ. Φησὶ δὲ ὁ κατήγορος ἐπὶ Σουνιάδου ἄρχοντος σηκὸν ὑπ' ἐμοῦ ἐκκεκόφθαι. Ὑμῖν δὲ μεμαρτυρήκασιν οἱ πρότερον ἐργαζόμενοι καὶ πολλὰ ἔτη παρ' ἐμοῦ μεμισθωμένοι μὴ[8] εἶναι σηκὸν ἐν τῷ χωρίῳ. Καίτοι πῶς[9] ἄν τις[10] φανερώτερον ἐξελέγξειε

1. Ἐπὶ... ἄρχοντος, « *sous l'archontat de Pythodoros* » (404-403). Formule constante pour indiquer une date, les Athéniens ayant coutume de désigner leurs années par le nom de l'*archonte*. Cf. Ind., n° 42.

2. Δημήτριος οὑτοσί « *Démétrios que voici* ». Il figurait en qualité de témoin.

3. Εἰργάσατο. Comme fermier de l'accusé. — Ἐνιαυτόν, « *pour une durée d'un an* ».

4. Ὃς τέθνηκε. Détail ajouté pour expliquer l'absence d'Alkias parmi les témoins.

5. Ὁμοίως, « *dans les mêmes conditions* », c.-à-d. sans qu'il y eût ni ἐλάα, ni μορία, ni σηκός.

6. Δεῦρο ἴτε. Sur la lecture des témoignages et l'audition des témoins à l'audience, cf. Ind., n° 88.

7. Ὁ χρόνος οὗτος. Celui du fermage de Protéas. Le terrain avait donc été affermé de 404-403 à 398-397. Quant au délit, il aurait été commis sous l'archontat de Souniadès (397-396).

8. Μὴ εἶναι. La négation μή est employée avec μαρτυρεῖν comme elle l'est avec ὀμνύναι et avec ὁμολογεῖν.

9. Καίτοι πῶς. Cf. Isocrate, IV, 31, n. 11.

10. Πῶς ἄν τις... κ. τ. λ. Cf. XXV, 14, une conclusion exprimée par Lysias sous une forme à peu près identique.

ψευδόμενον τὸν κατήγορον· Οὐ γὰρ οἷόν τε, ἃ πρότερον μὴ ἦν[1], ταῦτα τὸν ὕστερον ἐργαζόμενον ἀφανίζειν.

II

ARGUMENTATION (VRAISEMBLANCES ET INDICES) (§§ 12-29)

[12] Ἐγὼ τοίνυν[2], ὦ βουλή, ἐν μὲν τῷ τέως χρόνῳ, ὅσοι με φάσκοιεν δεινὸν[3] εἶναι καὶ ἀκριβῆ καὶ οὐδὲν ἂν εἰκῇ καὶ ἀλογίστως ποιῆσαι[4], ἠγανάκτουν ἂν[5], ἡγούμενός μ' ἄλλον λέγεσθαι ἢ ὡς μοι προσῆκε· νῦν δὲ πάντας ἂν ὑμᾶς βουλοίμην περὶ ἐμοῦ ταύτην τὴν γνώμην[6] ἔχειν, ἵνα ἡγῆσθέ[7] με σκοπεῖν ἂν[8], εἴπερ τοιούτοις ἔργοις ἐπεχείρουν,

1. Ἃ... μὴ ἦν. Proposition relative de sens conditionnel. De là la négation μή.

2. Ἐγὼ τοίνυν... κ. τ. λ. L'argumentation tirée des faits appuyés sur les témoignages fait place à une nouvelle argumentation, dans laquelle l'orateur examine les *indices* (τὰ τεκμήρια) et les *vraisemblances* (τὰ εἰκότα) favorables à sa thèse. Cf. Isocrate, XV, 280, n. 6. — On sait quelle ingéniosité Lysias montrait dans les discussions de cette nature. Celle-ci peut être considérée comme un modèle du genre.

3. Δεινὸν... καὶ ἀκριβῆ, « *avisé et prévoyant* » (litt. : ἀκριβῆ, *exact*). — Encore un détail qui, en même temps qu'il a ici son importance, sert à fixer la physionomie du personnage.

4. Ἂν... ποιῆσαι. Mode potentiel : « *Je ne saurais faire* ».

5. Ἠγανάκτουν ἄν. L'imparfait avec ἄν (*le cas échéant*) correspondant à l'optatif φάσκοιεν, pour marquer la répétition dans le passé. — Sur la construction ὅσοι φάσκοιεν... ἠγανάκτουν, cf. XII, 30, n. 7.

6. Ταύτην τὴν γνώμην : A savoir, que je suis δεινὸς καὶ ἀκριβής... κ. τ. λ.

7. Ἵνα ἡγῆσθε. Lorsque la proposition finale dépend d'une proposition au mode potentiel (βουλοίμην ἄν), le verbe se met soit à l'optatif sans ἄν, soit, comme ici, au subjonctif.

8. Σκοπεῖν ἄν. Mode irréel, correspondant à εἴπερ... ἐπεχείρουν : « *J'aurais examiné... si toutefois j'avais entrepris* ».

καὶ ὅ τι κέρδος ἐγίγνετο τῷ ἀφανίσαντι[1] καὶ ἥτις ζημία τῷ περιποιήσαντι, καὶ[2] τί ἂν λαθὼν διεπραξάμην καὶ τί ἂν φανερὸς γενόμενος ὑφ' ὑμῶν ἔπασχον. [13] Πάντες γὰρ ἄνθρωποι τὰ τοιαῦτα οὐχ ὕβρεως[3] ἀλλὰ κέρδους ἕνεκα[4] ποιοῦσι· καὶ ὑμᾶς τε εἰκὸς[5] οὕτω[6] σκοπεῖν, καὶ τοὺς ἀντιδίκους ἐκ τούτων τὰς κατηγορίας ποιεῖσθαι, ἀποφαίνοντας ἥτις ὠφέλεια τοῖς ἀδικήσασιν ἐγίγνετο. [14] Οὗτος μέντοι οὐκ ἂν ἔχοι ἀποδεῖξαι οὔθ' ὡς ὑπὸ πενίας[7] ἠναγκάσθην τοιούτοις ἔργοις ἐπιχειρεῖν, οὔθ' ὡς τὸ χωρίον μοι διαφθείρεται τοῦ σηκοῦ ὄντος, οὔθ' ὡς ἀμπέλοις ἐμποδὼν ἦν, οὔθ' ὡς οἰκίας ἐγγύς, οὔθ' ὡς ἐγὼ ἄπειρος τῶν παρ' ὑμῖν[8] κινδύνων. Ἐγὼ δ' εἴ τι

1. Ὅ τι κέρδος ἐγίγνετο τῷ ἀφανίσαντι, litt. : *Quel était* (= *aurait été*) *le profit pour celui qui aurait fait disparaître.* — Ἐγίγνετο sans ἄν (quoique τῷ ἀφανίσαντι = εἴ τις ἠφάνισε), parce que la conséquence est indiquée comme infaillible. Cf. Cicéron, *Pro Milone*, XII, 32 : « *Interfecto Milone, Clodius haec assequebatur* ». — Τῷ (et non μοι) ἀφανίσαντι, parce que l'orateur, tout en ne songeant qu'à lui, examine d'abord son cas d'une façon générale et impersonnelle.

2. Καί, « *et ensuite* » (à supposer que je me fusse décidé à l'arracher).

3. Ὕβρεως... ἕνεκα, « *par bravade* ».

4. Κέρδους ἕνεκα. Lieu commun. Cf. Isocrate (XXI, 6) : δῆλον ὅτι πάντες κέρδους ἕνεκ' ἀδικοῦσιν. Cf. l'axiome : *Is fecit cui prodest.*

5. Εἰκός. Sur le sens de ce mot, cf. Eschine, p. 314, n. 1.

6. Οὕτω, « *de ce point de vue* », ἐκ τούτων, « *d'après ces considérations* » (celles qui précèdent). Le moyen est ensuite indiqué par ἀποφαίνοντας.

7. Ὑπὸ πενίας. Plus loin, l'accusé fait allusion à ses propriétés. C'était un homme riche, qui n'en était pas à compter, pour vivre, sur la vente d'un tronc d'olivier et sur la mise en culture du coin de terre que celui-ci occupait. Cf. § 21.

8. Παρ' ὑμῖν. On dit ordinairement κινδυνεύειν παρά τινος. Cependant le datif se trouve ailleurs chez Lysias.

τοιοῦτον ἔπραττον, πολλὰς ἄν[1] καὶ μεγάλας ἐμαυτῷ ζημίας γενομένας ἀποφήναιμι· [15] ὃς πρῶτον μὲν μεθ' ἡμέραν[2] ἐξέκοπτον[3] τὸν σηκόν, ὥσπερ οὐ πάντας λαθεῖν δέον[4], ἀλλὰ πάντας Ἀθηναίους εἰδέναι. Καὶ εἰ μὲν αἰσχρὸν ἦν μόνον τὸ πρᾶγμα, ἴσως ἄν τις τῶν παριόντων ἠμέλησε[5]· νῦν δ' οὐ περὶ αἰσχύνης ἀλλὰ τῆς μεγίστης ζημίας ἐκινδύνευον. [16] Πῶς δ'[6] οὐκ ἂν ἦν ἀθλιώτατος ἀνθρώπων ἁπάντων, εἰ τοὺς ἐμαυτοῦ θεράποντας μηκέτι δούλους ἔμελλον ἕξειν ἀλλὰ δεσπότας τὸν λοιπὸν βίον, τοιοῦτον ἔργον συνειδότας; Ὥστε εἰ καὶ τὰ μέγιστα εἰς ἐμὲ ἐξημάρτανον, οὐκ ἂν οἷόν τε ἦν δίκην με παρ' αὐτῶν λαμβάνειν· εὖ γὰρ ἂν εἰδείην ὅτι ἐπ' ἐκείνοις[7] ἦν καὶ ἐμὲ τιμωρήσασθαι καὶ αὐτοῖς μηνύσασιν ἐλευθέροις γενέσθαι.

[17] Ἔτι τοίνυν[8] εἰ τῶν οἰκετῶν παρέστη μοι

1. Ἄν se rattache à la fois à γενομένας, au sens de l'irréel, et à ἀποφήναιμι, au sens du potentiel.

2. Μεθ' ἡμέραν, « *de jour* ».

3. Ἐξέκοπτον, « *j'aurais coupé* » (si on en croit mon accusateur). — On emploie, en pareil cas, l'imparfait ou l'aoriste sans ἄν, parce qu'en réalité c'est l'affirmation de l'adversaire qu'on reproduit sous forme ironique.

4. Ὥσπερ... δέον, « *comme s'il ne fallait pas* ». Δέον, accusatif absolu. — Πάντας λαθεῖν. Construisez πάντας comme régime de λαθεῖν.

5. Τις... ἠμέλησε. Rattachez τῶν παριόντων non à τις, mais à ἠμέλησε.

6. Πῶς δ' οὐκ... κ. τ. λ. Second préjudice que lui aurait causé la destruction du σηκός : complices du délit, ses esclaves seraient devenus pour lui des maîtres.

7. Ἐπ' ἐκείνοις. A Rome, la dénonciation des esclaves contre leur maître n'était admise que dans certains cas déterminés. A Athènes, ces restrictions ne semblent pas avoir existé ; les dénonciations (μηνύσεις) de ce genre étaient même encouragées par la promesse d'un affranchissement. Sur μήνυσις, cf. Ind., n° 93.

8. Ἔτι τοίνυν... κ.τ.λ. Autre

μηδὲν φροντίζειν, πῶς ἂν ἐτόλμησα, τοσούτων μεμισθωμένων καὶ ἁπάντων συνειδότων[1], ἀφανίσαι τὸν σηκὸν βραχέος μὲν κέρδους ἕνεκα, προθεσμίας δὲ οὐδεμιᾶς οὔσης τῷ κινδύνῳ τοῖς εἰργασμένοις ἅπασι τὸ χωρίον ὁμοίως προσῆκον[2] εἶναι σῶν τὸν σηκόν, ἵν' εἴ τις αὐτοὺς ᾐτιᾶτο, εἶχον[3] ἀνενεγκεῖν[4] ὅτῳ παρέδοσαν; Νῦν δὲ καὶ ἐμὲ ἀπολύσαντες[5] φαίνονται, καὶ σφᾶς αὐτούς, εἴπερ ψεύδονται[6], μετόχους τῆς αἰτίας καθιστάντες. [18] Εἰ τοίνυν[7] καὶ ταῦτα παρεσκευασάμην[8], πῶς ἂν οἷός τ' ἦν πάντας πεῖσαι τοὺς παριόντας ἢ τοὺς γείτονας[9], οἳ οὐ μόνον ἀλλήλων[10]

risque qu'aurait couru l'accusé s'il avait commis le délit. Comme en pareille matière il n'y avait pas *prescription* (προθεσμία), tous les fermiers du terrain étaient également intéressés à la conservation du σηκός. — Sur τοίνυν, cf. Isocrate, IV, 38, n. 3.

1. Συνειδότων, « *ayant connaissance comme moi* », à savoir de l'existence d'un σηκός sur la propriété.

2. Προσῆκον. L'enchaînement des idées est celui-ci : « *Comment aurais-je osé* (πῶς ἂν ἐτόλμησα)... *alors qu'il convenait* (προσῆκον)... *puisqu'il n'y avait jamais prescription* (προθεσμίας... κ. τ. λ.) ».

3. Ἵν' εἶχον. On peut employer ἵνα avec l'imparfait ou l'aoriste de l'indicatif (sans ἄν) lorsque la proposition dans laquelle le verbe se trouve se rattache à une hypothèse contraire à la réalité. Mais on trouve également le subjonctif ou l'optatif. Cf. § 12, n. 7.

4. Ἀνενεγκεῖν, « *reporter la faute* », sous-ent. τούτῳ.

5. Ἀπολύσαντες, en venant témoigner comme ils l'ont fait plus haut.

6. Εἴπερ ψεύδονται, car alors il y aurait eu un σηκός, et ils seraient responsables de sa disparition.

7. Εἰ τοίνυν... κ. τ. λ. Nouveau danger auquel se serait exposé l'accusé : les dénonciations des voisins.

8. Ταῦτα παρεσκευασάμην, « *si j'avais pris mes sûretés sur ce point* » (en faisant des arrangements avec les fermiers).

9. Τοὺς γείτονας. Bavards, curieux, tracassiers, les voisins avaient mauvaise réputation chez les Grecs. Leur humeur jalouse était proverbiale : ζηλοῖ γείτονα γείτων (Hésiode, *Œuvres et Jours*, v. 23). Lysias excelle à tirer parti de ces vérités d'expérience.

10. Ἀλλήλων doit être rattache

ταῦτ' ἴσασιν ἃ πᾶσιν ὁρᾶν ἔξεστιν, ἀλλὰ καὶ περὶ ὧν ἀποκρυπτόμεθα μηδένα εἰδέναι[1], καὶ περὶ ἐκείνων[2] πυνθάνονται; Ἐμοὶ τοίνυν τούτων οἳ μὲν φίλοι, οἳ διάφοροι περὶ τῶν ἐμῶν[3] τυγχάνουσιν ὄντες. [19] Οὓς[4] ἐχρῆν τοῦτον παρασχέσθαι μάρτυρας καὶ μὴ μόνον οὕτως[5] τολμηρὰς κατηγορίας ποιεῖσθαι· ὅς φησιν ὡς[6] ἐγὼ μὲν παρειστήκειν οἱ δ' οἰκέται ἐξέτεμνον τὰ πρέμνα, ἀναθέμενος[7] δ' ὁ βοηλάτης ᾤχετο ἀπάγων τὰ ξύλα.

[20] Καίτοι[8], ὦ Νικόμαχε, χρῆν σε τότε καὶ παρακαλεῖν τοὺς παριόντας μάρτυρας, καὶ φανερὸν ποιεῖν τὸ πρᾶγμα· καὶ ἐμοὶ μὲν οὐδεμίαν ἂν ἀπολογίαν ὑπέλιπες, αὐτὸς δέ, εἰ μέν σοι ἐχθρὸς[9] ἦν, ἐν[10] τούτῳ τῷ τρόπῳ ἦσθα ἄν με τετιμωρημένος, εἰ δὲ τῆς πόλεως ἕνεκα ἔπραττες[11], οὕτως[12] ἐξελέγξας οὐκ

à ταῦτα, « *les affaires les uns des autres* ».

1. Εἰδέναι. Infinitif marquant le but.

2. Περὶ ἐκείνων. Sur cet emploi emphatique du pronom démonstratif, cf. Isocrate, IV, 21, n. 1.

3. Περὶ τῶν ἐμῶν, « *au sujet de mes biens* ». On se querellait sur des questions de bornage, de mur mitoyen, etc.

4. Οὕς, à savoir οἳ δέ.

5. Οὕτως = *sic temere* et ne retombe pas sur τολμηράς.

6. Φησιν ὡς. Construction très rare. Après φάναι, la proposition infinitive est de règle.

7. Ἀναθέμενος, « *après les avoir chargés* ».

8. Καίτοι... κ. τ. λ. Suite de la critique des vraisemblances. Après avoir examiné sa conduite, l'orateur examine celle de Nicomaque et montre ce qu'il aurait dû faire si son accusation avait été fondée.

9. Ἐχθρός. Sur les différents motifs qui pouvaient déterminer à déposer une accusation, et en particulier sur l'ἔχθρα, cf. XII, 2, n. 4.

10. Ἐν, litt. : *au moyen de*. Cf. Lysias (XIII, 12) : « Ils le firent mettre à mort en invoquant ce prétexte », ἀπέκτειναν ἐν τῇ προφάσει ταύτῃ.

11. Εἰ δὲ... ἔπραττες. Hypothèse ironique par son invraisemblance.

12. Οὕτως, « *par ce moyen* ».

ἂν ἐδόκεις εἶναι συκοφάντης, εἰ δὲ κερδαίνειν[1] ἐβούλου, τότ' ἂν πλεῖστον ἔλαβες· [21] φανεροῦ γὰρ ὄντος τοῦ πράγματος οὐδεμίαν ἄλλην ἡγούμην ἂν εἶναί μοι σωτηρίαν ἢ σὲ πεῖσαι[2]. Τούτων τοίνυν οὐδὲν ποιήσας διὰ τοὺς σοὺς λόγους ἀξιοῖς με ἀπολέσθαι, καὶ κατηγορεῖς ὡς ὑπὸ τῆς ἐμῆς δυνάμεως[3] καὶ τῶν ἐμῶν χρημάτων οὐδεὶς ἐθέλει σοι μαρτυρεῖν. [22] Καίτοι εἰ ὅτε φῄς μ' ἰδεῖν τὴν μορίαν ἀφανίζοντα τοὺς ἐννέα ἄρχοντας[4] ἐπήγαγες[5] ἢ ἄλλους[6] τινὰς τῶν ἐξ Ἀρείου πάγου, οὐκ ἂν ἑτέρων ἔδει σοι μαρτύρων· οὕτω γὰρ ἄν σοι συνῄδεσαν[7] ἀληθῆ λέγοντι, οἵπερ[8] καὶ διαγιγνώσκειν ἔμελλον περὶ τοῦ πράγματος. [23] Δεινότατα οὖν πάσχω· ὃς[9] εἰ μὲν παρέσχετο μάρτυρας, τούτοις ἂν ἠξίου πιστεύειν, ἐπειδὴ δὲ οὐκ εἰσὶν αὐτῷ, ἐμοὶ καὶ ταύτην ζημίαν[10] οἴεται χρῆναι γενέσθαι. Καὶ τούτου

1. **Κερδαίνειν.** En amenant l'accusé à acheter son silence. — L'orateur dira plus loin que c'était là le véritable mobile de Nicomaque.

2. **Πεῖσαι.** Euphémisme. Entendez : πεῖσαι χρήμασι.

3. **Ὑπὸ τῆς δυνάμεως... κ. τ. λ.** Encore un détail qui montre que l'accusé était un personnage important. — Ὑπό, « *à cause de* ».

4. **Τοὺς... ἄρχοντας.** Non pas tous ensemble, mais l'un d'eux, et plus spécialement celui qui avait la *présidence du tribunal* (ἡγεμονία δικαστηρίου) dans les affaires de ce genre, le βασιλεύς. Voy. Ind., nº 55.

5. **Ἐπήγαγες**, en suivant la procédure de l'ἐφήγησις. Voy. l'Index, nº 91.

6. **Ἄλλους.** Non pas « *d'autres membres de l'Aréopage* », car les archontes ne faisaient partie de ce conseil qu'une fois sortis de charge ; mais « *d'autres citoyens, membres de l'Aréopage* ». Cf. § 25, n. 8.

7. **Σοι συνῄδεσαν.** Cf. Isocrate VII, 50, n. 3.

8. **Οἵπερ.** Cf. Eschine, II, 42, n. 11.

9. **Ὅς = ὅτε οὗτος.** Cf. XII, 30, n. 7.

10. **Καὶ ταύτην ζημίαν = καὶ τοῦτο** (à savoir. l'absence de té-

μὲν οὐ θαυμάζω· οὐ γὰρ δήπου συκοφαντῶν[1] ἅμα τοιούτων γε λόγων ἀπορήσει καὶ μαρτύρων· ὑμᾶς δ' οὐκ ἀξιῶ[2] τὴν αὐτὴν[3] τούτῳ γνώμην ἔχειν.

[24] Ἐπίστασθε γὰρ ἐν τῷ πεδίῳ[4] πολλὰς μορίας οὔσας καὶ πυρκαϊὰς[5] ἐν τοῖς ἄλλοις τοῖς ἐμοῖς χωρίοις, ἅς, εἴπερ ἐπεθύμουν, πολὺ ἦν ἀσφαλέστερον καὶ ἀφανίσαι καὶ ἐκκόψαι καὶ ἐπεργάσασθαι[6], ὅσῳπερ[7] ἧττον τὸ ἀδίκημα πολλῶν οὐσῶν ἔμελλε δῆλον ἔσεσθαι. [25] Νῦν δ' οὕτως αὐτὰς περὶ πολλοῦ ποιοῦμαι ὥσπερ καὶ τὴν πατρίδα καὶ τὴν ἄλλην[8] οὐσίαν, ἡγούμενος περὶ ἀμφοτέρων τούτων[9] εἶναί

moins) ζημίαν. — Sur cette attraction du pronom démonstratif, cf. XXIV, 10, n. 3.

1. Συκοφαντῶν, « *faisant métier de sycophante* ». A défaut de témoins, un sycophante a toujours de subtils raisonnements à son service, Nicomaque comme les autres. — Τοιούτων, « *tels* » que celui qui est exprimé par ἐπειδὴ... γενέσθαι.

2. Οὐκ ἀξιῶ... ἔχειν. La négation, bien que précédant ἀξιῶ, retombe logiquement sur ἔχειν. (Cf. la locution οὔ φημι = *nego*.)

3. Αὐτὴν τούτῳ. Sur la construction de ὁ αὐτός, cf. XII, 75, n. 3.

4. Τῷ πεδίῳ. La plaine dans laquelle se trouvent les autres propriétés de l'accusé (ἐν τοῖς... χωρίοις).

5. Πυρκαϊάς. Mot suspect, pris dans une acception tout à fait différente de son sens ordinaire et que les lexicographes anciens n'expliquent pas. On entend généralement : « *troncs d'oliviers brûlés* » (pendant la guerre).

6. Ἐπεργάσασθαι. Au sens de ἐργάζεσθαι (*mettre en culture*), la préposition ἐπί (*en plus, au delà*) ajoute une idée d'empiètement. On applique proprement ce mot au travail fait soit sur la propriété d'autrui, soit sur un terrain sacré. Cf. Eschine, III, 113.

7. Ὅσῳπερ, « *d'autant que* ». Si ce membre de phrase était en corrélation avec le précédent, il y aurait τοσούτῳ et non πολύ devant ἀσφαλέστερον.

8. Καὶ τὴν ἄλλην οὐσίαν, « *et aussi ma fortune* ». Ἄλλην, bien qu'il n'y ait pas de rapport entre οὐσίαν et πατρίδα : emploi elliptique fréquent de ἄλλος. Cf. *Odyssée*, VI, 84 : Ναυσικάα καὶ ἀμφίπολοι ἄλλαι, « *Nausicaa et d'autres* (*femmes qui étaient ses*) *servantes* ».

9. Περὶ... τούτων. La peine en-

μοι τὸν κίνδυνον. Αὐτοὺς τοίνυν ὑμᾶς τούτων μάρτυρας παρέξομαι[1], ἐπιμελουμένους μὲν ἑκάστου μηνός, ἐπιγνώμονας δὲ πέμποντας καθ' ἕκαστον ἐνιαυτόν· ὧν οὐδεὶς πώποτ' ἐζημίωσέ μ' ὡς ἐργαζόμενον τὰ περὶ τὰς μορίας χωρία. [26] Καίτοι οὐ δήπου τὰς μὲν μικρὰς ζημίας[2] οὕτω περὶ πολλοῦ ποιοῦμαι, τοὺς δὲ[3] περὶ τοῦ σώματος[4] κινδύνους οὕτω περὶ οὐδενὸς ἡγοῦμαι· καὶ τὰς μὲν[5] πολλὰς ἐλάας[6], εἰς ἃς ἐξῆν μᾶλλον ἐξαμαρτάνειν, οὕτω θεραπεύων φαίνομαι, τὴν δὲ μίαν, ἣν οὐχ οἷόν τ' ἦν λαθεῖν ἐξορύξαντα, ὡς ἀφανίζων νυνὶ κρίνομαι.

[27] Πότερον[7] δέ μοι κρεῖττον ἦν, ὦ βουλή, δημοκρατίας οὔσης παρανομεῖν ἢ ἐπὶ τῶν τριάκοντα[8]; Καὶ οὐ λέγω ὡς[9] τότε δυνάμενος[10] ἢ ὡς νῦν διαβεβλη-

courue était en effet le bannissement et la confiscation des biens. Voy. Ind., n° 98. Cf. § 3.

1. Παρέξομαι. Même appel au témoignage des juges dans XII, 74. C'était là, d'ailleurs, un procédé recommandé par la rhétorique.

2. Τὰς μικρὰς ζημίας. A savoir, l'amende que l'on encourait en cultivant la terre dans un rayon déterminé autour d'une μορία.

3. Οὐ δήπου... μέν... δέ. La négation porte sur les deux membres de phrase. Cf. XXIV, 12, n. 3. La contradiction qu'il y aurait entre les deux faits est accusée ici par le parallélisme de οὕτω... ποιοῦμαι et οὕτω ἡγοῦμαι.

4. Περὶ τοῦ σώματος, « (*qui m'atteindraient*) *dans ma personne* ».

5. Τὰς μὲν... φαίνομαι, τὴν δὲ... κρίνομαι. Même tournure que dans la phrase précédente, mais sans la négation. — Sur φαίνομαι avec le participe, cf. Isocrate, XV, 253, n. 7.

6. Ἐλάας, appelées plus haut μορίας.

7. Πότερον δέ. Nouvelle invraisemblance dans l'accusation : si l'accusé avait été coupable, il aurait mieux choisi son moment.

8. Ἐπὶ τῶν τριάκοντα. Alors qu'il n'y avait plus de procédure régulière et que l'autorité de l'Aréopage était nulle.

9. Ὡς, avec le participe, « *dans la pensée que* ». Cf. XII, 2, n. 7. Au contraire, plus bas, devant ἐξῆν = ὅτι.

10. Δυνάμενος, employé absolu-

μένος, ἀλλ' ὡς τῷ βουλομένῳ τότε μᾶλλον ἐξῆν ἀδικεῖν ἢ νυνί. Ἐγὼ τοίνυν οὐδ' ἐν ἐκείνῳ τῷ χρόνῳ οὔτε τοιοῦτον οὔτε ἄλλο οὐδὲν κακὸν ποιήσας φανήσομαι[1]. [28] Πῶς δ' ἄν[2], εἰ μὴ πάντων ἀνθρώπων ἐμαυτῷ κακονούστατος ἦν, ὑμῶν οὕτως ἐπιμελουμένων, ἐκ τούτου τὴν μορίαν ἀφανίζειν ἐπεχείρησα τοῦ χωρίου, ἐν ᾧ δένδρον μὲν οὐδὲ ἕν ἐστι, μιᾶς δὲ ἐλάας σηκός, ὡς οὗτός φησιν εἶναι[3], κυκλόθεν δὲ ὁδὸς περιέχει[4], ἀμφοτέρωθεν δὲ γείτονες περιοικοῦσιν, ἄερκτον δὲ καὶ πανταχόθεν κάτοπτόν ἐστιν; Ὥστε τίς ἂν ἀπετόλμησε[5], τούτων οὕτως ἐχόντων, ἐπιχειρῆσαι τοιούτῳ πράγματι; [29] Δεινὸν δέ μοι δοκεῖ εἶναι ὑμᾶς μέν, οἷς ὑπὸ τῆς πόλεως τὸν ἅπαντα χρόνον προστέτακται τῶν μορίων ἐλαῶν ἐπιμελεῖσθαι, μήθ' ὡς ἐπεργαζόμενον[6] πώποτε ζημιῶσαί με μήθ' ὡς ἀφανίσαντα εἰς κίνδυνον καταστῆσαι, τοῦτον[7] δέ, ὃς οὔτε γεωργῶν ἐγγὺς τυγχάνει

ment, « *ayant eu de l'influence* », opposé à διαβεβλημένος, « *étant mal vu* ». L'orateur précise le sens de la distinction qu'il vient de faire et montre qu'elle repose non sur une modification apportée à sa situation personnelle, mais sur un changement dans l'état politique d'Athènes.

1. Φανήσομαι, à savoir, si vous voulez examiner ma conduite à cette époque.

2. Πῶς δ' ἄν. Après l'*indice* (σημεῖον) tiré de l'époque, l'*indice* tiré du lieu.

3. Εἶναι, infinitif imparfait.

4. Περιέχει. Entendez : τὸ χωρίον. Le relatif qui devrait représenter ce mot est omis, conformément à l'usage général du grec, cf. XXV, 11, n. 3. De même dans les deux membres de phrase qui suivent.

5. Ἀπετόλμησε, beaucoup plus fort que ne serait le simple ἐτόλμησε.

6. Ἐπεργαζόμενον. Cf. § 24, n. 6.

7. Τοῦτον. Notez, dans toute cette fin de développement, la désinvolture avec laquelle l'orateur traite son adversaire.

οὔτ' ἐπιμελητὴς ᾑρημένος οὔθ' ἡλικίαν ἔχων εἰδέναι περὶ τῶν τοιούτων, ἀπογράψαι με μορίαν ἀφανίζειν.

Discours contre Ératosthène

(XII)

Argument.

Ce discours présente un intérêt particulier : il est le premie que Lysias ait composé et le seul qu'il ait prononcé lui-même. Aux plus mauvais jours de l'oligarchie, lors de la poursuite intentée aux riches *métèques*[2], son frère Polémarque avait été arrêté par Ératosthène, un des Trente tyrans, et condamné à boire la ciguë. Lui-même n'avait échappé à la mort que par la fuite. Il avait donc, lorsqu'il revint à Athènes après l'amnistie, à se venger personnellement contre les oligarques et à venger son frère contre Ératosthène.

L'acte de réconciliation solennellement juré par les deux partis — le parti du port (οἱ ἐν Πειραιεῖ) et le parti de la ville (οἱ ἐν ἄστει) — sous les auspices du roi Pausanias, tout en excluant de l'amnistie les Trente, les Dix, les Onze et les commandants du Pirée, en accordait néanmoins le bénéfice à ceux d'entre eux qui consentiraient à rendre leurs comptes[3]. Or, peu après la rentrée des bannis et l'échange des serments, Ératosthène se présenta pour remplir cette formalité devant les τιμήματα παρεχόμενοι, c'est-à-dire devant les citoyens de l'un et l'autre parti qui *justifiaient du degré de revenu atteint* par le trésor et auxquels avait été confié le soin de recevoir ces comptes. Ce fut le moment que choisit Lysias pour intervenir. Dans un procès de ce genre, Ératosthène seul pouvait être mis en cause, et il ne pouvait l'être de la part de l'*isotéle*[4] Lysias que sur le fait même du meurtre de Polémarque. Il ne paraît pas cependant que celui-ci se soit renfermé dans ces étroites limites. Dès l'*exorde* (1-3), l'orateur se présente comme plaidant moins sa propre cause que celle de tous les citoyens : il

1. Titre dans le ms. : Κατὰ Ἐρατοσθένους τοῦ γενομένου τῶν τριάκοντα, ὃν αὐτὸς εἶπε Λυσίας.

2. Cf. Ind., n° 9.

3. Cf. Ind., n° 52.

4. Cf. Ind., n° 10.

parle de tous les crimes des Trente avant de parler de celui d'Ératosthène et lorsqu'il en vient enfin à Ératosthène, c'est autant pour le rendre solidaire des fautes de ses collègues que pour lui demander compte de la mort de son frère. La suite du plaidoyer présente le même caractère. Dans la *première partie* (4-36) Lysias se tient assez étroitement à l'objet de sa plainte, mais dans la *seconde* (37-91) — qui est la plus longue — il se livre à un examen de toute la vie de l'accusé, critique la part qu'il a prise au gouvernement des Trente, puis, sous prétexte qu'Ératosthène va invoquer ses relations avec Théramène, c'est la mémoire de cet homme d'État qu'il attaque, c'est toute sa carrière qu'il condamne depuis l'époque des Quatre-Cents jusqu'à celle de sa fin tragique. Aussi, lorsqu'il en vient à l'*épilogue* (92-fin), peut-il confondre la cause d'Ératosthène avec celle des Trente : il s'en prend à eux autant qu'à lui : il demande leur châtiment autant que le sien et il termine en rappelant aux deux partis les souffrances qu'ils ont endurées sous l'oligarchie.

Sans doute cette façon de procéder était imposée par les circonstances et autorisée par l'usage. A côté de l'argumentation proprement dite, la rhétorique ancienne accordait une large place à l'*argumentatio extra causam*, et puisque Ératosthène alléguait pour son excuse la pression exercée sur lui par la majorité des Trente, son adversaire pouvait, dans une certaine mesure, confondre leur procès avec le sien. De plus, il n'est pas douteux que Lysias n'eût avantage à mettre au premier plan la question politique et à laisser dans l'ombre la question de droit. La défense d'Ératosthène était solide : il avait protesté contre les poursuites intentées aux métèques : il n'avait cédé que sous l'impression de la peur, et la mort de Théramène prouvait que cette peur était justifiée. L'argumentation si serrée, si subtile, si ingénieuse de Lysias (26 et suiv.) n'aurait pas suffi à détruire l'effet produit par ces raisons.

Mais Lysias avait un autre motif de faire dévier la question. Pour comprendre l'importance de son discours, il faut se rendre compte de l'état des esprits au moment où il fut prononcé. L'amnistie solennellement jurée n'avait pas contenté tout le monde. La réconciliation avait été l'œuvre, non de tous les démocrates du port, comme on est trop porté à le croire, mais des modérés des deux partis. Elle avait ramené au pouvoir cette fraction du conseil des Trente dont Théramène avait jadis été le chef; et, si on n'y mettait ordre, c'est cette fraction qui allait garder la direction des affaires. La démocratie radicale se sentait vaincue. La reddition de comptes d'Ératosthène lui permit de rentrer en scène. Pour elle, l'occasion était unique et décisive : Ératosthène acquitté, c'était la paix conclue, c'était un gage de modération donné par le parti du Pirée au parti de la ville, c'était l'œuvre des modérés définitivement consacrée.

A tout prix il fallait perdre Ératosthène. Mais l'affaire n'allait pas sans difficultés. Ératosthène avait été, Lysias lui-même le reconnaît, le plus modéré des Trente : il avait été l'ami, l'agent, le défenseur de ce Théramène que les Trente avaient sacrifié et il se réclamait de lui dans un temps où sa mort l'avait rendu sympathique à quelques-uns de ceux qui ne partageaient pas ses idées. Le procès était porté devant un tribunal hostile par sa constitution à la démocratie radicale et dans lequel siégeaient, à côté des bannis du Pirée, des gens de la ville, d'anciens partisans de l'oligarchie. Enfin, la période anarchique et violente qu'on venait de traverser, les dangers qu'on avait courus avaient fait naître un besoin d'apaisement et de concorde. Même parmi les mécontents, l'amnistie avait des défenseurs résolus.

C'est donc dans ces conditions et au milieu de ces difficultés que Lysias engagea la lutte. Le désir de venger Polémarque n'était pour lui qu'un prétexte : son but était de ruiner l'œuvre encore mal assurée des modérés.

On s'explique dès lors la disposition adoptée dans son discours : on s'explique aussi et les nombreuses précautions oratoires auxquelles il recourt et l'âpreté avec laquelle il s'exprime. Le Discours contre Ératosthène n'est pas seulement un discours politique, c'est un véritable pamphlet. Passionné, haineux par endroits, mais très habilement composé, il dut avoir un très grand retentissement. Entraîna-t-il la condamnation de l'accusé? Cela est plus que douteux étant donné les circonstances. Mais, quel qu'ait été le résultat, ce discours constitue aujourd'hui un document historique de grande importance et apparaît comme un des chefs-d'œuvre de l'éloquence de Lysias.

I

EXORDE ET EXPOSÉ DES FAITS

(§§ 1-25)

[1] Οὐκ ἄρξασθαί μοι δοκεῖ ἄπορον εἶναι, ὦ ἄνδρες δικασταί, τῆς κατηγορίας, ἀλλὰ παύσασθαι λέγοντι[1]· τοιαῦτα[2] αὐτοῖς[3] τὸ μέγεθος καὶ τοσαῦτα τὸ πλῆθος εἴργασται, ὥστε μήτ' ἂν[4] ψευδόμενον δεινότερα τῶν ὑπαρχόντων κατηγορῆσαι, μήτε τἀληθῆ βουλόμενον εἰπεῖν ἅπαντα δύνασθαι, ἀλλ' ἀνάγκη[5] ἢ τὸν κατήγορον ἀπειπεῖν ἢ τὸν χρόνον ἐπι-

1. Παύσασθαι λέγοντι. Le participe en apposition s'accorde en cas avec le pronom (μοι) employé comme régime *au datif* dans la proposition principale. Λέγοντα serait également correct. — Cicéron (*De imp. Cn. Pomp.*, 1, 3) paraît imiter ce début : « *Hujus orationis difficilius est exitum quam principium invenire* ».

2. Τοιαῦτα... καὶ τοσαῦτα sont exclamatifs et expliquent ce qui précède. — Τοιαῦτα τὸ μέγεθος (litt. : *d'une telle nature quant à la grandeur*), expression en apparence illogique et qu'on ne rencontre pas ailleurs. Mais, appliqué à un crime, le mot μέγας marque en réalité, non la mesure, mais la manière d'être, la qualité. Les deux formules les plus fréquentes sont : τηλικαῦτα τὸ μέγεθος και τοσαῦτα τὸ πλῆθος et τοιαῦτα καὶ τοσαῦτα τὸ πλῆθος.

3. Αὐτοῖς. Ératosthène et ceux de ses collègues dont il venait d'être question dans l'acte d'accusation. Αὐτοῖς et non τούτοις, parce qu'ils ne sont pas présents. On sait qu'avec un verbe passif au parfait le régime de la personne peut être au datif.

4. Μήτ' ἂν κατηγορῆσαι. L'hypothèse : « *Quelqu'un qui mentirait ne pourrait dire contre lui...* » est opposée au fait « *et quand on veut être véridique,... on ne peut...* ». Avec ἅπαντα δύνασθαι, sous-entendez λέγειν.

5. Ἀνάγκη (ἐστί), au lieu de ἀνάγκην εἶναι, qu'on attendrait. La construction indépendante donne à la phrase plus de fermeté et détache plus nettement la conclusion.

λιπεῖν[1]. [2] Τοὐναντίον δέ μοι δοκοῦμεν[2] πείσεσθαι ἢ ἐν τῷ πρὸ τοῦ χρόνῳ[3]. Πρότερον μὲν γὰρ ἔδει τὴν ἔχθραν τοὺς κατηγοροῦντας ἐπιδεῖξαι[4], ἥτις εἴη πρὸς τοὺς φεύγοντας[5]· νυνὶ δὲ παρὰ τῶν φευγόντων χρὴ πυνθάνεσθαι ἥτις ἦν αὐτοῖς πρὸς τὴν πόλιν ἔχθρα, ἀνθ' ὅτου[6] τοιαῦτα ἐτόλμησαν εἰς αὐτὴν ἐξαμαρτάνειν. Οὐ μέντοι ὡς οὐκ ἔχων[7] οἰκείας ἔχθρας[8] καὶ συμφορὰς τοὺς λόγους ποιοῦμαι[9], ἀλλ' ὡς ἅπασι πολλῆς ἀφθονίας οὔσης ὑπὲρ τῶν ἰδίων ἢ ὑπὲρ τῶν δημοσίων ὀργίζεσθαι. [3] Ἐγὼ μὲν οὖν, ὦ ἄνδρες δικασταί, οὔτ' ἐμαυτοῦ πώποτε οὔτε ἀλλό-

1. Τὸν χρόνον ἐπιλιπεῖν. On sait que le nombre de *clepsydres* accordées à l'orateur était limité par le tribunal. Voy. Ind., n° 85.

2. Δοκοῦμεν. Le pluriel, parce que Lysias généralise son cas et pense à tous ceux qui vont avoir à se porter accusateurs comme lui.

3. Ἐν... χρόνῳ, « *par le passé* », litt. : *dans le temps avant cela.* L'article conserve ici son sens démonstratif.

4. Τὴν ἔχθραν... ἐπιδεῖξαι. Pour ne pas encourir le reproche de céder à des raisons basses ou futiles : φιλοπραγμοσύνη (*manie de se mêler des affaires des autres*), φιλονικία (*amour de la chicane*), les orateurs avaient soin d'indiquer les motifs de leur intervention. L'ἔχθρα (*inimicitia*) était un de ceux qu'on invoquait le plus souvent : accuser sans pouvoir dire pourquoi, c'était faire métier de sycophante. Cf. XXIV, 2, n. 3.

5. Τοὺς φεύγοντας, « *les accusés* ». Cf. Ind., n° 84.

6. Ἀνθ' ὅτου, « *en retour de quoi* ».

7. Ὡς οὐκ ἔχων. — Ὡς présente le participe comme exprimant la pensée du sujet de la proposition principale. On peut le traduire par « *dans l'opinion que* », « *parce que, à mon avis...* ». Avec le participe futur il marque l'intention ou le but : « *en vue de* », « *avec l'espoir que* ». Le participe peut être au gén. ou à l'acc. absolus.

8. Ἔχθρας. Le pluriel parce que l'orateur songe aux *motifs* de son inimitié.

9. Τοὺς λόγους ποιοῦμαι = ταῦτα λέγω ou simplement λέγω (comme VII, 27) et se rapporte, non à tout le discours, mais aux réflexions que vient de faire l'orateur.

τρια πράγματα πράξας[1] νῦν ἠνάγκασμαι ὑπὸ τῶν γεγενημένων τούτου κατηγορεῖν, ὥστε πολλάκις εἰς πολλὴν ἀθυμίαν κατέστην, μὴ διὰ τὴν ἀπειρίαν[2] ἀναξίως καὶ ἀδυνάτως ὑπὲρ τοῦ ἀδελφοῦ καὶ ἐμαυτοῦ τὴν κατηγορίαν ποιήσομαι[3]· ὅμως δὲ πειράσομαι[4] ὑμᾶς ἐξ ἀρχῆς ὡς ἂν δύνωμαι δι' ἐλαχίστων[5] διδάξαι.

[4] Οὑμὸς πατὴρ Κέφαλος ἐπείσθη μὲν ὑπὸ Περικλέους[6] εἰς ταύτην[7] τὴν γῆν ἀφικέσθαι, ἔτη δὲ τριάκοντα ᾤκησε[8], καὶ οὐδενὶ[9] πώποτε οὔτε ἡμεῖς[10] οὔτε ἐκεῖνος δίκην οὔτε ἐδικασάμεθα οὔτε ἐφύγομεν, ἀλλ' οὕτως ᾠκοῦμεν δημοκρατούμενοι[11] ὥστε μήτε

1. Οὔτε... πράξας. Il n'était donc pas encore *logographe*. Le fait parait d'ailleurs certain.

2. Τὴν ἀπειρίαν, « *mon inexpérience* ». Lieu commun recommandé par la rhétorique pour se concilier l'indulgence des juges.

3. Μὴ ποιήσομαι, « (*en me demandant*) *si je ne présenterai pas* ». Futur rare après les verbes de *crainte* : on peut cependant en rendre compte en remarquant que la proposition complétive équivaut ici à une interrogation.

4. Πειράσομαι... διδάξαι. Lysias se sert de la même formule, à peine modifiée, pour passer à l'*exposé des faits* (διήγησις), VII, 3, et XXXII, 3. Cf. Isocrate, XVII, 3.

5. Δι' ἐλαχίστων, litt. : *à l'aide du moins* (*de mots*) *possible*. On trouve ordinairement : διὰ βραχυτάτων.

6. Ὑπὸ Περικλέους. Ce n'est pas sans arrière-pensée que Lysias évoque ainsi le souvenir du grand homme d'État. Dans ce récit, qui est un modèle de narration oratoire, tous les détails ont une valeur que ne doit pas faire perdre de vue la simplicité affectée du ton.

7. Ταύτην. Démonstratif de la 2e personne. Entendez : *celle que vous habitez*.

8. Ὤικησε, en qualité de *métèque isotéle*. Cf. Ind., n° 10.

9. Οὐδενί ne peut se rattacher grammaticalement qu'à δίκην ἐδικασάμεθα. Avec ἐφύγομεν il faut suppléer une forme ὑπ' οὐδενός. C'est là ce que les grammairiens appellent un *zeugma*.

10. Οὔτε ἡμεῖς... κ. τ. λ. Encore un titre à la bienveillance des juges souvent rappelé par les orateurs.

11. Δημοκρατούμενοι = ἔως ἐδη-

εἰς τοὺς ἄλλους ἐξαμαρτάνειν μήτε ὑπὸ τῶν ἄλλων ἀδικεῖσθαι. [5] Ἐπειδὴ δ' οἱ τριάκοντα πονηροὶ μὲν καὶ συκοφάνται ὄντες εἰς τὴν ἀρχὴν κατέστησαν, φάσκοντες[1] δὲ χρῆναι τῶν ἀδίκων καθαρὰν ποιῆσαι τὴν πόλιν καὶ τοὺς λοιποὺς πολίτας ἐπ' ἀρετὴν καὶ δικαιοσύνην τραπέσθαι, τοιαῦτα λέγοντες[2] οὐ τοιαῦτα ποιεῖν ἐτόλμων[3], ὡς ἐγὼ περὶ τῶν ἐμαυτοῦ πρῶτον εἰπὼν καὶ περὶ τῶν ὑμετέρων ἀναμνῆσαι[4] πειράσομαι.

[6] Θέογνις γὰρ καὶ Πείσων ἔλεγον ἐν τοῖς τριάκοντα περὶ τῶν μετοίκων[5], ὡς εἶέν τινες τῇ πολιτείᾳ[6] ἀχθόμενοι· καλλίστην οὖν εἶναι πρόφασιν[7] τιμωρεῖσθαι μὲν δοκεῖν, τῷ δ' ἔργῳ[8] χρηματίζεσθαι· πάντως δὲ τὴν μὲν πόλιν πένεσθαι[9], τὴν

μοκρατούμεθα, et prend toute sa force de l'opposition avec ἐπειδὴ δ' οἱ τριάκοντα... κατέστησαν. C'est une façon de dater les faits, mais qui vaut à elle seule un argument.

1. Φάσκοντες. Cf. Hist., I, n° 8. Ces belles déclarations avaient été vite oubliées. Lysias d'ailleurs les exagère (τῶν ἀδίκων καθαράν... — τοὺς λοιποὺς πολίτας ἐπ' ἀρετὴν... τραπέσθαι), pour pouvoir tourner en ridicule les prétentions hypocrites des Trente à la vertu.

2. Τοιαῦτα λέγοντες. Reprise de φάσκοντες rendue nécessaire par la longueur de la proposition complétive : χρῆναι... κ. τ. λ.

3. Οὐ... ἐτόλμων. La négation porte sur τοιαῦτα et non sur le verbe. — Οὐ τοιαῦτα = ἐναντία.

4. Ἀναμνῆσαι et non ἐπιδεῖξαι ou διδάξαι. Les faits sont connus de tous : il suffit de les rappeler.

5. Περὶ τῶν μετοίκων. Sur cette affaire des *métèques* et sur le rôle qu'y jouèrent Ératosthène et ses amis politiques, voyez Hist., I, n° 9.

6. Τῇ πολιτείᾳ. Les Trente affectaient d'employer ce mot dont les orateurs se servaient pour désigner la constitution par excellence : la constitution démocratique. Cf. Eschine, III, 134, n. 5.

7. Πρόφασιν, « *prétexte* ». Entre eux les Trente peuvent appeler les choses par leur nom.

8. Τῷ δ' ἔργῳ opposé à δοκεῖν comme souvent à λόγῳ.

9. Τὴν μὲν πόλιν πένεσθαι... κ. τ. λ. D'une part la ville est sans ressources : (on ne peut donc plus

ἀρχὴν δὲ δεῖσθαι χρημάτων. [7] Καὶ τοὺς ἀκούοντας οὐ χαλεπῶς ἔπειθον· ἀποκτιννύναι μὲν γὰρ ἀνθρώπους περὶ οὐδενὸς ἡγοῦντο[1], λαμβάνειν δὲ χρήματα περὶ πολλοῦ ἐποιοῦντο. Ἔδοξεν οὖν αὐτοῖς δέκα συλλαβεῖν, τούτων δὲ δύο πένητας, ἵνα αὐτοῖς ᾖ πρὸς τοὺς ἄλλους ἀπολογία ὡς[2] οὐ χρημάτων ἕνεκα ταῦτα[3] πέπρακται, ἀλλὰ συμφέροντα τῇ πολιτείᾳ γεγένηται, ὥσπερ τι τῶν ἄλλων[4]. Διαλαβόντες δὲ τὰς οἰκίας ἐβάδιζον. [8] Καὶ ἐμὲ μὲν[5] ξένους ἑστιῶντα[6] κατέλαβον, οὓς ἐξελάσαντες Πείσωνί με παραδιδόασιν· οἱ δὲ ἄλλοι[7] εἰς τὸ ἐργαστήριον[8] ἐλθόντες τὰ ἀνδράποδα ἀπεγράφοντο[9]. Ἐγὼ δὲ Πείσωνα μὲν ἠρώτων εἰ βούλοιτό με σῶσαι χρήματα λαβών· [9] ὁ δ' ἔφασκεν[10], εἰ πολλὰ εἴη. Εἶπον

rien lui demander); d'autre part, le gouvernement a besoin d'argent : (il en prendra chez les *métèques*).

1. Περὶ οὐδενὸς ἡγοῦντο. Cf. VII, 26. « *Ils ne faisaient aucun cas de* ».

2. Ὡς. Le substantif ἀπολογία, comme le verbe ἀπολογεῖσθαι (*dire pour sa défense*), se construit avec la conjonction ὡς.

3. Ταῦτα = τοῦτο et désigne l'arrestation des *métèques*.

4. Ὥσπερ τι τῶν ἄλλων, litt. : *comme n'importe laquelle de leurs autres actions*. Le texte est ici fort douteux.

5. Ἐμὲ μέν. L'orateur s'oppose ici, au moins par la pensée, à son frère arrêté le même jour que lui; mais le membre de phrase qui devrait correspondre, introduit par δέ, manque. Artifice de style qui contribue à dissimuler l'habileté du récit.

6. Ξένους ἑστιῶντα, circonstance aggravante. Ils violent les lois de l'hospitalité.

7. Οἱ δὲ ἄλλοι : ceux qui avaient accompagné Pison.

8. Τὸ ἐργαστήριον, « *l'atelier* ». Lysias et son frère Polémarque avaient hérité de leur père une importante fabrique de boucliers

9. Ἀπεγράφοντο, « *ils dressaient la liste de* ».

10. Ὁ δ' ἔφασκεν. Entendez : βούλεσθαί με σῶσαι. On sait qu'en grec une des façons de répondre à une question est de reprendre le verbe interrogatif (avec ou sans négation suivant les cas).

οὖν ὅτι τάλαντον[1] ἀργυρίου ἕτοιμος εἴην δοῦναι· ὁ δ' ὡμολόγησε ταῦτα[2] ποιήσειν. Ἠπιστάμην μὲν οὖν ὅτι οὔτε θεοὺς οὔτ' ἀνθρώπους νομίζει[3], ὅμως δ' ἐκ τῶν παρόντων[4] ἐδόκει μοι ἀναγκαιότατον εἶναι πίστιν παρ' αὐτοῦ λαβεῖν. [10] Ἐπειδὴ δὲ ὤμοσεν ἐξώλειαν ἑαυτῷ καὶ τοῖς παισὶν ἐπαρώμενος[5], λαβὼν τὸ τάλαντόν με σώσειν, εἰσελθὼν εἰς τὸ δωμάτιον[6] τὴν κιβωτὸν ἀνοίγνυμι· Πείσων δ' αἰσθόμενος εἰσέρχεται, καὶ ἰδὼν τὰ ἐνόντα καλεῖ τῶν ὑπηρετῶν δύο, καὶ τὰ ἐν τῇ κιβωτῷ λαβεῖν ἐκέλευσεν[7]. [11] Ἐπεὶ δὲ οὐχ ὅσον ὡμολόγητο[8] εἶχεν, ὦ ἄνδρες δικασταί, ἀλλὰ τρία τάλαντα ἀργυρίου καὶ τετρακοσίους κυζικηνοὺς[9] καὶ ἑκατὸν δαρεικοὺς[10] καὶ

1. Τάλαντον ἀργυρίου = environ 5890 fr.

2. Ταῦτα = τοῦτο et représente με σῶσαι. Cet emploi déjà noté du pluriel pour le singulier n'est pas particulier à Lysias.

3. Οὔτε θεοὺς... νομίζει. — Νομίζειν, litt. : *faire usage de*; sens qu'on retrouve dans l'expression νομίζειν θεούς, *reconnaître des dieux*. Ici, à cause de ἀνθρώπους on peut le traduire par « *tenir compte de* ».

4. Ἐκ τῶν παρόντων, « *par suite des circonstances* ».

5. Ἐξώλειαν... ἐπαρώμενος détermine la nature du serment prêté par Pison ; λαβὼν... σώσειν en exprime la teneur. Le serment κατ' ἐξωλείας (*par la ruine complète*) était, en raison de la gravité de ses conséquences, particulièrement solennel. Cf. XXXII, 13, n. 2.

6. Τὸ δωμάτιον, « *la chambre à coucher* ». — Τὴν κιβωτόν, « *le coffre* » dans lequel on serrait les vêtements et les objets précieux.

7. Πείσων... ἐκέλευσεν. Par l'accumulation des verbes et un heureux emploi des modes et des temps, Lysias arrive à faire saisir la rapidité avec laquelle la scène se déroule.

8. Οὐχ ὅσον ὡμολόγητο = οὐ ⟨τοσοῦτον⟩ ὅσον ὡμολόγητο, « *non pas cela seulement qui avait été convenu* ».

9. Τετρακοσίους κυζικηνούς. sous-ent. στατῆρας. Le *statère de Cyzique* était une monnaie d'or très employée dans les échanges internationaux. Sa valeur était à cette époque de 28 drachmes attiques (soit environ 27 francs).

10. Ἑκατὸν δαρεικούς. Le *darique*, monnaie d'or frappée en Per-

φιάλας[1] ἀργυρᾶς τέτταρας, ἐδεόμην αὐτοῦ ἐφόδιά μοι δοῦναι· ὁ δ' ἀγαπήσειν με ἔφασκεν, εἰ τὸ σῶμα σώσω. [12] Ἐξιοῦσι δ' ἐμοὶ καὶ Πείσωνι ἐπιτυγχάνει[2] Μηλόβιός τε καὶ Μνησιθείδης[3] ἐκ τοῦ ἐργαστηρίου ἀπιόντες καὶ καταλαμβάνουσι πρὸς αὐταῖς ταῖς θύραις[4], καὶ ἐρωτῶσιν ὅποι βαδίζοιμεν· ὁ δ' ἔφασκεν εἰς τοῦ ἀδελφοῦ[5] τοῦ ἐμοῦ, ἵνα καὶ τὰ ἐν ἐκείνῃ τῇ οἰκίᾳ σκέψηται. Ἐκεῖνον μὲν οὖν ἐκέλευον βαδίζειν, ἐμὲ δὲ μεθ' αὐτῶν ἀκολουθεῖν εἰς Δαμνίππου. [13] Πείσων δὲ προσελθὼν σιγᾶν μοι[6] παρεκελεύετο καὶ θαρρεῖν, ὡς[7] ἥξων ἐκεῖσε[8]. Καταλαμβάνομεν δὲ αὐτόθι Θέογνιν ἑτέρους φυλάττοντα· ᾧ παραδόντες ἐμὲ πάλιν ᾤχοντο.

Ἐν τοιούτῳ δ' ὄντι μοι κινδυνεύειν[9] ἐδόκει, ὡς

se, valait environ 25 francs. Au total, il y avait donc plus de 30 000 francs en espèces dans la caisse de Lysias.

1. Φιάλας, « *coupes plates* ». Les Grecs avaient le luxe de l'argenterie. Démosthène (*Contre Midias*, 158) représente son adversaire comme s'entretenant à haute voix dans la rue de ses vases et objets précieux pour frapper l'attention des passants.

2. Ἐπιτυγχάνει : le verbe au singulier, comme souvent lorsqu'il dépend de deux ou plusieurs sujets placés après lui. Lysias rattache de même un participe au singulier à plusieurs substantifs qui le suivent. Cf. § 72.

3. Μηλόβιός τε καὶ Μνησιθείδης, deux des Trente.

4. Πρὸς αὐταῖς ταῖς θύραις, c'est-à-dire au moment même où Lysias aurait pu profiter de la liberté promise par Pison.

5. Εἰς τοῦ ἀδελφοῦ, sous-ent. τὴν οἰκίαν. De même plus bas εἰς Δαμνίππου. — Damnippe ne faisait pas partie des Trente : la suite montre qu'il était leur ami, mais qu'il avait eu de bonnes relations avec Lysias.

6. Μοι dépend à la fois de προσελθών et de παρεκελεύετο.

7. Ὡς, « *en disant que* ». Cf. § 2, n. 7.

8. Ἐκεῖσε... αὐτόθι, entendez : chez Damnippe.

9. Κινδυνεύειν, « *de courir quelques risques* (*pour me sauver*) ». L'usage demanderait soit κινδυνεύειν τι, soit παρακινδυνεύειν.

τοῦ γε ἀποθανεῖν ὑπάρχοντος ἤδη. [14] Καλέσας δὲ Δάμνιππον λέγω πρὸς αὐτὸν τάδε· « Ἐπιτήδειος[1] μέν μοι τυγχάνεις ὤν, ἥκω δ' εἰς τὴν σὴν οἰκίαν, ἀδικῶ δ' οὐδέν, χρημάτων δ' ἕνεκα ἀπόλλυμαι. Σὺ οὖν ταῦτα πάσχοντί μοι πρόθυμον[2] παράσχου τὴν σεαυτοῦ δύναμιν εἰς τὴν ἐμὴν σωτηρίαν. » Ὁ δ' ὑπέσχετο ταῦτα ποιήσειν[3]. Ἐδόκει δ' αὐτῷ βέλτιον[4] εἶναι πρὸς Θέογνιν μνησθῆναι· ἡγεῖτο γὰρ ἅπαν ποιήσειν αὐτόν, εἴ τις ἀργύριον διδοίη. [15] Ἐκείνου δὲ διαλεγομένου[5] Θεόγνιδι (ἔμπειρος γὰρ[6] ὢν ἐτύγχανον τῆς οἰκίας, καὶ ᾔδειν ὅτι ἀμφίθυρος[7] εἴη) ἐδόκει μοι ταύτῃ[8] πειρᾶσθαι σωθῆναι, ἐνθυμουμένῳ ὅτι, ἐὰν μὲν[9] λάθω, σωθήσομαι, ἐὰν δὲ ληφθῶ,

1. Ἐπιτήδειος... ἀπόλλυμαι. La forme même de la phrase révèle le trouble de l'orateur et contribue à l'effet dramatique. — Εἰς τὴν σὴν οἰκίαν, c'est-à-dire : *étant ton hôte, j'ai droit à ta protection*. — Ἀδικῶ δ' οὐδέν, « *je suis innocent* », raison d'ordre plus général que les deux premières et qui amène naturellement la dernière proposition.

2. Πρόθυμον. Le caractère du passage explique l'emploi, peu conforme à l'usage, de πρόθυμος avec un mot abstrait.

3. Ταῦτα ποιήσειν. Cf. § 9, n. 2.

4. Βέλτιον, entendez : (*que de me laisser fuir*).

5. Διαλεγομένου, « *tandis qu'il s'entretenait* ».

6. Γάρ explique non ce qui précède, mais ce qui suit. On peut, pour conserver le mouvement de la phrase, employer le tour français, « *comme je me trouvais...* ».

7. Ἀμφίθυρος, « *à deux issues* », une sur le devant (l'entrée principale) qui était gardée, l'autre par derrière. Chacune de ces issues comportait plusieurs portes. L'entrée principale en avait généralement deux : celle qui donnait accès de la rue dans la cour (αὔλειος θύρα, § 16), et celle qui donnait accès de la cour dans la maison (μέταυλος θύρα). La sortie dérobée dont parle Lysias en avait trois.

8. Ταύτῃ, « *de cette manière* », (c.-à-d. : grâce à cette connaissance).

9. Ἐὰν μὲν... κ. τ. λ. Il y a là deux alternatives dont la seconde est examinée à deux points de vue différents. De là le changement de construction apporté par ἡγού-

ἡγούμην μέν, εἰ Θέογνις εἴη πεπεισμένος ὑπὸ τοῦ Δαμνίππου χρήματα λαβεῖν, οὐδὲν ἧττον ἀφεθήσεσθαι, εἰ δὲ μή, ὁμοίως[1] ἀποθανεῖσθαι. [16] Ταῦτα διανοηθεὶς ἔφευγον[2], ἐκείνων ἐπὶ τῇ αὐλείῳ θύρᾳ τὴν φυλακὴν ποιουμένων· τριῶν δὲ θυρῶν οὐσῶν, ἃς ἔδει με διελθεῖν, ἅπασαι ἀνεῳγμέναι ἔτυχον. Ἀφικόμενος δὲ εἰς Ἀρχένεω[3] τοῦ ναυκλήρου ἐκεῖνον πέμπω εἰς ἄστυ[4], πευσόμενον περὶ τοῦ ἀδελφοῦ· ἥκων δὲ ἔλεγεν ὅτι Ἐρατοσθένης[5] αὐτὸν ἐν τῇ ὁδῷ λαβὼν εἰς τὸ δεσμωτήριον ἀπαγάγοι. [17] Καὶ ἐγὼ τοιαῦτα[6] πεπυσμένος τῆς ἐπιούσης νυκτὸς διέπλευσα Μέγαράδε[7].

Πολεμάρχῳ δὲ παρήγγειλαν οἱ τριάκοντα τὸ ἐπ' ἐκείνων εἰθισμένον[8] παράγγελμα, πίνειν κώ-

μην. A l'indicatif futur σωθήσομαι correspondent les deux infinitifs ἀφεθήσεσθαι et ἀποθανεῖσθαι. — Μέν devrait logiquement se trouver après εἰ. Mais plusieurs exemples justifient ce déplacement de la particule, appelé en quelque sorte ici par l'anacoluthe.

1. Ὁμοίως, « *comme si je n'avais pas cherché à fuir* ».

2. Ἔφευγον. Imparfait marquant l'effort, « *je tentais de m'échapper* ».

3. Εἰς Ἀρχένεω. Cf. § 12, n. 5. Archénéos devait être un personnage connu des auditeurs. Ce nom propre cité au passage contribue à rendre le récit plus naturel.

4. Εἰς ἄστυ. Archénéos habitait au Pirée. Ἄστυ, dans cette locution, est employé par Lysias indifféremment avec ou sans article.

5. Ἐρατοσθένης. Lysias a soin de rappeler que c'était lui l'auteur de l'arrestation. Notez aussi le détail ἐν τῇ ὁδῷ qui aura une grande importance dans l'argumentation (§ 30). — Sur ἀπαγάγοι, cf. Ind. n° 91.

6. Τοιαῦτα, « *des faits de ce genre* ». Lysias abrège ; mais il s'était fait mettre au courant de tout.

7. Μέγαράδε. Mégare était en effet une des villes qui accueillaient les victimes des Trente. Lysias devait y être en sûreté.

8. Τὸ ἐπ' ἐκείνων εἰθισμένον. Même lorsqu'il paraît ne s'attaquer qu'à Ératosthène, Lysias fait en sorte qu'on ne perde pas de vue les Trente et leurs procédés de gouvernement. — Ἐπί avec le gén. : « *du temps de* ».

νειον[1], πρὶν τὴν αἰτίαν εἰπεῖν[2] δι' ἥντινα ἔμελλεν ἀποθανεῖσθαι· οὕτω πολλοῦ ἐδέησε[3] κριθῆναι[4] καὶ ἀπολογήσασθαι. [18] Καὶ ἐπειδὴ ἀπεφέρετο ἐκ τοῦ δεσμωτηρίου τεθνεώς, τριῶν ἡμῖν οἰκιῶν οὐσῶν, οὐδεμιᾶς εἴασαν ἐξενεχθῆναι[5], ἀλλὰ κλείσιον μισθωσάμενοι προὔθεντο αὐτόν. Καὶ πολλῶν ὄντων ἱματίων[6] αἰτοῦσιν[7] οὐδὲν ἔδοσαν εἰς τὴν ταφήν, ἀλλὰ τῶν φίλων ὁ μὲν ἱμάτιον, ὁ δὲ προσκεφάλαιον, ὁ δὲ ὅ τι ἕκαστος ἔτυχεν[8] ἔδωκεν εἰς τὴν ἐκείνου ταφήν. [19] Καὶ ἔχοντες μὲν ἑπτακοσίας ἀσπίδας τῶν ἡμετέρων, ἔχοντες δὲ ἀργύριον καὶ χρυσίον τοσοῦτον, χαλκὸν δὲ καὶ κόσμον καὶ ἔπιπλα καὶ ἱμάτια γυναι-

1. Κώνειον. Les effets de ce poison tels qu'ils sont décrits par les anciens ne correspondent pas à ceux que produit notre *ciguë*. Peut-être faut-il supposer qu'on mélangeait d'autres substances au jus de cette plante, ou même que κώνειον désigne autre chose que ce que nous appelons *ciguë*.

2. Πρὶν εἰπεῖν, « *sans lui dire auparavant* ».

3. Οὕτω πολλοῦ ἐδέησε, « *il s'en fallut de tant que* », mais le grec emploie le tour personnel : *il manqua de tant*..., etc.

4. 'Εδέησε κριθῆναι, accusation fréquemment dirigée contre les Trente et dont on comprendra l'importance en rapprochant cette phrase d'Isocrate : (ἀοίκητοί εἰσιν αὗται) τῶν πόλεων, ἐν αἷς ἄκριτοί τινες ἀπόλλυνται τῶν πολιτῶν (XV, 22).

5. 'Εξενεχθῆναι... προὔθεντο. La cérémonie des funérailles comportait deux parties : l'*exposition* du mort (πρόθεσις, προτιθέναι) couché sur un lit de parade et revêtu de vêtements blancs, et le *convoi* (ἐκφορά, ἐκφέρεσθαι) qui partait de la maison mortuaire. Les Trente, pour donner aux funérailles de Polémarque le moins d'éclat possible, s'étaient substitués à la famille et avaient loué un hangar (κλείσιον).

6. 'Ιματίων. Cf. XXXII, 16, n. 2.

7. Αἰτοῦσιν, « *aux gens qui les demandaient* », soit ceux que les Trente avaient chargés de l'organisation de la cérémonie, soit peut-être les parents et les amis du mort.

8. Ἔτυχεν, s.-ent. δούς. Lorsque τυγχάνω est ainsi employé seul, le sens du participe à suppléer est indiqué par celui du verbe de la proposition principale.

κεῖα ὅσα οὐδεπώποτε ᾤοντο κτήσεσθαι, καὶ ἀνδράποδα εἴκοσι καὶ ἑκατόν, ὧν τὰ μὲν βέλτιστα ἔλαβον, τὰ δὲ λοιπὰ εἰς τὸ δημόσιον ἀπέδοσαν [1], τοσαύτην [2] εἰς ἀπληστίαν καὶ αἰσχροκέρδειαν ἀφίκοντο καὶ τοῦ τρόπου τοῦ αὑτῶν ἀπόδειξιν ἐποιήσαντο· τῆς γὰρ Πολεμάρχου γυναικὸς χρυσοῦς ἑλικτῆρας, οὓς ἔχουσα ἐτύγχανεν ὅτε τὸ πρῶτον ἦλθεν [3] εἰς τὴν οἰκίαν, Μηλόβιος ἐκ τῶν ὤτων ἐξείλετο.

[20] Καὶ οὐδὲ κατὰ τὸ ἐλάχιστον μέρος [4] τῆς οὐσίας ἐλέου παρ' αὐτῶν ἐτυγχάνομεν, ἀλλ' οὕτως εἰς ἡμᾶς διὰ τὰ χρήματα ἐξημάρτανον, ὥσπερ ἂν

1. Τὰ δὲ λοιπὰ... ἀπέδοσαν. Ce membre de phrase ne contredit pas le ἔχοντε, qui précède. C'est dans la suite seulement que les Trente avaient, comme ils le devaient (sur le sens de ἀπό en composition, cf. Eschine, II, 45), donné à l'État (ἀπέδοσαν) un certain nombre de ces esclaves : encore avaient-ils commencé par se réserver les meilleurs d'entre eux.

2. Τοσαύτην... τῆς γάρ. Quoique dans tout ce passage le style devienne insensiblement plus oratoire, Lysias ne conclut pas sa période par ὥστε, comme on s'y attendrait. Il l'interrompt, au contraire par καὶ... ἐποιήσαντο, et la reprend sur un ton beaucoup plus familier, par τῆς γὰρ... κ. τ. λ. — Τοσαύτην se rattache également à ἀπόδειξιν.

3. Ὅτε τὸ πρῶτον ἦλθεν, « *lorsque pour la première fois elle entra* ». Τὴν οἰκίαν = τὸ κλείσιον. On met d'ordinaire une virgule devant ὅτε, et, en supposant que Mélobios est le sujet de ἦλθεν, on explique : « *Dès qu'il entra dans la maison de Polémarque* ». Mais, 1° ὅτε τὸ πρῶτον ne peut signifier *dès que* (ὅτε πρῶτον); 2° cette explication ne concorde pas avec ce que l'orateur vient de dire : καὶ ἔχοντες... κ. τ. λ. L'acte de brutalité de Mélobios n'a toute sa signification que parce qu'il est postérieur à l'enquête et qu'il ne peut même pas se justifier par le résultat infructueux des perquisitions. Εἰς τὴν *οἰκίαν* est peut-être une glose introduite dans le texte.

4. Κατὰ τὸ ἐλάχιστον μέρος, « *en proportion de la plus petite partie* ». On trouve dans Isée (V, 10) une construction toute semblable : καὶ οὐδὲ κατὰ τὸ ἐλάχιστον μέρος τῆς οἰκειότητος ἐλέου παρ' αὐτοῦ ἔτυχον.

ἕτεροι[1] μεγάλων ἀδικημάτων[2] ὀργὴν ἔχοντες, οὐ τούτων ἀξίους γε ὄντας τῇ πόλει[3], ἀλλὰ πάσας μὲν τὰς χορηγίας[4] χορηγήσαντας, πολλὰς δ' εἰσφορὰς[5] εἰσενεγκόντας, κοσμίους[6] δ' ἡμᾶς αὐτοὺς παρέχοντας καὶ πᾶν τὸ προσταττόμενον ποιοῦντας, ἐχθρὸν δ' οὐδένα κεκτημένους, πολλοὺς δ' Ἀθηναίων ἐκ τῶν πολεμίων λυσαμένους[7] τοιούτων ἠξίωσαν[8], οὐχ ὁμοίως μετοικοῦντας[9] ὥσπερ αὐτοὶ ἐπολιτεύοντο. [21] Οὗτοι γὰρ πολλοὺς μὲν τῶν πολιτῶν εἰς τοὺς πολεμίους[10] ἐξήλασαν, πολλοὺς δ' ἀδίκως ἀποκτείναντες ἀτάφους[11] ἐποίησαν, πολλοὺς ἐπιτίμους δ' ὄντας

1. Ὥσπερ ἂν ἕτεροι. Suppléez ἐξαμάρτοιεν, « *comme d'autres pourraient faire du tort à quelqu'un...* ». — Ἔχοντες équivaut à une proposition conditionnelle = εἰ ἔχοιεν.

2. Μεγάλων ἀδικημάτων. Génitif objectif : « (*L'irritation que causent*) *de graves injustices* ».

3. Τῇ πόλει, « *vis-à-vis de l'État* », « *pour l'État* ». Τούτων ἀξίους est construit comme le serait un adjectif signifiant dangereux, nuisible.

4. Τὰς χορηγίας... κ. τ. λ. Lieu commun. Dans presque tous les plaidoyers, les orateurs rappellent les services qu'ils ont rendus à l'État. Sur χορηγίας, Ind., n° 102.

5. Εἰσφοράς. Voy. Ind., n° 100.

6. Κοσμίους, « *amis de l'ordre* ».

7. Πολλοὺς... λυσαμένους. C'était là un service dont les orateurs aimaient à se glorifier. A plusieurs reprises, Eschine reproche à Démosthène l'affectation avec laquelle il se vantait, en allant en Macédoine, d'emporter de l'argent pour racheter des captifs athéniens (notamment II, 100).

8. Τοιούτων ἠξίωσαν. Tout le membre de phrase ἀλλὰ... λυσαμένους aurait pu se rattacher à εἰς ἡμᾶς, qui précède; mais, par un changement imprévu de construction, Lysias le fait dépendre de τοιούτων ἠξίωσαν qui suit. — Οὐχ ὁμοίως... ἐπολιτεύοντο introduit un nouveau développement qui forme la contre-partie de celui-ci.

9. Μετοικοῦντας, « *menant* (*comprenant*) *notre vie de métèques* ».

10. Εἰς τοὺς πολεμίους. Opposition à ἐκ τῶν πολεμίων. Il faut faire la part de l'exagération : les exilés furent nombreux sous les Trente, mais ils trouvèrent un accueil favorable dans beaucoup de villes.

11. Ἀτάφους, non pas « *sans*

ἀτίμους[1] τῆς πόλεως κατέστησαν, πολλῶν δὲ θυγατέρας μελλούσας ἐκδίδοσθαι[2] ἐκώλυσαν[3]. [22] Καὶ εἰς τοσοῦτόν εἰσι τόλμης ἀφιγμένοι ὥσθ' ἥκουσιν ἀπολογησόμενοι[4], καὶ λέγουσιν ὡς οὐδὲν κακὸν οὐδ' αἰσχρὸν εἰργασμένοι εἰσίν. Ἐγὼ δ' ἐβουλόμην ἂν αὐτοὺς ἀληθῆ λέγειν· μετῆν γὰρ ἂν καὶ ἐμοὶ τούτου τἀγαθοῦ οὐκ ἐλάχιστον μέρος[5]· [23] νῦν δὲ οὔτε πρὸς τὴν πόλιν αὐτοῖς τοιαῦτα ὑπάρχει οὔτε πρὸς ἐμέ· τὸν ἀδελφὸν γάρ μου, ὥσπερ καὶ πρότερον εἶπον, Ἐρατοσθένης ἀπέκτεινεν[6], οὔτε[7] αὐτὸς ἰδίᾳ ἀδικούμενος οὔτε εἰς τὴν πόλιν ὁρῶν ἐξαμαρτάνοντα, ἀλλὰ τῇ ἑαυτοῦ παρανομίᾳ προθύμως ἐξυπηρετῶν. [24] Ἀναβιβασάμενος[8] δ' αὐτὸν βούλομαι ἐρέσθαι.

sépulture », au sens littéral du mot, mais « *privés des formes ordinaires de la sépulture* », ce qui était encore une sorte d'impiété.

1. Ἀτίμους. Voy. Ind., n° 97.

2. Ἐκδίδοσθαι dépend à la fois de μελλούσας et de ἐκώλυσαν.

3. Ἐκώλυσαν, en mettant à mort ou en dépouillant de leur fortune ceux à qui il appartenait de les doter. Contre-partie d'un lieu commun très usité : les accusés rappelaient volontiers qu'ils avaient contribué à établir des jeunes filles pauvres.

4. Ἥκουσιν ἀπολογησόμενοι. Tout au moins Ératosthène : il n'est pas impossible que, parmi les Trente, d'autres aient cherché à rendre leurs comptes; mais l'histoire ne le dit pas.

5. Μετῆν... μέρος. Lysias en effet n'aurait pas été privé de son frère ni dépouillé de ses biens. — Τούτου τἀγαθοῦ se tire facilement de ce qui précède, bien que ἀγαθόν n'ait pas été exprimé.

6. Ἀπέκτεινεν, non pas de sa main, mais en prenant part à la délibération sur le sort des *métèques*, et ensuite en arrêtant lui-même Polémarque.

7. Οὔτε... οὔτε. Ératosthène n'aurait donc pu, comme Lysias le fait aujourd'hui contre lui (cf. §§ 1 et 2), invoquer contre Polémarque ni l'intérêt public ni son intérêt privé.

8. Ἀναβιβασάμενος. L'orateur, au cours de son plaidoyer, et en prenant sur le temps qui lui était mesuré par la clepsydre, pouvait *faire monter* son adversaire à la *tribune* (ἀναβιβάζεσθαι) et lui poser quelques questions. Lysias

ὦ ἄνδρες δικασταί. Τοιαύτην γὰρ γνώμην ἔχω· ἐπὶ μὲν τῇ τούτου ὠφελείᾳ καὶ πρὸς ἕτερον περὶ τούτου διαλέγεσθαι ἀσεβὲς[1] εἶναι νομίζω, ἐπὶ δὲ τῇ τούτου βλάβῃ καὶ πρὸς αὐτὸν τοῦτον ὅσιον καὶ εὐσεβές. Ἀνάβηθι οὖν μοι καὶ ἀπόκριναι, ὅ τι ἄν σε ἐρωτῶ.

[25] « Ἀπήγαγες[2] Πολέμαρχον ἢ οὔ; » — « Τὰ ὑπὸ τῶν ἀρχόντων προσταχθέντα δεδιὼς ἐποίουν[3]. » — « Ἦσθα δ' ἐν τῷ βουλευτηρίῳ, ὅτε οἱ λόγοι ἐγίγνοντο περὶ ἡμῶν[4]; » — « Ἦν. » — « Πότερον συνηγόρευες τοῖς κελεύουσιν ἀποκτεῖναι ἢ ἀντέλεγες; » — « Ἀντέλεγον. » — « Ἵνα ἀποθάνωμεν[5] ἢ μὴ ἀποθάνωμεν; » — « Ἵνα μὴ ἀποθάνητε. » — « Ἡγούμενος ἡμᾶς ἄδικα πάσχειν ἢ δίκαια; » — « Ἄδικα. »

se sert ici très heureusement de ce droit : ce n'est plus lui qui accuse Ératosthène, c'est Ératosthène qui s'accuse lui-même, puisque les faits qu'il est contraint d'avouer vont servir de base à l'argumentation dirigée contre lui. L'importance même de cet interrogatoire explique que l'orateur ait dû le résumer en publiant son plaidoyer.

1. Ἀσεβές. En faisant mourir Polémarque, Ératosthène a contracté une souillure. Parler de lui, même à un autre que lui (καὶ πρὸς ἕτερον), dans son intérêt (ἐπὶ τῇ ὠφελείᾳ), serait une impiété : s'adresser à lui, même directement (και πρὸς αὐτὸν τοῦτον), devient un acte de haute piété, du moment que c'est pour le perdre (ἐπὶ τῇ βλάβῃ).

2. Ἀπήγαγες. Voy. Ind., n° 91.

3. Ἐποίουν. Ératosthène avoue implicitement, mais en alléguant une excuse, d'ailleurs fort plausible (Voyez l'Argument).

4. Ἡμῶν, nous, les métèques.

5. Ἵνα ἀποθάνωμεν. La question n'est pas superflue, même après le ἀντέλεγον (τοῖς κελεύουσιν ἀποκτεῖναι) qui précède. En réalité, Lysias veut arracher mot par mot à Ératosthène cette phrase qui le condamne : « J'étais présent, j'ai fait de l'opposition, ne voulant pas votre mort, parce que je la trouvais injuste ».

II

RÉFUTATION : EXAMEN DES « VRAISEMBLANCES »
(§§ 26-36)

[26] Εἶτ'[1], ὦ σχετλιώτατε πάντων, ἀντέλεγες μὲν ἵνα σώσειας, συνελάμβανες δὲ ἵνα ἀποκτείνειας; καὶ ὅτε μὲν τὸ πλῆθος ἦν ὑμῶν[2] κύριον τῆς σωτηρίας τῆς ἡμετέρας, ἀντιλέγειν[3] φῂς τοῖς βουλομένοις ἡμᾶς ἀπολέσαι, ἐπειδὴ δὲ ἐπὶ[4] σοὶ μόνῳ ἐγένετο καὶ σῶσαι Πολέμαρχον καὶ μή, εἰς τὸ δεσμωτήριον ἀπήγαγες; εἶθ' ὅτι μέν, ὡς φῄς, ἀντειπὼν οὐδὲν ὠφέλησας[5], ἀξιοῖς χρηστὸς νομίζεσθαι, ὅτι δὲ συλλαβὼν ἀπέκτεινας, οὐκ οἴει[6] ἐμοὶ καὶ τουτοισὶ δοῦναι δίκην;

1. Εἶτα, comme souvent aussi ἔπειτα marque la surprise ou l'indignation. Avant de discuter dans le détail les allégations d'Ératosthène, Lysias, en quelques phrases très brèves et d'une symétrie cherchée, s'appiique à faire ressortir ce qu'elles ont à la fois d'odieux et de puéril.

2. Τὸ πλῆθος ὑμῶν, *« la majorité d'entre vous »*. Ne pas confondre avec τὸ ὑμέτερον πλῆθος, fréquemment employé par les orateurs dans le sens de *l'ensemble que vous formez* = *« la démocratie »*.

3. 'Αντιλέγειν. Infinitif imparfait. C'est le temps dont s'est servi Ératosthène (§ 25) pour marquer l'insistance qu'il avait mise dans son opposition. Plus loin, au § 27, Lysias emploie l'aoriste (ἀντειπεῖν) parce qu'il ne considère plus que le fait de l'opposition, pour le rapprocher de cet autre fait : l'arrestation de Polémarque.

4. 'Επὶ σοὶ... ἐγένετο. — 'Επί τινι γίγνεσθαι, *« être au pouvoir de quelqu'un »*.

5. 'Αντειπὼν οὐδὲν ὠφέλησας : *« tu as fait de l'opposition sans profit »*. Le participe exprime l'action principale.

6. Οὐκ οἴει... δοῦναι. Expliquez comme s'il y avait δεῖν δοῦναι. Cette construction de οἴει peut être rapprochée de celle des verbes d'*opinion* comme δοκεῖν,

[27] Καὶ μὴν οὐδὲ τοῦτο[1] εἰκὸς[2] αὐτῷ πιστεύειν, εἴπερ ἀληθῆ λέγει φάσκων ἀντειπεῖν, ὡς αὐτῷ προσετάχθη. Οὐ γὰρ δή που ἐν τοῖς μετοίκοις πίστιν παρ' αὐτοῦ ἐλάμβανον[3]. Ἔπειτα τῷ ἧττον εἰκὸς ἦν προσταχθῆναι ἢ ὅστις[4] ἀντειπών γε ἐτύγχανε καὶ γνώμην ἀποδεδειγμένος[5]; Τίνα γὰρ εἰκὸς ἦν ἧττον ταῦτα ὑπηρετῆσαι ἢ τὸν ἀντειπόντα οἷς ἐκεῖνοι ἐβούλοντο πραχθῆναι; [28] Ἔτι δὲ[6] τοῖς μὲν ἄλλοις Ἀθηναίοις ἱκανή μοι δοκεῖ πρόφασις[7] εἶναι τῶν γεγενημένων εἰς τοὺς τριάκοντα ἀναφέρειν τὴν αἰτίαν· αὐτοὺς δὲ τοὺς τριάκοντα, ἂν εἰς σφᾶς αὐτοὺς[8] ἀναφέρωσι, πῶς ὑμᾶς εἰκὸς ἀποδέχεσθαι; [29] Εἰ μὲν γάρ τις ἦν ἐν τῇ πόλει ἀρχὴ ἰσχυ-

ἡγεῖσθαι, qui s'emploient sans l'addition de δεῖν avec le sens de « *trouver bon que...* ».

1. Τοῦτο : « *en ceci que* », à savoir, ὡς αὐτῷ προσετάχθη.

2. Εἰκός. Sur le sens et l'importance des mots εἰκός, εἰκότως qui reviennent très fréquemment dans ce passage, cf. Esch., p. 314, n. 1, et Isoc., XV, 280, n. 6.

3. Οὐ γὰρ... ἐλάμβανον. Lysias veut démontrer par deux raisons qu'il ne faut pas ajouter foi à l'assertion d'Ératosthène. La seconde sera introduite par ἔπειτα. La première est celle-ci : « Il est inadmissible que l'intention des Trente fût d'éprouver la fidélité d'Ératosthène dans une affaire comme celle des *métèques* ». — Ἐν, « *à propos de* ». — Πίστις, « *preuve* ou *garantie de fidélité* », cf. § 9. — L'imparfait ἐλάμβανον marque l'intention, comme il arrive souvent dans les verbes qui expriment une action.

4. Ὅστις, « *un homme qui* ».

5. Γνώμην ἀποδεδειγμένος. Ératosthène ne s'est pas contenté de faire de l'opposition (ἀντειπών), il a fait plus : « *il a émis un avis motivé* ».

6. Ἔτι δέ, annonce un nouveau point de la discussion : l'excuse invoquée par Ératosthène fût-elle fondée, n'est pas recevable.

7. Ἱκανὴ πρόφασις, « *un moyen de défense valable* » (proprement : *satisfaisant*).

8. Εἰς σφᾶς αὐτούς. Lysias joue sur les mots. S'il avait écrit εἰς ἀλλήλους (ce qui n'eût été que l'exacte expression de la vérité), toute son argumentation tombait.

ροτέρα[1], ὑφ' ἧς αὐτῷ προσετάττετο[2] παρὰ τὸ δίκαιον ἀνθρώπους ἀπολλύναι, ἴσως ἂν εἰκότως αὐτῷ συγγνώμην εἴχετε· νῦν δὲ παρὰ τοῦ ποτε[3] καὶ λήψεσθε δίκην, εἴπερ ἐξέσται τοῖς τριάκοντα λέγειν ὅτι τὰ ὑπὸ τῶν τριάκοντα προσταχθέντα ἐποίουν;

[30] Καὶ μὲν δὴ[4] οὐκ ἐν τῇ οἰκίᾳ, ἀλλ' ἐν τῇ ὁδῷ[5], σῴζειν[6] τε αὐτὸν καὶ τὰ τούτοις ἐψηφισμένα παρόν, συλλαβὼν ἀπήγαγεν. Ὑμεῖς δὲ πάντες ὀργίζεσθε, ὅσοι[7] εἰς τὰς οἰκίας ἦλθον τὰς ὑμετέρας ζήτησιν ποιούμενοι ἢ ὑμῶν ἢ τῶν ὑμετέρων τινός. [31] Καίτοι εἰ χρὴ τοῖς διὰ τὴν ἑαυτῶν σωτηρίαν ἑτέρους ἀπολέσασι συγγνώμην ἔχειν, ἐκείνοις ἂν δικαιότερον ἔχοιτε· κίνδυνος γὰρ ἦν πεμφθεῖσι μὴ ἐλθεῖν[8] καὶ καταλαβοῦσιν ἐξάρνοις γενέσθαι. Τῷ δὲ

1. Ἰσχυροτέρα, « *plus puissante* (*que celle des Trente*) ».

2. Προσετάττετο. L'imparfait de l'indicatif, par suite d'une assimilation de mode entre le verbe de la proposition relative et celui de la proposition conditionnelle dont elle dépend.

3. Παρὰ τοῦ ποτε καί, forme d'interrogation pressante et qui équivaut à peu près à notre tour familier : « *de qui donc enfin?* ».

4. Καὶ μὲν δή, « *et d'ailleurs* ». Transition familière à Lysias et qui lui sert ici à passer à un troisième point de la discussion : l'excuse invoquée par Ératosthène, fût-elle fondée et recevable, resterait inutile. Il pouvait, en effet, en raison des circonstances, négliger les ordres des Trente sans courir aucun risque.

5. Ἐν τῇ ὁδῷ. Cf. § 16.

6. Σῴζειν est employé, à la fois au sens propre avec αὐτόν (Polémarque) et au sens figuré avec τὰ... ἐψηφισμένα. — L'explication de σῴζειν... παρόν est donnée par τῷ δὲ Ἐρατοσθένει... κ. τ. λ., mais après avoir été préparée par Ὑμεῖς δὲ... κ.τ.λ. — Παρόν, « *alors qu'il était en son pouvoir* ». Participe absolu.

7. Ὅσοι... ἦλθον = εἴ τινες ἦλθον. Lysias emploie, d'une façon très libre et sans le rattacher à un antécédent exprimé, le relatif équivalant à une conjonction de temps, de cause, etc., accompagnée d'un pronom. Cf. la même construction, VII, 12, et avec ὅς VII, 23.

8. Μὴ ἐλθεῖν « *à ne pas aller* » (là où on les envoyait). — Ἐξάρ

Ἐρατοσθένει ἐξῆν εἰπεῖν ὅτι οὐκ ἀπήντησεν, ἔπειτα ὅτι οὐκ εἶδεν[1] · τοῦτο γὰρ οὔτ' ἔλεγχον οὔτε βάσανον[2] εἶχεν, ὥστε μηδ' ὑπὸ τῶν ἐχθρῶν βουλομένων οἷόν τ' εἶναι ἐξελεγχθῆναι. [32] Χρῆν δέ σε[3], ὦ Ἐρατόσθενες, εἴπερ ἦσθα χρηστὸς, πολὺ μᾶλλον τοῖς μέλλουσιν ἀδίκως ἀποθανεῖσθαι μηνυτὴν γενέσθαι[4] ἢ τοὺς ἀδίκως ἀπολουμένους[5] συλλαμβάνειν. [33] Νῦν δέ σου τὰ ἔργα φανερὰ γεγένηται οὐχ ὡς ἀνιωμένου, ἀλλ' ὡς ἡδομένου τοῖς γιγνομένοις, ὥστε τούσδε[6] ἐκ τῶν ἔργων χρὴ μᾶλλον ἢ ἐκ τῶν λόγων τὴν ψῆφον φέρειν, ἃ ἴσασι γεγενημένα τῶν τότε[7] λεγομένων[8] τεκμήρια[9] λαμβάνοντας, ἐπειδὴ μάρτυρας περὶ αὐτῶν οὐχ οἷόν τε παρασχέσθαι. Οὐ γὰρ μόνον ἡμῖν παρεῖναι[10] οὐκ ἐξῆν, ἀλλ' οὐδὲ παρ'

νοις γενέσθαι, « *à nier* » (qu'ils eussent trouvé ceux qu'ils avaient effectivement trouvés). Pour l'emploi du datif, cf. XXV, 7, n. 7.

1. Οὐκ ἀπήντησεν... οὐκ εἶδεν. Gradation. Des témoins pouvaient prouver qu'Ératosthène avait rencontré Polémarque : personne ne pouvait prouver qu'il l'eût vu.

2. Βάσανον, « *moyen de contrôle* ». — Sur εἶχεν, cf. Isocrate, VII, 43, n. 2.

3. Χρῆν δέ σε. L'argumentation devenant plus pressante, l'orateur s'adresse directement à son adversaire.

4. Μηνυτὴν γενέσθαι, litt. : *se faire dénonciateur*. L'expression est prise dans un sens favorable = « *avertir* ».

5. Τοὺς ἀδίκως ἀπολουμένους répète sous une autre forme : τοῖς... ἀποθανεῖσθαι. Il peut y avoir symétrie dans la phrase sans qu'il y ait opposition de sens entre les parties.

6. Ὥστε τούσδε... κ. τ. λ. Les raisonnements ne sauraient prévaloir contre les faits. En reprenant ce lieu commun (cf. XXIV, 14), Lysias s'efforce de tourner l'argument le plus solide de son adversaire. — Τούσδε, à savoir : les juges.

7. Τότε. Dans l'assemblée où l'on décida l'arrestation des métèques.

8. Λεγομένων, participe imparfait.

9. Τεκμήρια, « *comme indices* », cf. Isocrate, XV, 280, n. 6.

10. Παρεῖναι, « *assister à vos*

αὑτοῖς εἶναι, ὥστ' ἐπὶ τούτοις ἐστὶ πάντα τὰ κακὰ[1] εἰργασμένοις τὴν πόλιν πάντα τἀγαθὰ περὶ αὑτῶν λέγειν.

[34] Τοῦτο μέντοι οὐ φεύγω[2], ἀλλ' ὁμολογῶ σοι, εἰ βούλει, ἀντειπεῖν. Θαυμάζω δὲ τί ἄν ποτε[3] ἐποίησας συνειπὼν[4], ὁπότε ἀντειπεῖν φάσκων ἀπέκτεινας Πολέμαρχον. Φέρε δή[5], τί ἄν[6], εἰ καὶ[7] ἀδελφοὶ ὄντες ἐτυγχάνετε αὐτοῦ[8] ἢ καὶ ὑεῖς; ἀπεψηφίζεσθε; Δεῖ γάρ[9], ὦ ἄνδρες δικασταὶ, Ἐρατοσθένην δυοῖν θάτερον ἀποδεῖξαι, ἢ ὡς οὐκ ἀπήγαγεν[10] αὐτὸν, ἢ ὡς δικαίως τοῦτ' ἔπραξεν. Οὗτος δὲ ὡμολόγηκεν

délibérations ». Lysias oppose tacitement les délibérations secrètes des Trente aux débats publics de la démocratie et fait ainsi tourner au profit de sa cause l'impossibilité où il était de fournir des témoins. — Notez le jeu de mots παρεῖναι... παρ' αὐτοῖς εἶναι, qui amène l'expression assez rare : παρ' αὑτοῖς = παρ' ἡμῖν αὐτοῖς : « *chez nous* » (c.-à-d. dans notre pays).

1. Πάντα τὰ κακά, « *tous les maux possibles* ». Rattachez τὴν πόλιν à τὰ κακὰ εἰργασμένοις.

2. Τοῦτο... οὐ φεύγω. — Τοῦτο, à savoir : ἀντειπεῖν (σε). — Cette concession, qui semble, au premier abord, ruiner l'argumentation précédente, lui redonne au contraire une force nouvelle, grâce à la conclusion imprévue que l'orateur en tire.

3. Ποτε est employé, comme au § 29, pour marquer l'impatience de l'orateur, pressé d'en finir avec une question qui n'aurait pas même dû se poser.

4. Συνειπών, équivaut à une proposition conditionnelle, « *si tu avais soutenu l'opinion de tes collègues.* »

5. Φέρε δή. A la discussion passionnée avec l'adversaire succède un appel pathétique aux sentiments intimes des juges. Sous cette forme nouvelle, l'argumentation se poursuit aussi serrée et aussi pressante.

6. Τί ἄν, εἰ = *quid, si*. Forme elliptique et plus vive d'interrogation. — Ἄν doit être rattaché également à ἀπεψηφίζεσθε.

7. Εἰ καί, « *même si* ».

8. Αὐτοῦ. Entendez : Ératosthène.

9. Δεῖ γάρ... κ. τ. λ. — C'est, en effet, la seule alternative qui reste si l'on admet la critique que Lysias vient de faire de l'excuse invoquée par Ératosthène.

10. Ἀπήγαγεν. Voy. Ind., n° 91.

ἀδίκως συλλαβεῖν, ὥστε ῥᾳδίαν ὑμῖν τὴν διαψήφισιν[1] περὶ αὐτοῦ πεποίηκε. [35] Καὶ μὲν δὴ[2] πολλοὶ καὶ τῶν ἀστῶν καὶ τῶν ξένων ἥκουσιν εἰσόμενοι τίνα γνώμην περὶ τούτων ἕξετε. Ὧν οἱ μὲν ὑμέτεροι ὄντες πολῖται[3] μαθόντες ἀπίασιν[4] ὅτι ἢ δίκην δώσουσιν ὧν ἂν ἐξαμάρτωσιν, ἢ πράξαντες[5] μὲν ὧν ἐφίενται τύραννοι τῆς πόλεως ἔσονται, δυστυχήσαντες δὲ τὸ ἴσον ὑμῖν ἕξουσιν· ὅσοι δὲ ξένοι ἐπιδημοῦσιν, εἴσονται πότερον ἀδίκως τοὺς τριάκοντα ἐκκηρύττουσιν[6] ἐκ τῶν πόλεων ἢ δικαίως. Εἰ γὰρ δὴ αὐτοὶ οἱ κακῶς πεπονθότες λαβόντες[7] ἀφήσουσιν, ἦ που[8] σφᾶς αὐτοὺς ἡγήσονται περιέργους ὑπὲρ ὑμῶν τηρουμένους[9]. [36] Οὐκ οὖν δεινὸν[10]

1. Τὴν διαψήφισιν. Le choix à faire entre les deux sortes de *jetons de vote* (ψῆφοι). Ind., n° 89.

2. Καὶ μὲν δή. Cf. § 30, n. 4. Lieu commun : effrayer les juges en leur montrant les conséquences du vote qu'ils vont émettre.

3. Ὑμέτεροι... πολῖται. Apposition à οἱ μέν. — Cf. 92, n. 3.

4. Ἀπίασιν. On sait que εἶμι sert de futur à ἔρχομαι. La forme ionienne ἐλεύσομαι est inusitée en prose attique.

5. Πράξαντες μέν. On attendrait simplement : ils sauront « qu'ils sont sûrs de l'impunité ». Mais Lysias introduit par μέν et δέ une nouvelle distinction qui lui sert à préciser la portée qu'aurait un acquittement. L'idée est celle-ci : ou bien ils réussiront, et ils seront vos maîtres, ou ils échoueront et conserveront encore les mêmes droits que vous (τὸ ἴσον ὑμῖν). En d'autres termes : ils auront tout à gagner et rien à perdre.

6. Ἐκκηρύττουσιν. Au temps de l'oligarchie, plusieurs villes grecques alliées de Sparte avaient refusé d'accueillir les bannis d'Athènes. Il est probable qu'après le renversement des Trente pareille mesure avait été prise contre quelques-uns d'entre eux, qui ne s'étaient pas contentés de se retirer à Éleusis. Cf. Hist. I, n° 12.

7. Λαβόντες, entendez : τοὺς τριάκοντα.

8. Ἦ που. Particule souvent employée par Lysias pour faire ressortir la conséquence inévitable d'une hypothèse qu'il vient de poser. Cf. VII, 8, XXV, 1.

9. Ὑπὲρ ὑμῶν τηρουμένους, « *veillant pour vous* ».

10. Οὐκ οὖν δεινόν. Lysias termine

εἰ τοὺς μὲν στρατηγοὺς οἳ ἐνίκων[1] ναυμαχοῦντες, ὅτε διὰ χειμῶνα οὐχ οἷοί τ' ἔφασαν εἶναι τοὺς ἐκ τῆς θαλάττης[2] ἀνελέσθαι, θανάτῳ ἐζημιώσατε, ἡγούμενοι χρῆναι τῇ τῶν τεθνεώτων ἀρετῇ[3] παρ' ἐκείνων δίκην λαβεῖν, τούτους δέ, οἳ ἰδιῶται μὲν ὄντες καθ' ὅσον ἐδύναντο ἐποίησαν ἡττηθῆναι[4] ναυμαχοῦντας[5], ἐπειδὴ δὲ εἰς τὴν ἀρχὴν κατέστησαν, ὁμολογοῦσιν ἑκόντες πολλοὺς τῶν πολιτῶν ἀκρίτους[6] ἀποκτιννύναι, οὐκ ἄρα χρὴ[7] αὐτοὺς καὶ τοὺς παῖδας ὑφ' ὑμῶν ταῖς ἐσχάταις ζημίαις κολάζεσθαι;

son développement en évoquant dans une période d'un tour très oratoire le souvenir du procès des Arginuses (Hist., I, n° 4) et en montrant par un raisonnement *a fortiori* qu'on ne saurait acquitter les Trente après avoir condamné les stratèges vainqueurs.

1. Ἐνίκων. Imparfait employé avec le sens d'un plus-que-parfait, comme il arrive avec certains verbes, tels que φεύγω (*je suis accusé* : cf. § 2), διώκω (*je joue le rôle d'accusateur*), ἀδικῶ (*je suis coupable*), dont le présent est souvent pris dans le sens d'un parfait.

2. Τοὺς ἐκ τῆς θαλάττης. Platon faisant allusion au même événement (*Apol.*, 32 B) se sert d'un euphémisme analogue pour désigner les morts, τοὺς ἐκ τῆς ναυμαχίας. Sur la proposition ἐκ, cf. Isocrate, p. 143, n. 5.

3. Τῇ... ἀρετῇ : datif d'intérêt. Le châtiment des stratèges peut être considéré comme un hommage rendu à la valeur de ceux qui étaient morts. — On voit que Lysias ne se prononce qu'avec une très grande réserve sur la conduite tenue par les Athéniens dans cette circonstance.

4. Ἐποίησαν ἡττηθῆναι. Lysias se fait ici l'écho des bruits qui attribuaient à la trahison l'échec d'Ægos-Potamos.

5. Ναυμαχοῦντας, s.-ent. ὑμᾶς.

6. Ἀκρίτους. Cf. § 17, n. 4.

7. Οὐκ ἄρα χρή. Reprise sous une forme directe et plus pressante de l'interrogation οὐκ οὖν δεινὸν εἰ.

III

ARGUMENTATION « EXTRA CAUSAM » : LA POLITIQUE DE THÉRAMÈNE

(§§ 62-78)

[62] Φέρε δὴ καὶ περὶ Θηραμένους ὡς ἂν δύνωμαι διὰ βραχυτάτων διδάξω[1]. Δέομαι δ' ὑμῶν ἀκοῦσαι ὑπέρ τ' ἐμαυτοῦ καὶ τῆς πόλεως[2]. Καὶ μηδενὶ τοῦτο παραστῇ, πῶς[3] Ἐρατοσθένους κινδυνεύοντος Θηραμένους κατηγορῶ. Πυνθάνομαι γὰρ ταῦτα[4] ἀπολογήσεσθαι αὐτόν, ὅτι ἐκείνῳ φίλος ἦν καὶ τῶν αὐτῶν ἔργων μετεῖχεν[5]. [63] Ἦ που σφόδρ' ἂν αὐτὸν οἶμαι μετὰ Θεμιστοκλέους πολιτευόμενον προσποιεῖσθαι[6] πράττειν ὅπως οἰκοδομη-

1. Διδάξω, subjonctif aoriste amené par φέρε δή.

2. Ὑπέρ... τῆς πόλεως, « *dans mon intérêt et dans celui de l'État* ». Encore un détail qui permet de préciser l'objet du discours.

3. Καὶ μηδενὶ... πῶς, « *et que la question suivante ne se présente à l'esprit de personne : comment se fait-il que,...* » etc.

4. Ταῦτα annonce la proposition ὅτι... μετεῖχεν.

5. Ὅτι... μετεῖχεν. Ératosthène ne dit pas : « J'ai agi ainsi parce que j'étais son ami ». Ce ne serait qu'une mauvaise excuse. Sa défense est beaucoup plus hardie : « *J'étais son ami et de plus* (καί) *je prenais part aux mêmes actions que lui* » (sous-ent. : donc, traitez-moi comme vous le traiteriez lui-même aujourd'hui). On voit par là de quelle faveur jouissait alors à Athènes le souvenir de Théramène.

6. Ἦ που... προσποιεῖσθαι. — Ἦ που, « *eh bien alors* » (cf. § 35, n. 8). — Πολιτευόμενον προσποιεῖσθαι ἄν = εἰ ἐπολιτεύετο, προσεποιεῖτ' ἄν. L'ironie de la phrase est rendue plus sensible par la place donnée à σφόδρα. — Le second membre de la comparaison est très elliptique. Entendez comme s'il y avait ὁπότε καὶ μετὰ Θηραμένους (πολιτευόμενος προσποιεῖται πράττειν) ὅπως.... — Ὁπότε « *du moment que* ».

θήσεται τὰ τείχη[1] ὁπότε καὶ μετὰ Θηραμένους ὅπως καθαιρεθήσεται. Οὐ γάρ μοι δοκοῦσιν ἴσου ἄξιοι γεγενῆσθαι· ὁ μὲν γὰρ Λακεδαιμονίων ἀκόντων ᾠκοδόμησεν αὐτὰ, οὗτος δὲ τοὺς πολίτας ἐξαπατήσας[2] καθεῖλε. [64] Περιέστηκε δ' οὖν[3] τῇ πόλει τοὐναντίον ἢ ὡς εἰκὸς ἦν. Ἄξιον μὲν γὰρ ἦν[4] καὶ τοὺς φίλους τοὺς Θηραμένους προσαπολωλέναι[5]. πλὴν εἴ τις ἐτύγχανεν ἐκείνῳ τἀναντία πράττων[6]· νῦν δὲ ὁρῶ τάς τε ἀπολογίας εἰς ἐκεῖνον ἀναφερομένας[7], τούς τ' ἐκείνῳ συνόντας τιμᾶσθαι πειρωμένους, ὥσπερ πολλῶν ἀγαθῶν αἰτίου ἀλλ' οὐ μεγάλων κακῶν γεγενημένου[8]. [65] Ὅς πρῶτον

1. Τὰ τείχη. Aussitôt après Salamine (480) et malgré l'opposition des Lacédémoniens, Thémistocle avait fait relever les remparts d'Athènes. Puis entre 478 et l'époque (mal fixée) de son exil il avait fait construire par Hippodamos la ville et les fortifications du Pirée. Enfin, Périclès, continuant son œuvre, avait relié la ville au port par les *Longs-Murs* (vers 457). Or, quand la paix avait été conclue par l'intermédiaire de Théramène, les Lacédémoniens qui n'exigeaient d'abord que la destruction d'une partie des *Longs-Murs* avaient imposé et la destruction de ces murs et celle des fortifications du Pirée.

2. Ἐξαπατήσας, « *ayant trompé complètement* ». Sur ces assertions, cf. Hist., I, n° 6.

3. Περιέστηκε δ' οὖν.... « *mais, quoi qu'il en soit* (*de ce parallèle*), *les choses ont tourné pour la ville dans un sens contraire à ce qui était naturel* ».

4. Ἄξιον... ἦν, « *il aurait été juste* ». Le grec emploie dans ces locutions ἦν au sens de l'*irréel* sans ἄν. Litt. : *il était juste*.

5. Προσαπολωλέναι. Notez le sens de πρός, « *en outre de* », « *en plus de* ».

6. Πλὴν εἴ τις... πράττων. Lysias répond à la seconde partie de la défense d'Ératosthène : τῶν αὐτῶν... μετεῖχεν.

7. Τάς τ' ἀπολογίας... ἀναφερομένας, « *je vois qu'on a recours à lui pour se justifier* ». Entendez : « *on se couvre de son nom* ». C'est donc bien à tout le parti des aristocrates modérés que Lysias s'en prend dans ce morceau dirigé en apparence contre le seul Théramène.

8. Αἰτίου... γεγενημένου, s.-ent.

μὲν τῆς προτέρας ὀλιγαρχίας αἰτιώτατος[1] ἐγένετο, πείσας ὑμᾶς τὴν ἐπὶ[2] τῶν τετρακοσίων πολιτείαν ἑλέσθαι. Καὶ ὁ μὲν πατὴρ αὐτοῦ[3] τῶν προβούλων ὢν ταῦτ'[4] ἔπραττεν, αὐτὸς δὲ δοκῶν εὐνούστατος εἶναι τοῖς πράγμασι[5] στρατηγὸς ὑπ' αὐτῶν ᾑρέθη. [66] Καὶ ἕως μὲν ἐτιμᾶτο, πιστὸν ἑαυτὸν ἐν τῷ τέλει[6] παρεῖχεν· ἐπειδὴ δὲ Πείσανδρον[7] μὲν καὶ Κάλλαισχρον καὶ ἑτέρους ἑώρα προτέρους αὐτοῦ γιγνομένους, τὸ δὲ ὑμέτερον πλῆθος[8] οὐκέτι βουλόμενον τούτων[9] ἀκροᾶσθαι, τότ' ἤδη[10] διά τε τὸν πρὸς ἐκείνους φθόνον καὶ τὸ παρ' ὑμῶν δέος[11] μετέσχε τῶν Ἀριστοκράτους ἔργων. [67] Βουλόμενος δὲ τῷ ὑμετέρῳ πλήθει δοκεῖν πιστὸς εἶναι Ἀντιφῶντα καὶ Ἀρχεπτόλεμον φιλτάτους ὄντας αὐτῷ κατηγορῶν ἀπέκτεινεν[12], εἰς

αὐτοῦ. — Ἀλλ' οὐ, « *et non pas* », sert à ramener l'expression vraie des faits après l'ironique ὥσπερ.

1. Αἰτιώτατος. Cf. Hist., I, n° 1. L'agent lè plus actif fut Pisandre et non Théramène.

2. Ἐπί. Cf. § 17, n. 8.

3. Ὁ μὲν πατὴρ αὐτοῦ : Hagnon, fils de Nicias. Il s'était distingué comme général et comme diplomate au temps de la guerre du Péloponnèse. Comme membre du Conseil des πρόβουλοι (Hist., I, n° 1), il avait contribué à l'établissement des *Quatre-Cents*.

4. Ταὐτά, « *les mêmes choses* (*que lui*) ».

5. Τοῖς πράγμασι. Sur les différentes acceptions de ce mot chez Lysias, cf. XXV, 10, n. 5.

6. Ἐν τῷ τέλει, « *dans sa charge* ».

7. Πείσανδρον. Cf. Hist., I, n° 1. — Κάλλαισχρον, père de Kritias, avait été avec Pisandre un des chefs de l'oligarchie des *Quatre-Cents*.

8. Πλῆθος. Cf. § 26, n. 2.

9. Τούτων, et plus loin, ἐκείνους : Pisandre, Kallaischros et leurs partisans. Sur les faits, cf. Hist., I, n° 2.

10. Τότ' ἤδη = *tum demum*.

11. Τὸ παρ' ὑμῶν δέος, « *la crainte que vous lui inspiriez* ». En réalité, Théramène semble avoir cédé à des motifs beaucoup plus désintéressés. Cf. Hist., I, n° 2.

12. Ἀπέκτεινεν, en tant qu'ayant introduit l'accusation sur laquelle

τοσοῦτον δὲ κακίας ἦλθεν, ὥστε ἅμα μὲν[1] διὰ τὴν πρὸς ἐκείνους πίστιν[2] ὑμᾶς κατεδουλώσατο, διὰ δὲ τὴν πρὸς ὑμᾶς τοὺς φίλους ἀπώλεσε.

[68] Τιμώμενος δὲ[3] καὶ τῶν μεγίστων ἀξιούμενος, αὐτὸς ἐπαγγειλάμενος σώσειν τὴν πόλιν αὐτὸς ἀπώλεσε[4], φάσκων πρᾶγμα ηὑρηκέναι μέγα καὶ πολλοῦ ἄξιον. Ὑπέσχετο δὲ[5] εἰρήνην ποιήσειν[6] μήτε ὅμηρα δοὺς μήτε τὰ τείχη καθελὼν μήτε τὰς ναῦς παραδούς· τἆλλα δὲ εἰπεῖν μὲν οὐδενὶ ἠθέλησεν, ἐκέλευσε[7] δὲ αὐτῷ πιστεύειν. [69] Ὑμεῖς δέ, ὦ ἄνδρες Ἀθηναῖοι, πραττούσης μὲν τῆς ἐν Ἀρείῳ πάγῳ βουλῆς σωτήρια[8], ἀντιλεγόντων δὲ πολλῶν Θηραμένει, εἰδότες[9] δὲ ὅτι οἱ μὲν ἄλλοι ἄνθρωποι

ils ont été condamnés. Voyez un emploi semblable au § 23.

1. Ἅμα μέν. Logiquement, μέν devrait se trouver après διά. Voyez un déplacement analogue de la particule au § 15.

2. Τὴν... πίστιν, « *grâce à la confiance dont il jouissait auprès d'eux* ». Opposé à διὰ τὴν πρὸς ὑμᾶς (πίστιν).

3. Τιμώμενος δέ. Lysias néglige de parti pris toute une période, sans doute inattaquable, de la vie de Théramène et en particulier son rôle dans le procès des Arginuses. Cf. Hist., I, n° 4.

4. Αὐτὸς ἐπαγγειλάμενος... αὐτὸς ἀπώλεσε. *De lui-même* (αὐτός) il s'était engagé à sauver la ville, et *c'est lui* qui la perdit. Sur la répétition de αὐτός, cf. Isoc., XVII, 17, n. 2.

5. Ὑπέσχετο δέ. — Δέ a ici à peu près la valeur de γάρ.

6. Εἰρήνην ποιήσειν = « *faire conclure la paix* ». Distinct de εἰρήνην ποιεῖσθαι, *conclure la paix*.

7. Ἐκέλευσε. On attendrait plutôt ἐκέλευε. L'emploi de l'aoriste fait mieux sentir avec quelle assurance Théramène affirmait ses prétentions.

8. Πραττούσης... σωτήρια. Cf. Ind., n° 19. Il est difficile de dire le rôle que l'Aréopage pouvait jouer dans la circonstance. Peut-être cherchait-il à rétablir la concorde dans la ville pour rendre plus efficace sa résistance aux ennemis du dehors.

9. Εἰδότες δέ équivaut à une proposition concessive : « *et quoique vous sussiez bien* ».

τῶν πολεμίων ἕνεκα τἀπόρρητα[1] ποιοῦνται, ἐκεῖνος δ' ἐν τοῖς αὑτοῦ πολίταις οὐκ ἠθέλησεν εἰπεῖν ταῦτα ἃ πρὸς τοὺς πολεμίους ἔμελλεν ἐρεῖν, ὅμως ἐπετρέψατε αὐτῷ πατρίδα καὶ παῖδας[2] καὶ γυναῖκας καὶ ὑμᾶς αὐτούς. [70] Ὃ δὲ ὧν μὲν ὑπέσχετο οὐδὲν ἔπραξεν, οὕτως δὲ ἐνετεθύμητο ὡς χρὴ[3] μικρὰν καὶ ἀσθενῆ γενέσθαι τὴν πόλιν, ὥστε περὶ ὧν οὐδεὶς πώποτε οὔτε τῶν πολεμίων ἐμνήσθη οὔτε τῶν πολιτῶν[4] ἤλπισε[5], ταῦθ' ὑμᾶς ἔπεισε πρᾶξαι, οὐχ ὑπὸ Λακεδαιμονίων ἀναγκαζόμενος, ἀλλ' αὐτὸς ἐκείνοις ἐπαγγελλόμενος[6], τοῦ τε Πειραιῶς[7] τὰ τείχη περιελεῖν καὶ τὴν ὑπάρχουσαν πολιτείαν καταλῦσαι, εὖ εἰδὼς ὅτι, εἰ μὴ πασῶν τῶν ἐλπίδων ἀποστερηθήσεσθε, ταχεῖαν παρ' αὐτοῦ τὴν τιμωρίαν κομιεῖσθε. [71] Καὶ τὸ τελευταῖον, ὦ ἄνδρες δικασταί, οὐ πρότερον[8] εἴασε τὴν ἐκκλησίαν[9] γενέσθαι, ἕως ὁ λεγόμενος ὑπ' ἐκείνου καιρὸς[10] ἐπιμελῶς ὑπ' αὐτοῦ

1. **Τἀπόρρητα.** Remarquez l'emploi de l'article : « (*font*) *les mystères qu'ils font* ».

2. **Πατρίδα καὶ παῖδας... κ. τ. λ.** Les enfants, héritiers du culte des ancêtres jouaient dans l'État un rôle plus important que les femmes. Aussi, dans les énumérations de ce genre, passaient-ils toujours avant elles.

3. **Ὡς χρὴ... κ. τ. λ.** est expliqué plus loin par εὖ εἰδὼς ὅτι.

4. **Οὔτε τῶν πολιτῶν** = καὶ ἃ οὐδεὶς τῶν πολιτῶν. Sur l'omission du relatif en pareil cas, cf. **XXV, 11, n. 3.**

5. **Ἤλπισε**, « *ne s'était attendu* ».

6. **Αὐτὸς... ἐπαγγελλόμενος**, « *mais le leur promettant de lui-même* ». Cf. plus haut, § 68.

7. **Τοῦ τε Πειραιῶς.** Cf. § 63, n. 1.

8. **Οὐ πρότερον... ἕως.** Il y a ici un mélange des deux constructions : οὐ πρότερον... πρίν et οὐ... ἕως. Cf. XXV, 26.

9. **Τὴν ἐκκλησίαν** : l'assemblée qui devait avoir lieu pour délibérer sur la paix.

10. **Ὁ λεγόμενος ὑπ' ἐκείνου καιρός**, « *le moment qu'il appe-*

ἐτηρήθη, καὶ μετεπέμψατο[1] μὲν τὰς μετὰ Λυσάνδρου ναῦς ἐκ Σάμου, ἐπεδήμησε δὲ τὸ τῶν πολεμίων στρατόπεδον.

[72] Τότε δὲ τούτων ὑπαρχόντων[2], καὶ παρόντος[3] Λυσάνδρου καὶ Φιλοχάρους[4] καὶ Μιλτιάδου, περὶ τῆς πολιτείας τὴν ἐκκλησίαν ἐποίουν, ἵνα μήτε ῥήτωρ[5] αὐτοῖς μηδεὶς ἐναντιοῖτο μηδὲ ἀπειλοῖ, ὑμεῖς τε μὴ τὰ τῇ πόλει συμφέροντα ἕλοισθε, ἀλλὰ τἀκείνοις[6] δοκοῦντα ψηφίσαισθε. [73] Ἀναστὰς δὲ Θηραμένης ἐκέλευσεν ὑμᾶς τριάκοντα ἀνδράσιν ἐπιτρέψαι τὴν πόλιν, καὶ τῇ πολιτείᾳ χρῆσθαι ἣν Δρακοντίδης ἀπέφαινεν[7]. Ὑμεῖς δ' ὅμως καὶ οὕτω διακείμενοι[8] ἐθορυβεῖτε[9] ὡς οὐ ποιήσοντες ταῦτα·

lait, lui (lorsqu'il parlait au peuple), le moment opportun ».

1. Μετεπέμψατο, ἐπεδήμησε dépendent également de ἕως. — Ἐπεδήμησε est intransitif : « *ne fut arrivée dans le pays* ».

2. Τότε δὲ τούτων ὑπαρχόντων, « *c'est alors que, ces dispositions étant prises* ».

3. Παρόντος. Au singulier, quoique se rapportant aux trois noms qui suivent. Emploi fréquent quand le verbe est, comme ici, en tête de l'énumération. Cf. § 12.

4. Φιλοχάρους, Μιλτιάδου. Personnages inconnus. On voit qu'ils disposaient avec Lysandre des forces militaires ennemies de la démocratie.

5. Ῥήτωρ. « *orateur* ». Le sens de *rhéteur* est très postérieur. A l'époque classique, les *orateurs* sont ceux qui peuvent prendre part aux débats politiques.

6. Τἀκείνοις = τὰ ἐκείνοις. On a peu d'exemples de cette crase.

7. Ἀπέφαινεν, « *faisait connaître* », au lieu de la formule ordinaire : ψήφισμα γράψαι ou εἰπεῖν (*proposer un décret*). Dracontidès n'est que l'instrument de Théramène, et la constitution qu'il apporte doit être *approuvée*, mais non *discutée* par l'Assemblée.

8. Ὑμεῖς... διακείμενοι. Notez la place d'ὅμως, « *mais vous, bien qu'étant dans cette situation, cependant...* ». Allusion non seulement aux mesures de précaution prises par les oligarques et énumérées au § 72, mais aussi à l'état dans lequel le siège avait mis la ville.

9. Ἐθορυβεῖτε. — Θορυβεῖν,

ἐγιγνώσκετε γὰρ ὅτι περὶ δουλείας καὶ ἐλευθερίας ἐν ἐκείνῃ τῇ ἡμέρᾳ ἠκκλησιάζετε. [74] Θηραμένης δὲ, ὦ ἄνδρες δικασταί, (καὶ τούτων ὑμᾶς αὐτοὺς μάρτυρας[1] παρέξομαι) εἶπεν ὅτι οὐδὲν αὐτῷ μέλοι τοῦ ὑμετέρου θορύβου, ἐπειδὴ πολλοὺς[2] μὲν Ἀθηναίων εἰδείη τοὺς τὰ ὅμοια πράττοντας αὐτῷ[3], δοκοῦντα[4] δὲ Λυσάνδρῳ καὶ Λακεδαιμονίοις λέγοι. Μετ' ἐκεῖνον δὲ Λύσανδρος ἀναστὰς ἄλλα[5] τε πολλὰ εἶπε καὶ ὅτι παρασπόνδους[6] ὑμᾶς ἔχοι, καὶ ὅτι οὐ περὶ πολιτείας ὑμῖν ἔσται[7] ἀλλὰ περὶ σωτηρίας, εἰ μὴ ποιήσεθ' ἃ Θηραμένης κελεύει. [75] Τῶν δ' ἐν τῇ ἐκκλησίᾳ ὅσοι ἄνδρες ἀγαθοὶ ἦσαν, γνόντες τὴν

« *faire du bruit* » (en signe d'approbation ou de désapprobation). Le sens du verbe doit être précisé par le contexte. Ici « *murmurer* ».

1. Καὶ... μάρτυρας. Lieu commun. Cf. VII, 25, n. 1. Il n'est pas impossible que Théramène ait tenu ces propos. Mais il y a manière de présenter les faits, et on ne doit pas oublier que Lysias décrit la scène en homme de parti.

2. Πολλούς... πράττοντας. — Πολλούς est attribut. Ἀθηναίων, génitif partitif, se rattache à τούς... πράττοντας.

3. Ὅμοια αὐτῷ = ὅμοια τοῖς αὐτοῦ : « *les mêmes choses que lui* ». Construction abrégée, d'un emploi fréquent avec les adjectifs (et les adverbes) marquant la ressemblance (ἴσος, ὅμοιος, παραπλήσιος), ainsi qu'avec ὁ αὐτός. On dit aussi bien ὁμοίαν γνώμην ἔχω καὶ σύ, ou ὁμοίαν... οἵανπερ σὺ (ἔχεις), ou, comme ici, ὁμοίαν σοι. — Cf. XXIV, 7, n. 3, XXV, 15, n. 10, et Isocrate, XV, 191, n. 2.

4. Δοκοῦντα... λέγοι, « *que ses paroles étaient d'accord avec les idées de Lysandre* » (litt. : *il disait des choses qui paraissaient bonnes à Lysandre*).

5. Ἄλλα τε... καὶ ὅτι, litt. : *et d'autres choses... et aussi que*. Hellénisme qui correspond à notre tournure : « *entre autres choses... il disait que...* ».

6. Παρασπόνδους, parce que les murs n'étaient pas encore complètement démolis.

7. Οὐ... ἔσται, « *il ne s'agira pas de...* ». Tournure peu fréquente et qui appartient plutôt au style de la conversation. — Πολιτείας, « *la forme du gouvernement* » (cf. Eschine, III, 134, n. 5), opposé à σωτηρίας, « *l'existence de la cité* ».

παρασκευὴν καὶ τὴν ἀνάγκην[1], οἱ μὲν[2] αὐτοῦ μένοντες ἡσυχίαν ἦγον[3], οἱ δὲ ᾤχοντο ἀπιόντες[4], τοῦτο γοῦν σφίσιν αὐτοῖς συνειδότες[5], ὅτι οὐδὲν κακὸν τῇ πόλει ἐψηφίσαντο· ὀλίγοι δέ τινες καὶ πονηροὶ καὶ κακῶς βουλευόμενοι[6] τὰ προσταχθέντα ἐχειροτόνησαν[7]. [76] Παρηγγέλλετο γὰρ αὐτοῖς δέκα μὲν οὓς Θηραμένης ἀπέδειξε χειροτονῆσαι[8], δέκα[9] δὲ οὓς οἱ καθεστηκότες ἔφοροι[10] κελεύοιεν, δέκα δ' ἐκ τῶν παρόντων· οὕτω γὰρ[11] τὴν ὑμετέραν ἀσθένειαν ἑώρων καὶ τὴν αὑτῶν δύναμιν ἠπίσταντο, ὥστε πρότερον ᾔδεσαν τὰ μέλλοντα ἐν τῇ ἐκκλησίᾳ πραχθήσεσθαι.

[77] Ταῦτα δὲ οὐκ ἐμοὶ δεῖ πιστεῦσαι, ἀλλὰ ἐκείνῳ[12]· πάντα γὰρ τὰ ὑπ' ἐμοῦ εἰρημένα ἐν τῇ

1. Τὴν παρασκευὴν καὶ τὴν ἀνάγκην, « *l'intrigue* » ourdie par les oligarques, et « *la contrainte* » exercée par Lysandre et les Lacédémoniens.

2. Οἱ μὲν... οἱ δέ. Apposition partitive à ὅσοι.

3. Ἡσυχίαν ἦγον opposé à ᾤχοντο. Ils gardaient une attitude passive, ne s'en allant pas, mais (comme la suite le prouve) s'abstenant de voter.

4. Ὤιχοντο ἀπιόντες. Tournure pléonastique fréquente avec οἴχομαι.

5. Συνειδότες se rattache à ὅσοι ἄνδρες... κ. τ. λ.

6. Κακῶς βουλευόμενοι, « *mal inspirés* ». Καὶ... καὶ équivaut à peu près à ἢ... ἤ. Parmi ceux qui ont voté, Lysias tient à faire une distinction pour ménager ceux des juges qui auraient pu se trouver atteints.

7. Ἐχειροτόνησαν. Ind., n° 31.

8. Χειροτονῆσαι. Infinitif se rattachant à παρηγγέλλετο.

9. Δέκα... κ. τ. λ. Ni Xénophon ni Aristote ne parlent de ce mode de recrutement des Trente. Quant à Diodore, il présente Théramène comme s'étant opposé à l'établissement du nouveau régime. Cf. Hist., I, n° 7.

10. Οἱ ἔφοροι. Cf. Hist., I, n° 7.

11. Οὕτω γὰρ... κ. τ. λ. explique ἐκ τῶν παρόντων. Les oligarques savaient que, même en s'en remettant au choix de l'assemblée, ils n'avaient pas à craindre l'élection de leurs ennemis politiques.

12. Ἐκείνῳ, c.-à-d. Théramène. Convaincre un adversaire par son propre témoignage est évidem-

βουλῇ ἀπολογούμενος ἔλεγεν, ὀνειδίζων μὲν τοῖς φεύγουσιν ὅτι δι' αὐτὸν κατέλθοιεν, οὐδὲν φροντιζόντων Λακεδαιμονίων[1], ὀνειδίζων δὲ τοῖς τῆς πολιτείας[2] μετέχουσιν ὅτι πάντων τῶν πεπραγμένων τοῖς εἰρημένοις τρόποις ὑπ' ἐμοῦ[3] αὐτοῖς[4] αἴτιος γεγενημένος τοιούτων τυγχάνοι[5], πολλὰς πίστεις[6] αὐτοῖς ἔργῳ δεδωκὼς καὶ παρ' ἐκείνων ὅρκους[7] εἰληφώς. [78] Καὶ τοσούτων[8] καὶ ἑτέρων κακῶν καὶ αἰσχρῶν καὶ πάλαι καὶ νεωστὶ καὶ μικρῶν καὶ μεγάλων αἰτίῳ γεγενημένῳ[9] τολμήσουσιν αὐτοὺς φίλους ὄντας ἀποφαίνειν, οὐχ ὑπὲρ ὑμῶν ἀποθα-

ment très habile. Mais dans la circonstance, l'adversaire était mort et ne pouvait protester. Or Lysias fait ici allusion à la défense (ἀπολογούμενος) opposée par Théramène aux accusations de Kritias, et dans le texte de cette défense, tel que l'a conservé Xénophon *Hell.*, II, III, 35 sq.), rien ne correspond aux allégations de l'orateur.

1. Ὅτι... Λακεδαιμονίων, leur disant « *que c'était grâce à lui qu'ils étaient rentrés, alors que les Lacédémoniens ne s'inquiétaient pas d'eux* ». Il s'agit des bannis qui étaient rentrés au moment de la capitulation (Hist., I, n° 7); comme ils avaient contribué à l'établissement des Trente, on comprend que leur rappel, dont Théramène pouvait se vanter auprès de Kritias et de ses amis, soit considéré comme un crime par Lysias.

2. Τῆς πολιτείας. Ici « *l'oligarchie* ». Cf. § 6.

3. Τοῖς... ὑπ' ἐμοῦ, « *par les moyens que j'ai dits* ». Cette façon de séparer du participe son régime accompagné de la préposition, est très rare chez Lysias, mais fréquente chez Démosthène.

4. Αὐτοῖς, datif d'intérêt.

5. Τοιούτων τυγχάνοι, « *il les trouvait dans de telles dispositions* ». Cf. un emploi identique de τυγχάνω, XXIV, 26.

6. Πίστεις, « *les gages* » que Théramène avait donnés, par des *actes* (ἔργῳ), au parti oligarchique.

7. Ὅρκους, « *les serments* » qui liaient entre eux les membres des hétairies (associations politiques).

8. Καὶ τοσούτων καὶ... κ.τ.λ. Notez la répétition de καί (polysyndéton). Grâce à cet artifice, la forme de la phrase contribue à faire illusion sur le nombre des charges relevées contre Théramène.

9. Αἰτίῳ γεγενημένῳ dépend de φίλους ὄντας.

νόντος Θηραμένους ἀλλ' ὑπὲρ[1] τῆς αὑτοῦ πονηρίας. καὶ δικαίως μὲν ἐν ὀλιγαρχίᾳ δίκην δόντος (ἤδη γὰρ αὐτὴν κατέλυε[2]), δικαίως δ' ἂν[3] ἐν δημοκρατίᾳ· (δὶς γὰρ ὑμᾶς κατεδουλώσατο), τῶν μὲν παρόντων[4] καταφρονῶν, τῶν δὲ ἀπόντων ἐπιθυμῶν, καὶ τῷ καλλίστῳ ὀνόματι[5] χρώμενος δεινοτάτων ἔργων διδάσκαλος καταστάς.

IV

PÉRORAISON : APPEL AUX DEUX PARTIS
(§§ 92-100)

[92] Βούλομαι δὲ ὀλίγα ἑκατέρους ἀναμνήσας καταβαίνειν[6], τούς τε ἐξ ἄστεως καὶ τοὺς ἐκ Πειραιῶς, ἵνα τὰς ὑμῖν διὰ τούτων[7] γεγενημένας συμ-

1. Ὑπὲρ ὑμῶν... ὑπὲρ τῆς αὑτοῦ πονηρίας. — Ὑπέρ est employé ici dans deux sens très différents et dont le second (« *à cause de* ») est rare.

2. Ἤδη κατέλυε, « *déjà il travaillait à la renverser* ». Cf. Hist., I, n° 9.

3. Δικαίως δ' ἄν. Sous-ent. δόντος. Théramène *aurait* été puni justement par les démocrates, et après les *Quatre-Cents*, s'il n'avait réussi à tromper le peuple, et après les *Trente*, si ceux-ci ne l'avaient eux-mêmes mis à mort.

4. Παρόντων... ἀπόντων. Notez la recherche de la symétrie, très sensible dans tout le passage, et particulièrement marquée ici par l'emploi de la *paronomase* (rapprochement de deux mots de sens différent et de même racine).

5. Τῷ καλλίστῳ ὀνόματι. Rapprochez : § 68, ἐπαγγειλάμενος σώσειν τὴν πόλιν.

6. Καταβαίνειν, « *descendre* (*de la tribune*) », expression consacrée. Cf. Esch., II, 183. Le part. ἀναμνήσας exprime l'idée importante.

7. Διὰ τούτων, rapprochez ὑπὸ τούτων, τούτοις qui suivent. Lysias désigne les Trente comme s'ils étaient présents : la personnalité d'Ératosthène s'efface derrière celle des véritables accusés (Voyez l'Argument.)

φορὰς παραδείγματα[1] ἔχοντες τὴν ψῆφον φέρητε. Καὶ πρῶτον μὲν ὅσοι ἐξ ἄστεως ἐστε, σκέψασθε ὅτι ὑπὸ τούτων οὕτω σφόδρα ἤρχεσθε[2], ὥστε ἀδελφοῖς καὶ ὑέσι καὶ πολίταις[3] ἠναγκάζεσθε πολεμεῖν τοιοῦτον πόλεμον, ἐν ᾧ[4] ἡττηθέντες[5] μὲν τοῖς νικήσασι τὸ ἴσον ἔχετε, νικήσαντες δ' ἂν τούτοις[6] ἐδουλεύετε. [93] Καὶ τοὺς ἰδίους οἴκους[7] οὗτοι μὲν ἐκ τῶν πραγμάτων μεγάλους ἐκτήσαντο, ὑμεῖς δὲ διὰ τὸν πρὸς ἀλλήλους πόλεμον ἐλάττους ἔχετε· συνωφελεῖσθαι μὲν γὰρ ὑμᾶς οὐκ ἠξίουν, συνδιαβάλλεσθαι δ' ἠνάγκαζον, εἰς τοσοῦτον ὑπεροψίας ἐλθόντες ὥστε οὐ τῶν ἀγαθῶν κοινούμενοι πιστοὺς ὑμᾶς ἐκτῶντο[8], ἀλλὰ τῶν ὀνειδῶν μεταδιδόντες εὔνους

1. Παραδείγματα ἔχοντες, « *ayant comme exemples* ». L'appel aux leçons de l'expérience est un des lieux communs de la rhétorique. Cf. XXV, 23. — L'effet est d'autant plus puissant ici qu'il s'agit d'une expérience douloureuse et toute récente.

2. Οὕτω σφόδρα ἤρχεσθε, « *vous subissiez une tyrannie si rigoureuse* ». Voyez au § 94 l'opposition entre ἤρχεσθε et πολιτεύεσθε.

3. Πολίταις, « *des concitoyens* ». On dit aussi συμπολιτευόμενοι. Mais συμπολῖται n'appartient pas à la prose classique.

4. Ἐν ᾧ = ὥστε ἐν αὐτῷ. Cf. Eschine, II, 37, n. 3.

5. Ἡττηθέντες, « *après avoir été vaincus* », le fait opposé à l'hypothèse : νικήσαντες, « *si vous aviez été vainqueurs* ». — Ἂν se rattache à ἐδουλεύετε.

6. Τούτοις. A savoir « *les Trente* » qui, ne craignant plus les bannis, auraient redoublé leurs violences.

7. Τοὺς... οἴκους, « *leurs fortunes privées* ». Xénophon (*Économique*, 1, 5), distingue ainsi l'οἶκος de l'οἰκία : « Οἶκος τί δοκεῖ ἡμῖν εἶναι; ἆρα ὅπερ οἰκία ἢ καὶ ὅσα τις ἔξω τῆς οἰκίας κέκτηται, πάντα τοῦ οἴκου ταῦτά ἐστιν; »

8. Κοινούμενοι... ἐκτῶντο. — Κοινοῦσθαι, *mettre en commun*, par suite, « *faire participer à* ». — Πιστούς... κ. τ. λ., « *ils cherchaient à s'assurer votre fidélité* », exemple très net de l'imparfait grec employé pour marquer l'effort. — Ὑμᾶς, placé dans le premier membre de l'antithèse est à la fois régime de ἐκτῶντο et sujet de εὔνους εἶναι.

ᾤοντο εἶναι. [94] Ἀνθ' ὧν ὑμεῖς νῦν ἐν τῷ θαρραλέῳ[1] ὄντες, καθ' ὅσον δύνασθε[2], καὶ ὑπὲρ ὑμῶν αὐτῶν καὶ ὑπὲρ τῶν ἐκ Πειραιῶς τιμωρήσασθε, ἐνθυμηθέντες μὲν[3] ὅτι ὑπὸ τούτων πονηροτάτων ὄντων ἤρχεσθε, ἐνθυμηθέντες δὲ ὅτι μετ' ἀνδρῶν νῦν[4] ἀρίστων πολιτεύεσθε καὶ τοῖς πολεμίοις μάχεσθε[5] καὶ περὶ τῆς πόλεως βουλεύεσθε, ἀναμνησθέντες δὲ τῶν ἐπικούρων[6], οὓς οὗτοι φύλακας τῆς σφετέρας ἀρχῆς καὶ τῆς ὑμετέρας δουλείας εἰς τὴν ἀκρόπολιν κατέστησαν.

[95] Καὶ πρὸς ὑμᾶς μὲν ἔτι πολλῶν ὄντων εἰπεῖν τοσαῦτα[7] λέγω. Ὅσοι δ' ἐκ Πειραιῶς ἔστε, πρῶτον μὲν τῶν ὅπλων[8] ἀναμνήσθητε, ὅτι πολλὰς μάχας ἐν

1. Ἐν τῷ θαρραλέῳ = ἐν ἀσφαλεῖ. Mais l'expression employée par Lysias est plus rare.

2. Καθ' ὅσον δύνασθε, « *dans la mesure où cela vous est possible* », c.-à-d. en ne laissant pas échapper l'occasion qui vous est donnée de punir un des tyrans.

3. Ἐνθυμηθέντες μὲν... ἐνθυμηθέντες δὲ... ἀναμνησθέντες δέ. La répétition d'un même mot important suivi successivement de μέν et de δέ est fréquente chez Lysias. Cf. Esch. II, 153, n. 5. L'addition d'un nouveau mot avec δέ, comme ici ἀναμνησθέντες, est beaucoup plus rare.

4. Νῦν ainsi placé met en relief ἀρίστων, mais doit être rattaché à πολιτεύεσθε.

5. Τοῖς πολεμίοις μάχεσθε, et non plus contre des concitoyens (cf. § 92). De même : περὶ τῆς πόλεως βουλεύεσθε, « *vous délibérez sur les affaires de l'État* », (au lieu d'être obligés de subir sans discussion les ordres des Tyrans). Pour se gagner ceux des juges qui avaient appartenu au parti de la ville, Lysias cherche à exciter chez eux des sentiments de dignité et d'amour de la liberté.

6. Τῶν ἐπικούρων. Euphémisme pour désigner la garnison lacédémonienne appelée à leur aide par les Trente. Cf. Hist., I, n° 8.

7. Τοσαῦτα, « *cela seulement* ».

8. Τῶν ὅπλων. Allusion à la mesure que les Trente avaient prise de désarmer les citoyens autres que les Trois-Mille. (Cf. Hist., I, n° 8). La répétition de τὰ ὅπλα à la fin de la phrase n'est pas utile ; mais les circonstances énumérées dans l'intervalle par l'orateur donnent au mot une force nouvelle.

τῇ ἀλλοτρίᾳ[1] μαχεσάμενοι οὐχ ὑπὸ τῶν πολεμίων ἀλλ' ὑπὸ τούτων εἰρήνης οὔσης ἀφῃρέθητε τὰ ὅπλα, ἔπειθ' ὅτι ἐξεκηρύχθητε[2] μὲν ἐκ τῆς πόλεως, ἣν ὑμῖν οἱ πατέρες παρέδοσαν, φεύγοντας δὲ ὑμᾶς ἐκ τῶν πόλεων ἐξῃτοῦντο. [96] Ἀνθ' ὧν ὀργίσθητε[3] μὲν ὥσπερ ὅτ' ἐφεύγετε, ἀναμνήσθητε δὲ καὶ τῶν ἄλλων κακῶν ἃ πεπόνθατε ὑπ' αὐτῶν, οἳ τοὺς μὲν ἐκ τῆς ἀγορᾶς[4], τοὺς δ' ἐκ τῶν ἱερῶν συναρπάζοντες βιαίως ἀπέκτειναν, τοὺς δὲ ἀπὸ τέκνων καὶ γονέων καὶ γυναικῶν ἀφέλκοντες φονέας αὑτῶν[5] ἠνάγκασαν γενέσθαι καὶ οὐδὲ ταφῆς τῆς νομιζομένης[6] εἴασαν τυχεῖν, ἡγούμενοι τὴν αὑτῶν ἀρχὴν βεβαιοτέραν εἶναι τῆς παρὰ τῶν θεῶν τιμωρίας[7]. [97] Ὅσοι δὲ τὸν θάνατον διέφυγον, πολλαχοῦ κινδυνεύσαντες

1. **Ἐν τῇ ἀλλοτρίᾳ**, sous-ent. γῇ. Ellipse fréquente.

2. **Ἐξεκηρύχθητε, ἐξῃτοῦντο.** Hist., I, n° 10. Τῶν πόλεων, les villes où ils s'étaient réfugiés.

3. **Ὀργίσθητε... ἐφεύγετε.** Sur cet appel à la haine et sur cet effort pour ranimer les vieilles rancunes des exilés en un temps où les amis de l'ordre travaillaient à rétablir la concorde, voyez l'Argument.

4. **Ἐκ τῆς ἀγορᾶς**, c'est-à-dire du lieu qui était le centre de toute la vie politique. Voy. Index, n° 123. — **Ἐκ τῶν ἱερῶν**, par conséquent au mépris de toutes les habitudes religieuses qui considéraient les temples comme inviolables.

5. **Φονέας αὑτῶν**, en les forçant à boire la ciguë. C'est ce qui était arrivé pour Polémarque. Cf. § 17.

6. **Ταφῆς τῆς νομιζομένης.** — Ταφῆς employé d'abord dans son sens le plus général (notez l'absence de l'article) n'est défini qu'ensuite par l'addition de τῆς νομιζομένης. Lysias réduit ainsi au minimum ce que les victimes des Trente auraient pu exiger d'eux.

7. **Βεβαιοτέραν... τιμωρίας.** Emploi très grec du comparatif. Le génitif équivaut à ἢ ὥστε suivi de l'infinitif, « *ils considéraient que leur pouvoir était trop solide pour avoir à craindre la vengeance des dieux* ».

καὶ εἰς πολλὰς πόλεις πλανηθέντες καὶ πανταχόθεν ἐκκηρυττόμενοι[1], ἐνδεεῖς ὄντες τῶν ἐπιτηδείων, οἱ μὲν ἐν πολεμίᾳ τῇ πατρίδι[2] τοὺς παῖδας καταλιπόντες, οἱ δ' ἐν ξένῃ γῇ, πολλῶν ἐναντιουμένων ἤλθετε[3] εἰς τὸν Πειραιᾶ. Πολλῶν δὲ καὶ μεγάλων κινδύνων ὑπαρξάντων[4] ἄνδρες ἀγαθοὶ γενόμενοι τοὺς μὲν[5] ἠλευθερώσατε, τοὺς δ' εἰς τὴν πατρίδα κατηγάγετε[6]. [98] Εἰ δὲ ἐδυστυχήσατε καὶ τούτων[7] ἡμάρτετε, αὐτοὶ[8] μὲν ἂν δείσαντες ἐφεύγετε μὴ πάθητε[9] τοιαῦτα οἷα καὶ πρότερον, καὶ οὔτ' ἂν ἱερὰ οὔτε βωμοὶ ὑμᾶς ἀδικουμένους διὰ τοὺς τούτων τρόπους[10] ὠφέλησαν, ἃ καὶ τοῖς ἀδικοῦσι σωτήρια γίγνεται· οἱ δὲ παῖδες ὑμῶν, ὅσοι μὲν ἐνθάδε ἦσαν, ὑπὸ τούτων ἂν

1. Πανταχόθεν ἐκκηρυττόμενοι, en vertu de la mesure à laquelle il a été fait allusion au § 95.

2. Ἐν πολεμίᾳ τῇ πατρίδι, « *dans leur patrie devenue pour eux une ennemie* ». L'adjectif ainsi employé comme attribut peut aussi être accompagné du verbe εἶναι au participe. Sur le fait qu'il n'est ici question que des enfants, cf. § 69 n. 2.

3. Ἤλθετε malgré διέφυγον au commencement de la phrase. Voyez, au § 100, un changement de personne analogue. Cf. Eschine, II, 180, n. 1.

4. Πολλῶν... ὑπαρξάντων, « *c'est quand tant et de si grands dangers* », etc.

5. Τοὺς μέν, à savoir, ceux qui étaient dans la ville; τοὺς δέ, les bannis.

6. Κατηγάγετε. — Κατάγειν, « *ramener des exilés* », mot consacré et qui s'emploie très souvent seul. L'addition de εἰς τὴν πατρίδα, comme plus haut celle de γῇ après ξένῃ, s'explique par le caractère solennel du passage.

7. Τούτων, à savoir ἐλευθεροῦν et κατάγειν.

8. Αὐτοὶ μέν, « *vous-mêmes* », par opposition à οἱ δὲ παῖδες ὑμῶν. Le membre de phrase καὶ οὔτ' ἂν... complète la description du sort qui aurait été réservé aux Athéniens du Pirée s'ils avaient échoué.

9. Δείσαντες ... πάθητε. Construisez : δείσαντες μὴ πάθητε, et rattachez à ἂν ἐφεύγετε.

10. Διὰ... τρόπους se rattache à ὠφέλησαν. Notez l'opposition ἀδικουμένους, τοῖς ἀδικοῦσι.

ὑβρίζοντο, οἱ δ' ἐπὶ ξένης[1] μικρῶν ἂν ἕνεκα συμβολαίων[2] ἐδούλευον ἐρημίᾳ τῶν ἐπικουρησόντων[3].

[99] Ἀλλὰ γὰρ[4] οὐ τὰ μέλλοντα ἔσεσθαι[5] βούλομαι λέγειν[6], τὰ πραχθέντα ὑπὸ τούτων οὐ δυνάμενος εἰπεῖν· οὐδὲ γὰρ ἑνὸς κατηγόρου οὐδὲ[7] δυοῖν ἔργον ἐστίν, ἀλλὰ πολλῶν. Ὅμως δὲ τῆς ἐμῆς προθυμίας οὐδὲν ἐλλέλειπται, ὑπέρ τε τῶν ἱερῶν[8], ἃ οὗτοι τὰ μὲν[9] ἀπέδοντο τὰ δ' εἰσιόντες ἐμίαινον, ὑπέρ τε τῆς πόλεως, ἣν μικρὰν ἐποίουν, ὑπέρ τε τῶν νεωρίων[10], ἃ καθεῖλον, καὶ ὑπὲρ τῶν τεθνεώ-

1. Ὅσοι μὲν... οἱ δ' ἐπὶ ξένης (γῆς). Apposition partitive à οἱ δὲ παῖδες.

2. Συμβολαίων. — Συμβόλαια désigne toute espèce de conventions entre particuliers. Ici il s'agit de « *prêts* ». En cas d'impossibilité de s'acquitter, le débiteur était réduit à payer sa dette par son travail (ἐδούλευον).

3. Τῶν ἐπικουρησόντων. Cf. XXIV, 6, n. 6.

4. Ἀλλὰ γάρ, « *mais (j'en ai dit assez) car* ». Cf. XXIV, 14, n. 7.

5. Τὰ μέλλοντα ἔσεσθαι = ἃ ἔμελλεν ἔσεσθαι. De là l'absence de ἄν. En effet, l'imparfait de μέλλω comme celui d'un certain nombre de verbes exprimant *la possibilité*, *la nécessité* ou *la convenance* (ἐξῆν, ἔδει, προσῆκε) a souvent par lui-même et sans l'addition de ἄν le sens d'un conditionnel ou d'un conditionnel passé français.

6. Λέγειν... εἰπεῖν. Il n'est pas toujours facile de faire une distinction de sens entre ces deux infinitifs. Ici la nuance est sensible entre λέγειν, « *entreprendre de dire* », « *essayer de dire* », et εἰπεῖν « *venir à bout de dire* », « *dire une fois pour toutes* ».

7. Οὐδὲ γὰρ ἑνὸς... οὐδὲ δυοῖν, « *ce n'est pas, en effet, d'un... ni même de deux* ». Ne confondez pas avec οὔτε répété (*ni... ni*).

8. Τῶν ἱερῶν. D'après ce passage, les Trente ne se seraient pas contentés d'affermer les champs et les bois qui appartenaient à certains sanctuaires : ils auraient été jusqu'à les mettre en vente.

9. Τὰ μέν... τὰ δέ. Apposition partitive au pronom relatif ἃ.

10. Τῶν νεωρίων. Les νεώρια (*arsenaux*) comprenaient les νεώσοικοι (*abris pour les navires*), les ναυπήγια (*chantiers de construction*), et la σκευοθήκη (*arsenal proprement dit*). Quoique leur construction eût coûté environ 1000 talents, les Trente les avaient vendus et fait détruire pour la somme ridicule de 3 talents (Cf. Isocrate, VII, 66).

των[1], οἷς ὑμεῖς, ἐπειδὴ ζῶσιν ἐπαμῦναι οὐκ ἐδύνασθε, ἀποθανοῦσι βοηθήσατε[2]. [100] Οἶμαι δ' αὐτούς[3] ἡμῶν τε ἀκροᾶσθαι καὶ ὑμᾶς εἴσεσθαι[4] τὴν ψῆφον φέροντας, ἡγουμένους, ὅσοι[5] μὲν ἂν τούτων[6] ἀποψηφίσησθε, αὐτῶν θάνατον καταψηφιεῖσθαι, ὅσοι δ' ἂν παρὰ τούτων δίκην λάβωσιν[7], ὑπὲρ αὐτῶν τὰς τιμωρίας πεποιημένους.

Παύσομαι κατηγορῶν[8]. Ἀκηκόατε, ἑωράκατε, πεπόνθατε· ἔχετε[9], δικάζετε.

1. Ὑπὲρ τῶν τεθνεώτων. Cette évocation des victimes des Trente est conforme aux habitudes de la rhétorique. Il faut cependant se rappeler qu'il ne s'agit dans le procès que du meurtre de Polémarque par Ératosthène. Lysias parle moins en vengeur de son frère qu'en homme de parti.

2. Βοηθήσατε. Notez la façon dont les Grecs emploient l'impératif avec le relatif. Lysias en tire ici un heureux parti, grâce au brusque changement apporté à la tournure de la phrase.

3. Οἶμαι δ' αὐτοὺς... κ. τ. λ. Les orateurs, qui emploient volontiers cette forme de prosopopée, ajoutent souvent : εἴ τίς ἐστιν αἴσθησις τοῖς τετελευτηκόσι περὶ τῶν ἐνθάδε γιγνομένων. Mais Lysias supprime tout ce qui allongerait la phrase et affaiblirait l'énergie de l'expression. La sobriété est ici un des éléments du pathétique.

4. Εἴσεσθαι... φέροντας, « *ils apprendront à vous connaître, pendant que vous déposerez* ».

5. Ὅσοι, « *tous ceux d'entre vous qui* ».

6. Τούτων, les Trente.— Αὐτῶν, « *eux* » (les morts).

7. Ἀποψηφίσησθε... λάβωσιν. On a déjà vu plus haut, § 97, un changement analogue dans l'emploi des personnes.

8. Παύσομαι κατηγορῶν... κ. τ. λ. C'est peut-être à ce passage qu'Aristote fait allusion dans sa *Rhétorique*, III, 19 : τελευτῇ τῆς λέξεως ἁρμόττει ἡ ἀσύνδετος, ὅπως ἐπίλογος ἀλλὰ μὴ λόγος ᾖ · εἴρηκα · ἀκηκόατε, ἔχετε, κρίνατε.

9. Ἔχετε (sous-ent. τὰ πράγματα) résume les trois verbes précédents.

Discours pour l'Invalide[1].

(XXIV)

Argument.

L'Invalide pour qui fut composé ce plaidoyer était d'humble condition. C'était un petit commerçant qui tenait boutique près de l'Agora. Parfois ses affaires l'appelaient au dehors : on le rencontrait alors appuyé sur deux béquilles, ou bien, quand les courses étaient trop longues, monté sur le cheval de quelque voisin charitable. Comme il était bon compagnon et aimait à rire, on se réunissait volontiers chez lui : sa maison était le rendez-vous, non pas peut-être de la meilleure société d'Athènes, mais de quelques habitués de l'Agora, gens de loisirs. amis des longues flâneries et des conversations sans fin sur la politique et sur les procès en cours. On discutait sous l'auvent; on s'égayait aux dépens des passants. L'Invalide avait la langue vive : malheur à qui lui déplaisait : le trait était vite décoché et portait juste. Mais on le connaissait : soit qu'on le redoutât, soit qu'on eût égard à son malheur, on le laissait dire. Un jour cependant quelqu'un dut perdre patience et il semble bien que ce fût une de ses victimes — un jeune homme sans doute — qui pour se venger de ses railleries voulut lui faire retirer la petite pension dont il jouissait.

L'Invalide, en effet, touchait une pension. En vertu d'une loi due à Solon, tout citoyen dont la fortune était inférieure à trois mines (291 francs) et qu'une infirmité mettait hors d'état de subvenir à son existence avait droit, pourvu qu'il présentât certaines garanties de moralité, à l'assistance de l'État. Celui-ci lui allouait une somme qui, à l'époque de notre discours, s'élevait à une obole[2] par jour (environ 0 fr. 16 de notre mon-

1. Titre dans le ms. : Πρὸς τὴν εἰσαγγελίαν περὶ τοῦ μὴ δίδοσθαι τῷ ἀδυνάτῳ ἀργύριον. Le mot d'εἰσαγγελία est inexact. Cf. Ind., n° 92.

2. Cf. § 26.

naie). Ces pensions étaient accordées par un décret du peuple et, chaque année, le *Conseil* (ἡ βουλή) *procédait à un examen des invalides* (ἐδοκίμαζε τοὺς ἀδυνάτους) pour s'assurer qu'ils remplissaient toujours les conditions exigées par la loi. Ceux qui ne se présentaient pas perdaient leurs droits pour la durée d'une *prytanie*[1] (35 à 38 jours suivant les années). La procédure suivie était la même que dans les *dokimasies*[2] de magistrats. L'examen terminé, tout citoyen (ὁ βουλόμενος) pouvait se porter accusateur et contester les titres de l'invalide pensionné : celui-ci présentait sa défense et l'on passait au vote.

C'est à une défense de ce genre que nous avons ici affaire. L'objet du débat était mince : l'invalide mis en cause était un bien petit personnage. Tout le charme du discours vient de l'art délicat avec lequel Lysias a su approprier son style et ses arguments à la nature du sujet et au caractère de l'accusé.

L'*exorde* est très simple, mais d'une simplicité soignée, et sur un ton de fine et ironique bonhomie qui sera celui de tout le plaidoyer. L'affaire ne comportant point de *narration*, l'orateur passe tout de suite à la *discussion* et reprend une à une les allégations de son adversaire. Quoi que celui-ci prétende, il n'est point dans l'aisance et son métier ne saurait le faire vivre; son infirmité est bien réelle : il suffit d'ouvrir les yeux pour la constater; enfin, tout ce qu'on a dit de son mauvais caractère, de son humeur querelleuse, de sa violence, est contraire au bon sens : il faut être riche, jeune et bien bâti, pour se permettre d'être insolent. Rien de pénible d'ailleurs, ni de travaillé dans cette argumentation : l'Invalide ne se met point en frais pour prouver que sa fortune est bien inférieure à trois mines, ou que, s'il touche une pension, c'est parce qu'il ne peut vivre de son travail. Ce serait attacher trop d'importance au débat. Il plaisante au contraire, il parle en homme qui est sûr ou qui veut paraître sûr de ses juges et de sa cause; il discute peu les raisons de son adversaire, s'en amuse et les tourne en ridicule; ou, s'il affecte de les prendre au sérieux, c'est pour en tirer des conséquences inattendues et piquantes à force d'imprévu. Puis soudain il redevient grave : il s'indigne, il invoque les sentiments de justice et de pitié des membres du conseil mais sa gravité est souriante et son

1. Cf. Ind., n° 22. | 2. Cf. Ind., n° 49.

indignation évite les grands éclats. Une étonnante variété de ton, un mélange constant du sérieux et du plaisant, de l'ironie et du pathétique, de la colère et d'une certaine bonne humeur font de cette petite discussion un chef-d'œuvre de grâce légère et amusante. On dirait par moments que Lysias, très maître de son art, très sûr de ses effets, se joue lui-même de ses propres procédés. Tel lieu commun débité gravement par l'Invalide prend dans sa bouche un air de parodie, et un certain comique très fin, sensible surtout à des oreilles exercées aux disputes judiciaires, naît du contraste voulu entre l'objet du débat et l'emploi pour la défense de moyens en usage dans les plaidoyers plus sérieux. La même variété de ton se retrouve dans la *péroraison*, mais avec quelque chose de plus ému. Après avoir rappelé, ce que devait faire tout bon Athénien cité en justice, qu'il avait fui la ville sous les Trente, l'orateur termine en ramenant la question à ses véritables proportions et en donnant une dernière leçon à son adversaire.

On ignore la date exacte du procès de l'Invalide : on voit seulement, d'après le § 25, qu'il est postérieur de plusieurs années au rétablissement de la démocratie.

[1] Οὐ πολλοῦ δέω χάριν[1] ἔχειν, ὦ βουλή[2], τῷ κατηγόρῳ, ὅτι μοι παρεσκεύασε τὸν ἀγῶνα τουτονί. Πρότερον γὰρ οὐκ ἔχων πρόφασιν ἐφ' ἧς[3] τοῦ βίου λόγον δοίην, νυνὶ διὰ τοῦτον εἴληφα. Καὶ πειράσομαι τῷ λόγῳ τοῦτον μὲν ἐπιδεῖξαι ψευδόμενον, ἐμαυτὸν δὲ βεβιωκότα μέχρι τῆσδε τῆς ἡμέρας ἐπαίνου μᾶλλον ἄξιον ἢ φθόνου[4]. Διὰ γὰρ οὐδὲν

1. Χάριν. Ce paradoxe se retrouve dans d'autres exordes. Le peu d'intérêt qui s'attache à une vie aussi modeste que celle de l'accusé lui donne ici une valeur ironique.

2. Cf. VII, 1, n. 1.

3. Ἐφ' ἧς. En ce sens, le génitif est rare : on emploie ordinairement le datif.

4. Φθόνου. Le mot ne s'oppose pas très nettement à ἐπαίνου. Mais Lysias va droit au motif qui a guidé l'accusateur.

ἄλλο μοι δοκεῖ παρασκευάσαι τόνδε μοι τὸν κίνδυνον οὗτος ἢ διὰ φθόνον. [2] (Καίτοι ὅστις τούτοις φθονεῖ οὓς οἱ ἄλλοι ἐλεοῦσι, τίνος ἂν ὑμῖν ὁ τοιοῦτος ἀποσχέσθαι[1] δοκεῖ πονηρίας;) Οὐ μὲν γὰρ[2] ἕνεκα χρημάτων[3] με συκοφαντεῖ, εἰ δ' ὡς ἐχθρὸν[4] ἑαυτοῦ με τιμωρεῖται[5], ψεύδεται· διὰ γὰρ τὴν πονηρίαν αὐτοῦ οὔτε φίλῳ οὔτε ἐχθρῷ πώποτε ἐχρησάμην αὐτῷ. [3] Ἤδη τοίνυν, ὦ βουλή, δῆλός ἐστι φθονῶν, ὅτι τοιαύτῃ κεχρημένος συμφορᾷ τούτου[6] βελτίων εἰμὶ πολίτης. Καὶ γὰρ οἶμαι δεῖν[7], ὦ βουλή, τὰ τοῦ σώματος δυστυχήματα τοῖς τῆς ψυχῆς ἐπιτηδεύμασιν ἰᾶσθαι. Εἰ γὰρ ἐξ ἴσου[8] τῇ συμφορᾷ καὶ τὴν διάνοιαν ἕξω καὶ τὸν ἄλλον βίον[9] διάξω, τί τούτου διοίσω[10];

1. Ἂν... ἀποσχέσθαι, potentiel, « *qu'il s'abstiendrait, le cas échéant* ».

2. Οὐ μὲν γάρ... εἰ δ' ὡς... κ. τ. λ. justifie les mots διὰ φθόνον. Des deux autres motifs auxquels on pourrait songer pour expliquer la conduite de l'accusateur, l'un (désir de s'enrichir) ne mérite même pas d'être discuté, l'autre (inimitié personnelle) est contredit par les faits.

3. Ἕνεκα χρημάτων, litt. : *en vue de mon argent*. Le métier de sycophante consistait précisément à lancer des accusations calomnieuses pour amener les victimes à acheter le silence de l'accusateur. Dans le cas de l'Invalide pensionné, la supposition est plaisante.

4. Ἐχθρόν, cf. XII, 2, n. 4.

5. Τιμωρεῖται, présent marquant l'effort.

6. Τούτου équivaut à αὐτοῦ et désigne l'accusateur.

7 Οἶμαι δεῖν... κ. τ. λ. Notez le ton sententieux que prend ici l'Invalide.

8. Ἐξ ἴσου, « *en rapport avec* », doit être rattaché à la fois à διάνοιαν ἕξω et à βίον διάξω.

9. Ἄλλον βίον = tout ce qui, avec la διάνοια, s'oppose à la vie du corps.

10. Τί τούτου διοίσω. Forme inattendue et plaisante donnée à la conclusion qui serait naturellement : « *personne ne pourrait être plus misérable que moi* ». — Τούτου = l'accusateur.

[4] Περὶ μὲν οὖν τούτων[1] τοσαῦτά[2] μοι εἰρήσθω· ὑπὲρ ὧν δέ μοι προσήκει λέγειν, ὡς ἂν οἷόν τε[3] διὰ βραχυτάτων ἐρῶ. Φησὶ γὰρ ὁ κατήγορος οὐ δικαίως με λαμβάνειν τὸ παρὰ τῆς πόλεως ἀργύριον· καὶ γὰρ τῷ σώματι δύνασθαι καὶ οὐκ εἶναι τῶν ἀδυνάτων[4], καὶ τέχνην ἐπίστασθαι τοιαύτην ὥστε καὶ ἄνευ τοῦ διδομένου[5] τούτου ζῆν. [5] Καὶ τεκμηρίοις χρῆται[6] τῆς μὲν τοῦ σώματος ῥώμης, ὅτι ἐπὶ τοὺς ἵππους ἀναβαίνω, τῆς δ' ἐν τῇ τέχνῃ[7] εὐπορίας, ὅτι δύναμαι συνεῖναι δυναμένοις ἀνθρώποις ἀναλίσκειν. Τὴν μὲν οὖν ἐκ τῆς τέχνης εὐπορίαν καὶ τὸν ἄλλον τὸν ἐμὸν βίον, οἷος τυγχάνει[8], πάντας ὑμᾶς οἴομαι γιγνώσκειν[9]· ὅμως δὲ κἀγὼ διὰ βραχέων ἐρῶ.

1. Τούτων. Les motifs qui ont déterminé l'accusateur.

2. Τοσαῦτα, « *cela* (*et rien de plus*) ».

3. Ὡς ἂν οἷόν τε, sous-ent. ᾖ, « *autant qu'il* (*me*) *sera possible* ». Cf. XII, 3, n. 5.

4. Δύνασθαι καὶ οὐκ εἶναι τῶν ἀδυνάτων. Rattachez ces infinitifs et ceux qui suivent à φησί με. — Οὐκ εἶναι... κ. τ. λ. n'est pas la simple répétition de δύνασθαι, c'en est plutôt la conséquence. Entendez : Je ne rentre donc pas dans la catégorie de ceux que la loi appelle ἀδύνατοι.

5. Τοῦ διδομένου. Le participe présent parce que le paiement de cette somme revient régulièrement à dates fixes.

6. Τεκμηρίοις χρῆται, litt. : *Il se sert de ceci comme preuves*. Les preuves invoquées à l'appui de chacune des deux affirmations de l'adversaire sont introduites par ὅτι. De ces deux affirmations, l'accusé discute immédiatement la seconde dans une sorte de courte *narration* (τὴν μὲν οὖν ἐκ... κ. τ. λ.). Il ne reprendra la première qu'un peu plus loin, § 10 (περὶ δὲ τῆς ἐμῆς ἱππικῆς...).

7. Ἐν τῇ τέχνῃ = ἐκ τῆς τέχνης, employé deux lignes plus bas. Ἐκ et le génitif, dans le second passage, marque l'origine.

8. Τυγχάνει, sous-ent. ὤν. Cette omission du participe avec τυγχάνω n'est pas rare dans les propositions relatives ou conditionnelles.

9. Πάντας... γιγνώσκειν. Un

[6] Ἐμοὶ γὰρ ὁ μὲν πατὴρ κατέλιπεν[1] οὐδὲν, τὴν δὲ μητέρα τελευτήσασαν πέπαυμαι τρέφων τρίτον ἔτος τουτί[2], παῖδες δέ μοι οὔπω[3] εἰσὶν οἵ με θεραπεύσουσι[4]. Τέχνην δὲ κέκτημαι βραχέα[5] δυναμένην ὠφελεῖν, ἣν αὐτὸς μὲν ἤδη χαλεπῶς ἐργάζομαι, τὸν διαδεξόμενον[6] δ' αὐτὴν[7] οὔπω δύναμαι κτήσασθαι[8]. Πρόσοδος δέ μοι οὐκ ἔστιν ἄλλη πλὴν ταύτης, ἣν[9] ἂν ἀφέλησθέ με, κινδυνεύσαιμ' ἂν ὑπὸ τῇ δυσχερεστάτῃ γενέσθαι τύχῃ. [7] Μὴ τοίνυν[10], ἐπειδή γε ἔστιν, ὦ βουλή, σῶσαί με δικαίως, ἀπο-

homme politique en vue ne parlerait pas autrement. Mais l'Invalide est lui aussi bien connu de tous les flâneurs qui fréquentent l'Agora.

1. Ἐμοὶ... κατέλιπεν. Début ordinaire des narrations dans les procès de tutelle ou de succession, et après lequel on attend l'énumération de sommes importantes. De là l'effet comique de οὐδέν. — Pour l'emploi de γάρ, cf. VII, 4, n. 6.

2. Τρίτον ἔτος τουτί, « *il y a deux ans* » (litt. : *cette année-ci est la troisième*). Dans cette locution, ἔτος est attribut et ne prend pas l'article, = τοῦτο (τὸ ἔτος) ὃν τρίτον ἔτος.

3. Οὔπω, « *pas encore* ». Notez, comme la suite l'apprend, que l'accusé est déjà vieux. Cf. §§ 7, 8, 16.

4. Θεραπεύσουσι. Le futur marque ce qu'on est en droit d'attendre du sujet. Entendez : « *des enfants qui* (*puissent*)..., » etc. Cf. XII, 98, un emploi analogue du participe futur, et un peu plus bas : τὸν διαδεξόμενον.

5. Βραχέα. Entendez : βραχέα (ὠφελήματα) ὠφελεῖν.

6. Τὸν διαδεξόμενον, l'esclave *capable de me remplacer* dans l'exercice de mon métier.

7. Αὐτήν : le pronom personnel pour éviter une seconde proposition relative, conformément à l'usage ordinaire du grec. Cf. XXV, 11, n. 3.

8. Κτήσασθαι. Dans certains métiers on payait ces δοῦλοι χειροτέχναι jusqu'à cinq et six mines (= 97 fr.). Cf. Démosthène (*Contre Aphobos*, I, 9). Voy. Ind., n° 12.

9. Ἥν ne se rattache qu'à la proposition conditionnelle dans laquelle il se trouve.

10. Μὴ τοίνυν... κ. τ. λ. L'Invalide applique gravement à son cas, et en multipliant les antithèses et les constructions symétriques, une série de lieux communs qu'on retrouve dans presque tous les plaidoyers. Cf. XII, 35.

λέσητε ἀδίκως· μηδὲ ἃ νεωτέρῳ καὶ μᾶλλον ἐρρωμένῳ ὄντι ἔδοτε, πρεσβύτερον καὶ ἀσθενέστερον γιγνόμενον ἀφέλησθε, μηδὲ πρότερον καὶ περὶ τοὺς οὐδὲν ἔχοντας κακὸν ἐλεημονέστατοι[1] δοκοῦντες εἶναι νυνὶ διὰ τοῦτον τοὺς καὶ τοῖς ἐχθροῖς ἐλεεινοὺς ὄντας ἀγρίως ἀποδέξησθε, μηδ' ἐμὲ τολμήσαντες ἀδικῆσαι καὶ τοὺς ἄλλους[2] τοὺς ὁμοίως ἐμοὶ[3] διακειμένους ἀθυμῆσαι ποιήσητε. [8] Καὶ γὰρ ἂν ἄτοπον εἴη, ὦ βουλή, εἰ ὅτε μὲν[4] ἁπλῆ μοι ἦν ἡ συμφορά, τότε μὲν φαινοίμην λαμβάνων[5] τὸ ἀργύριον τοῦτο, νῦν δ' ἐπειδὴ καὶ γῆρας καὶ νόσοι καὶ τὰ τούτοις ἑπόμενα κακὰ προσγίγνεταί μοι, τότε[6] ἀφαιρεθείην.

[9] Δοκεῖ δέ μοι τῆς πενίας τῆς ἐμῆς τὸ μέγεθος ὁ κατήγορος ἂν ἐπιδεῖξαι[7] σαφέστατα μόνος ἀνθρώ-

1. Ἐλεημονέστατοι... κ.τ.λ. En retirant sa pension à l'Invalide, les juges risquent de compromettre la réputation de générosité reconnue aux Athéniens. — Δοκοῦντες, participe imparfait.

2. Καὶ τοὺς ἄλλους... ποιήσητε. Autre lieu commun : l'orateur confond sa cause avec celle de toute une catégorie de citoyens. Cf. XII, 35.

3. Ὁμοίως ἐμοί. Avec les adjectifs et les adverbes marquant la ressemblance, le datif équivaut à l'emploi en latin de *ac* ou de *atque* après des mots comme *par*, *æque*, *similiter*. Cf. XII, 74, n. 3.

4. Ὅτε μέν... τότε μέν. Lorsqu'on emploie ainsi μέν dans les deux parties du premier membre de phrase, on répète d'ordinaire δέ dans les parties correspondantes du second. Cf. Isocrate, VII, 47.

5. Φαινοίμην λαμβάνων. Litt. : *on voyait que je recevais*. Pour le sens de φαίνομαι avec le participe, cf. Isocrate, XV, 253, n. 7. — Λαμβάνων, participe imparfait, correspondant à ὅτε... ἦν.

6. Νῦν δ' ἐπειδή... τότε. — Τότε reprend νῦν δέ comme τότε μέν reprend ὅτε μέν dans le premier membre. Pour le tour ἄτοπον ἂν εἴη... μέν... δέ, cf. §§ 9 πῶς οὐ δεινόν... et 12 πῶς οὐκ ἄτοπον, avec la note 3 sur μέν... δέ.

7. Ἂν ἐπιδεῖξαι : potentiel.

πων[1]. Εἰ γὰρ ἐγὼ κατασταθεὶς χορηγὸς[2] τραγῳδοῖς[3] προκαλεσαίμην αὐτὸν εἰς ἀντίδοσιν[4], δεκάκις ἂν ἕλοιτο χορηγῆσαι μᾶλλον ἢ ἀντιδοῦναι ἅπαξ. Καίτοι πῶς[5] οὐ δεινόν ἐστι νῦν μὲν κατηγορεῖν ὡς διὰ πολλὴν εὐπορίαν ἐξ ἴσου[6] δύναμαι συνεῖναι τοῖς πλουσιωτάτοις, εἰ δὲ ὧν ἐγὼ λέγω τύχοι τι γενόμενον, ὁμολογεῖν ἂν[7] ἐμὲ τοιοῦτον[8] εἶναι καὶ ἔτι πονηρότερον[9];

[10] Περὶ δὲ τῆς ἐμῆς ἱππικῆς[10], ἧς οὗτος ἐτόλμησε μνησθῆναι πρὸς ὑμᾶς, οὔτε τὴν τύχην[11] δείσας οὔτε ὑμᾶς αἰσχυνθείς, οὐ πολὺς ὁ λόγος. Λέγω γὰρ[12], ὦ βουλή, πάντας τοὺς ἔχοντάς τι δυστύχημα

1. Σαφέστατα μόνος ἀνθρώπων : mélange de deux constructions, σαφέστατα ἀνθρώπων et μόνος ἀνθρώπων.

2. Κατασταθεὶς χορηγός, Ind., n° 102. La *chorégie*, qui imposait de lourdes charges, ne pouvait être exercée que par les plus riches citoyens. De là le plaisant de la supposition.

3. Τραγῳδοῖς, « *pour le concours de tragédie* », c.-à-d. un de ceux qui nécessitaient le plus de frais. — Sur le mot τραγῳδοῖς, cf. Eschine, p. 308, n. 4.

4. Προκαλεσαίμην... ἀντίδοσιν. Ind., n° 107. Nouvelle supposition encore plus plaisante que la première.

5. Καίτοι πῶς. Cf. Isocrate, IV, 31, n. 11.

6. Ἐξ ἴσου, « *sur le pied d'égalité* ».

7. Ὁμολογεῖν ἂν (potentiel) dépend, comme κατηγορεῖν, de οὐ δεινόν ἐστι. — Le texte d'ailleurs n'est pas certain.

8. Τοιοῦτον, « *tel* (*que je prétends être*) ».

9. Καὶ ἔτι πονηρότερον, « *et même encore plus misérable* ». Πονηρός a, en effet, les deux sens de notre mot « misérable ».

10. Ἱππικῆς, sous-ent. τέχνης, litt. : *ma science de l'équitation*. Entendez : la possibilité où je suis de monter à cheval (τοὺς ἵππους ἀναβαίνειν, § 5). Le mot est légèrement ironique.

11. Τύχην : *rerum humanarum vicissitudinem*. — Cf. Isoc. (I, 29) : μηδενὶ συμφορὰν ὀνειδίσῃς· κοινὴ γὰρ ἡ τύχη καὶ τὸ μέλλον ἀόρατον.

12. Λέγω γάρ. Justification de οὐ πολὺς ὁ λόγος. A la critique de son adversaire, l'Invalide répond en énonçant une vérité d'expérience.

τοιοῦτόν τι ζητεῖν καὶ τοῦτο φιλοσοφεῖν[1], ὅπως ὡς ἀλυπότατα μεταχειριοῦνται τὸ συμβεβηκὸς πάθος. Ὧν[2] εἷς ὢν ἐγώ, περιπεπτωκὼς τοιαύτῃ συμφορᾷ, ταύτην ἐμαυτῷ ῥᾳστώνην[3] ἐξηῦρον εἰς τὰς ὁδοὺς τὰς μακροτέρας τῶν ἀναγκαίων[4]. [11] Ὃ δὲ μέγιστον[5], ὦ βουλή, τεκμήριον ὅτι διὰ τὴν συμφορὰν ἀλλ' οὐ διὰ τὴν ὕβριν[6], ὡς οὗτός φησιν, ἐπὶ τοὺς ἵππους ἀναβαίνω· εἰ γὰρ ἐκεκτήμην[7] οὐσίαν, ἐπ' ἀστράβης[8] ἂν[9] ὠχούμην, ἀλλ' οὐκ ἐπὶ τοὺς ἀλλοτρίους ἵππους[10] ἀνέβαινον· νυνὶ δ' ἐπειδὴ τὸ τοιοῦτον[11] οὐ δύναμαι κτήσασθαι[12], τοῖς ἀλλοτρίοις ἵπποις ἀναγκάζομαι

1. Τοῦτο φιλοσοφεῖν, ὅπως, litt. : *s'appliquer à savoir ceci, comment...*, etc.

2. Ὧν, à savoir : τῶν ἐχόντων τι δυστύχημα. — Περιπεπτωκὼς... κ. τ. λ. explique ὢν ἐγώ.

3. Ταύτην ῥᾳστώνην, « *ceci comme adoucissement* ». Ταύτην = τοῦτο (par attraction). Dans une phrase de ce genre, le démonstratif est le véritable régime. Le substantif n'est qu'une apposition. De là l'absence d'article.

4. Τῶν ἀναγκαίων. Sous-ent. : ὁδῶν. Génitif partitif.

5. Ὃ δὲ μέγιστον. Tournure très usitée et pleine de vivacité qu'on peut expliquer par l'ellipse de ἐστὶ τόδε à la fin du membre de phrase. La proposition ainsi annoncée est ordinairement introduite par γάρ (ici : εἰ γὰρ ἐκεκτήμην). Cf. Isoc., VII, 17, n. 1.

6. Διὰ τὴν ὕβριν. L'article montre que c'est là le mot dont a dû se servir l'accusateur.

7. Ἐκεκτήμην : plus-que-parfait avec le sens de l'imparfait. Litt. : *si j'avais acquis* ; par conséquent, « *si je possédais* ».

8. Ἀστράβης. — L'ἀστράβη était une sorte de selle à dossier dont se servaient généralement les femmes pour aller à dos de mulet, et qui, à l'occasion, pouvait être d'un usage commode pour un homme infirme. Ici, le mot désigne la mule qui était pourvue de cette selle. Le sens propre de ἀστράβη explique l'emploi du verbe ὀχεῖσθαι (*se faire porter*). Cf. des locutions comme ἐφ' ἁμάξης, ἐν ἁρμαμάξῃ ὀχεῖσθαι, *aller en voiture*.

9. Ἂν se rattache à la fois à ὠχούμην et à ἀνέβαινον.

10. Τοὺς... ἵππους, « *des chevaux d'emprunt* ».

11. Τὸ τοιοῦτον, « *une monture de ce genre* ».

12. Κτήσασθαι. L'infinitif aoriste, comme au § 6 : « *acheter* ».

χρῆσθαι πολλάκις. [12] Καίτοι πῶς οὐκ ἄτοπόν ἐστιν, ὦ βουλή, τοῦτον ἂν αὐτόν, εἰ μὲν ἐπ' ἀστράβης ὀχούμενον ἑώρα με, σιωπᾶν[1] (τί γὰρ ἂν καὶ ἔλεγεν;), ὅτι[2] δ' ἐπὶ τοὺς ᾐτημένους ἵππους ἀναβαίνω, πειρᾶσθαι πείθειν ὑμᾶς ὡς δυνατός εἰμι; καὶ ὅτι μὲν[3] δυοῖν βακτηρίαιν χρῶμαι, τῶν ἄλλων μιᾷ χρωμένων[4], μὴ κατηγορεῖν ὡς καὶ τοῦτο τῶν δυναμένων ἐστίν· ὅτι δ' ἐπὶ τοὺς ἵππους ἀναβαίνω, τεκμηρίῳ χρῆσθαι πρὸς ὑμᾶς ὡς εἰμὶ τῶν δυναμένων; οἷς ἐγὼ διὰ τὴν αὐτὴν αἰτίαν ἀμφοτέροις[5] χρῶμαι.

[13] Τοσοῦτον δὲ διενήνοχεν ἀναισχυντίᾳ τῶν ἁπάντων ἀνθρώπων, ὥστε ὑμᾶς πειρᾶται πείθειν, τοσούτους ὄντας εἷς ὤν[6], ὡς οὐκ εἰμὶ τῶν ἀδυνάτων ἐγώ. Καίτοι εἰ τοῦτο πείσει[7] τινὰς ὑμῶν, ὦ βουλή,

1. Τοῦτον ἂν... σιωπᾶν. Mode irréel. Si la proposition était indépendante, on aurait ἐσιώπα ἄν.

2. Ὅτι, « *de ce que* ».

3. Ὅτι μέν... ὅτι δέ. Le français subordonne les deux propositions que le grec coordonne. Traduisez : « (*N'est-il pas étrange*) *qu'il ne soutienne pas contre moi* (κατηγορεῖν) *que... alors qu'il invoque comme preuve que* ». L'Invalide pousse à l'absurde le raisonnement de son adversaire. — Μὴ κατηγορεῖν et τεκμηρίῳ χρῆσθαι se rattachent à πῶς οὐκ ἄτοπόν ἐστιν;

4. Μιᾷ χρωμένων. La canne faisait en quelque sorte partie du costume des hommes : les peintures de vases nous représentent toujours l'Athénien de cette époque appuyé sur un long bâton noueux et recourbé en forme de crosse.

5. Ἀμφοτέροις, à savoir : le cheval et les deux bâtons.

6. Τοσούτους ὄντας εἷς ὤν, comme s'il était seul à avoir de bons yeux et à bien raisonner. L'antithèse fait encore ressortir l'impudence de l'accusateur.

7. Εἰ τοῦτο πείσει, « *s'il parvient à vous le persuader* ». La supposition n'est faite que pour montrer l'absurdité des conséquences qui en résultent.

τί με κωλύει[1] κληροῦσθαι τῶν ἐννέα ἀρχόντων[2], καὶ ὑμᾶς[3] ἐμοῦ μὲν[4] ἀφελέσθαι τὸν ὀβολὸν ὡς ὑγιαίνοντος, τούτῳ δὲ ψηφίσασθαι πάντας[5] ὡς ἀναπήρῳ; Οὐ γὰρ δήπου τὸν αὐτὸν ὑμεῖς μὲν ὡς δυνάμενον ἀφαιρήσεσθε τὸ διδόμενον, οἱ δὲ θεσμοθέται[6] ὡς ἀδύνατον ὄντα κληροῦσθαι κωλύσουσιν. [14] Ἀλλὰ γὰρ[7] οὔτε ὑμεῖς τούτῳ[8] τὴν αὐτὴν ἔχετε γνώμην, οὔθ' οὗτος[9] εὖ ποιῶν. Ὁ μὲν γὰρ ὥσπερ ἐπικλήρου[10] τῆς συμφορᾶς οὔσης ἀμφισβητήσων ἥκει καὶ πειρᾶται πείθειν ὑμᾶς ὡς οὐκ εἰμὶ τοιοῦτος οἷον ὑμεῖς ὁρᾶτε πάντες· ὑμεῖς δὲ[11] (ὃ τῶν εὖ φρονούντων ἔργον

1. Κωλύει, présent au sens du futur, pour donner plus de vivacité au raisonnement.

2. Κληροῦσθαι... ἀρχόντων. L'Invalide a soin de citer la plus haute magistrature. Cf. Ind., n° 41. — Ἀρχόντων, sorte de génitif partitif : « *être tiré au sort comme un des neuf archontes* ».

3. Ὑμᾶς répond à με et dépend de τί κωλύει.

4. Ἐμοῦ μὲν... τούτῳ δέ, « *de me supprimer* (*mon obole*)... *pour la lui voter* ». Cf. § 12, n. 3.

5. Πάντας, « *à l'unanimité* », s'oppose à τινὰς ὑμῶν et augmente encore l'absurdité comique de la conséquence que tire l'Invalide : s'il parvient à persuader *quelques-uns d'entre vous*, il n'y a pas de raison pour que *tous en cœur* vous ne votiez pas..., etc.

6. Οἱ δὲ θεσμοθέται. Ind., n° 45.

7. Ἀλλὰ γάρ. Lorsque ces deux particules sont ainsi rapprochées, la première indique une reprise négative de l'idée qu'on vient d'exprimer, la seconde introduit l'explication qu'on va donner de cette reprise : « *Mais* (*il n'en sera pas ainsi*), *car...* ».

8. Τούτῳ dépend de τὴν αὐτήν, cf. XII, 74, n. 3. Cette façon de disposer les mots est rare en attique.

9. Οὔθ' οὗτος. Entendez : ἑαυτῷ τὴν αὐτὴν ἔχει γνώμην. — Εὖ ποιῶν, « *et il a bien raison* » (litt. : *faisant bien*).

10. Ὥσπερ ἐπικλήρου... κ.τ.λ., « *comme si mon malheur était une fille épiclère* », c.-à-d. avec la même âpreté. Ind., n° 8. — La comparaison que fait l'Invalide est piquante, mais n'est qu'en partie exacte : il est évident que son adversaire ne demande pas à entrer en possession de cette infirmité qu'il lui conteste.

11. Ὑμεῖς δέ.... Sous une forme populaire, c'est le lieu commun

ἐστί) μᾶλλον πιστεύετε τοῖς ὑμετέροις αὐτῶν ὀφθαλμοῖς ἢ τοῖς τούτου λόγοις.

[15] Λέγει[1] δ' ὡς ὑβριστής εἰμι[2] καὶ βίαιος καὶ λίαν ἀσελγῶς διακείμενος, ὥσπερ, εἰ[3] φοβερῶς ὀνομάσειε, μέλλων ἀληθῆ λέγειν, ἀλλ' οὐκ, ἂν πάνυ πρᾳόνως, ταὐτὰ ποιήσων. Ἐγὼ δ' ὑμᾶς, ὦ βουλή, σαφῶς οἶμαι δεῖν διαγιγνώσκειν οἷς τ' ἐγχωρεῖ τῶν ἀνθρώπων[4] ὑβρισταῖς[5] εἶναι καὶ οἷς οὐ προσήκει. [16] Οὐ γὰρ τοὺς πενομένους καὶ λίαν ἀπόρως διακειμένους ὑβρίζειν εἰκός[6], ἀλλὰ τοὺς πολλῷ πλείω τῶν ἀναγκαίων κεκτημένους· οὐδὲ τοὺς ἀδυνάτους τοῖς σώμασιν ὄντας, ἀλλὰ τοὺς μάλιστα πιστεύοντας ταῖς αὐτῶν ῥώμαις· οὐδὲ τοὺς ἤδη προβεβηκότας τῇ ἡλικίᾳ, ἀλλὰ τοὺς ἔτι νέους[7] καὶ

qui consiste à opposer les faits aux allégations de l'adversaire. Cf. XII, 33, n. 6.

1. Λέγει, s.-ent. οὗτος : l'accusateur.

2. Ὑβριστής εἰμι... κ. τ. λ. L'Invalide va faire remarquer tout à l'heure que ce sont là de bien grands mots : le ton sur lequel il les reprenait, la mimique dont il les accompagnait devaient contribuer à l'effet comique de cette énumération.

3. Ὥσπερ, εἰ... κ.τ.λ. Construisez : ὥσπερ μέλλων ἀληθῆ λέγειν, εἰ φοβερῶς ὀνομάσειε, ἀλλ' οὐ ταὐτὰ ποιήσων, ἂν πάνυ πρᾳόνως (ὀνομάσῃ) — Ταὐτὰ ποιήσων = μέλλων ἀληθῆ λέγειν. Le texte est, d'ailleurs, tout à fait douteux.

4. Τῶν ἀνθρώπων. Génitif partitif à rattacher à οἷς.

5. Ὑβρισταῖς. Cf. p. 143, n. 2.

6. Εἰκός. Cf. Esch., III, p. 314, n. 1. Cette discussion de *vraisemblances* est intéressante à rapprocher de celles que Lysias introduit dans le *Contre Ératosthène*, § 27 sq., et dans le discours *sur l'Olivier* § 13 sq. Grâce à la simplicité des arguments invoqués, et à la complaisance avec laquelle ils sont développés, le raisonnement prend ici l'allure populaire qui convient à l'accusé.

7. Τοὺς ἔτι νέους. L'emploi légèrement ironique de ἔτι et surtout de la périphrase καὶ... χρωμένους, laisse supposer que l'accusateur était encore jeune, au moins de caractère.

νέαις ταῖς διανοίαις χρωμένους. [17] Οἱ μὲν γὰρ πλούσιοι[1] τοῖς χρήμασιν ἐξωνοῦνται[2] τοὺς κινδύνους, οἱ δὲ πένητες ὑπὸ τῆς παρούσης ἀπορίας σωφρονεῖν ἀναγκάζονται· καὶ οἱ μὲν νέοι συγγνώμης ἀξιοῦνται τυγχάνειν παρὰ τῶν πρεσβυτέρων, τοῖς δὲ πρεσβυτέροις ἐξαμαρτάνουσιν[3] ὁμοίως ἐπιτιμῶσιν ἀμφότεροι[4]. [18] Καὶ τοῖς μὲν ἰσχυροῖς ἐγχωρεῖ, μηδὲν αὐτοῖς πάσχουσιν, οὓς ἂν βουληθῶσιν ὑβρίζειν, τοῖς δὲ ἀσθενέσιν οὐκ ἔστιν οὔτε ὑβριζομένοις ἀμύνεσθαι τοὺς ὑπάρξαντας[5], οὔτε ὑβρίζειν βουλομένοις περιγίγνεσθαι τῶν ἀδικουμένων. Ὥστε μοι δοκεῖ ὁ κατήγορος εἰπεῖν περὶ τῆς ἐμῆς ὕβρεως οὐ σπουδάζων, ἀλλὰ παίζων, οὐδ' ὑμᾶς πεῖσαι βουλόμενος ὡς εἰμὶ τοιοῦτος[6], ἀλλ' ἐμὲ κωμῳδεῖν βουλόμενος, ὥσπερ τι καλὸν ποιῶν[7].

[19] Ἔτι δὲ καὶ συλλέγεσθαί φησιν ἀνθρώπους ὡς ἐμὲ[8] πονηροὺς καὶ πολλούς[9], οἳ τὰ μὲν ἑαυτῶν

1. Οἱ μὲν γὰρ πλούσιοι. L'orateur justifie ce qu'il vient de dire et reprend successivement les trois catégories de gens qu'il a distinguées. Mais il intervertit l'ordre pour éviter la monotonie et aussi pour ramener à la fin l'attention sur les invalides.

2. Ἐξωνοῦνται : litt : *se rachètent des dangers qu'ils courent.* Entendez : ils deviennent maitres de s'y soustraire.

3. Ἐξαμαρτάνουσιν : participe tenant lieu d'une proposition conditionnelle. Expliquez de même plus bas ὑβριζομένοις et βουλομένοις.

4. Ἀμφότεροι, à savoir : les jeunes gens et les vieillards.

5. Τοὺς ὑπάρξαντας, « *ceux qui ont commencé (à les injurier)* ».

6. Τοιοῦτος = ὑβριστής, suggéré par τῆς ἐμῆς ὕβρεως.

7. Ὥσπερ τι καλὸν ποιῶν. Ironique.

8. Ὡς ἐμέ, litt. : *chez moi*, = « *dans ma boutique* ». Cf. Hypéride, V, 4, n. 5.

9. Πονηροὺς καὶ πολλούς : On dit plutôt πολλοὺς καὶ πονη-

ἀνηλώκασι, τοῖς δὲ τὰ σφέτερα σῴζειν βουλομένοις ἐπιβουλεύουσιν[1]. Ὑμεῖς δὲ ἐνθυμήθητε πάντες ὅτι ταῦτα λέγων οὐδὲν ἐμοῦ κατηγορεῖ[2] μᾶλλον ἢ τῶν ἄλλων ὅσοι τέχνας ἔχουσιν, οὐδὲ τῶν ὡς ἐμὲ εἰσιόντων μᾶλλον ἢ τῶν ὡς τοὺς ἄλλους δημιουργούς. [20] Ἕκαστος γὰρ ὑμῶν εἴθισται[3] προσφοιτᾶν, ὁ μὲν πρὸς μυροπωλεῖον, ὁ δὲ πρὸς κουρεῖον, ὁ δὲ πρὸς σκυτοτομεῖον, ὁ δ' ὅποι ἂν τύχῃ[4], καὶ πλεῖστοι μὲν ὡς τοὺς ἐγγυτάτω τῆς ἀγορᾶς[5] κατεσκευασμένους, ἐλάχιστοι δὲ ὡς τοὺς πλεῖστον ἀπέχοντας αὐτῆς· ὥστ' εἴ τις ὑμῶν πονηρίαν καταγνώσεται τῶν ὡς ἐμὲ εἰσιόντων, δῆλον ὅτι καὶ τῶν παρὰ τοῖς ἄλλοις διατριβόντων· εἰ δὲ κἀκείνων, ἁπάντων Ἀθηναίων[6]· ἅπαντες γὰρ εἴθισθε προσφοιτᾶν καὶ διατρίβειν ἁμοῦ γέ που[7].

ρούς. Mais ici, καί = *etiam* : « *des gens de mauvais renom et en grand nombre* ».

1. Ἐπιβουλεύουσιν : ce qui est le propre des sycophantes.

2. Οὐδὲν ἐμοῦ κατηγορεῖ.... κ. τ. λ. L'Invalide ne dédaigne pas les sophismes. On lui a reproché de faire de sa boutique le rendez-vous de toutes sortes d'individus louches. Il répond en s'indignant qu'on puisse faire un crime à des Athéniens de se réunir chez lui.

3. Ἕκαστος εἴθισται. C'était, en effet, une habitude à Athènes. On se réunissait dans les boutiques, de préférence dans celles qui avoisinaient l'Agora (τοὺς ἐγγυτάτω τῆς ἀγορᾶς κατεσκευασμένους), et plus spécialement chez les barbiers (πρὸς κουρεῖον). Là on pouvait discuter à loisir sur les affaires politiques ou les procès en cours.

4. Ὅποι ἂν τύχῃ, s.-ent. προσφοιτῶν. Cf. XII, 18, n. 8.

5. Ἐγγυτάτω τῆς ἀγορᾶς. C'est là sans doute qu'était établi l'Invalide.

6. Ἁπάντων Ἀθηναίων. Lieu commun. L'Invalide solidarise la cause de ceux qui fréquentent chez lui avec celle de tous les Athéniens. Cf. § 7.

7. Ἁμοῦ γέ που, « *quelque part* ». Locution adverbiale régulièrement formée comme ἁμῶς γέ πως (d'une manière quelcon

[21] Ἀλλὰ γάρ[1] οὐκ οἶδ' ὅ τι δεῖ λίαν με ἀκριβῶς ἀπολογούμενον πρὸς ἓν ἕκαστον ὑμῖν[2] τῶν εἰρημένων ἐνοχλεῖν πλείω χρόνον. Εἰ γὰρ ὑπὲρ[3] τῶν μεγίστων εἴρηκα, τί δεῖ περὶ τῶν ὁμοίως τούτῳ φαύλων[4] σπουδάζειν; Ἐγὼ δ' ὑμῶν, ὦ βουλή, δέομαι πάντων τὴν αὐτὴν ἔχειν περὶ ἐμοῦ διάνοιαν ἥνπερ[5] καὶ πρότερον· [22] μηδ' οὗ μόνου[6] μεταλαβεῖν ἔδωκεν ἡ τύχη μοι τῶν ἐν τῇ πατρίδι, τούτου διὰ τουτονὶ ἀποστερήσητέ με· μηδ' ἃ πάλαι κοινῇ πάντες ἔδοτέ μοι, νῦν οὗτος εἷς ὢν[7] πείσῃ πάλιν ὑμᾶς ἀφελέσθαι. Ἐπειδὴ γάρ, ὦ βουλή, τῶν μεγίστων ἀρχῶν[8] ὁ δαίμων[9] ἀπεστέρησεν ἡμᾶς[10],

que), mais qu'on ne retrouve qu'une fois chez le scholiaste de Platon.

1. Ἀλλὰ γάρ, « *mais (je m'arrête), car* ». Cf. § 14, n. 7.

2. Ὑμῖν se rattache à ἐνοχλεῖν quoique τῶν εἰρημένων dépende de ἕκαστον. Ce déplacement du pronom (hyperbate) est rare. On en retrouve cependant un exemple un peu plus bas. Cf. Eschine, II, 179.

3. Ὑπέρ = περί. Cf. Eschine, II, 53, n. 6.

4. Τῶν... φαύλων, « *des griefs aussi futiles que l'est mon adversaire lui-même* ». On a déjà remarqué dans l'exorde avec quel mépris l'Invalide traitait son accusateur.

5. Ἥνπερ, s.-ent. εἴχετε. Ce lieu commun, qu'on retrouve dans plusieurs autres discours de Lysias, emprunte ici une valeur particulière à la personne de l'accusé.

6. Μηδ' οὗ μόνου. L'accusé passe brusquement du ton de la prière ἐγώ... δέομαι à celui de l'invitation pressante, et les deux membres de phrase introduits par μηδέ ne font que développer celui qui précède.

7. Πάντες... εἷς ὤν. Cf. § 13.

8. Ἀρχῶν. Allusion à l'argument plaisant que l'Invalide a précédemment invoqué. Cf. § 13.

9. Ὁ δαίμων. Le δαίμων est la divinité qui règle le sort (τύχη) de chacun. Démosthène dit en parlant des morts de Chéronée : τῇ τύχῃ, ἣν ὁ δαίμων ἔνειμεν ἑκάστοις, ταύτῃ κέχρηνται.

10. Ἡμᾶς... ἡμῖν. Ce n'est plus seulement sa cause, c'est celle de tous les invalides que l'accusé plaide ici.

ἡ πόλις[1] ἡμῖν ἐψηφίσατο τοῦτο τὸ ἀργύριον, ἡγουμένη κοινὰς εἶναι τὰς τύχας τοῖς ἅπασι καὶ τῶν κακῶν καὶ τῶν ἀγαθῶν. [23] Πῶς οὖν οὐκ ἂν δειλαιότατος[2] εἴην, εἰ τῶν μὲν[3] καλλίστων καὶ μεγίστων διὰ τὴν συμφορὰν ἀπεστερημένος εἴην, ἃ δ' ἡ πόλις ἔδωκε προνοηθεῖσα τῶν οὕτως διακειμένων, διὰ τὸν κατήγορον ἀφαιρεθείην; Μηδαμῶς, ὦ βουλή, ταύτῃ[4] θῆσθε τὴν ψῆφον.

[24] Διὰ τί γὰρ ἂν καὶ τύχοιμι τοιούτων ὑμῶν[5]; Πότερον ὅτι[6] δι' ἐμέ τις εἰς ἀγῶνα πώποτε καταστὰς ἀπώλεσε τὴν οὐσίαν[7]; ἀλλ' οὐδ' ἂν εἷς ἀποδείξειεν. Ἀλλ' ὅτι πολυπράγμων εἰμὶ καὶ θρασὺς καὶ φιλαπεχθήμων; ἀλλ' οὐ τοιαύταις ἀφορμαῖς[8]

1. Ἡ πόλις... ἐψηφίσατο. Voyez l'Argument, p. 60.

2. Δειλαιότατος. Mot poétique, mais qui contribue au pathétique.

3. Εἰ τῶν μέν... ἃ δέ. Sur la construction de la phrase et l'emploi de μέν et de δέ, cf. § 8, n. 4.

4. Ταύτῃ, « *en ce sens* » (litt. : *de ce côté-là*).

5. Τύχοιμι τοιούτων ὑμῶν. Dans les locutions de ce genre, τυγχάνω avec un génitif de personne = *trouver quelqu'un animé de telles ou telles dispositions*. Rapprochez § 26 ὁμοίων ὑμῶν τύχοιμι.

6. Πότερον ὅτι κ. τ. λ. L'orateur réfute par anticipation certains arguments qu'on pourrait faire valoir contre lui, non sans profiter de l'occasion pour énumérer ses titres à la bienveillance ou à la reconnaissance des juges. Ici *la réfutation préalable* (προκατάληψις) est présentée sous une forme interrogative qui est très familière à Lysias. — Notez l'emploi de πότερον (*lequel des deux*) annonçant une interrogation à plus de deux termes (cf. Sophocle, *Électre*, v. 539 sq.) et distinguez les deux sens de ἀλλά qui sert successivement à introduire les objections possibles de l'adversaire et les réponses de celui qui parle. Cf. Hypéride, VI, § 6.

7. Ἀπώλεσε τὴν οὐσίαν. Soit par des amendes, soit par des confiscations. L'Invalide tient à montrer qu'il n'a pas l'humeur processive. Lieu commun. Cf. XII, 2.

8. Ἀφορμή signifie proprement, dans le langage militaire, *point d'où l'on part, base d'opé-*

τοῦ βίου πρὸς τὰ τοιαῦτα τυγχάνω χρώμενος. [25] Ἀλλ' ὅτι λίαν ὑβριστὴς καὶ βίαιος; ἀλλ' οὐδ' ἂν αὐτὸς φήσειεν[1], εἰ μὴ βούλοιτο καὶ τοῦτο ψεύδεσθαι τοῖς ἄλλοις ὁμοίως[2]. Ἀλλ' ὅτι ἐπὶ τῶν τριάκοντα γενόμενος ἐν δυνάμει[3] κακῶς ἐποίησα πολλοὺς τῶν πολιτῶν; ἀλλὰ μετὰ τοῦ ὑμετέρου πλήθους ἔφυγον εἰς Χαλκίδα, καὶ ἐξόν μοι μετ' ἐκείνων[4] ἀδεῶς πολιτεύεσθαι, μεθ' ὑμῶν εἱλόμην κινδυνεύειν ἀπελθών[5]. [26] Μὴ τοίνυν, ὦ βουλή, μηδὲν ἡμαρτηκὼς ὁμοίων ὑμῶν[6] τύχοιμι τοῖς πολλὰ ἠδικηκόσιν, ἀλλὰ τὴν αὐτὴν ψῆφον θέσθε περὶ ἐμοῦ ταῖς ἄλλαις βουλαῖς[7], ἀναμνησθέντες ὅτι οὔτε χρήματα διαχειρίσας τῆς πόλεως δίδωμι λόγον[8] αὐτῶν, οὔτε ἀρχὴν ἄρξας οὐδεμίαν εὐθύνας

rations et par suite ici avec τοῦ βίου, « *moyens d'existence* », « *ressources* ». L'orateur veut dire qu'un homme qui fait du commerce et qui, en même temps, est pauvre, vieux et infirme (cf. §§ 16 sq.), ne peut pas être φιλαπεχθήμων. — Πρὸς τὰ τοιαῦτα = ὥστε τὰ τοιαῦτα πράττειν

1. Οὐδ' ἂν αὐτὸς φήσειεν. Cependant, il l'a dit et dans les mêmes termes : cf. § 16. L'emploi de l'optatif avec ἂν (mode potentiel) est donc ici illogique.

2. Τοῖς ἄλλοις ὁμοίως = *pariter ac cetera.*

3. Γενόμενος ἐν δυνάμει... ἔφυγον εἰς Χαλκίδα. Cf. Hist., I, n. 8. Pendant la période qui suit immédiatement le renversement des Trente, ce sont choses dont les orateurs aiment à se vanter. Mais la supposition ὅτι ἐπὶ τῶν τριάκοντα... κ. τ. λ. a dans la bouche de l'Invalide quelque chose d'inattendu et de plaisant qui tempère heureusement le pathétique de cette péroraison.

4. Ἐκείνων, à savoir : les Trente.

5. Ἀπελθών correspond, dans cette fin de phrase où tout est symétrique, à πολιτεύεσθαι.

6. Ὁμοίων ὑμῶν... τοῖς, « *tels* (*que vous trouvent*) *ceux qui*, » etc. Cf. XII, 74, n. 3. De même pour la construction de τὴν αὐτήν avec le datif = *eadem atque.*

7. Ταῖς ἄλλαις βουλαῖς. Entendez : les Conseils en exercice dans les années précédentes.

8. Δίδωμι λόγον... εὐθύνας ὑπέχω. Cf. Index, n° 52.

ὑπέχω νῦν αὐτῆς, ἀλλὰ περὶ ὀβολοῦ μόνον[1] ποιοῦμαι[2] τοὺς λόγους. [27] Καὶ οὕτως ὑμεῖς μὲν τὰ δίκαια γνώσεσθε πάντες, ἐγὼ δὲ τούτων[3] ὑμῖν[4] τυχὼν ἕξω τὴν χάριν[5], οὗτος δὲ τοῦ λοιποῦ μαθήσεται[6] μὴ τοῖς ἀσθενεστέροις ἐπιβουλεύειν ἀλλὰ τῶν ὁμοίων αὐτῷ περιγίγνεσθαι.

1. Περὶ ὀβολοῦ μόνον. Cet appel discret à la pitié des juges fait sur un ton de confiante bonne humeur s'accorde heureusement avec le caractère de tout le discours. — L'obole représente à peu près 0 fr. 16 de notre monnaie.

2. Ποιοῦμαι τοὺς λόγους. Cf. XII, 2, n. 9.

3. Τούτων, à savoir τὰ δίκαια.

4. Ὑμῖν se rattache à ἕξω τὴν χάριν. Cf. § 21, n. 2.

5. Τὴν χάριν, non pas « de la reconnaissance », mais « *la reconnaissance qui vous est due* ».

6. Μαθήσεται. L'Invalide termine par une leçon à l'adresse de son jeune adversaire : cela encore est bien conforme à l'idée qu'on se fait du personnage.

Pour un Suspect
(XXV)

Argument.

Le titre sous lequel ce discours nous est parvenu n'est pas exact[1]. Le personnage inconnu qui est mis en cause n'a pas spécialement à répondre à une *accusation de menées antidémocratiques* (γραφὴ καταλύσεως τοῦ δήμου). Désigné, par le sort ou par l'élection, pour l'exercice d'une magistrature, il s'était présenté, comme devaient le faire tous ceux qui étaient dans son cas, pour subir l'*examen* (δοκιμασία) devant le tribunal (ἐν δικαστηρίῳ). Lorsque, l'*examen* terminé, le président avait posé la question traditionnelle : « *Quelqu'un veut-il accuser cet homme?* » (τούτου βούλεταί τις κατηγορεῖν;), trois accusateurs, Épigène, Démophane et Clisthène, s'étaient présentés. Leur accusation entendue, la parole avait été donnée à l'accusé, et c'est le discours prononcé par lui à ce moment que nous possédons. Ce discours est donc proprement une *défense* pour un citoyen mis en cause à l'occasion d'une *dokimasie*. Comme l'accusation avait été dirigée surtout contre la conduite du candidat sous l'oligarchie, celui-ci s'applique, dans sa défense, à établir la sincérité de ses sentiments démocratiques et de son attachement à la constitution. De là l'erreur commise sur la nature du débat et par suite sur le titre du discours.

Nous ne connaissons les accusateurs que de nom ; mais du moins nous savons à quel parti ils appartenaient. Ils étaient du nombre des démocrates avancés qui, revenus avec Thrasybule, avaient subi plutôt qu'accepté l'acte de réconciliation, et qui, depuis, cherchaient à le rendre lettre morte dans la pratique. Leur haine intéressée ne faisait aucune distinction parmi ceux qui n'avaient pas quitté Athènes sous les Trente :

1. Titre donné par le manuscrit : Δήμου καταλύσεως ἀπολογία

quiconque n'avait pas fui les oligarques passait à leurs yeux pour les avoir servis : et contre tous ils avaient une accusation toujours prête, celle d'avoir pris part à des *menées antidémocratiques*. Or, peu avant la *dokimasie* qui fait l'objet de notre discours, ce parti avait remporté un succès. Le bruit s'étant répandu que les aristocrates retirés à Éleusis, en vertu des conventions, préparaient un retour offensif contre Athènes, les démocrates avancés avaient organisé contre eux une expédition. Les chefs de l'armée d'Éleusis, appelés pour négocier, avaient été mis à mort et l'on avait conclu un nouvel et définitif arrangement avec les derniers survivants de l'oligarchie (401-400). Fière de ce succès, la démocratie radicale relevait la tête et reprenait contre le parti modéré le système d'attaque dont elle avait fait l'essai avec le *Discours contre Ératosthène*. A trois ans de distance, et en tenant compte de la différence des circonstances, *la Défense pour un suspect* forme donc comme la contre-partie de ce discours, et, après avoir entendu Lysias se faire l'interprète des rancunes démocratiques, nous l'entendons plaider, pour le compte d'un client, la cause du parti modéré.

Le métier de *logographe* imposait quelquefois de ces tâches délicates; mais nul n'était plus capable que Lysias de les mener à bien. Il avait l'art non seulement de se dissimuler derrière son client, mais de s'identifier avec lui, d'entrer dans ses sentiments, de partager ses vues. Il ne se contentait pas d'observer ses habitudes et de saisir ses manies : sa psychologie allait plus avant et atteignait le caractère. Peu de discours le montreraient mieux que celui-ci.

L'accusé est inconnu, mais sa personnalité est si fortement empreinte dans le discours composé pour lui par Lysias, que nous arrivons sans nul effort à nous le représenter. C'est un homme qui, visiblement, s'est intéressé à la politique, mais que la politique a lassé. Engagé, à ce qu'il semble, dans le parti de Théramène, il avait au début favorisé l'oligarchie : puis bien vite il avait compris qu'il faisait fausse route et s'était tenu à l'écart. De son passage aux affaires, il avait gardé ce sentiment que, dans les luttes de parti, ce sont toujours des intérêts personnels qui sont en jeu. On ne naît point aristocrate ou démocrate : les opinions sont affaire de circonstance : l'avantage de chacun en décide. Voulez-vous savoir si cet homme a servi la cause de la révolution? Demandez-vous plutôt s'il avait profit à la servir. En cela d'ailleurs nulle mauvaise humeur : de l'amertume, mais point de rancune. Le client de Lysias n'a rien du politique qui se croit méconnu : il se contente d'observer les événements et de tirer la leçon que ces événements comportent. Libre de tout esprit de parti, non seulement défiant, mais radicalement sceptique à l'égard de tout ce qui est sentiment, il le fait d'une façon tranquille. Il ne s'indigne pas, il ne s'émeut pas, il est revenu de tout. Comment, en effet, conserver encore des illusions quand on a vu autour de soi un Pisandre, un Phrynichos servir avec la même ardeur la démocratie et l'oligarchie, quand on a rencontré parmi les patriotes du Pirée d'anciens membres du gouvernement des Quatre-Cents?

Homme d'expérience, c'est l'expérience qu'il invoque. Ses raisonnements n'ont rien d'abstrait : à chaque instant ils s'appuient sur les faits : ils ne sont en quelque sorte que ces faits rapprochés et mis en lumière les uns par les autres. Tout le discours se réduit à une série de considérations sur l'histoire intérieure d'Athènes depuis la fin du cinquième siècle. Ces considérations ne sont pas liées entre elles d'une façon très étroite, et l'orateur ne paraît pas se préoccuper des transitions. Mais chacune d'elles prise à part est présentée avec force, en des développements très nets, très clairs et dont l'ampleur contraste avec la sécheresse ordinaire de Lysias. C'est ainsi que jusque dans la façon d'exposer les faits reparaît le caractère pratique de l'accusé. Tout est subordonné à la nécessité de faire comprendre à l'auditeur les leçons que lui fournit l'histoire. Aussi cette *Défense* est-elle moins un plaidoyer qu'un discours politique : elle a sa place marquée à côté du *Contre Ératosthène* parmi les œuvres les plus fortes de Lysias.

FRAGMENT D'ARGUMENTATION
(§§ 7-27)

[7] Πειράσομαι[1] δ' ὑμᾶς διδάξαι οὕς[2] ἡγοῦμαι τῶν πολιτῶν[3] προσήκειν ὀλιγαρχίας ἐπιθυμεῖν καὶ οὕς δημοκρατίας. Ἐκ τούτου γὰρ καὶ ὑμεῖς γνώσεσθε[4] κἀγὼ περὶ ἐμαυτοῦ τὴν ἀπολογίαν ποιήσομαι, ἀποφαίνων ὡς οὔτε ἐξ ὧν ἐν δημοκρατίᾳ[5] οὔτε ἐξ ὧν ἐν ὀλιγαρχίᾳ πεποίηκα, οὐδέν μοι προσῆκον[6] κακόνουν[7] εἶναι τῷ πλήθει τῷ ὑμετέρῳ[8]. [8] Πρῶτον μὲν οὖν ἐνθυμηθῆναι χρὴ ὅτι οὐδείς ἐστιν ἀνθρώπων φύσει οὔτε ὀλιγαρχικὸς οὔτε δημοκρατικός[9], ἀλλ' ἥτις ἂν ἑκάστῳ πολιτεία συμφέρῃ, ταύτην προθυμεῖται καθεστάναι· ὥστε οὐκ ἐλά-

1. Πειράσομαι... κ. τ. λ. Rapprochez dans Eschine, III, 168 sq., un développement analogue, mais fait à un point de vue différent.

2. Οὕς. Le relatif au lieu du pronom de l'interrogation indirecte, comme souvent chez Lysias.

3. Τῶν πολιτῶν, gén. partitif.

4. Γνώσεσθε, « *vous rendrez votre décision* », cf. XXIV, 27 : τὰ δίκαια γνώσεσθε.

5. Ἐν δημοκρατίᾳ, ἐν ὀλιγαρχίᾳ, sans article, « *sous le régime démocratique, sous le régime oligarchique* » (d'une manière générale). Notez au contraire dans la suite du discours l'emploi de l'article lorsque l'orateur distingue entre les époques où ces deux régimes furent en vigueur.

6. Προσῆκον, s.-ent. ἐστί.

7. Κακόνουν. Lorsque le sujet de la proposition infinitive est exprimé au *datif* dans la proposition principale, l'attribut se met également bien au *datif*, ou, comme ici, à l'*accusatif*.

8. Τῷ πλήθει τῷ ὑμετέρῳ. Cf. XII, 26, n. 2.

9. Οὐδεὶς... δημοκρατικός. Isocrate (VIII, 133) exprime accidentellement la même idée : φύσει μὲν οὐδεὶς οὐδέτερον τούτων ἐστὶν (δημοτικὸς ἢ ὀλιγαρχικός), ἐν ᾗ δ' ἂν ἕκαστοι τιμῶνται, ταύτην βούλονται καθεστάναι τὴν πολιτείαν. — Δημοκρατικός. Plus dogmatique que δημοτικός, ordinairement employé dans cette antithèse.

γιστον ἐν ὑμῖν ἐστι μέρος[1] ὡς πλείστους ἐπιθυμεῖν τῶν παρόντων νυνὶ πραγμάτων[2]. Καὶ ταῦτα ὅτι οὕτως ἔχει, οὐ χαλεπῶς ἐκ τῶν πρότερον γεγενημένων μαθήσεσθε[3]. [9] Σκέψασθε γάρ, ὦ ἄνδρες δικασταί, τοὺς προστάντας ἀμφοτέρων[4] τῶν πολιτειῶν, ὁσάκις δὴ[5] μετεβάλοντο[6]. Οὐ Φρύνιχος μὲν καὶ Πείσανδρος καὶ οἱ μετ' ἐκείνων δημαγωγοί, ἐπειδὴ πολλὰ εἰς ὑμᾶς ἐξήμαρτον, τὰς περὶ τούτων[7] δείσαντες τιμωρίας τὴν προτέραν ὀλιγαρχίαν κατέστησαν, πολλοὶ δὲ τῶν τετρακοσίων μετὰ τῶν ἐκ Πειραιῶς συγκατῆλθον[8], ἔνιοι δὲ τῶν ἐκείνους[9] ἐκβαλόντων αὐτοὶ αὖθις τῶν τριάκοντα[10] ἐγένοντο; Εἰσὶ δὲ οἵτινες[11] τῶν Ἐλευσῖνάδε ἀπογραψαμένων, ἐξελθόντες

1. Οὐκ ἐλάχιστον... μέρος, « *il est en grande partie en votre pouvoir* » (litt. : *ce n'est pas pour une petite part qu'il vous appartient*), à savoir : en cherchant à servir les intérêts du plus grand nombre.

2. Τῶν... πραγμάτων. Cf. § 10, n. 5.

3. Οὐ χαλεπῶς... μαθήσεσθε. L'orateur ne reste pas longtemps dans l'abstraction : c'est sur les faits qu'il s'appuie. Des exemples comme ceux de Phrynichos et de Pisandre justifiaient en effet les théories exposées ici sur l'intérêt personnel considéré comme l'unique fondement des préférences politiques de chacun.

4. Ἀμφοτέρων : l'oligarchie des Quatre-Cents et celle des Trente.

5. Ὁσάκις δή. La particule est ajoutée pour donner plus de force à l'affirmation. Il s'agit là de choses que personne n'ignore.

6. Μετεβάλοντο. Mot propre pour exprimer la versatilité politique. Le fait que l'orateur ne nomme pas Théramène semble indiquer qu'il avait appartenu à son parti.

7. Περὶ τούτων. — Τιμωρία comme τιμωρεῖσθαι se construit plus ordinairement avec ὑπέρ et le génitif.

8. Συγκατῆλθον. Cf. § 22, n. 3.

9. Ἐκείνους : les Quatre-Cents. Notez que ceux mêmes qui les avaient renversés, Théramène entre autres, avaient participé au gouvernement.

10. Τῶν τριάκοντα. Génitif partitif dépendant de ἐγένοντο (*furent au nombre de*).

11. Εἰσὶ δὲ οἵτινες, « *il y a des gens qui* ». Il s'agit de ceux du

μεθ' ὑμῶν, ἐπολιόρκουν τοὺς μεθ' αὑτῶν. [10] Οὔκουν χαλεπὸν γνῶναι, ὦ ἄνδρες δικασταί, ὅτι οὐ περὶ πολιτείας εἰσὶν αἱ πρὸς ἀλλήλους[1] διαφοραί, ἀλλὰ περὶ τῶν ἰδίᾳ συμφερόντων ἑκάστῳ. Ὑμᾶς οὖν χρὴ ἐκ τούτων[2] δοκιμάζειν[3] τοὺς πολίτας, σκοποῦντας μὲν ὅπως ἦσαν ἐν τῇ δημοκρατίᾳ[4] πεπολιτευμένοι, ζητοῦντας δ' εἴ τις αὐτοῖς ἐγίγνετο ὠφέλεια τῶν πραγμάτων[5] μεταπεσόντων· οὕτως γὰρ ἂν δικαιοτάτην τὴν κρίσιν περὶ αὐτῶν ποιοῖσθε.

[11] Ἐγὼ τοίνυν ἡγοῦμαι, ὅσοι μὲν ἐν τῇ δημοκρατίᾳ ἄτιμοι ἦσαν εὐθύνας δεδωκότες[6] ἢ τῶν ὄντων ἀπεστερημένοι[7] ἢ ἄλλῃ τινὶ συμφορᾷ τοιαύτῃ

parti de la ville (τῶν ἐν ἄστει) qui, lors des conventions conclues par l'intermédiaire de Pausanias, « *s'étaient fait inscrire pour* (*résider à*) *Éleusis* » (Ἐλευσῖνάδε ἀπογραψαμένων). Ayant depuis changé d'avis, ils étaient restés à Athènes et lorsque les démocrates firent une sortie contre les oligarques retirés à Éleusis, ils les avaient accompagnés (ἐξελθόντες μεθ' ὑμῶν), assiégeant ainsi « *ceux dont ils partageaient les sentiments* » (τοὺς μεθ' αὑτῶν). Voyez l'Argument et Hist., I, n° 12.

1. Πρὸς ἀλλήλους, « *réciproques* ». Le pronom dans cette locution ne se rapporte à personne en particulier.

2. Ἐκ τούτων. Cf. VII, 13, n. 6.

3. Δοκιμάζειν. Sur le sens technique du mot, voyez Ind., n° 49.

4. Τῇ δημοκρατίᾳ. Non plus le régime démocratique en général, **mais spécialement celui qui précéda les Trente.** (Cf. § 19, ἐν τῇ προτέρᾳ δημοκρατίᾳ.)

5. Πραγμάτων. Ce mot de sens un peu vague (*les affaires, les choses*) désigne tantôt comme ici « *la forme du gouvernement* », « *la constitution* » (cf. §§ 8 et 12), tantôt « *le gouvernement* » lui-même, « *l'administration de l'État* », cf. §§ 14, 18, 25 : μετέχειν τῶν πραγμάτων, « *avoir part au gouvernement* ». — Μεταπεσόντων, à savoir : sous les Trente.

6. Ἄτιμοι... δεδωκότες. Ces mots étroitement liés ensemble forment dans l'énumération un premier groupe opposé aux deux membres de phrase introduits par ἢ... ἤ. — Εὐθύνας δεδωκότες, « *après avoir rendu leurs comptes* » explique ἄτιμοι. Sur ces expressions, voy. Ind., n° 52.

7. Ἀπεστερημένοι. Par des amendes ou des confiscations. Voy. Ind., n°s 95 et 96.

κεχρημένοι, προσήκειν[1] αὐτοῖς ἑτέρας ἐπιθυμεῖν πολιτείας, ἐλπίζοντας[2] τὴν μεταβολὴν ὠφέλειάν τινα αὐτοῖς ἔσεσθαι· ὅσοι δὲ τὸν δῆμον πολλὰ κἀγαθὰ εἰργασμένοι εἰσί, κακὸν δὲ μηδὲν πώποτε, ὀφείλεται δὲ αὐτοῖς[3] χάριν κομίσασθαι παρ' ὑμῶν μᾶλλον ἢ δοῦναι δίκην τῶν πεπραγμένων, οὐκ ἄξιον τὰς περὶ τούτων[4] ἀποδέχεσθαι διαβολάς, οὐδ' ἂν πάντες οἱ τὰ τῆς πόλεως πράττοντες[5] ὀλιγαρχικοὺς αὐτοὺς φάσκωσιν εἶναι. [12] Ἐμοὶ τοίνυν, ὦ ἄνδρες δικασταί, οὔτ' ἰδίᾳ οὔτε δημοσίᾳ συμφορὰ[6] ἐν ἐκείνῳ τῷ χρόνῳ οὐδεμία πώποτε ἐγένετο, ἀνθ' ἧστινος ἂν προθυμούμενος τῶν παρόντων κακῶν ἀπαλλαγῆναι ἑτέρων ἐπεθύμουν[7] πραγμάτων. Τετριηράρχηκά[8] τε γὰρ πεντάκις καὶ τετράκις νεναυ-

1. Προσήκειν αὐτοῖς, à savoir : ὅσοι μὲν... κ. τ. λ. Anacoluthe.

2. Ἐλπίζοντας se rattache pour le sens à αὐτοῖς. Cf. XII, 1, n. 1.

3. Ὀφείλεται δὲ αὐτοῖς équivaut à une proposition relative. En grec, on ne rattache deux propositions relatives de suite au même antécédent que lorsque le relatif doit être au même cas dans les deux. Le pronom ne s'exprime alors que dans la première. Si le relatif doit être à deux cas différents, ou bien on interrompt la construction et l'on tourne soit par le pronom personnel comme ici, soit par le pronom démonstratif, ou bien on supprime le relatif (cf. XII, 70).

4. Περὶ τούτων se rattache à ὅσοι δέ et à αὐτοῖς.

5. Οἱ... πράττοντες, « *les hommes politiques* ».

6. Συμφορά. Euphémisme fréquent pour désigner une condamnation infamante, spécialement la perte des droits de citoyen (ἀτιμία). Cette peine pouvait être prononcée même dans les procès avec des particuliers (ἰδίᾳ).

7. Ἂν ἐπεθύμουν, « *j'aurais pu désirer* ».

8. Τετριηράρχηκα... κ. τ. λ. Lieu commun (cf. XII, 20). Lysias l'approprie au caractère pratique de son client. Ce n'est pas par amour du bien public, c'est par un intérêt bien entendu qu'il s'est signalé comme il l'a fait. Cf. Καίτοι διὰ τοῦτο... κ. τ. λ. — Sur la nature de chacun de ces services, voy. Ind., n°° 100, 101 et 104.

μάχηκα καὶ εἰσφορὰς ἐν τῷ πολέμῳ πολλὰς εἰσενήνοχα, καὶ τἆλλα λελῃτούργηκα οὐδενὸς χεῖρον τῶν πολιτῶν. [13] Καίτοι διὰ τοῦτο πλείω τῶν ὑπὸ τῆς πόλεως προσταττομένων ἐδαπανώμην, ἵνα καὶ βελτίων ὑφ' ὑμῶν νομιζοίμην καί, εἴ πού μοί τις συμφορὰ γένοιτο, ἄμεινον[1] ἀγωνιζοίμην. Ὧν[2] ἐν τῇ ὀλιγαρχίᾳ ἁπάντων ἀπεστερούμην· οὐ γὰρ τοὺς τῷ πλήθει[3] ἀγαθοῦ τινος αἰτίους γεγενημένους χάριτος παρ' αὐτῶν ἠξίουν[4] τυγχάνειν, ἀλλὰ τοὺς πλεῖστα κακὰ ὑμᾶς[5] εἰργασμένους εἰς τὰς τιμὰς καθίστασαν, ὡς[6] ταύτην[7] παρ' ἡμῶν[8] πίστιν εἰληφότες. Ἃ χρὴ πάντας ἐνθυμουμένους μὴ τοῖς τούτων[9] λόγοις πιστεύειν, ἀλλὰ ἐκ τῶν ἔργων[10] σκοπεῖν ἃ ἑκάστῳ τυγχάνει πεπραγμένα. [14] Ἐγὼ γάρ, ὦ ἄνδρες δικασταί, οὔτε[11] τῶν τετρακοσίων ἐγενόμην· ἢ[12] τῶν κατηγόρων ὁ βουλόμενος παρελθὼν

1. Ἄμεινον, « *dans de meilleures conditions* ».

2. Ὧν, à savoir : les deux avantages dont il vient de parler : la considération de ses concitoyens, la faveur éventuelle du tribunal.

3. Τῷ πλήθει, cf. XII, 26, n. 2.

4. Ἠξίουν, « *ils trouvaient bon* », a pour sujet les oligarques, dont l'idée est suffisamment amenée par la phrase qui précède.

5. Ὑμᾶς équivaut à τὸ πλῆθος. Entendez : *à vous* (*en tant que citoyens*).

6. Ὡς, « *dans la pensée que* ». Cf. XII, 2, n. 7.

7. Ταύτην = τοῦτο, à savoir : τὸ πολλὰ κακὰ ὑμᾶς εἰργάσθαι. Cf. XXIV, 10, n. 5. — Πίστιν, « *gage de fidélité* ».

8. Ἡμῶν. Entendez τῶν ἐν ἄστει.

9. Τούτων : les accusateurs. On a vu qu'ils étaient sans doute au nombre de trois.

10. Τοῖς λόγοις... τῶν ἔργων. Lieu commun. Cf. XII, 33.

11. Οὔτε, comme « *ni* » en français, est ordinairement répété. Ici il y a anacoluthe : le membre de phrase correspondant est introduit par οὐ τοίνυν.

12. Ἤ, « *ou bien* (*si j'en ai fait partie*) ». Le premier membre de l'alternative reste sous-entendu.

ἐλεγξάτω[1]· οὐ τοίνυν οὐδ'[2] ἐπειδὴ οἱ τριάκοντα κατέστησαν, οὐδείς[3] με ἀποδείξει οὔτε βουλεύσαντα[4] οὔτε ἀρχὴν οὐδεμίαν ἄρξαντα[5]. Καίτοι εἰ μὲν ἐξόν[6] μοι ἄρχειν μὴ ἐβουλόμην, ὑφ' ὑμῶν νυνὶ τιμᾶσθαι[7] δίκαιός εἰμι· εἰ δὲ οἱ τότε δυνάμενοι[8] μὴ ἠξίουν μοι μεταδιδόναι τῶν πραγμάτων, πῶς ἂν φανερώτερον ἢ[9] οὕτως ψευδομένους ἀποδείξαιμι τοὺς κατηγόρους;

[15] Ἔτι τοίνυν, ὦ ἄνδρες δικασταί, καὶ ἐκ τῶν ἄλλων τῶν ἐμοὶ πεπραγμένων ἄξιον σκέψασθαι. Ἐγὼ γὰρ τοιοῦτον ἐμαυτὸν ἐν ταῖς τῆς πόλεως συμφοραῖς παρέσχον ὥστε, εἰ πάντες τὴν αὐτὴν γνώμην ἔσχον ἐμοί[10], μηδένα ἂν ὑμῶν μηδεμιᾷ χρῆσθαι[11] συμφορᾷ. Ὑπ' ἐμοῦ γὰρ ἐν τῇ ὀλιγαρχίᾳ οὔτε ἀπαχ-

1. Ὁ βουλόμενος... ἐλεγξάτω. Formule de défi oratoire. — Παρελθών, « *étant venu à la tribune* ». Cf. Eschine, II, 154, n. 9.

2. Οὐ τοίνυν οὐδέ = « *et, encore bien moins* ».

3. Οὐδείς ne fait que répéter en y insistant la négation déjà exprimée par οὐ.

4. Βουλεύσαντα. Sur le *Conseil* (βουλή) établi par les Trente, cf. Hist., I, n. 7. Le reproche d'en avoir fait partie revint souvent devant les tribunaux après le rétablissement de la démocratie.

5. Οὔτε... ἄρξαντα. On a vu que l'Invalide pour lequel fut composé le discours XXIV se vantait lui aussi de n'avoir pas été au pouvoir sous les Trente (XXIV, § 25, n. 3).

6. Ἐξόν, « *quand il m'était possible* ». Accusatif absolu.

7. Τιμᾶσθαι. Entendez : en recevant la charge qui m'est aujourd'hui contestée.

8. Οἱ τότε δυνάμενοι, « *ceux qui étaient alors au pouvoir* ».

9. Φανερώτερον ἢ οὕτως, litt. : *plus évidemment que de cette manière* (« *d'une manière plus évidente* »).

10. Τὴν αὐτὴν... ἐμοί, « *la même... que moi* ». Ὁ αὐτός se construit avec le datif comme les adjectifs marquant l'égalité ou la ressemblance. Sur cette construction, cf. XII, 74, n. 3.

11. Ἂν... χρῆσθαι = (οὐδεὶς) ἂν... ἐχρῆτο. — Χρῆσθαι est un infinitif imparfait.

θεὶς[1] οὐδεὶς φανήσεται οὔτε τῶν ἐχθρῶν οὐδεὶς τετιμωρημένος οὔτε τῶν φίλων εὖ πεπονθώς[2]. [16] (Καὶ τοῦτο μὲν[3] οὐκ ἄξιον θαυμάζειν· εὖ μὲν γὰρ ποιεῖν ἐν ἐκείνῳ τῷ χρόνῳ χαλεπὸν ἦν, ἐξαμαρτάνειν δὲ τῷ βουλομένῳ ῥᾴδιον). Οὐ τοίνυν[4] οὐδ' εἰς τὸν κατάλογον[5] Ἀθηναίων καταλέξας οὐδένα φανήσομαι[6] οὐδὲ δίαιταν καταδιαιτησάμενος οὐδενὸς[7] οὐδὲ πλουσιώτερος[8] ἐκ τῶν ὑμετέρων γεγονὼς συμφορῶν. Καίτοι εἰ τοῖς τῶν γεγενημένων κακῶν αἰτίοις ὀργίζεσθε, εἰκὸς[9] καὶ τοὺς μηδὲν ἡμαρτηκότας βελτίους ὑφ' ὑμῶν νομίζεσθαι. [17] Καὶ μὲν δὴ[10], ὦ ἄνδρες δικασταί, μεγίστην ἡγοῦμαι περὶ ἐμαυτοῦ τῇ δημο-

1. Ἀπαχθείς. Sur l'ἀπαγωγή, cf. Ind., n° 91. Cette procédure rapide, grâce à la facilité qu'elle donnait pour se débarrasser d'un ennemi personnel ou d'un adversaire politique, avait été très usitée sous les Trente.

2. Εὖ πεπονθώς. A la faveur des troubles de l'État et contrairement au droit.

3. Τοῦτο μέν ne s'applique qu'au dernier terme de l'énumération (οὔτε τῶν... πεπονθώς). L'orateur ne veut pas exagérer son mérite et marque en même temps son aversion pour l'oligarchie. — Μέν employé seul suggère une phrase correspondante avec δέ, quelque chose comme « *c'est plutôt le reste de ma conduite* ». Cf. XII, 8, n. 5.

4. Οὐ τοίνυν. Reprise de l'énumération interrompue par la parenthèse. Cf. § 14, n. 2.

5. Τὸν κατάλογον, probablement « *la liste* » dressée, sur la demande de Lysandre, des citoyens autres que les Trois-Mille. Ces derniers seuls jouissant des droits politiques, cette liste était comme une sorte de *liste de proscription*. Cf. Hist., I, n° 8. — Ἀθηναίων dépend de οὐδένα.

6. Οὐ καταλέξας φανήσομαι. Cf. Isocrate, XV, 253, n. 7.

7. Δίαιταν... οὐδενός, « *n'ayant obtenu de sentence arbitrale contre personne* ». Entendez : par la pression et au mépris du droit. Sur les *arbitres* (διαιτηταί), cf. Ind., n° 55.

8. Πλουσιώτερος. Cf. XII 93. Sur la façon dont les Trente (et leurs amis) s'enrichissaient, cf. XII, 6-7.

9. Εἰκός. Cf. Eschine, III, 168, p. 314, n. 1.

10. Καὶ μὲν δή. Cf. XII, 30, n. 4.

κρατίᾳ πίστιν[1] δεδωκέναι. Ὅστις[2] γὰρ τότε οὐδὲν ἐξήμαρτον οὕτω πολλῆς δεδομένης ἐξουσίας, ἦ που[3] νῦν σφόδρα προθυμηθήσομαι χρηστὸς εἶναι, εὖ εἰδὼς ὅτι, ἐὰν ἀδικῶ[4], παραχρῆμα δώσω δίκην. Ἀλλὰ γὰρ[5] τοιαύτην διὰ τέλους γνώμην ἔχω, ὥστε ἐν ὀλιγαρχίᾳ μὲν μὴ ἐπιθυμεῖν τῶν ἀλλοτρίων, ἐν δημοκρατίᾳ δὲ τὰ ὄντα προθύμως εἰς ὑμᾶς αναλίσκειν.

[18] Ἡγοῦμαι δὲ[6], ὦ ἄνδρες δικασταί, οὐκ ἂν δικαίως ὑμᾶς μισεῖν[7] τοὺς ἐν τῇ ὀλιγαρχίᾳ μηδὲν πεπονθότας κακὸν, ἐξὸν ὀργίζεσθαι τοῖς εἰς τὸ πλῆθος[8] ἐξημαρτηκόσιν, οὐδὲ τοὺς μὴ φυγόντας ἐχθροὺς νομίζειν, ἀλλὰ τοὺς ὑμᾶς ἐκβαλόντας, οὐδὲ τοὺς προθυμουμένους τὰ ἑαυτῶν σῶσαι, ἀλλὰ τοὺς τὰ τῶν ἄλλων ἀφῃρημένους, οὐδὲ οἳ τῆς σφετέρας αὐτῶν σωτηρίας ἕνεκα ἔμειναν ἐν τῷ ἄστει, ἀλλ' οἵτινες ἑτέρους ἀπολέσαι βουλόμενοι μετέσχον τῶν πραγμάτων[9]. Εἰ δὲ οἴεσθε χρῆναι, οὓς ἐκεῖνοι παρέ-

1. Πίστιν, « *un gage de fidélité* ». A savoir mon innocence dans un temps où les coupables étaient sûrs de l'impunité.

2. Ὅστις, « *moi qui* ».

3. Ἦ που. Sur l'emploi de cette formule d'affirmation chez Lysias, cf. XII, 35, n. 8.

4. Ἀδικῶ. Cf. XII, 36, n. 1.

5. Ἀλλὰ γάρ, « *mais* (*à quoi bon insister?*) *en effet*, cf. XXIV, 14, n. 7. Avec la netteté qui le caractérise, l'orateur termine l'exposé de sa conduite sous la Démocratie et sous les Trente par une formule de nature à s'imposer à l'esprit des juges.

6. Ἡγοῦμαι δὲ... κ. τ. λ. L'orateur cherche à prévenir la confusion qui tendait à s'établir entre le parti des Trente et ceux qui, pour des raisons d'intérêt privé, avaient dû rester dans la ville sous leur gouvernement.

7. Οὐκ ἂν μισεῖν, « *vous ne sauriez haïr* ».

8. Τὸ πλῆθος. Cf. XII, 26, n. 2.

9. Τῶν πραγμάτων. Cf. § 10, n. 5.

λιπον ἀδικοῦντες[1], ὑμεῖς[2] ἀπολέσαι, οὐδεὶς τῶν πολιτῶν[3] ὑπολειφθήσεται.

[19] Σκοπεῖν δὲ χρὴ καὶ ἐκ τῶνδε, ὦ ἄνδρες δικασταί. Πάντες γὰρ ἐπίστασθε ὅτι ἐν τῇ προτέρᾳ δημοκρατίᾳ[4] τῶν τὰ τῆς πόλεως πραττόντων πολλοὶ μὲν τὰ δημόσια ἔκλεπτον, ἔνιοι δ' ἐπὶ τοῖς ὑμετέροις[5] ἐδωροδόκουν, οἱ δὲ συκοφαντοῦντες τοὺς συμμάχους ἀφίστασαν[6]. Καὶ εἰ μὲν οἱ τριάκοντα τούτους μόνους ἐτιμωροῦντο[7], ἄνδρας ἀγαθοὺς καὶ ὑμεῖς ἂν αὐτοὺς ἡγεῖσθε· νῦν δέ, ὅτε ὑπὲρ τῶν ἐκείνοις[8] ἡμαρτημένων τὸ πλῆθος κακῶς ποιεῖν ἠξίουν[9], ἠγανακτεῖτε, ἡγούμενοι δεινὸν εἶναι τὰ τῶν ὀλίγων[10] ἀδικήματα πάσῃ τῇ πόλει κοινὰ γίγνεσθαι. [20] Οὐ τοίνυν ἄξιον χρῆσθαι τούτοις[11], οἷς ἐκείνους[12] ἑωρᾶτε

1. Ἀδικοῦντες, « *lorsqu'ils commettaient leurs injustices* ».

2. Ὑμεῖς. Lorsque le sujet de la proposition infinitive est le même que celui de la proposition principale, il peut rester au nominatif, même lorsque l'infinitif est rattaché à la proposition principale par δεῖν ou χρῆναι.

3. Τῶν πολιτῶν. Entendez τῶν ἐν ἄστει.

4. Τῇ προτέρᾳ δημοκρατίᾳ, celle qui avait précédé les Trente, par opposition à celle qui les avait suivis.

5. Ἐπὶ τοῖς ὑμετέροις, « *à votre détriment* ». Ἐπί marque le but avec un sens défavorable. Cf. Hypéride (*Contre Démosthène*, XXV, 24) : ἐπ' αὐτῷ τῷ σώματι τῆς πόλεως δῶρα εἰλήφασι.

6. Οἳ δὲ... ἀφίστασαν. D'après le régime établi par la première confédération athénienne, les alliés étaient dans certains cas justiciables des tribunaux athéniens. Ils pouvaient donc, eux aussi, être victimes des sycophantes.

7. Ἐτιμωροῦντο, « *s'ils avaient cherché à punir* ». L'imparfait au lieu de l'aoriste, pour marquer l'effort. Sur les faits, cf. XII, 5, et Hist., I, n° 8.

8. Ἐκείνοις, = ceux qui ont été désignés précédemment par τούτους.

9. Τὸ πλῆθος... ἠξίουν, « *ils trouvaient bon de punir la masse* ».

10. Τῶν ὀλίγων, « *du petit nombre* », opposé à πάσῃ τῇ πόλει.

11. Τούτοις, « *ces* (*principes*) ».

12. Ἐκείνους, les Trente.

ἐξαμαρτάνοντας, οὐδὲ ἃ πάσχοντες[1] ἄδικα ἐνομίζετε πάσχειν, ὅταν ἑτέρους ποιῆτε[2], δίκαια ἡγεῖσθαι, ἀλλὰ τὴν αὐτὴν κατελθόντες περὶ αὐτῶν[3] γνώμην ἔχετε, ἥνπερ φεύγοντες περὶ ὑμῶν αὐτῶν εἴχετε· ἐκ τούτων γὰρ καὶ ὁμόνοιαν[4] πλείστην ποιήσετε καὶ ἡ πόλις ἔσται μεγίστη καὶ τοῖς ἐχθροῖς ἀνιαρότατα ψηφιεῖσθε.

[21] Ἐνθυμηθῆναι[5] δὲ χρή, ὦ ἄνδρες δικασταί, καὶ τῶν ἐπὶ τῶν τριάκοντα γεγενημένων, ἵνα τὰ τῶν ἐχθρῶν ἁμαρτήματα ἄμεινον ὑμᾶς ποιήσῃ περὶ τῶν ὑμετέρων αὐτῶν βουλεύσασθαι. Ὅτε μὲν γὰρ ἀκούοιτε[6] τοὺς ἐν ἄστει[7] τὴν αὐτὴν γνώμην[8] ἔχειν, μικρὰς ἐλπίδας εἴχετε τῆς καθόδου, ἡγούμενοι τὴν ἡμετέραν[9] ὁμόνοιαν μέγιστον κακὸν εἶναι τῇ ὑμετέρᾳ φυγῇ[10]· [22] ἐπειδὴ δ' ἐπυνθάνεσθε τοὺς μὲν τρισχιλίους στασιάζοντας[11], τοὺς ἄλλους δὲ πολίτας

1. Πάσχοντες, participe imparfait équivalant à une proposition temporelle : « *lorsque vous les supportiez* ».

2. Ποιῆτε a pour régime toute la proposition ἃ... ἐνομίζετε.

3. Αὐτῶν, à savoir ἑτέρους. Pour la construction : τὴν αὐτὴν... ἥνπερ, cf. XII, 74, n. 3.

4. Καὶ ὁμόνοιαν... κ. τ. λ. L'idée est reprise et développée au § 23.

5. Ἐνθυμηθῆναι, avec le génitif, « *songer à* ».

6. Ἀκούοιτε. Optatif marquant la répétition dans le passé.

7. Τοὺς ἐν ἄστει, « *les gens de la ville* » par opposition aux démocrates du Pirée auxquels l'orateur s'adresse. Dans cette expression, l'article est toujours omis. Sur le parti en question, cf. Hist., I, n° 10.

8. Τὴν αὐτὴν γνώμην. Entendez : les uns que les autres. De même au § 22.

9. Τὴν ἡμετέραν. L'orateur était de ceux qui n'avaient pas quitté la ville.

10. Τῇ... φυγῇ, à savoir, en retardant les négociations qui devaient ramener les exilés. C'est l'idée développée par Théramène dans le discours que lui prête Xénophon (*Hell.* II, 3, 44).

11. Τούς... στασιάζοντας. Cf. Hist., I, n° 8.

ἐκ τοῦ ἄστεως ἐκκεκηρυγμένους[1], τοὺς δὲ τριάκοντα μὴ τὴν αὐτὴν γνώμην ἔχοντας, πλείους δὲ ὄντας τοὺς ὑπὲρ ὑμῶν δεδιότας ἢ τοὺς ὑμῖν πολεμοῦντας, τότ' ἤδη καὶ κατιέναι[3] προσεδοκᾶτε καὶ παρὰ τῶν ἐχθρῶν λήψεσθαι δίκην. Ταῦτα γὰρ τοῖς θεοῖς ηὔχεσθε, ἅπερ[4] ἐκείνους ἑωρᾶτε ποιοῦντας, ἡγούμενοι διὰ τὴν τῶν τριάκοντα πονηρίαν πολὺ μᾶλλον σωθήσεσθαι ἢ διὰ τὴν τῶν φευγόντων δύναμιν κατιέναι[5].

[23] Χρὴ τοίνυν[6], ὦ ἄνδρες δικασταί, τοῖς πρότερον γεγενημένοις παραδείγμασι[7] χρωμένους βουλεύεσθαι περὶ τῶν μελλόντων ἔσεσθαι καὶ τούτους ἡγεῖσθαι δημοτικωτάτους, οἵτινες ὁμονοεῖν ὑμᾶς βουλόμενοι τοῖς ὅρκοις καὶ ταῖς συνθήκαις[8] ἐμμένουσι[9], νομίζοντες καὶ τῆς πόλεως ταύτην[10] ἱκανω-

1. Ἐκκεκηρυγμένους. Mot propre pour désigner la proclamation d'un bannissement par le héraut. Sur les faits, cf. Hist., I, n° 8.

2. Πλείους δὲ ὄντας... κ. τ. λ. L'ancien parti de Théramène, un moment affaibli par la mort de son chef, avait peu à peu repris confiance et favorisait les exilés.

3. Κατιέναι, « *rentrer dans la ville* », cf. κατάγειν (faire rentrer des bannis), κάθοδος (retour des bannis). Cf. XII, 97, n. 6. On sait qu'ἰέναι sert d'infinitif futur à ἔρχομαι.

4. Ἅπερ, « *lesquelles précisément* ». Cf. Eschine, II, 42, n. 11.

5. Σωθήσεσθαι... κατιέναι. Lysias ne dédaigne pas (ce qui est un défaut de style) d'obtenir la symétrie de deux membres de phrase par l'emploi de mots de sens très voisins. Cf. XII, 7, πέπρακται... γεγένηται; XII, 99, λέγειν... εἰπεῖν.

6. Τοίνυν marque la conclusion du raisonnement commencé avec ἐνθυμηθῆναι δὲ χρή au § 21.

7. Παραδείγμασι. Pour la construction, cf. XXIV, 5, n. 6.

8. Τοῖς ὅρκοις καὶ ταῖς συνθήκαις. Cf. Hist., I, n° 12.

9. Ἐμμένουσι, à savoir : dans leurs discours et dans les résolutions qu'ils proposent.

10. Ταύτην = τοῦτο, à savoir : τὸ τοῖς ὅρκοις... ἐμμένειν. Sur cette tournure, cf. XXIV, 10, n. 3.

τάτην εἶναι σωτηρίαν καὶ τῶν ἐχθρῶν[1] μεγίστην τιμωρίαν· οὐδὲν γὰρ ἂν εἴη αὐτοῖς τούτων χαλεπώτερον ἢ[2] πυνθάνεσθαι μὲν ἡμᾶς[3] μετέχοντας τῶν πραγμάτων, αἰσθάνεσθαι δὲ οὕτως διακειμένους τοὺς πολίτας[4] ὥσπερ μηδενὸς ἐγκλήματος πρὸς ἀλλήλους γεγενημένου. [24] Χρὴ δὲ εἰδέναι, ὦ ἄνδρες δικασταί, ὅτι οἱ φεύγοντες τῶν ἄλλων πολιτῶν[5] ὡς πλείστους καὶ διαβεβλῆσθαι καὶ ἠτιμῶσθαι βούλονται, ἐλπίζοντες τοὺς ὑφ' ὑμῶν ἀδικουμένους ἑαυτοῖς ἔσεσθαι συμμάχους, τοὺς δὲ συκοφάντας εὐδοκιμεῖν δέξαιντ' ἂν[6] παρ' ὑμῖν καὶ μέγα δύνασθαι ἐν τῇ πόλει· τὴν γὰρ τούτων πονηρίαν ἑαυτῶν ἡγοῦνται σωτηρίαν[7].

[25] Ἄξιον δὲ μνησθῆναι[8] καὶ τῶν μετὰ τοὺς τετρακοσίους πραγμάτων· εὖ γὰρ εἴσεσθε ὅτι, ἃ μὲν

1. Τῶν ἐχθρῶν. Les ennemis de la démocratie, les oligarques alors bannis d'Athènes et que l'orateur appelle plus loin οἱ φεύγοντες.

2. Τούτων... ἤ, « *que ceci (à savoir) que* ». Le second terme de la comparaison, d'abord indiqué soit comme ici par un pronom démonstratif au génitif, soit par un pronom relatif, peut ensuite être repris et développé par ἤ et l'infinitif. Même tournure en latin. Cf. Cicéron (*De Nat. Deorum*, II, 15, 38) : « *Quo* quid absurdius, *quam* res sordidas deorum honore afficere ? »

3. Ἡμᾶς, à savoir : οἱ ἐν ἄστει. Leur participation au gouvernement (τῶν πραγμάτων) devait marquer l'oubli du passé.

4. Αἰσθάνεσθαι... τοὺς πολίτας. Cf. Esch. II, 36, n. 1.

5. Τῶν ἄλλων πολιτῶν. Génitif partitif à rattacher à ὡς πλείστους.—Sur ἠτιμῶσθαι, Ind. n° 97

6. Δέξαιντ' ἄν, « *ils verraient avec plaisir* » (litt. : « *ils accepteraient volontiers* »).

7. Πονηρίαν... σωτηρίαν. Cf. 25, σωτηρίαν... τιμωρίαν, et XII, 78, παρόντων... ἀπόντων avec la note.

8. Ἄξιον δὲ μνησθῆναι. L'exemple invoqué est d'autant plus saisissant que l'analogie était frappante entre les circonstances actuelles et celles qui avaient suivi le renversement des Quatre-Cents.

οὗτοι[1] συμβουλεύουσιν, οὐδεπώποτε ὑμῖν ἐλυσιτέλησεν, ἃ δ' ἐγὼ παραινῶ, ἀμφοτέραις ἀεὶ[2] ταῖς πολιτείαις συμφέρει. Ἴστε γὰρ Ἐπιγένη[3] καὶ Δημοφάνη καὶ Κλεισθένη ἰδίᾳ μὲν καρπωσαμένους[4] τὰς τῆς πόλεως συμφορὰς, δημοσίᾳ δὲ ὄντας μεγίστων κακῶν αἰτίους. [26] Ἐνίων μὲν γὰρ ἔπεισαν ὑμᾶς ἀκρίτων[5] θάνατον καταψηφίσασθαι, πολλῶν δὲ ἀδίκως δημεῦσαι τὰς οὐσίας, τοὺς δ' ἐξελάσαι καὶ ἀτιμῶσαι[6] τῶν πολιτῶν· τοιοῦτοι γὰρ ἦσαν ὥστε τοὺς μὲν ἡμαρτηκότας ἀργύριον λαμβάνοντες ἀφιέναι, τοὺς δὲ μηδὲν ἠδικηκότας[7] εἰς ὑμᾶς εἰσιόντες[8] ἀπολλύναι. Καὶ οὐ πρότερον ἐπαύσαντο, ἕως[9] τὴν μὲν πόλιν εἰς στάσεις καὶ τὰς μεγίστας συμφορὰς κατέστησαν, αὐτοὶ δ' ἐκ πενήτων πλούσιοι ἐγένοντο. [27] Ὑμεῖς δὲ οὕτως διετέθητε ὥστε τοὺς μὲν φεύγοντας[10] κατεδέξασθε, τοὺς δ' ἀτίμους ἐπιτίμους

1. Οὗτοι. Les accusateurs, et les sycophantes leurs pareils.

2. Ἀεί, employé ici dans son sens propre, marque surtout une idée de répétition « *en toute occasion* ».

3. Ἐπιγένη... κ. τ. λ. Personnages inconnus, qui, d'après ce passage, semblent avoir été les accusateurs. Il est possible que derrière eux l'orateur vise, sans les nommer, d'autres démagogues plus en vue.

4. Καρπωσαμένους...συμφοράς, « *ayant exploité à leur profit les malheurs de l'État* », comme on exploite la terre (καρποῦσθαι τὴν γῆν).

5. Ἀκρίτων, cf. XII, 17, n. 4 Le reproche souvent adressé aux Trente est retourné ici contre les démagogues.

6. Δημεῦσαι... ἐξελάσαι... ἀτιμῶσαι. Cf. Ind., nos 96, 97, 98.

7. Τοὺς... ἠδικηκότας, lesquels, forts de leur innocence, avaient refusé d'acheter le silence de leurs accusateurs.

8. Εἰσιόντες. Terme technique. Cf. Ind., n° 83. Construisez εἰσιόντες εἰς ὑμᾶς.

9. Οὐ πρότερον... ἕως. Cf. XII, 71, n. 8.

10. Τοὺς μὲν φεύγοντας... κ. τ. λ. Exposé de la politique suivie par les vrais démocrates (opposés aux

ἐποιήσατε, τοῖς δ' ἄλλοις περὶ ὁμονοίας ὅρκους ὤμνυτε· τελευτῶντες[1] δὲ ἥδιον ἂν τοὺς ἐν τῇ δημοκρατίᾳ συκοφαντοῦντας ἐτιμωρήσασθε ἢ τοὺς ἄρξαντας ἐν τῇ ὀλιγαρχίᾳ[2]· καὶ εἰκότως, ὦ ἄνδρες δικασταί· πᾶσι γὰρ ἤδη[3] φανερόν ἐστιν ὅτι διὰ τοὺς μὲν ἀδίκως πολιτευομένους ἐν τῇ ὀλιγαρχίᾳ δημοκρατία γίγνεται, διὰ δὲ τοὺς ἐν τῇ δημοκρατίᾳ συκοφαντοῦντας ὀλιγαρχία δὶς κατέστη. Ὥστε οὐκ ἄξιον τούτοις πολλάκις[4] χρῆσθαι συμβούλοις, οἷς οὐδὲ ἅπαξ ἐλυσιτέλησε πειθομένοις[5].

démagogues et aux sycophantes) à partir du moment où Lysandre eut mis le siège devant la ville. Les faits sont énumérés, non dans l'ordre chronologique, mais dans l'ordre logique : le rappel des bannis fut, en effet, la conséquence de la paix avec Sparte : au contraire, le décret de Patrocléidès qui rendait leurs droits de citoyen aux ἄτιμοι et rétablissait la concorde dans la ville avait été adopté au commencement du blocus. (Hist., I, n°° 5-7.) — Sur ἀτίμους, cf. Ind., n° 97.

1. Τελευτῶντες. Cf. XXXII, 11, n. 1.

2. Ἐν τῇ ὀλιγαρχίᾳ. Celle de 411.

3. Ἤδη, « *désormais* ». C'est une expérience faite, un résultat acquis.

4. Πολλάκις. Le mot contient un reproche, « *à plusieurs reprises (comme vous le faites)* », opposé à οὐδὲ ἅπαξ.

5. Οἷς πειθομένοις = οἷς... (ὑμῖν) ἐλυσιτέλησε (πείθεσθαι). Οἷς est régime de πειθομένοις construit lui-même avec ὑμῖν sous-entendu. Cet emploi du participe avec omission du pronom n'est pas rare après λυσιτελεῖν συμφέρειν..., etc.

Discours contre Diogiton.

(XXXII)

Argument.

Ce discours ne nous est connu que par Denys d'Halicarnasse, qui, dans son *Jugement sur Lysias*[1], en cite un fragment important (environ la moitié, suivant toute vraisemblance) pour donner une idée de la méthode et du talent de l'orateur (ἐξ ἐκείνου τήν τε προαίρεσιν καὶ τὴν δύναμιν τοῦ ἀνδρὸς ἐπιδείξομαι) Voici en quels termes Denys en expose le sujet : « Diodote, un de ceux qui furent enrôlés avec Thrasylle pendant la guerre du Péloponnèse, étant sur le point de s'embarquer pour l'Asie, sous l'archontat de Glaucippe, et ayant des enfants en bas âge, fit un testament ; il leur laissa pour tuteur son frère Diogiton, qui était à la fois l'oncle paternel des enfants et leur grand-père du côté de leur mère (Diodote avait épousé la fille de Diogiton). Diodote mourut en combattant près d'Éphèse. Diogiton administra tout ce que possédaient les orphelins, et d'une très grande fortune il ne put rien leur représenter. Il est, à la majorité d'un des jeunes héritiers, accusé par lui d'avoir mal géré la tutelle. Celui qui parle en justice contre Diogiton, c'est l'époux de la petite-fille de Diogiton, sœur des jeunes gens. »

Nous avons donc affaire à un de ces procès de tutelle qui semblent avoir été très nombreux chez les Grecs et dont le plus célèbre est le procès intenté par Démosthène à Aphobos. La procédure suivie en pareil cas est bien connue. Lorsque, après examen du *compte de tutelle* (λόγος τῆς ἐπιτροπῆς), l'orphelin devenu majeur constatait que sa fortune avait été mal gérée par *le tuteur* (ὁ ἐπίτροπος), il pouvait intenter à celui-ci une

1. Le *Jugement sur Lysias* a été publié, d'après une nouvelle recension des manuscrits, par M. Desrousseaux (Paris, Hachette, 1890). L'extrait de Denys donné ci-dessous est emprunté à la traduction dont M. Max Egger a accompagné cette édition.

action de tutelle (δίκη ἐπιτροπῆς). S'il se décidait à agir, l'affaire était instruite par l'Archonte (celui qu'on désigne plus tard sous le nom d'Éponyme) et introduite par lui devant un tribunal d'Héliastes dont il avait la présidence. L'accusateur devait, dans son *acte d'accusation* (ἔγκλημα), indiquer la somme dont il se prétendait frustré et fixer lui-même l'indemnité qu'il exigeait (τίμησις, *estimation*). L'accusé, de son côté, déposait une *contre-estimation* (ἀντιτίμησις). Le jugement rendu, s'il n'avait pas obtenu le cinquième des suffrages, l'accusateur devait payer le sixième de la somme qu'il réclamait. Mais, en général, les tribunaux étaient sympathiques aux orphelins et leur donnaient volontiers gain de cause. Ceux-ci, néanmoins, avaient tout intérêt à se montrer modérés dans leurs revendications. Faire retomber sur le tuteur infidèle l'odieux de pareilles discussions entre parents, s'excuser de la nécessité d'intervenir sur la grandeur du dommage causé, rappeler les concessions qu'on était disposé à faire pour arranger le différend à l'amiable, étaient autant de lieux communs qui s'imposaient à l'orateur et pouvaient lui fournir une entrée en matière. Dans le plaidoyer composé pour le gendre de Diodote, Lysias n'en néglige aucun et l'on comprend que Denys ait considéré son exorde comme un modèle du genre.

Mais ce qui fait surtout l'intérêt de ce discours, c'est la *narration* (διήγησις). Elle présente les qualités de brièveté, de clarté et de simplicité propres à Lysias, mais relevées d'une nuance de sentiment qui les rend plus précieuses. Un pathétique discret et dont les effets sont habilement ménagés s'y mêle peu à peu à l'exposé des faits. Sans recherches de style, sans violences d'expression, par le seul art de raconter en choisissant le détail qui touche, le trait qui porte, Lysias arrive à produire l'émotion. Il met en scène la veuve de Diodote et il prête à cette femme, qui est à la fois la mère de l'accusateur et la fille de l'accusé, l'attitude ferme et respectueuse qui convient à sa situation et aux circonstances. Accompagnée de ses enfants, entourée d'amis, elle va trouver son père. Elle n'a pas, dit-elle, l'habitude de parler devant les hommes, mais la grandeur de ses maux la force à sortir de sa réserve. Et avec une énergie calme et maîtresse d'elle-même, avec une logique toute féminine et où la passion s'allie au raisonnement, elle lui reproche sa conduite, elle lui rappelle toute les sommes qu'il a reçues et lui montre qu'elle ne saurait être dupe des comptes fantastiques qu'il présente. Son langage est celui d'une femme de tête qui, bien que tenue en dehors des affaires, est au courant de tout et à qui l'amour maternel blessé donne un sentiment très fin et très éclairé de la façon dont a été gérée la fortune de ses enfants.

Après ce discours habilement rapporté par l'orateur, les personnages sont jugés : l'effet moral de la narration est produit : il ne reste qu'à conclure. Lysias le fait très heureusement : en quelques mots il note la tristesse poignante qui avait saisi tous les témoins de cette scène, leur enlevant jusqu'à la force d'échanger leurs impressions. Puis brusquement, et tandis que l'effet produit dure encore, il passe à la discussion.

Cette note émue, cet emploi du pathétique, sont choses rares chez Lysias. A l'ordinaire il est plutôt très fin, pénétrant, spirituel : il comprend les malheurs de ses clients plus qu'il ne les partage : il les fait saisir à ses auditeurs plus qu'il ne leur en donne une impression vive. Ce don de sympathie qui seul chez un *logographe* pouvait produire l'émotion lui fait presque défaut. A cet égard, le Discours *contre Diogiton* est donc comme une exception dans son œuvre. Et encore peut-on remarquer que même dans ce discours ce sont ses qualités ordinaires d'observation qui le servent : c'est en cherchant à être vrai qu'il devient touchant : le pathétique y naît moins d'un sentiment profond que d'une intelligence très nette des souffrances de toute sorte endurées par ceux qu'il fait parler.

Grâce à certaines indications chronologiques qu'il renferme, le Discours *contre Diogiton* peut être daté avec exactitude. Il a dû être composé en 401 et appartient par conséquent aux débuts de Lysias dans la carrière de *logographe*.

EXPOSÉ DES FAITS

(§§ 4-18)

[4] Ἀδελφοὶ ἦσαν, ὦ ἄνδρες δικασταί, Διόδοτος καὶ Διογείτων, ὁμοπάτριοι καὶ ὁμομήτριοι, καὶ τὴν μὲν ἀφανῆ[1] οὐσίαν ἐνείμαντο[2], τῆς δὲ φανερᾶς ἐκοινώνουν. Ἐργασαμένου δὲ Διοδότου κατ' ἐμπορίαν[3] πολλὰ χρήματα, πείθει αὐτὸν Διογείτων λαβεῖν τὴν ἑαυτοῦ θυγατέρα[4], ἥπερ ἦν αὐτῷ μόνη καὶ γίγνονται αὐτῷ υἱεῖς δύο καὶ θυγάτηρ. [5] Χρόνῳ δὲ ὕστερον[5] καταλεγεὶς Διόδοτος μετὰ Θρασύλλου τῶν ὁπλιτῶν[6], καλέσας τὴν ἑαυτοῦ γυναῖκα, ἀδελ-

1. Ἀφανῆ.. φανερᾶς. La distinction des biens en *apparents* et *non apparents*, qui avait une grande importance à Athènes, était une distinction de fait plutôt que de droit. « Les biens étaient considérés comme apparents ou non apparents suivant qu'ils étaient ou non atteints par les impôts sur le revenu. Ainsi les fonds placés dans une banque pouvaient être apparents ou non apparents, selon les circonstances, de même que nous avons aujourd'hui des valeurs nominatives et des valeurs au porteur. » (Dareste.)

2. Ἐνείμαντο... ἐκοινώνουν, « *ils s'étaient partagé,... ils gardaient en commun* ». Νέμεσθαι se dit proprement des héritiers qui *se partagent* un héritage comme νέμειν ou διανέμειν du testateur qui *partage* sa fortune entre ses héritiers.

3. Κατ' ἐμπορίαν, « *en faisant le commerce* ».

4. Τὴν ἑαυτοῦ θυγατέρα. La loi athénienne autorisait le mariage entre le frère et la sœur quand ils n'étaient pas nés de la même mère; à plus forte raison celui de l'oncle et de la nièce.

5. Χρόνῳ... ὕστερον, « *un certain temps après* ». En fait, au moins neuf ans après. Le fils aîné devait atteindre sa majorité (18 ans) en 402-401. (Cf. § 9, n. 7) Il était donc né en 420-419.

6. Καταλεγεὶς... τῶν ὁπλιτῶν, « *ayant été enrôlé parmi les hoplites* ». Cf. XXIV, 13, n. 2. — Thrasylle, un des généraux de la seconde partie de la guerre du Péloponnèse. très dévoué à la dé-

φιδῆν οὖσαν, καὶ τὸν ἐκείνης μὲν πατέρα[1], αὐτοῦ δὲ κηδεστὴν καὶ ἀδελφὸν, πάππον δὲ τῶν παιδίων καὶ θεῖον, ἡγούμενος διὰ ταύτας τὰς ἀναγκαιότητας οὐδενὶ μᾶλλον προσήκειν δικαίῳ[2] περὶ τοὺς αὐτοῦ παῖδας γενέσθαι, διαθήκην αὐτῷ δίδωσι καὶ πέντε τάλαντα ἀργυρίου παρακαταθήκην[3]· [6] ναυτικὰ[4] δὲ ἀπέδειξεν[5] ἐκδεδομένα ἑπτὰ τάλαντα καὶ τετταράκοντα μνᾶς[6]..., δισχιλίας[7] δὲ ὀφειλομένας ἐν Χερρονήσῳ[8]· ἐπέσκηψε[9] δὲ, ἐάν

mocratie et ennemi des Quatre-Cents. Avec Thrasybule, il avait contribué au succès de Cynossema. Compris dans le procès des Arginuses (Hist., I, n° 4), il fut mis à mort avec les autres stratèges qui étaient rentrés dans la ville après la bataille.

1. Πατέρα... κηδεστὴν... ἀδελφὸν... κ. τ. λ. Faire ressortir *les liens de parenté* (τὰς ἀναγκαιότητας) d'un accusé avec ses victimes était un des procédés oratoires recommandés par la rhétorique. On retrouvera la même énumération § 12 dans la bouche de la veuve de Diodote. — Κηδεστήν, terme général pour désigner les parents par alliance. Ici, « *beau-père* ».

2. Δικαίῳ. Pour la construction avec περί, rapprochez (§ 23) εἰ ἐβούλετο δίκαιος εἶναι περὶ τοὺς παῖδας. Pour l'emploi du datif, cf. XXV, 7, n. 7.

3. Παρακαταθήκην. Voyez le même mot employé au figuré par Eschine II, 146.

4. Ναυτικά Sommes *avancées* (ἐκδεδομένα) pour le commerce maritime et garanties par une hypothèque sur le vaisseau ou sur sa cargaison. En raison des risques courus, l'intérêt était très élevé et pouvait atteindre jusqu'à 33 1/2 pour 100. C'est ce qu'on appelle aujourd'hui le *prêt à la grosse aventure*.

5. Ἀπέδειξεν, « *il justifia* », litt. : *il montra* (*par l'examen de ses livres*).

6. Μνᾶς. Le texte présente ici une lacune. Il devait être fait mention d'une somme de 100 mines dont il est question dans la suite, § 15.

7. Δισχιλίας. Suppléez δραχμάς qui pouvait se trouver dans la lacune, quoique l'ellipse de ce mot soit fréquente dans les comptes.

8. Ἐν Χερρονήσῳ. Sans doute par un des nombreux Athéniens établis là pour faire le commerce.

9. Ἐπέσκηψε. Terme ordinaire pour désigner les dernières recommandations d'un homme qui va mourir.

τι πάθη[1], τάλαντον μὲν ἐπιδοῦναι[2] τῇ γυναικὶ καὶ τὰ ἐν τῷ δωματίῳ[3] δοῦναι, τάλαντον δὲ τῇ θυγατρί. Κατέλιπε[4] δὲ καὶ εἴκοσι μνᾶς τῇ γυναικὶ καὶ τριάκοντα στατῆρας κυζικηνούς[5]. [7] Ταῦτα δὲ πράξας καὶ οἴκοι ἀντίγραφα[6] καταλιπὼν, ᾤχετο στρατευσόμενος μετὰ Θρασύλλου. Ἀποθανόντος δὲ ἐκείνου[7] ἐν Ἐφέσῳ[8], Διογείτων τὴν μὲν θυγατέρα ἔκρυπτε[9] τὸν θάνατον τοῦ ἀνδρὸς καὶ τὰ γράμματα λαμβάνει

1. Ἐάν τι πάθῃ, « *s'il lui arrivait malheur* ». Euphémisme fréquemment employé dans les dispositions testamentaires. Cf Esch. II, 35 n. 2.

2. Ἐπιδοῦναι, « *donner à titre de dot* », correspondant à ἐπιφέρεσθαι, « *apporter en dot* ». — Δοῦναι, « *faire un cadeau* ».

3. Τὰ ἐν τῷ δωματίῳ, « *les (meubles qui étaient) dans sa chambre à coucher* ».

4. Κατέλιπε, « *il donna de la main à la main* » (litt. : *il laissa en s'en allant*).

5. Στατῆρας κυζικηνούς. Cf. XII, 11, n. 9. Le talent d'argent représente environ 5890 fr. ; la mine, 97 fr. ; la drachme, 0 fr. 97 c. ; le statère de Cyzique, 27 fr. A l'aide de ces chiffres et d'après les indications données dans le plaidoyer, on peut évaluer la fortune de Diodote. Elle comprenait :

5 talents d'argent, soit.	fr. 29 450
7 talents 40 mines, soit.	» 45 110
A reporter. .	fr. 74 560
Report. .	fr. 74 560
100 mines (omises ici), soit.	» 9 700
2 000 drachmes, soit. .	» 1 940
20 mines, soit. . . .	» 1 940
30 statères de Cyzique, soit.	» 810
Total. . .	fr. 88 950

C'était, pour l'époque, une fortune considérable.

6. Ἀντίγραφα. Un double du testament et des pièces nécessaires pour établir les créances. Les originaux étant mis sous scellés (τὰ γράμματα... σεσημασμένα), ces copies devaient permettre à la famille de Diodote de prendre connaissance de son avoir et de ses dernières dispositions (cf. Démosthène, *Contre Stéphanos*, II, 28).

7. Ἐκείνου, à savoir : Diodote.

8. Ἐν Ἐφέσῳ. L'engagement auquel il est fait allusion eut lieu au printemps de 410.

9. Ἔκρυπτε : imparfait marquant la durée. Κρύπτω se construit avec deux accusatifs.

ἃ κατέλιπε σεσημασμένα φάσκων τὰ ναυτικὰ χρήματα δεῖν ἐκ τούτων[1] κομίσασθαι. [8] Ἐπειδὴ δὲ τῷ χρόνῳ[2] ἐδήλωσε τὸν θάνατον αὐτοῖς καὶ ἐποίησαν τὰ νομιζόμενα[3], τὸν μὲν πρῶτον ἐνιαυτὸν ἐν Πειραιεῖ[4] διῃτῶντο· ἅπαντα γὰρ αὐτοῦ κατελέλειπτο τὰ ἐπιτήδεια. Ἐκείνων δ' ἐπιλειπόντων, τοὺς μὲν παῖδας εἰς ἄστυ ἀναπέμπει, τὴν δὲ μητέρα αὐτῶν ἐκδίδωσιν[5], ἐπιδοὺς πεντακισχιλίας δραχμάς, χιλίαις ἔλαττον ὧν[6] ὁ ἀνὴρ αὐτῇ ἔδωκεν.

[9] Ὀγδόῳ δ' ἔτει[7] δοκιμασθέντος[8] μετὰ ταῦτα τοῦ πρεσβυτέρου τοῖν μειρακίοιν, καλέσας αὐτοὺς[9] εἶπε Διογείτων ὅτι καταλίποι αὐτοῖς ὁ πατὴρ εἴκοσι μνᾶς ἀργυρίου καὶ τριάκοντα στατῆρας[10]. « Ἐγὼ

1. Ἐκ τούτων, « *à l'aide de ces pièces* » (en les produisant).

2. Τῷ χρόνῳ, « *avec le temps* ».

3. Τὰ νομιζόμενα, en lui élevant un cénotaphe où la famille allait chaque année faire des libations. Comme les autres Athéniens morts à Éphèse, Diodote avait dû être enseveli à Notion.

4. Ἐν Πειραιεῖ, où Diodote habitait pour exercer son commerce. A la mort de leur père, les mineurs devaient rester dans la maison paternelle ou s'installer chez leur tuteur.

5. Ἐκδίδωσιν, « *il la marie* ». C'était à lui en effet que ce soin revenait, la veuve de Diodote étant d'après la loi rentrée sous sa tutelle.

6. Χιλίαις... ὧν, « *mille drachmes de moins que ce que...* » etc. Dans cette locution ἔλαττον est employé adverbialement. Le mot au datif (ici χιλίαις) indique de quelle quantité la somme est inférieure à celle qui est prise comme terme de comparaison.

7. Ὀγδόῳ δ' ἔτει, « *dans la huitième année* » (après le mariage de sa mère), soit neuf ans au moins après le départ de son père, qui est de 410. En faisant la part des délais nécessaires pour les essais de conciliation, le procès dut avoir lieu au plus tôt en 401.

8. Δοκιμασθέντος. Cf. Ind., n°5.

9. Αὐτούς au masculin, quoique se rattachant pour le sens à τοῖν μειρακίοιν. Irrégularité fréquente.

10. Εἴκοσι... στατῆρας, c.-à-d. ce que Diodote avait donné de la main à la main à sa femme **et**

οὖν[1] πολλὰ τῶν ἐμαυτοῦ δεδαπάνηκα εἰς τὴν ὑμετέραν τροφήν. Καὶ ἕως μὲν εἶχον[2], οὐδέν μοι διέφερε· νυνὶ δὲ καὶ αὐτὸς ἀπόρως διάκειμαι. Σὺ οὖν[3], ἐπειδὴ δεδοκίμασαι καὶ ἀνὴρ γεγένησαι, σκόπει αὐτὸς ἤδη[4] πόθεν ἕξεις τὰ ἐπιτήδεια. » [10] Ταῦτ' ἀκούσαντες ἐκπεπληγμένοι καὶ δακρύοντες ᾤχοντο πρὸς τὴν μητέρα, καὶ παραλαβόντες ἐκείνην ἧκον πρὸς ἐμέ, οἰκτρῶς ὑπὸ τοῦ πάθους διακείμενοι καὶ ἀθλίως ἐκπεπτωκότες[5], κλαίοντες καὶ παρακαλοῦντές με μὴ περιϊδεῖν αὐτοὺς ἀποστερηθέντας[6] τῶν πατρῴων μηδ' εἰς πτωχείαν καταστάντας, ὑβρισμένους ὑφ' ὧν ἥκιστα ἐχρῆν[7], ἀλλὰ βοηθῆσαι καὶ τῆς ἀδελφῆς ἕνεκα καὶ σφῶν αὐτῶν[8].

[11] Πολλὰ ἂν εἴη λέγειν[9] ὅσον πένθος ἐν τῇ

que celle-ci avait dû remettre à son père en rentrant sous sa tutelle (§ 15). Diogiton passait le reste sous silence.

1. Ἐγὼ οὖν. Cette façon de passer brusquement au style direct contribue à donner au récit plus de naturel et par suite de vraisemblance.

2. Εἶχον. On trouve plusieurs exemples de ἔχειν employé absolument au sens de « *avoir quelque chose* ».

3. Σὺ οὖν. Diogiton s'adresse ici à l'aîné des deux fils.

4. Ἤδη, « *à dater d'aujourd'hui* ».

5. Ἐκπεπτωκότες, de la maison qu'occupait Diogiton. Cf. § 16.

6. Ἀποστερηθέντας. Le participe aoriste par assimilation avec περιϊδεῖν.

7. Ὑφ' ὧν... ἐχρῆν (ὑβρίζεσθαι). Euphémisme fréquent pour désigner *les proches* (οἱ οἰκεῖοι). L'orateur l'avait déjà employé dans l'exorde.

8. Καὶ σφῶν αὐτῶν dépend aussi de ἕνεκα. En pareil cas, on ne répète pas la préposition.

9. Πολλὰ ἂν εἴη λέγειν, « *il y aurait beaucoup à dire* (*disant*) ». Tournure rare. Rapprochez Démosthène (*Phil.* III, 60), οὕτως τὰ μὲν ἄλλα ὡς ὑβρίζετο... πόλλ' ἂν εἴη λέγειν.—Πολλά est fortement accentué : ce qui explique l'absence de liaison.

ἐμῇ οἰκίᾳ ἦν ἐν ἐκείνῳ τῷ χρόνῳ. Τελευτῶσα[1] δὲ ἡ μήτηρ αὐτῶν ἠντιβόλει με καὶ ἱκέτευε[2] συναγαγεῖν αὐτῆς τὸν πατέρα καὶ τοὺς φίλους, εἰποῦσα ὅτι, εἰ καὶ μὴ πρότερον εἴθισται λέγειν ἐν ἀνδράσι[3], τὸ μέγεθος αὐτὴν ἀναγκάσει τῶν συμφορῶν[4] περὶ τῶν σφετέρων κακῶν δηλῶσαι πάντα πρὸς ἡμᾶς. [12] Ἐλθὼν δ' ἐγὼ ἠγανάκτουν μὲν πρὸς Ἡγήμονα τὸν ἔχοντα[5] τὴν τούτου θυγατέρα, λόγους δ' ἐποιούμην πρὸς τοὺς ἄλλους ἐπιτηδείους, ἠξίουν δὲ τοῦτον εἰς ἔλεγχον ἰέναι[6] περὶ τῶν πραγμάτων. Διογείτων δὲ τὸ μὲν πρῶτον οὐκ ἤθελε, τελευτῶν δὲ ὑπὸ τῶν φίλων ἠναγκάσθη. Ἐπειδὴ δὲ συνήλθομεν, ἤρετο αὐτὸν ἡ γυνὴ τίνα ποτὲ[7] ψυχὴν ἔχων ἀξιοῖ περὶ τῶν παίδων τοιαύτῃ γνώμῃ χρῆσθαι, « ἀδελφὸς μὲν ὢν τοῦ πατρὸς αὐτῶν, πατὴρ δ' ἐμός, θεῖος δὲ αὐτοῖς καὶ πάππος. [13] Καὶ εἰ μηδένα ἀνθρώπων ᾐσχύνου[8], τοὺς θεοὺς ἐχρῆν σε, » φησί, « δεδιέναι·

1. Τελευτῶσα, « *à la fin* » (litt. : *finissant*). De même plus bas τελευτῶν.

2. Ἠντιβόλει καὶ ἱκέτευε. Formule de supplication dans laquelle ces deux mots sont souvent rapprochés. Cf. Esch., p. 266, n. 2.

3. Εἰ καὶ... ἐν ἀνδράσι. La veuve de Diodote a toujours gardé la réserve qui convient à une honnête femme. L'usage tenait la femme à l'écart de la société des hommes et ne lui permettait de prendre la parole que devant ses plus proches parents.

4. Τῶν συμφορῶν se rattache à τὸ μέγεθος.

5. Ἔχοντα, sous-ent. γυναῖκα. La fille de Diogiton (désigné ici par τούτου) avait épousé en secondes noces Hégémon.

6. Εἰς ἔλεγχον ἰέναι, « *venir s'expliquer* ».

7. Τίνα ποτέ. Cf. XII, 29, n. 3.

8. Ἠισχύνου... δεδιέναι. Opposition fréquente chez les orateurs. Cf. XXIV, 10. — Φησί. Notez l'emploi du présent à côté de ἤρετο et de ἐξήλεγχεν (§ 14).

ὃς ἔλαβες[1] μέν, ὅτ' ἐκεῖνος ἐξέπλει, πέντε τάλαντα παρ' αὐτοῦ παρακαταθήκην, καὶ περὶ τούτων ἐγὼ ἐθέλω, τοὺς παῖδας παραστησαμένη[2] καὶ τούτους καὶ τοὺς ὕστερον[3] ἐμαυτῇ γενομένους, ὀμόσαι ὅπου ἂν αὐτὸς λέγῃς[4]. Καίτοι οὐχ οὕτως ἐγώ εἰμι ἀθλία οὐδ' οὕτω περὶ πολλοῦ ποιοῦμαι χρήματα, ὥστ' ἐπιορκήσασα κατὰ τῶν παίδων τῶν ἐμαυτῆς τὸν βίον ἐκλιπεῖν, ἀδίκως δὲ ἀφελέσθαι τὴν τοῦ πατρὸς οὐσίαν. » [14] Ἔτι τοίνυν ἐξήλεγχεν αὐτὸν ἑπτὰ τάλαντα κεκομισμένον ναυτικὰ καὶ τετρακισχιλίας δραχμάς, καὶ τούτων τὰ γράμματα ἀπέδειξεν· ἐν γὰρ τῇ διοικίσει, ὅτ' ἐκ Κολλυτοῦ[5] διῳκίζετο εἰς τὴν Φαίδρου[6] οἰκίαν, τοὺς παῖδας ἐπιτυχόντας ἐκβεβλημένῳ τῷ βιβλίῳ[7] ἐνεγκεῖν[8] πρὸς αὐτήν.

1. Ἔλαβες μέν. Cf. XII, 8, n. 5.

2. Τοὺς παῖδας παραστησαμένη. — Παρίστασθαι, « *placer à côté de soi* », se dit proprement de la victime sur laquelle on étend la main en jurant. La veuve de Diodote va prêter serment, « *sur la tête de ses enfants* » (κατὰ τῶν παίδων). Les orateurs fournissent de nombreux exemples de ces imprécations solennelles prononcées contre soi-même et contre sa race. Cf. XII, 10; Esch., III, 111, et Démosthène (*Contre Conon*, 38), φασὶ γὰρ παραστησάμενον τοὺς παῖδας αὐτὸν κατὰ τούτων ὀμεῖσθαι, καὶ ἀράς τινας δεινὰς καὶ χαλεπὰς ἐπαράσεσθαι. — Pour κατὰ avec le génitif, cf. Eschine, p. 259, n. 4.

3. Ὕστερον, de son mariage avec Hégémon.

4. Ὅπου... λέγῃς. Celui qui exigeait le serment pouvait régler les conditions (de lieu, de jour, de forme) dans lesquelles ce serment devait être prêté. La sainteté du lieu indiqué avait une très grande importance.

5. Κολλυτοῦ. Une partie au moins du dème de Kollyte s'étendait dans la ville et en formait un des plus beaux quartiers.

6. Φαίδρου. Peut-être ce Phèdre était-il le beau-père de Diogiton. On voit au § 17 que celui-ci s'était remarié.

7. Τῷ βιβλίῳ, « *le livre en question* ». — Ἐκβεβλημένῳ, « *tombé par mégarde* ».

8. Ἐνεγκεῖν dépend de l'idée

[15] Ἀπέφηνε δ' αὐτὸν ἑκατὸν μνᾶς κεκομισμένον ἐγγείῳ ἐπὶ τόκῳ[1] δεδανεισμένας καὶ ἑτέρας δισχιλίας δραχμὰς[2] καὶ ἔπιπλα[3] πολλοῦ ἄξια· φοιτᾶν δὲ καὶ σῖτον[4] αὐτοῖς ἐκ Χερρονήσου καθ' ἕκαστον ἐνιαυτόν. « Ἔπειτα[5] σὺ ἐτόλμησας, » ἔφη, « εἰπεῖν, ἔχων τοσαῦτα χρήματα, ὡς δισχιλίας δραχμὰς ὁ τούτων πατὴρ κατέλιπε καὶ τριάκοντα στατῆρας, ἅπερ[6] ἐμοὶ καταλειφθέντα[7], ἐκείνου τελευτήσαντος ἐγώ σοι ἔδωκα, [16] καὶ ἐκβάλλειν τούτους ἠξίωκας, θυγατριδοῦς ὄντας, ἐκ τῆς οἰκίας τῆς αὑτῶν[8] ἐν τριβωνίοις[9], ἀνυποδήτους, οὐ μετ' ἀκολούθου[10], οὐ μετὰ στρω-

de *raconter* qui se tire facilement de ce qui précède.

1. Ἐγγείῳ ἐπὶ τόκῳ. L'intérêt garanti par des hypothèques sur les propriétés foncières, beaucoup moins élevé que le ναυτικὸς τόκος (cf. § 6), n'atteignait pas plus de 12 à 18 pour 100. Les cent mines en question sont celles dont on conjecture l'omission au § 6.

2. Ἑτέρας... δραχμάς, « *et une seconde somme, celle-là de deux mille drachmes* ». — Ἕτερος est employé ici comme ἄλλος dans la construction signalée plus haut, VII, 25, n. 8.

3. Ἔπιπλα, « *des meubles* ».

4. Σῖτον. Quoique les deux mille drachmes qui viennent d'être mentionnées semblent bien être celles qui avaient été placées par Diodote en Chersonèse (§ 6), il paraît difficile d'admettre que ces envois de blé en représentent l'intérêt en nature. Une forme aussi particulière de paiement aurait été indiquée plus nettement que par l'expression toute générale φοιτᾶν δὲ καὶ σῖτον.

5. Ἔπειτα. Cf. XII, 26, n. 1.

6. Ἅπερ, « *précisément la somme que* », cf. Esch. II, 42, n. 11.

7. Ἐμοὶ καταλειφθέντα, cf. §§ 6 et 9.

8. Τῆς αὑτῶν. Notez la valeur que donne la construction au pronom réfléchi. La maison où Diogiton avait installé les enfants en quittant le Pirée avait sans doute appartenu à Diodote.

9. Ἐν τριβωνίοις, vêtus comme on l'était à l'intérieur des maisons. — Notez l'effet pathétique de l'absence de liaisons.

10. Μετ' ἀκολούθου. Jusque vers l'âge de seize ans, les enfants de bonne famille ne sortaient qu'a-

μάτων[1], οὐ μετὰ ἱματίων[2], οὐ μετὰ τῶν ἐπίπλων ἃ ὁ πατὴρ αὐτοῖς κατέλιπεν, οὐδὲ μετὰ τῶν παρακαταθηκῶν ἃς ἐκεῖνος παρά σοι κατέθετο. [17] Καὶ νῦν τοὺς μὲν ἐκ τῆς μητρυιᾶς τῆς ἐμῆς παιδεύεις ἐν πολλοῖς χρήμασιν εὐδαίμονας ὄντας, καὶ ταῦτα μὲν καλῶς ποιεῖς[3], τοὺς δ' ἐμοὺς ἀδικεῖς, οὓς ἀτίμους ἐκ τῆς οἰκίας ἐκβαλὼν ἀντὶ πλουσίων πτωχοὺς ἀποδεῖξαι[4] προθυμεῖ. Καὶ ἐπὶ τοιούτοις ἔργοις οὔτε τοὺς θεοὺς φοβεῖ οὔτε ἐμὲ τὴν σὴν θυγατέρα τὴν συνειδυῖαν αἰσχύνει, οὔτε τοῦ ἀδελφοῦ μέμνησαι, ἀλλὰ πάντας ἡμᾶς περὶ ἐλάττονος ποιεῖ χρημάτων. »

[18] Τότε μὲν οὖν, ὦ ἄνδρες δικασταί, πολλῶν καὶ δεινῶν ὑπὸ τῆς γυναικὸς ῥηθέντων, οὕτω διετέθημεν πάντες οἱ παρόντες ὑπὸ τῶν τούτῳ πεπραγμένων καὶ τῶν λόγων τῶν ἐκείνης, ὁρῶντες μὲν τοὺς παῖδας οἷα ἦσαν πεπονθότες, ἀναμιμνῃσκόμενοι δὲ τοῦ ἀποθανόντος, ὡς ἀνάξιον[5] τῆς οὐσίας τὸν ἐπίτροπον κατέλιπεν, ἐνθυμούμενοι δὲ ὡς χαλεπὸν

vec leur *pédagogue*, domestique de confiance chargé de leur surveillance.

1. Στρωμάτων, « *couvertures* » qu'on étendait sur les lits.

2. Ἱματίων. L'*himation* se portait en guise de manteau pour sortir. Un des coins était posé sur l'épaule gauche; puis le pan passant sur le dos était ramené sur la poitrine (en enveloppant à volonté le bras et l'épaule droite) et rejeté ensuite sur l'épaule gauche.

3. Καὶ... ποιεῖς, « *et en cela tu as raison* ». Cf. XXIV, 14, εὖ ποιῶν. La veuve tient à montrer qu'elle conserve le sentiment de la justice.

4. Ἀποδεῖξαι = *efficere*.

5. Ἀνάξιον, attribut de τὸν ἐπίτροπον, est mis en relief par sa place. — Τῆς οὐσίας dépend de τὸν ἐπίτροπον.

ἐξευρεῖν ὅτῳ χρὴ περὶ τῶν ἑαυτου πιστεῦσαί τινα[1], ὥστε, ὦ ἄνδρες δικασταί, μηδένα τῶν παρόντων[2] δύνασθαι φθέγξασθαι[3], ἀλλὰ καὶ δακρύοντας μηδὲν ἧττον τῶν πεπονθότων ἀπιόντας[4] οἴχεσθαι σιωπῇ.

1. Τινα, sujet de πιστευσαι, est ordinairement omis en pareil cas. Ici il insiste sur la pensée et contribue à la clarté.

2. Τῶν παρὸντων malgré οἱ παροντες, à cause de la longueur de la phrase.

3. Φθέγξασθαι. Cf. Isocrate, XV, 192, n. 3.

4. Απιόντας. Cf. XII, 75, n. 4.

II

ISOCRATE

Discours panégyrique.

(IV)

Argument.

Ce discours, appelé quelquefois très improprement *Panégyrique d'Athènes*, tire en réalité son nom de ce qu'il est censé prononcé dans une de ces assemblées solennelles des Grecs (πανήγυρις) que provoquait la célébration de certaines fêtes, comme les Panathénées ou les Jeux Olympiques. Sa publication dut coïncider avec la *Panégyrie* d'Olympie en 380.

Les circonstances mêmes imposaient à l'orateur le choix d'un sujet ayant une haute portée morale ou politique et capable d'intéresser un auditoire nombreux, venu de tous les points de la Grèce. Or, le but qu'Isocrate se propose est de rétablir la concorde entre les différents peuples grecs depuis longtemps divisés pour les amener à entreprendre en commun une expédition contre les Barbares. Nul cadre ne pouvait mieux convenir que celui d'un *Discours Panégyrique* au développement d'un pareil thème : la fiction s'accommode ici merveilleusement au sujet.

Ce sujet d'ailleurs n'était pas nouveau. Quelques années auparavant, en 392, le célèbre sophiste Gorgias, dans un discours réellement prononcé, mais qui ne nous est pas parvenu, l'avait déjà traité devant les Grecs assemblés à Olympie. Quatre ans plus tard, en 388, Lysias l'avait repris dans les mêmes circonstances, mais en le modifiant légèrement. Son discours en effet, dont la plus grande partie nous a été conservée par Denys d'Halicarnasse, invitait les Grecs à s'unir non pas seulement contre les Barbares d'Asie, mais contre Denys l'Ancien, tyran de Syracuse. En traitant une troisième fois, Isocrate le modifie à son tour et le renouvelle par la façon dont il pose la question. Selon lui, la concorde entre Grecs ne sera possible que du jour où Athènes et Sparte auront cessé de se disputer le commandement suprême, l'*hégémonie*. C'est à cette vieille rivalité entre les deux glorieuses cités qu'il importe avant tout de mettre fin, et le seul moyen d'y arriver est de partager entre elles cette suprématie que l'une et l'autre revendiquent. Que si cependant l'*hégémonie* devait être l'apanage d'une seule ville, c'est à Athènes qu'elle reviendrait de droit, en raison des nombreux services rendus par les Athéniens à la cause hellénique. Par là, la question se trouvait complètement déplacée : le discours n'était plus seulement un discours *délibératif* (συμβουλευτικός) ; il rentrait dans le genre *laudatif* (ἐγκωμιαστικός). L'éloge d'Athènes devenait un élément nécessaire de l'argumentation.

Or cet éloge d'Athènes n'était point non plus un sujet très neuf. Thème en quelque sorte obligé des oraisons funèbres[1], Périclès, Gorgias, l'auteur inconnu de l'ἐπιτάφιος attribué à Lysias, et un grand nombre d'autres orateurs l'avaient déjà développé. Cette considération n'était point de nature à empêcher Isocrate de le reprendre. Bien loin que le souvenir de ses devanciers soit pour lui une gêne, il semble au contraire éprouver du plaisir à rivaliser avec eux : il rappelle leurs œuvres; au besoin, il lès critique; et son admiration pour la puissance du λόγος est telle qu'il considère presque comme moins glorieux de discourir sur des sujets dont personne n'a jamais parlé que de donner une forme nouvelle et de plus en plus voisine de la perfection à un sujet déjà traité.

De fait, le *Panégyrique* laisse bien loin derrière lui non seulement les deux discours de Lysias et du pseudo-Lysias, auxquels on peut le comparer, mais même les plus achevés des discours d'Isocrate. Œuvre artificielle sans doute, mais qui reste cependant toujours sincère et qui, par la pureté de

1. Cf. l'Argument de l'*Oraison funèbre* d'Hypéride, p. 361.

la forme, comme par la noblesse constante de l'inspiration, constitue le monument le plus glorieux que la rhétorique ait élevé à la grandeur d'Athènes.

L'*exorde*, quoique assez développé, est heureusement proportionné au reste du discours. L'orateur cherche à prévenir les objections que l'on pourrait faire à son dessein d'écrire un *Panégyrique*. Il sait qu'il n'y a point de prix réservés dans les fêtes gymniques aux œuvres de l'éloquence : mais la gloire qu'il se promet est le seul prix qu'il ambitionne; il n'ignore point que d'autres l'ont devancé : mais il se flatte de les vaincre et de les faire oublier; enfin, si les discours d'apparat sont d'ordinaire sans utilité pratique, il a cependant confiance que le sien vient à son heure et peut agir sur les événements. Puis, passant à l'*exposition* du sujet (πρόθεσις), Isocrate montre par quel lien étroit se rattachent l'une à l'autre les deux questions qu'il va traiter : droits d'Athènes à l'hégémonie; nécessité et opportunité de la guerre contre les Barbares.

Athènes a pour elle non seulement sa puissance et une expérience reconnue, — ce seraient aux yeux de beaucoup des titres insuffisants, — mais l'antiquité même de son origine, et la supériorité que lui confèrent les nombreux et importants services qu'en toutes circonstances elle a rendus à la Grèce. L'énumération de ces services constitue la *première partie* du discours. Isocrate commence par rappeler le rôle pacifique d'Athènes : c'est elle dont on retrouve le nom à l'origine de toutes les inventions et de tous les arts qui contribuent au bonheur des hommes. Puis, mêlant d'une façon très heureuse la légende à l'histoire, il caractérise sa politique par le souvenir du concours désintéressé prêté aux fils d'Hèraklès et à Adraste. Enfin il en vient aux exploits militaires des Athéniens contre les Barbares et, dans une page célèbre, il compare la glorieuse conduite de Sparte et celle d'Athènes au temps des guerres médiques, et revendique pour les vainqueurs de Salamine l'honneur d'avoir sauvé le monde grec par leur esprit de décision et leur ardeur héroïque.

Une objection que l'orateur se fait à lui-même sur le caractère de la domination athénienne l'amène à établir un parallèle entre la façon dont Sparte et Athènes ont exercé leur hégémonie. Tout en se réservant la direction générale de la politique, Athènes a su maintenir l'indépendance de ses alliés;

Sparte, par le honteux traité d'Antalcidas, les a livrés au Grand Roi. Et c'est ainsi que, par une transition insensible, Isocrate arrive à la *seconde partie*, à la partie proprement délibérative de son discours.

En se laissant humilier par le roi de Perse, les Grecs prouvent qu'ils n'ont pas le sentiment de sa faiblesse. Et cependant cette faiblesse est évidente : la Perse a dû abandonner l'Égypte; elle a échoué devant l'énergie du roi de Chypre Évagoras; et tout récemment, dans la guerre de Rhodes, malgré l'appui de Conon, la flotte chargée de la défense de l'Asie est restée investie par cent trières pendant trois ans. Et ce ne sont pas là des accidents : la véritable cause de tous ces revers est irrémédiable; elle est dans le caractère des Perses et dans leur système d'éducation. Une expédition contre eux offre toutes les chances de succès désirables. Elle répondra au sentiment unanime des Grecs qui ont au fond du cœur la haine du Barbare : elle sera favorisée par les circonstances, qui n'ont jamais été plus propices ; elle procurera à la génération actuelle des satisfactions qui lui sont bien dues après tous les malheurs qu'elle a éprouvés. Quant aux traités, c'est vainement qu'on voudrait les objecter : en réalité, il s'agit d'ordres donnés par le Grand Roi, et plutôt que d'y obéir, on devrait blâmer les ambassadeurs qui ont consenti à une paix si avantageuse pour lui, si honteuse pour les Grecs.

Dans un court *épilogue*, Isocrate résume toutes les raisons qui viennent à l'appui de son projet et termine en regrettant de n'avoir pu, malgré ses promesses du début, trouver des paroles qui répondissent à la grandeur de son sujet.

Est-il besoin d'ajouter que ce *Panégyrique* n'eut et ne pouvait avoir de conséquences pratiques et qu'il ne changea rien ni à la politique d'Athènes ni aux dispositions de Sparte? Néanmoins, son succès fut considérable : il devint comme le modèle du genre, et, quelques années plus tard, Isocrate lui-même pouvait se plaindre du grand nombre de ceux qui l'avaient pillé pour orner leurs propres discours.

I

INFLUENCE CIVILISATRICE D'ATHÈNES

(§§ 19-50)

[19] Ἐχρῆν μὲν οὖν καὶ τοὺς ἄλλους[1] ἐντεῦθεν[2] ἄρχεσθαι καὶ μὴ πρότερον περὶ τῶν ὁμολογουμένων[3] συμβουλεύειν, πρὶν περὶ τῶν ἀμφισβητουμένων ἡμᾶς ἐδίδαξαν[4]· ἐμοὶ δ' οὖν ἀμφοτέρων ἕνεκα[5] προσήκει περὶ ταῦτα ποιήσασθαι τὴν πλείστην διατριβήν, μάλιστα μὲν ἵνα προὔργου[6] τι γένηται καὶ παυσάμενοι τῆς πρὸς ἡμᾶς αὐτοὺς φιλονικίας κοινῇ τοῖς βαρβάροις πολεμήσωμεν, [20] εἰ δὲ τοῦτ' ἐστὶν ἀδύνατον, ἵνα δηλώσω τοὺς ἐμποδὼν ὄντας τῇ τῶν Ἑλλήνων εὐδαιμονίᾳ, καὶ πᾶσι γένηται φανερὸν ὅτι καὶ πρότερον ἡ πόλις ἡμῶν δικαίως τῆς θαλάττης ἦρξε καὶ νῦν οὐκ ἀδίκως ἀμφισβητεῖ τῆς ἡγεμονίας[7]. [21] Τοῦτο μὲν[8] γὰρ

1. Τοὺς ἄλλους : les autres orateurs qui ont traité ce sujet.

2. Ἐντεῦθεν. Au § 17 Isocrate avait dit : « L'orateur qui ne cherche pas seulement à faire montre de son talent, mais qui veut atteindre un résultat, doit chercher des paroles capables de persuader à ces deux villes (Athènes et Sparte) de se rendre égales l'une à l'autre, de partager l'hégémonie et de réaliser au détriment des Barbares les avantages qu'elles s'efforcent d'acquérir aux dépens des Grecs. »

3. Τῶν ὁμολογουμένων, entendez : l'union des Grecs contre les Barbares. Τῶν ἀμφισβητουμένων, la question de l'hégémonie.

4. Ἐδίδαξαν. Le passé, parce que la phrase dépend de l'irréel ἐχρῆν.

5. Ἀμφοτέρων ἕνεκα, « *pour deux raisons* ».

6. Προὔργου. Cf. XV, 269, n. 8.

7. Τῆς ἡγεμονίας. — Ἀμφισβητῶ se construit avec le génitif, soit seul, soit accompagné de περι.

8. Τοῦτο μὲν... τοῦτο δέ, « *Du*

εἰ δεῖ τούτους[1] ἐφ' ἑκάστῳ τιμᾶσθαι τῶν ἔργων τοὺς ἐμπειροτάτους ὄντας καὶ μεγίστην δύναμιν ἔχοντας, ἀναμφισβητήτως ἡμῖν προσήκει τὴν ἡγεμονίαν ἀπολαβεῖν[2], ἥνπερ πρότερον ἐτυγχάνομεν ἔχοντες· οὐδεὶς γὰρ ἂν ἑτέραν[3] πόλιν ἐπιδείξειε τοσοῦτον ἐν τῷ πολέμῳ τῷ κατὰ γῆν ὑπερέχουσαν, ὅσον τὴν ἡμετέραν ἐν τοῖς κινδύνοις τοῖς κατὰ θάλατταν διαφέρουσαν[4]. [22] Τοῦτο δ' εἴ τινες ταύτην μὲν μὴ νομίζουσι δικαίαν εἶναι τὴν κρίσιν[5], ἀλλὰ πολλὰς τὰς μεταβολὰς γίγνεσθαι (τὰς γὰρ δυναστείας οὐδέποτε τοῖς αὐτοῖς παραμένειν), ἀξιοῦσι δὲ τὴν ἡγεμονίαν ἔχειν[6] ὥσπερ ἄλλο τι γέρας ἢ τοὺς πρώτους τυχόντας ταύτης τῆς τιμῆς ἢ τοὺς πλείστων ἀγαθῶν αἰτίους τοῖς Ἕλλησιν ὄντας, ἡγοῦμαι καὶ τούτους εἶναι μεθ' ἡμῶν· [23] ὅσῳ γὰρ ἄν τις πορρωτέρωθεν σκοπῇ[7] περὶ

ne part... d'autre part ». Les raisons pour lesquelles Athènes peut revendiquer l'hégémonie sont de deux sortes. Isocrate les distingue ici, mais pour les exposer ensuite simultanément.

1. Τούτους est expliqué par τοὺς ἐμπειροτάτους ὄντας. Le pronom démonstratif ainsi employé se place tantôt avant, tantôt après le participe accompagné de l'article, et sert à le mettre en relief. — Rattachez τῶν ἔργων à ἑκάστῳ.

2. Ἀπολαβεῖν, « *recouvrer* ». Sur le sens de ἀπό en composition, cf. Eschine, II, 45, n. 4.

3. Ἑτέραν et non ἄλλην. On ne saurait en montrer « *une seconde* ».

4. Τὴν ἡμετέραν... διαφέρουσαν répond à ἑτέραν... ὑπερέχουσαν et dépend de ἐπιδείξειε. On attendrait ἡ ἡμετέρα... διέφερεν.

5. Ταύτην... τὴν κρίσιν, « *cette façon de trancher la question* », à savoir celle qui repose sur le principe εἰ δεῖ... ἔχοντας. — La proposition conditionnelle se compose de deux membres opposés, dont le premier se subdivise lui-même en deux parties également opposées : μὴ νομίζουσι... ἀλλὰ (νομίζουσι).

6. Ἔχειν a pour sujets τοὺς πρώτους... et τοὺς... αἰτίους.

7. Ὅσῳ... σκοπῇ, « *plus on remontera dans le passé pour...*

τούτων ἀμφοτέρων[1], τοσούτῳ πλέον ἀπολείψομεν[2] τοὺς ἀμφισβητοῦντας.

Ὁμολογεῖται μὲν γὰρ τὴν πόλιν ἡμῶν ἀρχαιοτάτην εἶναι καὶ μεγίστην καὶ παρὰ πᾶσιν ἀνθρώποις ὀνομαστοτάτην· οὕτω δὲ καλῆς τῆς ὑποθέσεως[3] οὔσης, ἐπὶ τοῖς ἐχομένοις τούτων[4] ἔτι μᾶλλον ἡμᾶς προσήκει τιμᾶσθαι. [24] Ταύτην γὰρ οἰκοῦμεν οὐχ ἑτέρους ἐκβαλόντες[5] οὐδ' ἐρήμην καταλαβόντες οὐδ' ἐκ πολλῶν ἐθνῶν μιγάδες[6] συλλεγέντες, ἀλλ' οὕτω καλῶς καὶ γνησίως γεγόναμεν[7], ὥστ' ἐξ ἧσπερ ἔφυμεν, ταύτην ἔχοντες ἅπαντα τὸν χρόνον διατελοῦμεν[8], αὐτόχθονες[9] ὄντες καὶ τῶν ὀνομάτων τοῖς αὐτοῖς οἷσπερ τοὺς οἰκειοτάτους[10] τὴν πόλιν ἔχοντες προσειπεῖν· [25] μόνοις γὰρ ἡμῖν τῶν Ἑλλήνων

(litt. : *D'autant qu'on partira de plus loin pour examiner*). Πορρωτέρωθεν, adverbe rare qu'on trouve cependant plusieurs fois chez Isocrate.

1. Ἀμφοτέρων, à savoir : la priorité et le nombre des services rendus.

2. Ἀπολείψομεν, « *nous distancerons* » pour « *on verra que nous distançons* ». Tournure abrégée fréquente en pareil cas.

3. Τῆς ὑποθέσεως, « *le premier titre* », entendez : τῷ τιμᾶσθαι.

4. Τούτων, à savoir : l'ancienneté, l'importance, la célébrité.

5. Ἐκβαλόντες. Allusion à Sparte. Les Doriens pour s'établir dans le Péloponnèse avaient dépossédé les Achéens.

6. Μιγάδες. Cf. Hypéride, VI, § 7.

7. Οὕτω... γεγόναμεν, « *nous avons une origine si noble et si pure* ». Γνησίως (de naissance légitime) s'oppose à μιγάδες.

8. Ἔχοντες... διατελοῦμεν. Cf. Thucydide, I, II, 5 : τὴν Ἀττικὴν... ἄνθρωποι ᾤκουν οἱ αὐτοὶ αἰεί.

9. Αὐτόχθονες. Les Athéniens avaient la prétention d'être nés du sol même qu'ils habitaient. C'est là un des thèmes favoris des poètes et des orateurs qui font l'éloge d'Athènes.

10. Τῶν ὀνομάτων... τοὺς οἰκειοτάτους, s.-ent. : προσαγορεύομεν. Τῶν ὀνομάτων : génitif partitif à rattacher à τοῖς αὐτοῖς. — Sur τοῖς αὐτοῖς... οἷσπερ, cf. Lys. XII, 74, n. 3.

τὴν αὐτὴν τροφὸν καὶ πατρίδα καὶ μητέρα[1] καλέσαι προσήκει. Καίτοι χρὴ τοὺς εὐλόγως μέγα φρονοῦντας καὶ περὶ τῆς ἡγεμονίας δικαίως ἀμφισβητοῦντας καὶ τῶν πατρίων πολλάκις μεμνημένους[2] τοιαύτην τὴν ἀρχὴν τοῦ γένους ἔχοντας φαίνεσθαι.

[26] Τὰ μὲν οὖν ἐξ ἀρχῆς ὑπάρξαντα καὶ παρὰ τῆς τύχης δωρηθέντα[3] τηλικαῦθ' ἡμῖν τὸ μέγεθός[4] ἐστιν· ὅσων δὲ τοῖς ἄλλοις ἀγαθῶν αἴτιοι γεγόναμεν, οὕτως[5] ἂν κάλλιστ' ἐξετάσαιμεν, εἰ τόν τε χρόνον ἀπ' ἀρχῆς καὶ τὰς πράξεις τὰς τῆς πόλεως ἐφεξῆς διέλθοιμεν· εὑρήσομεν γὰρ αὐτὴν οὐ μόνον τῶν πρὸς τὸν πόλεμον κινδύνων[6], ἀλλὰ καὶ τῆς ἄλλης

1. **Τροφὸν καὶ πατρίδα καὶ μητέρα.** Gradation. En effet, des conquérants, des colons peuvent appeler τροφόν et bientôt πατρίδα la terre qui les nourrit et sur laquelle ils habitent. Seuls les Athéniens, en raison de leur *autochthonie*, peuvent employer le mot μητέρα. On voit, d'ailleurs, d'après Platon (*Ménexène*, 237 D) que ce mot doit être pris à la lettre : « Dans le temps que la terre produisait des animaux de toute espèce, ἡ ἡμετέρα (γῆ) θηρίων μὲν ἀγρίων ἄγονος καὶ καθαρὰ ἐφάνη... καὶ ἐγέννησεν ἄνθρωπον. »

2. **Πολλάκις μεμνημένους**, comme le faisaient les Spartiates. Sur ἔχοντας φαίνεσθαι, cf. XV, 253, n. 7.

3. **Τὰ μὲν... δωρηθέντα**, correspond à τοὺς τυχόντας ταύτης τῆς τιμῆς, § 22. — Avec ὅσων δέ commence l'énumération des services rendus par Athènes.

4. **Τηλικαῦθ' ἡμῖν τὸ μέγεθος.** Cf. Lysias, XII, 1, n. 2.

5. **Οὕτως**, à savoir, εἰ τόν τε χρόνον... διέλθοιμεν. — Οὕτως, emphatique, sert à annoncer ou à reprendre une proposition conditionnelle ou temporelle qu'il représente.

6. **Τῶν... κινδύνων**, litt. : *des dangers courus à la guerre*. En forçant par son exemple les Grecs à affronter ces dangers, Athènes a sauvé leur liberté. — Par un procédé familier aux orateurs grecs, Isocrate annonce ici ses développements dans l'ordre inverse de celui qu'il suivra. Il parlera d'abord du rôle pacifique (τῆς κατασκευῆς κ. τ. λ.) et ensuite du rôle militaire (τῶν... κινδύνων) d'Athènes. Et de même en étudiant son rôle pacifique il la montrera successivement assurant aux autres peuples la vie matérielle (ζῆν) puis

κατασκευῆς, [27] ἐν ᾗ κατοικοῦμεν καὶ μεθ' ἧς πολιτευόμεθα καὶ δι' ἣν ζῆν δυνάμεθα, σχεδὸν ἁπάσης αἰτίαν οὖσαν. Ἀνάγκη δὲ προαιρεῖσθαι τῶν εὐεργεσιῶν μὴ τὰς διὰ μικρότητα διαλαθούσας καὶ κατασιωπηθείσας, ἀλλὰ τὰς διὰ τὸ μέγεθος ὑπὸ πάντων ἀνθρώπων καὶ πάλαι καὶ νῦν πανταχοῦ καὶ λεγομένας καὶ μνημονευομένας.

[28] Πρῶτον μὲν[1] τοίνυν, οὗ πρῶτον ἡ φύσις ἡμῶν ἐδεήθη, διὰ τῆς πόλεως[2] τῆς ἡμετέρας ἐπορίσθη[3]· καὶ γὰρ εἰ μυθώδης[4] ὁ λόγος γέγονεν, ὅμως αὐτῷ καὶ νῦν ῥηθῆναι προσήκει[5]. Δήμητρος[6] γὰρ ἀφικομένης εἰς τὴν χώραν, ὅτ' ἐπλανήθη τῆς Κόρης ἁρπασθείσης, καὶ πρὸς τοὺ προγόνους ἡμῶν εὐμενῶς διατεθείσης ἐκ[7] τῶν εὐεργεσιῶν, ἃς οὐχ οἷόν

leur donnant l'exemple de sa vie politique (πολιτευόμεθα) et de son activité intellectuelle (κατοικοῦμεν). Cette division est soulignée par la répétition assez insolite du relatif; cf. Lysias, XXV, 11, n. 3.

1. Πρῶτον μέν : « *En premier lieu* ». Mais entendez οὗ πρῶτον... κ. τ. λ. : « ce que notre nature réclama *avant tout* ».

2. Διὰ τῆς πόλεως (et non τῇ πόλει), « *par l'intermédiaire de notre ville.* » Dèmèter est le véritable auteur de ce bienfait.

3. Ἐπορίσθη. Sujet : (τοῦτο) οὗ πρῶτον... ἐδεήθη.

4. Μυθώδης. La légende, elle aussi, contient une part de vérité et Isocrate n'hésite pas à la mêler à l'histoire toutes les fois qu'elle peut jeter quelque éclat sur le passé d'Athènes. On est plus étonné de voir Eschine en présence de Philippe justifier par des souvenirs mythologiques les prétentions de ses concitoyens sur Amphipolis.

5. Αὐτῷ... προσήκει, « *il mérite* » (litt. : *il lui convient*).

6. Δήμητρος γὰρ .. κ. τ. λ. Cette légende fait le sujet d'un des hymnes homériques (XXXIII). — Dèmèter, divinité d'origine égyptienne et qui offre de grandes analogies avec la déesse Isis, passait pour avoir enseigné aux hommes l'*agriculture* (τοὺς καρπούς) et l'*initiation aux mystères* (τὴν τελετήν).

7. Ἐκ, « *par suite de* ».

τ' ἄλλοις ἢ τοῖς μεμυημένοις ἀκούειν, καὶ δούσης δωρεὰς διττάς, αἵπερ μέγισται τυγχάνουσιν οὖσαι, τούς τε καρπούς, οἳ τοῦ μὴ θηριωδῶς ζῆν ἡμᾶς αἴτιοι γεγόνασι, καὶ τὴν τελετήν, ἧς[1] οἱ μετασχόντες περί τε τῆς τοῦ βίου τελευτῆς καὶ τοῦ σύμπαντος αἰῶνος ἡδίους τὰς ἐλπίδας ἔχουσιν, [29] οὕτως ἡ πόλις ἡμῶν οὐ μόνον θεοφιλῶς ἀλλὰ καὶ φιλανθρώπως[2] ἔσχεν, ὥστε κυρία γενομένη τοσούτων ἀγαθῶν οὐκ ἐφθόνησε τοῖς ἄλλοις, ἀλλ' ὧν[3] ἔλαβεν ἅπασι μετέδωκεν. Καὶ τὰ μὲν[4] ἔτι καὶ νῦν καθ' ἕκαστον τὸν ἐνιαυτὸν[5] δείκνυμεν, τῶν δὲ[6] συλλήβδην τάς τε χρείας καὶ τὰς ἐργασίας καὶ τὰς ὠφελείας τὰς ἀπ' αὐτῶν γιγνομένας ἐδίδαξεν[7]. [30] Καὶ τούτοις ἀπιστεῖν μικρῶν ἔτι προστεθέντων[8] οὐδεὶς ἂν ἀξιώσειεν.

Πρῶτον μὲν γάρ, ἐξ ὧν[9] ἄν τις καταφρονήσειε

1. Ἧς ne dépend que de μετασχόντες. — Cf. Ind., n° 120.

2. Θεοφιλῶς... φιλανθρώπως. Notez la différence de sens de φιλῶ dans chacun de ces deux adverbes : passif dans le premier, actif dans le second.

3. Ὧν = τούτων ἅ.

4. Τὰ μέν se rattache à ἀγαθῶν et désigne « *les mystères* ».

5. Καθ' ἕκαστον τὸν ἐνιαυτόν. A la fête des *Éleusinies*, tous les Grecs étaient admis à l'initiation. On n'excluait que ceux qui n'avaient pas les mains pures (les meurtriers, ἀνδροφόνοι, et les Barbares, βάρβαροι) et ceux qui n'avaient pas une voix intelligible (les bègues, les muets, incapables de répéter les formules).

6. Τῶν δέ, « *l'agriculture* ».

7. Ἐδίδαξεν, opposé à δείκνυμεν. L'aoriste désigne le fait accompli, *une fois pour toutes* (συλλήβδην), dans le passé.

8. Μικρῶν... προστεθέντων : génitif absolu qui équivaut à une proposition causale. A l'appui de ce qu'il a avancé, Isocrate va donner trois preuves qui seront introduites successivement par Πρῶτον μέν... Ἔπειτ' οὐ μόνον... Χωρὶς δὲ τούτων, ἣν σκοπῶμεν.

9. Ἐξ ὧν... ἐκ τῶν αὐτῶν τούτων, litt. : *pour les mêmes raisons pour lesquelles*, à savoir : l'ancien-

τῶν λεγομένων ὡς[1] ἀρχαίων ὄντων, ἐκ τῶν αὐτῶν τούτων εἰκότως ἂν καὶ τὰς πράξεις γεγενῆσθαι[2] νομίσειεν· διὰ γὰρ τὸ πολλοὺς εἰρηκέναι καὶ πάντας ἀκηκοέναι προσήκει μὴ καινὰ μέν, πιστὰ δὲ[3] δοκεῖν εἶναι τὰ λεγόμενα περὶ αὐτῶν. Ἔπειτ' οὐ μόνον ἐνταῦθα καταφυγεῖν[4] ἔχομεν, ὅτι τὸν λόγον καὶ τὴν φήμην ἐκ πολλοῦ[5] παρειλήφαμεν, ἀλλὰ καὶ σημείοις μείζοσιν ἢ τούτοις ἔστιν ἡμῖν χρήσασθαι περὶ αὐτῶν. [31] Αἱ μὲν γὰρ πλεῖσται τῶν πόλεων ὑπόμνημα[6] τῆς παλαιᾶς εὐεργεσίας ἀπαρχὰς τοῦ σίτου καθ' ἕκαστον τὸν ἐνιαυτὸν ὡς ἡμᾶς ἀποπέμπουσι[7], ταῖς δ' ἐκλειπούσαις[8] πολλάκις ἡ Πυθία προσέταξεν ἀποφέρειν[9] τὰ μέρη[10] τῶν καρπῶν καὶ ποιεῖν πρὸς τὴν πόλιν τὴν ἡμετέραν τὰ πάτρια. Καίτοι[11] περὶ

neté de la légende. En réalité Isocrate fait un sophisme et joue sur le mot ἀρχαίων.

1. Ὡς. Cf. Lysias, XII, 2, n. 7.

2. Γεγενῆσθαι, « *avoir eu lieu en réalité* ».

3. Μὴ καινὰ μέν, πιστὰ δέ. L'opposition marquée par μέν et δέ est ici très forte et καινὰ μέν équivaut à une proposition concessive. Entendez : « *quoique anciennes, cependant dignes de foi.* » Cf. Lysias, XXIV, 12, n. 3.

4. Ἐνταῦθα καταφυγεῖν. Litt. : *se réfugier dans cette raison* (*avoir recours à...*). Rattachez ὅτι à ἐνταῦθα. Isocrate ne se fait pas d'illusions sur la valeur de son premier argument.

5. Ἐκ πολλοῦ, sous-entendu χρόνου.

6. Ὑπόμνημα, « *en mémoire de* » : apposition à ἀπαρχάς.

7. Ἀποπέμπουσι. Ces prémices devaient être portées à Éleusis et les Athéniens eux-mêmes étaient tenus de les offrir. Voyez, sur cette obligation, le curieux décret publié par M. Foucart (*Bull. de Corr. Hell.* IV, 1880).

8. Ἐκλειπούσαις, intransitif : « *faisant défaut* ».

9. Ἀποφέρειν. Sur le sens de ἀπό en composition, cf. Eschine, II, 45, n. 4.

10. Τὰ μέρη, équivalent de ἀπαρχάς.

11. Καίτοι, « *or* ». Isocrate emploie souvent ainsi cette particule avec une phrase interrogative (καίτοι τις; ou καίτοι πῶς;) pour dégager une conclusion.

τίνων χρὴ μᾶλλον πιστεύειν[1] ἢ περὶ ὧν[2] ὅ τε θεὸς ἀναιρεῖ καὶ πολλοῖς τῶν Ἑλλήνων συνδοκεῖ, καὶ τά τε πάλαι ῥηθέντα τοῖς παροῦσιν ἔργοις συμμαρτυρεῖ καὶ τὰ νῦν γιγνόμενα τοῖς ὑπ' ἐκείνων[3] εἰρημένοις ὁμολογεῖ;

[32] Χωρὶς δὲ τούτων, ἢν ἅπαντα ταῦτ' ἐάσαντες[4] ἀπὸ τῆς ἀρχῆς[5] σκοπῶμεν, εὑρήσομεν ὅτι τὸν βίον[6] οἱ πρῶτοι φανέντες ἐπὶ γῆς οὐκ εὐθὺς οὕτως ὥσπερ νῦν ἔχοντα κατέλαβον, ἀλλὰ κατὰ μικρὸν αὐτοὶ συνεπορίσαντο[7]. Τίνας οὖν χρὴ μᾶλλον νομίζειν ἢ δωρεὰν[8] παρὰ τῶν θεῶν λαβεῖν ἢ ζητοῦντας αὐτοὺς ἐντυχεῖν[9]; [33] οὐ τοὺς ὑπὸ πάντων ὁμολογουμένως[10] καὶ πρώτους γενομένους καὶ πρός τε τὰς τέχνας εὐφυεστάτους ὄντας καὶ πρὸς τὰ τῶν θεῶν

1. Πιστεύειν, « *juger par la foi* » (s'en rapporter à la croyance, sans avoir recours à la critique historique).

2. Περὶ ὧν = περὶ τούτων περὶ ὧν et doit être rattaché à ἀναιρεῖ, συνδοκεῖ..., etc. — Ἀναιρεῖ, terme ordinairement employé en parlant des oracles.

3. Ὑπ' ἐκείνων, à savoir : le dieu et les Grecs désignés plus haut.

4. Ἅπαντα ταῦτ' ἐάσαντες. Isocrate se dégage de plus en plus de la légende. Historiquement, l'agriculture, qui répond aux premiers besoins de l'homme, ne peut avoir été découverte (avec ou sans l'intervention des dieux) que par le peuple le plus ancien.

5. Ἀπὸ τῆς ἀρχῆς. Nous disons « *en remontant à l'origine* », le grec dit « en partant de l'origine ». Cf. § 23, n. 7.

6. Τὸν βίον, « *les ressources nécessaires à la vie* ».

7. Συνεπορίσαντο, « *ils se les sont procurées par leurs efforts* ».

8. Δωρεάν, apposition à τὸν βίον, régime sous-entendu de λαβεῖν.

9. Ἐντυχεῖν, opposé à δωρεὰν λαβεῖν, voudrait son régime au datif, et n'est construit avec (τὸν βίον) que par *zeugma*.

10. Ὑπὸ πάντων ὁμολογουμένως, « *de l'aveu de tous* ». On trouve dans Isocrate deux expressions analogues dans lesquelles l'adverbe est également accompagné d'un régime : νοῦν ἐχόντως, VII, 53, et λόγον ἐχόντως (VII, 60).

εὐσεβέστατα[1] διακειμένους; Καὶ μὴν[2] ὅσης προσήκει τιμῆς τυγχάνειν τοὺς τηλικούτων ἀγαθῶν αἰτίους, περίεργον διδάσκειν. Οὐδεὶς γὰρ ἂν δύναιτο δωρεὰν τοσαύτην τὸ μέγεθος εὑρεῖν, ἥτις ἴση τοῖς πεπραγμένοις ἐστίν[3].

[34] Περὶ μὲν οὖν τοῦ μεγίστου τῶν εὐεργετημάτων καὶ πρώτου γενομένου καὶ πᾶσι κοινοτάτου ταῦτ' εἰπεῖν ἔχομεν. Περὶ δὲ[4] τοὺς αὐτοὺς χρόνους ὁρῶσα[5] τοὺς μὲν βαρβάρους τὴν πλείστην τῆς χώρας[6] κατέχοντας, τοὺς δ' Ἕλληνας εἰς μικρὸν τόπον κατακεκλῃμένους καὶ διὰ σπανιότητα τῆς γῆς[7] ἐπιβουλεύοντάς τε σφίσιν αὐτοῖς[8] καὶ στρατείας ἐπ' ἀλλήλους ποιουμένους καὶ τοὺς μὲν δι' ἔνδειαν τῶν καθ' ἡμέραν[9], τοὺς δὲ διὰ τὸν πόλεμον

1. Εὐσεβέστατα, superlatif adverbial.

2. Καὶ μήν, « *et certes* ». Μήν sert à donner plus de force à l'affirmation.

3. Ἐστίν. Remarquez que dans les propositions relatives marquant la conséquence, le grec, contrairement à l'usage du latin et du français, conserve l'indicatif de la proposition indépendante.

4. Περὶ δὲ.... κ. τ. λ. Isocrate passe au second grand service rendu par Athènes à la Grèce : la colonisation.

5. Ὁρῶσα, sous-ent. : ἡ πόλις ἡ ἡμετέρα.

6. Χώρας... τόπον. Deux mots presque synonymes qu'Isocrate oppose pour les distinguer : Χώρας, « *terre habitable* ». Spécialement ici : le pays occupé aujourd'hui par les Grecs. Τόπον, « *espace nettement délimité* (mais sans détermination accessoire) ». C'est dans la subtilité de ces distinctions qu'on retrouve chez Isocrate l'influence du sophiste Prodicos.

7. Τῆς γῆς. Entendez : du territoire nécessaire à leur existence. De là l'emploi de l'article. — Cf. le passage où Thucydide (I, ch. 2) présente le mouvement de colonisation comme la conséquence nécessaire du peu d'étendue et de la stérilité du sol de l'Attique.

8. Σφίσιν αὐτοῖς = ἀλλήλοις. Exemple de l'emploi très fréquent du pronom réfléchi pour le pronom réciproque.

9. Τῶν καθ' ἡμέραν, cf. VII, 28, n. 5.

ἀπολλυμένους, [35] οὐδὲ[1] ταῦθ' οὕτως ἔχοντα περιεῖδεν[2], ἀλλ' ἡγεμόνας εἰς τὰς πόλεις ἐξέπεμψεν, οἳ παραλαβόντες τοὺς μάλιστα βίου δεομένους, στρατηγοὶ καταστάντες[3] αὐτῶν καὶ πολέμῳ κρατήσαντες τοὺς βαρβάρους, πολλὰς μὲν ἐφ' ἑκατέρας[4] τῆς ἠπείρου πόλεις ἔκτισαν, ἁπάσας δὲ τὰς νήσους κατῴκισαν, ἀμφοτέρους δὲ καὶ τοὺς ἀκολουθήσαντας καὶ τοὺς ὑπομείναντας ἔσωσαν· [36] τοῖς μὲν[5] γὰρ ἱκανὴν τὴν οἴκοι χώραν κατέλιπον, τοῖς δὲ πλείω τῆς ὑπαρχούσης ἐπόρισαν· ἅπαντα γὰρ περιεβάλοντο τὸν τόπον ὃν νῦν τυγχάνομεν κατέχοντες. Ὥστε καὶ τοῖς ὕστερον βουληθεῖσιν[6] ἀποικίσαι τινὰς καὶ μιμήσασθαι τὴν πόλιν τὴν ἡμετέραν πολλὴν ῥᾳστώνην ἐποίησαν· οὐ γὰρ αὐτοὺς ἔδει κτωμένους[7] χώραν διακινδυνεύειν, ἀλλ' εἰς τὴν ὑφ' ἡμῶν ἀφορισθεῖσαν, εἰς ταύτην[8] οἰκεῖν ἰόντας. [37] Καίτοι[9] τίς ἂν ταύτης ἡγεμονίαν ἐπιδείξειεν ἢ πατριωτέραν τῆς πρότερον γενομένης πρὶν τὰς πλείστας οἰκισθῆ-

1. Οὐδέ, « *non plus* », sens fréquent de οὐδέ lorsqu'il n'est pas précédé d'une autre négation (comme en latin *ne quidem*). Allusion au premier service rendu par Athènes.

2. Περιεῖδεν. Cf. XV, 268, n. 3.

3. Καταστάντες. Notez le sens intransitif de ἵστημι et de ses composés à l'aoriste 2.

4. Ἐφ' ἑκατέρας. Isocrate, comme presque tous les anciens, partage la terre en deux parties : l'Europe et l'Asie.

5. Τοῖς μέν, à savoir : τοὺς ὑπομείναντας. L'ordre des termes est renversé. Cf. VI, 52, n. 2.

6. Τοῖς ὕστερον βουληθεῖσιν. Allusion à l'établissement des colonies doriennes en Asie Mineure.

7. Κτωμένους, «*en s'emparant*». Le participe exprime l'idée importante (de même ἰόντας).

8. Εἰς ταύτην se rattache à ἰόντας. — Sur la reprise par un démonstratif d'un participe accompagné de l'article, cf. § 21, n. 1.

9. Καίτοι. Cf. § 31, n. 11.

ναι τῶν Ἑλληνίδων πόλεων, ἢ μᾶλλον συμφέρουσαν[1] τῆς τοὺς μὲν βαρβάρους ἀναστάτους[2] ποιησάσης, τοὺς δ' Ἕλληνας εἰς τοσαύτην εὐπορίαν προαγαγούσης;

[38] Οὐ τοίνυν[3], ἐπειδὴ τὰ μέγιστα συνδιέπραξε, τῶν ἄλλων ὠλιγώρησεν, ἀλλ' ἀρχὴν μὲν ταύτην[4] ἐποιήσατο τῶν εὐεργεσιῶν, τροφὴν τοῖς δεομένοις εὑρεῖν, ἥνπερ[5] χρὴ τοὺς μέλλοντας καὶ περὶ τῶν ἄλλων καλῶς διοικήσειν, ἡγουμένη δὲ τὸν βίον τὸν ἐπὶ τούτοις μόνον[6] οὔπω τοῦ ζῆν ἐπιθυμεῖν[7] ἀξίως ἔχειν, οὕτως ἐπεμελήθη καὶ τῶν λοιπῶν, ὥστε τῶν παρόντων[8] τοῖς ἀνθρώποις ἀγαθῶν, ὅσα μὴ παρὰ θεῶν ἔχομεν[9], ἀλλὰ δι' ἀλλήλους ἡμῖν γέγονε, μηδὲν μὲν ἄνευ τῆς πόλεως τῆς ἡμετέρας εἶναι, τὰ δὲ πλεῖστα διὰ ταύτην[10] γεγενῆσθαι.

1. Πατριωτέραν... μᾶλλον συμφέρουσαν. Deux des titres sur lesquels on a vu qu'Isocrate fondait les droits actuels d'Athènes à l'hégémonie.

2. Ἀναστάτους ποιεῖν, « *chasser de leur pays* ». Pour rendre le passif, on dit ἀνάστατος γίγνεσθαι. Par un sens dérivé de celui-ci, l'expression s'applique aussi au pays dont on a chassé les habitants. Cf. IV, 98.

3. Τοίνυν, simple formule de transition. Cf. 43, 47, etc.

4. Ἀρχὴν μὲν ταύτην. Cf. Lysias, XXIV, 10, n. 3. Le sens de ταύτην est défini ici par la proposition infinitive formant apposition : τροφὴν — εὑρεῖν.

5. Ἥνπερ. Rattachez ἥνπερ à ἀρχήν et sous-entendez ποιήσασθαι.

6. Τὸν ἐπὶ τούτοις μόνον, litt. : *celle* (*qui repose*) *seulement là-dessus*. Entendez : « *celle qui ne cherche qu'à satisfaire les besoins* ».

7. Τοῦ ζῆν ἐπιθυμεῖν. Construisez : τοῦ ἐπιθυμεῖν ζῆν et rattachez ce génitif à ἀξίως ἔχειν.

8. Τῶν παρόντων... ἀγαθῶν, génitif partitif dépendant de ὅσα repris lui-même par les deux appositions μηδὲν μέν et τὰ δὲ πλεῖστα.

9. Ὅσα... ἔχομεν : ce qui était le cas pour l'agriculture et les mystères.

10. Διά avec l'accusatif : « *grâce à* ». Cf. au contraire, § 28, n. 2, διὰ τῆς πόλεως.

[39] Παραλαβοῦσα γὰρ τοὺς Ἕλληνας ἀνόμως ζῶντας καὶ σποράδην οἰκοῦντας[1], καὶ τοὺς μὲν ὑπὸ δυναστειῶν[2] ὑβριζομένους, τοὺς δὲ δι' ἀναρχίαν ἀπολλυμένους, καὶ τούτων τῶν κακῶν αὐτοὺς ἀπήλλαξε, τῶν μὲν κυρία γενομένη, τοῖς δ' αὑτὴν παράδειγμα[3] ποιήσασα· πρώτη γὰρ καὶ νόμους ἔθετο καὶ πολιτείαν κατεστήσατο. [40] Δῆλον δ' ἐκεῖθεν[4]· οἱ γὰρ ἐν ἀρχῇ περὶ τῶν φονικῶν ἐγκαλέσαντες[5] καὶ βουληθέντες μετὰ λόγου καὶ μὴ μετὰ βίας[6] διαλύσασθαι τὰ πρὸς ἀλλήλους ἐν τοῖς νόμοις[7] τοῖς ἡμετέροις τὰς κρίσεις ἐποιήσαντο περὶ αὐτῶν. Καὶ μὲν δὴ καὶ[8] τῶν τεχνῶν[9] τάς τε πρὸς τἀναγκαῖα τοῦ βίου χρησίμας καὶ τὰς πρὸς ἡδονὴν μεμηχανημένας,

1. Σποράδην οἰκοῦντας, comme étaient les Athéniens eux-mêmes avant que Thésée leur eût donné des institutions communes et les eût réunis en une seule ville.

2. Ὑπὸ δυναστειῶν. Il ne s'agit pas des tyrannies comme celles des Pisistratides à Athènes et des Kypsélides à Corinthe, lesquelles ne disparurent que plus tard et grâce surtout aux Lacédémoniens (cf. Thuc., I, 17). Isocrate songe aux temps reculés où la plupart des peuples grecs étaient aux mains de puissants chefs militaires.

3. Παράδειγμα. Périclès (Thuc., II, 37) dit de même en opposant Athènes à Sparte, au début de l'oraison funèbre : χρώμεθα πολιτείᾳ οὐ ζηλούσῃ τοὺς τῶν πέλας νόμους, παράδειγμα δὲ μᾶλλον αὐτοὶ ὄντες τινὶ ἢ μιμούμενοι ἑτέρους.

4. Ἐκεῖθεν, « *d'après ce qui suit* ». — Γάρ. Cf. VII, 17, n. 1.

5. Οἱ... ἐγκαλέσαντες : « *les premiers qui vinrent devant les tribunaux pour cause de meurtres.* » Auparavant, il n'y avait pas de jugements pour les meurtres, il n'y avait que la *vendetta*.

6. Μετὰ λόγου καὶ μὴ μετὰ βίας, « *ratione adhibita, non vi* ».

7. Ἐν τοῖς νόμοις, « *d'après les lois* ».

8. Καὶ μὲν δὴ καί, « *et voici encore autre chose* ».

9. Τῶν τεχνῶν. L'usage de la charrue, la céramique, la culture de la vigne, l'exploitation des oliviers..., etc., industries dont la légende attribuait l'invention à des héros de l'Attique.

τὰς μὲν εὑροῦσα, τὰς δὲ δοκιμάσασα[1] χρῆσθαι τοῖς ἄλλοις παρέδωκεν.

[41] Τὴν τοίνυν ἄλλην διοίκησιν οὕτω φιλοξένως[2] κατεσκευάσατο καὶ πρὸς ἅπαντας οἰκείως· ὥστε καὶ τοῖς χρημάτων δεομένοις[3] καὶ τοῖς ἀπολαῦσαι[4] τῶν ὑπαρχόντων ἐπιθυμοῦσιν ἀμφοτέροις ἁρμόττειν, καὶ μήτε τοῖς εὐδαιμονοῦσι μήτε τοῖς δυστυχοῦσιν ἐν ταῖς αὑτῶν[5] ἀχρήστως ἔχειν ἀλλ' ἑκατέροις αὐτῶν εἶναι παρ' ἡμῖν, τοῖς μὲν ἡδίστας διατριβάς, τοῖς δ' ἀσφαλεστάτην καταφυγήν. [42] Ἔτι δὲ τὴν χώραν οὐκ αὐτάρκη κεκτημένων ἑκάστων, ἀλλὰ τὰ μὲν ἐλλείπουσαν[6], τὰ δὲ πλείω τῶν ἱκανῶν φέρουσαν, καὶ πολλῆς ἀπορίας οὔσης τὰ μὲν ὅποι χρὴ διαθέσθαι, τὰ δ' ὁπόθεν[7] εἰσαγαγέσθαι, καὶ ταύταις ταῖς συμφοραῖς ἐπήμυνεν· ἐμπόριον[8] γὰρ ἐν μέσῳ τῆς Ἑλλάδος τὸν Πειραιᾶ

1. Δοκιμάσασα, « *les ayant expérimentés* ».

2. Φιλοξένως. Allusion à la coutume spartiate de la ξενηλασία (bannissement des étrangers). Dans le même sens, Périclès (Thuc., II, 39) disait déjà en parlant d'Athènes : « τὴν πόλιν κοινὴν παρέχομεν καὶ οὐκ ἔστιν ὅτε ξενηλασίαις ἀπείργομέν τινα ».

3. Τοῖς... δεομένοις. Beaucoup d'étrangers venaient à Athènes en qualité de *métèques* pour faire le commerce et s'enrichir. C'était par exemple le cas de Képhalos, le père de l'orateur Lysias.

4. Τοῖς ἀπολαῦσαι... ἐπιθυμοῦσιν, comme ce jeune étranger pour lequel Isocrate avait composé le *Trapézitique* (cf. XVII, Argument, p. 210).

5. Ἐν ταῖς αὑτῶν, sous-ent. πόλεσι. Cf. § 99.

6. Ἐλλείπουσαν, « *ne pouvant suffire* ».

7. Ὅποι... ὁπόθεν. — Ἀπορίας est construit ici avec deux adverbes interrogatifs comme le serait le verbe ἀπορῶ. Les deux adverbes s'opposent comme les deux infinitifs auxquels ils se rattachent. — Διαθέσθαι, « *mettre en vente* ».

8. Ἐμπόριον γὰρ... κ. τ. λ. Ré-

κατεσκευάσατο, τοσαύτην ἔχονθ' ὑπερβολὴν[1], ὥσθ' ἃ παρὰ τῶν ἄλλων ἓν παρ' ἑκάστων[2] χαλεπόν ἐστι λαβεῖν, ταῦθ' ἅπαντα παρ' αὐτῆς ῥᾴδιον εἶναι πορίσασθαι.

[43] Τῶν τοίνυν[3] τὰς πανηγύρεις καταστησάντων δικαίως ἐπαινουμένων, ὅτι τοιοῦτον ἔθος ἡμῖν παρέδοσαν ὥστε σπεισαμένους[4] καὶ τὰς ἔχθρας τὰς ἐνεστηκυίας διαλυσαμένους συνελθεῖν εἰς ταὐτὸν, καὶ μετὰ ταῦτ' εὐχὰς καὶ θυσίας[5] κοινὰς ποιησαμένους ἀναμνησθῆναι μὲν τῆς συγγενείας τῆς πρὸς ἀλλήλους ὑπαρχούσης, εὐμενεστέρως[6] δ' εἰς τὸν λοιπὸν χρόνον διατεθῆναι πρὸς ἡμᾶς αὐτοὺς[7], καὶ τάς τε παλαιὰς ξενίας ἀνανεώσασθαι καὶ καινὰς ἑτέρας ποιήσασθαι, [44] καὶ μήτε τοῖς ἰδιώταις[8] μήτε τοῖς

riclès (Thucydide, II, 38) avait déjà représenté Athènes comme le marché ouvert à toute la Grèce : Ἐπεσέρχεται δὲ διὰ μέγεθος τῆς πόλεως ἐκ πάσης γῆς τὰ πάντα. Xénophon (*Revenus*, I, 7) constate le même fait et l'explique par des raisons géographiques.

1. Τοσαύτην... ὑπερβολήν, « *une telle surabondance* (*de denrées*) ».

2. Ἓν παρ' ἑκάστων : apposition distributive à ἃ παρὰ τῶν ἄλλων.

3. Τῶν τοίνυν... κ. τ. λ. Gorgias et Lysias, dans leurs discours olympiques, avaient fait l'éloge des fondateurs de Panégyries. Tout en les louant à son tour (notez le présent ἐπαινουμένων), Isocrate montre que dans leur œuvre de rapprochement et de concorde ils ont encore été égalés par Athènes.

4. Σπεισαμένους. Les grandes fêtes helléniques donnaient lieu à des trêves (ἱερομηνία, ἐκεχειρία) qui étaient proclamées par des hérauts spéciaux (σπονδοφόροι).

5. Θυσίας. Ces « *sacrifices* » constituaient la partie importante de la fête. Les différents États s'y faisaient représenter par des envoyés officiels (θεωροί).

6. Εὐμενεστέρως. Lysias (*Olymp.*, § 2) dit en parlant d'Hèraklès fondateur de la Panégyrie olympique : « ἡγήσατο τὸν ἐνθάδε σύλλογον ἀρχὴν γενήσεσθαι τοῖς Ἕλλησι τῆς πρὸς ἀλλήλους φιλίας ».

7. Πρὸς ἡμᾶς αὐτούς. Cf. § 34, n. 8.

8. Ἰδιώταις, « *les hommes ordinaires* », « *les profanes* », par opposition à « *ceux qui ont une*

διενεγκοῦσι τὴν φύσιν ἀργὸν εἶναι τὴν διατριβήν, ἀλλ' ἀθροισθέντων τῶν Ἑλλήνων ἐγγενέσθαι τοῖς μὲν ἐπιδείξασθαι τὰς αὑτῶν εὐτυχίας[1], τοῖς δὲ θεάσασθαι τούτους πρὸς ἀλλήλους ἀγωνιζομένους, καὶ μηδετέρους ἀθύμως διάγειν[2], ἀλλ' ἑκατέρους ἔχειν ἐφ' οἷς φιλοτιμηθῶσιν[3], οἱ μὲν[4] ὅταν ἴδωσι τοὺς ἀθλητὰς αὑτῶν[5] ἕνεκα πονοῦντας, οἱ δ' ὅταν ἐνθυμηθῶσιν ὅτι πάντες ἐπὶ τὴν σφετέραν θεωρίαν ἥκουσι, — τοσούτων τοίνυν[6] ἀγαθῶν διὰ τὰς συνόδους ἡμῖν[7] γιγνομένων οὐδ' ἐν τούτοις ἡ πόλις ἡμῶν ἀπελείφθη.

[45] Καὶ[8] γὰρ θεάματα πλεῖστα καὶ κάλλιστα κέκτηται, τὰ μὲν ταῖς δαπάναις ὑπερβάλλοντα, τὰ δὲ κατὰ τὰς τέχνας εὐδοκιμοῦντα, τὰ δ' ἀμφοτέροις τούτοις διαφέροντα· καὶ τὸ πλῆθος τῶν εἰσαφικνουμένων ὡς[9] ἡμᾶς τοσοῦτόν ἐστιν, ὥστ' εἴ τι ἐν τῷ

supériorité naturelle » (τοῖς διενεγκοῦσι τὴν φύσιν), soit comme ici dans la lutte, soit dans l'éloquence (ῥήτορες), soit dans toute autre forme de l'activité physique ou intellectuelle.

1. Τὰς... εὐτυχίας, « *leurs avantages naturels* ». Isocrate se sert déjà du même mot dans l'exorde du *Panégyrique* pour désigner la supériorité toute fortuite des athlètes.

2. Διάγειν, s.-ent. : τὸν χρόνον.

3. Φιλοτιμηθῶσιν. Subjonctif délibératif. Notez ἐφ' οἷς : l'interrogation indirecte est rarement introduite par un pronom relatif.

4. Οἱ μέν... οἱ δέ. Le nominatif par attraction avec le sujet de φιλοτιμηθῶσιν (au lieu de τοὺς μέν... τοὺς δέ rattachés à ἑκατέρους).

5. Αὑτῶν renvoie, non à τοὺς ἀθλητάς, mais au sujet de ἴδωσι. La proposition au participe exprime en quelque sorte la pensée des spectateurs : ils se rendent compte par la vue.

6. Τοίνυν. Reprise de la particule de transition employée au début de la phrase.

7. Ἡμῖν : nous, Grecs...; ἡμῶν : nous, Athéniens.

8. Καί porte sur κέκτηται, « *elle aussi, en effet, possède...* ».

9. Ὡς. Cf. Hypéride, V, 4, n. 5.

πλησιάζειν ἀλλήλοις ἀγαθόν ἐστι, καὶ τοῦθ' ὑπ' αὐτῆς περιειλῆφθαι[1]. Πρὸς δὲ τούτοις καὶ φιλίας εὑρεῖν πιστοτάτας καὶ συνουσίαις ἐντυχεῖν παντοδαπωτάταις[2] μάλιστα παρ' ἡμῖν ἔστιν, ἔτι δ' ἀγῶνας ἰδεῖν μὴ μόνον τάχους καὶ ῥώμης, ἀλλὰ καὶ λόγων καὶ γνώμης[3] καὶ τῶν ἄλλων ἔργων ἁπάντων, καὶ τούτων ἆθλα μέγιστα[4]. [46] Πρὸς γὰρ οἷς[5] αὐτὴ τίθησι, καὶ τοὺς ἄλλους διδόναι συναναπείθει· τὰ γὰρ ὑφ' ἡμῶν κριθέντα τοσαύτην λαμβάνει δόξαν ὥστε παρὰ πᾶσιν ἀνθρώποις ἀγαπᾶσθαι. Χωρὶς δὲ τούτων αἱ μὲν ἄλλαι πανηγύρεις διὰ πολλοῦ χρόνου[6] συλλεγεῖσαι ταχέως διελύθησαν[7], ἡ δ' ἡμετέρα πόλις ἅπαντα τὸν αἰῶνα[8] τοῖς ἀφικνουμένοις πανήγυρίς ἐστιν.

1. Τοῦτο... περιειλῆφθαι, « *ceci encore rentre dans les avantages qu'elle procure* » (litt. : *ceci encore est embrassé par elle*). Par les spectacles nombreux qu'elle présente, Athènes réalise le dessein des fondateurs de Panégyries.

2. Παντοδαπωτάταις : forme rare qu'on retrouve cependant chez Isocrate. L'adjectif πᾶς, qui entre dans la composition du mot, en fait déjà un superlatif. (Cf. chez les tragiques l'emploi de παγκάκιστος.)

3. Λόγων καὶ γνώμης, « *de la parole et de l'intelligence* », expression générale et qui ne s'applique pas seulement aux concours dramatiques et lyriques. La vie politique, avec ses débats oratoires, la vie de société, avec tous les agréments d'une conversation vive et intelligente, l'activité de la *production artistique* (τῶν ἄλλων ἔργων), tout cela entretenait à Athènes une heureuse et perpétuelle émulation.

4. Ἆθλα μέγιστα. Récompenses idéales : l'estime et l'admiration d'un peuple dont les jugements s'imposent à tous (πρὸς γὰρ οἷς κ. τ. λ). C'est ainsi que les tragédies qui avaient réussi à Athènes étaient reprises dans les autres villes grecques.

5. Πρὸς οἷς = πρὸς τούτοις ἅ

6. Διὰ πολλοῦ χρόνου, « *à de longs intervalles* », par exemple, celles d'Olympie, qui n'avaient lieu que tous les quatre ans.

7. Διελύθησαν : aoriste d'expérience.

8. Ἅπαντα τὸν αἰῶνα... πανήγυρις. Périclès (Thuc., II, 38) avait déjà noté ce caractère de la vie athénienne si heureusement ré-

[47] Φιλοσοφίαν[1] τοίνυν, ἣ πάντα ταῦτα συνεξεῦρε καὶ συγκατεσκεύασε καὶ πρός τε τὰς πράξεις[2] ἡμᾶς ἐπαίδευσε καὶ πρὸς ἀλλήλους ἐπράϋνε, καὶ τῶν συμφορῶν τάς τε δι' ἀμαθίαν καὶ τὰς ἐξ ἀνάγκης γιγνομένας διεῖλε, καὶ τὰς μὲν φυλάξασθαι, τὰς δὲ καλῶς ἐνεγκεῖν ἐδίδαξεν, ἡ πόλις ἡμῶν κατέδειξε, καὶ λόγους ἐτίμησεν, ὧν[3] πάντες μὲν ἐπιθυμοῦσι, τοῖς δ' ἐπισταμένοις φθονοῦσι, [48] συνειδυῖα μὲν ὅτι τοῦτο μόνον[4] ἐξ ἁπάντων τῶν ζῴων ἴδιον ἔφυμεν ἔχοντες, καὶ διότι[5] τούτῳ πλεονεκτήσαντες[6] καὶ τοῖς ἄλλοις ἅπασιν αὐτῶν διηνέγκαμεν, ὁρῶσα δὲ περὶ μὲν τὰς ἄλλας πράξεις[7] οὕτω ταραχώδεις[8] οὔσας τὰς τύχας ὥστε πολλάκις ἐν αὐταῖς καὶ τοὺς

sumé ici par Isocrate : καὶ μὴν καὶ τῶν πόνων πλείστας ἀναπαύλας τῇ γνώμῃ ἐπορισάμεθα, ἀγῶσι μέν γε καὶ θυσίαις διετησίοις (*qui se succèdent pendant toute l'année*) νομίζοντες.

1. Φιλοσοφίαν. « *La philosophie* ». Le mot est loin d'avoir le sens défini qu'il a pris depuis Platon. Isocrate l'applique à la culture intellectuelle en général, et plus spécialement à cette science qui a pour but de former, dans la mesure du possible, l'homme à la vertu. et dont le principal moyen est l'étude de l'éloquence. De là les expressions ἡ περὶ τοὺς λόγους φιλοσοφία, φιλοσοφία τῶν λόγων, qu'on rencontre chez lui. Cf. l'Argument du *Discours sur l'Échange*.

2. Τὰς πράξεις. Cf. XV, 262, n. 4.

3. Ὧν est régime à la fois de ἐπιθυμοῦσι et de φθονοῦσι.

4. Τοῦτο μόνον κ. τ. λ. Cf. XV, 253, où les mêmes idées sont reprises avec plus de développement.

5. Διότι. Isocrate emploie souvent, comme ici, διότι de préférence à ὅτι pour éviter l'hiatus.

6. Πλεονεκτήσαντες : participe avec le sens causal.

7. Περὶ μὲν τὰς ἄλλας πράξεις s'oppose à τῶν δὲ λόγων. C'est dans cette conception de l'éloquence considérée comme signe unique et infaillible de la valeur morale des individus qu'il faut chercher le principe des idées d'Isocrate en matière d'éducation. Voyez l'Argument du *Discours sur l'Échange*, p. 179.

8. Ταραχώδεις, « *capricieux* ».

φρονίμους ἀτυχεῖν καὶ τοὺς ἀνοήτους κατορθοῦν, τῶν δὲ λόγων τῶν καλῶς καὶ τεχνικῶς ἐχόντων οὐ μετὸν τοῖς φαύλοις[1], ἀλλὰ ψυχῆς εὖ φρονούσης ἔργον ὄντας[2], [49] καὶ τούς τε σοφοὺς καὶ τοὺς ἀμαθεῖς δοκοῦντας εἶναι ταύτῃ[3] πλεῖστον ἀλλήλων διαφέροντας, ἔτι δὲ τοὺς εὐθὺς ἐξ ἀρχῆς[4] ἐλευθερίως τεθραμμένους ἐκ μὲν ἀνδρείας καὶ πλούτου καὶ τῶν τοιούτων ἀγαθῶν οὐ γιγνωσκομένους, ἐκ δὲ τῶν λεγομένων μάλιστα καταφανεῖς γιγνομένους, καὶ τοῦτο[5] σύμβολον τῆς παιδεύσεως[6] ἡμῶν ἑκάστου πιστότατον ἀποδεδειγμένον[7], καὶ τοὺς λόγῳ[8] καλῶς χρωμένους οὐ μόνον ἐν ταῖς αὐτῶν[9] δυναμένους, ἀλλὰ καὶ παρὰ τοῖς ἄλλοις ἐντίμους ὄντας. [50] Τοσοῦτον δ' ἀπολέλοιπεν ἡ πόλις ἡμῶν περὶ τὸ φρονεῖν καὶ λέγειν τοὺς ἄλλους ἀνθρώπους, ὥσθ' οἱ ταύτης μαθηταὶ[10] τῶν ἄλλων διδάσκαλοι γεγόνασι,

1. Οὐ μετὸν τοῖς φαύλοις, « *que les âmes basses n'atteignent pas* » (litt. : *qu'il n'y a point part pour les méchants à*). — Μετόν dépend de ὁρῶσα comme οὔσας, ὄντας..., etc.

2. Ἔργον ὄντας, à savoir : τοὺς λόγους.

3. Ταύτῃ. Entendez : par la faculté de parler καλῶς καὶ τεχνικῶς.

4. Εὐθὺς ἐξ ἀρχῆς, « *dès leur première enfance* » (litt. : *tout de suite dès le début*).

5. Τοῦτο, à savoir : le fait de parler.

6. Τῆς παιδεύσεως, « *l'éducation* » (et non l'instruction).

7. Ἀποδεδειγμένον, « *apparaissant* » (litt. : *étant montré*).

8. Λόγῳ, « *la faculté de parler* » (et non le discours lui-même considéré dans son contenu). De là l'absence d'article. Voyez de même : XV, 254, et rapprochez les expressions : λόγον τινὶ διδόναι (donner la parole à quelqu'un), λόγου τυχεῖν (obtenir la parole).

9. Ἐν ταῖς αὑτῶν. Cf. § 41, n. 5.

10. Οἱ ταύτης μαθηταὶ... γεγόνασι. Beaucoup de jeunes gens venaient en effet recevoir l'éducation athénienne. Périclès (Thuc., II, 41) avait déjà dit, ξυνελών τ, λέγω τήν τε πᾶσαν πόλιν της Ἑλλάδος παίδευσιν εἶναι.

καὶ τὸ τῶν Ἑλλήνων ὄνομα πεποίηκε[1] μηκέτι τοῦ γένους ἀλλὰ τῆς διανοίας δοκεῖν εἶναι, καὶ μᾶλλον Ἕλληνας καλεῖσθαι τοὺς τῆς παιδεύσεως τῆς ἡμετέρας ἢ τοὺς τῆς κοινῆς φύσεως μετέχοντας.

II

PUISSANCE MILITAIRE D'ATHÈNES : LES GUERRES MÉDIQUES (§§ 71-99)

[71] Καλὰ μὲν οὖν καὶ ταῦτα[2] καὶ πρέποντα τοῖς περὶ τῆς ἡγεμονίας ἀμφισβητοῦσιν, ἀδελφὰ[3] δὲ τῶν εἰρημένων καὶ τοιαῦθ' οἷά περ εἰκὸς[4] τοὺς ἐκ τοιούτων[5] γεγονότας, οἱ πρὸς Δαρεῖον καὶ Ξέρξην πολεμήσαντες ἔπραξαν. Μεγίστου γὰρ πολέμου συστάντος ἐκείνου[6] καὶ πλείστων κινδύνων εἰς τὸν αὐτὸν χρόνον συμπεσόντων, καὶ τῶν μὲν πολεμίων ἀνυποστάτων οἰομένων εἶναι διὰ τὸ πλῆθος, τῶν δὲ συμμάχων[7] ἀνυπέρβλητον ἡγουμένων ἔχειν τὴν ἀρετήν,

1. Πεποίηκε, sujet ἡ πόλις.
2. Καὶ ταῦτα se rapporte à ce qu'Isocrate vient de dire des exploits d'Athènes contre les Thraces et les Amazones. (Entendez de même τῶν εἰρημένων.)
3. Ἀδελφά équivaut à παραπλήσια, mais se construit avec le génitif ou avec le datif.
4. Οἷά περ εἰκός, sous-entendu ἦν πρᾶξαι. — Sur le sens de εἰκός, voyez Eschine, III, p. 314, n. 1.
5. Ἐκ τοιούτων, à savoir : les vainqueurs des Thraces et des Amazones. — Sur le sens de ἐκ, cf. § 84, n. 2.
6. Πολέμου... ἐκείνου. Notez l'absence d'article et construisez comme s'il y avait ἐκείνου (τοῦ πολέμου) συστάντος μεγίστου πολέμου. — Συστάντος, « *s'étant engagée* ».
7. Τῶν δὲ συμμάχων, « *les alliés (d'Athènes)* » spécialement les Lacédémoniens.

[72] ἀμφοτέρων κρατήσαντες ὡς ἑκατέρων προσῆκεν[1], καὶ πρὸς ἅπαντας τοὺς κινδύνους διενεγκόντες, εὐθὺς μὲν τῶν ἀριστείων[2] ἠξιώθησαν, οὐ πολλῷ δ' ὕστερον[3] τὴν ἀρχὴν τῆς θαλάττης ἔλαβον, δόντων μὲν τῶν ἄλλων Ἑλλήνων, οὐκ ἀμφισβητούντων δὲ τῶν νῦν ἡμᾶς ἀφαιρεῖσθαι ζητούντων.

[73] Καὶ μηδεὶς οἰέσθω[4] μ' ἀγνοεῖν ὅτι καὶ Λακεδαιμόνιοι περὶ τοὺς καιροὺς τούτους πολλῶν ἀγαθῶν αἴτιοι τοῖς Ἕλλησι κατέστησαν· ἀλλὰ διὰ τοῦτο καὶ μᾶλλον ἐπαινεῖν ἔχω τὴν πόλιν, ὅτι τοιούτων ἀνταγωνιστῶν τυχοῦσα[5] τοσοῦτον αὐτῶν διήνεγκεν. Βούλομαι δ' ὀλίγῳ μακρότερα περὶ τοῖν πολέοιν εἰπεῖν καὶ μὴ ταχὺ λίαν[6] παραδραμεῖν[7], ἵν' ἀμφοτέρων ἡμῖν ὑπομνήματα γένηται, τῆς τε τῶν προγόνων ἀρετῆς καὶ τῆς πρὸς τοὺς βαρβάρους ἔχθρας. [74] Καίτοι μ' οὐ λέληθεν ὅτι χαλεπόν

1. Ὡς ἑκατέρων προσῆκεν, s.-ent. κρατεῖν. C'est-à-dire : des Barbares en les mettant en fuite, des alliés en les surpassant par leur valeur.

2. Τῶν ἀριστείων. Il s'agit, non d'une récompense effective, mais de celle que constitue la reconnaissance de tout un peuple. En parlant de Salamine, Hérodote (VIII, 93) dit : ἐν τῇ ναυμαχίῃ ταύτῃ ἤκουσαν Ἑλλήνων ἄριστα Αἰγινῆται, ἐπὶ δὲ Ἀθηναῖοι. Il faut donc restreindre un peu l'éloge accordé par Isocrate aux Athéniens.

3. Οὐ πολλῷ δ' ὕστερον. En 477, lorsque les alliés irrités par l'insolence du roi Pausanias se détachèrent des Lacédémoniens et remirent le commandement à Cimon et à Aristide. — Sur ces faits, cf. Thuc., I, 130.

4. Καὶ μηδεὶς οἰέσθω : formule de transition fréquente chez Isocrate. Cf. VII, 50; XV, 279.

5. Τυχοῦσα, « *cum nacta esset* ».

6. Ταχὺ λίαν = λίαν ταχύ, beaucoup plus usité.

7. Παραδραμεῖν, « *traiter en courant* » (litt. : *courir à côté*), « *effleurer un sujet* ».

ἐστιν ὕστατον ἐπελθόντα λέγειν[1] περὶ πραγμάτων πάλαι προκατειλημμένων καὶ περὶ ὧν οἱ μάλιστα δυνηθέντες τῶν πολιτῶν εἰπεῖν ἐπὶ τοῖς δημοσίᾳ θαπτομένοις πολλάκις εἰρήκασιν[2]· ἀνάγκη γὰρ τὸ μὲν μέγιστ' αὐτῶν ἤδη κατακεχρῆσθαι[3], μικρὰ δ' ἔτι παραλελεῖφθαι[4]. Ὅμως δ'[5] ἐκ τῶν ὑπολοίπων, ἐπειδὴ συμφέρει τοῖς πράγμασιν[6], οὐκ ὀκνητέον μνησθῆναι περὶ αὐτῶν.

[75] Πλείστων μὲν οὖν ἀγαθῶν αἰτίους καὶ μεγίστων ἐπαίνων ἀξίους ἡγοῦμαι γεγενῆσθαι τοὺς τοῖς σώμασιν ὑπὲρ τῆς Ἑλλάδος προκινδυνεύσαντας· οὐ μὴν οὐδὲ[7] τῶν πρὸ τοῦ πολέμου τούτου γενομένων καὶ δυναστευσάντων ἐν ἑκατέρᾳ τοῖν πολέοιν δίκαιον ἀμνημονεῖν· ἐκεῖνοι γὰρ ἦσαν οἱ προασκήσαντες[8] τοὺς ἐπιγιγνομένους καὶ τὰ πλήθη[9]

1. Ὕστατον... λέγειν. Rattachez ὕστατον à la fois à ἐπελθόντα et à λέγειν. — Ἐπελθεῖν (*survenir*), plus général que ne serait παρελθεῖν (*monter à la tribune*).

2. Περὶ ὧν... εἰρήκασιν. Voyez l'Argument de ce discours et celui de l'*Oraison funèbre* d'Hypéride. — Εἰπεῖν dépend de δυνηθέντες.

3. Κατακεχρῆσθαι, infinitif parfait au sens passif.

4. Παραλελεῖφθαι. Ὅμως. La ponctuation explique qu'Isocrate se permette ici l'hiatus.

5. Ὅμως δ(έ) répond à καίτοι μ' οὐ λέληθεν.

6. Τοῖς πράγμασιν, « *à notre dessein* », à savoir l'union de Sparte et d'Athènes contre les Barbares.

7. Οὐ μὴν οὐδὲ δίκαιον, « *et cependant il ne serait pas juste non plus* ». Οὐ porte sur l'ensemble de la phrase, οὐδέ sur τῶν... γενομένων.

8. Οἱ προασκήσαντες. L'article joint au participe en modifie le sens et constitue avec lui une sorte de locution inséparable, équivalant à une proposition relative. Aussi se maintient-il même avec le participe employé comme attribut. — Sur l'emploi de l'aoriste, cf. VII, 51, n. 6.

9. Τὰ πλήθη. Le pluriel, parce qu'il s'agit du « *peuple* » des deux villes.

προτρέψαντες ἐπ' ἀρετὴν καὶ χαλεποὺς ἀνταγωνιστὰς τοῖς βαρβάροις ποιήσαντες. [76] Οὐ γὰρ ὠλιγώρουν τῶν κοινῶν, οὐδ' ἀπέλαυον[1] μὲν ὡς ἰδίων ἠμέλουν δ' ὡς ἀλλοτρίων, ἀλλ' ἐκήδοντο μὲν ὡς οἰκείων, ἀπείχοντο δ' ὥσπερ χρὴ[2] τῶν μηδὲν προσηκόντων· οὐδὲ πρὸς ἀργύριον[3] τὴν εὐδαιμονίαν ἔκρινον, ἀλλ' οὗτος ἐδόκει πλοῦτον ἀσφαλέστατον κεκτῆσθαι καὶ κάλλιστον, ὅστις τοιαῦτα τυγχάνοι[4] πράττων, ἐξ ὧν αὐτός τε μέλλοι μάλιστ' εὐδοκιμήσειν καὶ τοῖς παισὶ μεγίστην δόξαν καταλείψειν. [77] Οὐδὲ τὰς θρασύτητας[5] τὰς ἀλλήλων ἐζήλουν, οὐδὲ τὰς τόλμας τὰς αὑτῶν[6] ἤσκουν, ἀλλὰ δεινότερον μὲν ἐνόμιζον εἶναι κακῶς ὑπὸ τῶν πολιτῶν ἀκούειν ἢ καλῶς ὑπὲρ τῆς πόλεως ἀποθνήσκειν, μᾶλλον δ' ᾐσχύνοντ' ἐπὶ τοῖς κοινοῖς ἁμαρτήμασιν ἢ νῦν[7] ἐπὶ τοῖς ἰδίοις τοῖς σφετέροις αὐτῶν. [78] Τούτων δ' ἦν αἴτιον, ὅτι τοὺς νόμους ἐσκό-

1. Οὐδ' ἀπέλαυον... κ. τ. λ. La négation porte à la fois sur ἀπέλαυον et sur ἠμέλουν, étroitement liés par μέν et δέ. L'affirmation correspondante est introduite par ἀλλ' ἐκήδοντο.

2. Ὥσπερ χρή. Sous-ent. : ἀπέχεσθαι.

3. Πρὸς ἀργύριον, « *d'après la fortune* ».

4. Ὅστις... τυγχάνοι. L'optatif, qui marque ici l'indétermination dans le passé, entraîne ensuite, par une assimilation de mode, μέλλοι. — Sur τοιαῦτα ἐξ ὧν, cf. Eschine, II, 37, n. 3.

5. Τὰς θρασύτητας. Isocrate emploie le pluriel de certains mots abstraits : αἰσχύναι, ἀκρίβειαι, πραότητες, εὐτυχίαι, etc., lorsque les qualités qu'ils désignent sont considérées dans leurs manifestations particulières. — Distinguez οὐδὲ... οὐδέ, *et ne pas... et non plus*, de οὔτε... οὔτε.

6. Τὰς τόλμας τὰς αὑτῶν, « *leurs propres instincts d'audace* », par opposition à τὰς... ἀλλήλων, qui désigne la rivalité des démagogues en fait d'impudence.

7. Ἢ νῦν, entendez : **αἰσχύνονται οἱ πολῖται.**

που̃ν ὅπως ἀκριβῶς καὶ καλῶς ἕξουσιν[1], οὐχ οὕτω[2] τοὺς περὶ τῶν ἰδίων συμβολαίων[3] ὡς τοὺς περὶ τῶν καθ' ἑκάστην τὴν ἡμέραν ἐπιτηδευμάτων· ἠπίσταντο γὰρ ὅτι τοῖς καλοῖς κἀγαθοῖς τῶν ἀνθρώπων οὐδὲν δεήσει πολλῶν γραμμάτων[4], ἀλλ' ἀπ'[5] ὀλίγων συνθημάτων ῥᾳδίως καὶ περὶ τῶν ἰδίων καὶ περὶ τῶν κοινῶν ὁμονοήσουσιν.

[79] Οὕτω δὲ πολιτικῶς εἶχον[6], ὥστε καὶ τὰς στάσεις[7] ἐποιοῦντο πρὸς ἀλλήλους, οὐχ ὁπότεροι[8] τοὺς ἑτέρους ἀπολέσαντες τῶν λοιπῶν ἄρξουσιν, ἀλλ' ὁπότεροι φθήσονται[9] τὴν πόλιν ἀγαθόν τι ποιήσαντες· καὶ τὰς ἑταιρείας[10] συνῆγον οὐχ ὑπὲρ τῶν ἰδίᾳ συμφερόντων, ἀλλ' ἐπὶ τῇ τοῦ πλήθους ὠφελείᾳ. [80] Τὸν αὐτὸν δὲ τρόπον καὶ τὰ τῶν

1. Ἕξουσιν a pour sujet οἱ νόμοι, devenu, par anticipation, régime du verbe principal. — Le futur, malgré l'imparfait ἐσκόπουν, parce qu'en grec le narrateur se place au point de vue de celui ou de ceux dont il parle.

2. Οὐχ οὕτω... ὡς = *non tam... quam*.

3. Τῶν ἰδίων συμβολαίων, « *les contrats privés* », par opposition aux « *relations ordinaires de la vie* », τῶν ... ἐπιτηδευμάτων (litt. : *les occupations de chaque jour*).

4. Γραμμάτων, « *lois écrites* ». Cf. dans l'*Aréopagitique*, § 39, le développement de la même idée.

5. Ἀπ(ό), « *à l'aide de* », sens qui se rattache étroitement au sens propre de cette préposition : « *en partant de* ».

6. Οὕτω... εἶχον, « *ils avaient à un si haut degré l'esprit politique* ».

7. Τὰς στάσεις, « *leurs querelles de partis* ». L'article marque qu'il s'agit de faits déterminés, connus historiquement.

8. Ὁπότεροι dépend de l'interrogation contenue dans στάσεις ἐποιοῦντο. Entendez : « (*sur la question de savoir*) *lequel des deux partis* ».

9. Φθήσονται, entendez : τοὺς ἑτέρους et rattachez τὴν πόλιν à ποιήσαντες.

10. Τὰς ἑταιρείας, « *les associations politiques* ». — On sait ce qu'étaient devenues ces sortes de

ἄλλων[1] διῴκουν, θεραπεύοντες ἀλλ' οὐχ[2] ὑβρίζοντες τοὺς Ἕλληνας, καὶ στρατηγεῖν οἰόμενοι δεῖν ἀλλὰ μὴ τυραννεῖν αὐτῶν, καὶ μᾶλλον ἐπιθυμοῦντες ἡγεμόνες ἢ δεσπόται προσαγορεύεσθαι καὶ σωτῆρες ἀλλὰ μὴ λυμεῶνες ἀποκαλεῖσθαι[3], τῷ ποιεῖν εὖ προσαγόμενοι τὰς πόλεις ἀλλ' οὐ βίᾳ καταστρεφόμενοι, [81] πιστοτέροις μὲν τοῖς λόγοις ἢ νῦν τοῖς ὅρκοις χρώμενοι, ταῖς δὲ συνθήκαις ὥσπερ ἀνάγκαις[4] ἐμμένειν ἀξιοῦντες, οὐχ οὕτως ἐπὶ ταῖς δυναστείαις μέγα φρονοῦντες[5] ὡς ἐπὶ τῷ σωφρόνως ζῆν φιλοτιμούμενοι, τὴν αὐτὴν ἀξιοῦντες γνώμην ἔχειν πρὸς τοὺς ἥττους ἥνπερ τοὺς κρείττους[6] πρὸς σφᾶς αὐτούς, ἴδια μὲν ἄστη[7] τὰς αὑτῶν πόλεις ἡγούμενοι, κοινὴν δὲ πατρίδα τὴν Ἑλλάδα νομίζοντες εἶναι.

[82] Τοιαύταις διανοίαις χρώμενοι καὶ τοὺς νεωτέρους ἐν τοῖς τοιούτοις ἤθεσι[8] παιδεύοντες οὕτως

sociétés secrètes sous l'impulsion de certains ambitieux, et le rôle qu'elles jouèrent dans la politique intérieure d'Athènes à la fin du ve siècle. Cf. Hist., I, n° 1.

1. Τὰ τῶν ἄλλων, « *ce qui concernait les autres peuples* ».

2. 'Αλλ' οὐχ (μή) correspond en latin tantôt à *et non* (= et non pas plutôt), tantôt à *non* seul (= et non).

3. 'Αποκαλεῖσθαι, d'ordinaire employé en mauvaise part, ne peut s'appliquer à σωτῆρες que par le rapprochement avec λυμεῶνες.

4. 'Ανάγκαις, « *les lois naturelles* », à la contrainte desquelles nul ne peut échapper.

5. Μέγα φρονοῦντες, « *s'enorgueillissant* » opposé à φιλοτιμούμενοι, « *se faisant gloire de* ». Sur ce goût d'Isocrate pour le rapprochement de mots à peu près synonymes, cf. § 34, n. 6.

6. Ἥνπερ τοὺς κρείττους, sousent. : ἔχειν ἠξίουν.

7. Ἄστη, « *villes* » (lieux où l'on habite ; cf. dans Lysias, l'expression οἱ ἐν ἄστει). — Πόλεις, « *cités* » (à la fois lieux d'habitation et unités politiques).

8. Τοῖς τοιούτοις ἤθεσι, « *les principes correspondants* ». L'ar-

ἄνδρας ἀγαθοὺς ἀπέδειξαν[1] τοὺς πολεμήσαντας πρὸς τοὺς ἐκ τῆς Ἀσίας ὥστε μηδένα πώποτε δυνηθῆναι περὶ αὐτῶν μήτε τῶν ποιητῶν[2] μήτε τῶν σοφιστῶν[3] ἀξίως τῶν ἐκείνοις πεπραγμένων εἰπεῖν. Καὶ πολλὴν αὐτοῖς ἔχω συγγνώμην· ὁμοίως γάρ ἐστι χαλεπὸν ἐπαινεῖν τοὺς ὑπερβεβληκότας τὰς τῶν ἄλλων ἀρετὰς ὥσπερ τοὺς μηδὲν ἀγαθὸν πεποιηκότας· τοῖς μὲν γὰρ οὐχ ὕπεισι πράξεις, πρὸς δὲ τοὺς[4] οὐκ εἰσὶν ἁρμόττοντες λόγοι. [83] Πῶς γὰρ ἂν γένοιντο σύμμετροι τοιούτοις ἀνδράσιν, οἳ[5] τοσοῦτον μὲν τῶν ἐπὶ Τροίαν στρατευσαμένων διήνεγκαν, ὅσον[6] οἱ μὲν περὶ μίαν πόλιν ἔτη δέκα διέτριψαν, οἱ δὲ τὴν ἐξ ἁπάσης τῆς Ἀσίας δύναμιν ἐν ὀλίγῳ χρόνῳ κατεπολέμησαν, οὐ μόνον δὲ τὰς αὐτῶν πατρίδας διέσωσαν, ἀλλὰ καὶ τὴν Ἑλλάδα σύμπασαν ἠλευθέρωσαν; Ποίων δ' ἂν ἔργων ἢ πόνων ἢ κινδύνων ἀπέστησαν ὥστε[7] ζῶντες εὐδοκιμεῖν, οἵτινες[8] ὑπὲρ

ticle, parce que ἤθη est déterminé par διανοίαις (*sentiments*).

1. Ἀπέδειξαν. Cf. Lysias, XXXII, 17, n. 4.

2. Τῶν ποιητῶν. Isocrate fait bon marché d'œuvres comme *la Prise de Milet* du poète Phrynichos, et *les Perses* d'Eschyle. Platon, dans l'oraison funèbre du *Ménexène* (239 C), les néglige de même.

3. Τῶν σοφιστῶν, « *les rhéteurs* » (ὁ ῥήτωρ = l'orateur).

4. Πρὸς δὲ τούς (à savoir, ceux qu'Isocrate a nommés les premiers) se rattache à ἁρμόττοντες.

5. Τοιούτοις... οἵ. Cf. Eschine, III, 137, n. 1.

6. Τοσοῦτον... ὅσον, « *jusqu'à ce point... que* ». Cette comparaison se retrouve dans l'*Oraison funèbre* d'Hypéride (cf. VI, 35) et dans celle attribuée à Démosthène. Elle était un des thèmes traditionnels du morceau sur les héros des guerres médiques.

7. Ὥστε suivi de l'infinitif marque ici moins la conséquence que le but. — Ζῶντες correspond à τελευτήσαντες.

8. Οἵτινες, « *eux qui* » (sens causal). Cf. VII, 9, n. 4.

τῆς δόξης ἧς ἤμελλον τελευτήσαντες ἕξειν οὕτως ἑτοίμως ἤθελον ἀποθνήσκειν; [84] Οἶμαι δὲ καὶ τὸν πόλεμον θεῶν τινα συναγαγεῖν ἀγασθέντα τὴν ἀρετὴν αὐτῶν, ἵνα μὴ τοιοῦτοι γενόμενοι τὴν φύσιν διαλάθοιεν[1], μηδ' ἀκλεῶς τὸν βίον τελευτήσαιεν, ἀλλὰ τῶν αὐτῶν τοῖς ἐκ τῶν θεῶν γεγονόσι[2] καὶ καλουμένοις ἡμιθέοις ἀξιωθεῖεν· καὶ γὰρ ἐκείνων τὰ μὲν σώματα ταῖς τῆς φύσεως ἀνάγκαις ἀπέδοσαν[3], τῆς δ' ἀρετῆς ἀθάνατον τὴν μνήμην ἐποίησαν.

[85] Ἀεὶ μὲν οὖν οἵ θ' ἡμέτεροι πρόγονοι καὶ Λακεδαιμόνιοι φιλοτίμως πρὸς ἀλλήλους εἶχον, οὐ μὴν ἀλλὰ[4] περὶ καλλίστων ἐν ἐκείνοις τοῖς χρόνοις ἐφιλονίκησαν, οὐκ ἐχθροὺς, ἀλλ' ἀνταγωνιστὰς σφᾶς αὐτοὺς εἶναι νομίζοντες, οὐδ' ἐπὶ δουλείᾳ τῇ τῶν Ἑλλήνων τὸν βάρβαρον θεραπεύοντες[5], ἀλλὰ περὶ μὲν τῆς κοινῆς σωτηρίας ὁμονοοῦντες, ὁπότεροι δὲ

1. Διαλάθοιεν, employé absolument. Entendez : διαλάθοιεν (τοὺς ἄλλους) γενόμενοι τοιοῦτοι τὴν φύσιν.

2. Τῶν αὐτῶν τοῖς... γεγονόσι : « *du même sort que les fils des dieux* ». Cf. Lysias, XII, 74, n 3. — Ἐκ τῶν θεῶν. Pour marquer la descendance, on emploie ἐκ ou ἀπό ; mais de préférence ἐκ quand il s'agit, comme ici, de descendance immédiate.

3. Ἀπέδοσαν a pour sujet οἱ θεοί, dont l'idée est amenée par θεῶν τινα. — Sur ἀποδιδόναι, cf. Eschine, II, 45, n. 4.

4. Οὐ μὴν ἀλλά, « *et cependant* ». Dans cette locution, ἀλλά affirme le contraire de ce qui est nié par οὐ μήν. On n'en peut rendre compte qu'en supposant entre les deux parties qui la composent une ellipse dont le sens est fourni soit par ce qui précède, soit, comme ici, par ce qui suit : Οὐ μὴν (περὶ κακῶν) ἀλλά.

5. Ἐπὶ δουλείᾳ... θεραπεύοντες. Allusion détournée à des faits contemporains. Isocrate reprochait à Athènes et à Sparte (voyez surtout le *Discours sur la paix*) de chercher à gagner la faveur du Grand Roi pour s'assurer la suprématie en Grèce.

ταύτης αἴτιοι γενήσονται, περὶ τούτου[1] ποιούμενοι τὴν ἅμιλλαν. Ἐπεδείξαντο δὲ τὰς αὑτῶν ἀρετὰς πρῶτον μὲν ἐν[2] τοῖς ὑπὸ Δαρείου πεμφθεῖσιν. [86] Ἀποβάντων[3] γὰρ αὐτῶν εἰς τὴν Ἀττικήν, οἳ μὲν οὐ περιέμειναν[4] τοὺς συμμάχους, ἀλλὰ τὸν κοινὸν πόλεμον ἴδιον ποιησάμενοι πρὸς τοὺς[5] ἁπάσης τῆς Ἑλλάδος καταφρονήσαντας ἀπήντων τὴν οἰκείαν δύναμιν ἔχοντες, ὀλίγοι[6] πρὸς πολλὰς μυριάδας[7], ὥσπερ ἐν[8] ἀλλοτρίαις ψυχαῖς μέλλοντες κινδυνεύσειν, οἳ δ' οὐκ ἔφθασαν πυθόμενοι[9] τὸν περὶ τὴν

1. Ὁπότεροι δὲ... περὶ τούτου, « *mais qui des deux... c'est là-dessus que* ». Cette habitude de reprendre (ou d'annoncer) une proposition par un mot qui la résume, répond, chez Isocrate, à un besoin de clarté dans l'ampleur du développement. Cf. §§ 21, n. 1, et 26, n. 5.

2. Ἐν, « *à propos de* ». Cf. un emploi identique dans Lysias, XII, 27.

3. Ἀποβάντων, « *ayant débarqué* » (auprès de Marathon).

4. Οὐ περιέμειναν. Lieu commun développé dans l'*Oraison funèbre* attribuée à Lysias (§ 23) : αἰσχυνόμενοι ὅτι ἦσαν οἱ βάρβαροι αὐτῶν ἐν τῇ χώρᾳ οὐκ ἀνέμειναν πυθέσθαι οὐδὲ βοηθῆσαι τοὺς συμμάχους. Les Platéens avaient pris part à la bataille ; mais, comme ils s'étaient jadis donnés aux Athéniens, ils pouvaient, en un sens, être comptés avec eux. De là le silence d'Isocrate à leur égard. Platon, dans un développement analogue (*Ménexène*, 240 C) les néglige également.

5. Πρὸς τούς... καταφρονήσαντας dépend de ἀπήντων.

6. Ὀλίγοι πρός... κ.τ.λ. Cf. [Lysias] *Or. fun.* (§ 24) : Ἀπήντων ὀλίγοι πρὸς πολλούς.

7. Πολλὰς μυριάδας. Platon (*Ménexène*, 240 A) dit μυριάδας πεντήκοντα, et dans les *Lois* (III, 698 D) μυριάσι συχναῖς. Cornelius Nepos (*Miltiade*, 4) donne comme chiffres *ducenta* (millia) *peditum et decem millia equitum*, ce qui probablement est encore exagéré.

8. Ἐν... κινδυνεύσειν. — Ἐν et le datif avec κινδυνεύειν désigne ce que l'on met en jeu. Cf. [Lysias] *Or. fun.* (§ 24) : ἐνόμιζον... τὰς ψυχὰς ἀλλοτρίας διὰ τὸν θάνατον κεκτῆσθαι.

9. Οὐκ ἔφθασαν πυθόμενοι... καί, « *ils n'eurent pas plutôt appris... que* ». On sait cependant que, d'après Hérodote (VI, 106), les Lacédémoniens attendirent la pleine lune pour se mettre en marche.

Ἀττικὴν πόλεμον καὶ πάντων τῶν ἄλλων ἀμελήσαντες ἧκον ἡμῖν ἀμυνοῦντες, τοσαύτην ποιησάμενοι σπουδὴν, ὅσηνπερ ἂν[1] τῆς αὑτῶν χώρας πορθουμένης. [87] Σημεῖον δὲ[2] τοῦ τάχους καὶ τῆς ἁμίλλης· τοὺς μὲν γὰρ ἡμετέρους προγόνους φασὶ τῆς αὐτῆς ἡμέρας[3] πυθέσθαι τε τὴν ἀπόβασιν τὴν τῶν βαρβάρων καὶ βοηθήσαντας[4] ἐπὶ τοὺς ὅρους τῆς χώρας μάχῃ νικήσαντας τρόπαιον στῆσαι τῶν πολεμίων[5], τοὺς δ'[6] ἐν τρισὶν ἡμέραις καὶ τοσαύταις νυξὶ διακόσια καὶ χίλια στάδια[7] διελθεῖν στρατοπέδῳ[8] πορευομένους· οὕτω σφόδρ' ἠπείχθησαν οἳ μὲν μετασχεῖν τῶν κινδύνων, οἳ δὲ φθῆναι συμβαλόντες πρὶν[9] ἐλθεῖν τοὺς βοηθήσοντας[10].

1. Ὅσηνπερ ἄν. — Ἄν est employé ici comme dans la locution ὥσπερ ἂν εἰ, et suppose l'ellipse du verbe exprimé dans la première partie de la comparaison (ἐποιήσαντο). Πορθουμένης équivaut, en effet, à une proposition conditionnelle (εἰ et l'aoriste de l'indicatif).

2. Σημεῖον δέ... γάρ. Cf. VII, 17, n. 1.

3. Τῆς αὐτῆς ἡμέρας. Exagération. Hérodote compte plusieurs jours entre la nouvelle du débarquement et la victoire.

4. Βοηθήσαντας... μάχῃ νικήσαντας. Les deux actions sont, non pas juxtaposées, mais subordonnées. De là l'absence de liaison.

5. Τῶν πολεμίων. Après τρόπαιον στῆσαι, le nom du vaincu se met au génitif, soit seul, soit avec ἀπό.

6. Τοὺς δέ, à savoir : les Lacédémoniens.

7. Διακόσια... καὶ χίλια στάδια, soit près de 213 kilomètres, le stade étant une longueur de 177 m. 40.

8. Στρατοπέδῳ, « *sous les armes* », circonstance qui rendait la marche plus difficile et qui accroît d'autant le mérite des Lacédémoniens.

9. Φθῆναι συμβαλόντες πρίν, litt. : *de devancer, en étant venus aux mains avant*. Tournure pléonastique, dont on peut rapprocher différentes expressions telles que πρότερον... πρίν, πρόσθεν... πρίν, et dans Homère, πρὶν... πρίν.

10. Τοὺς βοηθήσοντας. Cf. Isocrate, XVII, 11, n. 6.

[88] Μετὰ δὲ ταῦτα γενομένης τῆς ὕστερον στρατείας, ἣν αὐτὸς[1] Ξέρξης ἤγαγεν, ἐκλιπὼν μὲν τὰ βασίλεια, στρατηγὸς δὲ καταστῆναι τολμήσας[2], ἅπαντας δὲ τοὺς ἐκ τῆς Ἀσίας[3] συναγείρας (περὶ οὗ[4] τίς οὐχ[5] ὑπερβολὰς προθυμηθεὶς εἰπεῖν ἐλάττω τῶν ὑπαρχόντων εἴρηκεν; [89] ὃς[6] εἰς τοσοῦτον ἦλθεν ὑπερηφανίας, ὥστε μικρὸν μὲν ἡγησάμενος ἔργον εἶναι τὴν Ἑλλάδα χειρώσασθαι, βουληθεὶς δὲ τοιοῦτον μνημεῖον καταλιπεῖν ὃ μὴ τῆς ἀνθρωπίνης φύσεώς ἐστιν[7], οὐ πρότερον ἐπαύσατο πρὶν ἐξεῦρε καὶ συνηνάγκασεν, ὃ πάντες θρυλοῦσιν[8], ὥστε[9] τῷ στρατοπέδῳ πλεῦσαι μὲν διὰ τῆς ἠπείρου,

1. Αὐτός, « *en personne* », opposé à τοῖς ὑπὸ Δαρείου πεμφθεῖσιν, § 85.

2. Τολμήσας, « *ayant pris sur lui de* ».

3. Τοὺς ἐκ τῆς Ἀσίας. Cf. § 96, p. 143, n. 5.

4. Περὶ οὗ. Cette phrase interrogative interrompt le développement qui ne reprend qu'avec πρὸς δὴ τὸν οὕτω.

5. Οὐχ se rattache à ἐλάττω εἴρηκεν.

6. Ὅς, « *lui qui* » (au sens de : *en effet, il*...). Le relatif (ὅς et quelquefois ὅστις) s'emploie ainsi, sans particule de liaison, pour introduire une proposition causale ou explicative.

7. Ὅ... ἐστιν. — Τῆς ἀνθρωπίνης φύσεως, génitif *descriptif*, caractérisant l'effort nécessité par l'entreprise. — Μή, parce que la proposition relative exprime non un *fait*, mais seulement l'*intention* de Xerxès.

8. Ὃ πάντες θρυλοῦσιν. C'était en effet un lieu commun traditionnel jusque dans sa forme antithétique et qu'on retrouve même chez Cicéron. Cf. [Lysias] *Or. fun.* (§ 29) : ὁδὸν μὲν διὰ τῆς θαλάσσης ἐποιήσατο, πλοῦν δὲ διὰ τῆς γῆς ἠνάγκασε γενέσθαι, ζεύξας μὲν τὸν Ἑλλήσποντον, διορύξας δὲ τὸν Ἄθω, et Cicéron, *De Fin.*, II, 34, 112 : *Xerxes cum..., Hellesponto juncto, Athone perfosso, maria ambulavisset, terram navigasset.* Cf. Eschine, III, 132.

9. Ἐξεῦρε καὶ συνηνάγκασεν... ὥστε, « *il eût conçu et fait exécuter à toute force le projet de* ». — On trouve plusieurs exemples, chez Isocrate, de la proposition consécutive (ὥστε et l'infinitif) servant à exprimer le contenu du verbe principal.

πεζεῦσαι δὲ διὰ τῆς θαλάττης, τὸν μὲν Ἑλλήσποντον ζεύξας, τὸν δ' Ἄθω διορύξας), [90] πρὸς δή[1] τὸν οὕτω μέγα φρονήσαντα καὶ τηλικαῦτα διαπραξάμενον καὶ τοσούτων δεσπότην γενόμενον ἀπήντων διελόμενοι τὸν κίνδυνον, Λακεδαιμόνιοι μὲν εἰς Θερμοπύλας[2] πρὸς τὸ πεζόν, χιλίους αὐτῶν ἐπιλέξαντες καὶ τῶν συμμάχων ὀλίγους παραλαβόντες, ὡς[3] ἐν τοῖς στενοῖς κωλύσοντες αὐτοὺς περαιτέρω προελθεῖν, οἱ δ' ἡμέτεροι πατέρες ἐπ' Ἀρτεμίσιον[4], ἑξήκοντα[5] τριήρεις πληρώσαντες πρὸς ἅπαν τὸ τῶν πολεμίων ναυτικόν. [91] Ταῦτα δὲ ποιεῖν ἐτόλμων οὐχ οὕτω τῶν πολεμίων καταφρονοῦντες ὡς πρὸς ἀλλήλους ἀγωνιῶντες, Λακεδαιμόνιοι μὲν ζηλοῦντες τὴν πόλιν τῆς Μαραθῶνι μάχης καὶ ζητοῦντες αὑτοὺς ἐξισῶσαι[6] καὶ δεδιότες μὴ δὶς ἐφεξῆς ἡ πόλις ἡμῶν αἰτία γένηται τοῖς Ἕλλησι τῆς σωτηρίας, οἱ δ' ἡμέτεροι μάλιστα μὲν βουλόμενοι διαφυλάξαι τὴν παροῦσαν δόξαν καὶ πᾶσι ποιῆσαι φανερὸν ὅτι καὶ τὸ πρότερον[7] δι' ἀρετὴν ἀλλ' οὐ διὰ

1. Δή marque la reprise de la phrase, interrompue par la parenthèse.

2. Εἰς Θερμοπυλας. Avec ἀπαντῶ, le lieu de rencontre se met à l'accusatif, accompagné soit de εἰς, soit de ἐπί. Cf. ἐπ' Ἀρτεμίσιον.

3. Ὡς, « *dans l'intention de* ».

4. Ἀρτεμίσιον. Promontoire situé à l'extrémité nord de l'île d'Eubée, et en vue duquel eut lieu le premier engagement des deux flottes.

5. Ἑξήκοντα. Hérodote en compte 127, mais en y comprenant vraisemblablement les 53 vaisseaux athéniens qui n'arrivèrent qu'après la bataille. En revanche, Isocrate néglige les 153 vaisseaux des alliés mentionnés par Hérodote.

6. Ἐξισῶσαι. Entendez αὐτῇ.

7. Καὶ τὸ πρότερον, « *déjà la première fois* ».

τύχην ἐνίκησαν, ἔπειτα[1] καὶ προαγαγέσθαι τοὺς Ἕλληνας ἐπὶ τὸ διαναυμαχεῖν, ἐπιδείξαντες αὐτοῖς ὁμοίως ἐν τοῖς ναυτικοῖς κινδύνοις ὥσπερ ἐν τοῖς πεζοῖς τὴν ἀρετὴν τοῦ πλήθους[2] περιγιγνομένην.

[92] Ἴσας δὲ τὰς τόλμας[3] παρασχόντες οὐχ ὁμοίαις ἐχρήσαντο ταῖς τύχαις, ἀλλ' οἱ μὲν διεφθάρησαν καὶ ταῖς ψυχαῖς νικῶντες τοῖς σώμασιν ἀπεῖπον[4] (οὐ γὰρ δὴ τοῦτό γε θέμις[5] εἰπεῖν ὡς ἡττήθησαν· οὐδεὶς γὰρ αὐτῶν φυγεῖν ἠξίωσεν), οἱ δ' ἡμέτεροι τὰς μὲν πρόπλους[6] ἐνίκησαν, ἐπειδὴ δ' ἤκουσαν τῆς παρόδου[7] τοὺς πολεμίους κρατοῦντας, οἴκαδε καταπλεύσαντες καὶ κατασκευάσαντες τὰ περὶ τὴν πόλιν, οὕτως ἐβουλεύσαντο περὶ τῶν λοιπῶν, ὥστε, πολλῶν καὶ καλῶν αὐτοῖς προειργασμένων, ἐν τοῖς τελευταίοις[8] τῶν κινδύνων ἔτι πλέον διήνεγκαν.

[93] Ἀθύμως γὰρ ἁπάντων τῶν συμμάχων δια-

1. Ἔπειτα répond à μάλιστα μέν. On le trouve, en pareil cas, tantôt seul, tantôt suivi de δέ.

2. Τοῦ πλήθους, régime de περιγιγνομένην. Rapprochez de ce passage Platon (*Ménexène*, 240 D) parlant des vainqueurs de Marathon : διδάσκαλοι τοῖς ἄλλοις γενόμενοι ὅτι οὐκ ἄμαχος εἴη ἡ Περσῶν δύναμις, ἀλλὰ πᾶν πλῆθος καὶ πᾶς πλοῦτος ἀρετῇ ὑπείκει.

3. Τὰς τόλμας. Le pluriel parce qu'Isocrate parle des deux peuples.

4. Ἀπεῖπον, « *ils renoncèrent* (*à la lutte*) ».

5. Οὐ... θέμις,.. κ.τ.λ. Cf. Hypéride, VI, 27.

6. Τὰς πρόπλους (s.-ent. ναῦς), « *les vaisseaux d'avant-garde* ». — Isocrate semble faire allusion à un des engagements qui précédèrent la bataille d'Artémisium. Celle-ci, en effet, resta indécise.

7. Τῆς παρόδου, à savoir : *les Thermopyles*, où, suivant Herodote, le combat avait eu lieu le même jour qu'à Artémisium. — Sur le mot, cf. Hypéride, VI, 12, n. 7.

8. Ἐν τοῖς τελευταίοις, *in ultimis* (et non *extremis*).

κειμένων, καὶ Πελοποννησίων μὲν διατειχιζόντων[1] τὸν Ἰσθμὸν καὶ ζητούντων ἰδίαν αὑτοῖς σωτηρίαν, τῶν δ' ἄλλων πόλεων ὑπὸ τοῖς βαρβάροις γεγενημένων καὶ συστρατευομένων ἐκείνοις, πλὴν εἴ τις[2] διὰ μικρότητα παρημελήθη[3], προσπλεουσῶν δὲ τριήρων διακοσίων καὶ χιλίων καὶ πεζῆς στρατιᾶς ἀναριθμήτου μελλούσης εἰς τὴν Ἀττικὴν εἰσβάλλειν, οὐδεμιᾶς σωτηρίας[4] αὐτοῖς ὑποφαινομένης, ἀλλ' ἔρημοι συμμάχων γεγενημένοι καὶ τῶν ἐλπίδων ἁπασῶν διημαρτηκότες, [94] ἐξὸν αὐτοῖς μὴ μόνον τοὺς παρόντας κινδύνους διαφυγεῖν, ἀλλὰ καὶ τιμὰς ἐξαιρέτους λαβεῖν, ἃς αὐτοῖς ἐδίδου[5] βασιλεὺς ἡγούμενος, εἰ τὸ τῆς πόλεως προσλάβοι ναυτικόν, παραχρῆμα καὶ Πελοποννήσου κρατήσειν, οὐχ ὑπέμειναν[6] τὰς παρ' ἐκείνου δωρεάς, οὐδ' ὀργισθέντες[7] τοῖς Ἕλλησιν ὅτι προὐδόθησαν ἀσμένως ἐπὶ τὰς

1. Διατειχιζόντων, « *fermant par un mur* ». Cf. Hérodote, VIII, 40.

2. Πλὴν εἴ τις... κ. τ. λ. D'après Hérodote, VIII, 66 : Platées, Thespies et cinq îles.

3. Παρημελήθη. Les Grecs, contrairement aux Latins, emploient volontiers le passif des verbes qui, à l'actif, se construisent avec le génitif ou le datif.

4. Οὐδεμιᾶς σωτηρίας... ἐξόν, « *alors qu'aucun moyen de salut... quand il leur était possible* », circonstances qui se subordonnent aux précédentes et en augmentent l'importance. De là l'absence de liaisons.

5. Ἐδίδου, « *offrait* » (litt. : *cherchait à donner*), imparfait marquant l'effort. — Hérodote (VIII, 136 et 140) parle, en effet, d'une ambassade en ce sens confiée par Mardonius à Alexandre de Macédoine, mais postérieurement à Salamine.

6. Οὐχ ὑπέμειναν, « *ils ne voulurent pas entendre parler de* », litt. : *ils ne supportèrent pas*.

7. Οὐδ' ὀργισθέντες... κ. τ. λ. La négation οὐδέ porte sur la proposition principale **ἀσμένως... ὥρμησαν**. Le membre de phrase ὀργισθέντες ... προὐδόθησαν indique le motif qu'ils auraient pu avoir de traiter.

διαλλαγὰς τὰς πρὸς τοὺς βαρβάρους ὥρμησαν, [95] ἀλλ' αὐτοὶ μὲν ὑπὲρ τῆς ἐλευθερίας πολεμεῖν παρεσκευάζοντο, τοῖς δ' ἄλλοις τὴν δουλείαν αἱρουμένοις συγγνώμην εἶχον. Ἡγοῦντο γὰρ ταῖς μὲν ταπειναῖς τῶν πόλεων προσήκειν ἐκ παντὸς τρόπου ζητεῖν τὴν σωτηρίαν, ταῖς δὲ προεστάναι τῆς Ἑλλάδος ἀξιούσαις οὐχ οἷόν τ' εἶναι διαφεύγειν τοὺς κινδύνους, ἀλλ' ὥσπερ τῶν ἀνδρῶν τοῖς καλοῖς κἀγαθοῖς αἱρετώτερόν ἐστι καλῶς ἀποθανεῖν ἢ ζῆν αἰσχρῶς, οὕτω καὶ τῶν πόλεων ταῖς ὑπερεχούσαις λυσιτελεῖν[1] ἐξ ἀνθρώπων ἀφανισθῆναι μᾶλλον ἢ δούλαις ὀφθῆναι γενομέναις[2]. [96] Δῆλον δ' ὅτι ταῦτα διενοήθησαν· ἐπειδὴ γάρ[3] οὐχ οἷοί τ' ἦσαν πρὸς ἀμφοτέρας[4] ἅμα παρατάξασθαι τὰς δυνάμεις, παραλαβόντες ἅπαντα τὸν ὄχλον τὸν ἐκ τῆς πόλεως[5] εἰς τὴν ἐχομένην νῆσον[6] ἐξέπλευσαν, ἵν' ἐν μέρει πρὸς ἑκατέραν κινδυνεύσωσιν[7].

1. Λυσιτελεῖν. Rattachez μᾶλλον λυσιτελεῖν. — Du point de vue où se place Isocrate, il est des cas où la ruine même peut être considérée comme un véritable *avantage* pour une cité. Il faut savoir gré à l'orateur de l'avoir dit avec cette netteté.

2. Δούλαις... γενομέναις, au datif parce que le sujet de l'infinitif est déjà employé comme complément au datif dans la proposition principale.

3. Γάρ. Cf. VII, 17 n. 1.

4. Ἀμφοτέρας : la flotte et l'armée de terre.

5. Ἐκ τῆς πόλεως, au lieu de ἐν τῇ πόλει, à cause de l'idée d'éloignement contenue dans le verbe ἐξέπλευσαν. Cf. Lysias, XII, 36 : τοὺς ἐκ τῆς θαλάττης ἀνελέσθαι = ἀνελέσθαι ἐκ τῆς θαλάττης τοὺς ἐν τῇ θαλάττῃ. — Sur les faits, cf. Hérodote, VIII, 40 sq.

6. Τὴν ἐχομένην (τῆς πόλεως) νῆσον : Salamine.

7. Κινδυνεύσωσιν. Cf. [Lysias] *Or. fun.* (§ 34) : ἐξέλιπον ὑπὲρ τῆς Ἑλλάδος τὴν πόλιν, ἵν' ἐν μέρει πρὸς ἑκατέραν, ἀλλὰ μὴ πρὸς ἀμφοτέρας ἅμα τὰς δυνάμεις κινδυνεύσωσιν.

Καίτοι[1] πῶς ἂν ἐκείνων ἄνδρες ἀμείνους ἢ μᾶλλον φιλέλληνες ὄντες ἐπιδειχθεῖεν, οἵτινες[2] ἔτλησαν ἐπιδεῖν[3], ὥστε[4] μὴ τοῖς λοιποῖς αἴτιοι γενέσθαι τῆς δουλείας, ἐρήμην[5] μὲν τὴν πόλιν γενομένην, τὴν δὲ χώραν πορθουμένην, ἱερὰ δὲ συλώμενα καὶ νεὼς ἐμπιμπραμένους, ἅπαντα δὲ τὸν πόλεμον περὶ τὴν πατρίδα τὴν αὑτῶν γιγνόμενον; [97] Καὶ μὴν οὐδὲ ταῦτ' ἀπέχρησεν αὐτοῖς, ἀλλὰ πρὸς χιλίας καὶ διακοσίας τριήρεις μόνοι διαναυμαχεῖν ἐμέλλησαν. Οὐ μὴν εἰάθησαν[6]· καταισχυνθέντες γὰρ Πελοποννήσιοι τὴν ἀρετὴν αὐτῶν, καὶ νομίσαντες προδιαφθαρέντων[7] μὲν τῶν ἡμετέρων οὐδ' αὐτοὶ[8] σωθήσεσθαι, κατορθωσάντων δ' εἰς ἀτιμίαν τὰς αὑτῶν πόλεις καταστήσειν[9], ἠναγκάσθησαν μετασχεῖν τῶν κινδύνων.

Καὶ τοὺς μὲν θορύβους τοὺς ἐν τῷ πράγματι γενομένους καὶ τὰς κραυγὰς καὶ τὰς παρακελεύσεις, ἃ[10] κοινὰ πάντων ἐστὶ τῶν ναυμαχούντων, οὐκ οἶδ' ὅ τι[11]

1. Καίτοι πῶς. Cf. § 31, n. 11.
2. Οἵτινες. Cf. VII, 9, n. 1.
3. Ἐπιδεῖν. Cf. XV, 268, n. 3.
4. Ὥστε. Cf. § 83, n. 7.
5. Ἐρήμην... κ. τ. λ. Cf. [Lys.] *Or. fun.* (§ 37) : ἐπιστάμενοι δὲ τὴν μὲν πόλιν ἠρημωμένην, τὴν δὲ χώραν πορθουμένην καὶ μεστὴν τῶν βαρβάρων, ἱερῶν δὲ καιομένων, ἁπάντων δ' ἐγγὺς ὄντων τῶν δεινῶν...
6. Εἰάθησαν, à savoir μόνοι διαναυμαχεῖν. Ellipse fréquente à l'actif, mais rare au passif.
7. Προδιαφθαρέντων, participe équivalant à une proposition conditionnelle (ἐάν et le subjonctif). De même κατορθωσάντων.
8. Οὐδ' αὐτοί, « *eux non plus* ».
9. Καταστήσειν, par leur inaction opposée à l'initiative d'Athènes.
10. Ἃ : pronom neutre se rapportant à deux antécédents de genre différent, au sens général de « *choses qui* ».
11. Οὐκ οἶδ' ὅ τι, « *je ne sais pourquoi* ».

δεῖ λέγοντα διατρίβειν[1]· [98] ἃ δ' ἐστὶν ἴδια[2] καὶ τῆς ἡγεμονίας ἄξια καὶ τοῖς προειρημένοις ὁμολογούμενα, ταῦτα δ'[3] ἐμὸν ἔργον ἐστὶν εἰπεῖν. Τοσοῦτον γὰρ ἡ πόλις ἡμῶν διέφερεν, ὅτ' ἦν ἀκέραιος, ὥστ' ἀνάστατος γενομένη πλείους μὲν συνεβάλετο τριήρεις[4] εἰς τὸν κίνδυνον τὸν ὑπὲρ τῆς Ἑλλάδος ἢ σύμπαντες οἱ ναυμαχήσαντες, οὐδεὶς δὲ[5] πρὸς ἡμᾶς οὕτως ἔχει δυσμενῶς, ὅστις οὐκ ἂν ὁμολογήσειε διὰ μὲν τὴν ναυμαχίαν ἡμᾶς[6] τῷ πολέμῳ κρατῆσαι, ταύτης δὲ τὴν πόλιν αἰτίαν γενέσθαι.

[99] Καίτοι[7] μελλούσης στρατείας ἐπὶ τοὺς βαρβάρους ἔσεσθαι τίνας χρὴ τὴν ἡγεμονίαν ἔχειν; Οὐ τοὺς[8] ἐν τῷ προτέρῳ πολέμῳ μάλιστ' εὐδοκιμήσαντας, καὶ πολλάκις μὲν ἰδίᾳ προκινδυνεύσαντας, ἐν δὲ τοῖς κοινοῖς τῶν ἀγώνων ἀριστείων ἀξιωθέν-

1. Λέγοντα διατρίβειν. Isocrate semble bien faire allusion au Pseudo-Lysias qui s'étend longuement sur tous ces détails (§ 38). Cependant le développement, par sa nature même, avait pu tenter d'autres orateurs. La même critique se retrouve d'ailleurs presque textuellement dans Isocrate (IX, 31).

2. Ἴδια, ce qui nous est « *particulier* », par opposition à κοινὰ πάντων τῶν ναυμαχούντων.

3. Ταῦτα δέ. Reprise du début de la phrase : ἃ δέ... κ.τ.λ., accentuée par la répétition de la particule.

4. Πλείους... τριήρεις. Isocrate est d'accord avec lui-même (*Discours panathénaïque*, § 50) et avec [Lysias] *Or. fun.* (§ 42). D'après Hérodote, la flotte se composait de 378 vaisseaux, dont 180 appartenant aux Athéniens.

5. Οὐδεὶς δέ. — Δέ répond au μέν qui suit πλείους, mais cette seconde partie de la phrase reçoit un développement imprévu destiné à faire ressortir la conclusion ταύτης δέ... κ.τ.λ.

6. Ἡμᾶς, « *nous* (*les Grecs*) », par opposition à τὴν πόλιν.

7. Καίτοι, « *or* ». Conclusion de toute la 1re partie du discours.

8. Οὐ τούς. Absence de liaison, comme souvent dans les réponses.

τας; οὐ τοὺς τὴν αὑτῶν[1] ἐκλιπόντας ὑπὲρ τῆς τῶν ἄλλων σωτηρίας, καὶ τό τε παλαιὸν οἰκιστὰς[2] τῶν πλείστων πόλεων γενομένους, καὶ πάλιν αὐτὰς ἐκ τῶν μεγίστων συμφορῶν διασώσαντας; Πῶς δ' οὐκ ἂν δεινὰ πάθοιμεν, εἰ τῶν κακῶν πλεῖστον μέρος μετασχόντες ἐν ταῖς τιμαῖς ἔλαττον ἔχειν[3] ἀξιωθεῖμεν, καὶ τότε προταχθέντες ὑπὲρ[4] ἁπάντων νῦν ἑτέροις ἀκολουθεῖν ἀναγκασθεῖμεν;

1. Τὴν αὑτῶν, sous-entendu πόλιν.
2. Οἰκιστάς, « *fondateurs* ».
3. Ἔλαττον, ἔχειν, « *être dans une situation inférieure* ».— Ἐν, « *au moment où il s'agit de* ». Thucydide, dont Isocrate s'est fortement inspiré dans tout ce brillant morceau sur les guerres médiques, avait fait dire à des orateurs athéniens: ὅτε ἐδρῶμεν, ἐπ' ὠφελίᾳ ἐκινδυνεύετο, ἧς τοῦ μὲν ἔργου μέρος μετέσχετε, τοῦ δὲ λόγου μὴ παντὸς εἴ τι ὠφελεῖ στερισκώμεθα (I, 73, 2).
4. Ὑπέρ, « *dans l'intérêt de* ».

Aréopagitique.

(VII)

Argument.

Isocrate, dans le *Panégyrique*, avait exposé ses idées sur la politique extérieure d'Athènes. Dans l'*Aréopagitique*, il examine la situation intérieure de l'État, en dénonce les périls et indique les mesures qui lui paraissent devoir être prises pour l'améliorer. Ce discours rentre en effet dans le genre *délibératif* (συμβουλευτικός) : l'orateur suppose qu'il s'adresse à l'*assemblée* après *avoir obtenu du conseil le droit de se présenter* devant elle (πρόσοδον ποιεῖσθαι) pour développer une proposition *concernant le salut public* (περὶ σωτηρίας). Cette proposition a pour objet de rendre à l'Aréopage l'autorité qu'il avait au temps de Solon et de Clisthène : de là le titre d'*Aréopagitique* (ἀρεοπαγιτικὸς λόγος) sous lequel le discours nous est parvenu.

L'*Aréopagitique* doit avoir été composé à la fin de 355 ou au commencement de 354. Le moment était bien choisi. On venait d'échapper aux dangers de la *guerre Sociale*. Chios, Rhodes, Cos et Byzance s'étaient détachées de la confédération athénienne et avaient recouvré leur complète autonomie. On parlait d'immenses préparatifs dirigés par le roi de Perse contre la Grèce. Des politiques clairvoyants signalaient avec anxiété la puissance déjà grandissante de la Macédoine. Mais, en dépit de tous ces motifs d'inquiétude, la confiance était revenue : les nouvellistes s'en allaient répétant que c'était aux ennemis d'Athènes de craindre et de prendre des mesures pour leur salut. Ainsi se faisait jour ce dangereux état d'esprit contre lequel allaient se briser tous les efforts de Démosthène. C'est l'honneur d'Isocrate de l'avoir senti : avec cette perspicacité que donne parfois l'antipathie, il a montré le danger que faisait courir à l'État une démocratie sans frein. Au point de vue historique, son discours a donc un très grand intérêt : il résume l'opinion qu'un modéré pouvait se faire de la constitution athénienne ou plus généralement de l'état moral d'Athènes au milieu du quatrième siècle, à la veille de la guerre de Macédoine.

A vrai dire, la critique est empreinte d'une certaine amertume. Isocrate, âgé de plus de quatre-vingts ans, juge les institutions avec le mécontentement grondeur d'un vieillard : l'image idéalisée qu'il se fait du passé le rend un peu injuste pour ses contemporains. Ce qu'il a sous les yeux, c'est cette multitude oisive qui de plus en plus déserte la campagne pour frequenter l'Agora, ces hommes politiques improvisés pour qui la politique est un gagne-pain, ces sycophantes qui, vivant de procès, remplissent les tribunaux de leurs accusations. Sans cesse appelés en justice, les riches sentent que leur fortune n'est plus en sûreté ; ils ne peuvent même compter sur l'impartialité de leurs juges : ceux-ci appartiennent pour la plupart à la classe pauvre et s'inspirent moins de la justice que de considérations personnelles. Il en résulte un esprit de défiance qui ruine le crédit : l'argent ne circule plus et ne produit plus. Par suite encore l'activité commerciale se ralentit ; et, comme les débouchés manquent, la production cesse. Les paresseux, les inutiles, et aussi les pauvres sont chaque jour plus nombreux. Pour remédier à cet état de choses, on multiplie les lois ; mais cette multiplicité des lois prouve seulement l'étendue du mal : elle ne le guérit pas. Le mal ne peut être que dans la constitution, car la constitution est « *l'âme même de la cité* » : si l'on veut le détruire, c'est elle qu'il faut améliorer.

Et tout d'abord cette constitution repose sur une conception fausse de l'égalité. La véritable égalité n'est pas celle qui ne met aucune différence entre les individus, mais celle qui tient compte du mérite de chacun. Faute de le comprendre, on a substitué pour la désignation des magistrats le principe du *tirage au sort* appliqué sans restriction, à l'ancien système, plus compliqué mais plus juste, qui faisait précéder le tirage au sort d'une *élection*. Cette erreur a été suivie d'une seconde, celle-ci plus grave : l'institution d'un traitement pour les *magistrats*, pour les *héliastes*, pour les membres du *conseil* et pour ceux qui assistaient aux séances de l'*assemblée*. De ce jour les fonctions publiques ont cessé d'être un service rendu à l'État, une *liturgie*, pour devenir une profession. Incapables et ambitieux se sont jetés dans la politique, écartant des affaires les gens désintéressés et libres. Contre les inconvénients d'un pareil système, une *éducation* bien comprise, appropriée à la situation et à la fortune de chacun, pourrait réagir. Mais l'éducation est négligée et les jeunes gens livrés à eux-mêmes passent leur temps dans les maisons de jeu et dans les lieux de plaisir. Ce qui manque donc, c'est un pouvoir modérateur, un corps assez indépendant pour exercer un contrôle efficace sur les institutions et sur les mœurs et dont l'autorité serait fondée moins sur la crainte que sur le respect. Or ce pouvoir modérateur a existé; il subsiste encore, privé de ses moyens d'action, mais toujours vénérable. C'est l'Aréopage. On l'a vu à l'œuvre au temps de Solon et de Clisthène : c'est lui qui a fondé la grandeur d'Athènes. Pour rétablir l'ordre, il suffirait de lui rendre ses anciennes prérogatives.

Isocrate, il est vrai, ne présente pas ses idées d'une façon aussi systématique. Sa critique est surtout indirecte, et il s'attache moins à peindre la situation actuelle qu'à tracer un tableau séduisant du passé. En cela il se montre habile écrivain et prudent politique. Des attaques trop vives rebuteraient le lecteur et éveilleraient les susceptibilités de la démocratie. La constitution qu'il réclame et qu'il présente comme étant la plus véritablement *démocratique* en réalité ne l'est pas. L'Aréopage de Solon était un corps *aristocratique*. Il se composait bien, comme l'Aréopage du quatrième siècle, des archontes sortis de charge; mais ces archontes, tirés au sort sur une liste de quarante membres choisis dans les rangs des deux premières classes, représentaient l'*aristocratie*. On ne peut rendre à l'Aréopage son autorité qu'en rétablissant l'ancien mode de nomination des archontes. Isocrate l'insinue prudemment. Mais en homme qui prévoit les objections, il s'appuie sur les noms de Solon et de Clisthène, citoyens dévoués entre tous à la démocratie, et il feint d'oublier qu'à côté d'Éphialte ou de Périclès, Solon et Clisthène sont des démocrates singulièrement timides. Et c'est encore par une équivoque qu'il se défend de toute attache avec l'aristocratie. Il confond l'aristocratie avec l'oligarchie et consacre la seconde partie de son discours à une critique très vive du gouvernement des Trente. Comme s'il n'y avait pas eu des divergences profondes entre les Trente! comme si les vues de Kritias avaient été les mêmes que celles de Théramène! Or précisément, quelque soin qu'il mette à parler de son attachement à la démocratie, Isocrate apparaît en conformité de vues avec ce dernier. Il n'a rien sans doute de sa souplesse et de son activité politique : il n'aurait pas été homme à profiter comme lui des circonstances : mais ce sont bien ses idées qu'il représente, avec les modifications qu'elles n'avaient pu manquer de subir au cours des événements et en passant par un esprit naturellement idéaliste et porté à prendre ses rêves pour des réalités.

I

NÉCESSITÉ DE RÉVISER LA CONSTITUTION

(§§ 9-18)

[9] Ἀπορῶ δὲ πότερον ὑπολάβω[1] μηδὲν μέλειν ὑμῖν τῶν κοινῶν πραγμάτων, ἢ φροντίζειν μὲν αὐτῶν, εἰς τοῦτο δ' ἀναισθησίας[2] ἥκειν ὥστε λανθάνειν ὑμᾶς εἰς ὅσην ταραχὴν ἡ πόλις καθέστηκεν. Ἐοίκατε γὰρ οὕτω[3] διακειμένοις ἀνθρώποις, οἵτινες[4] ἁπάσας μὲν τὰς πόλεις τὰς ἐπὶ Θρᾴκης[5] ἀπολωλεκότες, πλείω δ' ἢ χίλια τάλαντα μάτην εἰς τοὺς

1. Ὑπολάβω : subjonctif délibératif.

2. Ἀναισθησίας, « *manque de perspicacité* », « *aveuglement* ».

3. Οὕτω représente le membre de phrase précédent : εἰς τοῦτο δ' ἀναισθησίας... κ.τ.λ., et est expliqué par οἵτινες, « *vous qui* ».

4. Οἵτινες équivaut presque à οἵ. Cet emploi du relatif *indéfini*, pour désigner une catégorie *déterminée* d'objets ou de personnes, se rencontre (plusieurs fois chez Isocrate) dans des propositions finales, consécutives ou causales.

5. Τὰς ἐπὶ Θρᾴκης, « (*les villes situées*) *sur la côte de Thrace* ». Isocrate exagère; mais, à la date du discours, Philippe s'était emparé d'Amphipolis, de Pydna et de Potidée, et, par son alliance avec Olynthe, avait ruiné l'influence athénienne dans la Chalcidique.

ξένους[1] ἀνηλωκότες, [10] πρὸς δὲ τοὺς Ἕλληνας διαβεβλημένοι καὶ τῷ βαρβάρῳ[2] πολέμιοι γεγονότες, ἔτι δὲ τοὺς μὲν Θηβαίων φίλους[3] σῴζειν ἠναγκασμένοι, τοὺς δ' ἡμετέρους αὐτῶν συμμάχους[4] ἀπολωλεκότες, ἐπὶ τοιαύταις πράξεσιν εὐαγγέλια μὲν δὶς ἤδη τεθύκαμεν[5], ῥᾳθυμότερον δὲ περὶ αὐτῶν ἐκκλησιάζομεν[6] τῶν πάντα τὰ δέοντα πραττόντων.

[11] Καὶ ταῦτ' εἰκότως καὶ ποιοῦμεν καὶ πάσχομεν· οὐδὲν γὰρ οἷόν τε γίγνεσθαι κατὰ τρόπον[7] τοῖς μὴ καλῶς περὶ ὅλης τῆς διοικήσεως[8] βεβουλευμέ-

1. Εἰς τοὺς ξένους, « *pour (entretenir) des mercenaires* ». A savoir, pendant la guerre Sociale.

2. Τῷ βαρβάρῳ. Allusion à l'appui prêté par Charès au satrape Artabaze, soulevé contre Artaxerxès III Ochos. Les représentations faites par le roi de Perse au sujet de cette intervention avaient déterminé les Athéniens à mettre fin à la guerre Sociale.

3. Τοὺς μὲν... φίλους. Il s'agit probablement des Messéniens, alliés aux Thébains depuis l'expédition d'Épaminondas (369). Athènes s'était engagée à les protéger contre Sparte. Cf. Démosthène (XVI, 9).

4. Τοὺς... συμμάχους. Une partie seulement : les *contributions* (συντάξεις) de ceux qui étaient restés fidèles sont évaluées par Démosthène (XVIII, 234) à 45 talents.

5. Εὐαγγέλια... τεθύκαμεν, « *nous avons offert des sacrifices pour de bonnes nouvelles* ». Cf. Aristophane : εὐαγγέλια στεφανοῦν τινα, « *couronner quelqu'un pour de bonnes nouvelles* ». — Δὶς ἤδη : une fois sans doute pour la victoire de Charès ; la seconde fois pour un fait qui nous échappe.

6. Τεθύκαμεν... ἐκκλησιάζομεν. Isocrate a passé avec ἡμετέρους αὐτῶν de la 2ᵉ personne (ἐοίκατε) à la 1ʳᵉ. En prenant sa part du reproche qu'il adresse aux Athéniens, il en adoucit la sévérité. — Sur ἐκκλησιάζειν, cf. Ind., nº 26.

7. Κατὰ τρόπον, « *de la manière* (*voulue*) ».

8. Τῆς διοικήσεως, « *le gouvernement* ». Conformément à son habitude, Isocrate remonte au principe et va montrer que ce ne sont pas les succès du moment, mais l'excellence de la constitution qui fait la prospérité d'un État.

νοις, ἀλλ' ἂν καὶ[1] κατορθώσωσι περί τινας τῶν πρά ξεων ἢ διὰ τύχην ἢ δι' ἀνδρὸς ἀρετὴν[2], μικρὸν διαλιπόντες πάλιν εἰς τὰς αὐτὰς ἀπορίας κατέστησαν. Καὶ ταῦτα γνοίη τις ἂν ἐκ τῶν περὶ ἡμᾶς γεγενημένων. [12] Ἁπάσης γὰρ τῆς Ἑλλάδος[3] ὑπὸ τὴν πόλιν ἡμῶν ὑποπεσούσης καὶ μετὰ τὴν Κόνωνος ναυμαχίαν καὶ μετὰ τὴν Τιμοθέου στρατηγίαν, οὐδένα χρόνον τὰς εὐτυχίας[4] κατασχεῖν[5] ἠδυνήθημεν, ἀλλὰ ταχέως διεσκαριφησάμεθα[6] καὶ διελύσαμεν αὐτάς. Πολιτείαν γὰρ τὴν ὀρθῶς ἂν[7] τοῖς πράγμασι χρησαμένην οὔτ' ἔχομεν οὔτε καλῶς ζητοῦμεν. [13] Καίτοι τὰς εὐπραγίας ἅπαντες ἴσμεν καὶ παραγιγνομένας καὶ παραμενούσας οὐ τοῖς τὰ τείχη

1. Ἂν καί, « *en admettant que* », proposition conditionnelle concessive. Ἂν avec le subjonctif parce que κατέστησαν, aoriste *d'expérience*, équivaut pour le sens à un présent.

2. Δι' ἀνδρὸς ἀρετήν. Allusion à des succès comme ceux de Conon ou de Timothée.

3. Ἁπάσης... Ἑλλάδος. Exagération oratoire. Néanmoins, depuis la bataille de Cnide, 394 (τὴν Κόνωνος ναυμαχίαν), jusqu'aux succès de Timothée dans la mer Ionienne, 375 (τὴν Τιμοθέου στρατηγίαν), plus de 70 villes étaient rentrées dans l'alliance d'Athènes. L'acte réglant les conditions de la nouvelle confédération est de l'archontat de Nausinikos (378-77).

4. Τὰς εὐτυχίας. Avec sa précision ordinaire, Isocrate distingue entre les succès dus plus ou moins au hasard (τὰς εὐτυχίας), et ceux qui sont le résultat solide d'une bonne politique (τὰς εὐπραγίας). Cf. IV, 34, n. 6.

5. Κατασχεῖν. L'infinitif aoriste (quoique l'action exprimée par le verbe implique une idée de durée) à cause de οὐδένα χρόνον.

6. Διεσκαριφησάμεθα. Métaphore d'un ton familier. Σκάριφος désigne la pointe dont on se sert pour tracer une esquisse sur de la cire, et, par extension, les parcelles de cire que l'on détache de la tablette. De là le sens de διασκαριφᾶν, « *enlever en grattant* ». On peut traduire : « *nous avons émietté* ».

7. Ἂν... χρησαμένην. Le participe avec ἄν (*le cas échéant*) équivaut ici à un conditionnel se rapportant à l'avenir = ἣ... ἂν χρήσαιτο.

κάλλιστα καὶ μέγιστα περιβεβλημένοις[1], οὐδὲ τοῖς μετὰ πλείστων ἀνθρώπων εἰς τὸν αὐτὸν τόπον συνηθροισμένοις, ἀλλὰ τοῖς ἄριστα καὶ σωφρονέστατα τὴν αὑτῶν πόλιν διοικοῦσιν. [14] Ἔστι γὰρ ψυχὴ[2] πόλεως οὐδὲν ἕτερον[3] ἢ πολιτεία, τοσαύτην ἔχουσα δύναμιν, ὅσηνπερ ἐν σώματι φρόνησις. Αὕτη γάρ ἐστιν ἡ βουλευομένη περὶ ἁπάντων, καὶ τὰ μὲν ἀγαθὰ διαφυλάττουσα, τὰς δὲ συμφορὰς διαφεύγουσα. Ταύτῃ[4] καὶ τοὺς νόμους καὶ τοὺς ῥήτορας[5] καὶ τοὺς ἰδιώτας ἀναγκαῖόν ἐστιν[6] ὁμοιοῦσθαι καὶ πράττειν[7] οὕτως ἑκάστους, οἵανπερ ἂν ταύτην ἔχωσιν. [15] Ἧς ἡμεῖς διεφθαρμένης οὐδὲν φροντίζομεν, οὐδὲ σκοποῦμεν ὅπως ἐπανορθώσομεν αὐτήν· ἀλλ' ἐπὶ μὲν τῶν ἐργαστηρίων καθίζοντες[8]

1. Περιβεβλημένοις. Comparez περιβάλλω, « *jeter autour* », et περιβάλλεσθαι, « *jeter autour de soi pour se protéger, s'entourer de* ».

2. Ἔστι γὰρ ψυχή... κ. τ. λ. Sorte de maxime politique, ce qui explique l'omission de l'article devant le sujet πολιτεία, et plus loin devant σώματι. — Πολιτεία désigne moins « *la constitution* » que « *les maximes et les mœurs politiques* ». C'est véritablement l'*esprit* qui vivifie les institutions. De là la personnification qu'en fait ensuite Isocrate. Cf. Démosthène, cité par Stobée : Δημοσθένης ἔφη πόλεως εἶναι τὴν ψυχὴν τοὺς νόμους », et Isocrate (XII, 138).

3. Ἕτερον et non ἄλλο. Cf. IV, 21, n. 3.

4. Ταύτῃ répète αὕτη et désigne πολιτεία qui précède. D'où l'absence de particule de liaison.

5. Τοὺς ῥήτορας. Cf. Lysias, XII, 72, n. 5.

6. Ἀναγκαῖόν ἐστιν marque une *nécessité de fait*. Χρή ou δεῖ indiqueraient une *obligation morale*. — Cf. Platon (*Gorgias*, 512 E.

7. Πράττειν, intransitif, comme dans les locutions εὖ, κακῶς πράττειν. — Οὕτως est en corrélation avec οἵανπερ, comme il le serait avec ὥσπερ.

8. Ἐπὶ... καθίζοντες. Sur cet usage, cf. Lysias, XXIV, 19. Une certaine recherche du pittoresque, une certaine finesse ironique

κατηγοροῦμεν τῶν καθεστώτων καὶ λέγομεν ὡς οὐδέποτ' ἐν δημοκρατίᾳ κάκιον ἐπολιτεύθημεν, ἐν δὲ τοῖς πράγμασι[1] καὶ ταῖς διανοίαις αἷς ἔχομεν μᾶλλον αὐτὴν[2] ἀγαπῶμεν τῆς ὑπὸ τῶν προγόνων καταλειφθείσης. Ὑπὲρ ἧς ἐγὼ καὶ τοὺς λόγους μέλλω ποιεῖσθαι καὶ τὴν πρόσοδον ἀπεγραψάμην[3]. [16] Εὑρίσκω γὰρ ταύτην[4] μόνην ἂν γενομένην[5] καὶ τῶν μελλόντων κινδύνων ἀποτροπὴν καὶ τῶν παρόντων κακῶν ἀπαλλαγὴν, ἢν ἐθελήσωμεν ἐκείνην τὴν δημοκρατίαν ἀναλαβεῖν, ἣν Σόλων[6] μὲν ὁ δημοτικώτατος γενόμενος ἐνομοθέτησε, Κλεισθένης[7] δ' ὁ τοὺς τυράννους ἐκβαλὼν καὶ τὸν δῆμον καταγαγὼν πάλιν ἐξ ἀρχῆς κατέστησεν. [17] Ἧς οὐκ ἂν εὕροιμεν οὔτε δημοτικωτέραν[8] οὔτε τῇ πόλει μᾶλλον

dans l'observation, contrastent ici avec les qualités ordinaires d'Isocrate.

1. Ἐν δὲ τοῖς πράγμασι... κ. τ. λ. opposé à ἐπὶ μὲν τῶν ἐργαστηρίων.

2. Αὐτήν = τὴν δημοκρατίαν, ἐν ᾗ νῦν πολιτευόμεθα.

3. Ὑπὲρ ἧς... τὴν πρόσοδον ἀπεγραψάμην. Quand un citoyen *se faisait inscrire* (ἀπογράφεσθαι) pour développer une proposition devant l'assemblée, il devait spécifier l'objet de cette proposition. Isocrate rappelle la déclaration qu'il est censé avoir faite aux Prytanes. Cf. Ind., n° 30.

4. Ταύτην = τοῦτο (par attraction) et représente la proposition conditionnelle : ἢν ἐθελήσωμεν κ. τ. λ.; cf. Lysias, XXIV, 10 n. 3.

5. Ἂν γενομένην = ἣ γένοιτο ἄν, cf. § 12, n. 7.

6. Σόλων. Voyez l'Argument et Esch., III, 257, n. 4.

7. Κλεισθένης. Clisthène, devenu chef du peuple (προστάτης τοῦ δήμου) après la chute des Pisistratides (τοὺς τυράννους), avait repris l'œuvre de Solon, rétablissant celles de ses lois qui avaient été abrogées par les tyrans et en instituant de nouvelles. La plus importante de ses réformes fut celle qui répartit tous les citoyens en dix tribus. L'expression τὸν δῆμον καταγαγών paraît confirmée par Aristote (*Const. d'Athènes*, XX). Clisthène, d'abord exilé par Isagoras, était rentré avec les bannis.

8. Δημοτικωτέραν, « *plus favo-*

συμφέρουναν. Τεκμήριον δὲ[1] μέγιστον· οἱ μὲν γὰρ ἐκείνῃ χρώμενοι, πολλὰ καὶ καλὰ διαπραξάμενοι καὶ παρὰ πᾶσιν ἀνθρώποις εὐδοκιμήσαντες, παρ' ἑκόντων τῶν Ἑλλήνων τὴν ἡγεμονίαν ἔλαβον[2], οἱ δὲ τῆς νῦν παρούσης ἐπιθυμήσαντες, ὑπὸ πάντων μισηθέντες καὶ πολλὰ καὶ δεινὰ παθόντες, μικρὸν ἀπέλιπον τοῦ μὴ[3] ταῖς ἐσχάταις συμφοραῖς περιπεσεῖν. [18] Καίτοι πῶς[4] χρὴ ταύτην[5] τὴν πολιτείαν ἐπαινεῖν ἢ στέργειν τὴν τοσούτων μὲν κακῶν αἰτίαν πρότερον γενομένην, νῦν δὲ καθ' ἕκαστον τον ἐνιαυτὸν ἐπὶ τὸ χεῖρον φερομένην[6]; Πῶς δ' οὐ χρὴ δεδιέναι μὴ τοιαύτης ἐπιδόσεως[7] γιγνομένης τελευτῶντες[8] εἰς τραχύτερα πράγματα τῶν τότε[9] γενομένων ἐξοκείλωμεν[10];

rable au peuple », s'applique ordinairement à des personnes et s'oppose à ὀλιγαρχικός.

1. Τεκμήριον δὲ... κ. τ. λ., sous-ent. τόδε ἐστίν. Après cette expression et d'autres du même genre : σημεῖον δέ, κεφάλαιον δέ, γάρ est explicatif et n'a pas d'équivalent en français.

2. Παρ' ἑκόντων... ἔλαβον, cf. IV, 72, n. 3.

3. Μικρὸν ἀπέλιπον τοῦ μή. « *il s'en fallut de peu qu'ils ne....* » Le grec emploie la tournure personnelle, et la locution se construit, comme les verbes signifiant *empêcher*, avec l'infinitif, soit seul, soit précédé de l'article et presque toujours accompagné de μή.

4. Καίτοι πῶς; Voyez : IV, 31, n. 11.

5. Ταύτην, à savoir : τὴν τοσούτων...γενομένην. Cf. IV, 21, n. 1.

6. Φερομένην. Cette décadence entraîne avec elle, en vertu du principe posé plus haut, la ruine de tout l'État.

7. Ἐπιδόσεως, « *progrès* ». Le mot est rarement pris dans le sens défavorable qu'il a ici.

8. Τελευτῶντες. Cf. Lys., XXXII, 11, n. 1.

9. Τότε, à savoir : à la fin de la guerre du Péloponnèse.

10. Ἐξοκείλωμεν correspond à τραχύτερα. Métaphore empruntée à la navigation et qui se retrouve dans XV, 268.

II

LA DÉMOCRATIE AU TEMPS DE SOLON ET DE CLISTHÈNE

(§§ 19-35)

[19] Ἵνα δὲ[1] μὴ συλλήβδην μόνον ἀκηκοότες ἀλλ' ἀκριβῶς εἰδότες ποιῆσθε καὶ τὴν αἵρεσιν καὶ τὴν κρίσιν αὐτῶν[2], ὑμέτερον μὲν ἔργον ἐστὶ παρασχεῖν ὑμᾶς αὐτοὺς προσέχοντας τὸν νοῦν τοῖς ὑπ' ἐμοῦ λεγομένοις, ἐγὼ δ' ὡς ἂν δύνωμαι συντομώτατα περὶ ἀμφοτέρων τούτων πειράσομαι διελθεῖν[3] πρὸς ὑμᾶς.

[20] Οἱ γὰρ κατ' ἐκεῖνον τὸν χρόνον τὴν πόλιν διοικοῦντες κατεστήσαντο πολιτείαν οὐκ ὀνόματι μὲν τῷ κοινοτάτῳ[4] καὶ πραοτάτῳ προσαγορευομένην, ἐπὶ[5] δὲ τῶν πράξεων οὐ τοιαύτην τοῖς ἐντυγχάνουσι φαινομένην, οὐδ' ἣ τοῦτον τὸν τρόπον ἐπαίδευε τοὺς πολίτας ὥσθ'[6] ἡγεῖσθαι τὴν μὲν ἀκολασίαν δημοκρατίαν, τὴν δὲ παρανομίαν ἐλευθερίαν, τὴν δὲ παρρη-

1. Ἵνα δὲ... κ. τ. λ. Isocrate vieilli multiplie et prolonge les formules de transition.

2. Αὐτῶν, cf. plus bas : **ἀμφοτέρων τούτων** : la constitution actuelle et celle de Solon.

3. Περὶ... διελθεῖν. On trouve également διέρχεσθαι construit avec l'accusatif. Mais Isocrate, pour des raisons de rythmique, a une tendance à préférer les tournures composées.

4. **Κοινοτάτῳ**, « *le plus large* » (litt. : *applicable à tous, général*), parce qu'il est pris non à un parti, mais au peuple lui-même (δῆμος).

5. 'Επὶ δὲ... κ.τ.λ. est en corrélation étroite avec **ὀνόματι μέν** et dépend également de **οὐκ**. — 'Επί avec le génitif désigne l'objet sur lequel on s'appuie pour porter un jugement, « *d'après* ».

6. Ὥστε définit **τὸν τρόπον**.

σίαν[1] ἰσονομίαν, τὴν δ' ἐξουσίαν τοῦ ταῦτα ποιεῖν[2] εὐδαιμονίαν, ἀλλὰ[3] καὶ μισοῦσα καὶ κολάζουσα τοὺς τοιούτους, βελτίους καὶ σωφρονεστέρους ἅπαντας τοὺς πολίτας ἐποίησεν. [21] Μέγιστον δ' αὐτοῖς συνεβάλετο[4] πρὸς τὸ καλῶς οἰκεῖν τὴν πόλιν, ὅτι, δυοῖν ἰσοτήτοιν[5] νομιζομέναιν εἶναι, καὶ τῆς μὲν[6] ταὐτὸν ἅπασιν ἀπονεμούσης, τῆς δὲ τὸ προσῆκον ἑκάστοις, οὐκ ἠγνόουν τὴν χρησιμωτέραν, ἀλλὰ τὴν μὲν τῶν αὐτῶν[7] ἀξιοῦσαν τοὺς χρηστοὺς καὶ τοὺς πονηροὺς ἀπεδοκίμαζον ὡς οὐ δικαίαν οὖσαν, [22] τὴν δὲ κατὰ τὴν ἀξίαν ἕκαστον τιμῶσαν καὶ κολάζουσαν προῃροῦντο καὶ διὰ ταύτης[8] ᾤκουν τὴν πόλιν, οὐκ ἐξ ἁπάντων τὰς ἀρχὰς κληροῦντες, ἀλλὰ τοὺς βελτίστους καὶ τοὺς ἱκανωτάτους ἐφ' ἕκαστον

1. Τὴν παρρησίαν. Dans tout ce passage, où Isocrate fait sous forme indirecte la critique de la démocratie contemporaine, les termes s'opposent deux à deux. Par suite παρρησία opposé à ἰσονομία, « *l'égalité* », est pris dans un sens défavorable, « *la liberté de tout dire* », un peu différent de son sens ordinaire.

2. Ταῦτα ποιεῖν, à savoir : les actions représentées par les termes abstraits ἀκολασία, παρανομία κ. τ. λ. De même τοὺς τοιούτους, ceux qui les commettent.

3. Ἀλλά répond aux deux négations οὐκ et οὐδέ qui précèdent.

4. Συνεβάλετο a pour sujet toute la proposition commençant par ὅτι.

5. Δυοῖν ἰσοτήτοιν. Platon (*Lois*, 757 B sq.) distingue aussi ces *deux sortes d'égalité*, et après les avoir définies conclut ainsi : Οὕτω δὴ χρηστέον ἀναγκαίως μὲν τοῖν ἰσοτήτοιν ἀμφοῖν, ὡς δ' ὅ τι μάλιστα ἐπ' ὀλιγίστοις τῇ ἑτέρᾳ, τῇ τῆς τύχης δεομένῃ. Pour lui, comme pour Isocrate, le législateur doit combiner l'*élection* (qui correspond à la vraie égalité) avec le *tirage au sort* (qui correspond à la fausse égalité).

6. Καὶ τῆς μέν. Nouvelle proposition au génitif absolu et non pas simple détermination attributive de ἰσοτήτοιν.

7. Τῶν αὐτῶν, génitif dépendant de ἀξιοῦσαν.

8. Διά avec le génitif, « *par le moyen de* », cf. plus bas διὰ τοῦ λαγχάνειν.

τῶν ἔργων προκρίνοντες[1]. Τοιούτους γὰρ ἤλπιζον ἔσεσθαι καὶ τοὺς ἄλλους[2] οἷοί περ ἂν ὦσιν οἱ τῶν πραγμάτων ἐπιστατοῦντες. [23] Ἔπειτα καὶ δημοτικωτέραν ἐνόμιζον εἶναι ταύτην τὴν κατάστασιν[3] ἢ τὴν διὰ τοῦ λαγχάνειν[4] γιγνομένην· ἐν μὲν γὰρ τῇ κληρώσει τὴν τύχην βραβεύσειν καὶ πολλάκις λήψεσθαι τὰς ἀρχὰς τοὺς ὀλιγαρχίας ἐπιθυμοῦντας, ἐν δὲ τῷ προκρίνειν τοὺς ἐπιεικεστάτους[5] τὸν δῆμον ἔσεσθαι κύριον ἑλέσθαι τοὺς ἀγαπῶντας μάλιστα τὴν καθεστῶσαν πολιτείαν.

[24] Αἴτιον δ' ἦν τοῦ ταῦτα τοῖς πολλοῖς ἀρέσκειν καὶ μὴ περιμαχήτους εἶναι τὰς ἀρχάς, ὅτι μεμαθηκότες ἦσαν ἐργάζεσθαι καὶ φείδεσθαι, καὶ μὴ[6] τῶν μὲν οἰκείων ἀμελεῖν, τοῖς δ' ἀλλοτρίοις ἐπιβουλεύειν[7], μηδ' ἐκ τῶν δημοσίων[8] τὰ σφέτερ'

1. Προκρίνοντες s'oppose pour le sens à ἐξ ἁπάντων. On désignait les archontes en les « *tirant au sort* » (κληροῦντες), « *non parmi tous les citoyens* » (οὐκ ἐξ ἁπάντων) mais sur une liste de 40 candidats dressée par les tribus (προκρίνειν : « *désigner auparavant* »). Cette phrase très précise d'Isocrate confirme un passage contesté à tort d'Aristote (*Constitution d'Athènes*, VIII) : τὰς δ' ἀρχὰς ἐποίησε (Solon) κληρωτὰς ἐκ προκρίτων, οὓς ἑκάστη προκρίνειε τῶν φυλῶν. Cf. Ind., n° 47.

2. Καὶ τοὺς ἄλλους, « *les autres citoyens eux aussi* », par opposition à οἱ... ἐπιστατοῦντες.

3. Τὴν κατάστασιν, « *le mode de nomination* », cf. l'expression : ἐπὶ τὰς ἀρχὰς καθιστάναι, « *nommer aux magistratures* ».

4. Λαγχάνειν = κληροῦσθαι.

5. Τοὺς ἐπιεικεστάτους, « *les plus qualifiés* » (ἐπιεικής, litt. : *d'une juste mesure, approprié à*).

6. Μή porte à la fois sur ἀμελεῖν et sur ἐπιβουλεύειν.

7. Ἐπιβουλεύειν. Soit en provoquant des confiscations sur lesquelles ils avaient leur part, soit en se faisant payer par un accusé pour renoncer à une poursuite engagée contre lui, les *sycophantes* étaient devenus une des plaies de la démocratie athénienne. Cf. Lysias, XXIV, 19.

8. Ἐκ τῶν δημοσίων, « *aux*

αὐτῶν διοικεῖν, ἀλλ' ἐκ τῶν ἑκάστοις ὑπαρχόντων, εἴ ποτε δεήσειε, τοῖς κοινοῖς ἐπαρκεῖν[1], μηδ' ἀκριβέστερον εἰδέναι τὰς ἐκ τῶν ἀρχείων[2] προσόδους ἢ τὰς ἐκ τῶν ἰδίων γιγνομένας αὐτοῖς. [25] Οὕτω[3] δ' ἀπείχοντο σφόδρα τῶν τῆς πόλεως, ὥστε χαλεπώτερον ἦν ἐν ἐκείνοις τοῖς χρόνοις εὑρεῖν τοὺς βουλομένους ἄρχειν ἢ νῦν τοὺς μηδὲν δεομένους[4]· οὐ γὰρ ἐμπορίαν, ἀλλὰ λητουργίαν ἐνόμιζον εἶναι τὴν τῶν κοινῶν ἐπιμέλειαν, οὐδ' ἀπὸ τῆς πρώτης ἡμέρας ἐσκόπουν[5] ἐλθόντες εἴ τι λῆμμα παραλελοίπασιν οἱ πρότερον ἄρχοντες, ἀλλὰ πολὺ μᾶλλον εἴ τινος πράγματος κατημελήκασι τῶν τέλος ἔχειν κατεπειγόντων[6]. [26] Ὡς δὲ συντόμως εἰπεῖν, ἐκεῖνοι διεγνωκότες ἦσαν ὅτι δεῖ τὸν μὲν δῆμον ὥσπερ

frais du trésor ». Allusion à l'institution d'un traitement pour les membres du conseil, pour une partie de ceux qui assistaient aux séances de l'assemblée et pour les juges (μισθὸς βουλευτικός, ἐκκλησιαστικός, δικαστικός), et surtout à la création du *fonds théorique*, (θεωρικόν). Ind., nos 21, 26, 60 et 39.

1. Ἐπαρκεῖν, par les contributions appelées εἰσφοραί. Cf. Ind., n° 100.

2. Ἐκ τῶν ἀρχείων, litt. : *des lieux où se réunissent les magistrats*, trad. : « *de l'exercice des magistratures* ». La démocratie en se développant avait peu à peu établi des salaires pour toutes les magistratures. Cf. Ind., n° 38.

3. Οὕτω. Liez οὕτω σφόδρα.

4. Δεομένους, sous-ent. ἄρχειν. L'expression οὐδὲν δέομαι est une litote attique qui signifie « *ne pas se soucier de* » (litt. : *ne pas avoir besoin de*, par suite, *ne pas désirer*). — Ailleurs (XII, 145) Isocrate dit, en parlant des anciennes magistratures, qu'elles étaient semblables λητουργίαις ταῖς... ἐνοχλούσαις μὲν οἷς ἂν προσταχθῶσι, τιμὴν δέ τινα περιτιθείσαις αὐτοῖς.

5. Οὐδ'... ἐσκόπουν. Ici encore l'effort d'Isocrate pour donner à sa pensée un tour plus piquant est sensible. Cf. §§ 15 et 54.

6. Τῶν... κατεπειγόντων, « *parmi les affaires urgentes* » (litt. : *de celles demandant à avoir une fin*). Isocrate emploie de même τὰ κατεπείγοντα ῥηθῆναι, « *ce qu'il est urgent de dire* ».

τύραννον καθιστάναι τὰς ἀρχὰς καὶ κολάζειν τοὺς ἐξαμαρτάνοντας[1] καὶ κρίνειν[2] περὶ τῶν ἀμφισβητουμένων, τοὺς δὲ σχολὴν ἄγειν δυναμένους καὶ βίον ἱκανὸν κεκτημένους ἐπιμελεῖσθαι τῶν κοινῶν ὥσπερ οἰκέτας, καὶ δικαίους μὲν γενομένους ἐπαινεῖσθαι καὶ στέργειν[3] ταύτῃ τῇ τιμῇ, [27] κακῶς δὲ διοικήσαντας μηδεμιᾶς συγγνώμης τυγχάνειν, ἀλλὰ ταῖς μεγίσταις ζημίαις περιπίπτειν. Καίτοι πῶς ἄν τις εὕροι ταύτης[4] βεβαιοτέραν ἢ δικαιοτέραν δημοκρατίαν, τῆς τοὺς μὲν δυνατωτάτους ἐπὶ τὰς πράξεις καθιστάσης, αὐτῶν δὲ τούτων τὸν δῆμον κύριον ποιούσης;

[28] Τὸ μὲν οὖν σύνταγμα τῆς πολιτείας τοιοῦτον ἦν αὐτοῖς· ῥᾴδιον δ' ἐκ τούτων καταμαθεῖν ὡς καὶ τὰ κατὰ τὴν ἡμέραν ἑκάστην[5] ὀρθῶς καὶ νομίμως πράττοντες διετέλεσαν. Ἀνάγκη γὰρ τοῖς περὶ ὅλων τῶν πραγμάτων καλὰς τὰς ὑποθέσεις[6] πεποιημένοις καὶ τὰ μέρη τὸν αὐτὸν τρόπον ἔχειν ἐκείνοις[7].

1. Τοὺς ἐξαμαρτανοντας. Entendez : ἄρχοντας. A l'époque d'Isocrate le peuple exerce encore une sorte de juridiction sur les magistrats. Cf. Ind., n° 52.

2. Κρίνειν... κ. τ. λ. Cf. Aristote (Πολ. 'Αθ., IX) : « Les lois n'étant pas rédigées avec clarté et simplicité, il en résultait forcément de nombreuses controverses (ἀμφισβητήσεις), et les tribunaux, chargés de les trancher, devenaient les arbitres de tous les intérêts, publics et privés. »

3. Στέργειν, « *se contenter de* ».

4. Ταύτης. Cf. IV, 21, n. 1.

5. Τὰ κατὰ... ἑκάστην, « *la vie de chaque jour* », cf. la même expression employée dans le même sens, mais sous deux formes différentes, VII, 40 et 53. Au contraire, IV, 34 : τὰ καθ' ἡμέραν, « *ce qui fait partie de la vie de chaque jour* ».

6. Τὰς ὑποθέσεις, cf. XV, 276, n. 5.

7. 'Εκείνοις = ὅλοις τοῖς πράγμασι. Cf. Lys., XII, 74, n. 3.

[29] Καὶ πρῶτον μὲν τὰ περὶ τοὺς θεούς, ἐντεῦθεν γὰρ ἄρχεσθαι δίκαιον, οὐκ ἀνωμάλως[1] οὐδ' ἀτάκτως οὔτ' ἐθεράπευον οὔτ' ὠργίαζον[2], οὐδ' ὁπότε μὲν δόξειεν[3] αὐτοῖς, τριακοσίους βοῦς ἔπεμπον[4], ὁπότε δὲ τύχοιεν[5], τὰς πατρίους θυσίας ἐξέλειπον· οὐδὲ τὰς μὲν ἐπιθέτους[6] ἑορτάς, αἷς ἑστίασίς τις προσείη, μεγαλοπρεπῶς ἦγον, ἐν δὲ τοῖς ἁγιωτάτοις τῶν ἱερῶν ἀπὸ μισθωμάτων[7] ἔθυον, [30] ἀλλ' ἐκεῖνο μόνον ἐτήρουν, ὅπως μηδὲν μήτε τῶν πατρίων καταλύσουσι[8] μήτ' ἔξω τῶν νομιζομένων προσθήσουσιν. Οὐ γὰρ ἐν ταῖς πολυτελείαις ἐνόμιζον εἶναι τὴν εὐσέβειαν, ἀλλ' ἐν τῷ μηδὲν κινεῖν ὧν αὐτοῖς οἱ πρόγονοι παρέδοσαν. Καὶ γάρ τοι[9] καὶ τὰ

1. Ἀνωμάλως, « *d'une façon capricieuse* ». ἀτάκτως, « *sans suivre de règles* ». Cf. un peu plus bas § 30 les deux adverbes correspondants, ἐμπλήκτως, « *sans raison* » (litt. : *d'une manière précipitée, par à coups*), ταραχωδῶς, « *d'une manière irrégulière* (et par suite imprévue et déconcertante).

2. Ὠργίαζον. — Ὀργιάζειν (proprement, *célébrer les mystères de Dionysos*). signifie ici, d'une manière générale, célébrer les cérémonies du culte.

3. Δόξειεν : optatif marquant la répétition dans le passé.

4. Ἔπεμπον, « *ils organisaient un cortège* » (πομπή). Il était d'usage de faire défiler dans les processions les victimes destinées aux sacrifices.

5. Τύχοιεν, sous-ent. ἐκλείποντες. Sur cet emploi de τυγχάνω, cf. Lysias, XII, 18, n. 8.

6. Ἐπιθέτους, « *nouvellement introduites* ». Pour ἑστίασις, cf. Ind., n° 103.

7. Ἀπὸ μισθωμάτων, « *au moyen d'adjudications* » (de façon à les faire célébrer par celui qui avait les prétentions les moins élevées). Sur le sens de ἀπό, cf. IV, 78, n. 5.

8. Καταλύσουσι, cf. IV, 78, n. 1.

9. Καὶ γάρ τοι, comme τοιγάρτοι et τοιγαροῦν marque plus fortement que ne ferait τοίνυν que ce qu'on va dire est la conséquence de ce qui précède. On peut traduire suivant les cas : « *et voilà pourquoi, c'est pour cela que aussi* ».

παρὰ τῶν θεῶν[1] οὐκ ἐμπλήκτως οὐδὲ ταραχωδῶς αὐτοῖς συνέβαινεν, ἀλλ' εὐκαίρως καὶ πρὸς τὴν ἐργασίαν τῆς χώρας καὶ πρὸς τὴν συγκομιδὴν τῶν καρπῶν.

[31] Παραπλησίως δὲ τοῖς εἰρημένοις καὶ τὰ πρὸς σφᾶς αὐτοὺς[2] διῴκουν. Οὐ γὰρ μόνον περὶ τῶν κοινῶν ὡμονόουν, ἀλλὰ καὶ περὶ τὸν ἴδιον βίον τοσαύτην ἐποιοῦντο πρόνοιαν ἀλλήλων, ὅσηνπερ χρὴ[3] τοὺς εὖ φρονοῦντας καὶ πατρίδος κοινωνοῦντας. Οἵ τε γὰρ[4] πενέστεροι τῶν πολιτῶν τοσοῦτον ἀπεῖχον τοῦ φθονεῖν τοῖς πλείω κεκτημένοις, [32] ὥσθ' ὁμοίως ἐκήδοντο τῶν οἴκων[5] τῶν μεγάλων ὥσπερ τῶν σφετέρων αὐτῶν, ἡγούμενοι τὴν ἐκείνων εὐδαιμονίαν αὑτοῖς εὐπορίαν ὑπάρχειν· οἵ τε τὰς οὐσίας ἔχοντες οὐχ ὅπως[6] ὑπερεώρων τοὺς καταδεέστερον πράττοντας[7], ἀλλ' ὑπολαμβάνοντες αἰσχύνην αὑτοῖς εἶναι τὴν τῶν πολιτῶν ἀπορίαν ἐπήμυνον ταῖς ἐνδείαις, τοῖς μὲν γεωργίας[8] ἐπὶ μετρίαις μισθώσεσι παραδιδόντες, τοὺς δὲ κατ' ἐμπορίαν ἐκπέμποντες,

1. Τὰ παρὰ τῶν θεῶν, « *les dons des dieux* », expression générale, précisée ensuite par πρὸς τὴν ἐργασίαν... κ. τ. λ.

2. Τὰ πρὸς σφᾶς αὐτούς, « *leurs rapports entre eux* ». Le pronom réfléchi employé pour le pronom réciproque. Cf. IV, 34, n. 8.

3. Χρή, à savoir : ποιεῖσθαι.

4. Οἵ τε γάρ correspond à οἵ τε τὰς οὐσίας.— Τε répété peut s'employer pour relier non deux mots, mais, comme ici, deux propositions.

5. Τῶν οἴκων. — Οἶκος désigne l'ensemble des biens, le domaine. Cf. Lysias, XII, 93, n. 7.

6. Οὐχ ὅπως... ἀλλά = *non modo non... sed*, « *bien loin de... au contraire* ». La locution s'explique par l'ellipse d'un verbe signifiant *dire* : οὐ (λέγω) ὅπως... ἀλλά.

7. Τοὺς... πράττοντας. Cf. § 44, n. 6.

8. Γεωργίας. « *des fermes* » (litt. : *des cultures*). On voit par le discours de Lysias *Sur l'Olivier*, § 4, que l'usage d'affermer ses terres

τοῖς δ' εἰς τὰς ἄλλας ἐργασίας ἀφορμὴν[1] παρέχοντες. [33] Οὐ γὰρ ἐδέδισαν μὴ δυοῖν θάτερον[2] πάθοιεν, ἢ πάντων στερηθεῖεν, ἢ πολλὰ πράγματα σχόντες[3] μέρος τι κομίσαιντο τῶν προεθέντων[4], ἀλλ' ὁμοίως ἐθάρρουν περὶ τῶν ἔξω δεδομένων ὥσπερ περὶ τῶν ἔνδον ἀποκειμένων.

Ἑώρων γὰρ τοὺς περὶ τῶν συμβολαίων[5] κρίνοντας οὐ ταῖς ἐπιεικείαις[6] χρωμένους, ἀλλὰ τοῖς νόμοις πειθομένους, [34] οὐδ' ἐν[7] τοῖς τῶν ἄλλων ἀγῶσιν αὑτοῖς ἀδικεῖν ἐξουσίαν παρασκευάζοντας[8], ἀλλὰ μᾶλλον ὀργιζομένους τοῖς ἀποστεροῦσιν[9] αὐτῶν τῶν ἀδικουμένων[10] καὶ νομίζοντας διὰ τοὺς ἄπιστα τὰ συμβόλαια ποιοῦντας μείζω[11] βλάπτεσθαι

était alors très répandu. — Μίσθωσις, « *fermage* ».

1. Ἀφορμήν, « *un capital* » (littéralement : *ressources pour entreprendre*). Cf. Lysias, XXIV, 24, n. 8

2. Δυοῖν θάτερον, « *de deux choses l'une* ». La construction ordinaire serait δυοῖν θάτερον ἢ... ἢ (sans πάθοιεν). Cf. la même expression employée de même par Lysias, XII, 34.

3. Πολλὰ πράγματα σχόντες, « *après beaucoup d'ennuis* » (pour le sens de πράγματα, cf. Lysias, VII, 1). Le participe ici comme souvent exprime l'action importante.

4. Τῶν προεθέντων, « *leurs avances* », à peu près synonyme de τῶν ἔξω δεδομένων, « *l'argent en circulation* », opposé dans la suite à τῶν ἔνδον ἀποκειμένων « *l'argent en caisse* ».

5. Τῶν συμβολαίων, « *les dettes* ». Plus bas, τὰ συμβόλαια, « *les contrats* ». Cf. § 35.

6. Ταῖς ἐπιεικείαις, « *les ménagements* ».

7. Ἐν. Cf. Lysias, XII, 27, n. 3.

8. Αὑτοῖς... παρασκευάζοντας, en s'assurant par leurs complaisances la complicité de gens qui d'un jour à l'autre pouvaient être leurs juges.

9. Τοῖς ἀποστεροῦσιν, « *les spoliateurs* ». Ἀποστερῶ est employé absolument.

10. Αὐτῶν τῶν..., κ. τ. λ., génitif dépendant de μᾶλλον. Construisez de même τῶν κεκτημένων avec μείζω.

11. Μείζω βλάπτεσθαι = μείζου (βλαβάς) βλάπτεσθαι.

τοὺς πένητας τῶν πολλὰ κεκτημένων· τοὺς μὲν γὰρ, ἢν παύσωνται προϊέμενοι, μικρῶν προσόδων ἀποστερήσεσθαι[1], τοὺς δ' ἢν ἀπορήσωσι τῶν ἐπαρκούντων, εἰς τὴν ἐσχάτην ἔνδειαν καταστήσεσθαι. [35] Καὶ γάρ τοι[2] διὰ τὴν γνώμην ταύτην οὐδεὶς οὔτ' ἀπεκρύπτετο τὴν οὐσίαν οὔτ' ὤκνει συμβάλλειν[3], ἀλλ' ἥδιον ἑώρων τοὺς δανειζομένους ἢ τοὺς ἀποδιδόντας. Ἀμφότερα γὰρ αὐτοῖς συνέβαινεν, ἅπερ ἂν βουληθεῖεν ἄνθρωποι νοῦν ἔχοντες· ἅμα γὰρ τούς τε πολίτας[4] ὠφέλουν καὶ τὰ σφέτερ' αὑτῶν ἐνεργὰ[5] καθίστασαν. Κεφάλαιον[6] δὲ τοῦ καλῶς ἀλλήλοις ὁμιλεῖν· αἱ μὲν γὰρ κτήσεις ἀσφαλεῖς ἦσαν οἷσπερ κατὰ τὸ δίκαιον ὑπῆρχον, αἱ δὲ χρήσεις κοιναὶ πᾶσι τοῖς δεομένοις τῶν πολιτῶν

III

L'ARÉOPAGE GARDIEN DE LA DÉMOCRATIE

(§§ 36-55)

[36] Ἴσως ἂν οὖν τις ἐπιτιμήσειε τοῖς εἰρημέ-

1. Ἀποστερήσεσθαι. Futur moyen à sens passif dépendant de νομίζοντας. De même καταστήσεσθαι. — Τοὺς μέν, « *les riches* », τοὺς δέ, « *les pauvres* ».
2. Καὶ γάρ τοι. Cf. § 30, n. 9.
3. Συμβάλλειν, « *prêter* ». Litt. : *apporter ensemble* c.-à-d. échanger une somme d'argent contre un reçu. Le mot exprime à la fois l'acte de l'emprunteur et celui du prêteur.
4. Τοὺς πολίτας, « *leurs concitoyens* ». Isocrate emploie également συμπολιτευόμενοι.
5. Ἐνεργά, « *productifs* ».
6. Κεφάλαιον ... αἱ μὲν γὰρ κτήσεις, « *résultat général... : la richesse acquise...,* » etc. Cf. § 17. n. 2.

νοις, ὅτι τὰς μὲν πράξεις ἐπαινῶ τὰς ἐν ἐκείνοις τοῖς χρόνοις γιγνομένας, τάς, δ' αἰτίας οὐ φράζω δι' ἃς οὕτω καλῶς καὶ τὰ πρὸς σφᾶς αὐτοὺς[1] εἶχον καὶ τὴν πόλιν διῴκουν. Ἐγὼ δ' οἶμαι[2] μὲν εἰρηκέναι τι καὶ τοιοῦτον, οὐ μὴν ἀλλ'[3] ἔτι πλείω καὶ σαφέστερον πειράσομαι διαλεχθῆναι περὶ αὐτῶν. [37] Ἐκεῖνοι γὰρ οὐκ ἐν μὲν[4] ταῖς παιδείαις πολλοὺς τοὺς ἐπιστατοῦντας εἶχον, ἐπειδὴ δ' εἰς ἄνδρας δοκιμασθεῖεν, ἐξῆν αὐτοῖς ποιεῖν ὅ τι βουληθεῖεν, ἀλλ' ἐν ταύταις ταῖς ἀκμαῖς πλείονος ἐπιμελείας ἐτύγχανον ἢ παῖδες ὄντες. Οὕτω[5] γὰρ ἡμῶν οἱ πρόγονοι σφόδρα περὶ τὴν σωφροσύνην ἐσπούδαζον, ὥστε[6] τὴν ἐξ Ἀρείου πάγου[7] βουλὴν ἐπέστησαν ἐπιμελεῖσθαι[8] τῆς εὐκοσμίας, ἧς[9] οὐχ οἷόν τ' ἦν

1. **Σφᾶς αὐτούς. Cf. § 31, n. 2.**

2. **Εἶχον... διῴκουν.** Sujet **οἱ ἐν** ἐκείνοις τοῖς χρόνοις facile à suppléer d'après ce qui précède.

3. Οὐ μὴν ἀλλά, « *néanmoins* ». Cf. IV, 85, n. 4.

4. Οὐκ ἐν μέν... κ. τ. λ. Cf. la même construction, IV, 76, n. 1. Isocrate qui songe toujours au présent en étudiant le passé, critique moins le grand nombre des *maîtres* (τοὺς ἐπιστατοῦντας) donnés aux enfants « *pendant leur éducation* » (ἐν ταῖς παιδείαις) que l'indépendance où on laisse ceux-ci après qu' « *ils ont été inscrits parmi les hommes faits* » (ἐπειδὴ δ' εἰς ἄνδρας δοκιμασθεῖεν). Sur cette expression, cf. Ind., n. 5. — Pour l'idée, cf. Xén., *Rép Lac.*, III.

5. **Οὕτω. Liez οὕτω σφόδρα. En faisant attendre ainsi le second mot, Isocrate lui donne plus de force.**

6. **Ὥστε... ἐπέστησαν. Cf. à la fin de la phrase ὥστε διενεγκεῖν. On voit par le rapprochement la** différence entre ὥστε avec l'indicatif marquant *le résultat* et ὥστε avec l'infinitif marquant *le but*.

7. Τὴν ἐξ Ἀρείου πάγου, plus usité que τὴν ἐν Ἀρείῳ πάγῳ. Ἐκ est employé ici comme dans certaines locutions : ἐκ δεξιᾶς, ἐξ ἀριστερᾶς, indiquant la position. Sur l'Aréopage, cf. Ind., n° 122.

8. Ἐπιμελεῖσθαι : infinitif marquant le but.

9. Ἧς se rattache non à εὐκοσμίας, mais à βουλήν. Sur le mode de recrutement de l'Aréopage, cf. Ind., n° 17.

μετασχεῖν πλὴν τοῖς καλῶς γεγονόσι καὶ πολλὴν ἀρετὴν ἐν τῷ βίῳ καὶ σωφροσύνην ἐνδεδειγμένοις, ὥστ' εἰκότως αὐτὴν διενεγκεῖν τῶν ἐν τοῖς Ἕλλησι συνεδρίων.

[38] Σημείοις δ' ἄν τις χρήσαιτο περὶ τῶν τότε καθεστώτων καὶ τοῖς ἐν τῷ παρόντι γιγνομένοις· ἔτι γὰρ καὶ νῦν ἁπάντων τῶν περὶ τὴν αἵρεσιν καὶ τὴν δοκιμασίαν κατημελημένων[1] ἴδοιμεν ἂν τοὺς ἐν τοῖς ἄλλοις πράγμασιν οὐκ ἀνεκτοὺς ὄντας, ἐπειδὰν εἰς Ἄρειον πάγον ἀναβῶσιν[2], ὀκνοῦντας τῇ φύσει χρῆσθαι καὶ μᾶλλον τοῖς ἐκεῖ νομίμοις ἢ ταῖς αὑτῶν κακίαις ἐμμένοντας. Τοσοῦτον φόβον ἐκεῖνοι τοῖς πονηροῖς ἐνειργάσαντο καὶ τοιοῦτον μνημεῖον ἐν τῷ τόπῳ τῆς αὑτῶν ἀρετῆς καὶ σωφροσύνης ἐγκατέλιπον.

[39] Τὴν δὴ τοιαύτην[3], ὥσπερ εἶπον, κυρίαν ἐποίησαν ἐπιμελεῖσθαι τῆς εὐταξίας[4], ἣ[5] τοὺς μὲν οἰομένους ἐνταῦθα βελτίστους ἄνδρας γίγνεσθαι, παρ' οἷς[6] οἱ νόμοι μετὰ πλείστης ἀκριβείας κείμενοι τυγχάνουσιν, ἀγνοεῖν[7] ἐνόμιζεν· οὐδὲν γὰρ ἂν

1. Ἁπάντων... κατημελημένων, « *alors qu'on néglige toutes (les mesures) concernant la nomination et l'examen* ». Cf. Ind. n° 49.

2. Εἰς ... ἀναβῶσιν. Litt. : *ils sont montés à la colline d'Arès.* Entendez : « *ils sont devenus membres de l'Aréopage* ».

3. Τὴν δὴ τοιαύτην (βουλήν), « *l'assemblée ainsi constituée* ».

4. Κυρίαν... τῆς εὐταξίας. Cf. Ind., n°s 15 et 16.

5. Ἥ, « *elle qui* », se rattache à τὴν τοιαύτην. Cf. § 37 n. 9.

6. Παρ' οἷς se rattache à ἐνταῦθα. Application hardie de la figure qui consiste à faire accorder le pronom, non avec un mot, mais avec l'idée que ce mot suggère.

7. Ἀγνοεῖν, « *être dans l'er*

κωλύειν[1] ὁμοίους ἅπαντας εἶναι τοὺς Ἕλληνας ἕνεκά γε τοῦ ῥᾴδιον εἶναι τὰ γράμματα[2] λαβεῖν παρ' ἀλλήλων. [40] Ἀλλὰ γὰρ[3] οὐκ ἐκ τούτων τὴν ἐπίδοσιν εἶναι τῆς ἀρετῆς, ἀλλ' ἐκ τῶν καθ' ἑκάστην τὴν ἡμέραν ἐπιτηδευμάτων[4]· τοὺς γὰρ πολλοὺς ὁμοίους τοῖς ἤθεσιν[5] ἀποβαίνειν[6], ἐν οἷς ἂν ἕκαστοι παιδευθῶσιν. Ἐπεὶ τά γε πλήθη[7] καὶ τὰς ἀκριβείας τῶν νόμων σημεῖον εἶναι τοῦ κακῶς οἰκεῖσθαι τὴν πόλιν ταύτην[8]· ἐμφράγματα γὰρ αὐτοὺς[9] ποιουμένους τῶν ἁμαρτημάτων πολλοὺς τίθεσθαι τοὺς νόμους ἀναγκάζεσθαι[10]. [41] Δεῖν δὲ τοὺς ὀρθῶς πολιτευομένους οὐ τὰς στοὰς[11] ἐμπιπλάναι γραμμάτων, ἀλλ' ἐν ταῖς ψυχαῖς ἔχειν τὸ δίκαιον· οὐ γὰρ

reur », a pour sujet **τοὺς μὲν οἰομένους... κ. τ. λ.** Cette proposition et celles qui suivent jusqu'au **§ 42** ne forment en réalité qu'une phrase dépendant de ἐνόμιζεν. Les quatre affirmations liées entre elles par ἀλλὰ γάρ, ἐπεὶ τά γε, δεῖν δέ sont séparées les unes des autres par des propositions explicatives (γάρ).

1. Οὐδὲν γὰρ ἂν κωλύειν. « *car, (s'il en était ainsi) rien n'empêcherait* ».

2. **Τὰ γράμματα,** « *les lois écrites* ». Cf. IV, 78.

3. **Ἀλλὰ γάρ,** « *mais (il n'en est pas ainsi), car* ». Cf. Lysias, XXIV, 14, n. 7.

4. **Τῶν... ἐπιτηδευμάτων.** Cf. § 28, n. 5.

5. **Τοῖς ἤθεσιν,** « *aux mœurs* ». Nous dirions « *au milieu* ».

6. Ἀποβαίνειν = *evadere*.

7. **Ἐπεὶ τά γε πλήθη... κ. τ. λ** La suite des idées est celle-ci : ce ne sont pas les lois qui font progresser la vertu, *car le grand nombre des lois*, etc.... On peut tourner, « *et quant au grand nombre des lois, il est (plutôt) la marque* ».

8. **Ταύτην,** celle dans laquelle les lois sont nombreuses.

9. Αὐτούς, à savoir : **τοὺς πολίτας,** suggéré par **τὴν πόλιν.** Cf. § 39, n. 6.

10. **Ποιουμένους... ἀναγκάζεσθαι,** « *c'est en cherchant à élever (litt. : à faire)... qu'ils sont forcés* ».

11. **Τὰς στοάς,** « *les portiques* », dans lesquels les lois étaient exposées, gravées sur des stèles de marbre.

τοῖς ψηφίσμασιν, ἀλλὰ τοῖς ἤθεσι, καλῶς οἰκεῖσθαι τὰς πόλεις, καὶ τοὺς μὲν κακῶς τεθραμμένους καὶ[1] τοὺς ἀκριβῶς τῶν νόμων ἀναγεγραμμένους τολμήσειν παραβαίνειν, τοὺς δὲ καλῶς πεπαιδευμένους καὶ τοῖς ἁπλῶς κειμένοις[2] ἐθελήσειν ἐμμένειν. [42] Ταῦτα διανοηθέντες[3] οὐ τοῦτο πρῶτον ἐσκόπουν, δι' ὧν κολάσουσι[4] τοὺς ἀκοσμοῦντας, ἀλλ' ἐξ ὧν παρασκευάσουσι μηδὲν αὐτοὺς ἄξιον ζημίας ἐξαμαρτάνειν· ἡγοῦντο γὰρ τοῦτο μὲν αὐτῶν ἔργον εἶναι, τὸ δὲ περὶ τὰς τιμωρίας σπουδάζειν τοῖς ἐχθροῖς[5] προσήκειν.

[43] Ἁπάντων μὲν οὖν ἐφρόντιζον τῶν πολιτῶν, μάλιστα δὲ τῶν νεωτέρων[6]. Ἑώρων γὰρ τοὺς τηλικούτους ταραχωδέστατα[7] διακειμένους καὶ πλείστων γέμοντας ἐπιθυμιῶν, καὶ τὰς ψυχὰς αὐτῶν μάλιστα δαμασθῆναι[8] δεομένας ἐπιμελείαις καλῶν ἐπιτη-

1. Καί, « *même* ».

2. Τοῖς ἁπλῶς κειμένοις (νόμοις), « *aux lois rédigées simplement* (*sans détails*) » opposé à τοὺς ἀκριβῶς... κ. τ. λ., « *les lois rédigées avec une exactitude minutieuse* ».

3. Διανοηθέντες. A savoir, les membres de l'Aréopage.

4. Κολάσουσι. Cf. IV, 78, n. 1.

5. Τοῖς ἐχθροῖς. En vertu du droit qu'avait tout citoyen de déposer une accusation. Sur l'ἔχθρα, cf. Lysias, XII, 2, n. 4.

6. Τῶν νεωτέρων. Dans ce parallèle du passé et du présent, Isocrate ne pouvait laisser de côté la question de l'éducation. Il ne fait d'ailleurs que résumer des idées sur lesquelles il s'étend dans le Discours *sur l'Échange*.

7. Ταραχωδέστατα... κ. τ. λ. Cf. les morceaux célèbres sur le caractère de la jeunesse, Aristote, *Rhét.*, I. II, sq.; Horace, *Art poét.*, 161 sq.; Bossuet, *Panégyrique de saint Bernard* : « Vous dirai-je en ce lieu ce que c'est qu'un jeune homme de vingt-deux ans? Quelle ardeur, quelle impatience, quelle impétuosité de désirs!... » etc.

8. Δαμασθῆναι. Expression poétique. Le texte est d'ailleurs très incertain.

δευμάτων[1] καὶ πόνους ἡδονὰς ἔχουσιν[2]· ἐν μόνοις[3] γὰρ ἂν τούτοις ἐμμεῖναι τοὺς ἐλευθερίως τεθραμμένους καὶ μέγα φρονεῖν εἰθισμένους. [44] Ἅπαντας μὲν οὖν ἐπὶ τὰς αὐτὰς ἄγειν διατριβὰς οὐχ οἷόν τ' ἦν, ἀνωμάλως τὰ περὶ τὸν βίον ἔχοντας[4]· ὡς δὲ πρὸς τὴν οὐσίαν ἥρμοττεν, οὕτως[5] ἑκάστοις προσέταττον. Τοὺς μὲν γὰρ ὑποδεέστερον πράττοντας[6] ἐπὶ τὰς γεωργίας καὶ τὰς ἐμπορίας ἔτρεπον, εἰδότες τὰς ἀπορίας μὲν διὰ τὰς ἀργίας γιγνομένας, τὰς δὲ κακουργίας διὰ τὰς ἀπορίας· [45] ἀναιροῦντες οὖν τὴν ἀρχὴν τῶν κακῶν ἀπαλλάξειν[7] ᾤοντο καὶ τῶν ἄλλων ἁμαρτημάτων τῶν μετ' ἐκείνην γιγνομένων. Τοὺς δὲ βίον[8] ἱκανὸν κεκτημένους περί τε τὴν ἱππικὴν καὶ τὰ γυμνάσια[9] καὶ τὰ κυνηγέσια[10] καὶ τὴν φιλοσοφίαν[11] ἠνάγκασαν διατρίβειν, ὁρῶντες ἐκ[12] τούτων τοὺς μὲν διαφέροντας[13] γιγνομένους, τοὺς δὲ τῶν πλείστων κακῶν ἀπεχομένους.

1. Ἐπιμελείαις καλῶν ἐπιτηδευμάτων, « *par la pratique de saines occupations* ». — Sur le pluriel ἐπιμελείαις, cf. IV, 77, n. 5.

2. Ἔχουσιν, « *comportant* ».

3. Ἐν μόνοις τούτοις, par opposition à tous les autres ἐπιτηδεύματα et à tous les autres πόνοι. — Ἂν ἐμμεῖναι : conditionnel.

4. Ἔχοντας : participe de sens causal, « *parce qu'ils avaient* ».

5. Ὡς... οὕτως = *ut... sic*.

6. Τοὺς ὑποδεέστερον πράττοντας, « *ceux qui se trouvaient dans une situation de fortune inférieure* ». Cf. § 32.

7 Ἀπαλλάξειν a pour régime τοὺς νεωτέρους, facile à suppléer.

8. Βίον, « *moyens d'existence* ».

9. Τὰ γυμνάσια. Cf. XV, 181 sq., et Eschine, II, 149, n. 4.

10. Τὰ κυνηγέσια. Cf. p. 322, n. 2 et Aristoph. (*Chev.*, 1382).

11. Τὴν φιλοσοφίαν. Cf. IV, 47, n. 1.

12. Ἐκ marquant l'*origine* et par suite la *cause* : « *grâce à* ».

13. Διαφέροντας : attribut, « *supérieurs* (*aux autres*) ».

[46] Καὶ ταῦτα νομοθετήσαντες οὐδὲ τὸν λοιπὸν χρόνον ὠλιγώρουν, ἀλλὰ διελόμενοι[1] τὴν μὲν πόλιν κατὰ κώμας, τὴν δὲ χώραν κατὰ δήμους, ἐθεώρουν τὸν βίον τὸν ἑκάστου, καὶ τοὺς ἀκοσμοῦντας ἀνῆγον εἰς τὴν βουλήν[2]. Ἡ δὲ τοὺς μὲν ἐνουθέτει, τοῖς δ' ἠπείλει, τοὺς δ' ὡς προσῆκεν ἐκόλαζεν. Ἠπίσταντο γὰρ ὅτι δύο τρόποι[3] τυγχάνουσιν ὄντες οἱ καὶ προτρέποντες ἐπὶ τὰς ἀδικίας καὶ παύοντες τῶν πονηριῶν· [47] παρ' οἷς μὲν[4] γὰρ μήτε φυλακὴ μηδεμία τῶν τοιούτων καθέστηκε[5] μήθ' αἱ κρίσεις ἀκριβεῖς[6] εἰσὶ, παρὰ τούτοις μὲν διαφθείρεσθαι καὶ τὰς ἐπιεικεῖς τῶν φύσεων, ὅπου δὲ μήτε λαθεῖν[7] τοῖς ἀδικοῦσι ῥᾴδιόν ἐστι μήτε φανεροῖς γενομένοις συγγνώμης τυχεῖν, ἐνταῦθα δ' ἐξιτήλους γίγνεσθαι τὰς κακοηθείας. Ἅπερ ἐκεῖνοι γιγνώσκοντες ἀμφοτέροις κατεῖχον τοὺς πολίτας, καὶ ταῖς τιμωρίαις καὶ ταῖς ἐπιμελείαις· [48] τοσούτου γὰρ ἔδεον αὐτοὺς λανθάνειν οἱ κακόν τι δεδρακότες, ὥστε καὶ

1. Διελόμενοι, litt. : *ayant partagé* ». Expression abrégée. Entendez qu'ils utilisèrent, pour organiser une surveillance, des divisions qu'ils avaient établies antérieurement. Pour κατὰ κώμας, κατὰ δήμους, cf. Ind., n° 2.

2. Τὴν βουλήν. Aristote (*Const. d'Athènes*, III) dit de même en parlant de l'*Aréopage* avant Dracon : διῴκει δὲ τὰ πλεῖστα καὶ τὰ μέγιστα τῶν ἐν τῇ πόλει, καὶ κολάζουσα καὶ ζημιοῦσα πάντας τοὺς ἀκοσμοῦντας κυρίως. Cf. Ind. n°15.

3. Δύο τρόποι... κ. τ. λ. Construisez : τρόποι οἱ καὶ προτρέποντες... καὶ παύοντες... τυγχάνουσιν ὄντες δύο. — Δύο, à savoir : *prévenir* (*ou non*) les fautes et les *punir* (*ou non*) quand elles sont commises.

4. Παρ' οἷς μέν. Cf. Lysias, XXIV, 8, n. 4.

5. Καθέστηκε : intransitif.

6. Ἀκριβεῖς. Cf. § 33 : τούς... κρίνοντας οὐ ταῖς ἐπιεικείαις χρωμένους.

7. Λαθεῖν, « *n'être pas vus* ».

τοὺς ἐπιδόξους[1] ἁμαρτήσεσθαί τι προῃσθάνοντο. Τοιγαροῦν[2] οὐκ ἐν τοῖς σκιραφείοις οἱ νεώτεροι διέτριβον, οὐδ' ἐν ταῖς αὐλητρίσιν[3], οὐδ' ἐν τοῖς τοιούτοις συλλόγοις, ἐν οἷς[4] νῦν διημερεύουσιν, ἀλλ' ἐν τοῖς ἐπιτηδεύμασιν ἔμενον ἐν οἷς ἐτάχθησαν, θαυμάζοντες καὶ ζηλοῦντες τοὺς ἐν τούτοις πρωτεύοντας. Οὕτω δ' ἔφευγον τὴν ἀγορὰν[5], ὥστ' εἰ καί ποτε διελθεῖν ἀναγκασθεῖεν, μετὰ πολλῆς αἰδοῦς καὶ σωφροσύνης ἐφαίνοντο[6] τοῦτο ποιοῦντες. [49] Ἀντειπεῖν δὲ τοῖς πρεσβυτέροις ἢ λοιδορήσασθαι δεινότερον ἐνόμιζον ἢ νῦν περὶ[7] τοὺς γονέας ἐξαμαρτεῖν. Ἐν καπηλείῳ[8] δὲ φαγεῖν ἢ πιεῖν οὐδεὶς οὐδ' ἂν οἰκέτης ἐπιεικὴς ἐτόλμησεν· σεμνύνεσθαι γὰρ ἐμελέτων, ἀλλ' οὐ βωμολοχεύεσθαι[9]· καὶ τοὺς εὐτραπέλους δὲ καὶ τοὺς σκώπτειν δυναμένους, οὓς

1. Τοὺς ἐπιδόξους ἁμαρτήσεσθαί τι, « *ceux qui semblaient devoir commettre quelque faute* ».

2. Τοιγαροῦν, « *et voilà pourquoi* ». Cf. § 30, n. 9. Isocrate, XV, §§ 286-287, retrace à peu près dans les mêmes termes la vie que menait de son temps la jeunesse riche et oisive d'Athènes.

3. Ἐν ταῖς αὐλητρίσιν, « *chez les joueuses de flûte* ».

4. Τοιούτοις... ἐν οἷς, « *tels que ceux dans lesquels* ». Cf. Eschine, III, 137, n. 1.

5. Τὴν ἀγοράν. L'Agora, située à proximité des tribunaux, et servant de lieu de rendez-vous à tous les désœuvrés d'Athènes, était une mauvaise école pour la jeunesse, qui s'y formait une expérience prématurée. Cf. Ind., n° 123.

6. Ἐφαίνοντο τοῦτο ποιοῦντες, « *on voyait qu'ils le faisaient* », mais le grec emploie la tournure personnelle. Sur le sens de φαίνομαι, cf. XV, 253, n. 7.

7. Περί, « *en ce qui concerne* ». Cf. Eschine, II, 44, n. 5.

8. Ἐν καπηλείῳ. Cf. Isocrate, XV, 287, n. 8.

9. Σεμνύνεσθαι, ἀλλ' οὐ βωμολοχεύεσθαι, « *à avoir de la tenue et non à faire les fous* ». — Sur ἀλλ' οὐ, cf. Isocrate, IV, 80, n. 2. — Malgré l'analogie des deux passages, βωμολοχεύεσθαι est employé ici avec un sens plus étendu que dans XV, § 284.

νῦν εὐφυεῖς[1] προσαγορεύουσιν, ἐκεῖνοι[2] δυστυχεῖς ἐνόμιζον.

[50] Καὶ μηδεὶς οἰέσθω με δυσκόλως διακεῖσθαι πρὸς τοὺς ταύτην ἔχοντας τὴν ἡλικίαν. Οὔτε γὰρ ἡγοῦμαι τούτους αἰτίους εἶναι τῶν γιγνομένων, σύνοιδά τε τοῖς πλείστοις[3] αὐτῶν ἥκιστα χαίρουσι ταύτῃ τῇ καταστάσει, δι' ἣν ἔξεστιν[4] αὐτοῖς ἐν ταῖς ἀκολασίαις ταύταις διατρίβειν· ὥστ' οὐκ ἂν εἰκότως τούτοις ἐπιτιμῴην, ἀλλὰ πολὺ δικαιότερον τοῖς ὀλίγῳ πρὸ ἡμῶν τὴν πόλιν διοικήσασιν[5]· [51] ἐκεῖνοι γὰρ ἦσαν οἱ προτρέψαντες[6] ἐπὶ ταύτας τὰς ὀλιγωρίας καὶ καταλύσαντες τὴν τῆς βουλῆς[7] δύναμιν. Ἧς ἐπιστατούσης οὐ δικῶν[8] οὐδ' ἐγκλημάτων οὐδ' εἰσφορῶν[9] οὐδὲ πενίας οὐδὲ πολέμων ἡ πόλις ἐγε-

1. Εὐφυεῖς, « *gens bien doués* ». Le commentaire de ce mot est donné par Isocrate lui-même, XV, 284.

2. Ἐκεῖνοι, « *les hommes d'alors* ».

3. Σύνοιδα τοῖς πλείστοις, « *je tiens de la plupart d'entre eux* ». Avec σύνοιδα (litt. : *savoir avec quelqu'un*), le complément désignant une personne autre que le sujet se met soit au datif, soit à l'accusatif. Cf. Lysias VII, 22. Au contraire, σύνοιδα ἐμαυτῷ ποιῶν τι ou ποιοῦντί τι, « *j'ai conscience de faire* ».

4. Ἔξεστιν. Cf. Esch. II, 38, n. 1.

5. Τοῖς... διοικήσασιν. En particulier Éphialte, qui en 462 (un siècle environ avant le discours) avait dépouillé l'Aréopage des attributions faisant de lui le gardien de la constitution, et Périclès qui, quelques années plus tard (après 450), lui avait enlevé de nouvelles prérogatives. Cf. Ind., n° 18. — Πρὸ ἡμῶν : hiatus que se permet plusieurs fois Isocrate.

6. Προτρέψαντες, à savoir : τοὺς νεωτέρους. Dans les tournures de ce genre, l'emploi du participe aoriste semble être de règle, quoiqu'on attende plutôt le participe présent (au sens de l'imparfait). Cf. IV, 75.

7. Τῆς βουλῆς. Entendez : τῆς ἐξ Ἀρείου πάγου.

8. Δικῶν... ἐγκλημάτων. Ces mots sont pris dans leur sens général de « *procès, accusations* ». Sur leur sens juridique, Ind. n° 61.

9. Εἰσφορῶν. Cf. Ind., n° 100.

μεν, ἀλλὰ καὶ πρὸς ἀλλήλους ἡσυχίαν εἶχον καὶ πρὸς τοὺς ἄλλους ἅπαντας εἰρήνην ἦγον. Παρεῖχον γὰρ σφᾶς αὐτοὺς τοῖς μὲν Ἕλλησι πιστούς[1], τοῖς δὲ βαρβάροις φοβερούς· [52] τοὺς μὲν[2] γὰρ σεσωκότες ἦσαν, παρὰ δὲ τῶν δίκην τηλικαύτην εἰληφότες ὥστ' ἀγαπᾶν ἐκείνους[3], εἰ μηδὲν ἔτι κακὸν πάσχοιεν.

Τοιγάρτοι[4] διὰ ταῦτα μετὰ τοσαύτης ἀσφαλείας διῆγον ὥστε καλλίους[5] εἶναι καὶ πολυτελεστέρας τὰς οἰκήσεις καὶ τὰς κατασκευὰς τὰς ἐπὶ τῶν ἀγρῶν ἢ τὰς ἐντὸς τείχους, καὶ πολλοὺς τῶν πολιτῶν μηδ' εἰς τὰς ἑορτὰς[6] εἰς ἄστυ καταβαίνειν[7], ἀλλ' αἱρεῖσθαι

1. Πιστούς, « *inspirant la confiance* », sens qu'on retrouve chez Isocrate et qui est indiqué ici par l'opposition avec φοβερούς.

2. Τοὺς μὲν... παρὰ δὲ τῶν. L'emploi de ὁ μὲν..., ὁ δέ répond tantôt, comme ici, à « *celui-là... celui-ci* » (cf. IV, 39, 41, 47, 86), tantôt à « *celui-ci..., celui-là* » (cf. IV, 36, 82). Les deux acceptions alternent dans XV, 188. — Pour les faits, cf. Arist. (Πολ. Ἀθηναίων, XXIII) et Cicéron (*De off.*, I, 22, 43).

3. Ἐκείνους = αὐτούς et se rattache pour le sens à τῶν, c.-à-d. à la personne la plus rapprochée.

4. Τοιγάρτοι = καὶ γάρ τοι. Cf. § 50, n. 9.

5. Καλλίους εἶναι... κ. τ. λ. : parce qu'on ne craignait pas d'avoir à les abandonner pour se réfugier dans la ville. De bonne heure les Athéniens eurent le luxe de leurs maisons de campagne. Thucydide (II, 65), au début de la guerre du Péloponnèse, raconte que les riches étaient irrités contre Périclès, καλὰ κτήματα κατὰ τὴν χώραν οἰκοδομίαις τε καὶ πολυτελέσι κατασκευαῖς ἀπολωλεκότες. En ville, au contraire, jusqu'au IVe siècle, on ne se mettait pas en frais pour la décoration des maisons particulières. Démosthène (III, 26) oppose la simplicité de celles d'Aristide et de Miltiade à la richesse des édifices publics de leur époque.

6. Μηδ' εἰς τὰς ἑορτάς. A plus forte raison pour engager des procès ou y vivre de la politique.

7. Καταβαίνειν. Proprement : *descendre*. Pour les habitants de la campagne, Athènes, plus rapprochée de la mer, se trouvait en bas. — Ἄστυ, comme plus haut τεῖχος, sans article parce que le mot équivaut à un nom propre. Cf. l'expression οἱ ἐν ἄστει : *le parti de la ville*.

μένειν ἐπὶ τοῖς ἰδίοις ἀγαθοῖς μᾶλλον ἢ τῶν κοινῶν ἀπολαύειν. [53] Οὐδὲ γὰρ τὰ περὶ τὰς θεωρίας[1], ὧν ἕνεκ' ἄν τις ἦλθεν, ἀσελγῶς οὐδ' ὑπερηφάνως, ἀλλὰ νοῦν ἐχόντως[2] ἐποίουν. Οὐ γὰρ ἐκ τῶν πομπῶν οὐδ' ἐκ τῶν περὶ τὰς χορηγίας φιλονικιῶν οὐδ' ἐκ τῶν τοιούτων ἀλαζονειῶν τὴν εὐδαιμονίαν ἐδοκίμαζον, ἀλλ' ἐκ τοῦ σωφρόνως οἰκεῖν[3] καὶ τοῦ βίου τοῦ καθ' ἡμέραν καὶ τοῦ μηδένα τῶν πολιτῶν ἀπορεῖν τῶν ἐπιτηδείων. Ἐξ ὧνπερ χρὴ κρίνειν τοὺς ὡς ἀληθῶς εὖ πράττοντας καὶ μὴ φορτικῶς[4] πολιτευομένους· [54] ἐπεὶ νῦν γε τίς οὐκ ἂν ἐπὶ τοῖς γιγνομένοις τῶν εὖ φρονούντων[5] ἀλγήσειεν, ὅταν ἴδῃ πολλοὺς τῶν πολιτῶν αὐτοὺς μὲν περὶ τῶν ἀναγκαίων, εἴθ'[6] ἕξουσιν εἴτε μή, πρὸ τῶν δικαστη-

1. Τὰ περὶ τὰς θεωρίας, à savoir les *cortèges* (πομπάς), les *chorégies* (χορηγίας, Ind., n° 102) dont Isocrate parle dans la phrase suivante.

2. Νοῦν ἐχόντως. Cf. IV, 33, n. 10.

3. Οἰκεῖν, sous-ent. τὴν πόλιν. Cf. § 21. Même en comprenant ainsi, καὶ τοῦ... καθ' ἡμέραν reste difficile à expliquer. Le texte paraît altéré. Peut-être faut-il lire οἰκεῖν τὰ τοῦ... καθ' ἡμέραν et entendre : « *vivre la vie de chaque jour* »?

4. Φορτικῶς, « *de façon à se rendre odieux* », est expliqué par ἐπεὶ τίς οὐκ ἂν ἀλγήσειεν... κ. τ. λ. Devant ἐπεί (= γάρ) suppléez l'idée de : comme cela se passe aujourd'hui.

5. Τῶν εὖ φρονούντων : génitif partitif dépendant de τίς. On trouve plusieurs exemples de cette construction chez Isocrate.

6. Εἴτε... εἴτε. Interrogation indirecte double à rattacher à κληρουμένους, « *se faisant tirer au sort* (*pour savoir*) *si...* ». — Pour beaucoup de gens, le *triobole* (cf. Ind., n° 60) était l'unique ressource. Cf. Aristophane, *Guêpes*, v. 304 : ἄγε νυν, ὦ πάτερ, ἢν μὴ | τὸ δικαστήριον ἄρχων | καθίσῃ νῦν, πόθεν ὠνησόμεθ' ἄριστον : Aussi, aux jours d'audience, *ceux qui étaient*, suivant une expression d'Isocrate (VIII, 130), *réduits à vivre des tribunaux* (οἱ ἐντεῦθεν ζῆν ἠναγκασμένοι), se pressaient-ils *devant les sections* (πρὸ τῶν δικαστηρίων) dans les-

ριων κληρουμένους, τῶν δ' Ἑλλήνων[1] τοὺς ἐλαύνειν τὰς ναῦς βουλομένους τρέφειν[2] ἀξιοῦντας, καὶ χορεύοντας μὲν ἐν χρυσοῖς ἱματίοις[3], χειμάζοντας δ' ἐν τοιούτοις[4], ἐν οἷς οὐ βούλομαι λέγειν, καὶ τοιαύτας ἄλλας ἐναντιώσεις περὶ τὴν διοίκησιν γιγνομένας, αἳ μεγάλην αἰσχύνην τῇ πόλει ποιοῦσιν.

[55] Ὧν οὐδὲν ἦν ἐπ'[5] ἐκείνης τῆς βουλῆς· ἀπήλλαξε γὰρ τοὺς μὲν πένητας τῶν ἀποριῶν ταῖς ἐργασίαις[6] καὶ ταῖς παρὰ τῶν ἐχόντων[7] ὠφελείαις, τοὺς δὲ νεωτέρους τῶν ἀκολασιῶν τοῖς ἐπιτηδεύμασι[8] καὶ ταῖς αὑτῶν ἐπιμελείαις, τοὺς δὲ πολιτευομένους τῶν πλεονεξιῶν ταῖς τιμωρίαις[9] καὶ τῷ μὴ λανθάνειν τοὺς ἀδικοῦντας, τοὺς δὲ πρεσβυτέρους τῶν ἀθυμιῶν ταῖς τιμαῖς[10] ταῖς πολιτικαῖς καὶ ταῖς

poir de se voir désignés par le sort comme *héliastes*. Ind., n° 59.

1. Τῶν δ' Ἑλλήνων = τῶν δ' ἄλλων Ἑλλήνων : cet emploi de Ἕλληνες seul, pour désigner les peuples grecs autres que celui dont on parle, est fréquent lorsqu'il ne peut y avoir amphibologie. Cf. Eschine, III, § 156.

2. Τρέφειν ἀξιοῦντας. L'usage d'entretenir des rameurs pris parmi les gens de bonne volonté n'était pas récent. Isocrate (VIII, 79) dit, en parlant de ceux qu'il appelle τῶν πατέρων τῶν ἡμετέρων, que (συνήγαγον) ἐξ ἁπάσης τῆς Ἑλλάδος τοὺς ἀργοτάτους καὶ τοὺς ἁπασῶν τῶν πονηριῶν μετέχοντας, πληροῦντες τούτων τὰς τριήρεις.

3. Ἐν χρυσοῖς ἱματίοις, parce qu'ils étaient fournis par les chorèges. Cf. Ind., n° 102.

4. Ἐν τοιούτοις... ἐν οἷς. Cf. Esch., III, 137, n. 1.

5. Ἐπί, « *au temps de* ».

6. Ἐργασίαις. Cf. § 32.

7. Τῶν ἐχόντων, « *les riches* ». Cf. Lysias, XXXII, 9, n. 2.

8. Τοῖς ἐπιτηδεύμασι. Cf. § 43.

9. Ταῖς τιμωρίαις. Cf. § 27.

10. Ταῖς τιμαῖς. En leur accordant des couronnes honorifiques, l'exemption de certaines charges (ἀτέλεια), l'entretien aux frais de l'État dans le Prytanée (σίτησις ἐν Πρυτανείῳ), le droit de s'asseoir aux premières places dans le théâtre (προεδρία), etc., et autres distinctions qu'Eschine re-

παρὰ τῶν νεωτέρων θεραπείαις. Καίτοι[1] πῶς ἂν γένοιτο ταύτης[2] πλείονος ἀξία πολιτεία, τῆς οὕτω καλῶς ἁπάντων τῶν πραγμάτων ἐπιμεληθείσης;

proche à ses contemporains de prodiguer sans discernement (Cf. Eschine, III, 177 sq.).

1. Καίτοι πῶς. Cf. IV, 31, n. 11.

2. Ταύτης dépend de πλείονος. — Sur ταύτης... τῆς, cf. IV, 21, n. 1.

Discours sur l'Échange.

(XV)

Argument.

Dans une sorte d'introduction placée en tête de ce discours, Isocrate a expliqué lui-même comment il avait été amené à le composer. A l'occasion d'un procès qu'il avait eu à soutenir dans une affaire d'*échange de biens* (ἀντίδοσις[1], d'où le titre du discours), il s'était aperçu que beaucoup de gens avaient une idée fausse de son caractère, de ses travaux, de son enseignement. Ne jugeant pas possible de faire de lui-même un éloge direct, et voulant cependant détruire les erreurs qui avaient cours à son sujet, il suppose un nouveau procès engagé contre lui. L'accusateur fictif, un certain Lysimaque, est censé lui avoir reproché de corrompre les jeunes gens en leur enseignant l'éloquence et en leur apprenant à gagner une cause au mépris du droit (πειρᾶταί με διαβάλλειν ὁ κατήγορος ὡς διαφθείρω τοὺς νεωτέρους, λέγειν διδάσκων καὶ παρὰ τὸ δίκαιον ἐν τοῖς ἀγῶσι πλεονεκτεῖν)[2], et c'est à cette accusation qu'Isocrate répond. Son discours appartient à un genre mixte (μεικτὸς λόγος) : c'est à la fois un *éloge* et un *plaidoyer* : on y retrouve tous les lieux communs chers aux orateurs judiciaires ; par deux fois même il est fait allusion à la clepsydre. Quant à la fiction, qui paraît aujourd'hui bien froide et peu adroite, elle a été vraisemblablement suggérée à Isocrate par le souvenir du procès de Socrate et par les *Apologies* que les disciples du philosophe avaient composées pour lui après sa mort.

Le discours *sur l'Échange* est le plus long de tous ceux de notre orateur. Il se divise en deux parties. C'est dans la première qu'Isocrate fait proprement son apologie : il n'est point un homme d'affaires ni un faiseur de plaidoyers ; ses discours « *sont plus semblables aux œuvres d'art qu'accompagnent la*

1. Cf. Ind., n° 107. | 2. Discours *sur l'Échange* (§ 30).

musique et le rythme qu'au langage qu'on entend devant les tribunaux[1] ». Ils ont aussi une tout autre portée, et, pour le prouver, Isocrate cite de longs extraits du *Panégyrique*, du discours *sur la Paix* et du discours *à Nicoclès*. C'est en écrivant de telles œuvres qu'il s'est fait des disciples dans toute la Grèce : leur gloire est le plus bel éloge de celui qui les a formés. Après avoir célébré l'un d'eux, le stratège Timothée, il termine cette première partie en rappelant la vie qu'il a toujours menée et en présentant quelques considérations sur sa fortune.

Dans la seconde partie, Isocrate expose ses vues en matière d'éducation[2]. Cette question de l'éducation avait déjà fait l'objet d'un de ses premiers discours, le discours *contre les Sophistes*, dont une grande partie malheureusement ne nous est pas parvenue. Elle avait été également traitée — quoique d'une façon incidente — dans le début de son *Éloge d'Hélène*. Si l'on ajoute à ces deux témoignages importants le discours *sur l'Échange*, qui est le plus considérable, et quelques passages pris dans ses autres œuvres, notamment dans le *Nicoclès*, dans le *Panégyrique* et dans le *Panathénaïque*, on pourra se faire une idée du but et de la méthode d'Isocrate.

Le but n'est pas d'enseigner la vertu : la vertu ne s'enseigne pas et il n'est pas de méthode capable d'inspirer l'esprit de modération et de justice à qui ne l'a pas naturellement. Est-ce à dire qu'il faille bannir toute préoccupation morale de l'éducation ? Loin de là : il faut seulement se rendre compte de ce qui est possible et chercher avant tout à réaliser un certain idéal de sagesse pratique. L'homme bien élevé (πεπαιδευμένος)[3] est celui qui en toutes circonstances se décide d'après une opinion juste et trouve la meilleure conduite à suivre ; d'un commerce agréable et facile, il supporte sans humeur les défauts de caractère de ceux avec qui il est en rapport ; ni le malheur ne l'abat, ni le succès ne le corrompt : l'égalité d'âme s'unit en lui à la rectitude du jugement.

Cet homme accompli (τέλειος), ce ne sont ni les *éristiques* et les *dialecticiens*, ni les *maîtres de rhétorique* qui le formeront. Les *maîtres de rhétorique*, dont toute l'ambition est

1. Discours *sur l'Échange* (§ 46).
2. On verra un intéressant résumé de la question dans P. Girard, *l'Éducation athénienne*, p. 310 sq.
3. Cf. (XII, 30 sq.).

d'apprendre à plaider, ne s'appliquent à développer chez leurs disciples qu'une activité indiscrète (πολυπραγμοσύνῃ) et l'amour du succès (πλεονεξία). Quant aux *éristiques* et aux *dialecticiens*, s'ils ont des préoccupations plus hautes et s'ils se proposent en effet d'enseigner la vertu et la modération, ils ont le tort de promettre en cela plus qu'ils ne peuvent tenir et ensuite de se livrer à des subtilités qui ne sauraient être d'aucune utilité dans la pratique[1]. Il en est de leurs exercices comme de la géométrie et de l'astronomie : favorables au développement de l'esprit par l'effort d'attention qu'ils exigent, ils ne peuvent constituer un véritable moyen d'éducation.

Le seul moyen pratique d'éducation c'est celui que fournit l'éloquence, le λόγος. La parole est en effet comme le miroir de l'âme : en elle se reflètent les bonnes et les mauvaises qualités de chacun. « Parler comme il faut est la marque la plus certaine d'une raison droite, et un langage conforme à la réalité, à l'usage et à la justice, est l'image d'une âme belle et en qui l'on peut se fier[2]. »

Mais si le langage est ainsi l'image de la pensée, il en résulte que s'appliquer à bien parler, c'est s'appliquer à bien penser et par là apparaît la valeur éducatrice du λόγος. Seul un noble sujet peut inspirer un discours vraiment beau[3] : l'orateur qui veut s'imposer à un nombreux auditoire doit avant tout donner confiance en son honnêteté, et quiconque cherche un succès de bon aloi ne peut y atteindre qu'à condition de s'appuyer sur la vertu. Sans doute, il faut tenir compte des dispositions naturelles de chacun. Isocrate ne prétend pas réaliser la perfection absolue : mais en faisant de la vertu une condition du succès, il élève singulièrement la dignité de son art. Ainsi entendue, l'éloquence n'est pas un vain bavardage; elle est la forme la plus haute de la culture intellectuelle : elle est une philosophie. Il y a plus : cette philosophie est la seule qui mérite son nom, parce que seule elle a un but pratique. Elle apprend à se conduire dans la vie ; elle prépare le citoyen à la politique. Isocrate d'ailleurs résume lui-même sa pensée avec une grande netteté : « Puisqu'il n'est pas donné à l'homme d'acquérir une *science* (ἐπιστήμην) grâce à laquelle il puisse

1. Pour toute cette partie critique, cf. Isocr. (XIII, 1-8 ; 20-21, XII, 26 sq., X, 4-5) et XV, 261 sq.

2. Cf. XV, § 255 et rapprochez IV, § 48.

3. Cf. XV, 275 sq.

discerner ce qui doit être fait ou dit, je regarde comme *sages* (σοφούς) ceux qui sont capables dans le plus grand nombre des cas de rencontrer par de *simples opinions* (δόξαις) le parti le meilleur, et j'appelle *philosophes* (φιλοσόφους) ceux qui se livrent aux études propres à faire naître le plus rapidement possible cette disposition d'esprit[1]. »

Cette façon exclusive de concevoir la philosophie n'était pas faite pour concilier à Isocrate les sympathies de Platon. On sait que dans le *Phèdre*, le philosophe s'était plu à opposer à l'art un peu grêle de Lysias l'éloquence plus nourrie d'Isocrate. « Il ne faudra point s'étonner, faisait-il dire à Socrate, quand il avancera en âge, si d'abord, dans le genre où il s'exerce aujourd'hui, tous les maîtres ne paraissent auprès de lui que des enfants, et si même, ne se contentant plus de ses succès, il se sent porté vers de plus grandes choses par un instinct plus divin, car, en réalité, mon cher Phèdre, *il y a en lui de la philosophie*[2]. » L'éloge renfermait une sorte de conseil. Mais le conseil n'avait pas été suivi. Entre Platon et Isocrate les divergences s'accentuèrent et il en résulta des polémiques[3] dont on trouvera plus loin la trace.

Le discours *sur l'Échange* parut en 354. L'orateur nous apprend en effet qu'il avait quatre-vingt-deux ans lorsqu'il le composa, et, malgré certaines faiblesses dans le développement, malgré des longueurs inévitables, on verra qu'il avait conservé dans cet âge avancé quelques-unes de ses meilleures qualités.

1. Cf. XV, § 271.
2. *Phèdre*, p. 279 A.
3. Voyez notamment dans l'*Euthydème*, p. 305 C sq., une critique très fine des prétentions d'Isocrate.

I

L'ENSEIGNEMENT DE LA PAROLE : SA MÉTHODE SON DOMAINE

(§§ 180–192)

[180] Βούλομαι δὲ περὶ τῆς τῶν λόγων παιδείας ὥσπερ οἱ γενεαλογοῦντες[1] πρῶτον διελθεῖν[2] πρὸς ὑμᾶς. Ὁμολογεῖται[3] μὲν γὰρ τὴν φύσιν ἡμῶν ἔκ τε τοῦ σώματος συγκεῖσθαι καὶ τῆς ψυχῆς· αὐτοῖν δὲ τούτοιν οὐδεὶς ἔστιν ὅστις οὐκ ἂν φήσειεν ἡγεμονικωτέραν πεφυκέναι[4] τὴν ψυχὴν καὶ πλείονος ἀξίαν· τῆς μὲν γὰρ ἔργον εἶναι[5] βουλεύσασθαι καὶ περὶ τῶν ἰδίων καὶ περὶ τῶν κοινῶν, τοῦ δὲ σώματος ὑπηρετῆσαι τοῖς ὑπὸ τῆς ψυχῆς γνωσθεῖσιν. [181] Οὕτω δὲ τούτων ἐχόντων, ὁρῶντές τινες τῶν πολὺ πρὸ ἡμῶν γεγονότων περὶ μὲν τῶν ἄλλων πολλὰς τέχνας[6] συνεστηκυίας, περὶ δὲ τὸ σῶμα καὶ

1. Ὥσπερ οἱ γενεαλογοῦντες, « *comme font les auteurs de généalogies* », c.-à-d. en remontant à l'origine de l'institution. — La poésie *généalogique* était une des formes les plus anciennes de la poésie didactique. Elle chantait les fables relatives aux origines d'une famille, d'une cité, d'une race. Le type le plus complet pour nous de ce genre de poèmes est la *Théogonie*, attribuée à Hésiode. Les premiers *logographes*, comme Acusilaos d'Argos avaient également écrit des *généalogies*.

2. Διελθεῖν. Cf. VII, 19, n. 3.

3. Ὁμολογεῖται : passif en apparence impersonnel : le sujet est la proposition infinitive τὴν φύσιν, κ. τ. λ. Pour les idées, cf. Platon (*Gorgias*, 464 B).

4. Πεφυκέναι, « *être par nature* ».

5. Ἔργον εἶναι, « *être l'office de* », plus fréquent que l'infinitif seul avec le génitif. L'expression est ensuite sous-entendue avec τοῦ σώματος.

6. Τέχνας, « *des méthodes* ». Ensemble de préceptes *donnés au*

τὴν ψυχὴν οὐδὲν τοιοῦτον συντεταγμένον, εὑρόντες διττὰς ἐπιμελείας[1] κατέλιπον ἡμῖν, περὶ μὲν τὰ σώματα τὴν παιδοτριβικὴν[2], ἧς ἡ γυμναστικὴ μέρος ἐστί, περὶ δὲ τὰς ψυχὰς τὴν φιλοσοφίαν[3], περὶ ἧς ἐγὼ μέλλω ποιεῖσθαι τοὺς λόγους. [182] ἀντιστρόφους[4] καὶ σύζυγας καὶ σφίσιν αὐταῖς ὁμολογουμένας[5], δι' ὧν οἱ προεστῶτες αὐτῶν τάς τε ψυχὰς φρονιμωτέρας καὶ τὰ σώματα χρησιμώτερα παρασκευάζουσιν[6], οὐ πολὺ διαστησάμενοι τὰς παιδείας[7] ἀπ' ἀλλήλων, ἀλλὰ παραπλησίαις χρώμενοι καὶ ταῖς διδασκαλίαις[8] καὶ ταῖς γυμνασίαις καὶ ταῖς ἄλλαις ἐπιμελείαις.

sujet de quelque chose (περί et le gén.). Comparez περὶ τὸ σῶμα... συντεταγμένον, « *relativement au corps... rien de tel n'avait été organisé* ». Cf. Eschine, II, 44, n. 5.

1. Ἐπιμελείας = *disciplinas*.

2. Τὴν παιδοτριβικήν (s.-ent. τέχνην), « *l'art du pédotribe* ». Par opposition au *grammatiste* et au *cithariste*, qui se partageaient l'éducation intellectuelle, le *pédotribe* se chargeait de l'éducation physique. De 14 à 18 ans, les jeunes Athéniens fréquentaient sa *palestre*. Avant de leur enseigner l'art de la *lutte*, de la *course*, du *saut*, du *disque* et du *javelot*, il leur apprenait les *poses* (σχήματα), qui devaient se retrouver dans tous leurs exercices, puis il leur faisait *composer des mouvements* en reliant progressivement l'une à l'autre (συνείρειν καθ' ἓν ἕκαστον, § 184) chacune de ces *poses* fondamentales. C'est cet enseignement préparatoire qu'Isocrate désigne par le mot de *gymnastique*.

3. Τὴν φιλοσοφίαν, « *la philosophie* », dans l'acception qu'Isocrate lui donne de « *culture intellectuelle et morale* ».

4. Ἀντιστρόφους, « *qui se correspondent* » (comme la strophe et l'antistrophe dans un chœur). Les principes sont les mêmes : seules les applications varient.

5. Σφίσιν αὐταῖς ὁμολογουμένας, « *en accord l'une avec l'autre* ». Le pronom réfléchi pour le pronom réciproque.

6. Παρασκευάζουσιν, litt. : *ils préparent* (*de façon à rendre*).

7. Τὰς παιδείας, « *les* (*deux*) *sortes d'éducation* », l'éducation physique et l'éducation morale.

8. Ταῖς διδασκαλίαις, « *les*

[183] Ἐπειδὰν γὰρ λάβωσι μαθητάς, οἱ μὲν παιδοτρίβαι τὰ σχήματα τὰ πρὸς τὴν ἀγωνίαν εὑρημένα τοὺς φοιτῶντας διδάσκουσιν, οἱ δὲ περὶ τὴν φιλοσοφίαν ὄντες τὰς ἰδέας[1] ἁπάσας, αἷς ὁ λόγος τυγχάνει χρώμενος, διεξέρχονται[2] τοῖς μαθηταῖς. [184] Ἐμπείρους δὲ τούτων ποιήσαντες καὶ διακριβώσαντες ἐν τούτοις, πάλιν γυμνάζουσιν αὐτοὺς καὶ πονεῖν ἐθίζουσι καὶ συνείρειν καθ' ἓν ἕκαστον[3] ὧν ἔμαθον ἀναγκάζουσιν, ἵνα ταῦτα βεβαιότερον κατάσχωσι καὶ τῶν καιρῶν[4] ἐγγυτέρω ταῖς δόξαις γένωνται. Τῷ μὲν γὰρ εἰδέναι περιλαβεῖν αὐτοὺς[5]

préceptes » (enseignement théorique); ταῖς γυμνασίαις, « *les exercices* » (enseignement pratique).

1. Ἰδέας. Au point de vue de la rhétorique, on peut ramener à trois les différents sens qu'Isocrate donne à ce mot. Ἰδέαι = 1° *figures de style*, par ex. : des antithèses, des allitérations (*Panathénaïque*, § 2); 2° *genres de discours*, par ex. : discours judiciaires, panégyriques, etc... (*Discours sur l'Échange*, § 45). Le mot est alors synonyme de τρόποι; 3° *éléments dont se compose le discours, lieux communs*, par ex. : éloge, blâme, accusation, défense, etc. C'est ce troisième sens qui convient ici. Rapprochez Isocrate (*Contre les sophistes*, § 16) : φημὶ γὰρ ἐγὼ τῶν μὲν ἰδεῶν ἐξ ὧν τοὺς λόγους ἅπαντας καὶ λέγομεν καὶ συντίθεμεν, λαβεῖν τὴν ἐπιστήμην οὐχ εἶναι τῶν πάνυ χαλεπῶν... τὸ δὲ τούτων ἐφ' ἑκάστῳ τῶν πραγμάτων ἃς δεῖ προελέσθαι καὶ μεῖξαι πρὸς ἀλλήλας καὶ τάξαι κατὰ τρόπον... ταῦτα δὲ πολλῆς ἐπιμελείας δεῖσθαι.

2. Διεξέρχονται. Notez les deux prépositions composantes : « *ils font un exposé complet et détaillé* ». Isocrate dit avec plus de force dans le discours *Contre les sophistes* (§ 17) : « (Il faut) τὸν διδάσκαλον τὰ μὲν (εἴδη τῶν λόγων) οὕτως ἀκριβῶς οἷόν τ' εἶναι διελθεῖν, ὥστε μηδὲν τῶν διδακτῶν παραλιπεῖν ».

3. Συνείρειν καθ' ἓν ἕκαστον. Cf. 181, n. 2.

4. Τῶν καιρῶν... γένωνται, litt. : « *qu'ils se tiennent plus près des circonstances* (*qu'ils ne s'écartent pas de la réalité*) *par leurs opinions* ». C'est là, d'après Isocrate, la seule fin à laquelle on puisse tendre dans l'éducation. Voyez l'Argument, p. 180.

5. Αὐτούς, à savoir « *les circonstances* ». La vie est trop com-

οὐχ οἷόν τ' ἐστίν· ἐπὶ[1] γὰρ ἁπάντων τῶν πραγμάτων διαφεύγουσι[2] τὰς ἐπιστήμας[3]· οἱ δὲ μάλιστα προσέχοντες τὸν νοῦν καὶ δυνάμενοι θεωρεῖν τὸ συμβαῖνον ὡς ἐπὶ τὸ πολὺ[4] πλειστάκις αὐτῶν τυγχάνουσιν. [185] Τοῦτον δὲ τὸν τρόπον ἐπιμελούμενοι καὶ παιδεύοντες μέχρι[5] μὲν τοῦ γενέσθαι βελτίους αὐτοὺς αὑτῶν[6] τοὺς μαθητάς, καὶ σχεῖν ἄμεινον τοὺς μὲν τὰς διανοίας[7], τοὺς δὲ τὰς τῶν σωμάτων ἕξεις, ἀμφότεροι δύνανται προαγαγεῖν· ἐκείνην δὲ τὴν ἐπιστήμην οὐδέτεροι τυγχάνουσιν ἔχοντες, δι' ἧς ἂν[8] οἳ μὲν ἀθλητὰς οὓς βουληθεῖεν, οἳ δὲ ῥήτορας ἱκανοὺς ποιήσαιεν, ἀλλὰ μέρος μὲν ἄν τι συμβάλοιντο[9], τὸ δ' ὅλον αἱ δυνάμεις[10] αὗται παρα-

plexe pour qu'il soit possible de les *embrasser* (περιλαβεῖν) toutes *par une science* (τῷ εἰδέναι opposé à ταῖς δόξαις).

1. Ἐπί, litt. : *à propos de*. Nous disons « *en* (*toutes choses*) ».

2. Διαφεύγουσι. Sujet : οἱ καιροί.

3. Τὰς ἐπιστήμας, au sens platonicien du mot, s'oppose comme τῷ εἰδέναι à ταῖς δόξαις.

4. Ὡς ἐπὶ τὸ πολύ, « *le plus souvent* », se rattache à συμβαῖνον.

5. Μέχρι μέν... κ. τ. λ. dépend de προαγαγεῖν. Isocrate limite le domaine dans lequel peut s'exercer l'action des deux maîtres : le pédotribe et le professeur d'éloquence (ἀμφότεροι).

6. Γενέσθαι... αὑτῶν, litt. : *devenir meilleurs qu'eux-mêmes*; hellénisme = « *se perfectionner* ».

7. Τὰς διανοίας, « *l'intelligence* », opposé à τὰς... ἕξεις, « *la constitution* ». Le pluriel, parce qu'il y a plusieurs élèves.

8. Ἂν... ποιήσαιεν. — Ἂν ne se rattache qu'à ποιήσαιεν, qui a pour régime à la fois ἀθλητάς et ῥήτορας. — Οὓς βουληθεῖεν détermine ἀθλητάς comme ἱκανούς détermine ῥήτορας, et βουληθεῖεν est à l'optatif comme souvent dans les propositions relatives dépendant d'un verbe au mode potentiel.

9. Ἀλλά... συμβάλοιντο. Entendez : πρὸς τὸ ἀθλητάς... ποιεῖν. Cette proposition et la suivante, reliées par μέν et δέ, s'opposent à οὐδέτεροι τυγχάνουσιν. — Notez les deux modes ἂν συμβάλοιντο et γίγνονται, exprimant le second un fait, le premier une simple possibilité.

10. Αἱ δυνάμεις αὗται, « *ces*

γίγνονται τοῖς καὶ τῇ φύσει[1] καὶ ταῖς ἐπιμελείαις διενεγκοῦσιν.

[186] Ὁ μὲν οὖν τύπος τῆς φιλοσοφίας τοιοῦτός τίς[2] ἐστιν. Ἡγοῦμαι δ' ὑμᾶς μᾶλλον ἂν ἔτι καταμαθεῖν τὴν δύναμιν[3] αὐτῆς, εἰ διέλθοιμι τὰς ὑποσχέσεις[4] ἃς ποιούμεθα πρὸς τοὺς πλησιάζειν ἡμῖν[5] βουλομένους. [187] Λέγομεν γὰρ ὡς δεῖ τοὺς μέλλοντας[6] διοίσειν[7] ἢ περὶ τοὺς λόγους ἢ περὶ τὰς πράξεις[8] ἢ περὶ τὰς ἄλλας ἐργασίας[9] πρῶτον μὲν πρὸς τοῦτο πεφυκέναι καλῶς[10], πρὸς ὅπερ[11] ἂν προηρημένοι τυγχάνωσιν, ἔπειτα παιδευθῆναι καὶ λαβεῖν τὴν ἐπιστήμην ἥτις ἂν ᾖ περὶ ἑκάστου[12], τρίτον ἐντριβεῖς γενέσθαι καὶ γυμνασθῆναι περὶ τὴν χρείαν καὶ τὴν ἐμπειρίαν[13] αὐτῶν[14]· ἐκ τούτων[15] γὰρ ἐν ἁπά-

talents ». A savoir, celui de l'athlète et celui de l'orateur.

1. Τῇ φύσει, « *le tempérament* », « *les dispositions naturelles* ». C'est l'élément qu'Isocrate considère comme le plus important. Cf. § 189.

2. Τοιοῦτός τις, « *à peu près tel* ». Cf. Eschine, II, 51, n. 11.

3. Τὴν δύναμιν = *vim*.

4. Τὰς ὑποσχέσεις. C'est le programme même de son enseignement qu'Isocrate expose ici, et nous avons comme l'écho de ses *leçons d'ouverture*.

5. Πλησιάζειν ἡμῖν, « *devenir nos disciples* ».

6. Τοὺς μέλλοντας, « *ceux qui se proposent de* ».

7. Διοίσειν, employé absolument, comme souvent chez Isocrate. Voyez, au contraire, un peu plus bas, διαφέροντας τῶν ἄλλων.

8. Τὰς πράξεις. Cf. § 262, n. 4.

9. Τὰς ἄλλας ἐργασίας, « *les autres formes de l'activité* ».

10. Πεφυκέναι καλῶς, « *être heureusement doués* », correspond à τῇ φύσει, § 185, et à τὸ τῆς φύσεως, § 189.

11. Πρὸς ὅπερ... τυγχάνωσιν, « *ce à quoi ils se destinent de préférence* ».

12. Περὶ ἑκάστου, « *pour chacun des objets* (*qu'on se propose*) ».

13. Τὴν χρείαν καὶ τὴν ἐμπειρίαν, « *la mise en œuvre et la connaissance pratique* ».

14. Αὐτῶν désigne la même chose que ὅπερ et que ἑκάστου.

15. Ἐκ τούτων, « *par ces moyens* », « *de cette façon* ».

σαις ταῖς ἐργασίαις τελείους γίγνεσθαι καὶ πολὺ διαφέροντας τῶν ἄλλων. [188] Εἶναι[1] δὲ τούτων προσῆκον ἑκατέροις, τοῖς τε διδάσκουσι καὶ τοῖς μανθάνουσιν, ἴδιον μὲν[2] τοῖς μὲν εἰσενέγκασθαι τὴν φύσιν οἵαν δεῖ[3], τοῖς δὲ δύνασθαι παιδεῦσαι τοὺς τοιούτους, κοινὸν δ' ἀμφοτέρων τὸ περὶ τὴν ἐμπειρίαν γυμνάσιον[4]· δεῖν γὰρ τοὺς μὲν[5] ἐπιμελῶς ἐπιστατῆσαι τοῖς παιδευομένοις, τοὺς δ' ἐγκρατῶς ἐμμεῖναι τοῖς προσταττομένοις.

[189] Ταῦτα μὲν οὖν ἐστὶν ἃ κατὰ[6] πασῶν λέγομεν τῶν τεχνῶν· εἰ δὲ δή τις, ἀφέμενος τῶν ἄλλων[7], ἔροιτό με τί τούτων[8] μεγίστην ἔχει δύναμιν πρὸς τὴν τῶν λόγων παιδείαν, ἀποκριναίμην ἂν ὅτι τὸ τῆς φύσεως ἀνυπέρβλητόν ἐστι καὶ πολὺ πάντων διαφέρει· τὸν γὰρ ἔχοντα[9] τὴν μὲν ψυχὴν[10] εὑρεῖν[11]

1. Εἶναι dépend de λέγομεν, § 187, et a pour sujets εἰσενέγκασθαι, δύνασθαι παιδεῦσαι et τὸ γυμνάσιον. L'attribut προσῆκον est déterminé par les deux appositions ἴδιον μέν, κοινὸν δέ. — Τούτων = *les dons naturels, la science, l'exercice.*

2. Ἴδιον μέν, opposé à κοινὸν δέ, porte à la fois sur τοῖς μέν (les élèves) et sur τοῖς δέ (les maîtres).

3. Οἵαν δεῖ, sous-ent. εἰσφέρεσθαι.

4. Τὸ γυμνάσιον, proprement : *le lieu où l'on s'exerce*, par suite, « *l'exercice* ».

5. Τοὺς μέν. Notez l'interversion constante dans l'ordre dans lequel sont repris les deux mots οἱ διδάσκοντες et οἱ μανθάνοντες. Cf. VII, 52, n. 2.

6. Κατά, « *au sujet de* ». Cf. Eschine, III, 124, n. 3.

7. Τῶν ἄλλων (τεχνῶν) s'oppose à πρὸς τήν... παιδείαν. — Ἀφίεσθαι, avec le génitif, « *se détourner de* », « *laisser de côté* », forme de transition fréquente chez Isocrate.

8. Τούτων, à savoir : les trois éléments distingués au § 187.

9. Τὸν ἔχοντα. Cf. 190, n. 9.

10. Τὴν ψυχήν : l'*âme* considérée comme siège de l'*intelligence*, « *l'esprit* ».

11. Εὑρεῖν correspond à l'*inventio* des Latins.

καὶ μαθεῖν καὶ πονῆσαι καὶ μνημονεῦσαι[1] δυναμένην, τὴν δὲ φωνὴν[2] καὶ τὴν τοῦ στόματος σαφήνειαν[3] τοιαύτην[4] ὥστε μὴ μόνοις τοῖς λεγομένοις, ἀλλὰ καὶ ταῖς τούτων εὐαρμοστίαις συμπείθειν τοὺς ἀκούοντας, [190] ἔτι δὲ τὴν τόλμαν, μὴ τὴν ἀναισχυντίας σημεῖον γιγνομένην, ἀλλὰ τὴν μετὰ σωφροσύνης οὕτω παρασκευάζουσαν[5] τὴν ψυχὴν ὥστε μηδὲν ἧττον θαρρεῖν ἐν δὴ[6] πᾶσι τοῖς πολίταις[7] τοὺς λόγους ποιούμενον ἢ πρὸς αὐτὸν διανοούμενον[8], τίς οὐκ οἶδεν ὅτι[9] τυχὼν[10] ὁ τοιοῦτος παιδείας, μὴ τῆς ἀπηκριβωμένης, ἀλλὰ τῆς ἐπιπο-

1. Μνημονεῦσαι. Notez l'importance attachée par Isocrate à la mémoire et rapprochez ce qu'Eschine dit de Philippe, II, § 43. C'est que la *mémoire* est indispensable à l'orateur. Cf. Cicéron, *De Oratore*, I, v, 18 : *Quid dicam de thesauro rerum omnium, memoria? quæ nisi custos inventis cogitatisque rebus et verbis adhibeatur, intellegimus omnia, etiam si præclarissima fuerint in oratore, peritura.*

2. Τὴν φωνήν. Sur l'importance de l'*organe*, cf. Esch., II, 157, n. 4.

3. Τὴν... σαφήνειαν, « *la netteté du débit* ».

4. Τοιαύτην ὥστε, « *de telle nature que* ». — Τοιαύτην, quoique ne s'accordant qu'avec σαφήνειαν, se rapporte aussi, pour le sens, à τὴν φωνήν.

5. Τὴν... παρασκευάζουσαν, « *celle qui, tout en gardant de la réserve, dispose...* ».

6. Δή porte sur l'idée même d'une assistance, d'un public, laquelle est précisément exprimée par ἐν.

7. Ἐν πᾶσι τοῖς πολίταις. On sait qu'Isocrate s'est plaint à plusieurs reprises de n'avoir jamais pu aborder la tribune. Voyez notamment (V, 81) : ἐγὼ γὰρ πρὸς μὲν τὸ πολιτεύεσθαι πάντων ἀφυέστατος ἐγενόμην τῶν πολιτῶν· οὔτε γὰρ φωνὴν ἔσχον ἱκανὴν οὔτε τόλμαν δυναμένην ὄχλῳ χρῆσθαι. L'éloge qu'il fait ici des dons naturels trahit encore les regrets qu'il éprouvait.

8. Πρὸς αὐτὸν διανοούμενον. Cf. 256, n. 3.

9. Τίς οὐκ οἶδεν ὅτι : anacoluthe. Le sujet, qui n'était exprimé qu'à l'accusatif (τὸν ἔχοντα), est en effet repris, pour plus de clarté, par ὁ τοιοῦτος.

10. Τυχὼν pour marquer ce qu'a eu de fortuit et d'accidentel l'éducation qu'Isocrate suppose à son orateur.

λαίου καὶ πᾶσι κοινῆς, τοιοῦτος ἂν εἴη ῥήτωρ, οἷος οὐκ οἶδ' εἴ τις τῶν Ἑλλήνων γέγονεν:

[191] Καὶ μὲν δὴ[1] κἀκείνους ἴσμεν τοὺς καταδεεστέραν μὲν τούτων[2] τὴν φύσιν ἔχοντας, ταῖς δ' ἐμπειρίαις καὶ ταῖς ἐπιμελείαις προέχοντας, ὅτι γίγνονται κρείττους οὐ μόνον αὑτῶν, ἀλλὰ καὶ τῶν εὖ μὲν[3] πεφυκότων, λίαν δ' αὑτῶν[4] κατημεληκότων· ὥσθ' ἑκάτερόν τε τούτων[5] δεινὸν ἂν καὶ λέγειν καὶ πράττειν ποιήσειεν, ἀμφότερά τε γενόμενα περὶ τὸν αὐτὸν[6] ἀνυπέρβλητον ἂν τοῖς ἄλλοις ἀποτελέσειεν. [192] Περὶ μὲν οὖν τῆς φύσεως καὶ τῆς ἐμπειρίας ταῦτα γιγνώσκω· περὶ δὲ τῆς παιδείας οὐκ ἔχω τοιοῦτον λόγον εἰπεῖν· οὔτε γὰρ ὁμοίαν οὔτε παραπλησίαν ἔχει τούτοις[7] τὴν δύναμιν. Εἰ γάρ τις διακούσειεν ἅπαντα τὰ περὶ τοὺς λόγους καὶ διακριβωθείη[8] μᾶλλον τῶν ἄλλων, λόγων μὲν ποιητὴς[9]

1. Καὶ μὲν δή, *« et d'ailleurs»*. Liaison un peu lâche, rare chez Isocrate, mais caractéristique de l'éloquence de Lysias.

2. Καταδεεστέραν τούτων = καταδεεστέραν τῆς τούτων φύσεως. Tournure abrégée et en apparence illogique, analogue à certains emplois du datif avec les adjectifs marquant la ressemblance, et en particulier avec ὁ αὐτός. Voyez ci-dessous : ὁμοίαν τούτοις = ὁμοίαν τῇ τούτων δυνάμει. — Τούτων, reprise au pluriel de τὸν ἔχοντα... κ.τ.λ. §§ 189-190.

3. Εὖ μέν... λίαν δέ. Cf. Lysias, XXIV, 12, n. 3. Rendez l'opposition de μέν et δέ par *« tout en étant... cependant »*.

4. Αὑτῶν, régime de κατημεληκότων.

5. Τούτων : les dons naturels et l'exercice.

6. Περὶ τὸν αὐτόν, *« dans le (autour du) même homme »*.

7. Τούτοις. Cf. la note sur καταδεεστέραν τούτων et Lysias, XII, 74, n. 3.

8. Διακούσειεν... διακριβωθείη. Notez le sens de διά en composition (faire *complètement*, litt. : *d'un bout à l'autre*).

9. Λόγων ποιητής, *« un faiseur de discours »*, mais non *un orateur* (ῥήτωρ).

τυχὸν[1] ἂν χαριέστερος γένοιτο τῶν πολλῶν, εἰς ὄχλον δὲ καταστὰς, τούτου μόνον ἀποστερηθεὶς[2] τοῦ τολμᾶν, οὐδ' ἂν φθέγξασθαι[3] δυνηθείη.

[Pour prouver que sur tous ces points, ses idées n'ont jamais varié, Isocrate fait lire un passage du discours *Contre les sophistes* écrit au début de sa carrière. Puis, se tournant vers ses adversaires, il établit : 1° que l'éducation est bien une science réelle et efficace et que ce ne sont pas seulement les tempéraments qui mettent des différences entre les hommes; 2° que l'éducation, telle qu'il la comprend, n'est nullement corruptrice et que l'éloquence qu'il enseigne n'a rien de commun avec celle des tribunaux. Il y a une bonne et une mauvaise éloquence; et il ne faut pas juger le λόγος sur les mauvais emplois qu'on en fait (193-250).]

II

ÉLOGE DU ΛΟΓΟΣ : PRINCIPE SUR LEQUEL REPOSE LA PHILOSOPHIE

(§§ 251-257)

[251] Πολὺ δ' ἂν τις ἔχοι πλείους τούτων[4] ἐναντιώσεις συναγαγεῖν τῶν ἀκμαζόντων[5] τε μᾶλλον ἠγὼ καὶ τοῦ καιροῦ[6] τοῦ παρόντος μὴ φροντι-

1. Τυχόν, accusatif adverbial, « *à la rencontre* ».
2. 'Αποστερηθείς = εἰ ἀποστερηθείη.
3. Φθέγξασθαι, « *ouvrir la bouche* » (litt. : *émettre un son*). Cf. Eschine, III, 155.
4. Τούτων, celles qu'Isocrate vient de relever chez ses contemporains. Ils admirent l'éloquence et ne cessent de critiquer ceux qui l'enseignent.
5. Τῶν ἀκμαζόντων : génitif partitif à rattacher à τις. Isocrate avait alors quatre-vingt-deux ans.
6. Τοῦ καιροῦ. Allusion au procès dans lequel l'orateur se suppose engagé.

ζόντων· ἐπεὶ[1] καὶ τάδε περὶ τῶν αὐτῶν τούτων ἔνεστιν εἰπεῖν. Φέρε γὰρ[2], εἴ τινες πολλὰ χρήματα παρὰ τῶν προγόνων παραλαβόντες τῇ μὲν πόλει μηδὲν εἶεν χρήσιμοι, τοὺς δὲ πολίτας ὑβρίζοιεν καὶ τὰς γυναῖκας αἰσχύνοιεν, ἔστιν ὅστις[3] ἂν τοὺς αἰτίους[4] τοῦ πλούτου μέμψασθαι τολμήσειεν, ἀλλ' οὐκ ἂν αὐτοὺς τοὺς ἐξαμαρτάνοντας κολάζειν ἀξιώσειεν; [252] Τί δ' εἴ τινες[5] ὁπλομαχεῖν[6] μαθόντες πρὸς μὲν τοὺς πολεμίους μὴ χρῷντο ταῖς ἐπιστήμαις, ἐπανάστασιν δὲ ποιήσαντες πολλοὺς τῶν πολιτῶν διαφθείραιεν, ἢ καὶ[7] πυκτεύειν καὶ παγκρατιάζειν ὡς οἷόν τ' ἄριστα παιδευθέντες[8] τῶν μὲν

1. Ἐπεί justifie l'expression πλείους τούτων et est expliqué par καί : « *En effet, on peut dire aussi ceci* (sans compter le reste) ».

2. Φέρε γάρ, litt. : *apporte, montre-nous*, équivaut au français : « *dites-moi* », formule très rare chez Isocrate lorsque le discours s'adresse à plusieurs personnes, mais fréquente chez Démosthène. Cf. Lysias, XII, 62.

3. Ἔστιν ὅστις interrogatif équivaut pour le sens à οὐδεὶς ἔστιν ὅστις. De là l'emploi de ὅστις (et non de ὅς) obligatoire quand la proposition principale est de sens négatif.

4. Τοὺς αἰτίους τοῦ πλούτου. Cf. Eschine, III, 155, n. 9.

5. Εἴ τινες, κ.τ.λ. Même distinction en termes différents dans Isocrate (III, 3 sq.) et, sous une forme toute semblable, avec les mêmes comparaisons, dans Platon, *Gorgias* (456 D sq.). Le *Gorgias* est antérieur à notre discours; mais quelques critiques supposent qu'Isocrate avait déjà exprimé la même idée dans la partie perdue du discours *Contre les sophistes* et que Platon n'avait fait que le copier.

6. Ὁπλομαχεῖν, « *lutter avec des armes* ». En dehors des cinq exercices auxquels il se livrait sous la direction du *pédotribe* (cf. § 181, n. 2), et dont la réunion formait le *pentathle*, le jeune Athénien apprenait le *maniement d'armes* (ὁπλομαχία), la *boxe* (πυγμή, πυκτεύειν) et le *pancrace* (παγκράτιον, παγκρατιάζειν). Le *pancrasse* était un composé de la *boxe* et de la *lutte* ordinaire.

7. Ἢ καί. Nouvelle hypothèse, « *ou bien encore* (*si*) ».

8. Παιδευθέντες. On dit bien παιδεύειν τινὰ ποιεῖν τι. D'où au

ἀγώνων[1] ἀμελοῖεν, τοὺς δ' ἀπαντῶντας[2] τύπτοιεν τίς οὐκ[3] ἂν τούτων τοὺς μὲν διδασκάλους ἐπαινέσειε, τοὺς δὲ κακῶς χρωμένους οἷς ἔμαθον ἀποκτείνειεν; [253] Οὐκοῦν[4] χρὴ καὶ περὶ τῶν λόγων τὴν αὐτὴν ἔχειν διάνοιαν ἥνπερ[5] καὶ περὶ τῶν ἄλλων, καὶ μὴ περὶ τῶν ὁμοίων τἀναντία γιγνώσκειν, μηδὲ πρὸς τοιοῦτον[6] πρᾶγμα δυσμενῶς φαίνεσθαι[7] διακειμένους, ὃ πάντων τῶν ἐνόντων[8] ἐν τῇ τῶν ἀνθρώπων φύσει πλείστων ἀγαθῶν αἴτιόν ἐστιν.

Τοῖς μὲν γὰρ ἄλλοις οἷς ἔχομεν, ἅπερ ἤδη καὶ πρότερον εἶπον[9], οὐδὲν τῶν ζῴων διαφέρομεν, ἀλλὰ πολλῶν καὶ τῷ τάχει καὶ τῇ ῥώμῃ καὶ ταῖς ἄλλαις εὐπορίαις[10] καταδεέστεροι τυγχάνομεν ὄντες· [254] ἐγγενομένου[11] δ' ἡμῖν τοῦ πείθειν[12] ἀλλήλους

passif παιδεύεσθαι ποιεῖν τι, « *être formé à faire quelque chose* ».

1. Τῶν ἀγώνων, « *les jeux* » auxquels leur éducation les avait préparés.

2. Τοὺς ἀπαντῶντας, employé absolument : les gens qui se présentent, « *les passants* ».

3. Οὐκ. La négation porte à la fois sur les deux verbes ἐπαινέσειε et ἀποκτείνειεν reliés par μέν et δέ.

4. Οὐκοῦν, « *par suite* », plus fort que le simple οὖν. Sens dérivé de l'emploi interrogatif de l'expression « *n'est-il pas vrai que?* »

5. Ἥνπερ, sous-ent. ἔχομεν. — Περ insiste sur l'idée d'identité déjà marquée par τὴν αὐτήν.

6. Τοιοῦτον... ὅ, « *une chose qui* ». Cf. Eschine, III, 137, n. 1.

7. Φαίνεσθαι, avec le participe : « *se montrer* », avec l'infinitif = δοκεῖν.

8. Πάντων... ἐνόντων : génitif partitif.

9. Ἅπερ... εἶπον. Tout ce morceau, depuis πρὸς τοιοῦτον jusqu'à ὧν οὐδέν, § 257, figure, en effet, dans un autre discours d'Isocrate : *Nicoclès ou les Cypriotes* (III, 5 sq.).

10. Ταῖς εὐπορίαις, « *les avantages* (*naturels*) ». Le datif est un datif de *relation* (= *au point de vue de*). Isocrate construit aussi καταδεέστερος avec πρὸς τό et l'infinitif.

11. Ἐγγενομένου : participe équivalant à une proposition causale.

12. Τοῦ πείθειν ἀλλήλους, « *la faculté de nous persuader les uns les autres* ».

καὶ δηλοῦν πρὸς ἡμᾶς αὐτούς[1] περὶ ὧν ἂν βουληθῶμεν, οὐ μόνον τοῦ θηριωδῶς ζῆν[2] ἀπηλλάγημεν, ἀλλὰ καὶ συνελθόντες πόλεις ᾠκίσαμεν[3] καὶ νόμους ἐθέμεθα καὶ τέχνας εὕρομεν, καὶ σχεδὸν ἅπαντα τὰ δι' ἡμῶν[4] μεμηχανημένα λόγος ἡμῖν ἐστιν ὁ συγκατασκευάσας[5]. [255] Οὗτος γὰρ περὶ τῶν δικαίων[6] καὶ τῶν ἀδίκων καὶ τῶν καλῶν καὶ τῶν αἰσχρῶν ἐνομοθέτησεν, ὧν μὴ διαταχθέντων[7] οὐκ ἂν οἷοί τ' ἦμεν οἰκεῖν μετ' ἀλλήλων. Τούτῳ[8] καὶ τοὺς κακοὺς ἐξελέγχομεν[9] καὶ τοὺς ἀγαθοὺς ἐγκωμιάζομεν. Διὰ τούτου τούς τ' ἀνοήτους παιδεύομεν καὶ τοὺς φρονίμους δοκιμάζομεν[10]· τὸ γὰρ λέγειν[11] ὡς δεῖ τοῦ φρονεῖν εὖ μέγιστον σημεῖον ποιούμεθα, καὶ

1. Δηλοῦν... αὐτούς. Cf. § 256, n. 3.

2. Τοῦ θηριωδῶς ζῆν. Parlant de l'influence exercée par le premier homme qui se montra éloquent, Cicéron dit : *ex feris et immanibus mites reddidit et mansuetos.* (*De Inv.*, I, II, 2.)

3. Συνελθόντες... ᾠκίσαμεν. Cicéron (passage cité) : ***dispersos homines in agris et in tectis silvestribus abditos ratione quadam compulit unum in locum et congregavit.***

4. Δι' ἡμῶν, « *par nous* » (au sens de *par notre intermédiaire*), réserve plus nettement que ne ferait ὑφ' ἡμῶν la part d'action du λόγος.

5. Ὁ συγκατασκευάσας. Sur l'emploi de l'article avec le participe attribut, cf. IV, 75, n. 8.

6. Περὶ τῶν δικαίων. Cf. la même idée dans la bouche de Gorgias : Platon (*Gorgias*, 454 B et 460 E).

7. Ὧν μὴ διαταχθέντων = εἰ ταῦτα μὴ διετάχθη.

8. Τούτῳ. Datif d'*instrument*. Notez les nuances de sens marquées dans la suite par l'emploi de διὰ τούτου (cf. la note sur δι' ἡμῶν) et de μετὰ τούτου (expression dans laquelle μετά marque une idée d'accompagnement) « *avec le concours de la parole* ».

9. Ἐξελέγχομεν, « *nous confondons* ».

10. Δοκιμάζομεν. Cf. § 277, n. 2.

11. Τὸ γὰρ λέγειν... κ. τ. λ. Sur la façon dont cette phrase se rattache à la précédente et sur l'importance de l'idée exprimée ici par Isocrate, voyez l'Argument, p. 179. — Rattachez ὡς δεῖ à λέγειν comme εὖ à φρονεῖν.

λόγος ἀληθὴς καὶ νόμιμος καὶ δίκαιος[1] ψυχῆς ἀγαθῆς καὶ πιστῆς εἴδωλόν ἐστιν. [256] Μετὰ τούτου καὶ περὶ τῶν ἀμφισβητησίμων ἀγωνιζόμεθα καὶ περὶ τῶν ἀγνοουμένων σκοπούμεθα[2]· ταῖς γὰρ πίστεσιν[3] αἷς τοὺς ἄλλους λέγοντες πείθομεν, ταῖς αὐταῖς ταύταις βουλευόμενοι χρώμεθα, καὶ ῥητορικοὺς[4] μὲν καλοῦμεν τοὺς ἐν τῷ πλήθει λέγειν δυναμένους[5], εὐβούλους[6] δὲ νομίζομεν οἵτινες ἂν αὐτοὶ πρὸς αὑτοὺς ἄριστα περὶ τῶν πραγμάτων διαλεχθῶσιν. [257] Εἰ δὲ δεῖ συλλήβδην περὶ τῆς δυνάμεως ταύτης εἰπεῖν, οὐδὲν τῶν φρονίμως πραττομένων εὑρήσομεν ἀλόγως[7] γιγνόμενον, ἀλλὰ καὶ τῶν ἔργων καὶ τῶν διανοημάτων ἁπάντων ἡγεμόνα λόγον ὄντα, καὶ μάλιστα χρωμένους αὐτῷ τοὺς πλεῖστον νοῦν

1. Ἀληθὴς... καὶ δίκαιος, « *conforme à la réalité, à l'usage, et à la justice* ».

2. Σκοπούμεθα. — Σκοπεῖσθαι περί τινος, litt. : *se livrer à un examen au sujet de quelque chose*. Par suite « *réfléchir* ».

3. Ταῖς γὰρ πίστεσιν... κ. τ. λ. Voulant expliquer sa dernière proposition, Isocrate considère la *réflexion* comme une sorte de *dialogue* intérieur. Pour se persuader lui-même, celui qui *délibère* (βουλευόμενος) s'appuie sur *les mêmes motifs de créance* (ταῖς αὐταῖς πίστεσιν) dont il se servirait pour persuader les autres dans un *discours* (λέγων). En lui le λόγος (*parole*) et le λόγος (*raison*) se confondent. C'est cette conception qui aménera tout à l'heure Isocrate à cette dernière proposition qui forme la base de tout son système d'éducation, οὐδὲν τῶν φρονίμως... κ. τ. λ. Tout ceci est une réponse à Platon qui dans le *Gorgias* (465 A) appelle l'éloquence ἄλογον πρᾶγμα.

4. Ῥητορικούς, « *bons orateurs* ». Le suffixe en ικός marque une aptitude dont la nature est déterminée par la racine du mot auquel il s'ajoute.

5. Τοὺς... δυναμένους. Gorgias définit de même l'orateur : τῷ δυναμένῳ λέγειν καὶ πείθειν τὰ πλήθη (Platon, *Gorgias*, 452 E).

6. Εὐβούλους, « *bons esprits* ».

7. Ἀλόγως. D'après ce qui précède, on voit qu'il faut prendre le mot dans son sens étymologique, « *sans le secours de la parole* ».

ἔχοντας. Ὧν οὐδὲν ἐνθυμηθεὶς Λυσίμαχος[1] κατηγορεῖν ἐτόλμησε τῶν ἐπιθυμούντων τοιούτου πράγματος, ὅ[2] τοσούτων[3] τὸ πλῆθος καὶ τηλικούτων τὸ μέγεθος ἀγαθῶν αἴτιόν ἐστιν.

[Il ne faut pas s'étonner qu'on juge mal de *la parole*, puisque *les éristiques* eux-mêmes ne lui épargnent pas leurs critiques. Mais Isocrate va répondre — sans amertume et avec une entière sincérité — à ces attaques (258-260).]

III

CRITIQUE DE L'ÉRISTIQUE : DÉFINITION PRÉCISE DE LA PHILOSOPHIE

(§§ 261-271)

[261] Ἡγοῦμαι γὰρ καὶ τοὺς ἐν τοῖς ἐριστικοῖς λόγοις δυναστεύοντας[4] καὶ τοὺς περὶ τὴν ἀστρολο-

1. Λυσίμαχος. L'accusateur fictif auquel Isocrate est censé répondre.

2. Ὅ. Cf. Esch., III, 137, n. 1.

3. Τοσούτων... κ. τ. λ. Cf. Lysias, XII, 1, n. 2.

4. Τοὺς... δυναστεύοντας. *L'éristique* (méthode d'enseignement dont le procédé essentiel est la *discussion* par demandes et réponses) a été, suivant les époques, l'objet de critiques différentes de la part d'Isocrate. Dans l'*Éloge d'Hélène* (au début de sa carrière), il déclare (§§ 1 et 6) qu'elle ne sert à rien, si ce n'est à enrichir les maîtres et à préparer des ennuis aux disciples. Dans le discours *Contre les sophistes* (vers 393), le point de vue est le même (§§ 1-9), mais du moins Isocrate fait aux *éristiques* un mérite de ce qu'ils prétendent enseigner la vertu (ἀρετὴν ἐπηγγείλαντο). Les idées exposées vers 380, dans le *Panathénaïque* (§ 26, sq.) se rapprochent au contraire beaucoup de celles que nous trouvons ici. Isocrate y parle d'ailleurs de l'*éristique* comme d'une science nouvelle et très en faveur auprès de la jeunesse. Dans le premier cas, il songeait à des gens comme ceux que représentent Euthydème et Dionysodoros (cf. l'*Euthydème* de Platon) ; dans le second, sous le

νίαν[1] καὶ τὴν γεωμετρίαν καὶ τὰ τοιαῦτα τῶν μαθημάτων διατρίβοντας οὐ βλάπτειν, ἀλλ' ὠφελεῖν τοὺς συνόντας, ἐλάττω μὲν ὧν ὑπισχνοῦνται[2], πλείω δ' ὧν τοῖς ἄλλοις δοκοῦσιν. [262] Οἱ μὲν γὰρ πλεῖστοι τῶν ἀνθρώπων ὑπειλήφασιν ἀδολεσχίαν καὶ μικρολογίαν εἶναι τὰ τοιαῦτα τῶν μαθημάτων· οὐδὲν γὰρ αὐτῶν οὔτ' ἐπὶ τῶν ἰδίων οὔτ' ἐπὶ τῶν κοινῶν[3] εἶναι χρήσιμον, ἀλλ' οὐδ' ἐν ταῖς μνείαις οὐδένα χρόνον ἐμμένειν ταῖς τῶν μαθόντων διὰ τὸ μήτε τῷ βίῳ παρακολουθεῖν μήτε ταῖς πράξεσιν[4] ἐπαμύνειν, ἀλλ' ἔξω παντάπασιν εἶναι τῶν ἀναγκαίων. [263] 'Εγὼ δ' οὔθ' οὕτως οὔτε πόρρω τούτων[5] ἔγνωκα περὶ αὐτῶν[6], ἀλλ' οἵ τε νομίζοντες μηδὲν χρησίμην εἶναι τὴν παιδείαν[7] ταύτην πρὸς τὰς πράξεις ὀρθῶς μοι δοκοῦσι γιγνώσκειν[8], οἵ τ' ἐπαινοῦντες αὐτὴν ἀληθῆ λέγειν.

nom d'*éristique*, c'est la *dialectique* de Platon qu'il a en vue.

1. Τὴν ἀστρολογίαν... κ. τ. λ. On pourra rapprocher l'opinion de Socrate (Xénophon, *Mém.*, IV, VII, 2), mais en observant que celui-ci juge ces études au point de vue de leur *utilité pratique*, Isocrate au point de vue de leur *vertu éducatrice*.

2. 'Ελάττω... ὑπισχνοῦνται = ἐλάττω (ὠφελήματα) τούτων ἃ ὑπισχνοῦνται (ὠφελήσειν). De même pour ὧν δοκοῦσιν.

3. 'Επὶ... τῶν κοινῶν. Entendez : pour se diriger dans les unes ou dans les autres. — 'Επί avec le génitif, « *à propos de* ».

4. Ταῖς πράξεσιν, « *leurs actions, leur conduite* ». C'est en effet d'après leur importance dans la vie, d'après leur valeur directrice, qu'Isocrate juge les différentes sciences. Cf. § 263 : πρὸς τὰς πράξεις, § 266 : πρὸς τὸ λέγειν μήτε πρὸς τὸ πράττειν, § 267 : πρὸς τὸ... βουλεύσασθαι, etc.

5. Πόρρω τούτων. Rapprochez cette expression d'Isocrate (*Nicoclès*, 37) : βουλόμενος ἐμαυτὸν ὡς πορρωτάτω ποιῆσαι τῶν τοιούτων ὑποψιῶν.

6. Αὐτῶν = τὰ τοιαῦτα τῶν μαθημάτων.

7. Τὴν παιδείαν=*institutionem*.

8. 'Ορθῶς... γιγνώσκειν. Sur ce

Διὰ τοῦτο[1] δ' οὐχ ὁμολογούμενον αὐτὸν αὑτῷ τὸν λόγον εἴρηκα, διότι καὶ ταῦτα τὰ μαθήματα τὴν φύσιν οὐδὲν ὁμοίαν ἔχει τοῖς ἄλλοις[2] οἷς διδασκόμεθα. [264] Τὰ μὲν γὰρ ἄλλα τότ' ὠφελεῖν ἡμᾶς πέφυκεν[3], ὅταν λάβωμεν[4] αὐτῶν τὴν ἐπιστήμην, ταῦτα δὲ[5] τοὺς μὲν ἀπηκριβωμένους οὐδὲν ἂν εὐεργετήσειε πλὴν τοὺς ἐντεῦθεν[6] ζῆν προῃρημένους, τοὺς δὲ μανθάνοντας ὀνίνησι· [265] περὶ γὰρ τὴν περιττολογίαν[7] καὶ τὴν ἀκρίβειαν τῆς ἀστρολογίας καὶ γεωμετρίας διατρίβοντες καὶ δυσκαταμαθήτοις πράγμασιν ἀναγκαζόμενοι προσέχειν τὸν νοῦν, ἔτι δὲ συνεθιζόμενοι μένειν καὶ πονεῖν ἐπὶ τοῖς λεγομένοις καὶ δεικνυμένοις[8] καὶ μὴ πεπλανημένην ἔχειν τὴν διά-

point et en ce qui concerne l'*éristique*, Isocrate n'a jamais varié. Cf. *Éloge d'Hélène*, 1 : ἄλλοι περὶ τὰς ἔριδας διατρίβουσι τὰς οὐδὲν ὠφελούσας. Ce qui est nouveau, c'est la théorie qu'il introduit ensuite de l'*éristique* considérée comme une bonne *gymnastique* intellectuelle.

1. Διὰ τοῦτο... διότι, « *pour cette raison que* ».

2. Τοῖς ἄλλοις... κ. τ. λ. Par exemple, les métiers qui ne nous deviennent utiles que quand nous savons les exercer. — Pour la construction τοῖς ἄλλοις = τῇ τῶν ἄλλων φύσει, cf. Lys., XII, 74, n. 3.

3. Πέφυκεν correspond à τὴν φύσιν, « *sont, par nature, propres à* ».

4. Λάβωμεν et non λαμβάνωμεν, « *lorsque nous avons une fois acquis* ».

5. Ταῦτα δὲ... κ. τ. λ. Cf. Quintilien (*Inst. Or.*, I, 10) : *In geometria partem fatentur esse utilem teneris ætatibus : agitari namque animos, atque acui ingenia, et celeritatem percipiendi venire inde concedunt : sed prodesse eam, non ut ceteras artes, cum perceptæ sint, sed cum discatur, estimant.* Notez la différence de sens entre le parfait ἀπηκριβωμένους exprimant l'action accomplie et le présent μανθάνοντας montrant l'action en train de se faire.

6. Ἐντεῦθεν = ἀπὸ τούτων (en latin *inde*).

7. Περιττολογίαν, « *les subtilités* ». Περιττός signifie proprement ce qui est en trop; par suite, souvent *le superflu*, ou, comme ici, *ce qui est recherché*.

8. Δεικνυμενοις. Rapprochez le

νοιαν[1], ἐν τούτοις γυμνασθέντες καὶ παροξυνθέντες[2] ῥᾷον καὶ θᾶττον τὰ σπουδαιότερα καὶ πλείονος ἄξια τῶν πραγμάτων[3] ἀποδέχεσθαι καὶ μανθάνειν δύνανται.

[266] Φιλοσοφίαν[4] μὲν οὖν οὐχ οἶμαι δεῖν προσαγορεύειν τὴν μηδὲν ἐν τῷ παρόντι μήτε πρὸς τὸ λέγειν μήτε πρὸς τὸ πράττειν ὠφελοῦσαν, γυμνασίαν μέντοι[5] τῆς ψυχῆς καὶ παρασκευὴν φιλοσοφίας καλῶ τὴν διατριβὴν τὴν τοιαύτην, ἀνδρικωτέραν μὲν ἧς οἱ παῖδες ἐν τοῖς διδασκαλείοις ποιοῦνται, τὰ δὲ πλεῖστα παραπλησίαν· [267] καὶ γὰρ ἐκείνων οἱ περὶ τὴν γραμματικὴν καὶ τὴν μουσικὴν[6] καὶ τὴν ἄλλην παιδείαν διαπονηθέντες πρὸς μὲν τὸ βέλτιον εἰπεῖν ἢ βουλεύσασθαι[7] περὶ τῶν πραγμάτων

mot αἱ ἀποδείξεις, « *les démonstrations* ».

1. Καὶ μὴ... τὴν διάνοιαν, obligés, par conséquent, de la ramener sans cesse à son objet.

2. Παροξυνθέντες et ῥᾷον ἀποδέχεσθαι. Cf., dans le texte de Quintilien (p. 196, n. 5), *acui ingenia* et *celeritatem percipiendi*.

3. Τῶν πραγμάτων : génitif partitif.

4. Φιλοσοφίαν. Notez l'importance de ce passage et pour la définition de ce qu'Isocrate appelle *une philosophie* et pour la façon dédaigneuse dont il apprécie la *dialectique* contemporaine. Toute cette critique paraît directement inspirée par celle à laquelle se livre Kalliklès dans Platon : *Gorgias* (484 C sq.).

5. Μὲν... μέντοι. Opposition rare. Μέντοι, particule d'*affirmation* fréquemment employée dans les réponses, insiste plus que ne ferait δέ sur le mot γυμνασίαν déjà mis en relief par sa place dans la phrase. Cf. Hypéride, V, 8, n. 3.

6. Τὴν γραμματικὴν καὶ τὴν μουσικήν. L'éducation de l'intelligence quelquefois désignée par le terme général de μουσική se composait de deux parties : les *lettres* (τὰ γράμματα, ἡ γραμματική) comprenant la lecture, l'écriture et le calcul, et la *musique* proprement dite (ἡ μουσική) comprenant à la fois la musique instrumentale et la musique vocale.

7. Βέλτιον εἰπεῖν ἢ βουλεύσασθαι. Cf. § 256, n. 3.

οὐδεμίαν πω λαμβάνουσιν ἐπίδοσιν[1], αὐτοὶ δ' αὑτῶν εὐμαθέστεροι γίγνονται πρὸς τὰ μείζω[2] καὶ σπουδαιότερα τῶν μαθημάτων. [268] Διατρῖψαι μὲν οὖν περὶ τὰς παιδείας ταύτας χρόνον τινὰ συμβουλεύσαιμ' ἂν τοῖς νεωτέροις, μὴ μέντοι περιιδεῖν[3] τὴν φύσιν τὴν αὑτῶν κατασκελετευθεῖσαν ἐπὶ τούτοις μηδ' ἐξοκείλασαν[4] εἰς τοὺς λόγους τοὺς τῶν παλαιῶν σοφιστῶν[5] ὧν ὁ μὲν[6] ἄπειρον τὸ πλῆθος ἔφησεν εἶναι τῶν ὄντων, Ἐμπεδοκλῆς[7] δὲ τέτταρα καὶ

1. Οὐδεμίαν πω... ἐπίδοσιν. Litt. : *même alors ils ne reçoivent pas d'accroissement*. Traduisez : « *Ils n'ont encore fait aucun progrès* ».

2. Τὰ μείζω... κ. τ. λ. Cf. § 265.

3. Περιιδεῖν, regarder *tout autour* (περί) d'un œil distrait, par suite, « *voir avec indifférence* ». Comparez ὑπερορᾶν, regarder *par-dessus*, « *mépriser* » et ἐφορᾶν, avoir les yeux *sur*, regarder en face, « *voir avec impassibilité* ».

4. Κατασκελετευθεῖσαν, ἐξοκείλασαν : deux métaphores d'ordres très différents, toutes les deux très vives et d'autant plus remarquables qu'Isocrate a d'ordinaire un vocabulaire très simple. Pour la seconde, cf. VII, 18.

5. Σοφιστῶν. Xénophon (*Mém.* I, I, 14) prête à Socrate une critique analogue des systèmes des premiers philosophes. Rapprochez aussi dans Isocrate (*Éloge d'Hélène*, 2-3) une énumération à peu près semblable à celle-ci et faite dans le même esprit.

6. Ὁ μέν. Probablement Anaxagore de Clazomènes, le contemporain et l'ami de Périclès. Auteur d'un Περὶ φύσεως, il admettait que les corps étaient formés par le groupement momentané d'éléments éternels, illimités en nombre, divisibles à l'infini, mis en mouvement par l'*esprit*, νοῦς. Mais le rapprochement avec le passage de Xénophon peut faire songer aussi à un représentant de l'école atomistique, Leucippe ou Démocrite.

7. Ἐμπεδοκλῆς. Empédocle d'Agrigente (début du ve siècle), poète et philosophe célèbre par ses bizarreries. Il avait composé des Καθαρμοί, sortes de chants de purification, un Περὶ φύσεως et un *poème sur la médecine* (Ἰατρικός). Suivant sa doctrine, tous les êtres se ramènent à quatre éléments : le *feu*, l'*air*, la *terre* et l'*eau* combinés sous l'influence de deux principes d'activité, la *discorde* (νεῖκος) et l'*amour* (φιλία). On possède de lui environ 450 vers.

νεῖκος καὶ φιλίαν ἐν αὐτοῖς, Ἴων[1] δ' οὐ πλείω τριῶν, Ἀλκμέων[2] δὲ δύο μόνα, Παρμενίδης[3] δὲ καὶ Μέλισσος[4] ἕν, Γοργίας[5] δὲ παντελῶς οὐδέν[6]. [269] Ἡγοῦμαι γὰρ τὰς μὲν τοιαύτας τερατολογίας ὁμοίας εἶναι ταῖς θαυματοποιίαις[7], ταῖς οὐδὲν μὲν ὠφελούσαις, ὑπὸ δὲ τῶν ἀνοήτων περιστάτοις γιγνομέναις, δεῖν δὲ τοὺς προὔργου τι ποιεῖν[8] βουλομένους καὶ τῶν λόγων τοὺς ματαίους καὶ τῶν πράξεων τὰς μηδὲν πρὸς τὸν βίον φερούσας ἀναιρεῖν ἐξ ἁπασῶν τῶν διατριβῶν.

1. Ἴων. Ion de Chios (vᵉ siècle), poète dramatique, historien et philosophe, avait composé, outre ses tragédies et ses ὑπομνήματα (souvenirs), un traité sur l'origine des choses, intitulé Τριαγμοί, et dans lequel il devait exposer les idées auxquelles Isocrate fait ici allusion.

2. Ἀλκμέων. Alcméon de Crotone (fin du viᵉ, commencement du vᵉ siècle) subit l'influence du Pythagorisme, mais se livra surtout à des recherches positives comme anatomiste, psychologue, astronome. Selon lui, notre vie, au lieu d'être uniforme comme celle des dieux, se meut entre des oppositions (le blanc et le noir, le doux et l'amer). Par là s'explique l'expression d'ailleurs inexacte dont se sert Isocrate.

3. Παρμενίδης. Parménide d'Élée (fin du viᵉ, début du vᵉ siècle), à la fois poète et dialecticien, a pu être comparé à Lucrèce, quoiqu'il lui reste, au point de vue de la poésie, fort inférieur. Il distinguait dans la connaissance deux domaines : celui de l'*être*, seul objet possible de science et celui des *apparences sensibles* privées de réalité et échappant par suite à la science.

4. Μέλισσος. Mélissos de Samos (vᵉ siècle), disciple des Éléates, s'était en effet attaché à démontrer avec eux que « *l'être seul existe* », éternel, infini, un, toujours égal à lui-même, immuable et insensible.

5. Γοργίας. Gorgias de Léontium (vers 485-380), le plus fameux des sophistes. On lui attribuait un traité, περὶ φύσεως ἢ περὶ τοῦ μὴ ὄντος, dont le titre explique la mention qui est faite ici de lui.

6. Παντελῶς οὐδέν. Il est facile de voir que toute l'énumération est faite de manière à amener ce dernier trait.

7. Ταῖς θαυματοποιίαις, *les tours d'adresse*, *les jongleries* des bateleurs et des charlatans.

8. Προὔργου τι ποιεῖν, « *faire quelque chose d'utile* ».

[270] Περὶ μὲν οὖν τούτων ἀπόχρη μοι τὸ νῦν εἶναι[1] ταῦτ' εἰρηκέναι καὶ συμβεβουλευκέναι· περὶ δὲ σοφίας[2] καὶ φιλοσοφίας, τοῖς μὲν περὶ ἄλλων τινῶν ἀγωνιζομένοις[3] οὐκ ἂν ἁρμόσειε λέγειν περὶ τῶν ὀνομάτων τούτων[4], ἔστι γὰρ ἀλλότρια πάσαις ταῖς πραγματείαις[5], ἐμοὶ δ' ἐπειδὴ καὶ κρίνομαι περὶ τῶν τοιούτων καὶ τὴν καλουμένην[6] ὑπό τινων φιλοσοφίαν οὐκ εἶναι φημί, προσήκει τὴν δικαίως ἂν νομιζομένην[7] ὁρίσαι καὶ δηλῶσαι πρὸς ὑμᾶς. [271] Ἁπλῶς δέ πως τυγχάνω γιγνώσκων περὶ αὐτῶν. Ἐπειδὴ γὰρ οὐκ ἔνεστιν ἐν τῇ φύσει τῇ τῶν ἀνθρώπων ἐπιστήμην λαβεῖν, ἣν[8] ἔχοντες ἂν εἰδεῖμεν ὅ τι πρακτέον ἢ λεκτέον ἐστὶν, ἐκ τῶν λοιπῶν[9] σοφοὺς μὲν νομίζω τοὺς ταῖς δόξαις ἐπιτυγχάνειν ὡς ἐπὶ τὸ πολὺ τοῦ βελτίστου δυναμένους[10], φιλοσό-

1. Τὸ νῦν εἶναι, « *pour le moment* ». Εἶναι : infinitif absolu.

2. Σοφίας. On peut traduire par « *sagesse* »; mais en réalité le mot n'a pas encore de sens précis puisque Isocrate cherche justement à le définir.

3. Τοῖς ἀγωνιζομένοις, « *à des gens qui plaideraient* », équivaut à une proposition conditionnelle avec εἰ et l'optatif.

4. Περὶ... τούτων ne fait que reprendre περὶ σοφίας καὶ φιλοσοφίας.

5. Ἔστι γὰρ... πραγματείαις, sorte de parenthèse, destinée à expliquer οὐκ ἂν ἁρμόσειε λέγειν. — Πραγματεῖαι, « *affaires* » (au sens judiciaire).

6. Τὴν καλουμένην... φιλοσοφίαν. Cf. Eschine, III, p. 316, n. 9.

7. Τὴν... ἂν νομιζομένην. Le participe accompagné de ἄν et précédé de l'article équivaut à une proposition relative à l'optatif avec ἄν, « *celle qui pourrait être reconnue* (*comme une philosophie*) ».

8. Ἣν. Le relatif ne dépend que de ἔχοντες = *quam si teneamus*.

9. Ἐκ τῶν λοιπῶν (au neutre) : « des divers degrés de connaissance qui restent » (l'ἐπιστήμη complète étant exclue).

10. Τοὺς... δυναμένους. Voyez, même discours, pages 183, n. 4 et 184, n. 4.

φους δὲ τοὺς ἐν τούτοις διατρίβοντας, ἐξ ὧν τάχιστα λήψονται τὴν τοιαύτην φρόνησιν[1].

IV

COMMENT L'ÉTUDE DE LA PAROLE PEUT DEVENIR UNE PHILOSOPHIE

(§§ 274-290)

[274] Ἡγοῦμαι δὲ τοιαύτην μὲν τέχνην ἥτις τοῖς κακῶς πεφυκόσι πρὸς ἀρετὴν σωφροσύνην[2] ἐνεργάσαιτ' ἂν καὶ δικαιοσύνην, οὔτε πρότερον οὔτε νῦν οὐδεμίαν εἶναι, τούς τε τὰς ὑποσχέσεις ποιουμένους[3] περὶ αὐτῶν πρότερον ἀπερεῖν καὶ παύσεσθαι ληροῦντας πρὶν εὑρεθῆναί[4] τινα παιδείαν τοιαύτην, [275] οὐ μὴν ἀλλ'[5] αὐτούς γ' αὑτῶν βελτίους[6] ἂν γίγνεσθαι καὶ πλείονος ἀξίους, εἰ πρός τε[7] τὸ λέγειν

1. Τὴν τοιαύτην φρόνησιν, « *la disposition d'esprit que je viens de définir* ».

2. Σωφροσύνην... καὶ δικαιοσύνην, « *le sentiment de la mesure et l'amour de la justice* ». Deux qualités précieuses dans une démocratie et dont la première est comme la marque distinctive de l'*atticisme*.

3. Τοὺς... ποιουμένους. Les chefs d'école rivaux d'Isocrate et que celui-ci avait passés en revue dans son discours *Contre les sophistes* : éristiques, maîtres d'éloquence politique (οἱ πολιτικοὺς λόγους ὑπισχνούμενοι), commentateurs de poètes.

4. Εὑρεθῆναι. Notez le passif. Non seulement eux-mêmes, mais personne ne saurait trouver *quelque système d'éducation de ce genre*.

5. Οὐ μὴν ἀλλά, « *toutefois* ». Cf. IV, 85, n. 4.

6. Αὐτοὺς αὑτῶν βελτίους. Cf. § 185, n. 6.

7. Εἰ πρός τε.... Isocrate va montrer *comment* l'éloquence telle qu'il la comprend peut contribuer à la formation morale et donner des principes de direction pour la vie. La question est considérée à trois points de vue résumés ici et successivement repris aux §§ 276, 278 et 281.

εὖ φιλοτίμως[1] διατεθεῖεν καὶ τοῦ πείθειν δύνασθαι τοὺς ἀκούοντας ἐρασθεῖεν καὶ πρὸς τούτοις[2] τῆς πλεονεξίας ἐπιθυμήσαιεν[3], μὴ τῆς ὑπὸ τῶν ἀνοήτων νομιζομένης, ἀλλὰ τῆς ὡς ἀληθῶς τὴν δύναμιν ταύτην ἐχούσης.

[276] Καὶ ταῦθ' ὡς οὕτω πέφυκε ταχέως οἶμαι δηλώσειν. Πρῶτον μὲν γὰρ ὁ λέγειν ἢ γράφειν προαιρούμενος λόγους ἀξίους ἐπαίνου καὶ τιμῆς οὐκ ἔστιν ὅπως[4] ποιήσεται τὰς ὑποθέσεις[5] ἀδίκους ἢ μικρὰς ἢ περὶ τῶν ἰδίων συμβολαίων, ἀλλὰ μεγάλας καὶ καλὰς καὶ φιλανθρώπους καὶ περὶ τῶν κοινῶν πραγμάτων[6]· μὴ γὰρ τοιαύτας εὑρίσκων[7] οὐδὲν διαπράξεται τῶν δεόντων. [277] Ἔπειτα τῶν πρά-

1. Φιλοτίμως διατεθεῖεν, « (*s'ils*) *étaient animés du zèle de* », litt. : *s'ils étaient disposés avec zèle à l'égard de*. Isocrate emploie très fréquemment le verbe διατίθεσθαι (et son correspondant au parfait passif διάκειμαι) accompagné d'un adverbe pour caractériser un état d'esprit.

2. Πρὸς τούτοις, « *en outre* ».

3. Εἰ... τῆς πλεονεξίας ἐπιθυμήσαιεν, « *s'ils avaient de l'ambition* » (*s'ils désiraient la supériorité*). Comme l'expression pourrait être prise en mauvaise part, Isocrate en limite le sens par une apposition. Rapprochez la définition de « *l'assurance* » (ἡ τόλμα), § 190.

4. Οὐκ ἔστιν ὅπως : expression impersonnelle : « *il n'est pas possible que* ». — Ποιήσεται a pour sujet ὁ προαιρούμενος placé en tête de la phrase.

5. Ποιήσεται τὰς ὑποθέσεις. Isocrate se sert souvent de l'expression ὑπόθεσιν ποιεῖσθαι, tantôt, comme ici, avec le sens de « *faire choix d'un sujet* », tantôt avec celui de « *prendre pour principe de conduite* ». Cf. VII, 28.

6. Περὶ... πραγμάτων, « *sur les intérêts généraux* », comme sont les thèmes traités par Isocrate. Lui-même dit en parlant du sujet du *Philippe* (V. 10) qu'il ne pourrait trouver καλλίω ὑπόθεσιν οὐδὲ κοινοτέραν οὐδὲ μᾶλλον ἅπασιν ἡμῖν συμφέρουσαν.

7. Εὑρίσκων : participe équivalant à une proposition conditionnelle : « *S'il n'en trouve pas de ce genre.* »

ξεων[1] τῶν συντεινουσῶν πρὸς τὴν ὑπόθεσιν ἐκλέξεται τὰς πρεπωδεστάτας καὶ μάλιστα συμφερούσας· ὁ δὲ τὰς τοιαύτας συνεθιζόμενος θεωρεῖν καὶ δοκιμάζειν[2] οὐ μόνον περὶ τὸν ἐνεστῶτα λόγον, ἀλλὰ καὶ περὶ τὰς ἄλλας πράξεις τὴν αὐτὴν ἕξει ταύτην δύναμιν, ὥσθ' ἅμα τὸ λέγειν εὖ καὶ τὸ φρονεῖν παραγενήσεται τοῖς φιλοσόφως καὶ φιλοτίμως πρὸς τοὺς λόγους διακειμένοις[3].

[278] Καὶ μὴν[4] οὐδ' ὁ πείθειν βουλόμενος ἀμελήσει τῆς ἀρετῆς, ἀλλὰ τούτῳ μάλιστα προσέξει τὸν νοῦν, ὅπως δόξαν ὡς ἐπιεικεστάτην λήψεται παρὰ τοῖς συμπολιτευομένοις[5]. Τίς γὰρ οὐκ οἶδε καὶ τοὺς λόγους ἀληθεστέρους δοκοῦντας εἶναι τοὺς ὑπὸ τῶν εὖ διακειμένων[6] λεγομένους ἢ τοὺς ὑπὸ τῶν διαβεβλημένων, καὶ τὰς πίστεις[7] μεῖζον δυναμένας τὰς ἐκ τοῦ βίου γεγενημένας[8] ἢ τὰς ὑπὸ τοῦ λόγου πεπορισμένας; Ὥσθ' ὅσῳπερ ἂν τις ἐρρωμενεστέρως ἐπιθυμῇ πείθειν τοὺς ἀκούοντας, τοσούτῳ μᾶλλον

1. Τῶν πράξεων τῶν... κ. τ. λ., en d'autres termes *les exemples*.

2. Θεωρεῖν καὶ δοκιμάζειν. Cf. Isocrate (*Panath.*, 39): ὥσπερ τὴν πορφύραν καὶ τὸν χρυσὸν θεωροῦμεν καὶ δοκιμάζομεν. L'orateur doit « *examiner* » et « *éprouver* » ses exemples comme l'orfèvre les pierres et métaux précieux.

3. Διακειμένοις. Cf. § 275, n. 1.

4. Καὶ μήν. Nouvel argument, par suite nouvelle affirmation marquée par l'addition de la particule μήν. C'est le second point annoncé plus haut, § 275.

5. Τοῖς συμπολιτευομένοις. Cf. VII, 35, n. 4.

6. Τῶν εὖ διακειμένων, sous-ent. τοῖς ἄλλοις. Le sens est d'ailleurs indiqué par l'expression correspondante ὑπὸ τῶν διαβεβλημένων.

7. Τὰς πίστεις, « *les raisons de croire, les preuves* ».

8. Τὰς... γεγενημένας. Rapprochez l'expression ἔκ (ἀπό) τινος γίγνεσθαι, IV, 84, n. 2.

ἀσκήσει καλὸς κἀγαθὸς εἶναι καὶ παρὰ τοῖς πολίταις εὐδοκιμεῖν. [279] Καὶ μηδείς[1] ὑμῶν οἰέσθω τοὺς μὲν ἄλλους ἅπαντας γιγνώσκειν ὅσην ἔχει ῥοπὴν[2] εἰς τὸ πείθειν τὸ τοῖς κρίνουσιν ἀρέσκειν, τοὺς δὲ[3] περὶ τὴν φιλοσοφίαν ὄντας[4] μόνους ἀγνοεῖν τὴν τῆς εὐνοίας[5] δύναμιν· [280] πολὺ γὰρ ἀκριβέστερον τῶν ἄλλων καὶ ταῦτ' ἴσασι, καὶ πρὸς τούτοις ὅτι τὰ μὲν εἰκότα[6] καὶ τὰ τεκμήρια καὶ πᾶν τὸ τῶν πίστεων εἶδος τοῦτο μόνον ὠφελεῖ τὸ μέρος, ἐφ' ᾧπερ[7] ἂν αὐτῶν ἕκαστον τύχῃ ῥηθέν, τὸ δὲ δοκεῖν εἶναι καλὸν κἀγαθὸν οὐ μόνον τὸν λόγον πιστότερον ἐποίησεν, ἀλλὰ καὶ τὰς πράξεις τοῦ τὴν τοιαύτην δόξαν ἔχοντος ἐντιμοτέρας κατέστησεν[8], ὑπὲρ οὗ[9] σπουδαστέον

1. Καὶ μηδείς... κ. τ. λ. Isocrate prévient une objection : les maîtres d'éloquence ont bien trop confiance en leur art pour prétendre persuader autrement que par les procédés qu'ils recommandent.

2. Ὅσην ἔχει ῥοπήν = *quanti sit momenti*.

3. Τοὺς μὲν... τοὺς δέ. Rendez cette opposition en mettant *tandisque* dans le premier membre. Cf. Lysias, XXIV, 12, n. 3.

4. Τούς... ὄντας, « *ceux qui se consacrent à la philosophie*. »

5. Τῆς εὐνοίας, celle que l'orateur a su inspirer par sa conduite.

6. Τὰ εἰκότα... κ.τ.λ. : termes techniques. — Τὰ εἰκότα, « *les vraisemblances* ». On a vu par les discours de Lysias (notamment XII, 27, 37, et VII, 12, 19) quel parti les orateurs judiciaires tiraient de ce genre d'arguments. — Τὰ τεκμήρια, « *les indices* » (par ex. des faits en contradiction avec ceux qu'affirme l'adversaire). *Vraisemblances* et *indices* ne sont que deux espèces rentrant dans la *catégorie générale des moyens de persuader* (τὸ τῶν πίστεων εἶδος). Pour Isocrate, ces πίστεις que la rhétorique enseigne et dont elle apprend à se servir ont moins de valeur que *la considération* (δόξα) dont jouit l'orateur.

7. Τοῦτο τὸ μέρος, ἐφ' ᾧπερ, « *le point précis à propos duquel* ».

8. Ἐποίησεν... κατέστησεν : aoristes d'expérience qui ont ici une valeur particulière. Ce ne sont pas des généralités en l'air qu'avance l'orateur : ses affirmations reposent sur des faits.

9. Ὑπὲρ οὗ, « *et c'est de quoi* »,

ἐστὶ τοῖς εὖ φρονοῦσι μᾶλλον ἢ περὶ[1] τῶν ἄλλων ἁπάντων.

[281] Τὸ τοίνυν[2] περὶ τὴν πλεονεξίαν, ὃ δυσχερέστατον[3] ἦν[4] τῶν ῥηθέντων· εἰ μέν τις ὑπολαμβάνει τοὺς ἀποστεροῦντας[5] ἢ παραλογιζομένους ἢ κακόν τι ποιοῦντας πλεονεκτεῖν[6], οὐκ ὀρθῶς ἔγνωκεν· οὐδένες[7] γὰρ ἐν ἅπαντι τῷ βίῳ[8] μᾶλλον ἐλαττοῦνται τῶν τοιούτων[9], οὐδ' ἐν πλείοσιν ἀπορίαις εἰσίν, οὐδ' ἐπονειδιστότερον ζῶσιν, οὐδ' ὅλως ἀθλιώτεροι τυγχάνουσιν ὄντες· [282] χρὴ δὲ καὶ νῦν πλέον ἔχειν ἡγεῖσθαι καὶ[10] πλεονεκτήσειν νομίζειν[11] παρὰ μὲν τῶν θεῶν[12] τοὺς εὐσεβεστάτους καὶ τοὺς περὶ τὴν θεραπείαν τὴν ἐκείνων ἐπιμελεστάτους ὄντας, παρὰ δὲ τῶν ἀνθρώπων τοὺς ἄριστα πρὸς τού-

reprend le membre de phrase précédent.

1. Ὑπὲρ... περί. Cf. Eschine, II, 53, n. 6.

2. Τὸ τοίνυν... κ.τ.λ., « *et maintenant* (*voyons*) *ce qui concerne* ». Formule elliptique de transition qu'on retrouve ailleurs chez Isocrate.

3. Δυσχερέστατον, « *le plus délicat à traiter* ».

4. Ἦν, à savoir, au moment où je l'ai dit, § 275.

5. Τοὺς ἀποστεροῦντας, sousent. τοὺς ἄλλους. De même après les deux participes qui suivent.

6. Πλεονεκτεῖν, « *s'élever* » (litt. : *avoir plus que les autres*. Voyez ci-dessous πλέον ἔχειν) s'oppose à ἐλαττοῦσθαι, « *s'amoindrir* », « *se déconsidérer* ».

7. Οὐδένες. Le grec emploie le pluriel de οὐδείς pour l'appliquer à des collectivités, à des groupes. Ici : « *aucune espèce d'hommes* ».

8. Ἐν ἅπαντι τῷ βίῳ, « *dans toute leur façon de vivre* », et non « *pendant toute leur vie* » (διά et le gén. ou παρά et l'acc.).

9. Τῶν τοιούτων : « *les gens qui agissent ainsi* ».

10. Καί, « *et* (*dans la suite*) », opposé à καὶ νῦν. L'idée de *dans la suite* est donnée par le fut. πλεονεκτήσειν.

11. Ἡγεῖσθαι, νομίζειν : rapprochement de synonymes fréquent chez Isocrate. Cf. IV, 34, n. 6.

12. Παρὰ τῶν θεῶν, « *de la part des dieux* ».

τους μεθ' ὧν ἂν οἰκῶσι καὶ πολιτεύωνται διακει μένους, καὶ τοὺς βελτίστους αὐτοὺς εἶναι δοκοῦντας.

[283] Καὶ ταῦτα καὶ ταῖς ἀληθείαις[1] οὕτως ἔχει καὶ συμφέρει τὸν τρόπον τοῦτον[2] λέγεσθαι περὶ αὐτῶν, ἐπεὶ νῦν γ' οὕτως ἀνέστραπται καὶ συγκέχυται πολλὰ τῶν κατὰ τὴν πόλιν[3], ὥστ' οὐδὲ τοῖς ὀνόμασιν ἔνιοί τινες ἔτι χρῶνται κατὰ φύσιν[4], ἀλλὰ μεταφέρουσιν ἀπὸ τῶν καλλίστων πραγμάτων ἐπὶ τὰ φαυλότατα τῶν ἐπιτηδευμάτων. [284] Τοὺς μέν γε βωμολοχευομένους[5] καὶ σκώπτειν καὶ μιμεῖσθαι[6] δυναμένους εὐφυεῖς καλοῦσι, προσῆκον[7] τῆς προσηγορίας ταύτης τυγχάνειν τοὺς ἄριστα πρὸς ἀρετὴν πεφυκότας· τοὺς δὲ ταῖς κακοηθείαις[8] καὶ ταῖς κακουργίαις χρωμένους, καὶ μικρὰ μὲν λαμβάνοντας, πονηρὰν δὲ δόξαν κτωμένους[9], πλεονεκτικοὺς[10] νομίζουσιν, ἀλλ' οὐ[11] τοὺς ὁσιωτάτους καὶ δικαιοτάτους, οἵπερ τῶν ἀγαθῶν, ἀλλ' οὐ τῶν κακῶν πλεονε-

1. **Ταῖς ἀληθείαις : datif de *point de vue*. Cf. τῷ ὄντι, τῷ** ἔργῳ, etc. Le pluriel, parce qu'Isocrate songe aux différents faits dans lesquels cette vérité se manifeste. **Cf. IV, 77, n. 5.**

2. **Τὸν τρόπον τοῦτον : accusatif adverbial.**

3. Τῶν κατὰ τὴν **πόλιν, « *de ce (qui se passe) par la ville* ».**

4. **Κατὰ** φύσιν, « ***dans leur sens naturel*** », opposé à **μεταφέρουσιν.**

5. Τοὺς μέν γε... κ. τ. λ. **Rapprochez VII, 49, et les notes.**

6. Μιμεῖσθαι, se moquer des gens en *imitant* leurs gestes, leurs intonations, etc. : « ***contrefaire*** ».

7. Προσῆκον, « ***alors qu'il convient*** » : participe absolu.

8. Ταῖς κακοηθείαις. **Cf. Eschine, II, 22, n. 7,** et pour l'emploi du pluriel des mots **abstraits chez Isocrate, IV, 77, n. 5.**

9. **Κτωμένους. Notez** l'emploi du présent : « ***qui se font*** ».

10. **Πλεονεκτικούς, « *hommes d'avenir* » (*aptes à s'élever*).** Sur le sens du **suffixe** ικός, cf. **§ 256,** n. 4.

11. **'Αλλ' οὐ. Cf. IV, 80, n. 2.**

κτοῦσι[1]· [285] τοὺς δὲ τῶν μὲν ἀναγκαίων ἀμελοῦντας, τὰς δὲ τῶν παλαιῶν σοφιστῶν τερατολογίας[2] ἀγαπῶντας φιλοσοφεῖν φασιν, ἀλλ' οὐ τοὺς τὰ τοιαῦτα μανθάνοντας καὶ μελετῶντας, ἐξ ὧν[3] καὶ τὸν ἴδιον οἶκον[4] καὶ τὰ κοινὰ τὰ τῆς πόλεως καλῶς διοικήσουσιν, ὧνπερ[5] ἕνεκα καὶ πονητέον καὶ φιλοσοφητέον καὶ πάντα πρακτέον ἐστίν. Ἀφ' ὧν ὑμεῖς πολὺν ἤδη χρόνον ἀπελαύνετε τοὺς νεωτέρους, ἀποδεχόμενοι τοὺς λόγους τῶν διαβαλλόντων τὴν τοιαύτην παιδείαν. [286] Καὶ γάρ τοι[6] πεποιήκατε τοὺς μὲν ἐπιεικεστάτους αὐτῶν ἐν πότοις καὶ συνουσίαις καὶ ῥᾳθυμίαις τὴν ἡλικίαν διάγειν, ἀμελήσαντας τοῦ σπουδάζειν ὅπως ἔσονται βελτίους, τοὺς δὲ χεῖρω τὴν φύσιν ἔχοντας ἐν τοιαύταις ἀκολασίαις ἡμερεύειν, ἐν αἷς πρότερον οὐδ' ἂν οἰκέτης ἐπιεικὴς οὐδεὶς ἐτόλμησεν· [287] οἱ μὲν γὰρ αὐτῶν ἐπὶ τῆς Ἐννεακρούνου[7] ψύχουσιν οἶνον, οἱ δ' ἐν τοῖς καπηλείοις[8] πίνουσιν, ἕτεροι δ' ἐν τοῖς

1. Τῶν ἀγαθῶν... πλεονεκτοῦσι, le génitif de la chose, comme avec les verbes marquant abondance ou privation : « *s'élèvent dans le bien* », (*possèdent une plus grande part de choses bonnes*).

2. Τοὺς δὲ... τερατολογίας. Cf. §§ 268-269.

3. Τοιαῦτα... ἐξ ὧν, « *des connaissances de nature à leur permettre* ». Traduisez διοικήσουσιν par un infinitif. Cf. Eschine, II, 37, n. 3. Au contraire, plus bas (§ 286) ἐν τοιαύταις... ἐν αἷς : « *telles que celles dans lesquelles* ». Cf. Eschine, III, 157, n. 1.

4. Οἶκον. Cf. Lysias, XII, 93, n. 7.

5. Ὧνπερ, à savoir : καὶ τὸν ἴδιον... κ.τ.λ.

6. Καὶ γάρ τοι. Voyez VII, 30, n. 9.

7. Τῆς Ἐννεακρούνου. Voy. Ind., n° 127.

8. Ἐν τοῖς καπηλείοις, « *dans les cabarets* », qui étaient, à Athènes, assez mal famés. D'après

σκιραφείοις κυβεύουσι[1], πολλοὶ δ' ἐν τοῖς τῶν αὐλητρίδων διδασκαλείοις διατρίβουσιν. Καὶ τοὺς μὲν ἐπὶ ταῦτα προτρέποντας[2] οὐδεὶς πώποτε τῶν κήδεσθαι φασκόντων τῆς ἡλικίας[3] ταύτης εἰς ὑμᾶς εἰσήγαγεν[4]· ἡμῖν δὲ κακὰ παρέχουσιν, οἷς ἄξιον ἦν, εἰ καὶ[5] μηδενὸς ἄλλου, τούτου γε χάριν ἔχειν ὅτι τοὺς συνόντας τῶν τοιούτων ἐπιτηδευμάτων ἀποτρέπομεν. [288] Οὕτω δ' ἐστὶ δυσμενὲς ἅπασι τὸ τῶν συκοφαντῶν γένος, ὥστε τοῖς μὲν λυομένοις εἴκοσι καὶ τριάκοντα μνῶν[6] τὰς μελλούσας[7] καὶ τὸν ἄλλον οἶκον[8] συναναιρήσειν οὐχ ὅπως[9] ἂν ἐπιπλήξειαν, ἀλλὰ καὶ συγχαίρουσι ταῖς ἀσωτίαις αὐτῶν, τοὺς δ' εἰς τὴν αὑτῶν παιδείαν ὁτιοῦν[10] ἀναλίσκοντας διαφθείρεσθαί φασιν. Ὧν[11] τίνες ἂν ἀδικώτερον ἔχοιεν τὴν αἰτίαν ταύτην; [289] οἵτινες ἐν ταύταις μὲν

Hypéride (cité par Stobée), on avait interdit l'entrée de l'Aréopage à un citoyen qui avait été vu dînant dans un cabaret.

1. Κυβεύουσι. Le jeu de *dés* était, en effet, un des jeux les plus répandus. On le jouait soit avec trois, soit avec deux dés. Le coup le plus heureux était le coup des trois six.

2. Τοὺς προτρέποντας, régime sous-entendu : τοὺς ἄλλους.

3. Τῆς ἡλικίας ταύτης, « *de cet âge* », au sens concret. (*des gens*) *de cet âge*. Cf. Isocrate (VI, 6) : βουλόμενος ὑμᾶς προτρέψαι μηδεμίαν ἀποδοκιμάζειν τῶν ἡλικιῶν, ἀλλ' ἐν ἁπάσαις ζητεῖν εἴ τίς τι δύναται εἰπεῖν ἀγαθόν.

4. Εἰσήγαγεν εἰς ὑμᾶς, « *a cité devant vous* ». Cf. Ind., n° 83.

5. Εἰ καὶ... τούτου γε, « *à tout le moins de ceci* ». Litt. : *si même d'aucune autre chose... de ceci du moins*. Τούτου annonce ὅτι... ἀποτρέπομεν.

6. Εἴκοσι... μνῶν : génitif de prix : « *pour la somme de vingt ou trente mines* (en chiffres ronds, 2000 ou 3000 francs).

7. Τὰς μελλούσας, « *les* (*courtisanes*) *qui se disposent à* ».

8. Τὸν ἄλλον οἶκον, « *le reste de leur patrimoine* ».

9. Οὐχ ὅπως. Cf. VII, 32, n. 6.

10. Ὁτιοῦν, « *n'importe quoi* », « *une somme quelconque* ».

11. Ὧν, dépend de ἀδικώτερον.

ταῖς ἀκμαῖς ὄντες ὑπερεῖδον[1] τὰς ἡδονάς, ἐν αἷς[2] οἱ πλεῖστοι τῶν τηλικούτων μάλιστ' αὐτῶν ἐπιθυμοῦσιν, ἐξὸν δ'[3] αὐτοῖς ῥαθυμεῖν μηδὲν δαπανωμένοις[4] εἵλοντο πονεῖν χρήματα τελέσαντες, ἄρτι δ' ἐκ παίδων ἐξεληλυθότες[5] ἔγνωσαν, ἃ πολλοὶ τῶν πρεσβυτέρων οὐκ ἴσασιν, [290] ὅτι δεῖ τὸν ὀρθῶς καὶ πρεπόντως προεστῶτα τῆς ἡλικίας[6] καὶ καλὴν ἀρχὴν τοῦ βίου ποιούμενον αὑτοῦ πρότερον ἢ τῶν αὑτοῦ[7] ποιήσασθαι τὴν ἐπιμέλειαν, καὶ μὴ σπεύδειν μηδὲ ζητεῖν ἑτέρων ἄρχειν, πρὶν ἂν τῆς αὑτοῦ διανοίας λάβῃ τὸν ἐπιστατήσοντα[8], μηδ' οὕτω[9] χαίρειν μηδὲ μέγα φρονεῖν ἐπὶ τοῖς ἄλλοις ἀγαθοῖς ὡς ἐπὶ τοῖς ἐν τῇ ψυχῇ διὰ τὴν παιδείαν ἐγγιγνομένοις. Καίτοι τοὺς τοιούτῳ λογισμῷ κεχρημένους πῶς[10] οὐκ ἐπαινεῖσθαι χρὴ μᾶλλον ἢ ψέγεσθαι, καὶ νομίζεσθαι βελτίστους εἶναι καὶ σωφρονεστάτους τῶν ἡλικιωτῶν;

1. Ὑπερεῖδον, cf. § 268, n. 3.

2. Ἐν αἷς, rattaché à ταῖς ἀκμαῖς et non à τὰς ἡδονάς. Voyez la même construction, VII, 38 et 39.

3. Ἐξὸν δέ, « *et, quand il leur était permis* » : participe absolu.

4. Μηδὲν δαπανωμένοις. Cf. Lys., XII, 1, n. 1.

5. Ἐξεληλυθότες, participe équivalant à une proposition concessive : « *bien que sortis* ».

6. Τὸν... τῆς ἡλικίας, « *celui qui a dirigé sa jeunesse* ». Προϊστάναι, intransitif à l'aoriste II et au parfait, signifie proprement : *se mettre à la tête de*.

7. Τῶν αὑτοῦ, « *ses biens* ». Les sycophantes ne doivent donc pas lui reprocher l'argent qu'il dépense pour s'instruire.

8. Τὸν ἐπιστατήσοντα, « *le maître capable de diriger* ». Cf. Lysias, XXIV, 6 : τὸν διαδεξόμενον.

9. Οὕτω porte à la fois sur χαίρειν et sur μέγα φρονεῖν. — Pour οὕτω... ὡς = *tam... quam*, cf. IV, 78.

10. Καίτοι πῶς. Cf. IV, 31, n. 11.

Trapézitique.

(XVII)

Argument[1].

Le *Trapézitique* ou discours Contre le Banquier (τραπεζίτης, de τράπεζα, table sur laquelle les premiers changeurs faisaient leurs opérations) constitue un témoignage des plus curieux sur les mœurs financières d'Athènes au IVe siècle.

L'accusé, Pasion, est un personnage connu. Longtemps esclave de deux banquiers, Archestrate et Antisthène, il avait fini par recevoir la liberté et, grâce à son activité et à son intelligence des affaires, il avait pu succéder à ses anciens maîtres. Sa maison jouissait d'un grand crédit non seulement à Athènes, mais dans tout le monde grec. L'accusateur est un jeune étranger dont le père Sopæos était en grande faveur auprès du roi de Pont, Satyros. Venu à Athènes, en partie pour son plaisir, en partie aussi pour y faire du commerce, il avait déposé chez Pasion, à charge de les faire valoir, les fonds assez considérables qu'il avait apportés avec lui. C'est à propos de ces fonds que s'engagea le procès dont il est ici question, le jeune homme voulant retirer son argent, Pasion prétendant s'être acquitté avec lui et ne plus rien lui devoir.

Le *Trapézitique* est donc un véritable discours judiciaire, composé pour un client. Isocrate, qui devait dire beaucoup de mal des *logographes*, avait commencé lui-même par être *logographe*. Grâce à ce plaidoyer et à cinq autres qui nous sont également parvenus, nous pouvons nous rendre compte des mérites dont il avait fait preuve dans ce genre très particulier.

Isocrate, orateur judiciaire, n'a pas ces qualités de simplicité et de naturel qui font le charme de Lysias : il ne sait pas,

1. Cf. une analyse de ce discours dans G. Perrot, *Démosthène et ses contemporains* (*Revue des Deux Mondes*, nov. 1873).

comme lui, s'effacer derrière son client, reproduire son caractère et lui composer une physionomie; mais là où il l'emporte c'est dans l'art de disposer ses preuves et d'ordonner les différentes parties de son discours. Tous deux excellent à solliciter les faits, à exploiter les vraisemblances : mais tandis que chez l'un les arguments n'ont pas toujours entre eux un lien très étroit, ils forment au contraire chez l'autre un véritable ensemble et empruntent une valeur nouvelle à l'ordre même dans lequel ils se succèdent. C'est ainsi que, dans notre discours, les faits une fois exposés, Isocrate s'applique d'abord à ruiner par avance le système de la défense et à infirmer l'autorité de la prétendue décharge sur laquelle celle-ci doit s'appuyer. Puis, passant à la partie positive de son argumentation, il s'efforce de prouver la réalité de son dépôt. Alors seulement, et quand il a ainsi prévenu en sa faveur l'esprit des juges, il relève la charge qui est la plus accablante pour Pasion : la disparition de l'esclave et plus tard le refus de lui laisser appliquer la torture. Un court *épilogue* dans lequel l'orateur rappelle les services rendus à Athènes par Satyros et Sopæos termine le discours.

Quelle fut l'issue du procès? Il est difficile de le dire avec certitude. Il n'est pas probable cependant que Pasion ait été condamné. Une condamnation dans cette circonstance aurait affaibli son crédit. Or on sait au contraire par le discours de Démosthène *pour Phormion* et par la série des plaidoyers *pour Apollodore* insérés dans la collection des œuvres de cet orateur, que sa maison resta longtemps florissante et très considérée.

EXORDE ET EXPOSÉ DES FAITS

(§§ 1-23)

[1] Ὁ μὲν ἀγών[1] μοι μέγας ἐστίν, ὦ ἄνδρες δικασταί. Οὐ γὰρ μόνον περὶ πολλῶν χρημάτων

1. Ὁ μὲν ἀγών correspond à ἔστι δέ (§ 2). L'opposition porte sur ἀγὼν μέγας et τοιούτων ἀντιδίκων.

κινδυνεύω ἀλλὰ καὶ περὶ τοῦ μὴ δοκεῖν[1] ἀδίκως τῶν ἀλλοτρίων ἐπιθυμεῖν· ὃ ἐγὼ περὶ πλείστου ποιοῦμαι[2]. Οὐσία μὲν γὰρ ἱκανή μοι καταλειφθήσεται καὶ τούτων στερηθέντι[3]· εἰ δὲ δόξαιμι μηδὲν προσῆκον[4] τοσαῦτα χρήματ' ἐγκαλέσαι[5], διαβληθείην ἂν τὸν ἅπαντα βίον[6]. [2] Ἔστι δ', ὦ ἄνδρες δικασταὶ, πάντων χαλεπώτατον[7] τοιούτων[8] ἀντιδίκων τυχεῖν. Τὰ μὲν γὰρ συμβόλαια τὰ πρὸς τοὺς ἐπὶ ταῖς τραπέζαις[9] ἄνευ μαρτύρων[10] γίγνεται, τοῖς

1. Περὶ τοῦ μὴ δοκεῖν... ἐπιθυμεῖν. Ce que l'accusé risque en effet de perdre, c'est « *la réputation qu'il a de ne pas désirer...* » etc. (litt. : *le ne pas paraître désirer*).

2. Περὶ πλείστου ποιοῦμαι : superlatif d'une locution qu'on trouve au positif (περὶ πολλοῦ) et au comparatif (περὶ πλείονος), « *je fais le plus grand cas de* ». — Περί conserve ici son sens primitif de « *au-dessus de* ».

3. Καὶ... στερηθέντι : participe équivalant à une proposition conditionnelle. — Τούτων = τῶν χρημάτων.

4. Μηδὲν προσῆκον, « *contre tout droit* », accusatif absolu (litt. : *cela ne me convenant en rien*).

5. Ἐγκαλέσαι, « *réclamer (judiciairement)* ». Cf. Isocrate (XXI, 14) et Démosthène (XXXI, 6) : « Pourquoi as-tu pris sur la maison une autre inscription pour deux mille drachmes, alors que tu réclamais quatre-vingts mines (ὅτε τὰς ὀγδοήκοντα μνᾶς ἐνεκάλεις) ».

6. Τὸν... βίον, « *pour toute mon existence* ».

7. Πάντων χαλεπώτατον, « *la chose de toutes la plus embarrassante* ».

8. Τοιούτων. En raison et de leur qualité de banquiers, et de la considération dont ils jouissent.

9. Τὰ πρὸς τοὺς... τραπέζαις = τὰ πρὸς τοὺς τραπεζίτας. L'expression composée qui détermine συμβόλαια est formée d'une seconde expression, composée elle-même de l'article avec la préposition suivie de son régime. — Πρός, « *avec* », comme après beaucoup de verbes ou de substantifs verbaux dans lesquels entre la préposition σύν (cf. Eschine, II, 47, n. 5). — Ἐπί, « *à la tête de* ».

10. Ἄνευ μαρτύρων. Les Grecs accordant une grande importance à la preuve testimoniale (cf. Ind., n° 79), les *contrats* se passaient devant témoins. On voit par ce passage que cette garantie n'existait pas pour les *dépôts* faits dans une banque.

ἀδικουμένοις[1] δὲ πρὸς τοιούτους[2] ἀνάγκη κινδυνεύειν, οἳ καὶ φίλους πολλοὺς κέκτηνται καὶ χρήματα πολλὰ διαχειρίζουσι καὶ πιστοὶ διὰ τὴν τέχνην[3] δοκοῦσιν εἶναι. Ὅμως δὲ[4] καὶ τούτων ὑπαρχόντων ἡγοῦμαι φανερὸν πᾶσι ποιήσειν ὅτι ἀποστεροῦμαι τῶν χρημάτων ὑπὸ Πασίωνος.

[3] Ἐξ ἀρχῆς[5] οὖν ὑμῖν, ὅπως ἂν δύνωμαι, διηγήσομαι τὰ πεπραγμένα. Ἐμοὶ γάρ[6], ὦ ἄνδρες δικασταί, πατὴρ μέν ἐστι Σωπαῖος, ὃν οἱ πλέοντες[7] εἰς τὸν Πόντον ἅπαντες ἴσασιν οὕτως οἰκείως πρὸς Σάτυρον διακείμενον, ὥστε πολλῆς μὲν χώρας ἄρχειν, ἁπάσης δὲ τῆς δυνάμεως ἐπιμελεῖσθαι τῆς ἐκείνου. [4] Πυνθανόμενος δὲ καὶ περὶ τῆσδε τῆς πόλεως[8] καὶ περὶ τῆς ἄλλης Ἑλλάδος ἐπεθύμησ' ἀποδημῆσαι. Γεμίσας οὖν ὁ πατήρ μου δύο ναῦς σίτου καὶ χρήματα δοὺς ἐξέπεμψεν ἅμα κατ'[9] ἐμπορίαν καὶ κατὰ θεωρίαν· συστήσαντος[10] δέ μοι Πυθο-

1. Τοῖς ἀδικουμένοις, entendez ὑπ' αὐτῶν.

2. Πρὸς τοιούτους... οἵ, « *contre des hommes qui* », dépend de κινδυνεύειν. Cf. Esch., III, 137, n. 3.

3. Διὰ τὴν τέχνην, « *par leur profession* ».

4. Ὅμως δέ s'oppose logiquement à καὶ τούτων ὑπαρχόντων qui suit et porte sur ἡγοῦμαι.

5. Ἐξ ἀρχῆς... κ. τ. λ. Sorte de formule consacrée pour les débuts de narration. Cf. Lysias, VII, 3, et XII, 3. — L'addition de ὅπως ἂν δύνωμαι répond à la complication particulière de l'affaire.

6. Γάρ. Cf. Lysias, VII, 4, n. 6.

7. Οἱ πλέοντες. Les relations commerciales avec les contrées situées au nord du Pont étaient très actives. C'est là qu'Athènes s'approvisionnait de blé et qu'elle expédiait en retour ses huiles, ses vins et les produits de son industrie.

8. Τῆσδε τῆς πόλεως, « *cette ville-ci* » = Athènes.

9. Κατά, « *en vue de* », sens fréquent après les verbes de mouvement.

10. Συστήσαντος δέ μοι Πασίωνα, « *m'ayant mis en relations*

δώρου[1] τοῦ Φοίνικος Πασίωνα ἐχρώμην τῇ τούτου τραπέζῃ.

[5] Χρόνῳ δ' ὕστερον[2] διαβολῆς πρὸς Σάτυρον γενομένης ὡς[3] καὶ ὁ πατὴρ οὑμὸς ἐπιβουλεύοι τῇ ἀρχῇ κἀγὼ τοῖς φυγάσι[4] συγγιγνοίμην, τὸν μὲν πατέρα μου συλλαμβάνει, ἐπιστέλλει δὲ τοῖς ἐνθάδ' ἐπιδημοῦσιν[5] ἐκ τοῦ Πόντου τά τε χρήματα παρ' ἐμοῦ παραλαβεῖν καὶ αὐτὸν εἰσπλεῖν[6] κελεύειν· ἐὰν δὲ τούτων μηδὲν[7] ποιῶ, παρ' ὑμῶν ἐξαιτεῖν[8]. [6] Ἐν τοσούτοις δὲ κακοῖς ὤν, ὦ ἄνδρες δικασταί, λέγω πρὸς Πασίωνα τὰς ἐμαυτοῦ συμφοράς· οὕτω γὰρ οἰκείως πρὸς αὐτὸν διεκείμην ὥστε

avec Pasion ». Cf. un emploi tout à fait semblable de συνιστάναι dans Eschine, II, 154.

1. Πυθοδώρου. Ce Pythodore nous est inconnu. On a déjà vu (Lysias, XII, 16) que les orateurs aimaient à citer des noms propres dans leurs narrations pour donner plus de vraisemblance au récit. Cf. Eschine, II, 153.

2. Χρόνῳ δ' ὕστερον. Cf. Lysias, XXXII, 5, n. 5.

3. Διαβολῆς... ὡς. Rapprochez la construction διαβάλλειν τινὰ πρός τινα ὡς : « *calomnier quelqu'un auprès de quelqu'un (en disant) que....* »

4. Τοῖς φυγάσι, « *les bannis* » réfugiés à Athènes qui auraient servi d'instrument à Sopæos dans le complot dirigé contre Satyros.

5. Τοῖς... ἐπιδημοῦσιν. Il y avait sans doute une colonie de sujets de Satyros établis à Athènes comme négociants. C'est par leur intermédiaire que Satyros agit.

6. Αὐτὸν εἰσπλεῖν, entendez : εἰς τὸν Πόντον, cf. § 20. — Αὐτόν « *moi-même* ».

7. Τούτων μηδέν, c.-à-d. : si je refusais τὰ χρήματα παραδοῦναι (correspondant à τά τε χρήματα παραλαβεῖν), et αὐτὸν εἰσπλεῖν. Logiquement, ποιῶ ne s'explique qu'avec cette seconde expression.

8. Παρ' ὑμῶν ἐξαιτεῖν. Il interviendrait donc formellement. On voit que Satyros pouvait réclamer non seulement l'*extradition*, mais la *confiscation des biens* d'un de ses sujets réfugié à Athènes. C'était là un privilège spécial conféré aux princes du Bosphore en raison des bonnes relations qu'ils entretenaient avec les Athéniens.

μὴ μόνον περὶ χρημάτων, ἀλλὰ καὶ περὶ τῶν ἄλλων τούτῳ μάλιστα πιστεύειν. [Ἡγούμην δ', εἰ μὲν προοίμην[1] ἅπαντα τὰ χρήματα, κινδυνεύειν, εἴ τι πάθοι 'κεῖνος[2], στερηθεὶς καὶ τῶν ἐνθάδε καὶ τῶν ἐκεῖ, πάντων ἐνδεὴς γενήσεσθαι· εἰ δ' ὁμολογῶν εἶναι ἐπιστείλαντος[3] Σατύρου μὴ παραδοίην, εἰς τὰς μεγίστας διαβολὰς ἐμαυτὸν καὶ τὸν πατέρα καταστήσειν πρὸς Σάτυρον]. [7] Βουλευομένοις οὖν ἡμῖν ἐδόκει βέλτιστον εἶναι [προσομολογεῖν[4] πάντα ποιεῖν ὅσα Σάτυρος προσέταττε, καὶ] τὰ μὲν φανερὰ[5] τῶν χρημάτων παραδοῦναι, περὶ δὲ τῶν παρὰ τούτῳ κειμένων μὴ μόνον ἔξαρνον[6] εἶναι, ἀλλὰ καὶ ὀφείλοντά με[7] καὶ τούτῳ καὶ ἑτέροις ἐπὶ τόκῳ[8] φαί-

1. Προοίμην : forme attique de l'optatif aoriste 2 moyen de προΐημι.

2. Εἴ τι πάθοι 'κεῖνος, « *à supposer qu'il arrivât malheur à Pasion* ». Sur cet euphémisme, cf. Eschine, II, 35, n. 2. L'étranger veut montrer la confiance qu'il mettait en Pasion. Seule la crainte qu'il avait de le voir mourir l'empêchait de compter sur son appui.

3. Ὁμολογῶν... ἐπιστείλαντος. Des deux participes, le premier équivaut à une proposition concessive, le second à une proposition temporelle. — Εἶναι, sujet : τὰ χρήματα s.-ent.

4. Προσομολογεῖν signifie soit, comme ici, « *convenir* », soit, comme au § 8, « *avouer en outre* », suivant le sens donné à la préposition πρός.

5. Τὰ φανερά, « *ce que je possédais au vu et au su de tout le monde* ». L'expression ne paraît pas avoir ici le sens technique qu'elle a dans Lysias, XXXII, 4, n. 1.

6. Ἔξαρνον εἶναι, « *nier (leur existence)* ».

7. Ὀφείλοντά με, « *que c'était moi qui devais* » (bien loin qu'il me fût dû quelque chose). La nécessité d'exprimer cette idée explique l'addition de με insolite dans cette tournure. — Sur φαίνεσθαι avec le participe, cf. XV, 253, n. 7.

8. Ὀφείλοντα... ἐπὶ τόκῳ, « *devant de l'argent pris à intérêt* ». Comparez les locutions δανείζειν, δανείζεσθαι ἐπὶ τόκῳ : *prêter, se faire prêter (de l'argent) à intérêt*.

νεσθαι καὶ πάντα ποιεῖν ἐξ ὧν ἐκεῖνοι[1] μάλιστ' ἤμελλον[2] πεισθήσεσθαι μὴ εἶναί μοι χρήματα.

[8] Τότε μὲν οὖν, ὦ ἄνδρες δικασταὶ, ἐνόμιζόν μοι Πασίωνα δι' εὔνοιαν ἅπαντα ταῦτα συμβουλεύειν· ἐπειδὴ δὲ πρὸς τοὺς παρὰ Σατύρου διεπραξάμην[3], ἔγνων αὐτὸν ἐπιβουλεύοντα τοῖς ἐμοῖς. Βουλομένου γὰρ ἐμοῦ κομίσασθαι τἀμαυτοῦ καὶ πλεῖν εἰς Βυζάντιον[4], ἡγησάμενος[5] οὗτος κάλλιστον αὐτῷ καιρὸν παραπεπτωκέναι, (τὰ μὲν γὰρ χρήματα πόλλ' εἶναι τὰ παρ' αὐτῷ κείμενα καὶ ἄξι' ἀναισχυντίας, ἐμὲ δὲ πολλῶν ἀκουόντων ἔξαρνον γεγενῆσθαι[6] μηδὲν κεκτῆσθαι, πᾶσι[7] δ' εἶναι φανερὸν προσαιτούμενον[8] καὶ ἑτέροις προσομολογοῦντα ὀφείλειν[9]· [9] καὶ πρὸς τούτοις, ὦ ἄνδρες δικασταὶ, ἐνόμιζεν, εἰ μὲν αὐτοῦ[10] μένειν ἐπιχειροίην, ἐκδοθήσεσθαί μ' ὑπὸ τῆς πόλεως Σατύρῳ, εἰ

1. Ἐκεῖνοι = les agents de Satyros. Cf. § 5.

2. Ἤμελλον. On trouve chez les orateurs les deux formes ἔμελλον et ἤμελλον. La seconde est la plus récente : Thucydide ne l'emploie pas encore.

3. Ἐπειδὴ... διεπραξάμην, « *après que j'en eus fini avec* ».

4. Εἰς Βυζάντιον, où Satyros ne jouissait pas des mêmes privilèges qu'à Athènes.

5. Ἡγησάμενος... παραπεπτωκέναι. La phrase est interrompue par une parenthèse destinée à expliquer κάλλιστον καιρόν. Mais la première partie de cette parenthèse (jusqu'à καὶ πρὸς τούτοις) dépend encore de l'idée de ἡγησάμενος.

6. Ἐμὲ... γεγενῆσθαι, suivant la convention rapportée au § 7. Le parfait, parce que les effets de cette dénégation subsistaient au moment où se place l'orateur : « *Je me trouvais avoir nié* ».

7. Πᾶσι, dépend de φανερόν, « *j'étais connu de tous comme* ».

8. Προσαιτούμενον répond à πάντα ποιεῖν... κ. τ. λ. du § 7.

9. Ἑτέροις... ὀφείλειν. Construisez : ὀφείλειν ἑτέροις. Pour προσομολογοῦντα, cf. § 7, n. 4.

10. Αὐτοῦ, à Athènes.

δ' ἄλλοσέ ποι τραποίμην, οὐδὲν μελήσειν αὐτῷ τῶν ἐμῶν λόγων, εἰ δ' εἰσπλευσοίμην εἰς τὸν Πόντον, ἀποθανεῖσθαί με μετὰ τοῦ πατρός·) ταῦτα διαλογιζόμενος[1] διενοεῖτό μ' ἀποστερεῖν τὰ χρήματα. Καὶ πρὸς μὲν ἐμὲ[2] προσεποιεῖτ' ἀπορεῖν ἐν τῷ παρόντι καὶ οὐκ ἂν ἔχειν[3] ἀποδοῦναι· ἐπειδὴ δὲ βουλόμενος εἰδέναι σαφῶς τὸ πρᾶγμα προσπέμπω Φιλόμηλον αὐτῷ καὶ Μενέξενον ἀπαιτήσοντας, ἔξαρνος γίγνεται πρὸς αὐτοὺς μηδὲν ἔχειν τῶν ἐμῶν. [10] Πανταχόθεν δέ μοι τοσούτων κακῶν προσπεπτωκότων τίν' οἴεσθέ με γνώμην ἔχειν, ᾧ γ' ὑπῆρχε σιγῶντι μὲν ὑπὸ τούτου ἀπεστερῆσθαι[4] τῶν χρημάτων, λέγοντι[5] δὲ ταῦτα μὲν μηδὲν μᾶλλον κομίσασθαι, πρὸς Σάτυρον δ' εἰς τὴν μεγίστην διαβολὴν καὶ ἐμαυτὸν καὶ τὸν πατέρα καταστῆσαι; κράτιστον οὖν ἡγησάμην ἡσυχίαν ἄγειν.

[11] Μετὰ δὲ ταῦτ', ὦ ἄνδρες δικασταί, ἀφικνοῦνταί μοι οἱ ἀπαγγέλλοντες[6] ὅτι ὁ πατὴρ ἀφεῖται,

1. Διαλογιζόμενος, litt. : *discutant avec lui-même*, par suite, « *réfléchissant sur* ».

2. Πρὸς ἐμέ. Cf. Eschine, II, 47, ... 5. De même plus bas πρὸς αὐτούς.

3. Οὐκ ἂν ἔχειν ἀποδοῦναι, « *il ne saurait me restituer* (*mes fonds*) ». Sur ἀποδοῦναι, cf. Eschine, II, 45, n. 4.

4. Ἀπεστερῆσθαι, et plus bas κομίσασθαι et καταστῆσαι, au lieu du conditionnel (infinitif avec ἄν), sont amenés par ᾧ γ' ὑπῆρχε : « *je me trouvais dans cette situation, ou bien me taire et je suis privé... ou bien parler et je ne retire...* » etc. Les aoristes κομίσασθαι et καταστῆσαι ne marquent pas une idée de *temps*, et ne sont employés que parce qu'il s'agit d'actions qui ne *durent* pas.

5. Λέγοντι est employé absolument et correspond à σιγῶντι, « *si je parlais* ».

6. Οἱ ἀπαγγέλλοντες, « *des gens chargés de m'annoncer* ». Dans les locutions de ce genre le participe

καὶ Σατύρῳ οὕτως ἁπάντων μεταμέλει τῶν πεπραγμένων ὥστε πίστεις τὰς μεγίστας αὐτῷ δεδωκὼς εἴη, καὶ τὴν ἀρχὴν ἔτι μείζω πεποιηκὼς ἧς εἶχε πρότερον, καὶ τὴν ἀδελφὴν τὴν ἐμὴν εἰληφὼς γυναῖκα τῷ αὑτοῦ υἱεῖ. Πυθόμενος δὲ ταῦτα Πασίων καὶ εἰδὼς ὅτι φανερῶς[1] ἤδη πράξω περὶ τῶν ἐμαυτοῦ, ἀφανίζει Κίττον τὸν παῖδα[2], ὃς συνῄδει περὶ τῶν χρημάτων. [12] Ἐπειδὴ[3] δ' ἐγὼ προσελθὼν[4] ἐζήτουν αὐτὸν[5], ἡγούμενος ἔλεγχον ἂν τοῦτον σαφέστατον γενέσθαι περὶ ὧν[6] ἐνεκάλουν, λέγει[7] λόγον πάντων δεινότατον ὡς ἐγὼ καὶ Μενέξενος διαφθείραντες καὶ πείσαντες αὐτὸν ἐπὶ τῇ τραπέζῃ[8] καθήμενον ἓξ τάλαντ' ἀργυρίου[9] λάβοιμεν[10] παρ' αὐτοῦ· ἵνα δὲ μηδεὶς ἔλεγχος μηδὲ βάσανος[11] γένοιτο περὶ αὐτῶν[12], ἔφασκεν ἡμᾶς ἀφανίσαντας τὸν παῖδ' ἀντεγκαλεῖν αὐτῷ[13] καὶ ἐξαιτεῖν τοῦτον, ὃν αὐτοὶ ἠφανί-

(d'ordinaire au futur) est toujours accompagné de l'article. Cf. Lysias, XXIV, 6 : τὸν διαδεξόμενον. — Ἀφεῖται, enten : : τοῦ ἐγκλήματος et rapprochez le § 5.

1. Φανερῶς... πράξω, « *j'agirais désormais ouvertement* », ma situation s'étant rétablie, et même améliorée.

2. Κίττον τὸν παῖδα. Ce Kittos était un employé de la banque, « *un commis* ». En cette qualité il avait assisté aux différentes opérations de l'accusateur et de l'accusé.

3. Ἐπειδή, avec l'imparfait : « *comme* ».

4. Προσελθών, sous-entendu Πασίωνι.

5. Αὐτὸν, τοῦτον = Κίττον.

6. Περὶ ὧν = περὶ τούτων ἅ.

7. Λέγει, sujet : Pasion.

8. Ἐπὶ τῇ τραπέζῃ, « *au comptoir* (*à la table*) *du banquier* ».

9. Ἓξ τάλαντ' ἀργυρίου, soit environ 35 340 francs.

10. Λάβοιμεν : optatif du style indirect.

11. Βάσανος. Cf. Ind., n° 80.

12. Αὐτῶν, au neutre : « *ces choses* ».

13. Ἀντεγκαλεῖν αὐτῷ, « *retourner contre lui le reproche* (*de l'avoir fait disparaître*) ».

σαμεν. Καὶ ταῦτα λέγων καὶ ἀγανακτῶν καὶ δακρύων εἷλκέ με πρὸς τὸν πολέμαρχον[1], ἐγγυητὰς αἰτῶν, καὶ οὐ πρότερον ἀφῆκεν ἕως[2] αὐτῷ κατέστησ' ἓξ ταλάντων ἐγγυητάς[3]. Καί μοι[4] κάλει τούτων μάρτυρας.

ΜΑΡΤΥΡΕΣ

[13] Τῶν μὲν μαρτύρων ἀκηκόατε, ὦ ἄνδρες δικασταί· ἐγὼ δὲ[5] τὰ μὲν ἀπολωλεκὼς ἤδη, περὶ δὲ τῶν[6] αἰσχίστας αἰτίας ἔχων, αὐτὸς μὲν εἰς Πελοπόννησον ᾠχόμην ζητήσων[7], Μενέξενος δ' εὑρίσκει τὸν παῖδ' ἐνθάδε, καὶ ἐπιλαβόμενος ἠξίου αὐτὸν βασανίζεσθαι καὶ περὶ τῆς παρακαταθήκης καὶ περὶ ὧν οὗτος ἡμᾶς ᾐτιάσατο. [14] Πασίων δ' εἰς τοῦτο τόλμης ἀφίκεθ' ὥστ' ἀφῃρεῖτ' αὐτὸν ὡς ἐλεύθερον ὄντα[8], καὶ οὐκ ᾐσχύνετ' οὐδ' ἐδεδοίκειν, ὃν ἔφασκεν ὑφ' ἡμῶν ἠνδραποδίσθαι[9] καὶ παρ' οὗ[10] τοσαῦτα

1. Εἷλκε... πολέμαρχον. Cf. Ind., n° 44.

2. Πρότερον... ἕως. Cf. Lysias, XII, 71, n. 8.

3. Κατέστησα... ἐγγυητάς « *(avant que) je n'eusse fourni des garants pour six talents* ». Cf. Ind., n° 75.

4. Καί μοι... κ. τ. λ. Cf. Lysias, VII, 10, et plus bas §§ 14 et 16. On voit par le rapprochement de ces passages que l'orateur s'adresse tantôt aux témoins, tantôt comme ici au greffier. Cf. Ind., n° 88.

5. Ἐγὼ δὲ... αὐτὸς μὲν... Μενέξενος δέ. Le membre de phrase ἐγὼ δὲ... ἔχων, quoique ne se construisant grammaticalement qu'avec αὐτὸς μὲν... ᾠχόμην, exprime une circonstance qui motive et le voyage de l'orateur et l'arrestation opérée par Ménexène. De là la façon dont sont disposées les particules. Nous dirions : *tandis qu'ayant perdu... je partais moi-même... Ménexène...*, etc.

6. Τῶν = les six talents.

7. Ζητήσων, s.-ent. τὸν παῖδα.

8. Ἀφῃρεῖτο... ὄντα, « *il le faisait enlever (à Ménexène) sous prétexte qu'il était libre* ». Cf. au contraire ἐξαιρούμενος εἰς ἐλευθερίαν = *vindicans in libertatem*. Cf. Ind., n° 13.

9. Ἠνδραποδίσθαι. Ind., n° 65.

10. Παρ' οὗ. On attendrait plutôt

χρήμαθ' ἡμᾶς ἔχειν, τοῦτον ἐξαιρούμενος εἰς ἐλευθερίαν καὶ κωλύειν[1] βασανίζεσθαι. Ὃ δὲ πάντων δεινότατον[2]· κατεγγυῶντος[3] γὰρ Μενεξένου πρὸς τὸν πολέμαρχον τὸν παῖδα, Πασίων αὐτὸν ἑπτὰ ταλάντων διηγγυήσατο. Καί μοι τούτων ἀνάβητε μάρτυρες.

ΜΑΡΤΥΡΕΣ

[15] Τούτων τοίνυν αὐτῷ πεπραγμένων, ὦ ἄνδρες δικασταί, ἡγούμενος περὶ μὲν τῶν παρεληλυθότων φανερῶς ἡμαρτηκέναι[4], οἰόμενος δ' ἐκ τῶν λοιπῶν ἐπανορθώσεσθαι[5], προσῆλθεν ἡμῖν φάσκων ἕτοιμος εἶναι παραδοῦναι βασανίζειν[6] τὸν παῖδα. Ἑλομένῳ[7] δὲ βασανιστὰς[8] ἀπηντήσαμεν εἰς τὸ

παρ' αὐτοῦ. Cf. Lysias, XXV, 11, n. 3.

1. Καὶ κωλύειν, « *d'aller jusqu'à empêcher* ». Le participe ἐξαιρούμενος exprime le moyen dont il se servait.

2. Ὃ δὲ... δεινότατον, « *et (maintenant) ce qui est le plus fort* ». Formule elliptique de transition après laquelle γάρ indique qu'on développe ce qu'on vient d'énoncer ou de qualifier brièvement.

3. Κατεγγυῶντος, « *réclamant une caution* » pour Kittos qui lui avait été enlevé. Pasion va adopter la procédure de l'ἀφαίρεσις εἰς ἐλευθερίαν. Cf. Ind., n° 15.

4. Ἡμαρτηκέναι avec περί et le génitif : « *il avait mal raisonné* ». Cf. Eschine, II, 44, n. 5.

5. Οἰόμενος ἐπανορθώσεσθαι, « *pensant se relever* ». L'infinitif futur marque la *possibilité*. Cf. au contraire, Lysias, XII, 26, n. 6, οἴομαι avec l'infinitif aoriste marquant l'*obligation*. Pasion change de système. Après s'être engagé à soutenir devant le *polémarque* que Kittos était libre et avoir fourni des garants pour une somme de sept talents, il feint de le reconnaître comme esclave et de consentir à le soumettre à la torture.

6. Βασανίζειν : infinitif marquant le but : « *à soumettre à la question* ». Cf. Ind., n° 80.

7. Ἑλομένῳ. On avait, comme la suite le prouve, laissé à Pasion le choix des βασανισταί.

8. Βασανιστάς. Le βασανιστής est le « *bourreau* » chargé d'appliquer la question. Mais les βασανισταί choisis par Pasion n'étaient

Ἡφαιστεῖον[1]. Κἀγὼ μὲν ἠξίουν αὐτοὺς μαστιγοῦν[2] τὸν ἐκδοθέντα καὶ στρεβλοῦν, ἕως τἀληθῆ δόξειεν αὐτοῖς λέγειν· Πασίων δ' οὑτοσὶ οὐ δημοκοίνους ἔφασκεν αὐτοὺς ἑλέσθαι, ἀλλ' ἐκέλευε λόγῳ[3] πυνθάνεσθαι παρὰ τοῦ παιδός, εἴ τι βούλοιντο. [16] Διαφερομένων δ' ἡμῶν οἱ βασανισταὶ αὐτοὶ μὲν οὐκ ἔφασαν βασανιεῖν[4], ἔγνωσαν δὲ Πασίων' ἐμοὶ παραδοῦναι τὸν παῖδα. Οὗτος δ' οὕτω σφόδρ' ἔφευγε τὴν βάσανον ὥστε περὶ μὲν τῆς παραδόσεως οὐκ ἤθελεν αὐτοῖς πείθεσθαι, τὸ δ' ἀργύριον ἕτοιμος ἦν ἀποτίνειν, εἰ καταγνοῖεν αὐτοῦ[5]. Καί μοι κάλει τούτων μάρτυρας.

ΜΑΡΤΥΡΕΣ

[17] Ἐπειδὴ τοίνυν ἐκ τῶν συνόδων[6], ὦ ἄνδρες δικασταί, πάντες αὐτοῦ κατεγίγνωσκον ἀδικεῖν καὶ

pas des bourreaux « *officiels* » (δημόκοινοι), et la suite semble prouver qu'ils n'avaient le droit de mettre l'esclave à la torture que du consentement des deux parties. A défaut de ce consentement, ils pouvaient seulement livrer (παραδοῦναι) l'esclave à celle dont les réclamations leur paraissaient fondées. Ils agissaient donc comme de véritables *arbitres privés* (αἱρετοὶ διαιτηταί). Cf. Ind., n° 56. On peut traduire par « *enquêteurs* ».

1. Εἰς τὸ Ἡφαιστεῖον. Cf. IV, 90, n. 2. Sur l'Ἡφαιστεῖον, cf. Ind., n° 126

2. Μαστιγοῦν... στρεβλοῦν. Cf. Ind., n° 80.

3. Λόγῳ, « *en l'interrogeant* ».

4. Αὐτοὶ... βασανιεῖν, « *ils refusèrent de le mettre eux-mêmes à la torture* ». Οὔ φημι = *nego*.

5. Εἰ καταγνοῖεν αὐτοῦ. Plutôt que d'obéir à la sentence arbitrale, Pasion se déclare prêt, *en cas de condamnation* (εἰ καταγνοῖεν αὐτοῦ), à payer l'indemnité (τὸ ἀργύριον) pour laquelle il avait fourni caution, § 14. Cf. Ind., n° 13.

6. Ἐκ τῶν συνόδων, « *à la suite de leurs entretiens* ». — Αἱ σύνοδοι est le terme propre pour désigner les séances que tenaient les arbitres et dans lesquelles ils interrogeaient les parties.

δεινὰ ποιεῖν, ὅστις[1] τὸν παῖδα, ὃν ἔφασκον ἐγὼ συνειδέναι περὶ τῶν χρημάτων, πρῶτον μὲν αὐτὸς ἀφανίσας ὑφ' ἡμῶν αὐτὸς[2] ᾐτιᾶτ' ἠφανίσθαι, ἔπειτα δὲ συλληφθέντα ὡς ἐλεύθερον ὄντα[3] διεκώλυσε βασανίζεσθαι, μετὰ δὲ ταῦθ' ὡς δοῦλον ἐκδοὺς καὶ βασανιστὰς ἑλόμενος λόγῳ μὲν ἐκέλευσε βασανίζειν, ἔργῳ δ' οὐκ εἴα, διὰ ταῦθ' ἡγούμενος οὐδεμίαν αὑτῷ σωτηρίαν εἶναι, ἐάνπερ εἰς ὑμᾶς εἰσέλθῃ[4], προσπέμπων[5] ἐδεῖτό μου εἰς ἱερὸν ἐλθόνθ' ἑαυτῷ συγγενέσθαι[6]. [18] Καὶ ἐπειδὴ ἤλθομεν εἰς ἀκρόπολιν[7], ἐγκαλυψάμενος[8] ἔκλαε καὶ ἔλεγεν ὡς ἠναγκάσθη μὲν δι' ἀπορίαν ἔξαρνος γενέσθαι, ὀλίγου δὲ χρόνου[9] πειράσοιτο τὰ χρήματ' ἀποδοῦναι· ἐδεῖτο δέ μου συγγνώμην ἔχειν αὑτῷ καὶ συγκρύψαι τὴν συμφορὰν[10], ἵνα μὴ παρακαταθήκας δεχόμενος[11] φανερὸς γένηται τοιαῦτ' ἐξημαρτηκώς. Ἡγούμενος

1. Ὅστις s'emploie souvent avec le sens de *quippe qui*, *utpote qui* comme ὅς γε.

2. Αὐτός... αὐτός. Répétition fréquente du pronom sujet quand on attribue à la même personne deux actions en apparence contradictoires.

3. Ὡς ἐλεύθερον ὄντα. Cf. § 14.

4. Ἐάνπερ... εἰσέλθῃ. Cf. Ind., n° 83.

5. Προσπέμπων. Ici seulement commence la seconde partie de la phrase (apodose).

6. Εἰς ἱερὸν... συγγενέσθαι, pour donner plus de solennité à l'entretien.

7. Ἀκρόπολιν, cf. Ind., n° 121.

8. Ἐγκαλυψάμενος : geste de pudeur. On *se voilait la face* pour pleurer. Cf. Platon (*Phédon*, 117 C) : « Quand Socrate eut bu la ciguë, dit Phédon, ἐμοῦ... ἐχώρει τὰ δάκρυα ὥστε ἐγκαλυψάμενος ἀπέκλαιον ἐμαυτόν. »

9. Ὀλίγου δὲ χρόνου, « *d'ici à peu de temps, sous peu* ». Le génitif marque l'espace de temps dans lequel doit s'accomplir l'action.

10. Τὴν συμφοράν. Cf. Lysias, XXV, 12, n. 6.

11. Παρακαταθήκας δεχόμενος. Ces mots, malgré leur place, ne peuvent être rattachés qu'à ἐξημαρτηκώς.

δ' αὐτῷ μεταμέλειν[1] τῶν πεπραγμένων συνεχώρουν καὶ ἐκέλευον αὐτὸν ἐξευρεῖν, ὅντιν' ἂν βούληται τρόπον, ὅπως τούτῳ[2] τε καλῶς ἕξει κἀγὼ τἀμαυτοῦ κομιοῦμαι.

[19] Τρίτῃ δ' ἡμέρᾳ συνελθόντες πίστιν τ' ἔδομεν ἀλλήλοις ἦ μὴν[3] σιωπήσεσθαι τὰ πραχθέντα, ἣν οὗτος ἔλυσεν, ὡς ὑμεῖς αὐτοὶ προϊόντος τοῦ λόγου γνώσεσθε, καὶ ὡμολόγησεν εἰς τὸν Πόντον μοι συμπλευσεῖσθαι κἀκεῖ τὸ χρυσίον ἀποδώσειν, ἵν' ὡς πορρωτάτω ἀπὸ τῆσδε τῆς πόλεως διαλύσειε τὸ συμβόλαιον[4], καὶ τῶν μὲν ἐνθάδε μηδεὶς εἰδείη τὸν τρόπον τῆς ἀπαλλαγῆς[5], ἐκπλεύσαντι δ' αὐτῷ ἐξείη λέγειν ὅ τι αὐτὸς βούλοιτο· εἰ δὲ μὴ ταῦτα ποιήσειε, δίαιταν ἐπὶ ῥητοῖς[6] ἐπέτρεπε Σατύρῳ, ἐφ' ᾧτε καταγιγνώσκειν ἡμιόλι' αὐτοῦ τὰ χρήματα[7].

1. Μεταμέλειν : impersonnel qui, comme *pœnitet*, se construit avec le datif de la personne et le génitif de la chose.

2. Τούτῳ = ἑαυτῷ. Cet emploi du pronom démonstratif au lieu du réfléchi est très rare avec οὗτος. On en trouve plusieurs exemples avec ἐκεῖνος. Voyez ci-dessous, § 21.

3. Ἦ μήν, particule d'affirmation qui s'emploie devant la proposition infinitive exprimant le contenu d'un serment ou d'un engagement.

4. Διαλύσειε τὸ συμβόλαιον = *pactum solveret*.

5. Τῆς ἀπαλλαγῆς. Les mots ἀπαλλάττω, ἀπαλλαγή, reçoivent dans cet exposé plusieurs acceptions différentes qui peuvent cependant se rattacher au sens ordinaire du verbe (= *écarter, délivrer*). Ici τὸν τρόπον τῆς ἀπαλλαγῆς, « *le mode d'acquittement* ».

6. Δίαιταν ἐπὶ ῥητοῖς. Cf. Ind., n° 56.

7. Ἐφ' ᾧτε... τὰ χρήματα, litt. : *à condition de le condamner* (*à payer*) *son argent une fois et demie*. Pasion fixant lui même la peine qu'il encourrait en cas de condamnation de la part de Satyros s'engageait à payer la moitié en sus de la somme qu'il devait. — Ἐφ' ᾧτε... κ. τ. λ. exprime le contenu de ἐπ ῥητοῖς.

[20] Ταῦτα δὲ συγγράψαντες καὶ ἀναγαγόντες εἰς ἀκρόπολιν Πύρωνα Φεραῖον ἄνδρα, εἰθισμένον εἰσπλεῖν εἰς τὸν Πόντον, δίδομεν αὐτῷ φυλάττειν τὰς συνθήκας, προστάξαντες αὐτῷ, ἐὰν μὲν διαλλαγῶμεν πρὸς ἡμᾶς αὐτούς, κατακαῦσαι τὸ γραμματεῖον[1], εἰ δὲ μή, Σατύρῳ ἀποδοῦναι[2].

[21] Τὰ μὲν οὖν ἡμέτερ', ὦ ἄνδρες δικασταί, οὕτω διεπέπρακτο[3]· Μενέξενος δ' ὀργιζόμενος ὑπὲρ τῆς αἰτίας ἧς κἀκεῖνον[4] Πασίων ᾐτιάσατο, λαχὼν δίκην[5] ἐξήτει τὸν Κίττον, ἀξιῶν τὴν αὐτὴν Πασίωνι ψευδομένῳ[6] γίγνεσθαι ζημίαν, ἥσπερ ἂν αὐτὸς ἐτύγχανεν, εἴ τι τούτων ἐφαίνετο ποιήσας. Καὶ οὗτος, ὦ ἄνδρες δικασταί, ἐδεῖτό μου ἀπαλλάττειν[7] Μενέξενον, λέγων ὅτι οὐδὲν αὐτῷ πλέον ἔσται[8], εἰ τὰ μὲν χρήματ' ἐκ τῶν συγγεγραμμένων εἰς τὸν Πόντον εἰσπλεύσας ἀποδώσει, αὐτὸς δ'[9] ὁμοίως[10] ἐνθάδε καταγέλαστος ἔσοιτο· ὁ γὰρ παῖς, ἐὰν βασα-

1. Τὸ γραμματεῖον, l'engagement écrit pris par Pasion et son adversaire et rappelé plus haut.

2. Ἀποδοῦναι (et non παραδοῦναι), « *donner comme il convenait* », c'est-à-dire, en vertu de l'engagement. Cf. Eschine, II, 45, n. 4.

3. Διεπέπρακτο, « *se trouvaient arrangées* ». Cf. § 8, n. 3.

4. Κἀκεῖνον, « *à lui aussi* ». Sur l'emploi du démonstratif, cf. § 18, n. 2. L'accusation en question est celle qui concernait Kittos.

5. Λαχὼν δίκην. Cf. Ind., n° 75. Ménexène voulait recommencer la procédure abandonnée par l'orateur.

6. Ψευδομένῳ, en affirmant que Kittos était libre.

7. Ἀπαλλάττειν, « *faire désister* ».

8. Οὐδὲν... ἔσται, « *il ne gagnerait rien* ».

9. Τὰ μέν... αὐτὸς δέ. Deux propositions coordonnées là où le français subordonnerait (cf. Lysias, XXIV, 12, n. 3). Traduisez : « *tandis que... cependant* ».

10. Ὁμοίως : « *comme s'il n'avait fait aucun arrangement* ». Cf. Lysias, XII, 15, n. 1.

νίζηται, περὶ πάντων τἀληθῆ κατερεῖ. [22] Ἐγὼ δ' ἠξίουν[1] πρὸς μὲν Μενέξενον πράττειν ὅ τι βούλοιτο, πρὸς δ' ἐμὲ ποιεῖν αὐτὸν τὰ συγκείμενα. Ἐν ἐκείνῳ μὲν οὖν τῷ χρόνῳ ταπεινὸς ἦν, οὐκ ἔχων ὅ τι χρήσαιτο[2] τοῖς αὑτοῦ κακοῖς. Καὶ γὰρ οὐ μόνον περὶ τῆς βασάνου καὶ τῆς δίκης ἐκείνης ἐδεδοίκει τῆς εἰληγμένης, ἀλλὰ καὶ περὶ τοῦ γραμματείου, ὅπως μὴ ὑπὸ τοῦ Μενεξένου συλληφθήσοιτο[3]. [23] Ἀπορῶν δὲ καὶ οὐδεμίαν ἄλλην εὑρίσκων ἀπαλλαγὴν[4], πείσας τοῦ ξένου[5] τοὺς παῖδας διαφθείρει[6] τὸ γραμματεῖον ὃ ἔδει Σάτυρον λαβεῖν, εἰ μή μ' ἀπαλλάξειεν[7] οὗτος. Καὶ οὐκ ἔφθη[8] διαπραξάμενος ταῦτα καὶ θρασύτατος ἁπάντων ἀνθρώπων ἐγένετο, καὶ οὔτ' εἰς τὸν Πόντον ἔφη[9] μοι συμπλευσεῖσθαι οὔτ' εἶναι πρὸς ἔμ' αὐτῷ συμβόλαιον οὐδέν, ἀνοίγειν τ' ἐκέλευε τὸ γραμματεῖον ἐναντίον μαρτύ-

1. Ἠξίουν, litt. : *je trouvais bon*, est construit avec πράττειν et avec αὐτὸν ποιεῖν. On peut le traduire d'abord par « *je consentais* », ensuite par « *je demandais* ».

2. Ὅ τι χρήσαιτο... κ. τ. λ. L'expression s'explique par analogie avec des expressions comme χρῆσθαι πράγμασι, litt. : *se servir des circonstances* (*de telle ou telle manière*), *s'en accommoder*. Entendez : « *comment il se comporterait au milieu de ses malheurs* ».

3. Συλληφθήσοιτο. Sujet : τὸ γραμματεῖον. Pasion craignait que Ménexène n'utilisât contre lui cette pièce qui contenait la reconnaissance de sa dette.

4. Ἀπαλλαγήν, « *moyen de se tirer d'affaire* ».

5. Τοῦ ξένου = Pyron, qui était de Phères.

6. Διαφθείρει, « *il altère* ». La suite du récit prouve en effet qu'il n'y a pas *destruction* de la pièce.

7. Εἰ μή μ' ἀπαλλάξειεν, « *s'il ne me désintéressait pas* ». — Οὗτος = Pasion.

8. Οὐκ ἔφθη... καὶ... ἐγένετο. Cf. IV, 86, n. 9. La phrase s'oppose à ἐν ἐκείνῳ... ταπεινὸς ἦν du § 22.

9. Οὔτ' ἔφη = *negavit*. On peut traduire d'abord par « *il refusa* », ensuite par « *il nia* ».

ρων. Τί ἂν ὑμῖν τὰ πάντα λέγοιμι, ὦ ἄνδρες δικασταί; εὑρέθη γὰρ ἀφειμένος ἁπάντων τῶν ἐγκλημάτων ὑπ' ἐμοῦ.

III

ESCHINE

Discours sur l'Ambassade.

(II)

Argument.

L'ambassade qui fait l'objet de ce discours est la seconde[1], celle qui avait été chargée de recevoir les serments de Philippe et de ses alliés. Dès son retour à Athènes, Démosthène, qui en faisait partie, avait protesté contre la façon dont elle avait été conduite. En 345, un an à peine après la conclusion de la paix, il voulut aller plus loin. Les ambassadeurs étaient soumis à une *reddition de comptes*[2]. Lorsque Eschine se présenta pour remplir cette formalité, Démosthène, de concert avec un certain Timarque, mêlé depuis peu à la politique active, déposa contre lui une γραφὴ παραπρεσβείας[3], l'accusant d'avoir, au cours de la seconde ambassade, trahi les intérêts d'Athènes. Malheureusement Timarque était un citoyen peu honorable, de mœurs très libres. Eschine invoqua contre lui une loi de Solon qui excluait de la tribune tout orateur ne présentant pas certaines garanties de moralité : Timarque fut frappé d'*atimie*[4] et son accusation fut abandonnée.

Soit qu'il redoutât la mauvaise impression produite par

1. Pour le détail des événements auxquels il est fait allusion dans cet argument, voyez Hist., II.

2. Cf. Ind., n° 52.

3. Cf. Ind., n° 71.

4. Cf. Ind., n° 97.

l'issue de ce procès, soit qu'Eschine fût peu pressé de rendre ses comptes, Démosthène ne reprit l'accusation qu'en 343. Les circonstances étaient à cette date beaucoup plus favorables à sa cause : les fautes commises commençaient à apparaître dans leurs conséquences; les conditions de la paix étaient remises en question; l'auteur lui-même du traité, Philocrate, l'ami d'Eschine, convaincu par Hypéride[1] « d'avoir reçu de l'argent et des présents des ennemis d'Athènes pour conseiller au peuple des mesures contraires à son intérêt », venait de prendre la fuite afin d'échapper à la peine de mort

C'est alors qu'Eschine fut cité devant un tribunal présidé probablement par les *Thesmothètes*[2] pour y répondre de sa conduite au cours de la seconde ambassade. Démosthène prononça contre lui un long discours dont il est indispensable d'indiquer ici les lignes générales. Eschine était accusé : 1° d'avoir trompé le peuple par les rapports qu'il avait faits à l'assemblée au retour de l'ambassade; 2° de lui avoir donné à cette époque des conseils contraires à ses intérêts; 3° de n'avoir, pendant l'ambassade, tenu compte d'aucun des ordres qu'il avait reçus; 4° d'avoir, par ses lenteurs, fait perdre à la ville d'importantes occasions; 5° d'avoir, en récompense de ces perfidies, touché l'or de Philippe, de compte à demi avec Philocrate. Ces accusations n'avaient pas toutes la même importance ni la même solidité, et en réalité Démosthène n'en retient que trois : la première (faux rapports), la quatrième (lenteurs) et la cinquième (vénalité). Cette dernière ne reposait que sur des preuves morales, sur des apparences, sur des soupçons. Pour l'établir, Démosthène est obligé de recourir à toutes les ressources de son art, et son discours n'est, en grande partie, qu'une savante mise en œuvre et une habile discussion de *vraisemblances*. La première, au contraire, était de beaucoup la plus grave et la mieux fondée. Les faits étaient encore présents à tous les esprits. Inconsciemment ou de parti pris, Eschine avait trompé le peuple sur les véritables intentions de Philippe; il lui avait représenté ce prince comme hostile aux Thébains et dévoué aux intérêts d'Athènes et des Phocidiens; il avait appuyé la motion de Philocrate. Les conséquences avaient été terribles et pesaient encore lourdement sur la République : grâce à ces faux rapports, Philippe avait

1. Cf. Hypéride, III, 29.
2. Cf. Ind., n° 52.

pu, sans être inquiété, s'emparer des Thermopyles et ruiner la Phocide. C'était là contre Eschine la charge la plus accablante : c'est celle que Démosthène relève tout d'abord. Négligeant l'ambassade proprement dite, il commence par résumer vivement, dans un court récit préliminaire, ce qui a suivi son retour à Athènes. Puis, dans une exposition plus développée, il reprend les faits, rappelle les dates, avance ses preuves, et le malheur des Phocidiens apparaît comme imputable au seul Eschine, à cet Eschine qui, quelques mois avant, s'en allait par toute la Grèce prêcher la guerre contre Philippe. Ce n'est qu'après avoir ainsi frappé l'esprit des juges et établi une forte présomption contre son adversaire que Démosthène aborde les deux autres chefs d'accusation réservés par lui (vénalité, lenteurs des députés). Les moindres faits, les raisonnements les plus faibles ont maintenant une valeur nouvelle : insignifiants par eux-mêmes, ils empruntent leur force à l'exposé accablant qui les précède. Et encore Démosthène se garde-t-il de retracer les événements dans leur ordre chronologique. Il les rapproche, non d'après les dates, mais d'après leur signification : il remonte jusqu'aux premières négociations pour la paix et descend jusqu'à la troisième ambassade : la narration ne se distingue pas de la discussion, elle fait corps avec elle, elle n'est elle-même qu'une autre forme plus vive d'argumentation. Et lorsque Démosthène, avec cette liberté d'allures qui fait une grande partie de sa force, a ainsi justifié sa triple accusation, il réfute par avance quelques objections possibles, présente sa propre apologie, dénonce les traîtres qui, dans toute la Grèce, préparent les voies à Philippe, et, pour terminer, rappelle de nouveau, dans une page saisissante, l'occupation des Thermopyles et la destruction des Phocidiens. Au commencement et à la fin du discours c'est le même argument irréfutable qui apparaît, soutenant et encadrant tous les autres.

La défense d'Eschine n'est pas moins habile — si toutefois c'est une habileté que d'esquiver sans cesse la question, d'exposer avec beaucoup d'esprit et dans un grand détail des faits qui sont hors de cause, de négliger les accusations les plus graves pour discuter avec sérieux des assertions sans importance.

Après avoir rappelé dans l'*exorde* (1-6) celles des accusations de Démosthène qui l'ont le plus révolté, Eschine critique le plan confus de son adversaire (7-11). Pour lui, il se contentera de présenter les faits dans leur ordre de succession : disposition ingénieuse qui lui permet, tout en affectant la simplicité, de se dérober à l'argumentation de Démosthène. Entrant de suite en matière par une *première narration* (12-55) il raconte longuement, — beaucoup trop longuement, puisque ces faits n'étaient pas en cause, — les négociations engagées avec Philippe au sujet de la paix et les opérations de la première ambassade. Lorqu'on en vient aux faits directement incriminés, le récit fait place à la *réfutation* (56-96). Eschine répond aux accusations dirigées contre lui par Démosthène : 1° au sujet des assemblées tenues pour la paix (56-80) ; 2° au sujet de la ruine de Kerséblepte (81-93) ; 3° au sujet de la troisième ambassade (94-96). Les arguments qu'il allègue sont de valeur inégale : quelques-uns sont très faibles ; mais le plaidoyer est en son milieu et il n'a encore été question ni de la seconde ambassade ni de la ruine des Phocidiens. De la seconde ambassade, Démosthène avait surtout critiqué les lenteurs : c'est sur quoi Eschine se garde de s'expliquer. Mais comme il excelle à conter et qu'il le sait, il introduit ici une seconde *narration* (97-118) pour montrer les députés d'Athènes en présence de Philippe. Il rappelle complaisamment le discours que lui-même a tenu, et critique l'attitude de Démosthène, ce qui lui permettra de passer rapidement sur les prétendues promesses qu'il avait faites au retour. Il s'en explique cependant (119-129) et déclare qu'il s'est contenté de rapporter ce qu'il avait entendu dire. La partie la plus importante de cette nouvelle *réfutation* (119-143) est celle qui concerne les Phocidiens (130-143). Ce n'est pas aux lenteurs de l'ambassade qu'il faut attribuer leur ruine : c'est à des causes beaucoup plus générales : la Fortune — de qui tout dépend — l'épuisement causé par une longue guerre, l'esprit d'indiscipline et de révolte (130-135). Tout le monde d'ailleurs à cette époque, et les Thébains eux-mêmes, croyaient à un changement dans la politique de Philippe (136-141). Enfin, si Eschine était l'auteur de leur ruine, on ne verrait pas des Phocidiens intercéder en sa faveur[1]

1. Il était important de donner ici, avec quelques détails, l'argumentation d'Eschine. Mais il ne faut pas perdre de vue qu'elle tient proportionnellement une très petite place dans le plaidoyer.

(142-143). Dans l'*épilogue* (144-170) qui suit immédiatement cette discussion, Eschine rappelle les services rendus à Athènes et à la démocratie par ses parents, essaye de se justifier sur le grief de trahison, répond à certaines accusations de Démosthène et montre qu'au contraire de celui-ci, il a satisfait à toutes les obligations militaires d'un citoyen. La *péroraison* (171-fin), qui n'est qu'un éloge de la paix, en partie imité d'Andocide, se termine par un court morceau pathétique dans lequel Eschine fait appel à la pitié et à la justice du tribunal.

On sait quelle fut l'issue du procès. La fixation de la peine était laissée à l'appréciation des juges[1]. Démosthène réclamait la *mort* ou tout au moins l'*atimie*. Mais, soutenu par Eubule et par Phocion, Eschine fut acquitté à la majorité de trente voix. Une victoire aussi faiblement acquise ne saurait prouver l'innocence de l'accusé.

I

RÉCIT DE LA PREMIÈRE AMBASSADE

(§§ 20-24; 34-54)

Ce récit est précédé d'un court exposé (12-19) des premières négociations engagées au sujet de la paix.

[20] Ἡ μὲν τοίνυν[2] ἐξ ἀρχῆς ἔνστασις[3] τῶν ὅλων πραγμάτων ἐγένετο οὐ δι' ἐμοῦ, ἀλλὰ διὰ Δημοσθένους[4] καὶ Φιλοκράτους· ἐν δὲ τῇ πρεσβείᾳ συσ-

1. Le procès était un ἀγὼν τιμητός. Cf. Ind., n° 62.

2. Τοίνυν, « *donc* ». Cette affirmation est la conséquence de ce qui a été dit précédemment par Eschine.

3. Ἡ ἔνστασις, « *l'initiative* ». Rapprocher ἐνίστασθαι, *s'engager dans*, Hypér., VI, 35, n. 6.

4. Διὰ Δημοσθένους... κ. τ. λ. Philocrate venant d'être condamné, les deux orateurs avaient intérêt à s'accuser réciproquement de complicité avec lui. Mais les allégations, probablement fondées, d'Eschine ne portent que sur *les premières négociations* : l'accusation de Démosthène par

σιτεῖν ἡμῖν[1] ἐσπούδασεν[2], οὐκ ἐμὲ πείσας, ἀλλὰ τοὺς μετ' ἐμοῦ, Ἀγλαοκρέοντα τὸν Τενέδιον, ὃν ἐκ τῶν συμμάχων εἵλεσθε[3], καὶ Ἰατροκλέα. Ἐν δὲ τῇ πορείᾳ παρακελεύεσθαί[4] με φησὶν αὐτῷ ὅπως τὸ θηρίον κοινῇ φυλάξομεν[5], τὸν Φιλοκράτην[6], πρᾶγμα λέγων πεπλασμένον. Πῶς γὰρ ἂν ἐγὼ Δημοσθένην ἐπὶ Φιλοκράτην παρεκάλουν, ὃν ᾔδειν συνειπόντα[7] μὲν Φιλοκράτει, ὅτ' ἦν ἡ τῶν παρανόμων γραφή, προβληθέντα δ' εἰς τὴν πρεσβείαν ὑπὸ Φιλοκράτους[8]; [21] Πρὸς δὲ τούτοις οὐκ ἐν τοιούτοις ἦμεν

tait sur le rôle joué par Eschine et par Philocrate dans *la conclusion de la paix.*

1. Συσσιτεῖν ἡμῖν. Deux des ambassadeurs, Aglaocréon de Ténédos et Iatroclès, ne quittaient pas Eschine, partageaient sa chambre (§ 126) et *prenaient leurs repas avec lui.* Suivant l'orateur, Démosthène aurait réussi, lors de la première ambassade (mais non plus lors de la deuxième, § 97) à se glisser dans ce petit groupe. Sur les deux personnages nommés, cf. Hist., II, n° 4.

2. Ἐσπούδασεν. Sujet : Démosthène. — Πείσας ne marque pas *antériorité*, mais est amené par l'aoriste ἐσπούδασεν.

3. Εἵλεσθε, l'aoriste (avec le sens de notre plus-que-parfait), parce qu'il s'agit simplement de marquer l'antériorité.

4. Παρακελεύεσθαι : infinitif imparfait (marquant la répétition). Sur le fait lui-même, cf. Démosthène (*Amb.*, § 13). Eschine s'applique surtout à en montrer l'invraisemblance.

5. Φυλάξομεν. Le futur de l'indicatif avec ὅπως après παρακελεύεσθαι comme après les verbes signifiant *prendre soin*, *veiller à.*

6. Τὸν Φιλοκράτην. Notez la place donnée à ce mot par rapport à τὸ θηρίον. Cf. au § 24 la place de τὸ μέγα ὄφελος et de Δημοσθένης.

7. Συνειπόντα. Accusé d'*illégalité* pour avoir fait autoriser par un décret Philippe à envoyer des ambassadeurs à Athènes (cf. Hist., II, n° 3), Philocrate avait été défendu par Démosthène avec un succès tel que l'accusateur n'avait pas même obtenu le cinquième des suffrages. — Sur ἡ... γραφή, cf. Ind., n° 33.

8. Ὑπὸ Φιλοκράτους. Déjà affirmé par Eschine (§ 18). Mais ni ce fait ni le précédent ne sauraient prouver la complicité de Démosthène avec Philocrate *pendant les négociations.*

λόγοις[1], ἀλλ' ὅλην τὴν πορείαν ἠναγκαζόμεθα Δημοσθένην ὑπομένειν ἀφόρητον ὄντα καὶ βαρὺν ἄνθρωπον· ὅς διασκοπούντων ὅ τι χρὴ λέγειν ἡμῶν, καὶ Κίμωνος[2] εἰπόντος ὅτι φοβοῖτο μὴ δικαιολογούμενος περιγένοιτο ἡμῶν ὁ Φίλιππος, πηγὰς δὴ λόγων ἀφθόνους ἐπηγγέλλετο[3], καὶ περὶ τῶν δικαίων τῶν ὑπὲρ Ἀμφιπόλεως[4] καὶ τῆς ἀρχῆς[5] τοῦ πολέμου τοιαῦτα ἐρεῖν ἔφη, ὥστε ἀπορράψειν τὸ Φιλίππου στόμα ὁλοσχοίνῳ ἀβρόχῳ[6], καὶ πείσειν Ἀθηναίους μὲν καταδέξασθαι[7] Λεωσθένην[8], Φίλιππον δ' Ἀθηναίοις Ἀμφίπολιν ἀποδοῦναι.

[22] Ἵνα δὲ μὴ μακρολογῶ[9] τὴν τούτου διεξιὼν

1. Ἐν... λόγοις, « *nous n'avions pas de tels entretiens* ». — Εἶναι ἐν, tournure rare = *versari in*.

2. Κίμωνος : un des ambassadeurs d'Athènes : peut-être le descendant de celui qui avait ménagé la paix de 442.

3. Πηγὰς... ἐπηγγέλλετο. Eschine aime à représenter Démosthène comme un orateur abondant, emphatique et plein de lui-même. Mais ici il se ménage un effet et prépare la scène qui sera racontée plus loin (§§ 34 sq.). — Δή marque la reprise de la phrase, interrompue par les incidentes.

4. Τῶν ὑπὲρ Ἀμφιπόλεως. Cf. Hist., II, n° 4. — Ὑπέρ, « *relativement à* », pour éviter la répétition de περί. Cf. § 53, n. 6.

5. Τῆς ἀρχῆς : génitif dépendant de περί.

6. Ὁλοσχοίνῳ ἀβρόχῳ. Litt. : « *avec un jonc qui n'a pas trempé* ». Expression proverbiale qui semble signifier « *sans difficultés* ». Le jonc, pour servir de lien, a besoin d'être trempé. Ici la précaution est inutile : un jonc, même sec, serait assez résistant.

7. Καταδέξασθαι, « *rappeler d'exil* » (litt. : *accueillir au retour*). Cf. κατιέναι, *revenir d'exil*, κατάγειν, *ramener des exilés*.

8. Λεωσθένην. Léosthène, général athénien, banni pour avoir échoué à Amphipolis. Il devait être rappelé lorsque la ville serait rendue à Athènes. De là l'emploi de μέν et de δέ qui servent ici, comme souvent ailleurs, à lier ensemble deux idées à la fois distinctes et connexes.

9. Ἵνα δὲ μὴ μακρολογῶ. De telles formules sont particulièrement fréquentes chez Eschine, qui feint volontiers de se laisser en-

ὑπερηφανίαν, ὡς τάχιστα ἥκομεν εἰς Μακεδονίαν, συνετάξαμεν[1] πρὸς ἡμᾶς αὐτούς, ὅταν προσίωμεν Φιλίππῳ, τὸν πρεσβύτατον[2] πρῶτον λέγειν καὶ τοὺς λοιποὺς καθ' ἡλικίαν· ἐτύγχανε δ' ἡμῶν νεώτατος ὤν, ὡς ἔφη, Δημοσθένης. Ἐπειδὴ δὲ εἰσεκλήθημεν[3], — καὶ τούτοις[4] ἤδη μοι σφόδρα[5] προσέχετε τὸν νοῦν· ἐντεῦθεν γὰρ κατόψεσθε ἀνθρώπου[6] φθόνον ὑπερβάλλοντα καὶ δεινὴν δειλίαν ἅμα καὶ κακοήθειαν[7], καὶ τοιαύτας ἐπιβουλὰς κατ' ἀνδρῶν συσσίτων[8] καὶ συμπρέσβεων, ἃς οὐδ' ἂν κατὰ τῶν ἐχθίστων τις εἰκῇ[9] ποιήσαιτο. Τοὺς γὰρ[10] τῆς πόλεως

traîner soit par ses souvenirs, soit par son indignation, pour pouvoir introduire des développements sans rapport avec le sujet, mais utiles à sa cause.

1. Συνετάξαμεν... αὐτούς, « *nous convînmes entre nous* ». Sur le sens de πρός, cf. § 47, n. 5.

2. Τὸν πρεσβύτατον... κ. τ. λ. Au contraire de ce qui se passa lors de la deuxième ambassade (§§ 108 sq.). On comprend l'importance qu'avait le tour de parole pour des ambassadeurs qui tous voulaient pouvoir se vanter auprès de leurs concitoyens d'avoir traité la question importante.

3. Εἰσεκλήθημεν. Après ce mot commence une longue parenthèse qui ne finit en réalité qu'avec le morceau cité. Abandonnant la suite des faits, Eschine se livre à de nouvelles attaques personnelles contre Démosthène.

4. Τούτοις, rapporté à ce qui suit, contrairement à l'usage ordinaire.

5. Σφόδρα. Eschine a une tendance à forcer l'expression soit par l'emploi de mots comme σφόδρα, δεινῶς, δαιμονίως, μάλα,... etc., soit en se servant de verbes dont le sens est renforcé par une préposition. Cf. plus bas κατόψεσθε « *vous verrez en plein* ».

6. Ἀνθρώπου, « *du personnage* ». Le mot est plusieurs fois appliqué par Eschine à Démosthène avec ce sens méprisant.

7. Κακοήθειαν, « *le naturel perfide* ». Rapprochez le mot εὐήθης, « *d'un caractère simple* », souvent « *un innocent* ».

8. Συσσίτων. Cf. § 183, n. 1.

9. Εἰκῇ, « *sans réflexion* ». Cf notre expression familière, « *sans y regarder à deux fois* ».

10. Γάρ, « *c'est que* ». Démosthène, prévoyant l'objection, y avait en effet répondu par avance (*Amb.* 189-191) ; « ποῦ δ' ἅλες; ποῦ τρα

ἅλας[1] καὶ τὴν δημοσίαν τράπεζαν[2] περὶ πλείστου δή[3] φησι ποιεῖσθαι, οὐκ ὢν ἐπιχώριος[4], εἰρήσεται[5] γὰρ, οὐδ' ἐγγενής. [23] Ἡμεῖς δὲ, οἷς ἱερὰ καὶ τάφοι προγόνων[6] ὑπάρχουσιν ἐν τῇ πατρίδι, καὶ διατριβαὶ καὶ συνήθειαι μεθ' ὑμῶν ἐλευθέριοι[7], καὶ γάμοι κατὰ τοὺς νόμους[8] καὶ κηδεσταὶ καὶ τέκνα, Ἀθήνησι[9] μὲν ἦμεν ἄξιοι τῆς ὑμετέρας πίστεως, οὐ γὰρ ἄν ποτε[10] ἡμᾶς εἵλεσθε, ἐλθόντες δ' εἰς Μακεδονίαν ἐξαίφνης ἐγενόμεθα[11] προδόται. Ὁ δὲ οὐδὲν

πεζα; ποῦ σπονδαί; » ταῦτα γὰρ τραγῳδεῖ Αἰσχίνης περιϊὼν..., et après avoir cité des exemples d'Athéniens illustres accusant d'anciens collègues, Démosthène ajoutait : πότεροι οὖν τοὺς ἅλας παρέβαινον καὶ τὰς σπονδάς, Αἰσχίνη;... οἱ ἀδικοῦντες δηλονότι τὰς ὅλης γε τῆς πατρίδος σπονδάς, ὥσπερ σύ, οὐ μόνον τὰς ἰδίας.

1. Τοὺς... ἅλας, « *le sel de la cité* », signe de l'hospitalité et des liens qu'elle créait.

2. Τὴν δημοσίαν τράπεζαν, la table de l'État, où les prytanes prenaient leurs repas et où l'on invitait les hôtes de la cité.

3. Δή comme souvent après les superlatifs ou après un mot fort sur lequel on veut insister.

4. Οὐκ ὢν ἐπιχώριος, οὐδ' ἐγγενής, « *quand il n'est ni de notre pays, ni même de notre race* ». Sur cette allégation, cf. III, 171 sq. et les notes.

5. Εἰρήσεται. Dans le même discours (§ 78) et, par allusion, dans le § 180 cité plus loin. — Exemple du passif *en apparence* impersonnel : le sujet de εἰρήσεται est en réalité la proposition sous-entendue : ὡς οὐκ ἔστιν ἐπιχώριος.

6. Ἱερὰ... προγόνων, considérés comme signes de l'antiquité de la famille. Cf. Cicéron (*De officiis*, I, XVII, 32) : *magnum est eadem habere monumenta majorum, iisdem uti sacris, sepulcra habere communia*.

7. Ἐλευθέριοι, « *d'hommes libres* ».

8. Γάμοι κατὰ τοὺς νόμους. Cf. Ind., n° 7. — Κατὰ τοὺς νόμους s'entend aussi de κηδεσταί et de τέκνα.

9. Ἀθήνησι, opposé à ἐλθόντες εἰς Μακεδονίαν.

10. Οὐ γὰρ ἄν ποτε... κ. τ. λ., « *car jamais (sans cela) vous ne nous auriez choisis (comme ambassadeurs)* ».

11. Ἐγενόμεθα προδόται, (à en croire Démosthène). Cf. § 152. Pour l'emploi sans ἄν de l'aoriste ἐγενόμεθα, cf. Lysias, VII, 15, n. 3.

ἄπρατον[1] ἔχων μέρος τοῦ σώματος, οὐδ' ὅθεν[2] τὴν φωνὴν προΐεται, ὡς ὢν Ἀριστείδης ὁ τοὺς φόρους τάξας[3] τοῖς Ἕλλησιν, ὁ δίκαιος ἐπικαλούμενος, δυσχεραίνει καὶ καταπτύει[4] δωροδοκίας. [24] Ἀκούσατε δὴ τούς τε ἡμετέρους λόγους οὓς εἴπομεν ὑπὲρ ὑμῶν, καὶ πάλιν[5] οὓς τὸ μέγα ὄφελος[6] τῆς πόλεως εἴρηκε Δημοσθένης, ἵν' ἐφεξῆς καὶ κατὰ μικρὸν πρὸς ἕκαστα τῶν κατηγορημένων ἀπολογήσωμαι[7]. Ἐπαινῶ[8] δ' εἰς ὑπερβολὴν ὑμᾶς, ὦ ἄνδρες δικασταί, ὅτι σιγῇ καὶ δικαίως[9] ἡμῶν ἀκούετε· ὥστε, ἐάν τι μὴ λύσω τῶν κατηγορημένων, οὐχ ὑμᾶς, ἀλλ' ἐμαυτὸν αἰτιάσομαι.

[Eschine résume en style indirect le discours qu'il avait tenu à Philippe, lui rappelant les obligations contractées par sa famille envers les Athéniens et établissant les droits de ceux-ci à la possession d'Amphipolis (25-33).]

[34] Ῥηθέντων δὲ καὶ τούτων καὶ ἑτέρων λόγων,

1. Οὐδὲν... μέρος. Sur la vénalité de Démosthène, cf. III, 143, n. 1.

2. Ὅθεν = (τοῦτο) ἐξ οὗ.

3. Ὁ... τάξας, lors de l'établissement de la confédération de Délos (477). Eschine oppose ici, comme dans III, 258, le grand service rendu par Aristide à ceux sur lesquels Démosthène croit pouvoir s'appuyer pour se donner des allures de justicier.

4. Καταπτύει, « *il crache contre moi* ». Construit comme serait κατηγορεῖ avec l'accusatif de l'action intentée. — Sur δωροδοκίας, cf. Ind., n° 69.

5. Πάλιν, « *en revanche* ».

6. Τὸ μέγα ὄφελος. Façon ironique de désigner Démosthène dont le nom ne vient qu'à la fin de la phrase sous forme d'apposition.

7. Ἀπολογήσωμαι. Ind., n° 85.

8. Ἐπαινῶ δὲ... κ. τ. λ. Nouvelle précaution oratoire. Eschine sent qu'il s'écarte de plus en plus du sujet.

9. Δικαίως, « *en bonne justice* » (conformément à votre serment).

ἤδη καθῆκεν[1] εἰς Δημοσθένην τὸ τῆς πρεσβείας μέρος, καὶ πάντες προσεῖχον ὡς ὑπερβολάς[2] τινας δυνάμεως ἀκουσόμενοι λόγων· καὶ γὰρ πρὸς αὐτὸν τὸν Φίλιππον, ὡς ἦν ὕστερον ἀκούειν, καὶ πρὸς τοὺς ἑταίρους ἐξήγγελτο ἡ τῶν ἐπαγγελιῶν[3] ὑπερβολή. Οὕτω δὲ ἁπάντων διακειμένων πρὸς τὴν ἀκρόασιν, φθέγγεται[4] τὸ θηρίον[5] τοῦτο προοίμιον σκοτεινόν τι καὶ τεθνηκὸς[6] δειλίᾳ, καὶ μικρὸν[7] προαγαγὼν ἄνω τῶν πραγμάτων, ἐξαίφνης ἐσίγησε καὶ διηπορήθη, τελευτῶν[8] δὲ ἐκπίπτει[9] τοῦ λόγου. [35] Ἰδὼν δὲ αὐτὸν ὁ Φίλιππος ὡς διέκειτο, θαρρεῖν τε παρεκε-

1. Καθῆκεν, litt. : *descendit*. La métaphore s'explique par le système adopté pour le tour de parole. Cf. § 22.

2. Ὑπερβολὰς δυνάμεως... λόγων, « *des merveilles d'éloquence* ». Eschine emploie à plusieurs reprises des expressions ainsi composées avec ὑπερβολή et le génitif de la chose dont il veut marquer l'exagération. Cf. plus bas ἡ τῶν ἐπαγγελιῶν ὑπερβολή, et § 42 : ὑπερβολὴν παλαιότητος... κ. τ. λ. Mais ici l'enchaînement des deux génitifs ajoute à l'emphase de la tournure.

3. Τῶν ἐπαγγελιῶν. Cf. § 21 ἐπηγγέλλετο, et la note.

4. Φθέγγεται, « *il fait entendre*, *il balbutie* ». Cf. III, 155, n. 11, et Isocrate, XV, 192, n. 3.

5. Τὸ θηρίον. Terme injurieux qui semble avoir fait partie du vocabulaire courant des orateurs et que Démosthène applique souvent à ses adversaires.

6. Τεθνηκὸς δειλίᾳ. Métaphore hardie surtout appliquée à προοίμιον. — Dans l'impossibilité où l'on est de contrôler le récit d'Eschine, on remarquera que si Démosthène s'était à ce point couvert de ridicule, il lui eût été difficile, lors de la deuxième ambassade : 1° de demander à en faire partie ; 2° de se faire accepter comme représentant par les Athéniens ; 3° d'obtenir de ses collègues le privilège de prendre le premier la parole devant Philippe.

7. Καὶ μικρὸν... κ. τ. λ., litt. : *s'étant un peu avancé dans le haut des faits;* entendez : « *comme il venait de commencer son exposé* ».

8. Τελευτῶν, « *à la fin* ».

9. Ἐκπίπτει τοῦ λόγου = « *il reste court* », expression figurée qui prépare les réflexions ironiques de Philippe. Ἐκπίπτειν se dit proprement du mauvais acteur qui, ne sachant plus son rôle, est obligé de quitter la scène.

λεύετο καὶ μὴ νομίζειν, ὥσπερ ἐν τοῖς θεάτροις[1], διὰ τοῦτό τι πεπονθέναι[2], ἀλλ' ἡσυχῇ καὶ κατὰ μικρὸν ἀναμιμνήσκεσθαι[3] καὶ λέγειν ὡς προείλετο. Ὁ δ' ὡς ἅπαξ ἐταράχθη καὶ τῶν γεγραμμένων διεσφάλη[4], οὐδ'[5] ἀναλαϐεῖν αὑτὸν ἐδυνήθη, ἀλλὰ καὶ πάλιν ἐπιχειρήσας λέγειν ταὐτὸν[6] ἔπαθεν. Ὡς δ' ἦν σιωπή, μεταστῆναι ἡμᾶς ὁ κῆρυξ ἐκέλευεν.

[36] Ἐπειδὴ δ' ἐφ' ἡμῶν αὐτῶν[7] ἐγενόμεθα, σφόδρα πάνυ[8] σκυθρωπάσας ὁ χρηστὸς οὑτοσὶ Δημοσθένης, ἀπολωλεκέναι[9] με ἔφη τὴν πόλιν καὶ τοὺς συμμάχους. Ἐκπλαγέντος[10] δὲ οὐκ ἐμοῦ μόνον, ἀλλὰ καὶ τῶν συμπρέσϐεων ἁπάντων, καὶ τὴν αἰτίαν πυνθανομένων δι' ἣν ταῦτ'[11] εἶπεν, ἤρετό με εἰ τῶν Ἀθήνησι πραγμάτων[12] ἐπιλέλησμαι, καὶ

1. Ὥσπερ ἐν τοῖς θεάτροις. Entendez : comme c'est le cas pour un acteur sur la scène.

2. Διὰ τοῦτό τι πεπονθέναι, « *Que c'était là un malheur* ». Παθεῖν τι est souvent employé par euphémisme, notamment dans les testaments, au sens de *mourir*. Cf. Lysias, XXXII, 6.

3. Ἀναμιμνήσκεσθαι, « *rappeler ses souvenirs* ».

4. Καὶ τῶν γεγραμμένων διεσφάλη, « *et qu'il se fut écarté de ce qu'il avait écrit* ».

5. Οὐδὲ... ἀλλὰ καί, « *ni* (*il ne put*)... *et même* ».

6. Ταὐτόν. Lorsque les Attiques font la crase, ils disent plutôt ταὐτόν que ταὐτό, par analogie avec les neutres en ον.

7. Ἐφ' ἡμῶν αὐτῶν, « *tout seuls* » (litt. : *en présence de nous-mêmes*). Ἐφ' ἡμῖν αὐτοῖς voudrait dire « *libres* » (litt. : *sous la dépendance de nous-mêmes*).

8. Σφόδρα πάνυ : construction donnée par les manuscrits, mais plus rare que πάνυ σφόδρα. Cf. § 22, n. 5.

9. Ἀπολωλεκέναι, en irritant Philippe par la chaleur avec laquelle j'avais revendiqué les droits d'Athènes. Cf. § 37.

10. Ἐκπλαγέντος. Le participe au singulier avant les mots auxquels il se rapporte; mais plus loin πυνθανομένων.

11. Ταῦτα = τοῦτο, et représente ἀπολωλεκέναι με... κ.τ.λ.

12. Τῶν Ἀθήνησι πραγμάτων, « *la situation à Athènes* ».

τὸν δῆμον καταπεπονημένον[1] καὶ σφόδρα ἐπιθυμοῦντα εἰρήνης εἰ μὴ μέμνημαι. [37] « Ἦ[2] μέγα φρονεῖς », ἔφη, « ἐπὶ ταῖς ἐψηφισμέναις μὲν πεντήκοντα ναυσὶν, οὐδέποτε δὲ πληρωθησομέναις; Οὕτω γὰρ ἠρέθικας Φίλιππον καὶ τοιαῦτα εἴρηκας, ἐξ ὧν[3] οὐκ εἰρήνη γένοιτ' ἂν ἐκ[4] πολέμου, ἀλλ' ἐξ εἰρήνης πόλεμος ἀκήρυκτος[5]. » Ἀρχομένου δ' ἐμοῦ πρὸς ταῦτα ἀντιλέγειν, ἐκάλουν ἡμᾶς οἱ ὑπηρέται οἱ τοῦ Φιλίππου. [38] Ὡς δ' εἰσήλθομεν καὶ ἐκαθεζόμεθα, ἐξ ἀρχῆς πρὸς ἕκαστον τῶν εἰρημένων ἐνεχείρει τι λέγειν ὁ Φίλιππος, πλείστην δὲ εἰκότως[6] ἐποιήσατο διατριβὴν[7] πρὸς τοὺς ἐμοὺς λόγους· ἴσως γὰρ οὐδὲν

1. Τὸν δῆμον καταπεπονημένον... μέμνημαι. — Μιμνήσκεσθαι gouverne le génitif, mais lorsqu'il est construit avec une proposition au participe, il y a une différence de sens entre μέμνημαί σου λέγοντος, « *je t'entends encore dire* » (litt. : *je me souviens de toi disant*), et μέμνημαί σε λέγοντα, « *je me souviens que tu disais* ». De même pour αἰσθάνομαι. Lys., XXV, 23.

2. Ἦ (= *an*) : « *ou bien est-ce que?* » Au témoignage de Démosthène (*Amb.*, 322) la prédiction qui lui est ici prêtée ne se réalisa pas. Les cinquante navires étaient équipés à l'époque où la paix fut ratifiée.

3. Ἐξ ὧν = ὥστε ἐκ τούτων. Après τοιοῦτος la proposition introduite par ὅς équivaut souvent à une proposition consécutive avec ὥστε. De là la construction οὕτω ἠρέθικας... ἐξ ὧν. Cf. en latin *qui* = *ut* et un pronom après *talis*. Cicéron (*Ad Fam.*, X, VI, 3) : *talem te esse oportet qui te sejungas*, « *tu dois te montrer tel que tu te sépares* ». Cf. un emploi différent, III, 137, n. 1.

4. Ἐκ marque la succession immédiate.

5. Ἀκήρυκτος, « *acharnée* », litt. : *où il n'y a plus place pour des hérauts* (parce qu'on est décidé à ne pas traiter).

6. Εἰκότως, « *comme il fallait s'y attendre* », expliqué par ἴσως γάρ (cf. III, p. 314, n. 1). Le fait est vraisemblable : Philippe connaissait le personnage et le prenait par son faible.

7. Ἐποιήσατο διατριβήν = διέτριψε. Dédoublement d'expression fréquent dans la langue un peu verbeuse d'Eschine. — Πρός (au lieu de περί) amené par le

τῶν ἐνόντων[1] εἰπεῖν, ὥς γε οἶμαι, παρέλιπον· καὶ πολλάκις μου τοὔνομα ἐν τοῖς λόγοις ὠνόμαζε· πρὸς δὲ Δημοσθένην τὸν οὕτω καταγελάστως ἀπαλλάξαντα[2] οὐδ' ὑπὲρ[3] ἑνός, οἶμαι, διελέχθη. Τοῦτο δὲ ἦν ἄρα[4] ἀγχόνη[5] τούτῳ. [39] Ἐπειδὴ δὲ κατέστρεψεν[6] εἰς φιλανθρωπίαν[7] τοὺς λόγους, καὶ τὸ συκοφάντημα ὃ προειρήκει κατ' ἐμοῦ πρὸς τοὺς συμπρέσβεις οὗτος, ὡς ἐσομένου[8] πολέμου καὶ διαφορᾶς αἰτίου, διέπιπτεν αὐτῷ[9], ἐνταῦθα[10] ἤδη καὶ παντελῶς ἐξιστάμενος αὑτοῦ καταφανὴς[11] ἦν, ὥστε καὶ κληθέντων ἡμῶν ἐπὶ ξένια[12] δεινῶς ἀσχημονεῖν.

πρὸς ἕκαστον (*en réponse à chacune...*) qui précède.

1. Τῶν ἐνόντων εἰπεῖν, « *ce qu'il y avait à dire* ». Ἔνεστι marque une possibilité *intrinsèque*, ἔξεστι une possibilité *extrinsèque*.

2. Ἀπαλλάξαντα, « *qui s'en était tiré* ». Ἀπαλλάττειν, intransitif = « *sortir d'une affaire* ». D'où III, § 158, καλῶς ἀπαλλάττειν, « *réussir* ».

3. Ὑπέρ = περί, cf. § 53, n. 6.

4. Ἄρα, « *à ce que j'ai vu* ».

5. Ἀγχόνη = αἰτία ἀγχόνης, « *c'était pour lui à se pendre* ». Ellipse de conversation qu'on retrouve également avec d'autres mots et même dans d'autres langues. Cf. Démosthène (*Amb.*, 238) : συγγνώμη ἀδελφῷ βοηθεῖν, « *secourir un frère est* (*une chose qui mérite*) *indulgence* ». De même, en français : « C'est grand'pitié quand le valet chasse le maître. »

6. Κατέστρεψεν. Sujet : Philippe.

7. Φιλανθρωπίαν, « *affabilité* », véritable sens du mot en attique.

8. Ὡς ἐσομένου, « (*en disant*) *que j'allais être* », développe τὸ συκοφάντημα ὃ προειρήκει et grammaticalement se rattache à ἐμοῦ.

9. Διέπιπτεν αὐτῷ, « *s'effondrait pour lui* (*Démosthène*) ».

10. Ἐνταῦθα ἤδη, « *à partir de ce moment* » (correspond à ἐπειδὴ δέ... κ. τ. λ.), cf. III, 151, n. 7.

11. Καταφανὴς ἦν, construit avec le participe comme les expressions plus usitées : φανερός ἦν, δῆλος ἦν, pour lesquelles le grec emploie de préférence la tournure personnelle. Notez encore le caractère violent du style d'Eschine (παντελῶς, κατά en composition, et plus loin δεινῶς).

12. Ἐπὶ ξένια, « *pour un repas d'hospitalité* » (ξένια, pluriel neutre). Eschine observe, en parlant d'un usage macédonien, la distinction usitée à Athènes entre

[40] Ἀφορμώντων δ' ἡμῶν οἴκαδε ἐκ τῆς πρεσβείας, ἐξαίφνης κατὰ τὴν ὁδὸν παραδόξως ὡς[1] φιλανθρώπως πρὸς ἕκαστον διελέγετο. Ὅ τι μὲν οὖν ποτ' ἦν ὁ κέρκωψ[2] ἢ τὸ καλούμενον παιπάλημα[3] ἢ τὸ παλίμβολον[4] ἢ τὰ τοιαῦτα ῥήματα, οὐκ ᾔδειν πρότερον· νυνὶ δ' ἐξηγητὴν[5] τοῦτον λαβὼν τῆς ἁπάσης κακοηθείας μεμάθηκα. [41] Διαλαμβάνων γὰρ ἕκαστον ἡμῶν ἐν μέρει, τῷ μὲν ἔρανον[6] συστή-

καλέσαι ἐπὶ ξένια et καλέσαι ἐπὶ δεῖπνον. Cf. Ind., n° 35.

1. Παραδόξως ὡς φιλανθρώπως, litt. : *étonnamment combien poliment.* — Eschine veut faire croire qu'il s'est laissé circonvenir pendant le voyage par les manières aimables de Démosthène. Les termes du rapport qu'il avait lu au retour dans l'Assemblée étaient sans doute trop favorables à son adversaire : il s'agissait de les expliquer. Cf. § 48.

2. Ὁ κέρκωψ. Les traditions relatives aux *Cercopes* sont nombreuses. Suivant la plus répandue, c'étaient deux nains qui avaient voulu dérober ses armes à Héraclès endormi. Une autre les confondait avec les Lygiens qui, aux environs des Bouches-du-Rhône, avaient cherché à enlever au héros les bœufs de Géryon. On en faisait aussi une variété de singes rusés et voleurs. Le mot, dans la langue populaire, était synonyme d'homme fourbe. Il y avait même à Athènes un endroit appelé κερκώπων ἀγορά, « *le marché des coquins* ».

3. Τὸ παιπάλημα. « *la fleur de farine* », c.-à-d. quelque chose d'insaisissable. Dans les *Nuées* d'Aristophane, Socrate promet à Strepsiade de le transformer en παιπάλη (même sens) pour qu'il puisse échapper à ses créanciers. — Pour la construction, cf. III, p. 316, n. 9.

4. Τὸ παλίμβολον : métaphore empruntée au jeu. De πάλιν βάλλεσθαι, « *jeter de nouveau les dés* » (pour corriger un coup malheureux). Rapprochez l'expression : *savoir plus d'un tour.*

5. Ἐξηγητήν. Les Exégètes, dont plusieurs étaient des personnages officiels, appartenant aux anciennes familles, avaient pour mission d'interpréter le sens des oracles, d'expliquer les anciennes traditions religieuses. Démosthène a été l'*exégète qui a fait comprendre* à Eschine *le sens* des mots κέρκωψ, παιπάλημα, etc.... — Τῆς ἁπάσης κακοηθείας, « *de la perfidie sous toutes ses formes* »,

6. Ἔρανον συστήσειν. Cf. Hypéride, V, 7, n. 8. — Démosthène promet à son collègue « *d'organiser* (*pour lui*) *un prêt par souscription* ».

σειν ἐπηγγέλλετο καὶ βοηθήσειν τοῖς ἰδίοις[1], τὸν δὲ εἰς στρατηγίαν καταστήσειν[2]· ἐμοὶ δὲ παρακολουθῶν[3] καὶ τὴν φύσιν μακαρίζων καὶ τοὺς λόγους οὓς εἶπον ἐγκωμιάζων πολὺς ἦν[4] καὶ ἐπαχθής. Συνδειπνούντων δ' ἡμῶν ἁπάντων[5] ἐν Λαρίσῃ[6], αὐτοῦ μὲν ἔσκωπτε τὴν ἀπορίαν τὴν ἐν τῷ λόγῳ συμβᾶσαν, τὸν δὲ Φίλιππον τῶν ὑπὸ τὸν ἥλιον[7] ἀνθρώπων ἔφη πάντων εἶναι δεινότατον. [42] Συναποφηναμένου[8] δὲ κἀμοῦ τι τοιοῦτον[9], ὡς καὶ μνημονικῶς εἴποι[10] πρὸς τὰ παρ' ἡμῶν ῥηθέντα, Κτησιφῶντος δὲ, ὅσπερ[11] ἦν ἡμῶν πρεσβύτατος, ὑπερβολήν[12] τινα ἑαυτοῦ παλαιότητος καὶ πλήθους ἐτῶν εἰπόντος, καὶ προσθέντος ὡς ἐν τοσούτῳ χρόνῳ καὶ βίῳ οὐ πώποθ' οὕτως ἡδὺν οὐδ' ἐπαφρόδιτον ἀνθρω-

1. Τοῖς ἰδίοις, datif d'instrument : « *de ses propres ressources* ». On attendrait plutôt ἀπὸ (ἐκ) τῶν ἰδίων.

2. Εἰς στρατηγίαν καταστήσειν. Cf. Ind., n° 34.

3. Παρακολουθῶν, « *me suivant de près* (παρά) ».

4. Πολὺς ἦν, « *il était intarissable* », construit avec ἐγκωμιάζων, comme le serait οὐκ ἐπαύετο.

5. Ἡμῶν ἁπάντων, et non pas seulement Eschine et ses compagnons ordinaires : circonstance qui donne plus de poids aux assertions de l'orateur.

6. Λαρίσῃ, « *Larisa* », ville de Thessalie, sur le Pénée. Un seul σ, conformément aux inscriptions.

7. Ὑπὸ τὸν ἥλιον. — Ὑπό se construit ainsi surtout après un verbe de mouvement. On attendrait ici le datif.

8. Συναποφηναμένου. Notez σύν, « *en accord avec lui* ».

9. Τοιοῦτον au lieu de τοιόνδε, comme souvent quand le pronom annonce une proposition commençant par ὡς ou ὅτι. De même au § 46.

10. Εἴποι, optatif du style indirect. De même, plus bas, ἑωρακὼς εἴη.

11. Ὅσπερ. — Περ insiste sur l'idée d'identité. « *Ctésiphon, le même qui était notre aîné* ». — Ce Ctésiphon était un des envoyés d'Athènes, et ne doit pas être confondu avec l'auteur du décret sur la couronne.

12. Ὑπερβολήν... κ. τ. λ. Cf. § 34, n. 2.

πον ἑωρακὼς εἴη, ἀνακροτήσας ὁ Σίσυφος[1] ὅδε τὰς χεῖρας, [43] « Ταῦτα[2] μέντοι », ἔφη, « ὦ Κτησιφῶν, οὔτ' ἂν σὺ πρὸς τὸν δῆμον[3] εἴποις, οὔτ' ἂν οὗτος » ἐμὲ δὴ λέγων[4] « τολμήσειεν εἰπεῖν πρὸς Ἀθηναίους, ὡς ὁ Φίλιππος δεινὸς[5] εἰπεῖν καὶ μνημονικός[6]. » Ἀναισθήτως[7] δὲ ἡμῶν ἐχόντων καὶ τὴν ἐπιβουλὴν[8] οὐ προορωμένων, ἣν αὐτίκα ἀκούσεσθε, εἰς συνθήκην τινὰ ἡμᾶς κατέκλησεν ὑπὲρ[9] τοῦ ταῦτ' ἐρεῖν πρὸς ὑμᾶς. Ἐμοῦ δὲ καὶ δέησιν[10] ἰσχυρὰν ἐδεήθη μὴ παραλιπεῖν, ἀλλ' εἰπεῖν, ὡς ὑπὲρ Ἀμφιπόλεώς τι καὶ Δημοσθένης εἴποι.

[44] Μέχρι μὲν οὖν τούτων οἱ συμπρέσβεις εἰσί μοι μάρτυρες, οὓς προπηλακίζων οὗτος καὶ δια-

1. Ὁ Σίσυφος. Sisyphe, fils d'Éole, était renommé pour sa fourberie. Dans les *Acharniens* d'Aristophane, au moment où Dicéopolis va faire l'éloge des Lacédémoniens, le chœur lui donne ce conseil ; ἐξάνοιγε μηχανὰς τὰς Σισύφου. Cf. Eur. (*Cycl.*, 104,.

2. Ταῦτα annonce ὡς ὁ Φίλιππος... κ. τ. λ.

3. Πρὸς τὸν δῆμον, « *devant le peuple* », c.-à-d. dans l'Assemblée (ἐκκλησία, cf. Ind., n° 26), ne diffère pas pour le sens de πρὸς Ἀθηναίους qui suit.

4. Ἐμὲ δὴ λέγων, « *en parlant de moi* ». Δή = *scilicet*.

5. Δεινός, sous-ent. ἐστίν.

6. Μνημονικός. Notez l'importance accordée à la mémoire. Cf. Isocrate, XV. 189, n. 1. — Sur le prestige exercé par Philippe, cf. III, 148, n, 3.

7. Ἀναισθήτως... ἐχόντων, « *ne nous doutant de rien* ». Ἀναισθήτως marque le manque de perspicacité. Cf. Isocrate, VII, 9, n. 2.

8. Τὴν ἐπιβουλήν, « *le piège* ». Démosthène voulait amener les ambassadeurs à s'arrêter sur tous ces détails, pour pouvoir se donner ensuite le mérite de s'être acquitté seul sérieusement de l'ambassade. Cf. §§ 49 sq.

9. Ὑπέρ = περί. Cf. § 21, n. 4, et 53, n. 6.

10. Δέησιν... ἐδεήθη. Cet emploi du régime de même racine que le verbe (*figure étymologique*) est particulièrement fréquent chez Eschine. Il en est de même du procédé qui consiste à présenter une affirmation successivement sous la forme négative et sous la forme positive : μὴ παραλιπεῖν, ἀλλ' εἰπεῖν.

βάλλων ἐν τῇ κατηγορίᾳ διατετέλεκε· τῶν δ' ἐπὶ τοῦ βήματος παρ' ὑμῖν λόγων[1] ὑμεῖς ἀκηκόατε, ὥστε οὐκ ἐνέσται[2] μοι ψεύδεσθαι. Δέομαι δὲ ὑμῶν προσεπιπονῆσαι[3] ἀκούοντας καὶ τὴν λοιπὴν διήγησιν[4]. Ὅτι μὲν γὰρ ἕκαστος ὑμῶν ποθεῖ τὰ περὶ[5] Κερσεβλέπτην ἀκούειν καὶ τὰς περὶ Φωκέων αἰτίας, σαφῶς οἶδα, καὶ πρὸς ταῦτα σπεύδω· ἀλλ' ἐὰν μὴ τὰ πρὸ τούτων ἀκούσητε, οὐδ'[6] ἐκείνοις ὁμοίως παρακολουθήσετε. Ἐὰν δ' ἐμοὶ τῷ κινδυνεύοντι δῶτε εἰπεῖν ὡς βούλομαι, καὶ σῶσαί με, εἰ μηδὲν ἀδικῶ[7], δυνήσεσθε, ἱκανὰς εἰληφότες ἀφορμὰς[8], καὶ θεάσεσθε[9] ἐκ τῶν ὁμολογουμένων[10] καὶ τἀντιλεγόμενα.

1. Τῶν... λόγων : les discours prononcés au retour et d'après lesquels doit éclater la fourberie de Démosthène.

2. Οὐκ ἐνέσται, cf. § 38, n. 1.

3. Προσεπιπονῆσαι, « *prendre encore la peine de* », est construit avec le participe comme le serait διατελεῖν. — Nouvelle précaution oratoire.

4. Διήγησιν, « *récit* » : mot technique pour désigner, dans un plaidoyer, *l'exposé des faits*.

5. **Τὰ περὶ Κερσεβλέπτην... τὰς περὶ Φωκέων αἰτίας.** Le grec distingue entre « *agir* à l'égard de quelqu'un » (περί τινα) et « *parler* ou *écrire* au sujet de quelqu'un » (περί τινος). D'où ici, « *les affaires qu'on a avec Kersébleple* », et « *les accusations portées au sujet des Phocidiens* ». — Κερσεβλέπτην (et non Κερσοβλέπτην), orthographe attestée par les inscriptions. La ruine de ce prince et la destruction de la Phocide étaient les deux faits sur lesquels Démosthène avait insisté.

6. Οὐδὲ... παρακολουθήσετε, « *vous ne pourrez pas suivre non plus ces événements avec précision* ». Raison d'orateur. — Παρά, en composition : « *de près* ». — Ἐκείνοις reprend τούτων.

7. Ἀδικῶ : présent avec sens de parfait : « *je suis coupable* ». Cf. φεύγω, « *je suis accusé* ».

8. Ἀφορμάς, « *des raisons* ». Cf. Lysias, XXIV, 24, n. 8.

9. Θεάσεσθε, « *vous verrez* », par suite « *vous pourrez juger* ».

10. Ἐκ τῶν ὁμολογουμένων, « *d'après ce qui n'est pas contesté* », en vertu des témoignages allégués au commencement du paragraphe

[45] Ὡς γάρ[1] δεῦρ' ἤλθομεν καὶ πρὸς τὴν βουλὴν ἐπὶ κεφαλαίων τὴν πρεσβείαν ἀπηγγείλαμεν[2], καὶ τὴν ἐπιστολὴν[3] ἀπέδομεν[4] τὴν παρὰ Φιλίππου, ἐπαινέτης[5] ἦν ἡμῶν Δημοσθένης πρὸς τοὺς συμβουλευτὰς[6], καὶ τὴν Ἑστίαν[7] ἐπώμοσε τὴν βουλαίαν συγχαίρειν τῇ πόλει[8] ὅτι τοιούτους ἄνδρας ἐπὶ τὴν πρεσβείαν ἐξέπεμψεν, οἳ[9] καὶ τῇ πίστει καὶ λέγοντες[10] ἦσαν ἄξιοι τῆς πόλεως. [46] Ὑπὲρ ἐμοῦ δὲ εἶπέ τι τοιοῦτον, ὡς οὐ ψευσαίμην[11] τὰς τῶν ἑλομένων με ἐπὶ τὴν πρεσβείαν ἐλπίδας. Τέλος δὲ[12] πάντων· ἔγραψε[13] γὰρ ἡμᾶς στεφανῶσαι θαλλοῦ[14] στεφάνῳ ἕκαστον[15] εὐνοίας ἕνεκα τῆς εἰς τὸν δῆμον, καὶ καλέσαι ἐπὶ δεῖπνον εἰς τὸ πρυτανεῖον εἰς αὔριον. Ὅτι[16] δ' οὐδὲν ψεῦδος εἴρηκα πρὸς ὑμᾶς, λαβέτω μοι[17] τὸ

1. Γάρ. Cf. Lys., VII, 4, n. 6.
2. Πρὸς τὴν βουλήν... ἀπηγγείλαμεν. Cf. Ind., n° 35.
3. Τὴν ἐπιστολήν. Cf. Hist., II, n° 4.
4. Ἀπέδομεν. — Ἀποδιδόναι, « *donner à quelqu'un ce qui lui est dû* » (sens de ἀπό en composition). D'où souvent « *rendre* ».
5. Ἐπαινέτης, cf. Ind., n° 35.
6. Τοὺς συμβουλευτάς, « *ses collègues du conseil* ». Démosthène faisait partie du conseil pour l'année et c'est en qualité de βουλευτής qu'il avait proposé les mesures en question.
7. Τὴν Ἑστίαν,... τὴν βουλαίαν. Cf. Ind., n° 21. On met à l'accusatif le nom de la divinité ou de l'objet que l'on atteste.
8. Τῇ πόλει : datif d'intérêt.
9. Τοιούτους... οἵ, « *tels que ceux-ci... qui* ». Cf. III, 157, n. 1.
10. Λέγοντες = τοῖς λόγοις.
11. Ψευσαίμην... τὰς ἐλπίδας. Eschine dit de même : τὴν ὑπόσχεσιν ψεύδεσθαι, « *mentir à sa promesse* » (I, 143).
12. Τέλος δέ... γάρ. Cf. Hypéride, V, § 4, n. 12.
13. Ἔγραψε. Cf. Ind., n° 30. Pour la formule qui suit, Ind., n° 35.
14. Θαλλοῦ, « *de feuillage* ». Dans l'espèce : feuillage d'olivier.
15. Ἕκαστον : apposition distributive à ἡμᾶς.
16. Ὅτι, « *en preuve que* ». Formule ordinaire pour passer à la lecture des pièces.
17. Μοι, explétif, fréquent dans ces formules : κάλει μοι, ἀνάγνωθί μοι, etc.

ψήφισμα ὁ γραμματεύς[1], καὶ τὰς τῶν συμπρέσβεων μαρτυρίας ἀναγνώτω.

ΨΗΦΙΣΜΑ. ΜΑΡΤΥΡΙΑΙ

[47] Ἐπειδὴ[2] τοίνυν ἀπηγγέλλομεν τὴν πρεσβείαν ἐν τῷ δήμῳ[3], εἶπε παρελθὼν[4] πρῶτος ἡμῶν διὰ τὴν ἡλικίαν Κτησιφῶν ἄλλους τέ τινας λόγους καὶ τοὺς πρὸς Δημοσθένην αὐτῷ συγκειμένους ἐρεῖν[5], περί τε τῆς ἐντεύξεως[6] τῆς Φιλίππου καὶ τῆς ἰδέας αὐτοῦ καὶ τῆς ἐν τοῖς πότοις[7] ἐπιδεξιότητος. Καὶ μετὰ τοῦτον Φιλοκράτους εἰπόντος μικρὰ[8] καὶ Δερκύλου[9], παρῆλθον ἐγώ. [48] Ἐπειδὴ δὲ τὴν ἄλλην διεξῆλθον πρεσβείαν, ἀπήντησα καὶ πρὸς τὸν λόγον ὃν ἐν τοῖς συμπρέσβεσι διωμολογησάμην, εἰπὼν[10]

1. Ὁ γραμματεύς. Ind., n° 88.

2. Ἐπειδή, avec l'imparfait « *comme* ».

3. Ἐν τῷ δήμῳ, c.-à-d. dans l'*assemblée*. Cf. Ind., n° 35.

4. Παρελθών, entendez : ἐπὶ τὸ βῆμα. Cf. Ind., n° 124.

5. Τοὺς πρὸς... ἐρεῖν, « *les propos qu'il s'était entendu avec Démosthène pour tenir* ». — Πρός et l'accusatif au sens de « *avec* », comme souvent après les verbes signifiant *être en relations, en pourparlers avec quelqu'un*. — Ἐρεῖν, le futur, parce que l'accord se rapportait à l'avenir. Notez aussi l'emploi de l'actif qui est de règle dans cette tournure, litt. : *les discours convenus à dire*.

6. Τῆς ἐντεύξεως, « *l'abord* (*agréable*), *l'affabilité* ».

7. Ἐν τοῖς πότοις. Le dîner fini et la table desservie, après avoir fait trois libations, on emplissait les coupes et l'on se mettait à boire. C'était ce qu'on appelait le συμπόσιον (cf. les *Dialogues* de Platon et de Xénophon qui portent ce nom). Souvent on faisait venir des musiciens et des mimes : la conversation s'animait et les buveurs rivalisaient d'esprit. C'est dans « *ces buveries* » que Philippe se montrait *merveilleux* (δεινὸς συμπιεῖν, § 52).

8. Μικρά, « *peu de mots* ».

9. Δερκύλου. Ce Derkylos devait plus tard, comme membre de la troisième ambassade, apporter à Athènes la nouvelle de la destruction de la Phocide.

10. Εἰπών : aoriste amené par

ὅτι καὶ μνημονικῶς καὶ δυνατῶς ὁ Φίλιππος εἴποι· καὶ τὴν δέησιν[1] οὐκ ἐπελαθόμην τὴν Δημοσθένους, ὅτι ταχθείη λέγειν, ἐάν τι παραλίπωμεν[2] ἡμεῖς, ὑπὲρ Ἀμφιπόλεως. [49] Ἐφ'[3] ἅπασι δ' ἡμῖν ἀνίσταται τελευταῖος Δημοσθένης, καὶ τερατευσάμενος[4], ὥσπερ εἴωθε, τῷ σχήματι καὶ τρίψας τὴν κεφαλήν, ὁρῶν ἐπισημαινόμενον[5] τὸν δῆμον καὶ ἀποδεδεγμένον τοὺς παρ' ἐμοῦ λόγους, ἀμφοτέρων ἔφη θαυμάζειν[6], καὶ τῶν ἀκουόντων καὶ τῶν πρεσβευσάντων, ὅταν[7] παρέντες τὸν χρόνον[8], οἱ μὲν

ἀπήντησα. D'après Démosthène (*Amb.*, § 308), Eschine aurait poussé beaucoup plus loin l'éloge de Philippe, disant de ce prince qu'il était ἑλληνικώτατος ἀνθρώπων, δεινότατος λέγειν, φιλαθηναιότατος.

1. Τὴν δέησιν. Cf. § 43. Il y a une certaine différence dans la façon dont cette « *prière* » est présentée dans les deux passages.

2. Ἐάν τι παραλίπωμεν. Démosthène affirme (*Amb.*, § 253) qu'Eschine, vendu, n'avait pas parlé d'Amphipolis devant Philippe et qu'il s'en était excusé dans son rapport en prétendant lui avoir réservé toute la question. Il y a donc ici contradiction entre Eschine et Démosthène sur les termes mêmes du rapport. Les assertions des deux orateurs, également intéressées, sont vraisemblablement l'une et l'autre inexactes (Hist., II, n° 4).

3. Ἐπί, « *en plus de* », par suite « *après* ».

4. Τερατευσάμενος... τῷ σχήματι, « *ayant pris, suivant son habitude, des attitudes de charlatan* ». Eschine affectait la gravité à la tribune et aimait à ridiculiser l'*action oratoire* de Démosthène.

5. Ἐπισημαινόμενον, « *faisant des démonstrations* ». Cf. la note sur θορυβεῖν, Lysias, XII, 73, n. 9. — Isocrate (*Panathénaïque*, § 2) rapproche les deux mots en parlant de discours qui forcent les auditeurs ἐπισημαίνεσθαι καὶ θορυβεῖν.

6. Ἔφη θαυμάζειν. Parlant des mêmes faits dans le *Contre Ctésiphon* (§ 63), Eschine dit au contraire que Démosthène « rendit compte de l'ambassade dans les mêmes termes que ses collègues ».

7. Ὅταν, « *toutes les fois que* ». La phrase prêtée par Eschine à Démosthène a une portée générale.

8. Τὸν χρόνον est expliqué par les deux appositions partitives : τὸν τοῦ βουλεύεσθαι et τὸν τοῦ συμβουλεύειν.

τὸν τοῦ βουλεύεσθαι, οἱ δὲ τὸν τοῦ συμβουλεύειν, ἀποδιατρίβωσι[1] τὴν ὑπερόριον[2] λαλιὰν ἀγαπῶντες[3] ἐν τοῖς οἰκείοις πράγμασιν· οὐδὲν γὰρ εἶναι ῥᾷον πρεσβείας ἀπαγγεῖλαι.

[50] « Βούλομαι δ' ὑμῖν » ἔφη « καὶ ἐπιδεῖξαι ὡς δεῖ τὸ πρᾶγμα γίγνεσθαι. » Ἅμα δ' ἐκέλευεν ἀναγνωσθῆναι τὸ ψήφισμα[4] τοῦ δήμου. Ἀναγνωσθέντος δὲ εἶπεν ὅτι « Κατὰ[5] τοῦτο ἐξεπέμφθημεν, καὶ ταῦτα ἐπράττομεν ἃ ἐνταυθοῖ γέγραπται. Λαβὲ δή μοι[6] καὶ τὴν ἐπιστολὴν[7] ἣν ἥκομεν παρὰ Φιλίππου φέροντες ». Ἐπειδὴ δὲ ἀνεγνώσθη, « Ἀπέχετε[8] ». ἔφη, « τὴν ἀπόκρισιν, καὶ λοιπὸν[9] ὑμῖν βουλεύσασθαι ». [51] Θορυβησάντων[10] δ' ἐπ' αὐτῷ τῶν μὲν ὡς δεινός τις εἴη[11] καὶ σύντομος, τῶν δὲ πλειόνων ὡς πονηρὸς καὶ φθονερὸς, « Σκέψασθε δὲ », ἔφη,

1. Ἀποδιατρίβωσι, « *ils passent tout leur temps* ».

2. Ὑπερόριον, opposé à τοῖς οἰκείοις, et par suite signifiant non pas *hors du sujet*, mais « *sur ce qui s'est passé à l'étranger* (*pendant leur voyage*) », sens propre du mot.

3. Ἀγαπῶντες, « *s'attachant avec complaisance* ».

4. Τὸ ψήφισμα : le décret qui avait déterminé l'objet de l'ambassade.

5. Κατά, « *conformément* (*à ce décret*) »

6. Λαβὲ δή μοι. Ordre donné par Démosthène au γραμματεύς.

7. Τὴν ἐπιστολήν : celle dont il a été question au § 45.

8. Ἀπέχετε, indicatif, « *vous avez reçu* ». Pour le sens de ἀπό, cf. § 45, n. 4.

9. Λοιπόν (ἐστιν) ὑμῖν, « *il ne vous reste qu'à* ».

10. Θορυβησάντων, « *ayant fait entendre par leurs murmures* ». Cf. Lysias, XII, 73, n. 9. — Ἐπ' αὐτῷ. Cette construction de θορυβεῖν avec ἐπί et le datif de la personne est rare. On dirait plutôt : ἐπὶ τοῖς λόγοις αὐτοῦ.

11. Δεινὸς... εἴη. Sujet : Démosthène. — Τις, ainsi placé après un adjectif marquant la qualité ou la quantité, en atténue légèrement le sens, et sert à faire passer une exagération. Cf. ci-dessous : πολύ τι.

ὡς συντόμως καὶ τἆλλα πάντα ἀπαγγελῶ. 'Εδόκει δεινὸς[1] εἶναι λέγειν Αἰσχίνῃ Φίλιππος, ἀλλ' οὐκ[2] ἐμοί, ἀλλ' εἴ τις αὐτοῦ[3] τὴν τύχην περιελὼν ἑτέρῳ περιθείη, οὐκ ἂν πολύ τι καταδεὴς εἴη[4]. [52] 'Εδόκει Κτησιφῶντι τὴν ὄψιν[5] λαμπρὸς εἶναι, ἐμοὶ δ' οὐ χείρων 'Αριστόδημος[6] ὁ ὑποκριτής, » (παρῆν δ' ἡμῖν καὶ συνεπρέσβευε). « Μνημονικόν τις[7] αὐτόν φησιν εἶναι· καὶ γὰρ ἕτεροι[8]. Συμπιεῖν δεινὸς[9] ἦν· Φιλοκράτης ὁ μεθ' ἡμῶν δεινότερος. Λόγον τίς φησιν ἐμοὶ καταλιπεῖν ὑπὲρ 'Αμφιπόλεως· ἀλλ' οὔτ' ἂν ὑμῖν[10] ὁ ῥήτωρ οὗτος οὔτ' ἂν ἐμοὶ λόγου μεταδοίη.

1. 'Εδόκει δεινὸς... κ. τ. λ. Pour faire ressortir la concision exagérée de Démosthène, Eschine multiplie les phrases courtes et évite de les relier entre elles par des particules.

2. 'Αλλ' οὐκ ἐμοί = *non mihi*. — 'Αλλ' εἴ τις = *si quis vero*. Dans tout ce qui suit, Démosthène est censé reprendre les propos de ses collègues et y répondre brièvement.

3. Αὐτοῦ, Philippe.

4. Εἴη. Sujet : cet autre.

5. Τὴν ὄψιν, « *dans son air* » : accusatif de relation.

6. 'Αριστόδημος. Un des acteurs tragiques les plus célèbres de l'époque. Mêlé aux premières négociations avec Philippe (Hist., I, n° 3), il avait fait ensuite partie de la première ambassade (συνεπρέσβευε). — Grâce à leur profession, les acteurs obtenaient facilement le droit de circuler partout, même en temps de guerre : on trouvait en eux, à l'occasion, des intermédiaires utiles, mais d'une fidélité douteuse.

7. Τις = Eschine, que Démosthène aurait désigné ainsi d'une façon plus méprisante : « *On dit qu'il est...*, » etc. De même après λόγον.

8. Καὶ γὰρ ἕτεροι, « (*quoi d'étonnant*) *d'autres le sont aussi* ». Γάρ est souvent ainsi employé pour indiquer, en l'expliquant, le sens d'une réponse qui reste sous-entendue.

9. Συμπιεῖν δεινός, cf. § 47, n. 7. Démosthène dénature, en le reprenant, le propos de Ctésiphon. Il entend συμπιεῖν δεινός au sens de *bon buveur* et répond que, sur ce point, Philocrate est encore plus fort que Philippe. Continuant la même plaisanterie, il dit (§ 112) : c'est là un compliment bon pour une éponge.

10. Οὔτ' ἂν ὑμῖν .. κ. τ. λ. Dé

[53] Ταυτὶ μὲν οὖν », ἔφη, « λῆρός ἐστιν· ἐγὼ δὲ ψήφισμα[1] γράψω καὶ τῷ κήρυκι σπείσασθαι[2] τῷ παρὰ Φιλίππου ἥκοντι, καὶ τοῖς μέλλουσι παρ' αὐτοῦ δεῦρο ἰέναι πρέσβεσι[3], καὶ τοὺς πρυτάνεις, ἐπειδὰν ἥκωσιν οἱ πρέσβεις, ἐκκλησίαν ἐπὶ δύο ἡμέρας[4] ποιεῖν[5] μὴ μόνον ὑπὲρ[6] εἰρήνης, ἀλλὰ καὶ περὶ συμμαχίας, καὶ τοὺς πρέσβεις ἡμᾶς, εἰ δοκοῦμεν ἄξιοι εἶναι, ἐπαινέσαι[7] καὶ καλέσαι ἐπὶ δεῖπνον εἰς τὸ πρυτανεῖον εἰς αὔριον. »

[54] Ὅτι[8] δ' ἀληθῆ λέγω, λαβέ μοι τὰ ψηφίσματα, ἵνα εἰδῆτε[9], ὦ ἄνδρες δικασταί, καὶ τὴν ἀνωμαλίαν[10] αὐτοῦ καὶ τὸν φθόνον, καὶ τὴν τῶν πρα-

mosthène lui-même rappelle cette protestation, mais en termes plus énergiques : « *Je déclarai Eschine*, θᾶττον ἂν τοῦ αἵματος ἢ λόγου μεταδοῦναί τινι. »

1. Ψήφισμα. Sur ces différentes propositions, cf. Hist., II, n° 5. Quoique en rendant compte un peu plus haut (§ 45) de la séance du *conseil*, Eschine ne mentionne que la troisième (éloge à décerner aux députés d'Athènes), toutes ces propositions avaient été présentées en même temps par Démosthène. Adoptées dans le *conseil*, elles revenaient sous forme de *projets de décrets* (προβουλεύματα) devant l'Assemblée. Pour cette procédure, Ind., n°s 24 et 30.

2. Σπείσασθαι, « *accorder un sauf-conduit* » (litt. : *faire une trêve avec*) : infinitif dépendant de ψήφισμα γράψω. — Τῷ κήρυκι, « *le héraut* », qui avait accompagné les députés à leur retour.

3. Τοῖς πρέσβεσι : ceux qui devaient venir négocier la paix.

4. Ἐπὶ δύο ἡμέρας, « *pour deux jours* ». Cf. Hist., II, 5.

5. Τοὺς πρυτάνεις... ἐκκλησίαν... ποιεῖν. Cf. Ind., n° 22.

6. Ὑπὲρ εἰρήνης... περὶ συμμαχίας. Exemple caractéristique de la confusion de sens déjà notée entre ὑπέρ et περί. Ici ὑπέρ pour éviter l'hiatus.

7. Ἐπαινέσαι, κ.τ.λ. Ind., n° 35.

8. Ὅτι, cf. § 46, n. 16.

9. Ἵνα εἰδῆτε... κ. τ. λ. Toutes les mesures critiquées par Eschine n'ont rien d'accablant pour Démosthène. La nécessité de la paix une fois reconnue, on ne pouvait pas ne pas les prendre.

10. Τὴν ἀνωμαλίαν, « *la versatilité* ». Cf. ἀνωμάλως, Isocrate, VII, 29, n. 1.

γμάτων μετὰ Φιλοκράτους κοινωνίαν[1], καὶ τὸ ἦθος, ὡς ἐπίβουλον καὶ ἄπιστον. Κάλει[2] δέ μοι καὶ τοὺς συμπρέσβεις, καὶ τὰς μαρτυρίας αὐτῶν ἀνάγνωθι, καὶ τὰ ψηφίσματα τὰ Δημοσθένους.

II

LA FAMILLE D'ESCHINE. RÉPONSE A QUELQUES CALOMNIES DE DÉMOSTHÈNE

(§§ 146-152)

Les démocraties respectent peu la vie privée de leurs hommes politiques. Au temps d'Aristophane, on sait de quelle liberté les poètes comiques jouissaient à l'égard de quiconque touchait aux affaires publiques. A l'époque de Démosthène, ce ne sont plus les poètes comiques, ce sont les orateurs, les hommes d'État eux-mêmes qui se renvoient les accusations les plus infamantes. Démosthène s'était conformé à l'usage et dans le discours *sur l'Ambassade* s'était attaqué à toute la famille d'Eschine. — C'est à ses insinuations que celui-ci s'efforce de répondre dans un passage de son ἐπίλογος.

[146] Ἐπὶ πολλοῖς μὲν οὖν ἔγωγε τῶν κατηγορημένων ἠγανάκτησα, μάλιστα δὲ ἡνίκα ᾐτιᾶτό με εἶναι προδότην· ἅμα γὰρ ταῖς αἰτίαις ταύταις[3] φανῆναί με ἔδει θηριώδη καὶ τὴν ψυχὴν ἄστοργον

1. Τὴν... κοινωνίαν, cf. § 20, p. 231, n. 4.

2. Κάλει... ἀνάγνωθι. L'emploi du présent et de l'aoriste semble déterminé dans ces formules par un usage propre au mot dont se sert l'orateur. Ainsi on dit presque toujours ἀνάγνωθι, très rarement ἀναγίγνωσκε. Cf. § 155. En revanche, ordinairement κάλει.

4. Ταῖς αἰτίαις ταύταις. Le pluriel correspondant à l'imparfait ᾐτιᾶτο. L'accusation avait été plusieurs fois répétée.

καὶ πολλοῖς ἑτέροις ἁμαρτήμασι πρότερον ἔνοχον[1]. Τοῦ μὲν οὖν ἐμοῦ βίου καὶ τῆς καθ' ἡμέραν διαίτης ὑμᾶς δοκιμαστὰς[2] ἱκανοὺς εἶναι νομίζω· ἃ δ' ἐστὶ τοῖς μὲν πολλοῖς ἀσύνοπτα[3], τοῖς δὲ χρηστοῖς τὰς ψυχὰς μέγιστα, τούτων[4] ὑμῖν τὰ πλεῖστα καὶ καλῶς ἔχοντα ἐκ τῶν νόμων ὁρᾶν ἀναβιβῶμαι[5], ἵν' εἰδῆτε τὰς ἐμὰς παρακαταθήκας[6], ἃς οἴκοι καταλιπὼν εἰς Μακεδονίαν ἐπρέσβευσα. [147] Σὺ μὲν γὰρ, Δημόσθενες, ταῦτα ἐπλάσω[7] ἐπ' ἐμὲ, ἐγὼ δ' ὡς ἐπαιδεύθην[8] καὶ δικαίως ἐξηγήσομαι.

Οὑτοσὶ[9] μέν ἐστί μοι πατὴρ Ἀτρόμητος[10] σχεδὸν

1. Ἔνοχον. — Ἔνοχος εἶναι = *teneri* et signifie soit « *être passible d'une peine* », soit, comme ici, « *être coupable d'une faute* ». Le datif est la construction ordinaire.

2. Δοκιμαστάς, « *juges* ». Pour le sens précis de ce mot, cf. Ind., n. 49.

3. Ἃ δ' ἐστὶ... ἀσύνοπτα, à savoir : l'affection des siens, l'honorabilité de sa famille..., etc., toutes choses qui « *ne peuvent être saisies par le commun des hommes* ».

4. Τούτων, génitif partitif, forme avec τὰ πλεῖστα une sorte d'apposition restrictive à la proposition ἃ δ' ἐστὶ... μέγιστα.

5. Ἐκ τῶν νόμων... ἀναβιβῶμαι. Expression figurée. Eschine va, en quelque sorte, « *faire monter à la tribune* (ἀναβιβάζεσθαι) *pour les présenter aux juges* (ὁρᾶν, infinitif marquant le but), *ainsi que les lois l'y autorisent* (ἐκ τῶν νόμων) », ces titres mystérieux auxquels il a fait allusion. Voyez la note en tête de la péroraison, p. 265.

6. Τὰς παρακαταθήκας, pris ici également au figuré, se dit proprement d'une somme d'argent déposée en garantie dans une banque.

7. Ταῦτα ἐπλάσω ἐπ' ἐμέ, « *ces titres, tu les as dénaturés pour me perdre* ». — Πλάττω, façonner; πλάττεσθαι, façonner dans son intérêt. D'où ici : *tu les as présentés à ta façon*.

8. Ὡς ἐπαιδεύθην καὶ δικαίως, « *comme j'en ai été instruit et avec exactitude* », s'oppose à ἐπλάσω.

9. Οὑτοσί, « *cet homme que vous voyez* ». Atromète, qui ne devait mourir que l'année suivante, assistait au procès (Cf. § 179). — Πρεσβύτατος, sans article, est attribut.

10. Ἀτρόμητος. Suivant Démos-

πρεσβύτατος τῶν πολιτῶν· ἔτη γὰρ ἤδη βεβίωκεν ἐνενήκοντα καὶ τέτταρα· συμβέβηκε[1] δὲ αὐτῷ νέῳ μὲν ὄντι, πρὶν τὴν οὐσίαν ἀπολέσαι διὰ τὸν πόλεμον[2], ἀθλεῖν τῷ σώματι[3], ἐκπεσόντι[4] δὲ ὑπὸ τῶν τριάκοντα στρατεύεσθαι μὲν ἐν τῇ Ἀσίᾳ[5], ἀριστεύειν δ' ἐν τοῖς κινδύνοις, εἶναι δ' ἐκ φατρίας[6] τὸ γένος, ἣ τῶν αὐτῶν βωμῶν Ἐτεοβουτάδαις[7] μετέχει, ὅθεν[8] ἡ τῆς Ἀθηνᾶς τῆς Πολιάδος[9] ἐστὶν ἱέρεια, συγκατάγειν[10] δὲ τὸν δῆμον, ὥσπερ καὶ ὀλίγῳ πρότερον

thène (*Amb.*, § 249), Atromète était maître d'école et vivait misérablement à Athènes. Cette indication se rapporte sans doute à l'époque qui suivit son retour d'exil et qu'Eschine a soin de passer sous silence. Les allégations contenues dans le discours *sur la Couronne* (§ 129) sont beaucoup plus infamantes, mais vraisemblablement fausses.

1. Συμβέβηκε... κ. τ. λ. Le désordre dans lequel se présente l'énumération qui suit est peut-être imputable à la négligence d'un copiste. Faute de pouvoir expliquer méthodiquement cette négligence, nous conservons le texte des manuscrits.

2. Τὸν πόλεμον : la guerre du Péloponnèse.

3. Ἀθλεῖν τῷ σώματι. On voit qu'encore à l'époque d'Eschine on considérait comme un honneur de concourir dans les jeux publics.

4. Ἐκπεσόντι... κ. τ. λ., cf. Hist., I, n°s 8 et suiv.

5. Ἐν τῇ Ἀσίᾳ. Probablement au service de quelque satrape perse.

6. **Φατρίας**, pour φρατρίας, forme donnée par les manuscrits et dont on trouve des exemples dans les inscriptions du IVe siècle. — Sur φατρίας et τὸ γένος, cf. Ind., n°s 3 et 4.

7. Τῶν αὐτῶν... Ἐτεοβουτάδαις = τῶν αὐτῶν... τοῖς τῶν Ἐτεοβουταδῶν, cf. Lys., XII, 74, n. 3. — Les *Étéoboutades*, ancienne famille sacerdotale d'Athènes qui se rattachait à Boutès, descendant d'Érechthée, et dans laquelle était prise la prêtresse d'Athéna Polias. Les Eumolpides et les Céryces fournissaient de même le *hiérophante* et le *dadouque* aux mystères d'Éleusis. Cf. Ind., n° 3.

8. Ὅθεν = ἐξ ἧς. Cf. § 23.

9. Ἀθηνᾶς τῆς Πολιάδος, « *Athèna protectrice de la ville* » vénérée dans l'Érechthéion. C'est dans ce temple qu'était déposée la vieille statue de bois (ξόανον) de la déesse, consacrée par Érichthonios.

10. Συγκατάγειν, « *contribuer à faire rentrer* ». Sur κατάγειν, cf. Lysias, XXV, 22, n. 3. — Atromète était de ceux qui avec Thra-

εἶπον. [148] Ἐλευθέρους δέ μοι συμβέβηκεν εἶναι καὶ τοὺς πρὸς μητρὸς[1] ἅπαντας[2], ἣ νῦν ἐμοὶ πρὸ τῶν ὀφθαλμῶν[3] προφαίνεται φοβουμένη περὶ τῆς ἐμῆς σωτηρίας καὶ διηπορημένη. Καίτοι, Δημόσθενες, ἡ μὲν ἐμὴ μήτηρ ἔφυγε μετὰ τοῦ αὑτῆς ἀνδρὸς εἰς Κόρινθον[4] καὶ μετέσχε τῶν πολιτικῶν κακῶν· σὺ[5] δὲ ὁ ἀμφισβητῶν[6] ἀνὴρ εἶναι, οὐ γὰρ[7] ἂν τολμήσαιμι εἰπεῖν ὡς ἀνὴρ εἶ, ἐγράφης λιποταξίου[8], καὶ τὸν γραψάμενον Νικόδημον τὸν Ἀφι-

sybule de Steiria avaient renversé les Trente et rétabli la démocratie. Les orateurs aimaient à revendiquer pour eux ou pour leurs ancêtres le titre de restaurateur de la démocratie.

1. Μητρός. Elle s'appelait Glaucothée. Démosthène la représente comme pratiquant l'initiation à certains mystères inférieurs et exploitant la crédulité des dévots. Ces mystères se rattachaient probablement à un des nombreux cultes orientaux qui s'introduisirent dans Athènes à l'époque de la guerre du Péloponnèse. Cf. Démosthène (*Amb.*, §§ 199, 249, 281, et surtout *Cour.*, §§ 259-260).

2. Εἶναι... ἅπαντας, au contraire de Démosthène, dont la mère, suivant Eschine, était d'origine scythe. Cf. III, 171 sq. et les notes. — Notez l'emploi emphatique de ἅπαντας.

3. Πρὸ τῶν... προφαίνεται. On peut entendre ou que Glaucothée était morte à l'époque du procès, ou qu'Eschine par convenance ne l'avait pas citée.

4. Κόρινθον. Corinthe, comme Thèbes, avait accueilli les victimes des Trente.

5. Σὺ δέ. Opposition qui va permettre à Eschine de rappeler quelques calomnies répandues contre son accusateur.

6. Ὁ ἀμφισβητῶν, « *qui émets la prétention* ». — Ἀμφισβητεῖν, proprement *contester*, par suite, *soutenir une chose contestée*. Cf. Isocrate, IV, 25 : ἀμφισβητεῖν περὶ τῆς ἡγεμονίας, « *revendiquer l'hégémonie* ».

7. Οὐ γάρ... κ. τ. λ. Sorte de parenthèse destinée à expliquer l'emploi de la périphrase ὁ ἀμφισβητῶν... κ. τ. λ.

8. Ἐγράφης λιποταξίου. Ind., n° 68. — Lors de la campagne de Phocion en Eubée, Démosthène avait dû laisser l'armée pour s'acquitter d'une *chorégie* à Athènes. C'est à ce propos qu'une accusation de désertion avait été déposée contre lui à l'instigation de Midias, son adversaire politique et son ennemi personnel. L'accusation ayant été abandonnée,

δναῖον χρήμασι πείσας ἐσώθης, ὃν ὕστερον μετὰ Ἀριστάρχου συναπέκτεινας[1], καὶ οὐ καθαρὸς ὢν[2] εἰς τὴν ἀγορὰν ἐμβάλλεις.

[149] Φιλοχάρης δ' οὑτοσί, ὁ πρεσβύτατος ἀδελφὸς ἡμῶν, οὐκ ἀγεννεῖς διατριβάς[3], ὡς σὺ βλασφημεῖς, ἔχων, ἀλλ' ἐν γυμνασίοις διατρίβων[4], καὶ μετὰ Ἰφικράτους[5] συνεστρατευμένος, καὶ συνεχῶς ἔτος ἤδη τουτὶ[6] τρίτον στρατηγῶν, ἥκει δεησόμενος ὑμῶν ἐμὲ σῶσαι. Ἀφόβητος[7] δ' οὑτοσί, ὁ νεώτατος ἡμῶν[8] ἀδελφός, πεπρεσβευκὼς[9] μὲν ὑπὲρ ὑμῶν

Eschine accuse Démosthène d'avoir acheté son accusateur (χρήμασι πείσας). Cf. Démosthène, *Contre Midias* (§ 103).

1. Ὃν... συναπέκτεινας. Aristarque avait été accusé d'avoir tué Nicodème d'Aphidna. Comme Démosthène était l'ami d'Aristarque et qu'il pouvait avoir des rancunes contre Nicodème, un de ses accusateurs dans l'affaire de désertion, ses ennemis l'avaient fait passer pour l'instigateur du crime. Si l'on en croit Démosthène, Midias aurait été jusqu'à demander aux parents du mort de déposer une accusation contre lui. (*Contre Midias*, § 104.)

2. Οὐ καθαρὸς... τὴν ἀγοράν. Cf. Ind., n° 123.

3. Ἀγεννεῖς διατριβάς. Démosthène (discours *sur l'Ambassade*, § 237) dit que Philocharès était peintre de *boîtes à parfums* et de *tambours*, mais reconnaît qu'il avait été stratège.

4. Ἐν γυμνασίοις διατρίβων, comme le faisaient les citoyens des meilleures familles.

5. Μετὰ Ἰφικράτους. Peut-être en 368, lorsque Iphicrate, envoyé à Amphipolis, avait prêté assistance à Eurydice, mère de Philippe, contre le prétendant Pausanias.

6. Ἔτος ἤδη τουτὶ τρίτον, « *depuis déjà deux ans* ». Cf. Lysias, XXIV, 6, n. 2.

7. Ἀφόβητος. Aphobètos avait suivi la carrière civile et avait commencé, ainsi qu'Eschine, par être *greffier subalterne* (ὑπογραμματεύς), puis *greffier* (γραμματεύς), nourri comme tel dans la *tholos*. Cf. Démosthène (*Amb.*, 237 et 249).

8. Ἡμῶν. Ce génitif dépend non de ἀδελφός, mais de νεώτατος (*le plus jeune d'entre nous*). De là la place qu'il occupe.

9. Πεπρεσβευκὼς... βασιλέα. Probablement en 351, au moment de l'expédition d'Artaxerxès contre Sidon.

ἀξίως τῆς πόλεως πρὸς τὸν Περσῶν βασιλέα, καλῶς δὲ καὶ δικαίως τῶν ὑμετέρων προσόδων ἐπιμεληθεὶς, ὅτε αὐτὸν ἐπὶ τὴν κοινὴν διοίκησιν εἵλεσθε[1], πάρεστι[2] καταφρονῶν τῶν σῶν λοιδοριῶν· τὸ γὰρ ψευδὲς ὄνειδος οὐ περαιτέρω τῆς ἀκοῆς ἀφικνεῖται[3].

[150] Ἐτόλμησας δὲ καὶ περὶ τῶν ἐμῶν κηδεστῶν[4] εἰπεῖν[5]· οὕτως ἀναιδὴς καὶ πόρρωθεν ἀχάριστος[6] εἶ, ὃς[7] Φιλόδημον τὸν Φίλωνος πατέρα καὶ Ἐπικράτους οὐκ ἀγαπᾷς οὐδὲ προσκυνεῖς, δι' ὃν εἰς τοὺς δημότας ἐνεγράφης[8], ὡς ἴσασιν οἱ πρεσβύτεροι Παιανιέων[9]. Ἐκπέπληγμαι δὲ, εἰ σὺ[10] λοιδορεῖν Φίλωνα τολμᾷς, καὶ ταῦτα ἐν τοῖς ἐπιεικεστάτοις Ἀθηναίων, οἳ δεῦρο εἰσεληλύθασι δικάσοντες ἕνεκα τοῦ βελτίστου τῆς πόλεως[11], καὶ μᾶλλον προσέχουσι

1. Εἵλεσθε, soit comme *intendant général*, soit comme *intendant du théorique*. Ind., n° 39. — Aphobètos, qui était le protégé et l'ami d'Eubule, semble avoir été appelé à cette charge importante grâce à l'appui de celui-ci. Il dut la remplir de 350 à 346.

2. Πάρεστι et, plus haut, ἥκει δεησόμενος. Cf. § 179.

3. Οὐ... ἀφικνεῖται, « *ne va pas plus loin que l'oreille* », par conséquent, *ne nous touche pas*.

4. Κηδεστῶν, « *parents par alliance* », le beau-père et les deux beaux-frères d'Eschine.

5. Εἰπεῖν. Démosthène (*Amb.*, § 287) nomme en effet deux beaux-frères d'Eschine : l'un, Épicrate, qu'il désigne d'un surnom : Κυρηβίων (*homme de son, homme de rien*), l'autre qu'il appelle Nicias, et leur reproche leurs mœurs dépravées. Peut-être ce Nicias est-il un troisième beau-frère dont Eschine n'ose parler?

6. Πόρρωθεν ἀχάριστος, « *d'une ingratitude qui date de loin* ». Cf. § 154, ὡς πόρρωθεν... παρεσκευάζετο.

7. Ὅς, cf. § 37, n. 3.

8. Εἰς... ἐνεγράφης. Ind., n° 5.

9. Παιανιέων. On sait que Démosthène était du dème de Pœanie.

10. Εἰ σύ... κ.τ.λ. Proposition conditionnelle équivalant à une proposition causale.

11. Ἕνεκα... τῆς πόλεως, « *pour le plus grand bien de l'État* ».

τοῖς βίοις[1] ἡμῶν ἢ τοῖς λόγοις. [151] Πότερα γὰρ ἄν[2] προσδοκᾷς αὐτοὺς εὔξασθαι μυρίους ὁπλίτας ὁμοίους Φίλωνι γενέσθαι, καὶ τὰ σώματα οὕτω[3] διακειμένους καὶ τὴν ψυχὴν οὕτω σώφρονας, ἢ τρισμυρίους κιναίδους[4] οἵουσπερ[5] σύ; Καὶ τὴν Ἐπικράτους εὐαγωγίαν[6], τοῦ Φίλωνος ἀδελφοῦ, ἐπανάγεις εἰς ὀνείδη· καὶ τίς αὐτὸν εἶδε πώποτε ἀσχημονήσαντα, ἢ μεθ' ἡμέραν, ὡς σὺ φῄς[7], ἐν τῇ πομπῇ τῶν Διονυσίων, ἢ νύκτωρ; οὐ γάρ[8] ἂν τοῦτό γ' εἴποις ὡς ἔλαθεν· οὐ γὰρ ἠγνοεῖτο.

[152] Ἐμοὶ δὲ, ὦ ἄνδρες, ἐκ τῆς Φιλοδήμου θυγατρὸς καὶ Φίλωνος ἀδελφῆς καὶ Ἐπικράτους, τρεῖς παῖδές[9] εἰσι, μία μὲν θυγάτηρ, δύο δὲ υἱεῖς· οὓς ἐγὼ δεῦρο ἥκω μετὰ τῶν ἄλλων[10] κομίζων, ἑνὸς ἐρωτήματος ἕνεκα καὶ τεκμηρίου[11] πρὸς τοὺς δικαστὰς, ᾧ νῦν ἤδη χρήσομαι. Ἐρωτῶ γὰρ, ὦ

1. Τοῖς βίοις... τοῖς λόγοις. Cf. *Lysias*, XXIV, 14, n. 11.

2. Ἄν rattaché à εὔξασθαι, mode potentiel.

3. Οὕτω, « *comme* (*Philon*) ».

4. Κιναίδους, « *débauchés* ».

5. Οἵουσπερ σύ = τοιούτους οἷόσπερ σὺ (εἶ).

6. Τὴν εὐαγωγίαν, « *les mœurs faciles et aimables* ». — Ἐπανάγεις, « *tu* (*les*) *retournes contre* (*lui*) ».

7. Ὡς σὺ φῄς. Cf. Démosthène (*Amb.*, § 287) : ὅς (Épicrate) ἐν ταῖς πομπαῖς ἄνευ τοῦ προσώπου κωμάζει. Sur la *procession*, cf. Ind., n° 117.

8. Οὐ γάρ... ὡς ἔλαθεν, « *tu ne saurais prétendre* (pour expliquer que personne ne le dénonce *qu'il a échappé aux regards* ».

9. Τρεῖς παῖδες. On sait l'importance que les anciens accordaient aux enfants, héritiers du culte des ancêtres. Eschine parle d'autant plus volontiers des siens qu'à l'époque du procès Démosthène n'avait pas de fils.

10. Μετὰ τῶν ἄλλων. Entendez les parents nommés plus haut et voyez la péroraison. Sur l'emploi de ἄλλος, cf. Lysias, VII, 25, n. 8.

11. Τεκμηρίου. Cf. Isocrate, XV, 280, n. 6.

ἄνδρες Ἀθηναῖοι, εἰ δοκῶ[1] ἂν[2] ὑμῖν πρὸς[3] τῇ πατρίδι καὶ τῇ τῶν φίλων συνηθείᾳ καὶ ἱερῶν[4] καὶ τάφων πατρῴων μετουσίᾳ τουτουσὶ τοὺς πάντων ἀνθρώπων ἐμοὶ φιλτάτους προδοῦναι Φιλίππῳ, καὶ περὶ πλείονος τὴν ἐκείνου φιλίαν τῆς τούτων σωτηρίας ποιήσασθαι[5]. Ποίᾳ κρατηθεὶς[6] ἡδονῇ; ἢ τί πώποτε ἄσχημον ἕνεκα χρημάτων πράξας[7]; Οὐ γὰρ ἡ Μακεδονία κακοὺς ἢ χρηστοὺς ποιεῖ, ἀλλ' ἡ φύσις· οὐδ' ἐσμὲν ἕτεροί τινες[8] ἥκοντες[9] ἀπὸ τῆς πρεσβείας, ἀλλ' οἵους ἐξεπέμψατε.

1. Εἰ δοκῶ. Nous dirions « *s'il vous semble que je...* ». Les Grecs emploient la tournure personnelle.

2. Ἄν, à rattacher à προδοῦναι et à ποιήσασθαι : conditionnel.

3. Πρός, « *en plus de* ».

4. Ἱερῶν καὶ τάφων. Rapprochez le § 23, où Eschine parle avec la même emphase des sacrifices et des tombeaux des ancêtres, — lui, l'ancien acteur, le fils de Glaucothée et du maître d'école Atromète.

5. Περὶ πλείονος... ποιήσασθαι, cf. Isocrate, XVII, 1, n. 2. De cette locution au comparatif dépend le génitif τῆς σωτηρίας.

6. Ποίᾳ κρατηθείς... κ. τ. λ., sous-ent. ἂν ἐποιησάμην. De même dans la proposition suivante, également elliptique. On sait qu'en grec l'interrogation peut porter même sur une proposition au participe.

7. Ἢ τί... πράξας; Le raisonnement est celui-ci : si l'on suppose que je me suis vendu, il faudrait trouver dans ma conduite quelque précédent qui justifiât ce soupçon.

8. Ἕτεροί τινες. Cf. II, 51, n. 11.

9. Ἥκοντες, participe présent au sens du parfait : « *une fois revenus* ».

III

PORTRAIT DE DÉMOSTHÈNE

(§§ 153-158)

Ce morceau fait immédiatement suite au précédent. Pour détruire l'impression qu'ont pu produire sur les juges deux récits de Démosthène, Eschine s'attaque à son adversaire lui-même, conteste sa loyauté et tourne en ridicule son pathétique.

[153] Συμπέπλεγμαι δ' ἐν τῇ πολιτείᾳ καθ' ὑπερβολὴν[1] ἀνθρώπῳ γόητι[2] καὶ πονηρῷ, ὃς οὐδ' ἂν ἄκων ἀληθὲς οὐδὲν εἴποι. Ἡγεῖται[3] δ', ὅταν τι ψεύδηται, τῶν λόγων ὅρκος κατὰ τῶν ἀναισχύντων ὀφθαλμῶν[4], καὶ τὰ μὴ γεγενημένα οὐ μόνον ὡς ἔστι λέγει, ἀλλὰ καὶ τὴν ἡμέραν ἐν ᾗ φησι γενέ-

1. Καθ' ὑπερβολήν retombe sur γόητι καὶ πονηρῷ.

2. Γόητι, « *sorcier* ». Ailleurs (III, § 207), Eschine dit de Démosthène : « (*si vous ne lui imposez pas cet ordre de discussion*), *il fera entrer en scène le sorcier, le coupeur de bourses... qu'il est* » : ἐπεισάξει τὸν γόητα καὶ βαλλαντιοτόμον. Cf. III, 137 : μάγος (*magicien*) καὶ γόης et rapprochez les mots de τερατεία (*charlatanisme*, II, 11), τερατεύομαι, II, 49, n. 4, etc., également appliqués à Démosthène. — Eschine aime à représenter son adversaire comme un imposteur, un prestigieux arrangeur de mots (Voyez plus bas : τῇ τῶν ὀνομάτων συνθέσει, et de même III, 142, n. 3 et 6.), un homme qui sait éblouir et jeter la poudre aux yeux.

3 Ἡγεῖται, sujet ὅρκος. — Pour ἡγεῖται τῶν λόγων, rapprochez l'expression ἡγεῖσθαι ᾠδῆς, « *préluder au chant* », employée en parlant du joueur de flûte qui accompagne le chœur.

4. Κατὰ τῶν ἀναισχύντων ὀφθαλμῶν, litt. : *sur ses yeux effrontés*. Κατά est employé ici comme dans l'expression : καθ' ἱερῶν ὀμόσαι « *jurer en étendant la main sur les victimes* ». Cf. Lysias, XXXII, 13 : ἐπιορκήσασα κατὰ τῶν παίδων.

σθαι· καὶ προστίθησίν τινος ὄνομα πλασάμενος, ὡς ἔτυχε[1] παρών, μιμούμενος τοὺς τἀληθῆ λέγοντας. Ἓν[2] δὲ εὐτυχοῦμεν οἱ μηδὲν ἀδικοῦντες[3], ὅτι πρὸς[4] τῇ τερατείᾳ τοῦ τρόπου καὶ τῇ τῶν ὀνομάτων συνθέσει νοῦν οὐκ ἔχει.

Σκέψασθε μὲν[5] γὰρ ἀφροσύνην ἅμα καὶ ἀπαιδευσίαν ἀνθρώπου[6], ὃς τοιοῦτον ἔπλασε τὸ περὶ τὴν Ὀλυνθίαν γυναῖκα ψεῦδος[7] κατ' ἐμοῦ, ἐφ' ᾧ[8] μεταξὺ λέγων[9] ὑφ' ὑμῶν ἐξερρίφη[10]· τὸν γὰρ πλεῖστον ἀφεστηκότα[11] τῶν τοιούτων πρὸς τοὺς εἰδότας διέ-

1. Ἔτυχε. Sujet : la personne désignée par τινος. — Μιμούμενος, au contraire, se rapporte à Démosthène.

2. Ἕν, « *en une seule chose* », à savoir : ὅτι πρὸς τῇ... κ. τ. λ., accusatif de relation dépendant de εὐτυχοῦμεν.

3. Οἱ... ἀδικοῦντες : apposition au sujet de εὐτυχοῦμεν.

4. Πρός, « *en plus de* ».

5. Σκέψασθε μέν... σκέψασθε δέ. Comparez dans le § 154 : πεντακοσίας μέν... πεντακοσίας δέ. Cette répétition d'un mot important avec μέν et δέ constitue une figure (*anaphore*) fréquente chez Lysias (cf. XII, 77) et chez Démosthène, rare chez Eschine.

6. Ἀνθρώπου. Cf. II, 22, n. 6.

7. Τὸ... ψεῦδος. Démosthène (*Amb.*, § 196) rapporte, sur l'autorité de son collègue Iatroclès, que dans un banquet donné en leur honneur, Eschine et Phrynon échauffés par le vin, au moment du συμπόσιον, *avaient fait frapper* à coups de lanières une captive olynthienne qui refusait de chanter. Il ajoute que l'histoire est bien connue en Thessalie et même en Arcadie et invoque le témoignage d'un certain Diophante. Eschine ne parle ni de Diophante ni de Iatroclès. Ce dernier, sans doute, n'avait pas témoigné, mais son silence était favorable à Démosthène.

8. Ἐφ' ᾧ = ὥστε ἐπ' αὐτῷ, cf. § 37, n. 3.

9. Μεταξὺ λέγων, « *au milieu de son discours* ». — Λέγων, participe imparfait (litt. : *tandis qu'il parlait*).

10. Ἐξερρίφη, sur un signal donné par Eubule, si l'on en croit le scholiaste. Cette petite manifestation est peut-être la meilleure preuve que Démosthène avait dit vrai.

11. Τὸν... ἀφεστηκότα, « *un homme qui s'est plus que tout autre abstenu* ». Entendez : Eschine.

βαλλε. [154] Σκέψασθε δὲ ὡς πόρρωθεν[1] ἐπὶ τὴν αἰτίαν ταύτην παρεσκευάζετο. Ἔστι γάρ τις ἐπιδημῶν εἰς[2] τὴν πόλιν Ἀριστοφάνης Ὀλύνθιος· τούτῳ συσταθεὶς[3] ὑπό τινων καὶ πυθόμενος ὡς εἰπεῖν δύναται[4], ὑπερεκθεραπεύσας[5] αὐτὸν καὶ προσαγαγόμενος, ἔπειθεν[6] ἐμοῦ τὰ ψευδῆ[7] καταμαρτυρεῖν[8] πρὸς ὑμᾶς, κἂν παρελθὼν[9] ἐθελήσῃ σχετλιάσαι καὶ λέγειν ὡς εἰς οἰκείαν αὐτοῦ γυναῖκα, αἰχμάλωτον γεγενημένην, πεπαρῴνηκα[10], πεντακοσίας μὲν ἤδη[11] δραχμὰς[12] ὑπισχνεῖτο αὐτῷ δώσειν, πεντακοσίας δ' ἑτέρας, ἐπειδὰν καταμαρτυρήσῃ. [155] Ὁ δ' ἀπεκρίνατο, ὡς αὐτὸς διηγεῖτο, ὅτι τῆς μὲν φυγῆς[13] καὶ τῆς παρούσης ἀπορίας αὐτῷ[14] οὐ κακῶς, ἀλλ' ὡς

1. Πόρρωθεν. Cf. § 150, n. 6.

2. Εἰς et l'accusatif, parce que ἐπιδημῶ exprime le résultat d'un mouvement antérieur. On trouve aussi ἐν et le datif.

3. Συσταθείς. Cf. Isocrate, XVII, 4, n. 10.

4. Ὡς εἰπεῖν δύναται, « *qu'il sait parler* », qu'on peut, par conséquent, le citer comme témoin.

5. Ὑπερεκθεραπεύσας. Notez les deux prépositions : ὑπέρ, marquant l'exagération et fréquemment employé par Eschine pour renforcer le sens du verbe ; ἐκ exprimant l'idée d'attirer à soi.

6. Ἔπειθεν : imparfait marquant l'effort.

7. Τὰ ψευδῆ, « *ses mensonges* » (à lui, Démosthène).

8. Καταμαρτυρεῖν. Notez les trois constructions : *attester quelque chose* (τι) *contre quelqu'un* (τινος et souvent κατά τινος) *devant quelqu'un* (πρός τινα).

9. Παρελθών. Cf. III, 151 : παρελθὼν ἐπὶ τὸ βῆμα. — Παρέρχομαι se dit proprement de celui (orateur ou témoin) qui s'avance devant une assemblée pour parler.

10. Πεπαρῴνηκα, « *étant pris de vin, j'avais insulté* ».

11. Ἤδη, « *de suite, immédiatement* », opposé à ἐπειδὰν... κ.τ.λ.

12. Πεντακοσίας δραχμάς = environ 485 francs.

13. Τῆς φυγῆς, « *son exil* » (entendez : le fait qu'il était exilé).

14. Αὐτῷ, datif d'intérêt, pour éviter de multiplier les génitifs : « *en ce qui le concernait* ».

οἷόν τε ἄριστα στοχάζοιτο[1], τοῦ δὲ τρόπου πλεῖστον εἴη διημαρτηκώς· οὐδὲν γὰρ ἂν τοιοῦτον πρᾶξαι[2]. Ὅτι[3] δὲ ἀληθῆ λέγω, αὐτὸν Ἀριστοφάνην μαρτυροῦντα παρέξομαι. Κάλει[4] μοι Ἀριστοφάνην Ὀλύνθιον, καὶ τὴν μαρτυρίαν ἀναγίγνωσκε, καὶ τοὺς ἀκηκοότας αὐτοῦ καὶ πρὸς ἐμὲ ἀγγείλαντας, Δερκύλον Αὐτοκλέους Ἁγνούσιον καὶ Ἀριστείδην Εὐφιλήτου Κηφισιέα.

ΜΑΡΤΥΡΙΑΙ

[156] Τῶν μὲν μαρτύρων διομνυμένων καὶ μαρτυρούντων ἀκούετε· τὰς δ' ἀνοσίους ταύτας τέχνας, ἃς οὗτος πρὸς τοὺς νέους ἐπαγγέλλεται[5] καὶ κέχρηται[6] νυνὶ κατ' ἐμοῦ, ἆρα μέμνησθε[7] ὡς ἐπιδακρύσας[8]

1. Στοχάζοιτο .. εἴη διημαρτηκώς. Deux métaphores correspondantes : « *viser un but — le manquer* ». Aristophane veut dire que Démosthène ne s'était pas trompé sur sa situation, mais qu'il s'était mépris sur son caractère (τρόπου).

2. Ἂν πρᾶξαι, mode potentiel, dépend de l'idée de *il disait*, facile à suppléer.

3. Ὅτι. Cf. § 46, n. 16.

4. Κάλει... ἀναγίγνωσκε. Cf. § 54, n. 2, et Ind., n° 79.

5. Τὰς δ' ἀνοσίους... ἐπαγγέλλεται. Cf. Eschine (I, 117) parlant de Démosthène : ὁ τὰς τῶν λόγων τέχνας κατεπαγγελλόμενος τοὺς νέους διδάσκειν. D'après ce passage et quelques autres allusions d'Eschine, on peut croire que Démosthène, sans avoir une école à la façon d'Isocrate, avait cherché à grouper autour de lui quelques riches Athéniens auxquels il enseignait l'éloquence.

6. Καὶ κέχρηται, entendez : καὶ (αἷς) κέχρηται. Pour éviter cette répétition du relatif, le grec emploie avec un seul régime deux verbes de construction différente. Cf. Lys., XXV, 11, n. 3.

7. Ἆρα μέμνησθε ὡς : anacoluthe. L'accusatif τὰς τέχνας qui précède n'est régi par aucun verbe.

8. Ἐπιδακρύσας. Eschine (III, 207) dit de Démosthène : οὗτος κλάει ῥᾷον ἢ οἱ ἄλλοι γελῶσιν. On sait d'ailleurs l'importance que Démosthène attachait à l'*action oratoire.*

καὶ τὴν Ἑλλάδα κατοδυράμενος, καὶ Σάτυρον[1] τὸν κωμικὸν ὑποκριτὴν προσεπαινέσας, ὅτι ξένους τινὰς ἑαυτοῦ αἰχμαλώτους σκάπτοντας ἐν τῷ Φιλίππου ἀμπελουργείῳ καὶ δεδεμένους παρὰ πότον[2] ἐξητήσατο παρὰ Φιλίππου, [157] ταῦθ' ὑποθεὶς[3] ἐπεῖπεν, ἐντεινάμενος ταύτην τὴν ὀξεῖαν καὶ ἀνόσιον φωνὴν[4], ὡς δεινὸν εἰ ὁ μὲν τοὺς Καρίωνας καὶ Ξανθίας ὑποκρινόμενος[5] οὕτως εὐγενὴς καὶ μεγαλόψυχος γένοιτο, ἐγὼ δ' ὁ τῆς μεγίστης σύμβουλος πόλεως, ὁ τοὺς μυρίους[6] Ἀρκάδων νουθετῶν[7], οὐ κατάσχοιμι τὴν

1. Σάτυρον... προσεπαινέσας. Démosthène (*Amb.*, §§ 192 sq.) avait opposé à la conduite d'Eschine celle de l'acteur Satyros, dédaignant les présents de Philippe, et lui demandant seulement la liberté de deux captives, les filles d'un homme qui avait été son hôte. — Ce Satyros passait pour avoir donné à Démosthène des conseils sur l'art de la diction (Plutarque, *Démosthène*, 7).

2. Παρὰ πότον, « *en buvant* » (litt. : *au cours d'une buverie*), c.-à-d. à la fin d'un banquet, au moment du symposion. Cf. § 47, n. 7. — Pour παρά avec l'accusatif au sens temporel, cf. III, 143.

3. Ταῦθ' ὑποθείς, « *étant parti de là* » (litt. : *ayant pris cela comme base*), reprend ὡς ἐπιδακρύσας... κ. τ. λ. — Démosthène avait en effet très habilement ménagé son effet en racontant l'histoire de Satyros avant celle d'Eschine.

4. Ταύτην... φωνήν. Eschine, très fier de sa voix, aimait à ridiculiser celle de Démosthène (cf. II, 10 et 106). Celui-ci d'ailleurs reconnaissait son infériorité et tout en raillant dans Eschine le mauvais acteur sifflé, avait mis les juges en garde contre les séductions de son organe (*Amb.*, 208 et 337 sq.).

5. Ὁ μὲν .... ὑποκρινόμενος, « (*tandis que*) *l'homme qui jouait les Karions, les Xanthias* ». Sur μέν et δέ, cf. III, 144, n. 6. — Καρίων, Χανθίας, pris comme types d'esclaves de comédie. Le nom de Karion figure dans le *Plutus* d'Aristophane et dans un fragment du poète comique Euphron. Un des esclaves de Philocléon dans les *Guêpes* d'Aristophane s'appelle Xanthias.

6. Τοὺς μυρίους. L'assemblée des *Dix-Mille*, organe principal de la confédération établie en Arcadie par Épaminondas après la bataille de Leuctres.

7. Ὁ νουθετῶν. Cf. Hist., II, n. 2. Démosthène avait opposé les discours prononcés dans cette

ὕβριν, ἀλλὰ παραθερμανθείς, ὅθ' ἡμᾶς εἱστία Ξενόδοκος τῶν ἑταίρων τις τῶν Φιλίππου, ἕλκοιμι τῶν τριχῶν καὶ λαβὼν ῥυτῆρα μαστιγοίην αἰχμάλωτον γυναῖκα. [158] Οὐκοῦν[1] εἰ ὑμεῖς αὐτῷ ἐπιστεύσατε, ἢ Ἀριστοφάνης μου συγκατεψεύσατο[2], ἐπ' αἰσχραῖς αἰτίαις ἀπωλόμην ἂν ἀδίκως. Ἐάσετε οὖν τὸ τοιοῦτον αὐτοῦ προστρόπαιον[3], μὴ γὰρ δὴ τῆς πόλεώς γε, ἐν ὑμῖν ἀναστρέφεσθαι; καὶ τὴν μὲν ἐκκλησίαν καθαίρετε[4], ἐν δὲ τοῖς ψηφίσμασι διὰ τούτου[5] τὰς εὐχὰς ποιήσεσθε, καὶ στρατιὰν ἢ πεζὴν ἢ ναυτικὴν ἐκπέμψετε; Καὶ μὴν[6] ὅ γε Ἡσίοδος λέγει[7],

πολλάκι τοι ξύμπασα πόλις κακοῦ ἀνδρὸς ἀπηύρα,
ὅς κεν ἀλιτραίνῃ καὶ ἀτάσθαλα μηχανάαται.

occasion par Eschine à sa conduite postérieure (Cf. *Amb.*, § 11). — Οὐ κατάσχοιμι τὴν ὕβριν, « *je n'avais pas maîtrisé ma violence* ». Optatif de style indirect. De même plus haut : γένοιτο.

1. Οὐκοῦν, « *en conséquence* ».

2. Συγκατεψεύσατο. Notez la valeur des prépositions composantes : « *si Aristophane, d'accord avec* (σύν) *Démosthène, avait témoigné faussement contre* (κατά) *moi* ».

3. Τὸ... προστρόπαιον. Cf. προστροπήν, III, 110. Ce mot désigne (*la souillure*) *qui attire le châtiment des dieux sur quelqu'un.* L'impiété de Démosthène attire sur lui-même la vengeance divine, puisse-t-elle ne pas l'attirer sur la ville! (μὴ γὰρ δὴ τῆς πόλεώς γε, elliptique, = μὴ γὰρ δὴ τοῦτο τὸ αὐτοῦ προστρόπαιον γένοιτο προστρόπαιον τῆς πόλεως).

4. Τὴν μὲν... καθαίρετε. Même emploi de μέν et δέ qu'au § 157. Traduisez : « *et tandis que vous purifiez l'assemblée* ». Cf. Index, n° 29.

5. Διὰ τούτου, « *par son intermédiaire* » (en tant qu'il propose les décrets).

6. Καὶ μὴν = *atqui*.

7 Ὅ γε Ἡσίοδος... κ. τ. λ. Cf. III, 135 et les notes.

IV

FRAGMENT DE LA PÉRORAISON

(§§ 179-184)

Dans les discours judiciaires, la péroraison se terminait d'ordinaire par un appel à la pitié des juges (ἐλέου εἰσβολή). Pour rendre cet appel plus saisissant, les accusés faisaient monter à la tribune (ἀναβιβάσασθαι ἐπὶ τὸ βῆμα) leurs pères, leurs enfants, leurs femmes. Malgré les railleries des poètes comiques (cf. Aristophane, *Guêpes*, v. 568 sq.), cet usage avait persisté. Souvent aussi on invoquait l'appui (παρακαλεῖν, παράκλησις) d'habitants de son dème, d'amis d'enfance, de stratèges, d'hommes politiques influents. Ceux-ci venaient assister les accusés (βοηθεῖν), parler en leur faveur (συναγορεύειν) et adresser des supplications aux juges (αἰτεῖσθαι, ἐξαιτεῖσθαι). L'orateur citait alors avec complaisance les noms de ceux qui lui prêtaient leur concours. De pareils procédés convenaient à l'éloquence naturellement emphatique d'Eschine. Le fragment qui suit peut passer pour le modèle du genre.

[179] Κἀμοὶ μὲν οἱ συνδεησόμενοι[1] πάρεισιν ὑμῶν πατὴρ[2] μέν, οὗ[3] τὰς τοῦ γήρως ἐλπίδας μὴ ἀφέλησθε, ἀδελφοὶ δέ, οἳ διαζυγέντες[4] ἐμοῦ ζῆν οὐκ ἂν προέλοιντο, κηδεσταὶ δὲ καὶ ταυτὶ τὰ μικρὰ

1. Οἱ συνδεησόμενοι, « *ceux qui doivent se joindre à moi pour supplier* ». Cf. Isocrate, XVII, 11. n. 6. — Joignez συνδεησόμενοι ὑμῶν. Cf. Lysias, XXIV, 21, n. 2.

2. Πατήρ. Sur tous les parents de l'orateur énumérés dans ce passage, cf. le morceau intitulé *la famille d'Eschine*, p. 251.

3. Οὗ... μὴ ἀφέλησθε, litt. : *auquel n'enlevez pas*. Par suite : « *ne lui enlevez pas* ». Le relatif au lieu du pronom personnel pour faire la liaison avec ce qui précède.

4. Διαζυγέντες, participe équivalant à une proposition conditionnelle.

παιδία· καὶ τοὺς μὲν κινδύνους οὔπω συνιέντα[1], ἐλεινὰ δ', εἴ τι συμβήσεται παθεῖν ἡμῖν. Ὑπὲρ ὧν ἐγὼ δέομαι καὶ ἱκετεύω[2] πολλὴν πρόνοιαν ποιήσασθαι, καὶ μὴ τοῖς ἐχθροῖς αὐτοὺς μηδ' ἀνάνδρῳ καὶ γυναικείῳ[3] τὴν ὀργὴν ἀνθρώπῳ παραδοῦναι.

[180] Παρακαλῶ δὲ καὶ ἱκετεύω σῶσαί με πρῶτον μὲν τοὺς θεούς, δεύτερον δ' ὑμᾶς τοὺς τῆς ψήφου[4] κυρίους, οἷς[5] ἐγὼ πρὸς ἕκαστον τῶν κατηγορημένων, εἰς μνήμην εἶναι τὴν ἐμήν[6], ἀπολελόγημαι· καὶ δέομαι σῶσαί με καὶ μὴ τῷ λογογράφῳ[7] καὶ Σκύθῃ[8] παραδοῦναι, ὅσοι μὲν ὑμῶν πατέρες

1. **Οὔπω μὲν συνιέντα, ἐλεινὰ δέ** forme une seconde épithète à παιδία. Entendez : « *et qui tout en ne comprenant pas... cependant seront dignes de pitié* ».

2. Ἐγὼ.... ἱκετεύω. Formule, qui peut être même plus développée. On trouve dans Lysias (XVIII, § 27) : Ἐγὼ μὲν οὖν καὶ δέομαι, καὶ ἀντιβολῶ, καὶ ἱκετεύω, καὶ τούτων παρ' ὑμῶν τυγχάνειν ἀξιῶ.

3. Ἀνάνδρῳ καὶ γυναικείῳ.... Le premier mot fait passer le second. Eschine revient à plusieurs reprises sur « *le manque de virilité* » (ἀνανδρία) de Démosthène. Cf. II, 22, et 148; III, 155 et 175, n. 5.

4. Ψήφου κυρίους. Ind., n° 89.

5. Οἷς... ἀπολελόγημαι : construction rare. On dit ordinairement ἀπολογεῖσθαι πρός τινα πρός τι (ou περί τινος) : « *se défendre devant quelqu'un contre* (ou *au sujet d'*) *une accusation* ».

6. Εἰς... τὴν ἐμήν, « *autant que ma mémoire me l'a permis* ». — Εἶναι : infinitif absolu. Rapprochez la locution : ἑκὼν εἶναι = *volontairement*.

7. Τῷ λογογράφῳ. Ind., n° 86. — Démosthène s'était fait *logographe* pour reconstituer sa fortune dilapidée par ses tuteurs. Une fois arrivé aux affaires, il avait cessé d'écrire des plaidoyers politiques, mais avait continué à écrire des plaidoyers civils. — La profession de *logographe*, en raison des compromissions auxquelles elle donnait souvent lieu, pouvait, comme chez nous celle d'*avocat*, être reprochée avec dédain à un adversaire. Cf. III, 173, n. 3, et Hypéride, V, Argument.

8. Σκύθῃ. Cf. III, 172, n. 2.

εἰσὶ[1] παίδων ἢ νεωτέρους[2] ἀδελφοὺς περὶ πολλοῦ ποιεῖσθε, ἀναμνησθέντες ὅτι τὴν τῆς σωφροσύνης παράκλησιν[3] διὰ τῆς περὶ Τίμαρχον κρίσεως[4] ἀειμνήστως παρακέκληκα, [181] τοὺς δ' ἄλλους ἅπαντας, οἷς ἐμαυτὸν ἄλυπον παρέσχημαι, τὴν μὲν τύχην ἰδιώτης[5] ὢν καὶ τοῖς μετρίοις[6] ὑμῶν ὅμοιος, ἐν δὲ τοῖς πολιτικοῖς ἀγῶσι μόνος τῶν ἄλλων[7] ἐφ' ὑμᾶς οὐ συνεστηκώς[8]· αἰτῶ παρ' ὑμῶν[9] τὴν σωτηρίαν, μετὰ πάσης εὐνοίας[10] τῇ πόλει[11] πεπρεσβευκώς, καὶ μόνος ὑπομείνας τὸν τῶν συκοφαντῶν θόρυβον, ὃν ἤδη πολλοὶ τῶν τὰς ψυχὰς ἐν τοῖς πολέμοις λαμπρῶν οὐχ ὑπέστησαν. Οὐ γὰρ[12] ὁ θάνατος δεινόν,

1. Εἰσὶ... ποιεῖσθε. Notez la construction de ὑμῶν ὅσοι successivement avec la 3e et avec la 2e personne. — Sur περὶ πολλοῦ ποιεῖσθε, cf. Isocrate, XVII, 1, n. 2.

2. Νεωτέρους, « *plus jeunes* (*que vous*) ».

3. Παράκλησιν... παρακέκληκα. Figure dite étymologique, fréquente chez Eschine. — Le parfait, parce qu'Eschine considère son exhortation non comme une exhortation passagère, mais comme un enseignement durable.

4. Διὰ τῆς... κρίσεως, « *par la sentence relative à Timarque* ». Voyez l'Argument, p. 227. — Pour faire condamner Timarque, Eschine avait prodigué avec emphase les conseils de sagesse et de modération.

5. Ἰδιώτης ὤν, « *simple citoyen.* »

6. Τοῖς μετρίοις, « *ceux qui ont des sentiments modérés* ». La μετριότης et la σωφροσύνη sont par excellence les qualités du véritable *ami du peuple* (δημοτικός). Cf. III, 170.

7. Μόνος τῶν ἄλλων, litt. : *seul des autres*, expression illogique, mais courante, = « *seul entre tous* (*par opposition aux autres*) ».

8. Οὐ συνεστηκώς, « *n'ayant pas tramé de complots* ».

9. Αἰτῶ παρ' ὑμῶν. Reprise de phrase un peu lâche et qui s'explique par le caractère passionné du morceau.

10. Μετὰ πάσης εὐνοίας, « *avec un entier dévouement* ». Cf. § 46.

11. Τῇ πόλει : datif d'intérêt, à rattacher à πεπρεσβευκώς.

12. Οὐ γάρ... κ. τ. λ., « *en effet, ce n'est pas la mort qui...* ». Par cette réflexion générale, Eschine explique comment il faut plus de

ἀλλ' ἡ περὶ τὴν τελευτὴν ὕβρις φοβερά. [182] Πῶς δὲ οὐκ οἰκτρὸν ἰδεῖν ἐχθροῦ πρόσωπον ἐπεγγελῶντος, καὶ τοῖς ὠσὶ τῶν ὀνειδῶν ἀκοῦσαι; Ἀλλ' ὅμως τετόλμηται[1]· δέδοται τὸ σῶμα[2] τῷ κινδύνῳ. Παρ' ὑμῖν[3] ἐτράφην, ἐν ταῖς ὑμετέραις διατριβαῖς βεβίωκα. Οὐδεὶς ὑμῶν διὰ τὰς ἐμὰς ἡδονὰς κάκιον οἰκεῖ[4], οὐδὲ ἐστέρηται τῆς πατρίδος κατηγόρου[5] τυχὼν ὅτ' ἦσαν αἱ διαψηφίσεις[6], οὐδ' ὑπεύθυνος[7] ὢν ἀρχῆς ἐκινδύνευσεν.

[183] Μικρὰ δ' ἔτι εἰπὼν ἤδη καταβαίνω[8]. Ἐγὼ γάρ, ὦ ἄνδρες Ἀθηναῖοι, τοῦ μὲν μηδὲν ἀδικεῖν ὑμᾶς κύριος ἦν, τοῦ δὲ μὴ ἔχειν[9] αἰτίαν ἡ τύχη[10], ἥ συνεκλήρωσέ[11] με συκοφάντῃ βαρβάρῳ, ὃς οὔτε

courage pour supporter *les clameurs* (τὸν θόρυβον, Lysias, XII, 73, n. 9) des sycophantes que pour affronter les dangers de la guerre. — Ὕβρις φοβερά, sous-ent. ἐστί.

1. Τετόλμηται, passif impersonnel : *cela a été osé* (*par moi*), « *je l'ai osé* ». Cf. Antiphon, V, 75 : ὅμως δ' οὖν κεκινδυνεύσεται, « *cependant j'en courrai le risque* ».

2. Τὸ σῶμα, « *ma personne* », très fréquent en ce sens. Cf. l'expression : περὶ τοῦ σώματος κινδυνεύειν, « *risquer sa vie* ».

3. Παρ' ὑμῖν. Notez encore ici et dans ce qui suit l'absence de particules de liaison et même l'absence d'un lien étroit entre les idées.

4. Οὐδεὶς... οἰκεῖ, « *il n'est personne parmi vous dont j'aie, pour satisfaire mes plaisirs, gâté la vie* ». Οἰκεῖν, « *vivre* », comme dans Sophocle, *Œdipe à Colone*, v. 1336.

5. Κατηγόρου, attribut. Le régime ἐμοῦ se tire facilement de τὰς ἐμὰς ἡδονάς.

6. Αἱ διαψηφίσεις. Cf. Ind., n° 6.

7. Ὑπεύθυνος. Construisez : ὑπεύθυνος ἀρχῆς. Cf. Ind., n° 52. — Sur le sens de κινδυνεύειν, cf. Lysias, VII, 5, n. 4.

8. Καταβαίνω. Cf. Lysias, XII, 92, n. 6.

9. Ἔχειν. Sujet : ἐμέ sous-entendu. Pour la structure de la phrase, cf. Isocr., XVII, 13, ἐγὼ δὲ... κ. τ. λ.

10. Ἡ τύχη, sous-ent. κυρία ἦν. — Sur ἡ τύχη, cf. III, 115 et 157, et Lysias, XXIV, 22, n. 9.

11. Συνεκλήρωσε : verbe amené

ἱερῶν οὔτε σπονδῶν οὔτε τραπέζης φροντίσας[1], ἀλλὰ τοὺς εἰς τὸν μέλλοντα αὑτῷ[2] χρόνον ἀντεροῦντας ἐκφοβῶν, ἥκει ψευδῆ συντάξας[3] καθ' ἡμῶν κατηγορίαν. Ἐὰν οὖν ἐθελήσητε σῴζειν τοὺς τῆς εἰρήνης καὶ τῆς ὑμετέρας ἀδείας συναγωνιστὰς[4], πολλοὺς[5] βοηθοὺς λήψεται τὸ τῆς πόλεως συμφέρον καὶ κινδυνεύειν ὑπὲρ ὑμῶν ἑτοίμους.

[184] Παρακαλῶ δὲ Εὔβουλον[6] μὲν ἐκ τῶν πολιτικῶν καὶ σωφρόνων ἀνδρῶν συνήγορον[7], Φωκίωνα[8] δ' ἐκ τῶν στρατηγῶν, ἅμα δὲ καὶ δικαιοσύνῃ διενηνοχότα πάντων, ἐκ δὲ τῶν φίλων[9] καὶ τῶν ἡλικιωτῶν τῶν ἐμαυτοῦ Ναυσικλέα καὶ τοὺς ἄλλους

par ἡ τύχη. Les ambassadeurs étaient élus à mains levées (χειροτονεῖν), mais la Fortune avait *tiré au sort* (ἐκλήρωσε) les noms de ceux qui devaient être désignés. — Βαρβάρῳ. Cf. III, 172, n. 2.

1. Οὔτε... φροντίσας. Cf. § 22: κατ' ἀνδρῶν συσσίτων καὶ συμπρέσβεων. Démosthène avait pris part aux *sacrifices* (ἱερῶν) de ses collègues d'ambassade; avec eux il avait fait des *libations* (σπονδῶν), il s'était assis à la même *table* (τραπέζης) qu'eux : toutes choses constituant un lien sacré qu'il n'aurait pas dû rompre en accusant Eschine (Cf. Démosth., *Amb.*, 189-191).

2. Αὑτῷ, réfléchi indirect, dépendant de ἀντεροῦντας. — Sur τοὺς ἀντεροῦντας, cf. Isocrate, XVII. 11, n. 6.

3. Συντάξας : métaphore empruntée au langage militaire, à rapprocher du mot τὴν παράταξιν, employé pour désigner les manœuvres déloyales d'un adversaire dans un procès.

4. Τοὺς... συναγωνιστάς. Entendez Eschine.

5. Πολλούς. Car, alors, ils ne seront plus découragés par le sort de ceux qui les auront précédés.

6. Εὔβουλον. Eubule, le représentant du parti de la paix. Démosthène avait essayé de prévenir son intervention en lui rappelant ses anciennes luttes avec Eschine (*Amb.*, § 290, sq.).

7. Συνήγορον « *celui qui parle en faveur de* », « *intercesseur* ». Cf. Ind., n° 87.

8. Φωκίωνα. Le nom de Phocion n'était pas d'un moins grand poids que celui d'Eubule. Son intégrité n'était pas contestée.

9. Ἐκ δὲ τῶν φίλων. Cf. III, 255. τίνες ὑμῶν εἰσιν... κ. τ. λ;

ἅπαντας, οἷστισιν ἐγὼ κέχρημαι[1] καὶ τῶν αὐτῶν[2] ἐπιτηδευμάτων μετέσχηκα. Ὁ μὲν οὖν ἐμὸς λόγος εἴρηται, τὸ δὲ σῶμα ἤδη τουτὶ παραδίδωσιν[3] ὑμῖν καὶ ἐγὼ καὶ ὁ νόμος.

1. **Κέχρημαι.** — **Χρῆσθαί τινι,** « *avoir des relations avec qqn.* »

2. Τῶν αὐτῶν, « *les mêmes* (*qu'eux*) ». Changement de construction pour éviter la répétition du relatif. Cf. Lysias, XXV, 11, n. 3.

3. **Παραδίδωσιν,** à la troisième personne, bien que ὁ νόμος désigne une chose et que ἐγώ soit plus rapproché : construction rare. Des deux sujets, ὁ νόμος est considéré comme le plus important.

Discours contre Ctésiphon.

(III)

Argument

Peu de périodes de l'histoire d'Athènes furent aussi fécondes en procès politiques que celle qui suivit la bataille de Chéronée. L'échec subi par le parti antimacédonien n'avait pas détruit ses espérances ni abattu son courage : il avait seulement donné plus de confiance et d'audace à ses adversaires. Démosthène lui-même, dont l'activité ne s'était pas ralentie, se vit, à ce moment, malgré les marques de sympathie que le peuple lui avait prodiguées, en butte à de nombreuses accusations. Le procès intenté de nom à Ctésiphon, et dirigé en fait contre toute sa politique, n'est que le dernier et le plus retentissant de ceux qu'il eut alors à soutenir.

Le désastre de Chéronée avait fait sentir la nécessité de fortifier pour l'avenir les moyens de défense dont disposait Athènes. L'année même qui suivit la bataille (338-337), sur la proposition de Démosthène, on avait décidé de procéder à la réparation des murs de la ville et du Pirée. Une commission de dix membres[1] (un par tribu) devait surveiller l'exécution des travaux. Démosthène, qui dans cette commission représentait la tribu Pandionide, s'était acquitté avec beaucoup de zèle de sa mission ; et aux dix talents affectés à la section dont il avait la surveillance, avait joint une somme de cent mines prise sur sa fortune personnelle.

Aussi, l'année suivante (337-336), lorsque les travaux furent terminés et avant que les commissaires n'eussent rendu leurs comptes, un membre du conseil, Ctésiphon, qui était l'ami de Démosthène, proposa-t-il qu'une couronne d'or lui fût décernée par le peuple. La proclamation devait avoir lieu aux grandes

1. Sur les τειχοποιοί. cf. Ind. n° 37.

Dionysies, et le décret spécifiait en quel endroit et dans quels termes : « Le héraut proclamera dans le théâtre, devant tous les Grecs, que le peuple d'Athènes couronne Démosthène pour sa vertu et sa prud'hommie, parce qu'il ne cesse, par ses discours comme par ses actes, de contribuer au bien du peuple[1] ». La formule dont s'était servi Ctésiphon était la formule usitée en pareil cas; mais elle empruntait aux circonstances une valeur particulière. C'était moins l'acte de générosité de Démosthène qui était en question que toute sa politique, et cela lorsque cette politique semblait condamnée par ses résultats. Eschine crut le moment venu de réparer l'échec qu'il avait éprouvé dans le procès de l'Ambassade, et quand le décret — adopté par le conseil — fut soumis à l'assemblée, il intenta à Ctésiphon, qui l'avait proposé, une *accusation d'illégalité* (γραφὴ παρανόμων)[2].

Le résultat immédiat de cette intervention d'Eschine fut d'empêcher Démosthène de recevoir la couronne. En effet, l'année révolue, le procès n'avait pas été plaidé et la proposition de Ctésiphon se trouvait annulée. Ce ne fut que sept ans plus tard, en 330 (fin d'août ou commencement de septembre)[3], que l'accusation fut reprise. Alexandre, qui dans l'intervalle avait succédé à Philippe, venait de remporter la victoire d'Arbèles : Agis de Sparte, qui s'était fait le défenseur de la liberté grecque, avait échoué à Mégalopolis. Le moment pouvait sembler opportun pour accabler le parti antimacédonien dont Démosthène était le chef[4].

Aussi comprend-on sans peine l'émotion soulevée par ce procès. Ctésiphon n'était qu'un comparse dont la personnalité s'effaçait derrière celle de Démosthène, et les deux adversaires en présence étaient les deux hommes les plus éloquents de leur temps. Tous deux d'ailleurs représentaient des partis qui, après vingt ans de lutte, n'avaient pas désarmé et qui

1. Eschine. *Contre Ctésiphon*, § 49; traduction de M. Weil.

2. Cf. Ind., n° 33.

3. L'année est donnée par Denys d'Halicarnasse (*Lettre à Ammée*, I, 12), le mois par Eschine § 254 : « *Nous sommes à la veille des jeux Pythiques* ». Or ces jeux avaient lieu au 2e mois de l'année Delphique (août-septembre).

4. Ce sont là, du moins, les raisons auxquelles se rallie M. Weil pour expliquer un retard d'autant plus singulier que Démosthène lui-même ne le reproche pas à son adversaire.

continuaient de se disputer la direction de la politique athénienne. Enfin, la cause elle-même était de nature à intéresser non seulement la ville d'Athènes, mais le monde grec en général menacé dans sa liberté par la domination macédonienne. Ce fut en présence d'un auditoire tel que jamais, au dire d'Eschine[1], aucun procès public n'en avait attiré, que s'ouvrirent les débats; et, par une singulière fortune, nous possédons les deux discours qui furent prononcés dans cette grave circonstance par Eschine et par Démosthène. Ces deux discours sans doute ont été remaniés et corrigés après l'audience; mais, tels qu'ils sont, ils peuvent donner une idée très exacte de ceux qui furent prononcés. Celui d'Eschine même présente encore des traces d'une première rédaction correspondant sans doute à l'époque où avait été déposée l'accusation.

Le plan du *Contre Ctésiphon* est, comme celui du discours *sur l'Ambassade* facile à suivre dans ses lignes générales. Après avoir, dans un court préambule, mis les Athéniens en garde contre les embûches de Démosthène et de son parti, Eschine consacre son *exorde* (1-8) à montrer l'importance des lois et par suite de la γραφὴ παρανόμων dans une démocratie. Puis, abordant la discussion, il dirige tout d'abord l'*argumentation* sur la question de droit (9-50) et s'attache à prouver l'illégalité du décret de Ctesiphon. Cette illégalité porte sur trois points : 1° Démosthène n'avait pas rendu ses comptes quand Ctésiphon avait déposé sa proposition. Or la loi défend de couronner un magistrat qui n'a pas rendu ses comptes (9-31); 2° Ctésiphon demande que la couronne de Démosthène soit proclamée dans le théâtre. Or la loi ordonne que les couronnes seront proclamées dans le Conseil, si elles sont décernées par le Conseil, dans l'Assemblée, si elles sont décernées par l'Assemblée. Seules les couronnes étrangères peuvent, moyennant un décret du peuple, être proclamées dans le théâtre (32-48); 3° Ctésiphon dit que Démosthène « ne cesse par ses paroles et par ses actes de contribuer au bien du peuple ». Or cela est faux et la loi défend de rien insérer de faux dans les actes publics (49-50). Toute cette argumentation est très solide et témoigne chez Eschine d'une rare habileté à manier les textes de loi. Mais la dernière proposition appelle

1. *Contre Ctésiphon*, § 56.

nécessairement un examen de la conduite de Démosthène et nous amène à la seconde partie, à la partie proprement politique du plaidoyer.

Après une courte prétérition sur la vie privée de Démosthène (51-53), Eschine aborde sa vie publique et pour plus de clarté adopte une division en quatre périodes que les événements eux-mêmes suggèrent : 1re période, depuis le commencement de la guerre avec Philippe jusqu'à la paix de Philocrate : c'est Démosthène qui a conclu la paix de concert avec Philocrate, sans attendre la réunion d'un congrès hellénique (58-78) ; 2e période, depuis la paix de Philocrate jusqu'à la reprise des hostilités : Eschine attaque surtout ici la politique de Démosthène en Eubée (79-105) ; 3e période, depuis la reprise des hostilités jusqu'à la bataille de Chéronée : par sa conduite dans l'affaire d'Amphissa, par son impiété à l'égard du temple de Delphes, Démosthène a attiré les plus grands malheurs sur la Grèce. L'alliance qu'il a ensuite conclue avec Thèbes a été une véritable duperie pour Athènes (106-158) ; 4e période, événements qui ont suivi Chéronée : Démosthène a perdu volontairement toutes les occasions de combattre Alexandre (159-167). La conclusion de toute cette partie, c'est que Démosthène n'est pas un véritable homme d'État : sous prétexte de le démontrer, Eschine se livre à de nouvelles attaques contre la vie privée de son adversaire (168-176).

Tout ce qui suit constitue comme une sorte de long épilogue. Après un développement sur l'abus que l'on fait actuellement des distinctions honorifiques (177-189), Eschine, par une transition très heureuse, revient au thème de son exorde : l'importance de la γραφὴ παρανόμων (190-200), puis il résume avec beaucoup de clarté le plan qu'il a suivi (201-206), dirige de nouvelles invectives contre Démosthène (207-212) et contre Ctésiphon (213-214), puis répond par avance à quelques-unes des accusations que son adversaire doit produire contre lui (215-229). La fin du discours présente un certain désordre ; illégalité du décret, indignité de Démosthène, son rôle en Eubée part qu'il a prise à l'alliance thébaine, vénalité dont il a fait preuve : tous ces points qui ont été traités précédemment sont rappelés d'une façon sommaire (230-244). Sur quoi, Eschine adresse un dernier appel aux juges pour leur montrer l'importance du verdict qu'ils vont rendre, évoque dans un tableau qui ne manque pas de largeur ni même d'une certaine éloquence artificieuse, les grands hommes d'Athènes, et termine son plaidoyer par un morceau emphatique qui paraît aujourd'hui bien froid et dépare sa péroraison.

L'accusation étant dirigée contre Ctésiphon, celui-ci dut, au moins pour la forme, répondre en quelques mots. Après quoi la parole fut donnée à Démosthène qui intervenait en qualité de *synégore*[1]. On sait le discours qu'il prononça et avec quelle hardiesse, opposant aux insinuations de son adversaire l'unité d'une vie politique consacrée tout entière à la défense d'une même idée, il revendiqua sa part de responsabilité dans les derniers événements. Son triomphe fut complet. Eschine n'obtint même pas la cinquième partie des suffrages, et se vit, par suite, condamné à une amende de mille drachmes et privé du droit d'intenter à l'avenir des accusations du même genre. C'était la fin de sa carrière politique : il le comprit et partit pour l'exil.

I

AFFAIRE D'AMPHISSA. ESCHINE PYLAGORE
(§§ 107-124)

La troisième guerre Sacrée, celle qui amena Philippe à Chéronée, avait été provoquée par un discours d'Eschine à l'assemblée Amphictyonique de Delphes. Y avait-il eu de sa part imprévoyance ou trahison? Avait-il été l'agent docile de Philippe ou son infatuation l'avait-elle fait tomber dans un piège habilement préparé? Ses apologistes les plus déclarés se rattachent à cette dernière hypothèse. Le fragment qui suit ne peut que leur donner raison. Même après que les événements l'ont condamné, Eschine comprend si peu sa faute que ce qu'il reproche à Démosthène, c'est d'avoir empêché les Athéniens de le suivre.

[107] Ἔστι γὰρ[2], ὦ ἄνδρες Ἀθηναῖοι, τὸ Κιρ-

Cf. Ind., n° 87. | 2. Γάρ. Cf. Lysias, VII, 4, n. 6.

ραῖον ὠνομασμένον πεδίον[1] καὶ λιμὴν[2] ὁ νῦν ἐξάγιστος καὶ ἐπάρατος ὠνομασμένος. Ταύτην ποτὲ τὴν χώραν κατῴκησαν Κιρραῖοι καὶ Κραγαλίδαι[3], γένη παρανομώτατα, οἳ περὶ τὸ ἱερὸν τὸ ἐν Δελφοῖς καὶ τὰ ἀναθήματα ἠσέβουν, ἐξημάρτανον δὲ καὶ εἰς τοὺς Ἀμφικτύονας[4]. Ἀγανακτήσαντες δ' ἐπὶ τοῖς γιγνομένοις[5] μάλιστα[6] μὲν, ὡς λέγονται, οἱ ὑμέτεροι πρόγονοι, ἔπειτα καὶ οἱ ἄλλοι Ἀμφικτύονες[7], μαντείαν ἐμαντεύσαντο παρὰ τῷ θεῷ τίνι[8] χρὴ τιμωρίᾳ τοὺς ἀνθρώπους τούτους μετελθεῖν. [108] Καὶ αὐτοῖς ἀναιρεῖ ἡ Πυθία πολεμεῖν Κιρραίοις καὶ Κραγαλίδαις πάντ' ἤματα καὶ πάσας νύκτας[9], καὶ τὴν χώραν αὐτῶν καὶ τὴν πόλιν ἐκπορθήσαντας καὶ αὐτοὺς ἀνδραποδισαμένους ἀναθεῖναι[10] τῷ Ἀπόλλωνι τῷ Πυ-

1. Τὸ... πεδίον. Cirrha, petite ville située sur la baie du même nom, à l'embouchure du Pleistos, servait de port à Delphes. Détruite au temps de la première guerre Sacrée, elle avait, en raison de sa situation, repris son importance. La plaine dont parle Eschine s'étend derrière la ville.

2. Λιμήν = le port de Cirrha.

3. Κραγαλίδαι, peuple de Phocide, voisin des Cirrhéens. Sur la forme du mot, la tradition est incertaine : on trouve Κραυγαλίδαι, Ἀκραγαλλίδαι..., etc.

4. Ἀμφικτύονας. Sur ce terme et sur tout ce qui, dans ce récit, se rapporte à l'organisation amphictyonique, cf. Ind., n°s 108 à 115.

5. Τοῖς γιγνομένοις, au neutre, « *ce qui se passait* ».

6. Μάλιστα tombe sur οἱ πρόγονοι. Eschine insiste sur l'initiative prise alors par les Athéniens pour faire ressortir l'impiété du rôle que Démosthène leur a imposé en 339.

7. Ἀμφικτύονες. Les Amphictyons sont les peuples faisant partie de l'Amphictyonie. De là l'opposition avec οἱ πρόγονοι. Cf. au § 109, l'emploi de τῶν Ἀμφικτυόνων, qui s'explique de même.

8. Τίνι χρὴ... κ. τ. λ. dépend de la question contenue dans ἐμαντεύσαντο.

9. Πάντ(α)... νύκτας, formule qui faisait partie du texte de l'oracle. D'où le mot poétique ἤματα.

10. Καὶ τὴν χώραν... ἀναθεῖναι. Sujet : les Amphictyons. — Τὴν χώραν, τὴν πόλιν, servent de régime

θίῳ καὶ τῇ Ἀρτέμιδι καὶ Λητοῖ καὶ Ἀθηνᾷ Προναίᾳ[1] ἐπὶ πάσῃ ἀεργίᾳ[2], καὶ ταύτην τὴν χώραν μήτ' αὐτοὺς[3] ἐργάζεσθαι μήτ' ἄλλον ἐᾶν[4].

Λαβόντες δὲ τὸν χρησμὸν οἱ Ἀμφικτύονες ἐψηφίσαντο, Σόλωνος[5] εἰπόντος Ἀθηναίου τὴν γνώμην, ἀνδρὸς καὶ νομοθετῆσαι δυνατοῦ καὶ περὶ ποίησιν καὶ φιλοσοφίαν διατετριφότος, ἐπιστρατεύειν ἐπὶ τοὺς ἐναγεῖς κατὰ τὴν μαντείαν[6] τοῦ θεοῦ· [109] καὶ συναθροίσαντες δύναμιν πολλὴν τῶν Ἀμφικτυόνων, ἐξηνδραποδίσαντο τοὺς ἀνθρώπους καὶ τὸν λιμένα[7] καὶ τὴν πόλιν αὐτῶν κατέσκαψαν καὶ τὴν χώραν καθιέρωσαν κατὰ τὴν μαντείαν· καὶ ἐπὶ τούτοις ὅρκον ὤμοσαν ἰσχυρὸν μήτ' αὐτοὶ τὴν ἱερὰν γῆν

à la fois à ἐκπορθήσαντας et à ἀναθεῖναι : αὐτούς (Cirrhéens et Cragalides), seulement à ἀνδραποδισαμένους.

1. Ἀθηνᾷ Προναίᾳ, ainsi appelée parce que son sanctuaire était en avant du temple (πρὸ τοῦ ναοῦ) d'Apollon. Eschine cependant semble avoir employé la forme Προνοίᾳ qui est donnée par tous ses manuscrits.

2. Ἐπὶ... ἀεργίᾳ, « *pour être laissée toujours en friche* » (litt. : *à la condition d'une complète absence de culture*). Cette prescription était encore observée au temps de Pausanias.

3. Αὐτούς, eux, les Amphictyons.

4. Ἐᾶν, sous-ent. ἐργάζεσθαι.

5. Σόλωνος... κ. τ. λ. Solon avait pris l'initiative de la première guerre Sacrée : Démosthène a empêché les Athéniens de participer à la troisième. Ce parallèle sous-entendu, et d'ailleurs absurde historiquement, explique le luxe d'épithètes dont se sert Eschine. Démosthène ne peut se vanter d'avoir plus d'esprit politique que Solon, un Athénien (notez la place donnée à Ἀθηναίου), un législateur..., etc. Il a agi parce qu'il était payé, et « sa vénalité a fait perdre aux Athéniens l'hégémonie de la piété que les dieux leur avaient donnée » (§ 129). — Sur εἰπόντος τὴν γνώμην, cf. Ind., n° 112.

6. Κατὰ τὴν μαντείαν doit être rattaché à ἐπιστρατεύειν.

7. Τὸν λιμένα. Il s'agit des fortifications du port. Cf. §§ 113 et 119.

ἐργάσεσθαι μήτ' ἄλλῳ ἐπιτρέψειν[1], ἀλλὰ βοηθήσειν τῷ θεῷ καὶ τῇ γῇ τῇ ἱερᾷ καὶ χειρὶ καὶ ποδὶ καὶ φωνῇ καὶ πάσῃ δυνάμει[2]. [110] Καὶ οὐκ ἀπέχρησεν αὐτοῖς τοῦτον τὸν ὅρκον ὀμόσαι, ἀλλὰ καὶ προστροπὴν[3] καὶ ἀρὰν ἰσχυρὰν ὑπὲρ τούτων ἐποιήσαντο. Γέγραπται γὰρ οὕτως ἐν τῇ ἀρᾷ· « Εἴ τις τάδε » φησὶ[4] « παραβαίνοι ἢ πόλις ἢ ἰδιώτης ἢ ἔθνος, ἐναγὴς » φησὶν « ἔστω[5] τοῦ Ἀπόλλωνος καὶ τῆς Ἀρτέμιδος καὶ Λητοῦς καὶ Ἀθηνᾶς Προναίας ». [111] Καὶ ἐπεύχεται[6] αὐτοῖς[7] μήτε γῆν[8] καρποὺς φέρειν, μήτε γυναῖκας τέκνα τίκτειν γονεῦσιν ἐοικότα, ἀλλὰ τέρατα, μήτε βοσκήματα κατὰ φύσιν γονὰς ποιεῖσθαι, ἧτταν δὲ αὐτοῖς εἶναι πολέμου[9] καὶ δικῶν[10] καὶ ἀγορῶν, καὶ ἐξώλεις[11] εἶναι καὶ αὐτοὺς καὶ οἰκίας καὶ

1. Ἐπιτρέψειν, sous-ent. ἐργάζεσθαι.

2. Καὶ τῇ γῇ... δυνάμει. Formule qui faisait partie du serment des Amphictyons. Cf. § 120.

3. Προστροπήν, (de πρὸς τρέπω, *tourner contre*). Imprécation par laquelle on appelle la vengeance des dieux sur celui qui violerait le serment prêté.

4. Φησί. Sujet ἡ ἀρά. Façon ordinaire d'indiquer que l'on cite textuellement.

5. Ἔστω. Impératif correspondant à εἴ τις παραβαίνοι.

6. Ἐπεύχεται. Sujet : ἡ ἀρά.

7. Αὐτοῖς, « *pour eux* ».

8. Μήτε γῆν... κ. τ. λ. Cf. l'imprécation d'Œdipe (Soph., *Œdipe Roi*, 263, sq.) : Καὶ ταῦτα τοῖς μὴ δρῶσιν εὔχομαι θεοὺς | μήτ' ἄροτον (récolte) αὐτοῖς γῆς ἀνιέναι τινὰ | μήτ' οὖν γυναικῶν παῖδας..., et Hésiode (*Œuvres et jours*, 234) : τίκτουσιν δὲ γυναῖκες ἐοικότα τέκνα γονεῦσιν.

9. Πολέμου. Ce génitif et les suivants dépendent de ἧτταν. Cf. Thucydide, III, 114, 1 : μετὰ τὴν τῆς Αἰτωλίας ξυμφοράν : *après le désastre arrivé* (*aux Athéniens*) *en Étolie*. On peut y voir une extension du gén. possessif.

10. Δικῶν, « *les disputes judiciaires* », opposées aux « *débats politiques* » (τῶν ἀγορῶν). Le mot αἱ ἀγοραί désignait, dans les cités grecques, les premières assemblées populaires.

11. Ἐξώλεις. Sur le sens de cette imprécation, cf. Lysias, XII, 10, n. 5, et XXXII, 13, n. 2.

γένος τὸ ἐκείνων. « Καὶ μήποτε » φησὶν « ὁσίως θύσειαν τῷ Ἀπόλλωνι μηδὲ τῇ Ἀρτέμιδι μηδὲ τῇ Λητοῖ μηδ' Ἀθηνᾷ Προναίᾳ, μηδὲ δέξαιντο[1] αὐτοῖς τὰ ἱερά. » [112] Ὅτι[2] δ' ἀληθῆ λέγω, ἀνάγνωθι τὴν τοῦ θεοῦ μαντείαν.

MANTEIA

Ἀκούσατε τῆς ἀρᾶς.

ΑΡΑ

Ἀναμνήσθητε τῶν ὅρκων, οὓς ὑμῶν οἱ πρόγονοι μετὰ τῶν Ἀμφικτυόνων συνώμοσαν.

ΟΡΚΟΙ

[113] Ταύτης τῆς ἀρᾶς καὶ τῶν ὅρκων καὶ τῆς μαντείας γενομένης, ἀναγεγραμμένων[3] ἔτι καὶ νῦν, οἱ Λοκροὶ οἱ Ἀμφισσεῖς[4], μᾶλλον δὲ[5] οἱ προεστηκότες αὐτῶν, ἄνδρες παρανομώτατοι, ἐπηργάζοντο[6] τὸ πεδίον, καὶ τὸν λιμένα τὸν ἐξάγιστον καὶ ἐπάρατον πάλιν ἐτείχισαν καὶ συνῴκισαν, καὶ τέλη τοὺς

1. **Δέξαιντο.** Sujet : les dieux, qui viennent d'être énumérés. — Αὐτοῖς, datif d'intérêt.

2. Ὅτι... ἀνάγνωθι. Cf. II, 46, n. 16, et 54, n. 2.

3. Ἀναγεγραμμένων, sur des plaques de marbre exposées non seulement à Delphes, mais dans chacune des villes faisant partie de l'Amphictyonie.

4. Οἱ... Ἀμφισσεῖς, « *Les Locriens d'Amphissa* ». — Amphissa, ville principale de la Locride ozolienne, était située au nord-ouest de Delphes.

5. Μᾶλλον δὲ... κ. τ. λ. La restriction s'explique dans la bouche d'un orateur démocrate.

6. **Ἐπηργάζοντο.** Cf. Lysias, VII, **24**, n. 6.

καταπλέοντας[1] ἐξέλεγον[2], καὶ τῶν ἀφικνουμένων εἰς Δελφοὺς πυλαγόρων ἐνίους χρήμασι διέφθειρον[3], ὧν εἷς ἦν Δημοσθένης[4]. [114] Χειροτονηθεὶς γὰρ ὑφ' ὑμῶν πυλάγορος, λαμβάνει δισχιλίας[5] δραχμὰς παρὰ τῶν Ἀμφισσέων, τοῦ μηδεμίαν μνείαν περὶ αὐτῶν ἐν τοῖς Ἀμφικτύοσι[6] ποιήσασθαι[7]. Διωμολογήθη δ' αὐτῷ καὶ εἰς τὸν λοιπὸν χρόνον ἀποστέλλεσθαι Ἀθήναζε τοῦ ἐνιαυτοῦ ἑκάστου[8] μνᾶς εἴκοσι[9] τῶν ἐξαγίστων καὶ ἐπαράτων χρημάτων, ἐφ' ᾧτε βοηθήσει τοῖς Ἀμφισσεῦσιν Ἀθήνησι κατὰ πάντα τρόπον[10]· ὅθεν[11] ἔτι μᾶλλον ἢ πρότερον συμβέβηκεν αὐτῷ, ὅτου[12] ἂν προσάψηται, ἢ ἀνδρὸς ἰδιώτου

1. Τοὺς καταπλέοντας, proprement : *ceux qui descendaient de la haute mer*, par suite « *ceux qui abordaient* », les pèlerins qui venaient consulter l'oracle.

2. Ἐξέλεγον, construit avec deux accusatifs, comme les verbes signifiant *demander* (αἰτεῖν) *exiger de* (εἰσπράττειν).

3. Καὶ... διέφθειρον, comme la suite l'indique, pour éviter le châtiment de leurs crimes. C'est par là que ce membre de phrase se rattache à l'énumération qui précède.

4. Δημοσθένης. Cf. § 143, n. 1.

5. Δισχιλίας δραχμάς, soit environ 1940 francs, la drachme représentant à peu près 0 fr. 97 de notre monnaie.

6. Ἐν τοῖς Ἀμφικτύοσι, « *dans l'assemblée amphictyonique* ».

7. Ποιήσασθαι : infinitif au génitif marquant le but (= ἕνεκα τοῦ...). Cette tournure se rencontre surtout lorsque l'infinitif est accompagné d'une négation.

8. Τοῦ... ἑκάστου, litt. : *par chaque année*. Avec les indications de temps, le génitif accompagné de l'article a le sens distributif.

9. Μνᾶς εἴκοσι = δισχιλίας δραχμάς. La mine valait en effet 97 francs environ.

10. Κατὰ πάντα τρόπον : « *de toutes les manières* ».

11. Ὅθεν, « *d'où vient que* », est expliqué par ἐξαγίστων καὶ ἐπαράτων. Plus que jamais (μᾶλλον ἢ πρότερον) depuis qu'il a touché l'argent sacrilège, Démosthène est un homme néfaste, dangereux pour qui l'approche. Cf. § 157.

12. Ὅτου, « *celui quel qu'il soit que, tous ceux que* », génitif dépendant de προσάψηται, repris ensuite par τούτων ἑκάστους.

ἢ δυνάστου ἢ πόλεως δημοκρατουμένης, τούτων ἑκάστους ἀνιάτοις συμφοραῖς περιβάλλειν. [115] Σκέψασθε δὴ τὸν δαίμονα καὶ τὴν τύχην[1], ὅσῳ περιεγένετο[2] τῆς τῶν Ἀμφισσέων ἀσεβείας. Ἐπὶ γὰρ Θεοφράστου ἄρχοντος[3], ἱερομνήμονος ὄντος Διογνήτου[4] Ἀναφλυστίου, πυλαγόρους ὑμεῖς εἵλεσθε[5] Μειδίαν[6] τε ἐκεῖνον τὸν Ἀναγυράσιον, ὃν ἐβουλόμην ἂν πολλῶν ἕνεκα ζῆν, καὶ Θρασυκλέα[7] τὸν ἐξ Οἴου, καὶ τρίτον μετὰ τούτων ἐμέ. Συνέβη δ' ἡμῖν ἀρτίως μὲν[8] εἰς Δελφοὺς ἀφῖχθαι, παραχρῆμα δὲ τὸν ἱερο-

1. Τὸν δαίμονα καὶ τὴν τύχην. Cf. Lysias, XXIV, 22, n. 9.

2. Ὅσῳ περιεγένετο, « *de combien ils l'ont emporté* », sujet : ὁ δαίμων καὶ ἡ τύχη, quoique grammaticalement l'accord ne se fasse qu'avec un seul des deux substantifs.

3. Ἐπὶ Θεοφράστου ἄρχοντος. Cf. Lysias, VII, 9, n. 1. L'archontat de Théophraste est de 340-39. Il s'agit de l'assemblée du printemps. Donc en 339.

4. Διογνήτου. Une liste amphictyonique datée de l'archontat d'Aristonymos (année Delphique) et trouvée dans les fouilles récentes de Delphes porte la mention ΔΙΟΓΝ[ήτου Ἀθη]ΝΑΙΟΥ. Si l'archontat d'Aristonymos est bien de 341-340, il s'ensuivrait que, contrairement à l'usage athénien, Diognètos aurait été hiéromnémon deux années de suite. Mais la succession des archontes de Delphes n'est pas encore établie avec certitude. Cf. Ind., n° 111.

5. **Εἵλεσθε**, « *vous aviez élu* ». Le hiéromnémon, au contraire, était tiré au sort.

6. **Μειδίαν.** **Midias d'Anagyronte était un riche citoyen athénien,** qui avait, à plusieurs reprises, suscité des difficultés à Démosthène : d'abord dans l'affaire de la triérarchie (cf. § 173), en agissant de concert avec Thrasyloque son frère, puis lors de la campagne de Démosthène en Eubée (cf. II, 148, n. 8). En 347, à la suite de coups de poing reçus dans l'exercice d'une chorégie, celui-ci lui avait intenté un procès, et avait même composé contre lui un très violent plaidoyer. Mais, au dernier moment, il avait accepté une transaction, dont les motifs sont restés obscurs. On comprend qu'Eschine regrette l'absence d'un tel témoin. — Notez l'emploi emphatique de ἐκεῖνον.

7. Θρασυκλέα, personnage inconnu.

8. Ἀρτίως μέν... παραχρῆμα δέ. Traduisez : « *comme nous venions d'arriver... subitement* ».

μνήμονα Διόγνητον πυρέττειν· τὸ δ' αὐτὸ τουτο συνεπεπτώκει καὶ τῷ Μειδίᾳ. Οἱ δ' ἄλλοι συνεκάθηντο Ἀμφικτύονες. [116] Ἐξηγγέλλετο δ' ἡμῖν[1] παρὰ τῶν βουλομένων εὔνοιαν ἐνδείκνυσθαι τῇ πόλει[2] ὅτι οἱ Ἀμφισσεῖς ὑποπεπτωκότες[3] τότε καὶ δεινῶς θεραπεύοντες τοὺς Θηβαίους εἰσέφερον[4] δόγμα κατὰ τῆς ἡμετέρας πόλεως, πεντήκοντα ταλάντοις[5] ζημιῶσαι τὸν δῆμον τὸν Ἀθηναίων, ὅτι χρυσᾶς ἀσπίδας ἀνέθεμεν[6] πρὸς τὸν καινὸν νεὼν[7] πρὶν ἐξαρέσασθαι, καὶ ἐπεγράψαμεν τὸ προσῆκον[8] ἐπίγραμμα « Ἀθηναῖοι ἀπὸ Μήδων[9] καὶ Θηβαίων, ὅτε τἀναντία τοῖς Ἕλλη-

Exemple remarquable de la construction signalée § 144, n. 6.

1. Ἡμῖν, à nous, Athéniens.

2. Τῶν βουλομένων... τῇ πόλει. La périphrase est inquiétante. Peut-être ces amis d'Athènes étaient-ils les représentants de Philippe ou de ses alliés?

3. Ὑποπεπτωκότες, entendez : τοῖς Θηβαίοις. Cf. Lys., XII, 4, n. 9.

4. Εἰσέφερον. On peut entendre soit « *introduisaient* », soit « *cherchaient à introduire, préparaient* ». Dans le premier cas l'argumentation de Démosthène (*Cour.*, 149 sq.) est fondée : l'accusation des Locriens, n'ayant pas été précédée d'une *assignation* n'était pas recevable et Eschine a exagéré le danger. Dans le second, cette argumentation porte à faux; mais la précipitation d'Eschine n'en reste pas moins inexcusable.

5. Πεντήκοντα ταλάντοις = environ 294 500 francs.

6. Ἀνέθεμεν... νεών, « *nous avions suspendu aux murs du nouveau temple* ». Vainqueurs à Platées des Thébains et des Perses coalisés, les Athéniens avaient consacré des boucliers d'or à Apollon en souvenir de cette victoire. Mais ils avaient eu le tort de ne pas attendre la dédicace solennelle du temple (πρὶν ἐξαρέσασθαι).

7. Τὸν καινὸν νεών. Le temple construit par les Alcméonides à la fin du VIe siècle avait été ruiné dans le premier tiers du IVe (sans doute par le travail des eaux souterraines). On avait alors, au moyen de souscriptions panhelléniques, élevé, pour le remplacer, celui dont il est ici question.

8. Τὸ προσῆκον exprime l'opinion d'Eschine : l'inscription était bien ce qu'elle devait être.

9. Ἀπὸ Μήδων, litt : *sur les Mèdes*. Formule en usage dans les dédicaces. — La mention des Thébains blessait les Amphissiens.

σιν ἐμάχοντο ». Μεταπεμψάμενος δὲ ὁ ἱερομνήμων[1] ἠξίου με εἰσελθεῖν εἰς τὸ συνέδριον καὶ εἰπεῖν τι πρὸς τοὺς Ἀμφικτύονας ὑπὲρ τῆς πόλεως, καὶ αὐτὸν οὕτω προῃρημένον[2].

[117] Ἀρχομένου δέ μου λέγειν καὶ προθυμότερόν[3] πως εἰσεληλυθότος εἰς τὸ συνέδριον, τῶν ἄλλων πυλαγόρων μεθεστηκότων[4], ἀναβοήσας τις τῶν Ἀμφισσέων, ἄνθρωπος ἀσελγέστατος καί, ὡς ἐμοὶ ἐφαίνετο, οὐδεμιᾶς παιδείας μετεσχηκώς, ἴσως δὲ καὶ δαιμονίου[5] τινὸς ἐξαμαρτάνειν προαγομένου, « Ἀρχὴν[6] δέ γε » ἔφη, « ὦ ἄνδρες Ἕλληνες, εἰ ἐσωφρονεῖτε, οὐδ' ἂν ὠνομάζετο τοὔνομα τοῦ δήμου τοῦ Ἀθηναίων ἐν ταῖσδε ταῖς ἡμέραις, ἀλλ' ὡς εναγεῖς[7] ἐξείργετ' ἂν ἐκ τοῦ ἱεροῦ[8] ». [118] Ἅμα δὲ

1. Ὁ ἱερομνήμων, celui des Athéniens.

2. Καὶ προῃρημένον, « *de moi-même, j'avais déjà pris ce parti* ». On voit que les amis dévoués d'Athènes ne s'étaient pas contentés d'avertir Diognétos.

3. Καὶ προθυμότερον... μεθεστηκότων : sorte de parenthèse. Entré précipitamment dans le conseil, Eschine était, lorsqu'il commença à parler, sous le coup d'une émotion vive. Son exorde, consacré vraisemblablement à l'éloge d'Athènes, avait dû se ressentir de cette émotion, et c'est ce qui explique l'intervention de l'Amphissien.

4. Τῶν ἄλλων... μεθεστηκότων. Circonstance destinée à expliquer la précipitation d'Eschine. J'entends en effet : « *les autres pylagores s'étant retirés* », c'est-à-dire, lorsque la discussion pouvait être considérée comme close et qu'on allait passer au vote. On peut supposer, d'après ce passage, que les pylagores, qui ne votaient pas, quittaient la salle des séances au moment du vote. Aussitôt après avoir parlé, Eschine sort également du συνέδριον, § 122.

5. Δαιμονίου. Sur le δαίμων, cf. Lysias, XXIV, 22, n. 9.

6. Ἀρχήν, accusatif adverbial : « *avant tout* ».

7. Ἐναγεῖς, accordé avec τοὺς Ἀθηναίους, dont l'idée est contenue dans ce qui précède.

8. Ἐξείργετ' ἂν ἐκ τοῦ ἱεροῦ, « *vous les excluriez du temple* ». C'était le châtiment infligé aux

ἐμέμνητο τῆς τῶν Φωκέων συμμαχίας[1], ἣν ὁ Κρωβύλος[2] ἐκεῖνος ἔγραφε, καὶ ἄλλα πολλὰ καὶ δυσχερῆ κατὰ τῆς πόλεως διεξῄει, ἃ οὔτε τότ' ἐκαρτέρουν ἀκούων, οὔτε νῦν ἡδέως μέμνημαι αὐτῶν[3]. Ἀκούσας δὲ οὕτω παρωξύνθην ὡς οὐδεπώποτ' ἐν τῷ ἐμαυτοῦ βίῳ. Καὶ τοὺς μὲν ἄλλους λόγους ὑπερβήσομαι· ἐπῆλθε δ' οὖν[4] μοι ἐπὶ τὴν γνώμην μνησθῆναι τῆς τῶν Ἀμφισσέων περὶ τὴν γῆν τὴν ἱερὰν ἀσεβείας, καὶ αὐτόθεν ἑστηκὼς[5] ἐδείκνυον τοῖς Ἀμφικτύοσιν· ὑπόκειται γὰρ τὸ Κιρραῖον πεδίον τῷ ἱερῷ καὶ ἔστιν εὐσύνοπτον.

[119] « Ὁρᾶτ' », ἔφην ἐγώ, « ὦ ἄνδρες Ἀμφικτύονες, ἐξειργασμένον τουτὶ τὸ πεδίον ὑπὸ τῶν Ἀμφισσέων, καὶ κεραμεῖα ἐνῳκοδομημένα καὶ αὐ-

Amphictyons qui manquaient à leurs obligations.

1. Τῆς... συμμαχίας, celle qui avait été conclue sur la proposition d'Hégésippe (ἣν... ἔγραφε) entre Athènes et les Phocidiens au début de la deuxième guerre Sacrée. En soutenant un peuple révolté contre une sentence des Amphictyons, les Athéniens s'étaient rendus complices de son sacrilège.

2. Ὁ Κρωβύλος = l'orateur Hégésippe. Eschine ne l'appelle jamais autrement. C'était un surnom que les poètes comiques lui avaient donné pour se moquer du soin qu'il prenait de sa chevelure : le *crobyle* était en effet une forme de coiffure recherchée, d'origine asiatique, anciennement en usage dans l'Attique. — Hégésippe était un des hommes les plus en vue du parti antimacédonien.

3. Αὐτῶν : le pronom personnel pour éviter une seconde proposition relative. Cf. Lysias, XXV, 11, n. 3.

4. Ἐπῆλθε δ' οὖν, « *toujours est-il qu'il me vint à l'esprit...* » Eschine veut paraître avoir improvisé. — Sur cette assertion, cf. Démosthène (*Cour.*, 149).

5. Αὐτόθεν ἑστηκώς, « *de l'endroit où j'étais* ». Litt. : *me tenant là même* (c.-à-d. à l'endroit d'où je montrais). En pareil cas le grec emploie non pas l'adverbe de la question *ubi*, mais celui de la question *unde*. Voyez, au contraire, III, 257 : τοῦ βήματος οὗ νῦν ἑστηκὼς ἐγὼ λέγω.

λια[1] · ὁρᾶτε τοῖς ὀφθαλμοῖς τὸν ἐξάγιστον καὶ ἐπάρατον λιμένα τετειχισμένον · ἴστε τούτους αὐτοί[2], καὶ οὐδὲν ἑτέρων δεῖσθε μαρτύρων, τέλη πεπρακότας καὶ χρήματα λαμβάνοντας ἐκ[3] τοῦ ἱεροῦ λιμένος. » Ἅμα δὲ ἀναγιγνώσκειν ἐκέλευον αὐτοῖς[4] τὴν μαντείαν τοῦ θεοῦ, τὸν ὅρκον[5] τῶν προγόνων, τὴν ἀρὰν τὴν γενομένην, καὶ διωριζόμην[6] ὅτι [120] « Ἐγὼ μὲν[7] ὑπὲρ τοῦ δήμου τοῦ Ἀθηναίων καὶ τοῦ σώματος καὶ τέκνων καὶ οἰκίας τῆς ἐμαυτοῦ βοηθῶ[8] κατὰ τὸν ὅρκον καὶ τῷ θεῷ καὶ τῇ γῇ τῇ ἱερᾷ καὶ χειρὶ καὶ ποδὶ καὶ φωνῇ καὶ πᾶσιν οἷς δύναμαι, καὶ τὴν πόλιν τὴν ἡμετέραν τὰ πρὸς τοὺς θεοὺς ἀφοσιῶ[9] · ὑμεῖς δ' ὑπὲρ ὑμῶν αὐτῶν ἤδη βουλεύεσθε. Ἐνῆρκται μὲν τὰ κανᾶ[10], παρέστηκε δὲ τοῖς

1. Αὖλια, « *des fermes* ».

2. Αὐτοί, « *par vous-mêmes* », opposé à καὶ... μαρτύρων.

3. Ἐκ marque l'origine. Il s'agit d'une sorte de *droit de quai* établi sur les navires qui entraient dans le port.

4. Αὐτοῖς, « *à eux* » (les Amphictyons), dépend de ἀναγιγνώσκειν. Il n'est pas nécessaire de supposer comme le fait Démosthène (*Cour.*, 149) qu'Eschine avait apporté le texte de l'oracle et du serment. Des pièces aussi importantes devaient être gravées sur des stèles et exposées à la vue de tous.

5. Τὸν ὅρκον. Notez l'absence de particules de liaison dans l'énumération.

6. Διωριζόμην ὅτι, « *je définis ainsi* (*les responsabilités*) ». Litt. : *je fis cette distinction, à savoir que*....

7. Ἐγὼ μέν... κ. τ. λ. Cf. § 111, καὶ ἐξώλεις εἶναι... κ. τ. λ.

8. Βοηθῶ, le présent pour le futur, afin de donner plus de force à l'affirmation.

9. Ἀφοσιῶ τὴν πόλιν, litt. : *je détourne l'anathème de ma ville.* — Τὰ πρὸς τοὺς θεούς, « *en ce qui concerne les dieux* ».

10. Ἐνῆρκται τὰ κανᾶ. litt. : *les corbeilles sont commencées.* Entendez : on a ouvert les corbeilles contenant les objets nécessaires au sacrifice. Voyez Euripide, *Électre* (v. 1142), κανοῦν δ' ἐνῆρκται, et *Iphigénie à Aulis* (v. 1471), κανᾶ δ' ἐναρχέσθω τις.

βωμοῖς τὰ θύματα, μέλλετε δ' αἰτεῖν τοὺς θεοὺς τἀγαθὰ καὶ κοινῇ καὶ ἰδίᾳ. [121] Σκοπεῖτε δὴ ποίᾳ φωνῇ, ποίᾳ ψυχῇ, ποίοις ὄμμασι, τίνα τόλμαν κτησάμενοι[1] τὰς ἱκετείας ποιήσεσθε, τούτους παρέντες ἀτιμωρήτους τοὺς ἐναγεῖς[2] καὶ ταῖς ἀραῖς ἐνόχους. Οὐ γὰρ δι' αἰνιγμῶν, ἀλλ' ἐναργῶς[3] γέγραπται ἐν τῇ ἀρᾷ κατά τε τῶν ἀσεβησάντων, ἃ χρὴ παθεῖν αὐτούς, καὶ κατὰ τῶν ἐπιτρεψάντων[4], καὶ τελευταῖον ἐν τῇ ἀρᾷ γέγραπται « μηδ' ὁσίως[5], φησί, θύσειαν οἱ μὴ τιμωροῦντες[6] τῷ Ἀπόλλωνι μηδὲ τῇ Ἀρτέμιδι μηδὲ τῇ Λητοῖ μηδ' Ἀθηνᾷ Προναίᾳ, μηδὲ δέξαιντο αὐτοῖς τὰ ἱερά ».

[122] Ταῦτα καὶ πρὸς τούτοις ἕτερα πολλὰ διεξελθόντος ἐμοῦ, ἐπειδή ποτε ἀπηλλάγην καὶ μετέστην[7] ἐκ τοῦ συνεδρίου, κραυγὴ πολλὴ καὶ θόρυβος ἦν τῶν Ἀμφικτυόνων, καὶ ὁ λόγος ἦν οὐκέτι περὶ τῶν ἀσπίδων ἃς ἡμεῖς ἀνέθεμεν, ἀλλ' ἤδη περὶ τῆς τῶν Ἀμφισσέων τιμωρίας. Ἤδη δὲ πόρρω τῆς ἡμέρας ὄντος, προελθὼν ὁ κῆρυξ ἀνεῖπε Δελφῶν ὅσοι ἐπὶ δίετες ἡβῶσι[8], καὶ δούλους καὶ ἐλευθέρους,

1. Τίνα... κτησάμενοι. Cf. II, 152, n. 6.

2. Τοὺς ἐναγεῖς... κ. τ. λ. Notez la façon dont ces mots sont mis en relief par la construction.

3. Οὐ δι' αἰνιγμῶν, ἀλλ' ἐναργῶς. Cf. II, 43, n. 10.

4. Τῶν ἐπιτρεψάντων, sous-ent. : αὐτοὺς ἀσεβεῖν.

5. Μηδ' ὁσίως. A partir de ces mots, Eschine cite textuellement, comme l'indique φησί. Cf. § 110, n. 4 et 111 avec les notes.

6. Οἱ μὴ τιμωροῦντες, participe équivalant à une proposition conditionnelle. D'où la négation μή.

7. Ἐπειδή... μετέστην, « *lorsque je me fus éloigné et que j'eus quitté...* ». Cf. § 117, n. 4.

8. Ὅσοι... ἡβῶσι, litt. : *tous ceux qui ont dépassé de deux ans*

ἥκειν ἅμα τῇ ἡμέρᾳ ἔχοντας ἅμας καὶ δικέλλας πρὸς τὸ Θυτεῖον[1] ἐκεῖ καλούμενον· καὶ πάλιν ὁ αὐτὸς κῆρυξ ἀναγορεύει τοὺς ἱερομνήμονας καὶ τοὺς πυλαγόρους ἥκειν εἰς τὸν αὐτὸν τόπον βοηθήσοντας τῷ θεῷ καὶ τῇ γῇ τῇ ἱερᾷ· « Ἥτις δ' ἂν μὴ παρῇ[2] πόλις, εἴρξεται τοῦ ἱεροῦ καὶ ἐναγὴς ἔσται καὶ τῇ ἀρᾷ ἔνοχος ».

[123] Τῇ δὲ ὑστεραίᾳ ἥκομεν ἕωθεν εἰς τὸν προειρημένον τόπον, καὶ κατέβημεν εἰς τὸ Κιρραῖον πεδίον, καὶ τὸν λιμένα[3] κατασκάψαντες καὶ τὰς οἰκίας ἐμπρήσαντες ἀνεχωροῦμεν. Ταῦτα δὲ ἡμῶν πραττόντων[4], οἱ Λοκροὶ οἱ Ἀμφισσεῖς, ἑξήκοντα στάδια[5] ἄπωθεν οἰκοῦντες Δελφῶν, ἦλθον ἐφ' ἡμᾶς μεθ' ὅπλων πανδημεί· καὶ εἰ μὴ δρόμῳ[6] μόλις ἐξεφύγομεν εἰς Δελφούς, ἐκινδυνεύσαμεν ἂν ἀπολέσθαι. [124] Τῇ δὲ ἐπιούσῃ ἡμέρᾳ Κόττυφος[7] ὁ τὰς γνώμας ἐπιψηφίζων ἐκκλησίαν ἐποίει τῶν Ἀμφικτυόνων· ἐκκλησίαν γὰρ ὀνομάζουσιν, ὅταν τις μὴ μόνον

l'âge de l'adolescence. L'adolescence était considérée comme commençant à seize ans. Par suite, traduisez, « *tous les Delphiens au-dessus de dix-huit ans* ».

1. Τὸ Θυτεῖον, proprement : l'endroit où l'on immole les victimes. — Sur l'expression τὸ... καλούμενον, cf. p. 316, n. 9.

2. Ἥτις δ' ἂν μὴ παρῇ, proposition relative hypothétique : « *toute ville qui ne sera pas présente* » (dans la personne de ses mandataires).

3. Τὸν λιμένα. Cf. § 109, n. 7.

4. Πραττόντων : participe imparfait.

5. Ἑξήκοντα στάδια = environ 11 kilomètres.

6. Δρόμῳ, « *à la course* », datif de moyen.

7. Κόττυφος. Kottyphos, le hiéromnémon Thessalien qui présidait l'Assemblée amphictyonique (ὁ... ἐπιψηφίζων, cf. Ind., n° 112). Des inscriptions prouvent qu'il remplissait encore cette fonction à l'époque d'Alexandre.

τοὺς πυλαγόρους καὶ τοὺς ἱερομνήμονας συγκαλέσῃ, ἀλλὰ καὶ τοὺς θύοντας καὶ τοὺς χρωμένους[1] τῷ θεῷ. Ἐνταῦθ' ἤδη πολλαὶ μὲν τῶν Ἀμφισσέων[2] ἐγίγνοντο κατηγορίαι, πολὺς δ' ἔπαινος ἦν κατὰ[3] τῆς ἡμετέρας πόλεως· τέλος δὲ παντὸς τοῦ λόγου[4] ψηφίζονται ἥκειν τοὺς ἱερομνήμονας πρὸ τῆς ἐπιούσης πυλαίας[5] ἐν ῥητῷ χρόνῳ εἰς Πύλας, ἔχοντας δόγμα καθ' ὅ τι δίκας δώσουσιν οἱ Ἀμφισσεῖς ὑπὲρ ὧν εἰς τὸν θεὸν καὶ τὴν γῆν τὴν ἱερὰν καὶ τοὺς Ἀμφικτύονας ἐξήμαρτον.

[De retour à Athènes, Eschine et ses compagnons font approuver leur conduite par le peuple. Mais Démosthène, payé par les Amphissiens, obtient, grâce à un décret de rédaction ambiguë, que les Athéniens ne se rendraient pas à la session extraordinaire. Les Thébains s'abstiennent de même, et, en l'absence de ces deux peuples, on organise contre les Amphissiens une première expédition commandée par Kottyphos. Les Amphissiens, bien que vaincus, n'exécutant pas les décisions des Amphictyons, on confie à Philippe le commandement d'une seconde expédition. La vénalité de Démosthène avait empêché les Athéniens de défendre les intérêts du dieu (§§ 125-129).]

1. Χρωμένους : terme consacré pour désigner ceux qui « *consultent* » un oracle.

2. Τῶν Ἀμφισσέων, génitif objectif : « *contre les Amphissiens* ». — Ἐγίγνοντο, s'élevaient ».

3. Κατά, « *au sujet de* ». — Κατά avec le génitif, quoique signifiant ordinairement *contre*, n'a pas nécessairement un sens défavorable

4. Τέλος... λόγου, « *pour en finir* ».

5. Πρὸ... πυλαίας, « *avant la prochaine session ordinaire* », c.-à-d. avant la session d'automne. Les meneurs de l'affaire ayant intérêt à commencer la guerre le plus tôt possible, on ne dut laisser aux *hiéromnémons* que le temps strictement nécessaire pour aller prendre leurs instructions.

II

L'ALLIANCE THÉBAINE
(§§ 132-158)

L'alliance conclue entre Athènes et Thèbes avait été le résultat des efforts de Démosthène. Celui-ci, malgré le désastre de Chéronée, en acceptait, en revendiquait même la pleine responsabilité. Examinant la politique de son adversaire, Eschine ne pouvait négliger un événement aussi considérable. On trouvera ici dans son entier le passage qu'il lui a consacré. C'est un des morceaux les plus brillants du *Contre Ctésiphon*.

[132][1] Τοιγάρτοι[2] τί τῶν ἀνελπίστων[3] καὶ ἀπροσδοκήτων ἐφ' ἡμῶν[4] οὐ γέγονεν; οὐ γὰρ βίον γε ἡμεῖς ἀνθρώπινον[5] βεβιώκαμεν, ἀλλ' εἰς παραδοξολογίαν[6] τοῖς μεθ' ἡμᾶς ἔφυμεν. Οὐχ ὁ μὲν τῶν Περσῶν βασιλεύς[7], ὁ τὸν Ἄθω διορύξας[8], ὁ τὸν

1. §§ 132-136. *Développement oratoire servant d'introduction à la discussion sur l'alliance thébaine.*

2. Τοιγάρτο, « *aussi* ». (Voyez Isocrate, VI, 30, n. 9). Eschine venait de rappeler les impiétés et les impudences de Démosthène.

3. Ἀνελπίστων. Sur le sens d'ἐλπίζειν. Cf. Lysias, XII, 70, n. 5.

4. Ἐφ' ἡμῶν, « *de notre temps* ».

5. Βίον... ἀνθρώπινον, « *une vie d'hommes* ». Entendez : une vie ordinaire avec les vicissitudes qu'elle comporte.

6. Εἰς παραδοξολογίαν, « *pour (être l'objet de) récits extraordinaires* ». Notez l'emphase de ce début.

7. Ὁ τῶν Περσῶν βασιλεύς et non pas simplement βασιλεύς. Il s'agit en effet du roi de Perse en général, et Eschine désigne à la fois Xerxès, le vaincu des guerres Médiques, et Darius III Codoman, l'adversaire d'Alexandre.

8. Ὁ τὸν Ἄθω... κ. τ. λ. Cf. Isocrate, IV, 89, n. 8. Dans la forme traditionnelle donnée à cette antithèse, les deux participes étaient opposés par μέν et δέ. L'omission de ces particules par Eschine rend encore plus sensible l'absence voulue de liaisons dans toute l'énumération.

Ἑλλήσποντον ζεύξας, ὁ γῆν καὶ ὕδωρ τοὺς Ἕλληνας αἰτῶν[1], ὁ τολμῶν ἐν ταῖς ἐπιστολαῖς[2] γράφειν ὅτι δεσπότης ἐστὶν ἁπάντων ἀνθρώπων ἀφ' ἡλίου ἀνιόντος μέχρι δυομένου, νῦν οὐ περὶ τοῦ κύριος ἑτέρων εἶναι διαγωνίζεται, ἀλλ' ἤδη περὶ τῆς τοῦ σώματος σωτηρίας[3]; Καὶ τοὺς αὐτοὺς[4] ὁρῶμεν τῆς τε δόξης[5] ταύτης καὶ τῆς ἐπὶ τὸν Πέρσην ἡγεμονίας ἠξιωμένους, οἳ καὶ[6] τὸ ἐν Δελφοῖς ἱερὸν ἠλευθέρωσαν; [133] Θῆβαι δέ, Θῆβαι[7], πόλις ἀστυγείτων, μεθ' ἡμέραν μίαν[8] ἐκ μέσης τῆς Ἑλλάδος ἀνήρπασται[9], εἰ καὶ[10] δικαίως, περὶ τῶν ὅλων[11] οὐκ ὀρθῶς

1. Γῆν... αἰτῶν. Signe de soumission qui avait été demandé aux Grecs successivement par Darius et par Xerxès. — Αἰτῶν, participe imparfait.

2. Ἐν ταῖς ἐπιστολαῖς. Dans un discours qu'il prête à Xerxès, Hérodote (VII, 8, 3) lui fait dire : (si nous subjuguons les Athéniens), γῆν τὴν Περσίδα ἀποδέξομεν τῷ Διὸς αἰθέρι ὁμουρέουσαν. Οὐ γὰρ δὴ χώρην γε οὐδεμίαν κατόψεται ἥλιος ὅμουρον ἐοῦσαν τῇ ἡμετέρῃ.

3. Περὶ... σωτηρίας. Vaincu à Arbèles en 331, Darius avait été tué en juillet 330 : la nouvelle de sa mort n'était pas encore parvenue à Athènes à l'époque du procès (août-sept. 330).

4. Τοὺς αὐτούς. Les Macédoniens, qui au congrès de Corinthe avaient reçu le commandement suprême des forces grecques.

5. Τῆς δόξης ταύτης, à savoir : τοῦ κυρίους ἑτέρων εἶναι.

6. Οἳ καί, se rattache à τοὺς αὐτούς.,. κ. τ. λ., « *ceux à qui on reconnait* (litt : *les jugés dignes*, τοὺς ἀξιωμένους)... *sont aussi ceux qui* ». — Οἳ καὶ ἠλευθέρωσαν = καὶ ἐλευθερώσαντας.

7. Θῆβαι δέ, Θῆβαι : figure assez rare, appelée par les rhéteurs ἀναδίπλωσις. — Thèbes avait été ruinée par Alexandre (335).

8. Μεθ' ἡμέραν μίαν, « *en un seul jour* ». Litt. : *après une journée écoulée*. Ne pas confondre avec la locution μεθ' ἡμέραν, « *pendant le jour* ». Cf. II, 151.

9. Ἀνήρπασται. L'accord se fait avec πόλις, mot en apposition au sujet. — Pour l'emploi de ce verbe impliquant une destruction complète, cf. § 135.

10. Εἰ καί, « *sans doute* » (litt.: *quoique*) : proposition concessive elliptique à laquelle correspond le premier ἀλλά.

11. Περὶ τῶν ὅλων... κ. τ. λ. explique δικαίως. Entendez : pour

βουλευσάμενοι[1], ἀλλὰ τήν γε θεοβλάβειαν καὶ τὴν ἀφροσύνην οὐκ ἀνθρωπίνως, ἀλλὰ δαιμονίως κτησάμενοι[2]. Λακεδαιμόνιοι δ' οἱ ταλαίπωροι, προσαψάμενοι[3] μόνον τούτων τῶν πραγμάτων ἐξ ἀρχῆς περὶ τὴν τοῦ ἱεροῦ κατάληψιν, οἱ τῶν Ἑλλήνων ποτὲ ἀξιοῦντες ἡγεμόνες εἶναι, νῦν ὁμηρεύσοντες[4] καὶ τῆς συμφορᾶς ἐπίδειξιν ποιησόμενοι[5] μέλλουσιν ὡς Ἀλέξανδρον ἀναπέμπεσθαι, τοῦτο πεισόμενοι καὶ αὐτοὶ καὶ ἡ πατρὶς ὅ τι ἂν ἐκείνῳ δόξῃ, καὶ ἐν[6] τῇ τοῦ κρατοῦντος καὶ προηδικημένου μετριότητι κριθησόμενοι. [134] Ἡ δ' ἡμετέρα πόλις, ἡ κοινὴ καταφυγὴ τῶν Ἑλλήνων, πρὸς ἣν ἀφικνοῦντο πρό-

avoir pris au sujet des intérêts généraux de la Grèce des résolutions contraires au droit.

1. Βουλευσάμενοι : participe de sens causal. L'accord se fait avec l'idée de πολῖται contenue dans πόλις.

2. Τήν γε θεοβλάβειαν... κτησάμενοι. C'est la vieille idée religieuse de la divinité aveuglant les hommes pour les précipiter dans le malheur. — Κτησάμενοι, litt. : *ayant acquis*; par suite « *ayant été frappés de* ».

3. Προσαψάμενοι... κατάληψιν. Allusion aux secours en argent et en hommes fournis secrètement par Archidamos aux Phocidiens et grâce auxquels Philomèlos leur chef avait pu, au début de la deuxième guerre Sacrée, s'emparer du temple de Delphes. — Περί (sens primitif *autour*), « *vers l'époque de* ».

4. Νῦν ὁμηρεύσοντες... κ. τ. λ. Profitant de l'éloignement d'Alexandre et de l'absence d'Antipater, Agis avait réussi à soulever le Péloponnèse contre la domination macédonienne. Mais Antipater, revenu en hâte, l'avait vaincu et tué à Mégalopolis (été 330). Malgré sa victoire, il avait exigé seulement cinquante otages, et, sur la demande des Lacédémoniens, ces otages avaient été autorisés à aller joindre Alexandre alors en Asie (de là le verbe ἀναπέμπεσθαι : *être envoyés vers le haut pays*). Leur sort n'était pas encore réglé à l'époque du procès. — Ὁμηρεύσοντες : participe futur marquant le but, dépendant de ἀναπέμπεσθαι.

5. Ἐπίδειξιν ποιησόμενοι, « *pour attester* » (et non pour faire étalage de).

6. Ἐν, « *dans la mesure de* » Entendez : κριθησόμενοι ἐν « *leur sort dépendra de* ».

τερον ἐκ τῆς Ἑλλάδος αἱ πρεσβεῖαι, κατὰ πόλεις ἕκαστοι[1] παρ' ἡμῶν τὴν σωτηρίαν εὑρησόμενοι[2], νῦν οὐκέτι περὶ τῆς τῶν Ἑλλήνων ἡγεμονίας ἀγωνίζεται, ἀλλ' ἤδη περὶ τοῦ τῆς πατρίδος ἐδάφους[3]. Καὶ ταῦθ' ἡμῖν συμβέβηκεν ἐξ ὅτου[4] Δημοσθένης πρὸς τὴν πολιτείαν[5] προσελήλυθεν. Εὖ γὰρ περὶ τῶν τοιούτων Ἡσίοδος[6] ὁ ποιητὴς ἀποφαίνεται. Λέγει γάρ που[7], παιδεύων τὰ πλήθη καὶ συμβουλεύων ταῖς πόλεσι τοὺς πονηροὺς τῶν δημαγωγῶν μὴ προσδέχεσθαι· λέξω δὲ κἀγὼ τὰ ἔπη· [135] διὰ τοῦτο γὰρ οἶμαι παῖδας ὄντας ἡμᾶς τὰς

1. Ἕκαστοι. Apposition partitive à πρεσβεῖαι. L'accord se fait avec οἱ Ἕλληνες dont l'idée est facile à suppléer. — Κατὰ πόλεις ἕκαστοι, « *chaque peuple grec cité par cité* ».

2. Παρ' ἡμῶν... εὑρησόμενοι. Παρά avec le génitif de la personne = « *de la part de* ». Il faut donc entendre ici, « *devant trouver en l'obtenant de nous* ».

3. Περὶ τοῦ... ἐδάφους. Démosthène, plus prévoyant qu'Eschine, avait depuis longtemps montré que la politique de Philippe ne tendait qu'à cela : καὶ κακόνους μέν ἐστι, καὶ ἐχθρὸς ὅλῃ τῇ πόλει καὶ τῷ τῆς πόλεως ἐδάφει (*Sur les affaires de la Chersonèse*, § 39, année 341).

4. Ἐξ ὅτου, « *depuis que* ». C'est le sophisme bien connu : *post hoc, ergo propter hoc.*

5. Τὴν πολιτείαν. Le mot a chez les orateurs plusieurs sens qu'il faut distinguer : 1° = *forme de gouvernement, constitution* (Eschine, III, 5, 6); par suite : *la constitution par excellence, la démocratie* (Lysias, XII, 6); 2° = *l'administration des affaires, la politique*: c'est ici le sens (Cf. II, 153; III, 5, 173, etc.); par suite, *la politique* suivie par un citoyen, *sa conduite politique* (III, 136, 150).

6. Ἡσίοδος. Comme la connaissance des poètes était la marque d'une bonne éducation, Eschine aime à introduire des citations d'Homère, d'Hésiode et des tragiques dans ses discours. Le passage d'Hésiode cité ici figurait déjà en partie dans II, 158.

7. Λέγει γάρ που, annonce la citation d'Hésiode, qui devrait venir après προσδέχεσθαι. Mais au moment de la faire, Eschine ouvre une parenthèse : λέξω δὲ... κ. τ. λ. — Που : Hésiode (*Œuvres et Jours*, v. 240 sq.).

τῶν ποιητῶν γνώμας[1] ἐκμανθάνειν, ἵν' ἄνδρες ὄντες αὐταῖς χρώμεθα.

Πολλάκι δὴ ξύμπασα πόλις κακοῦ ἀνδρὸς ἀπηύρα[2],
ὅς κεν ἀλιτραίνῃ[3] καὶ ἀτάσθαλα μητιάαται.
Τοῖσιν δ' οὐρανόθεν μέγ' ἐπήγαγε πῆμα Κρονίων,
λιμὸν ὁμοῦ καὶ λοιμόν, ἀποφθινύθουσι δὲ λαοί·
ἢ τῶν γε[4] στρατὸν εὐρὺν ἀπώλεσεν ἢ ὅ γε τεῖχος,
ἢ νέας ἐν πόντῳ ἀποτείνυται εὐρύοπα Ζεύς.

[136] Ἐὰν δὲ περιελόντες τοῦ ποιητοῦ τὸ μέτρον τὰς γνώμας ἐξετάζητε, οἶμαι ὑμῖν δόξειν οὐ ποιήματα Ἡσιόδου εἶναι, ἀλλὰ χρησμὸν εἰς τὴν Δημοσθένους πολιτείαν· καὶ γὰρ ναυτικὴ καὶ πεζὴ στρατιὰ καὶ πόλεις ἄρδην εἰσὶν ἀνηρπασμέναι[5] ἐκ τῆς τούτου πολιτείας.

[137][6] Ἀλλ' οἶμαι οὔτε Φρυνώνδας[7] οὔτε Εὐρύ-

1. Τὰς τῶν ποιητῶν γνώμας, « *les maximes des poètes* ». La lecture et la récitation des poètes constituaient en effet un enseignement, non pas littéraire, mais moral et religieux.

2. Ἀπηύρα : imparfait (seul temps usité) de ἀπαυράω : *recevoir une part de*. Ici, « *a participé au sort de* ».

3. Ὅς κεν ἀλιτραίνῃ... κ. τ. λ. — Κεν avec le subjonctif (marquant l'indétermination) malgré ἀπηύρα, parce que cet imparfait (pris ici au sens de l'aoriste) exprime une vérité d'expérience. Cf. ἐπήγαγε, qu'il faut rendre en français par un présent.

4. Τῶν γε, ὅ γε. L'article au sens du démonstratif. Τῶν, « *de ceux-ci* » (τῶν λαῶν). — Ὁ, « *celui-ci* » (Κρονίων), sujet des trois propositions, quoique n'étant placé que dans la seconde. Εὐρύοπα Ζεύς forme ensuite apposition.

5. Ἄρδην... ἀνηρπασμέναι. Cf. II, 22, n. 5.

6. §§ 137-140 : *L'Alliance thébaine a été l'œuvre, non de Démosthène, mais des circonstances.* (Sur cette assertion et sur l'argumentation d'Eschine, cf. Hist., II, n° 12 et suiv.)

7. Φρυνώνδας... Εὐρύβατος. Phrynondas, Athénien, célèbre par sa fourberie. — Eurybate, Lydien d'Éphèse, qui, après avoir

βατος οὔτ' ἄλλος οὐδεὶς πώποτε τῶν πάλαι πονηρῶν τοιοῦτος[1] μάγος[2] καὶ γόης ἐγένετο, ὅς, ὦ γῆ καὶ θεοὶ[3] καὶ δαίμονες καὶ ἄνθρωποι, ὅσοι βούλεσθε[4] ἀκούειν τἀληθῆ, τολμᾷ λέγειν βλέπων εἰς τὰ πρόσωπα τὰ ὑμέτερα ὡς ἄρα[5] Θηβαῖοι τὴν συμμαχίαν ὑμῖν ἐποιήσαντο οὐ διὰ τὸν καιρὸν[6], οὐ διὰ τὸν φόβον τὸν περιστάντα αὐτούς, οὐ διὰ τὴν ὑμετέραν δόξαν, ἀλλὰ διὰ τὰς Δημοσθένους δημηγορίας. [138] Καίτοι πολλὰς μὲν τούτου πρότερον πρεσβείας[7] ἐπρέσβευσαν εἰς Θήβας οἱ μάλιστα οἰκείως ἐκείνοις διακείμενοι, πρῶτος μὲν Θρασύβουλος[8] ὁ Κολλυτεύς, ἀνὴρ ἐν Θήβαις πιστευθεὶς ὡς οὐδεὶς ἕτερος, πάλιν Θράσων[9] ὁ Ἑρχιεύς, πρόξενος

reçu de l'argent de Crésus pour lever une armée, s'était mis au service de Cyrus : type du traître. Leurs noms étaient passés en proverbe.

1. Τοιοῦτος... ὅς = τοιοῦτος (οἷός ἐστιν οὗτος) ὅς. Le corrélatif de τοιοῦτος est, en effet, sousentendu et ὅς a le même sens que ὅς γε.

2. Μάγος καὶ γόης. Cf. II, 153, n. 2.

3. Ὦ γῆ καὶ θεοὶ... κ. τ. λ. Très rares dans le discours sur l'Ambassade, les invocations de ce genre se multiplient dans celuici. Voyez, en particulier, § 260. — Δαίμονες, « *esprits, Génies* », puissances mal définies, mais distinctes des dieux (θεοί), qui, eux, avaient leur histoire et leur culte.

4. Ὅσοι βούλεσθε, « *vous tous qui voulez* ».

5. Ἄρα = *scilicet*. On emploie ὡς ἄρα lorsqu'on cite les paroles d'autrui sans les prendre à son compte.

6. Διὰ τὸν καιρόν. Cf. Hist., II, n° 12, et Démosthène (*Cour.*, 212)

7. Πολλὰς πρεσβείας. Cf. Hist., II, n° 13.

8. Θρασύβουλος. Thrasybule de Collyte avait pris part, avec son homonyme, Thrasybule de Steiria, au rétablissement de la démocratie à Athènes. En 378-377, il avait été désigné par les Athéniens pour décider les Thébains à entrer dans la nouvelle confédération maritime (Décret conservé par une inscription).

9. Θράσων. Thrason d'Herchia avait contribué, en 379, à la dé-

ὢν Θηβαίοις, [139] Λεωδάμας[1] ὁ Ἀχαρνεύς, οὐχ ἧττον Δημοσθένους λέγειν δυνάμενος, ἀλλ' ἔμοιγε καὶ ἡδίων, Ἀρχέδημος[2] ὁ Πήληξ, καὶ δυνατὸς εἰπεῖν καὶ πολλὰ κεκινδυνευκὼς ἐν τῇ πολιτείᾳ διὰ Θηβαίους, Ἀριστοφῶν ὁ Ἀζηνιεύς[3], πλεῖστον χρόνον τὴν τοῦ βοιωτιάζειν[4] ὑπομείνας αἰτίαν, Πύρρανδρος[5] ὁ Ἀναφλύστιος, ὃς ἔτι καὶ νῦν ζῇ. Ἀλλ' ὅμως οὐδεὶς πώποτε αὐτοὺς ἐδυνήθη προτρέψασθαι εἰς τὴν ὑμετέραν φιλίαν. Τὸ δ' αἴτιον[6] οἶδα μέν, λέγειν δ' οὐδὲν δέομαι διὰ τὰς ἀτυχίας αὐτῶν.

[140] Ἀλλ' οἶμαι, ἐπειδὴ Φίλιππος αὐτῶν ἀφελόμενος Νίκαιαν[7] Θετταλοῖς παρέδωκε, καὶ τὸν

livrance de la Cadmée. Il est mentionné également, en 356-55, comme ambassadeur, dans un traité d'alliance entre Athènes et un prince thrace, Kétriporis (Traité conservé par une inscription). — Πρόξενος. Sur ce titre, voyez l'Index, n° 11.

1. Λεωδάμας. Léodamas d'Acharnes, orateur influent du parti dévoué aux Thébains, adversaire constant de la politique de Callistrate (Hist., II, n° 13). Il passait pour avoir été l'élève d'Isocrate.

2. Ἀρχέδημος ὁ Πήληξ, connu surtout par ce passage d'Eschine.

3. Ἀριστοφῶν (438-338 environ). Homme d'État audacieux actif et passionné, orateur abondant, brillant improvisateur, Aristophon d'Azénia fut, plus de cinquante années durant, mêlé à la vie politique d'Athènes, et se vantait d'avoir, pendant ce temps, encouru, sans être condamné, 75 accusations d'*illégalité*. Cf. Hypéride, III, 28, n. 6.

4. Τοῦ βοιωτιάζειν. Hist., II, n° 13.

5. Πύρρανδρος. Pyrrhandre d'Anaphlyste avait pris une part active à l'établissement de la confédération formée contre Sparte après la délivrance de la Cadmée. Envoyé à Thèbes en 378-377, avec Thrasybule de Collyte, il avait, contrairement à l'assertion d'Eschine, pleinement réussi.

6. Τὸ δ' αἴτιον. Suivant Démosthène (*Cour.*, 18 et 35), les violences commises par les Thébains après Leuctres avaient soulevé contre eux un mouvement de répulsion et d'hostilité. Si c'est à cela qu'Eschine fait allusion, on voit qu'il néglige la chronologie.

7. Αὐτῶν ἀφελόμενος Νίκαιαν. Nikaea, place forte de la Locrieд

πόλεμον, ὃν πρότερον ἐξήλασεν ἐκ τῆς χώρας τῆς Βοιωτῶν, τοῦτον πάλιν τὸν αὐτὸν πόλεμον ἐπήγαγε διὰ τῆς Φωκίδος ἐπ' αὐτὰς τὰς Θήβας[1], καὶ τὸ τελευταῖον 'Ελάτειαν[2] καταλαβὼν ἐχαράκωσε καὶ φρουρὰν εἰσήγαγεν, ἐνταῦθ' ἤδη[3], ἐπεὶ[4] τὸ δεινὸν αὐτῶν ἥπτετο, μετεπέμψαντο[5] 'Αθηναίους, καὶ ὑμεῖς ἐξήλθετε[6] καὶ εἰσῆτε[7] εἰς τὰς Θήβας ἐν τοῖς ὅπλοις διεσκευασμένοι, καὶ οἱ πεζοὶ καὶ οἱ ἱππεῖς, πρὶν περὶ συμμαχίας μίαν μόνον συλλαβὴν γράψαι Δημοσθένην[8]. [141] 'Ο δ' εἰσάγων[9] ἦν ὑμᾶς εἰς

épicnémidienne et peut-être colonie de Thèbes, commandait le passage des Thermopyles. Après la guerre Sacrée, Philippe l'ayant prise aux Phocidiens (et non aux Thébains), l'avait donnée aux Thessaliens, et en 342 y avait établi une garnison macédonienne. Ces faits, qu'Eschine dénature, pouvaient difficilement, en 338, créer un état d'hostilité entre Philippe et les Thébains.

1. 'Επ' αὐτὰς τὰς Θήβας. Cf. Hist., II, n° 12.

2. 'Ελάτειαν. Élatée, la ville la plus importante de la Phocide, assurait la route des Thermopyles en Béotie. Philippe s'y était fortement établi dès le début de la campagne (hiver 339). Cf. Hist., II, n° 11.

3. 'Ενταῦθ' ἤδη. Cf. § 151, n. 7.

4. 'Επεί, avec l'imparfait : « *comme* ».

5. Μετεπέμψαντο. Il est possible qu'un parti thébain, dévoué aux Atheniéns, leur ait fait annoncer l'occupation d'Élatée. Mais il ne saurait être question, à cette date, — comme le dit Eschine, — d'une demande de secours adressée par Thèbes à Athènes.

6. 'Εξήλθετε. Sur la proposition de Démosthène, les Athéniens avaient envoyé, en effet, des troupes à Éleusis, non pour répondre à un prétendu appel des Thébains, mais pour leur montrer qu'ils étaient prêts à agir et rendre ainsi possible une alliance avec eux (Démosthène, discours *sur la Couronne*, § 177).

7. Εἰσῆτε. Inexactitude formelle. Les Athéniens ne pénétrèrent sur le territoire thébain qu'après la paix conclue.

8. Πρὶν... Δημοσθένην. Avant le traité conclu — du moins en ce qui concerne l'envoi de troupes à Éleusis —, mais cependant sur les conseils de Démosthène.

9. 'Ο δ' εἰσάγων, « *ce qui amenait..., c'était* ».

τὰς Θήβας καιρὸς καὶ φόβος καὶ χρεία συμμαχίας, ἀλλ' οὐ[1] Δημοσθένης.

Ἐπεὶ[2] περί γε ταύτας τὰς πράξεις τρία πάντων μέγιστα[3] Δημοσθένης εἰς ὑμᾶς ἐξημάρτηκε[4], πρῶτον μὲν, ὅτι[5] Φιλίππου τῷ μὲν ὀνόματι πολεμοῦντος ὑμῖν, τῷ δ' ἔργῳ πολὺ μᾶλλον μισοῦντος Θηβαίους, ὡς αὐτὰ[6] τὰ πράγματα δεδήλωκε[7], καὶ τί δεῖ τὰ πλείω[8] λέγειν; ταῦτα μὲν τὰ τηλικαῦτα τὸ μέγεθος ἀπεκρύψατο, προσποιησάμενος δὲ μέλλειν τὴν συμμαχίαν γενήσεσθαι οὐ διὰ τοὺς καιρούς, ἀλλὰ διὰ τὰς αὐτοῦ πρεσβείας, [142] πρῶτον μὲν συνέπεισε[9]

1. Ἀλλ' οὐ. Cf. Isocrate, IV, 80, n. 2.

2. Ἐπεί. Cf. Isocrate, VII, 40, n. 7.

3. Τρία... μέγιστα. *Par la façon dont il a conclu l'alliance, Démosthène a causé à Athènes trois préjudices.* De là trois points dans le développement : 1° (141-144) *En faisant croire que seul il pouvait conclure l'alliance, Démosthène a obtenu qu'on n'en discutât pas les conditions. Or les conditions ont été désavantageuses pour Athènes.*

4. Περὶ... ἐξημάρτηκε. Notez les trois constructions : ἐξαμαρτάνειν τι, *commettre une faute*, εἴς τινα, *à l'égard de quelqu'un*, περί τι, *en ce qui concerne quelque chose.*

5. Ὅτι, « *en ceci que* ».

6. Ὡς αὐτὰ... λέγειν; Sorte de parenthèse. La phrase reprend, mais en changeant de mouvement, avec ταῦτα... κ. τ. λ., qui résume Φιλίππου... Θηβαίους.

7. Τὰ πράγματα δεδήλωκε. Après Chéronée, Philippe s'était montré beaucoup plus dur pour les Thébains, qui l'avaient abandonné au moment critique, que pour les Athéniens. Il avait vendu comme esclaves les Thébains prisonniers, avait établi une garnison macédonienne dans la Cadmée et investi du gouvernement un conseil composé de trois cents de ses partisans.

8. Τὰ πλείω, litt. : *les choses en plus*, « *le reste* ». Cf. Sophocle (*Phil.*, 576) : Μή νύν μ' ἔρῃ τὰ πλείονα.

9. Συνέπεισε... κ. τ. λ. Démosthène le reconnaît et se vante d'avoir suivi, dans la circonstance, la seule politique vraiment pratique et digne d'Athènes (*Cour.*, 178). — Ἐπὶ τίσι, « *à quelles conditions* ».

τὸν δῆμον μηκέτι βουλεύεσθαι ἐπὶ τίσι δεῖ ποιεῖσθαι τὴν συμμαχίαν, ἀλλ' ἀγαπᾶν μόνον εἰ γίγνεται, τοῦτο δὲ προλαβὼν[1] ἔκδοτον[2] μὲν τὴν Βοιωτίαν ἅπασαν ἐποίησε Θηβαίοις, γράψας ἐν τῷ ψηφίσματι, « ἐάν τις ἀφιστῆται πόλις ἀπὸ Θηβαίων, βοηθεῖν Ἀθηναίους Βοιωτοῖς τοῖς ἐν Θήβαις », τοῖς ὀνόμασι κλέπτων[3] καὶ μεταφέρων τὰ πράγματα, ὥσπερ εἴωθεν, ὡς τοὺς Βοιωτοὺς[4] ἔργῳ κακῶς πάσχοντας[5] τὴν τῶν ὀνομάτων σύνθεσιν τῶν Δημοσθένους[6] ἀγαπήσοντας, ἀλλ' οὐ μᾶλλον ἐφ' οἷς κακῶς ἐπεπόνθεσαν ἀγανακτήσοντας· [143] δεύτερον δὲ τῶν εἰς τὸν πόλεμον ἀναλωμάτων τὰ μὲν δύο μέρη[7] ὑμῖν ἀνέθηκεν, οἷς ἦσαν ἀπωτέρω οἱ κίνδυνοι[8], τὸ δὲ τρίτον μέρος

1. Τοῦτο δὲ προλαβών, « *s'étant assuré de cela d'abord* », à savoir, que l'alliance serait offerte sans conditions.

2. Ἔκδοτον... Θηβαίοις. Cf. Hist., II, n°s 13 et 14. Aux yeux de Démosthène, la reconnaissance, au moins implicite, de la suprématie de Thèbes sur les villes béotiennes faisait partie des concessions nécessaires. L'important était de ménager dans les termes les susceptibilités des Athéniens et des Béotiens.

3. Τοῖς ὀνόμασι κλέπτων τὰ πράγματα, litt. : *dissimulant les faits sous les mots*. La ruse consistait dans l'emploi de l'expression Βοιωτοῖς τοῖς ἐν Θήβαις. Pour Démosthène, cette expression équivalait à τοῖς Θηβαίοις, mais les Béotiens pouvaient l'entendre de leurs représentants au congrès de Thèbes.

4. Ὡς τοὺς Βοιωτούς... ἀγαπήσοντας, « *comme si les Béotiens devaient se contenter...* ». Accusatif absolu. Notez ἀγαπᾶν avec l'accusatif de l'objet; on dit plutôt : ἀγαπᾶν... εἰ. Voyez ci-dessus, ἀγαπᾶν εἰ γίγνεται.

5. Ἔργῳ... πάσχοντας = devenus sujets de Thèbes. Opposé à τὴν... σύνθεσιν.

6. Τὴν... Δημοσθένους. Cf. II, 153, n. 2.

7. Τὰ δύο μέρη... ἀνέθηκεν, « *Il vous attribua les deux tiers* ». Le fait est confirmé par Démosthène (*Cour.*, 238-240). — Τὰ δύο. L'article, comme c'est l'usage dans l'énoncé d'une fraction.

8. Οἷς... οἱ κίνδυνοι. En français, nous renversons les termes :

Θηβαίοις, δωροδοκῶν[1] ἐφ' ἑκάστοις τούτων. καὶ τὴν ἡγεμονίαν τὴν μὲν κατὰ θάλατταν ἐποίησε κοινήν, τὸ δ' ἀνάλωμα ἴδιον ὑμέτερον, τὴν δὲ κατὰ γῆν, εἰ μὴ δεῖ ληρεῖν, ἄρδην[2] φέρων[3] ἀνέθηκε Θηβαίοις, ὥστε παρὰ[4] τὸν γενόμενον πόλεμον μὴ κύριον γενέσθαι Στρατοκλέα[5] τὸν ὑμέτερον στρατηγὸν βουλεύσασθαι περὶ τῆς τῶν στρατιωτῶν σωτηρίας. [144] Καὶ ταῦτ' οὐκ ἐγὼ μὲν[6] κατηγορῶ, ἕτεροι δὲ παραλείπουσιν, ἀλλὰ κἀγὼ λέγω καὶ πάντες ἐπιτιμῶσι[7] καὶ ὑμεῖς σύνιστε καὶ οὐκ ὀργίζεσθε. Ἐκεῖνο γὰρ πεπόνθατε πρὸς Δημοσθένην· συνείθισθε

« *plus éloignés du danger* ». Eschine joue sur les mots. Philippe était plus rapproché de Thèbes que d'Athènes, mais il ne demandait qu'à traiter avec Thèbes pour accabler Athènes.

1. Δωροδοκῶν. Le parti pris évident avec lequel cette accusation est dirigée contre chacun des actes de Démosthène lui enlève toute valeur. Deux faits seulement, parmi tous ceux qu'Eschine relève, méritent d'être discutés : le rôle de Démosthène dans le procès d'Apollodore contre Phormion, III, 173, n. 1, et l'emploi fait par lui des fonds perses, §§ 156 et 173.

2. Ἄρδην, « *entièrement* ». La restriction εἰ μὴ δεῖ ληρεῖν, « *si on ne veut pas se payer de mots* », prouve qu'Eschine interprète et tire à lui le texte du traité. En accordant aux Thébains le commandement des troupes de terre, les Athéniens avaient dû se réserver un contrôle analogue à celui qu'ils leur avaient laissé sur les opérations maritimes.

3. Φέρων, dont l'emploi s'explique peut-être en sous-entendant ἑαυτόν, forme une sorte d'expression adverbiale marquant un emportement irréfléchi : « *dans sa précipitation* ».

4. Παρά, avec l'accusatif, « *tout le long de, pendant le cours de* ».

5. Στρατοκλέα. Stratoclès commandait, avec Charès et Lysiclès, à Chéronée.

6. Ἐγὼ μὲν... ἕτεροι δέ, « *je ne suis pas seul à... tandis que d'autres* ». Nouvel exemple de la façon dont le grec coordonne par μέν et δέ des propositions que le français subordonne l'une à l'autre. Cf. Lysias, XXIV, 12, n. 3.

7. Πάντες ἐπιτιμῶσι. Démosthène rappelle, lui aussi, ces accusations (*Cour.*, 249).

ἤδη τἀδικήματα τὰ τούτου ἀκούειν, ὥστε οὐ θαυμάζετε. Δεῖ δὲ οὐχ οὕτως[1], ἀλλ' ἀγανακτεῖν καὶ τιμωρεῖσθαι[2], εἰ χρὴ τὰ λοιπὰ τῇ πόλει καλῶς ἔχειν.

[145][3] Δεύτερον δὲ καὶ πολὺ τούτου μεῖζον ἀδίκημα ἠδίκησεν, ὅτι[4] τὸ βουλευτήριον[5] τὸ τῆς πόλεως καὶ τὴν δημοκρατίαν[6] ἄρδην ἔλαθεν ὑφελόμενος, καὶ μετήνεγκεν εἰς Θήβας εἰς τὴν Καδμείαν, τὴν κοινωνίαν τῶν πράξεων[7] τοῖς Βοιωτάρχαις[8] συνθέμενος· καὶ τηλικαύτην αὐτὸς αὑτῷ δυναστείαν[9] κατεσκεύασεν, ὥστ' ἤδη παριὼν ἐπὶ τὸ βῆμα[10] πρεσβεύσειν μὲν ἔφη ὅποι ἂν αὐτῷ δοκῇ[11], κἂν μὴ ὑμεῖς ἐκπέμπητε,

1. Δεῖ δὲ οὐχ οὕτως, s.-ent. ἔχειν. Ellipse fréquente avec οὕτως.

2. Ἀγανακτεῖν... τιμωρεῖσθαι. Le sujet ὑμᾶς est sous-entendu, comme souvent dans les propositions infinitives dépendant de verbes marquant l'*obligation*.

3. §§ 145-147, 2e point : *En s'arrogeant un pouvoir illimité, Démosthène a supprimé, en fait, le gouvernement démocratique et commis librement les plus grandes fautes.*

4. Ὅτι. Cf. § 141, n. 5.

5. Τὸ βουλευτήριον. Cf. Ind., n° 123. Le local où se réunit le Conseil est pris pour le Conseil lui-même. Cf. au § 146, par un emploi de la même figure : τὸ βῆμα = *les orateurs*; τὸ στρατήγιον = *les stratèges*

6. Τὴν δημοκρατίαν.... κ. τ. λ. Il n'y avait plus de « *gouvernement populaire* » du moment que toutes les affaires se traitaient à Thèbes entre Démosthène et les Béotarques.

7. Τῶν πράξεων, « *la direction des affaires* ».

8. Τοῖς Βοιωτάρχαις. Les *Béotarques* étaient des magistrats élus par chacune des cités de la confédération béotienne. Ils formaient un conseil qui avait la direction des opérations militaires, commandaient eux-mêmes, en temps de guerre, les troupes de la ville qu'ils représentaient, et, quoique astreints à une reddition de comptes devant les quatre conseils des Béotiens, jouissaient d'une grande liberté d'action.

9. Δυναστείαν. Le mot, pris en mauvaise part, désigne ici un pouvoir arbitraire et tyrannique.

10. Παριὼν ἐπὶ τὸ βῆμα. Cf. II, 154, n. 9.

11. Ὅποι ἂν αὐτῷ δοκῇ. Le voisinage de Philippe imposait à la diplomatie un mystère peu compatible avec les habitudes démo-

[146] εἰ δέ τις αὐτῷ τῶν στρατηγῶν ἀντείποι[1], καταδουλούμενος[2] τοὺς ἄρχοντας[3] καὶ συνεθίζων μηδὲν αὐτῷ ἀντιλέγειν διαδικασίαν[4] ἔφη γράψειν τῷ βήματι[5] πρὸς τὸ στρατήγιον· πλείω γὰρ ὑμᾶς ἀγαθὰ ὑφ' ἑαυτοῦ ἔφη ἀπὸ τοῦ βήματος πεπονθέναι, ἢ ὑπὸ τῶν στρατηγῶν ἐκ τοῦ στρατηγίου[6]. Μισθοφορῶν[7] δ' ἐν τῷ ξενικῷ κεναῖς χώραις, καὶ τὰ στρατιωτικὰ χρήματα κλέπτων, καὶ τοὺς μυρίους[8] ξένους ἐκμισθώσας Ἀμφισσεῦσι[9], πολλὰ διαμαρτυ-

cratiques. Il est très vraisemblable que lorsqu'il s'agit de solliciter l'appui des cités grecques, Démosthène dut s'assurer une grande liberté d'action. Cf. Démosthène (*Cour.*, 178).

1. Εἰ δέ τις... ἀντείποι, comme l'avait fait Phocion. La lutte d'influence entre les stratèges et les orateurs avait été très vive pendant la guerre du Péloponnèse. Bien qu'elle eût abouti au triomphe des démagogues, on voit qu'elle n'était pas terminée au IVe siècle et qu'on pouvait encore se faire une arme contre les orateurs de l'ancienne rivalité entre la *tribune* et le *stratégion*.

2. Καταδουλούμενος... συνεθίζων, participes marquant l'effort, et se rapportant au sujet de ἔφη.

3. Τοὺς ἄρχοντας = les stratèges.

4. Διαδικασίαν γράψειν. Ind. n° 64 L'expression est prise au figuré, « *intenter une action pour décider du droit* (*de supériorité*) ».

5. Τῷ βήματι, datif d'intérêt : « *au nom de la tribune* »

6. Ἐκ τοῦ στρατηγίου. Aux *décrets* et aux *discours* de Démosthène. Eschine oppose les *plans* arrêtés par les stratèges dans leurs réunions.

7. Μισθοφορῶν... χώραις, litt. : *relativement à l'armée mercenaire, recevant une solde pour des cadres vides*. Démosthène, chargé de lever des mercenaires, aurait touché de l'État une somme destinée à des soldats qui ne furent jamais levés. Cette assertion est de celles qu'on ne peut vérifier.

8. Τοὺς μυρίους. L'article, parce qu'il s'agit de troupes connues.

9. Ἐκμισθώσας Ἀμφισσεῦσι. Démosthène avait engagé au service des Amphissiens 10000 mercenaires qui auraient pu dans la suite être utiles à Athènes. Il espérait sans doute arrêter Philippe dans sa marche sur Amphissa, avant l'arrivée des renforts d'Antipater. Mais Philippe déjoua ses projets et dès le début de la campagne de 338 s'empara d'Amphissa.

ρομένου[1] καὶ σχετλιάζοντος ἐν ταῖς ἐκκλησίαι ἐμοῦ, προσέμειξε[2] φέρων[3], ἀναρπασθέντων[4] τῶ ξένων, τὸν κίνδυνον ἀπαρασκεύῳ τῇ πόλει. [147] Τ γὰρ ἂν[5] οἴεσθε Φίλιππον ἐν τοῖς τότε καιροῖς εὔξασθαι; Οὐ χωρὶς μὲν πρὸς τὴν πολιτικὴν δύναμιν[6], χωρὶς δ' ἐν Ἀμφίσσῃ πρὸς τοὺς ξένους διαγωνίσασθαι, ἀθύμους δὲ τοὺς Ἕλληνας λαβεῖν τηλικαύτης πληγῆς προγεγενημένης; Καὶ τηλικούτων κακῶν αἴτιος γενόμενος Δημοσθένης οὐκ ἀγαπᾷ εἰ μὴ δίκην δέδωκεν, ἀλλ' εἰ μὴ καὶ χρυσῷ στεφάνῳ στεφανωθήσεται, ἀγανακτεῖ· οὐδ' ἱκανόν ἐστιν αὐτῷ ἐναντίον ὑμῶν κηρύττεσθαι, ἀλλ' εἰ μὴ τῶν Ἑλλήνων ἐναντίον[7] ἀναρρηθήσεται, τοῦτ' ἤδη[8] ἀγανακτεῖ. Οὕτως, ὡς ἔοικε[9], πονηρὰ φύσις, μεγάλης ἐξουσίας ἐπιλαβομένη, δημοσίας ἀπεργάζεται[10] συμφοράς.

1. Διαμαρτυρομένου... κ. τ. λ. Cette opposition d'Eschine, si elle est réelle, prouve peut-être que les amis de Philippe ne considéraient pas le projet comme trop téméraire.

2. Προσέμειξε... τὸν κίνδυνον... τῇ πόλει, litt. : *il mit aux prises*. Expression usitée pour dire que deux combattants en viennent aux mains. On peut traduire, « *il porta le danger aux portes de la ville* ».

3. Φέρων, « *de gaieté de cœur* ». Cf. 143, n. 3.

4. Ἀναρπασθέντων = *de medio sublatis*.

5. Ἂν se rattache à εὔξασθαι.

6. Τὴν πολιτικὴν δύναμιν, « *l'armée composée de citoyens* », opposée à τοὺς ξένους. Cf. Hypéride, VI, 11.

7. Τῶν Ἑλλήνων ἐναντίον, ce qui, d'après Eschine (§§ 32 sq.), constituait une illégalité. Une couronne décernée par le peuple devait être proclamée dans l'*assemblée* (ἐν ἐκκλησίᾳ, ἐναντίον ὑμῶν). Cf. Ind., n° 118.

8. Ἤδη ἀγανακτεῖ, « *il va jusqu'à s'indigner* ». Cf. § 145 : ἤδη ἔφη.

9. Ὡς ἔοικε, « *à ce qu'il paraît* », ironique.

10. Ἀπεργάζεται συμφοράς, par l'attribution d'une couronne à Démosthène, auteur du désastre de Chéronée, et la proclamation de

[148][1] Τρίτον δὲ καὶ τῶν προειρημένων μέγιστόν[2] ἐστιν ὃ μέλλω λέγειν. Φιλίππου γὰρ οὐ καταφρονοῦντος τῶν Ἑλλήνων, οὐδ' ἀγνοοῦντος (οὐ γὰρ ἦν ἀσύνετος[3]), ὅτι περὶ τῶν ὑπαρχόντων ἀγαθῶν ἐν ἡμέρας μικρῷ μέρει διαγωνιεῖται, καὶ διὰ ταῦτο βουλομένου ποιήσασθαι εἰρήνην[4] καὶ πρεσβείας ἀποστέλλειν μέλλοντος[5], καὶ τῶν ἀρχόντων τῶν ἐν Θήβαις φοβουμένων τὸν ἐπιόντα κίνδυνον (εἰκότως·[6] οὐ γὰρ ῥήτωρ ἀστράτευτος[7] καὶ λιπὼν τὴν τάξιν[8]

cette couronne devant les Grecs réunis; en d'autres termes : en ajoutant la honte au malheur de la défaite.

1. §§ 148-151, 3e point : *En repoussant la paix offerte par Philippe et presque acceptée par Thèbes, Démosthène a rendu inévitable la bataille de Chéronée.*

2. Τῶν προειρημένων μέγιστον. Mélange des deux constructions : μέγιστον πάντων et μεῖζον τῶν προειρημένων.

3. Οὐ γὰρ ἦν ἀσύνετος. Les adversaires eux-mêmes de Philippe reconnaissaient son intelligence et son habileté. Démosthène dit en parlant de lui : πανοῦργος ὢν καὶ δεινὸς ἄνθρωπος πράγμασι χρῆσθαι (*Olynth.*, I, 3).

4. Βουλομένου... εἰρήνην. Sur la situation de Philippe et la sincérité de ses propositions de paix, cf. Hist., II, n° 15.

5. Μέλλοντος, « *se disposant à* ». Philippe avait sans doute envoyé à Thèbes le *héraut* chargé de demander un *sauf-conduit* pour ses ambassadeurs. Accorder le *sauf-conduit*, c'eût été déclarer qu'on était disposé à négocier. Par là s'explique la conduite attribuée aux Béotarques et à Démosthène.

6. Εἰκότως, « *comme on devait s'y attendre* ». Cf. p. 314, n. 1, εἰκότως, ainsi suivi de γάρ, sert à expliquer ou à justifier une affirmation. Ici l'explication forme une véritable parenthèse qui se termine avec ἐπαίδευσε.

7. 'Αστράτευτος. Comme Eschine ne dirige nulle part contre Démosthène l'accusation d'ἀστρατεία (Ind., n° 68), le mot doit avoir ici un sens plus général que dans la loi de Solon (§§ 175-176) = « *n'ayant pas fait la guerre* ».

8. Λιπὼν τὴν τάξιν (Ind., n° 68). A Chéronée, la défaite n'étant plus douteuse, Démosthène s'était laissé entraîner dans la fuite générale. Quoique les Athéniens ne lui en eussent pas tenu rancune (cf. § 152), ses adversaires n'avaient cessé de le lui reprocher comme une lâcheté. L'accusation de « *désertion* » ne revient pas moins de dix fois dans notre discours.

αὐτοὺς ἐνουθέτησεν, ἀλλ' ὁ Φωκικὸς πόλεμος[1] δεκέτης γεγονὼς ἀείμνηστον παιδείαν αὐτοὺς ἐπαίδευσε)· [149] τούτων ἐχόντων[2] οὕτως αἰσθόμενος Δημοσθένης καὶ τοὺς Βοιωτάρχας ὑποπτεύσας μέλλειν εἰρήνην ἰδίᾳ[3] ποιεῖσθαι, χρυσίον ἄνευ αὐτοῦ[4] παρὰ Φιλίππου λαβόντας, ἀβίωτον[5] ἡγησάμενος εἶναι, εἴ τινος ἀπολειφθήσεται δωροδοκίας, ἀναπηδήσας[6] ἐν τῇ ἐκκλησίᾳ, οὐδενὸς ἀνθρώπων λέγοντος οὔθ' ὡς δεῖ ποιεῖσθαι πρὸς Φίλιππον εἰρήνην οὔθ' ὡς οὐ δεῖ, ἀλλ'[7] ὡς ᾤετο[8] κήρυγμά τι τοῦτο[9] τοῖς Βοιωτάρχαις προκηρύττων, ἀναφέρειν αὐτῷ τὰ μέρη τῶν λημμάτων[10], [150] διώμνυτο τὴν 'Αθηνᾶν[11],

1. 'Ο... πόλεμος, *la deuxième guerre Sacrée* qui avait duré de 356 à 346 et s'était terminée par la ruine complète des Phocidiens.

2. Τούτων ἐχόντων, génitif dépendant de αἰσθόμενος, résume tout ce qui précède la parenthèse.

3. 'Ιδίᾳ, « *séparément* », s'opposerait à κοινῇ (*d'un commun accord* avec les Athéniens leurs alliés).

4. Ἄνευ αὐτοῦ. Sur cette accusation systématique de vénalité, cf. § 143, n. 1.

5. 'Αβίωτον εἶναι, « *que ce n'était pas une vie* ».

6. 'Αναπηδήσας. Cf. § 173 : ἀνεπήδησεν ἐπὶ τὸ βῆμα. Par ce mot qui fait image, Eschine veut marquer l'emportement de Démosthène.

7. 'Αλλ(ὰ)... προκηρύττων oppose la véritable raison (d'après Eschine) de l'intervention de Démosthène, aux explications qu'on pourrait en donner (οὐδένος ἀνθρώπων... κ. τ. λ.).

8. 'Ως ᾤετο, « *à ce qu'il croyait* ».

9. Κήρυγμά τι τοῦτο κ. τ. λ., construisez : προκηρύττων τοῦτο (= ἀναφέρειν... τῶν λημμάτων) κήρυγμά τι (attribut). Suivant Eschine, Démosthène aurait donné la forme d'un *avertissement public*, d'une *invitation officielle* (κήρυγμα) à ce qui n'était que l'expression de ses préoccupations personnelles.

10. Τῶν λημμάτων, « *des profits* ».

11. Τὴν 'Αθηνᾶν. Il y avait sur l'Acropole trois statues d'Athèna dues à Phidias : l'Athèna Lemnias, la statue colossale d'Athèna Promachos et la statue chryséléphantine, placée dans le Parthénon.

ἣν ὥς ἔοικε Φειδίας ἐνεργολαβεῖν[1] ἠργάσατο[2] καὶ ἐνεπιορκεῖν Δημοσθένει, ἦ μήν[3], εἴ τις ἐρεῖ ὡς χρὴ πρὸς Φίλιππον εἰρήνην ποιήσασθαι, ἀπάξειν εἰς τὸ δεσμωτήριον[4] ἐπιλαβόμενος τῶν τριχῶν, ἀπομιμούμενος τὴν Κλεοφῶντος πολιτείαν[5], ὃς ἐπὶ τοῦ πρὸς Λακεδαιμονίους πολέμου, ὡς λέγεται, τὴν πόλιν ἀπώλεσεν. Ὡς δ' οὐ προσεῖχον αὐτῷ οἱ ἄρχοντες οἱ ἐν ταῖς Θήβαις, ἀλλὰ καὶ τοὺς στρατιώτας τοὺς ὑμετέρους πάλιν ἀνέστρεψαν[6] ἐξεληλυθότας, ἵνα βουλεύσησθε περὶ τῆς εἰρήνης, [151] ἐνταῦθ' ἤδη[7] παντάπασιν ἔκφρων ἐγένετο, καὶ παρελθὼν ἐπὶ τὸ βῆμα[8] προδότας τῶν Ἑλλήνων τοὺς Βοιωτάρχας ἀπεκάλει[9], καὶ γράψειν ἔφη ψήφισμα ὁ τοῖς πολεμίοις οὐδεπώποτ' ἀντιβλέψας[10],

1. Ἐνεργολαβεῖν... καὶ ἐνεπιορκεῖν = ὥστε ἐν αὐτῇ ἐργολαβεῖν... καὶ ἐπιορκεῖν.

2. Ἠργάσατο. Cf. Hypéride, III, 35, n. 9.

3. Ἦ μήν. Cf. Isocrate, XVII, 19, n. 3.

4. Τὸ δεσμωτήριον. Ind., n° 46.

5. Τὴν Κλεοφῶντος πολιτείαν. Cf. Hist., I, n°s 5 et 6. Suivant Aristote (*Constitution d'Athènes*, chap. XXXIV) Cléophon se serait présenté dans l'Assemblée en état d'ivresse et revêtu d'une cuirasse, et, d'après Eschine (II, 76), aurait menacé d'égorger quiconque parlerait de traiter avec Sparte. Sur τὴν πολιτείαν, cf. § 134, n. 5.

6. Ἀνέστρεψαν, terme technique, « *ils leur avaient fait faire volte-face.* »

7. Ἐνταῦθ' ἤδη, employés comme souvent τότε δή, ἐνταῦθα δή, οὕτω δή, pour mettre en relief le rapport de la proposition principale à la subordonnée, lorsque celle-ci précède.

8. Παρελθὼν ἐπὶ τὸ βῆμα. Cf. II, 154, n 9, et Ind., n° 134.

9. Ἀπεκάλει. — Ἀποκαλεῖν signifie proprement : *appeler par suite de* (sens de ἀπό), d'où « *surnommer* ».

10. Ὁ... ἀντιβλέψας. Notez la place de cette apposition entre le mot ψήφισμα et la proposition πέμπειν... κ. τ. λ., qui en exprime le contenu. — Ἀντιβλέπειν τινί, « *regarder en face* » (avec assurance). Cf. § 152, pour exprimer l'*impudence* de Démosthène βλέπων εἰς τὰ τούτων πρόσωπα.

πέμπειν ὑμᾶς πρέσβεις εἰς Θήβας αἰτήσοντας Θηβαίους δίοδον ἐπὶ Φίλιππον. Ὑπεραισχυνθέντες δὲ οἱ ἐν Θήβαις ἄρχοντες, μὴ δόξωσιν[1] ὡς ἀληθῶς εἶναι προδόται τῶν Ἑλλήνων, ἀπὸ μὲν τῆς εἰρήνης ἀπετράποντο, ἐπὶ δὲ τὴν παράταξιν ὥρμησαν.

[152][2] Ἔνθα δὴ καὶ τῶν ἀγαθῶν ἀνδρῶν ἄξιόν ἐστιν ἐπιμνησθῆναι, οὓς οὗτος ἀθύτων[3] καὶ ἀκαλλιερήτων ὄντων τῶν ἱερῶν ἐκπέμψας ἐπὶ τὸν πρόδηλον κίνδυνον, ἐτόλμησε τοῖς δραπέταις[4] ποσὶ καὶ λελοιπόσι τὴν τάξιν ἀναβὰς ἐπὶ τὸν τάφον τὸν τῶν τελευτησάντων ἐγκωμιάζειν[5] τὴν ἐκείνων ἀρετήν[6]. Ὦ πρὸς μὲν τὰ μεγάλα καὶ σπουδαῖα τῶν ἔργων

1. **Μὴ δόξωσιν**, dépend de l'idée de *crainte* impliquée par ὑπεραισχυνθέντες.

2. §§ 152-158. *Conclusion oratoire de tout le développement.*

3. **Ἀθύτων... κίνδυνον.** Membre de phrase qui se trouvait déjà dans un morceau précédent (§ 131). — Ἀθύτων, « *non acceptés comme sacrifices*, *défavorables* ». Cf. l'expression : τὰ ἱερὰ οὐ γίγνεται. — Démosthène avait eu en effet à lutter contre une impression de terreur religieuse qui, secrètement entretenue par le parti macédonien, s'était emparée de la cité, à l'approche de la bataille.

4. **Τοῖς δραπέταις ποσί.** Le substantif δραπέτης est pris adjectivement (cf., en latin, *fugitivus*). Construction rare en prose. Sur les faits, cf. § 148, n. 8.

5. **Ἐγκωμιάζειν.** Malgré l'opposition d'Eschine et de ses amis, les Athéniens avaient voulu reconnaître le patriotisme de Démosthène en le chargeant de prononcer l'éloge des guerriers morts à Chéronée (Cf. Démosthène, *Cour.*, 285-288). Le discours de Démosthène ne nous est pas parvenu : l'*oraison funèbre* qui figure dans la collection de ses œuvres est apocryphe.

6. **Τὴν ἐκείνων ἀρετήν**, malgré οὓς **ἐκπέμψας**. Le passage du relatif au démonstratif, fréquent entre deux membres de phrase coordonnés (cf. Lysias, XXV, 11, n. 3), est au contraire très rare à l'intérieur d'un membre entre deux propositions dont l'une est au participe et l'autre au mode personnel. Cf. cependant Platon (*Ménexène*, 239 D) : γονεῖς ἡμέτεροι ὧν καὶ δίκαιον καὶ χρὴ πρῶτον μεμνημένους ἐπαινέσαι αὐτῶν τὴν ἀρετήν.

ἁπάντων ἀνθρώπων ἀχρηστότατε[1], πρὸς δὲ τὴν ἐν τοῖς λόγοις τόλμαν θαυμασιώτατε, ἐπιχειρήσεις αὐτίκα μάλα, βλέπων εἰς τὰ τούτων πρόσωπα[2], λέγειν ὡς δεῖ σε[3] ἐπὶ ταῖς τῆς πόλεως συμφοραῖς στεφανοῦσθαι; Ἐὰν δ' οὗτος λέγῃ, ὑμεῖς ὑπομενεῖτε, καὶ συναποθανεῖται τοῖς τελευτήσασιν ὡς ἔοικε[4] καὶ ἡ ὑμετέρα μνήμη; [153] Γένεσθε δή μοι μικρὸν χρόνον τὴν διάνοιαν[5] μὴ ἐν τῷ δικαστηρίῳ, ἀλλ' ἐν τῷ θεάτρῳ[6], καὶ νομίσαθ' ὁρᾶν προϊόντα τὸν κήρυκα καὶ τὴν ἐκ τοῦ ψηφίσματος ἀνάρρησιν μέλλουσαν γίγνεσθαι, καὶ λογίσασθε πότερ' οἴεσθε τοὺς οἰκείους τῶν τελευτησάντων πλείω δάκρυα ἀφήσειν ἐπὶ ταῖς τραγῳδίαις καὶ τοῖς ἡρωικοῖς πάθεσι τοῖς μετὰ ταῦτ' ἐπεισιοῦσιν[7], ἢ ἐπὶ τῇ τῆς πόλεως ἀγνωμοσύνῃ[8].

1. Ἀχρηστότατε... θαυμασιώτατε, figure appelée par les rhéteurs ὁμοιόπτωτον : emploi du même cas dans deux membres de phrases symétriques.

2. Βλέπων... πρόσωπα. Cf. § 151, n. 10.

3. Ὡς δεῖ σε... κ. τ. λ. Démosthène ne le dit pas en effet, mais il montre avec force (§§ 244-247) pourquoi ce n'est pas sur les résultats qu'il faut juger sa politique.

4. Ὡς ἔοικε, ironique, porte sur συναποθανεῖται.

5. Γένεσθε... τὴν διάνοιαν. On a là un exemple de la figure familière à Eschine appelée διατύπωσις (*demonstratio*). Cf. *Rhétorique à Hérennius*, IV, 55, 68 : « *demonstratio est, cum ita verbis res exprimitur, ut geri negotium et res ante oculos esse videatur* ». — Τὴν διάνοιαν : accusatif de relation, « *par la pensée* ». Cf. § 157, dans un cas semblable une formule un peu différente. De même (§ 186) προέλθετε τῇ διανοίᾳ καὶ εἰς τὴν στοὰν τὴν ποικίλην (*le Pœcile*).

6. Τῷ θεάτρῳ, où, *aux termes du décret* (ἐκ τοῦ ψηφίσματος), devait avoir lieu *la proclamation* (τὴν ἀνάρρησιν) de la couronne. Cf. Ind., n°s 118 et 125.

7. Ἐπεισιοῦσιν, employé au figuré. — Εἰσιέναι, se dit proprement de l'acteur qui *entre en scène*. L'addition de ἐπί répond à μετὰ ταῦτα.

8. Ἀγνωμοσύνῃ, « *l'aberration* ». Cf. § 170, n. 5.

[154] Τίς γὰρ οὐκ ἂν ἀλγήσειεν ἄνθρωπος Ἕλλην καὶ παιδευθεὶς ἐλευθερίως[1], ἀναμνησθεὶς ἐκεῖνό γε, εἰ μηδὲν ἕτερον[2], ὅτι ταύτῃ ποτὲ τῇ ἡμέρᾳ[3] μελλόντων ὥσπερ νυνὶ τῶν τραγῳδῶν[4] γίγνεσθαι, ὅτ' εὐνομεῖτο μᾶλλον ἡ πόλις[5] καὶ βελτίοσι προστάταις[6] ἐχρῆτο, προελθὼν ὁ κῆρυξ καὶ παραστησάμενος τοὺς ὀρφανούς, ὧν οἱ πατέρες ἦσαν ἐν τῷ πολέμῳ τετελευτηκότες, νεανίσκους πανοπλίᾳ[7] κεκοσμημένους, ἐκήρυττε τὸ κάλλιστον κήρυγμα καὶ προτρεπτικώτατον πρὸς ἀρετήν, ὅτι τούσδε τοὺς νεανίσκους, ὧν οἱ πατέρες ἐτελεύτησαν ἐν τῷ πολέμῳ ἄνδρες ἀγαθοὶ[8] γενόμενοι, μέχρι

1. Ἐλευθερίως = *liberaliter*, distinct de ἐλευθέρως, *libere*.

2. Εἰ μηδὲν ἕτερον : tournure elliptique qui équivaut au gallicisme : « *à défaut d'autre chose* ».

3. Ταύτῃ τῇ ἡμέρᾳ, au moment des Grandes Dionysies. Cf. Ind., n° 116.

4. Τῶν τραγῳδῶν, « *le concours de tragédie* », quoique ὁ τραγῳδός signifie seulement « *le poète tragique* ». Expression consacrée. Cf. en latin *gladiatoribus = ludis gladiatoriis*.

5. Ὅτε... ἡ πόλις. Cette restriction ne s'entend que de la présentation solennelle des orphelins au théâtre. L'usage d'élever aux frais de l'État les enfants des guerriers morts en combattant existait encore au temps d'Aristote (cf. Arist., *Politique*, II, 8, 5); on le faisait remonter à Solon. Il est rappelé par Thucydide (II, 46) et par Hypéride (VI, § 42); Platon le décrit (*Ménexène*, p. 249 A).

6. Προστάταις. Cf. Ind., n° 9. Le mot est pris ici au sens général de *chefs*. Arist. (*Constitution d'Athènes*, XXIII) désigne Aristide et Thémistocle sous le nom de προστάται τοῦ δήμου.

7. Πανοπλίᾳ : « *l'armure complète* » de l'hoplite comprenait le casque, la cuirasse, les cnémides, le bouclier et la lance. Les soldats s'équipaient à leurs frais, et pour être hoplite, il fallait justifier d'une certaine fortune déterminée permettant d'acheter les armes et de les entretenir.

8. Ἄνδρες ἀγαθοὶ γενόμενοι, « *après s'être bien conduits* ». Formule officielle qu'on retrouve dans les décrets honorifiques : « *Décerner un éloge* (ἐπαινέσαι) *à un tel*, ὅτι ἀνὴρ ἀγαθός ἐστι περὶ τὸν δῆμον τὸν Ἀθηναίων ».

μὲν[1] ἥβης ὁ δῆμος ἔτρεφε[2], νυνὶ δὲ καθοπλίσας[3] τῇδε τῇ πανοπλίᾳ, ἀφίησιν ἀγαθῇ τύχῃ[4] τρέπεσθαι ἐπὶ τὰ ἑαυτῶν[5], καὶ καλεῖ εἰς προεδρίαν[6]. [155] Τότε μὲν ταῦτ' ἐκήρυττεν, ἀλλ' οὐ[7] νῦν, ἀλλὰ[8] παραστησάμενος τὸν τῆς ὀρφανίας τοῖς παισὶν αἴτιον[9] — τί ποτ' ἀνερεῖ[10], ἢ τί φθέγξεται[11]; Καὶ γὰρ ἐὰν αὐτὰ διεξίῃ τὰ ἐκ τοῦ ψηφίσματος προστάγματα, ἀλλ'[12] οὐ τό γ' ἐκ τῆς ἀληθείας αἰσχρὸν[13] σιωπήσεται, ἀλλὰ τἀναντία δόξει τῇ τοῦ κήρυκος φωνῇ φθέγγεσθαι, ὅτι τόνδε τὸν ἄνδρα, εἰ δὴ[14] καὶ

1. Μέχρι μὲν... νυνὶ δέ. Cf. § 144, n. 6.

2. Ἔτρεφε, « *les faisait élever* ». Imparfait du style direct conservé régulièrement dans le discours indirect.

3. Καθοπλίσας. Notez le sens de κατά en composition. Cf. II, § 22, n. 5.

4. Ἀγαθῇ τύχῃ. Formule de bon augure qui figure en tête d'un grand nombre de décrets athéniens. D'abord rattachée grammaticalement au texte, elle s'en était peu à peu détachée pour former une expression indépendante = *quod bene vertat, quod felix faustumque sit*.

5. Τρέπεσθαι ἐπὶ τὰ ἑαυτῶν, « *s'occuper de leurs affaires* ». Infinitif marquant le but, dépend de ἀφίησιν. Cf. Platon (passage cité) : Ἡ πόλις... ἀποπέμπει ἐπὶ τὰ σφέτερ' αὐτῶν, πανοπλίᾳ κοσμήσασα.

6. Προεδρίαν. Ind., n° 35 (fin).

7. Ἀλλ' οὐ répond au latin *non* marquant opposition entre deux termes : « *mais non* ».

8. Ἀλλά, « *au contraire* », amené par la négation οὐ.

9. Τὸν... αἴτιον, « *celui qui est cause* », = Démosthène, responsable du désastre de Chéronée.

10. Τί ποτ' ἀνερεῖ; « *quelle proclamation pourra-t-il bien faire?* » Ἀνερεῖ = κηρύξει.

11. Ἢ τί φθέγξεται; « *et même que pourra-t-il dire?* » Sorte de gradation descendante. Φθέγγεσθαι, *émettre un son*. Cf. Isocrate, XV, 192, n. 3.

12. Ἀλλ(ά), « *du moins* » (*at... certe*), sens fréquent après des propositions hypothétiques. De même après ἐπειδή, § 157.

13. Τὸ... αἰσχρόν, litt. : « *la honte qui résulte de la vérité* ». Expression amenée par la symétrie avec τὰ... προστάγματα. Le sentiment ainsi personnifié est opposé au héraut de la cité.

14. Εἰ δή, « *si vraiment* ». Δή particule d'affirmation fait por-

οὗτος[1] ἀνὴρ, στεφανοῖ ὁ δῆμος ὁ Ἀθηναίων ἀρετῆς ἕνεκα[2] τὸν κάκιστον καὶ ἀνδραγαθίας ἕνεκα τὸν ἄνανδρον καὶ λελοιπότα τὴν τάξιν[3].

[156] Μὴ πρὸς[4] τοῦ Διὸς καὶ θεῶν, ὦ ἄνδρες Ἀθηναῖοι, τρόπαιον ἵστατε ἀφ' ὑμῶν αὐτῶν[5] ἐν τῇ τοῦ Διονύσου ὀρχήστρᾳ[6], μηδ' αἱρεῖτε παρανοίας[7] ἐναντίον τῶν Ἑλλήνων τὸν δῆμον τὸν Ἀθηναίων, μηδ' ὑπομιμνῄσκετε τῶν ἀνιάτων καὶ ἀνηκέστων κακῶν τοὺς ταλαιπώρους Θηβαίους, οὓς φεύγοντας διὰ τοῦτον[8] ὑποδέδεχθε[9] τῇ πόλει, ὧν ἱερὰ καὶ τέκνα καὶ τάφους[10] ἀπώλεσεν ἡ Δημοσθένους δωροδοκία καὶ τὸ βασιλικὸν χρυσίον[11]· [157] Ἀλλ'

ter la force de la phrase sur le mot qui précède. Voyez un exemple caractéristique dans Isocrate, XV, 190, n. 6.

1. Οὗτός (ἐστιν) ἀνήρ. Le reproche d'ἀνανδρία est déjà dirigé contre Démosthène, II, 148. Cf. III, § 175, n. 5.

2. Ἀρετῆς ἕνεκα... κ.τ.λ. Le décret devait porter : ἀρετῆς ἕνεκα καὶ ἀνδραγαθίας. A chacun de ces titres la vérité oppose successivement ceux qui d'après elle conviennent à Démosthène. Ἕνεκα est répété après chacun des substantifs pour prévenir l'obscurité qui pourrait résulter de ce commentaire.

3. Λελοιπότα τὴν τάξιν. Cf. § 148, n. 8.

4. Πρός, « *au nom de* ».

5. Ἀφ' ὑμῶν αὐτῶν, « *à vos propres dépens* ». Cf. Isocrate, IV, 87, n. 5.

6. Ἐν τῇ... ὀρχήστρᾳ. Cf. Ind., n° 125.

7. Παρανοίας. Allusion à la δίκη παρανοίας. Cf. Ind., n° 73. D'où l'emploi du verbe αἱρεῖν, *convaincre*.

8. Διὰ τοῦτον, « *par sa faute* ». Démosthène, qui avait reçu 300 talents du roi de Perse (τὸ βασιλικὸν χρυσίον, cf. § 173, n. 8) pour organiser la résistance à Alexandre, avait contribué plus que personne au soulèvement de Thèbes et par suite à sa ruine.

9. Ὑποδέδεχθε. Athènes s'était fait reconnaître par Alexandre le droit de recueillir les Thébains fugitifs.

10. Ἱερὰ... τάφους. Cf. II, 23, n. 6.

11. Ἀπώλεσεν... χρυσίον. Allusion à deux faits précis rapportés par Eschine (III, 240) et avec de notables divergences par d'autres

ἐπειδὴ τοῖς σώμασιν οὐ παρεγένεσθε, ἀλλὰ[1] ταῖς γε διανοίαις[2] ἀποβλέψατ' αὐτῶν εἰς τὰς συμφοράς, καὶ νομίσαθ' ὁρᾶν ἁλισκομένην πόλιν[3], τειχῶν κατασκαφάς, ἐμπρήσεις οἰκιῶν, ἀγομένας[4] γυναῖκας, παῖδας εἰς δουλείαν, πρεσβύτας ἀνθρώπους, πρεσβύτιδας γυναῖκας ὀψὲ μεταμανθάνοντας τὴν ἐλευθερίαν, κλαίοντας, ἱκετεύοντας ὑμᾶς, ὀργιζομένους οὐ τοῖς τιμωρουμένοις, ἀλλὰ τοῖς τούτων[5] αἰτίοις, ἐπισκήπτοντας[6] μηδενὶ τρόπῳ τὸν τῆς Ἑλλάδος ἀλειτήριον[7] στεφανοῦν, ἀλλὰ καὶ τὸν δαίμονα[8] καὶ τὴν τύχην τὴν συμπαρακολουθοῦσαν[9] τῷ ἀνθρώπῳ

ennemis de Démosthène : 1° Lorsqu'en l'absence d'Alexandre les Thébains s'étaient soulevés, la garnison macédonienne aurait offert de se rendre moyennant 5 talents. Mais les Thébains n'auraient pu payer cette somme, n'ayant rien reçu de Démosthène 2° Un peu plus tard, les Arcadiens qui s'étaient décidés à soutenir Thèbes et s'étaient avancés jusqu'à l'isthme, se seraient vu refuser, par la faute de Démosthène, les 9 talents qu'ils demandaient pour prix de leur concours et auraient suspendu leur marche. Le fait qu'ils s'arrêtèrent est confirmé par les historiens : mais ceux-ci ne l'expliquent pas. La brusque arrivée d'Alexandre avait sans doute rendu toute intervention inutile. — Sur δωροδοχία, cf. § 143, n. 1.

1. 'Αλλά. Cf. § 155, n. 12.

2. Ταῖς γε διανοίαις : exemple de διατύπωσις (cf. 153, n. 5) célèbre dans l'antiquité.

3. 'Αλισκομένην πόλιν. Notez l'absence de liaisons qui donne plus de vivacité à l'énumération.

4. 'Αγομένας. Le participe s'accorde ici avec le substantif le plus rapproché, quoique se rapportant aux deux. — Voyez, au contraire, μεταμανθάνοντας accordé avec ἀνθρώπους.

5. Τούτων, au neutre, « *de ces événements* ».

6. 'Επισκήπτοντας, « *vous adjurant solennellement* ». Le mot s'emploie souvent pour les recommandations faites par les mourants.

7. Τὸν... ἀλειτήριον, « *le fléau* ». Démosthène (*Cour.*, 159) applique le même mot à Eschine.

8. Τὸν δαίμονα καὶ τὴν τύχην. Cf. Lysias, XXIV, 22, n. 9.

9. Τὴν συμπαρακολουθοῦσαν. Cf. § 135. Eschine aime à représenter Démosthène comme un homme néfaste, condamné par son génie (δαίμων) à échouer dans

φυλάξασθαι. [158] Οὔτε πόλις γὰρ οὔτ' ἀνὴρ ἰδιώτης οὐδεὶς πώποτε καλῶς ἀπήλλαξε[1] Δημοσθένει συμβούλῳ χρησάμενος. Ὑμεῖς δ', ὦ ἄνδρες Ἀθηναῖοι, οὐκ αἰσχύνεσθε εἰ ἐπὶ μὲν[2] τοὺς πορθμέας τοὺς εἰς Σαλαμῖνα πορθμεύοντας νόμον ἔθεσθε[3], ἐάν[4] τις αὐτῶν ἄκων ἐν τῷ πόρῳ πλοῖον ἀνατρέψῃ, τούτῳ μὴ ἐξεῖναι πάλιν πορθμεῖ[5] γενέσθαι, ἵνα μηδεὶς αὐτοσχεδιάζῃ[6] εἰς τὰ τῶν Ἑλλήνων σώματα, τὸν δὲ τὴν Ἑλλάδα καὶ τὴν πόλιν ἄρδην ἀνατετροφότα, τοῦτον ἐάσετε πάλιν ἀπευθύνειν[7] τὰ κοινά;

toutes ses entreprises. Cf. § 114. D'après Plutarque (*Vie de Démosthène*, 21), il semblerait que Démosthène avait fini par croire à cette sorte de fatalité acharnée contre lui. Après Chéronée, en effet, il présentait ses décrets sous le nom de ses amis : ἐξοιωνιζόμενος τὸν ἴδιον δαίμονα καὶ τὴν τύχην. Mais cf. Démosthène, *Cour.*, 252-255 ; 270-271 ; 275. — Sur le sens de τῷ ἀνθρώπῳ, cf. II, 22, n. 6.

1. Καλῶς ἀπήλλαξε. Cf. II, 38, n. 2.

2. Εἰ ἐπὶ μέν... ἔθεσθε — τὸν δὲ... ἐάσετε, « *après avoir établi... vous laissez* ». Cf. Lysias, XXIV, 12, n. 3.

3. Νόμον ἔθεσθε. Cette loi ne nous est connue que par le témoignage d'Eschine.

4. Ἐάν, « *pour le cas où* ».

5. Πορθμεῖ. Cf. Isoc. IV, 95, n. 2.

6. Αὐτοσχεδιάζῃ. Xénophon (*Gouvernement des Lacédémoniens*, ch. XIII, 5) oppose l'αὐτοσχεδιαστής au τεχνίτης, l'amateur qui travaille sans règles, à l'artiste, à l'homme de métier. D'après cela, on peut entendre ici : « *ne se livre à des expériences, ne fasse son apprentissage* ».

7. Ἀπευθύνειν, « *gouverner* », continue la métaphore suggérée par le rapprochement avec les passeurs de Salamine et commencée avec ἀνατετροφότα.

III

LA FAMILLE DE DÉMOSTHÈNE

(§§ 168-176)

On a vu, à l'occasion d'un passage du discours *sur l'Ambassade*, avec quelle liberté les orateurs poursuivaient leurs adversaires jusque dans leur vie privée. Ici, pour donner plus d'ampleur à son attaque, Eschine commence par faire le portrait du véritable démocrate. Puis à cette image idéale, habilement tracée, il oppose la vie de son adversaire et l'histoire de sa famille.

[168] Ναί, ἀλλὰ[1] δημοτικός[2] ἐστιν. Ἂν μὲν τοίνυν πρὸς τὴν εὐφημίαν[3] αὐτοῦ τῶν λόγων ἀποβλέπητε[4], ἐξαπατηθήσεσθε ὥσπερ καὶ πρότερον, ἐὰν δ' εἰς τὴν φύσιν καὶ τὴν ἀλήθειαν, οὐκ ἐξαπατηθήσεσθε. Ἐκείνως[5] δὲ ἀπολάβετε[6] παρ' αὐτοῦ λόγον. Ἐγὼ μὲν μεθ' ὑμῶν λογιοῦμαι ἃ δεῖ ὑπάρξαι[7] ἐν τῇ φύσει τῷ δημοτικῷ ἀνδρὶ καὶ σώφρονι, καὶ πάλιν

1. Ναί, ἀλλά, « *soit* (*dira-t-on*), *mais...* ».

2. Δημοτικός, « *dévoué au peuple* ». La définition de l'ἀνὴρ δημοτικός était un lieu commun que les orateurs modifiaient suivant les besoins de leur cause: cf. Démosthène (*Cour.*, 122).

3. Τὴν εὐφημίαν... τῶν λόγων, « *ses belles paroles* ».

4. Ἀποβλέπητε. Le verbe ἀποβλέπειν se construit indifféremment avec πρός et avec εἰς suivis de l'accusatif.

5. Ἐκείνως se rapporte à ce qui suit.

6. Ἀπολάβετε. La proposition ἀπό a le même sens que dans ἀποδιδόναι. Cf. II, 45, n. 4. — Ἀπολαμβάνειν λόγον παρά τινος = *rationem exigere ab aliquo*.

7. Ἃ δεῖ ὑπάρξαι... κ. τ. λ. Voyez dans un développement de forme analogue les vues directement opposées du *suspect* défendu par Lysias, XXV, 7 sq. Pour lui : οὐδείς ἐστιν ἀνθρώπων φύσει οὔτε ὀλιγαρχικὸς οὔτε δημοκρατικός.

ἀντιθήσω ποιόν τινα εἰκός ἐστιν[1] εἶναι τὸν ὀλιγαρχικὸν[2] ἄνθρωπον καὶ φαῦλον· ὑμεῖς δ' ἀντιθέντες ἑκάτερα τούτων θεωρήσατ' αὐτόν, μὴ ὁποτέρου[3] τοῦ λόγου, ἀλλ' ὁποτέρου τοῦ βίου ἐστίν.

[169] Οἶμαι τοίνυν ἅπαντας ἂν[4] ὑμᾶς ὁμολογῆσαι τάδε[5] δεῖν ὑπάρξαι τῷ δημοτικῷ, πρῶτον μὲν ἐλεύθερον αὐτὸν εἶναι καὶ πρὸς πατρὸς καὶ πρὸς μητρός[6], ἵνα μὴ διὰ τὴν περὶ τὸ γένος ἀτυχίαν δυσμενὴς ᾖ τοῖς νόμοις οἳ σῴζουσι τὴν δημοκρατίαν, δεύτερον δ' ἀπὸ[7] τῶν προγόνων εὐεργεσίαν τινὰ αὐτῷ πρὸς τὸν δῆμον ὑπάρχειν, ἢ τό γ' ἀναγκαιότατον[8] μηδεμίαν ἔχθραν, ἵνα μὴ βοηθῶν[9] τοῖς

1. Εἰκός ἐστιν exprime une opinion à laquelle on est conduit par le raisonnement ou l'expérience et peut se traduire suivant les cas par : *il est naturel, il est vraisemblable, on peut admettre que*. Voyez l'emploi que fait Lysias de cette expression, XII, 27 sq.

2. Ὀλιγαρχικόν. Le sens méprisant qu'a toujours ce mot dans la bouche d'un démagogue est précisé ici par le rapprochement avec φαῦλον opposé à σώφρονι.

3. Μὴ ὁποτέρου... ἐστίν, « *auquel des deux* (*types*) *il se rattache, non par ses discours, mais par sa conduite* » (litt. : *non auquel des deux genres de discours il appartient*..., etc.). Notez cet emploi, qui est rare, d'un nom de chose comme *génitif possessif*, le sujet étant un nom de personne. Cf. Platon (*Gorg.*, 482 A) : **Ὁ μὲν Κλεινίειος οὗτος ἄλλοτε ἄλλων ἐστὶ λόγων.**

4. Ἂν ὁμολογῆσαι, mode potentiel.

5. Τάδε... κ.τ.λ. On peut rapprocher de ce portrait intéressé du démocrate le passage de Thucydide (II, 60), où Périclès, se défendant lui-même, montre que le véritable homme d'État doit réunir en lui : la justesse d'esprit, le talent oratoire, le dévouement à l'État et le désintéressement.

6. Πρὸς μητρός, « *du côté de sa mère* ». Cf. II, 148.

7. Ἀπό, « *en remontant à* », litt. : *en partant de*. Cf. Isocrate. IV, 23 et 32, n. 5.

8. Τό γ' ἀναγκαιότατον, « *à tout le moins* » (litt. : *pour ce qui est le plus nécessaire*).

9. Βοηθῶν, litt. : *venant au secours de*, par suite, « *cherchant à venger* ». Cet emploi de βοηθεῖν avec un mot abstrait comme régime est fréquent.

τῶν προγόνων ἀτυχήμασι[1] κακῶς ἐπιχειρῇ ποιεῖν τὴν πόλιν. [170] Τρίτον σώφρονα καὶ μέτριον[2] χρὴ πεφυκέναι αὐτὸν πρὸς τὴν καθ' ἡμέραν δίαιταν, ὅπως μὴ διὰ τὴν ἀσέλγειαν[3] τῆς δαπάνης δωροδοκῇ κατὰ[4] τοῦ δήμου. Τέταρτον εὐγνώμονα[5] καὶ δυνατὸν εἰπεῖν· καλὸν γὰρ τὴν μὲν διάνοιαν[6] προαιρεῖσθαι τὰ βέλτιστα, τὴν δὲ παιδείαν τὴν τοῦ ῥήτορος καὶ τὸν λόγον πείθειν τοὺς ἀκούοντας· εἰ δὲ μή, τήν γ' εὐγνωμοσύνην ἀεὶ προτακτέον τοῦ λόγου. Πέμπτον ἀνδρεῖον εἶναι τὴν ψυχήν, ἵνα μὴ παρὰ τὰ δεινὰ[7] καὶ τοὺς κινδύνους ἐγκαταλείπῃ τὸν δῆμον. Τὸν δ' ὀλιγαρχικὸν[8] πάντα τἀναντία τούτων ἔχειν· τί γὰρ δεῖ πάλιν διεξιέναι; Σκέψασθε δὴ τί τούτων ὑπάρχει Δημοσθένει· ὁ δὲ λογισμὸς ἔστω ἐπὶ πᾶσι δικαίοις[9].

[171] Τούτῳ πατὴρ μὲν ἦν Δημοσθένης ὁ Παια-

1. Ἀτυχήμασι : euphémisme. Cf. dans le même sens l'emploi de συμφορά, Lysias, XXV, 12, n. 6.

2. Σώφρονα καὶ μέτριον, cf. II, 181, n. 6.

3. Τὴν ἀσέλγειαν, « *l'extravagance* ».

4. Κατά, « *contre l'intérêt de* ».

5. Εὐγνώμονα (cf., plus bas, τὴν εὐγνωμοσύνην). Au § 174, Eschine, cherchant cette qualité chez Démosthène, dit : πρὸς δ' εὐγνωμοσύνην... κακὸς βιῶναι. Le mot εὐγνώμων doit donc s'entendre, non seulement du politique qui a *l'esprit juste*, mais d'une façon plus générale de l'homme qui, dans la conduite ordinaire de la vie, *se décide conformément au bien* (εὖ γιγνώσκει). L'individu εὐγνώμων est celui dont, en toutes choses, *l'esprit sait s'arrêter au meilleur parti* (ἡ διάνοια προαιρεῖται τὰ βέλτιστα).

6. Τὴν διάνοιαν : sujet de προαιρεῖσθαι.

7. Παρὰ τὰ δεινά, « *dans les circonstances critiques* ». — Sur le sens de παρά, cf. § 143, n. 4.

8. Τὸν δ' ὀλιγαρχικόν... κ. τ. λ. proposition infinitive dépendant de οἶμαι... ὑμᾶς ἂν ὁμολογῆσαι, § 169.

9. Ἐπὶ πᾶσι δικαίοις, « *en toute équité* ».

νιεύς[1], ἀνὴρ ἐλεύθερος· οὐ γὰρ δεῖ ψεύδεσθαι[2]· τὰ δ' ἀπό[3] τῆς μητρὸς καὶ τοῦ πάππου τοῦ πρὸς μητρὸς πῶς ἔχει αὐτῷ, ἐγὼ φράσω. Γύλων[4] ἦν ἐκ Κεραμέων. Οὗτος προδοὺς τοῖς πολεμίοις Νύμφαιον[5] τὸ ἐν τῷ Πόντῳ, τότε τῆς πόλεως ἐχούσης τὸ χωρίον τοῦτο, φυγὰς ἀπ' εἰσαγγελίας[6] ἐκ τῆς πόλεως ἐγένετο θανάτου καταγνωσθέντος αὐτοῦ[7], τὴν κρίσιν οὐχ ὑπομείνας, [172] καὶ ἀφικνεῖται εἰς Βόσπορον[8], κἀκεῖ λαμβάνει δωρεὰν παρὰ τῶν τυράννων τοὺς ὠνομασμένους Κήπους[9], καὶ γαμεῖ γυναῖκα

1. Δημοσθένης ὁ Παιανιεύς. Démosthène du dème de Pæania possédait une importante fabrique d'armes. Son fils, dont le témoignage est indirectement confirmé par Eschine, nous apprend qu'il jouissait d'une grande considération.

2. Οὐ γὰρ δεῖ ψεύδεσθαι. Préoccupation amusante dans la bouche d'Eschine.

3. Ἀπό. Cf. § 169 : ἀπὸ τῶν προγόνων.

4. Γύλων ἐκ Κεραμέων. Ce Gylon, grand-père maternel de Démosthène, faisait sans doute pour Athènes le commerce des blés dans le Pont-Euxin. Démosthène lui-même (*Contre Aphobos*, II, 1) reconnaît qu'il fut un moment débiteur de l'État, mais affirme qu'il s'était acquitté.

5. Νύμφαιον. Ville de la Chersonèse Taurique, au sud de Panticapée. Comme beaucoup d'autres possessions éloignées, elle échappa probablement à Athènes vers la fin de la guerre du Péloponnèse. On ne sait rien du rôle joué par Gylon dans la circonstance.

6. Φυγὰς ἀπ' εἰσαγγελίας... κ. τ. λ. Cf. Ind., n° 92. — Ἀπό, « *par suite de* ».

7. Θανάτου... αὐτοῦ. Démosthène (passage cité) ne parle que d'une amende. — Pour la construction rapprochez la tournure active : καταγιγνώσκειν τινὸς θάνατον (litt. : *prononcer la mort contre quelqu'un*), § 172.

8. Βόσπορον. Le Bosphore comprenait les pays colonisés, sur les deux rives du Bosphore Cimmérien, par des Grecs, pour la plupart d'origine ionienne. Les chefs de ce royaume (τύραννοι, δυνάσται chez les orateurs) entretenaient de très bonnes relations avec Athènes (cf. Isocrate, XVII, Argument).

9. Τούς... Κήπους. En grec, comme en français, on dit « le nommé un tel » (= l'homme nommé un tel) en supprimant le nom

πλουσίαν μὲν νὴ Δία καὶ χρυσίον ἐπιφερομένην[1] πολύ, Σκύθιν[2] δὲ τὸ γένος, ἐξ ἧς αὐτῷ γίγνονται θυγατέρες δύο, ἃς ἐκεῖνος δεῦρο μετὰ πολλῶν χρημάτων ἀποστείλας, συνῴκισε τὴν μὲν ἑτέραν[3] ὁτῳδήποτε[4], ἵνα μὴ πολλοῖς ἀπεχθάνωμαι· τὴν δ' ἑτέραν ἔγημε παριδὼν τοὺς τῆς πόλεως νόμους[5] Δημοσθένης ὁ Παιανιεύς, ἐξ ἧς ὑμῖν[6] ὁ περίεργος καὶ συκοφάντης γεγένηται Δημοσθένης. Οὐκοῦν ἀπὸ μὲν τοῦ πάππου πολέμιος ἂν εἴη τῷ δήμῳ, θάνατον γὰρ αὐτοῦ[7] τῶν προγόνων[8] κατέγνωτε, τὰ[9] δ' ἀπὸ τῆς μητρὸς Σκύθης, βάρβαρος[10] ἑλληνίζων τῇ φωνῇ· ὅθεν[11] καὶ τὴν πονηρίαν[12] οὐκ ἐπιχώριός ἐστι.

[173] Περὶ δὲ τὴν καθ' ἡμέραν δίαιταν τίς ἐστιν;

générique et en faisant accorder le participe accompagné de l'article avec l'attribut. — Κήπους, « *Les Jardins* » : petite ville voisine de Phanagorée, à l'est du Bosphore Cimmérien.

1. Ἐπιφερομένην. Cf. Ind., n° 7.

2. Σκύθιν. Peut-être était-ce seulement la fille de quelque Grec établi pour son commerce dans le Bosphore. Nulle part cependant Démosthène ne relève cette injure, plusieurs fois répétée par Eschine. Cf. II, 180 (et avec une emphase plaisante, II, 78 : ἐκ τῶν νομάδων Σκυθῶν τὸ πρὸς μητρὸς ὢν γένος).

3. Τὴν μὲν ἑτέραν... τὴν δ' ἑτέραν. Appositions partitives à ἅς. — La mère de Démosthène s'appelait Kléoboulé.

4. Ὁτῳδήποτε, « *peu importe à qui* ». Il s'agit de Démocharès de Leuconoé. Les mots ἵνα μὴ... ἀπεχθάνωμαι, qui ne portent que sur ὁτῳδήποτε, expliquent pourquoi Eschine ne veut pas le nommer.

5. Παριδὼν... νόμους. Ind., n° 7.

6. Ὑμῖν : emploi ironique du datif d'intérêt : « *pour votre bonheur* ».

7. Αὐτοῦ = Démosthène. Génitif dépendant de τῶν προγόνων.

8. Τῶν προγόνων, emphatique, = τοῦ πάππου.

9. Τά. Accusatif adverbial.

10. Βάρβαρος, primitivement *celui qui ne parle pas grec*. D'où le piquant du rapprochement avec ἑλληνίζων τῇ φωνῇ.

11. Ὅθεν, « *d'où vient que, par suite* ».

12. Καὶ τὴν πονηρίαν, « *même pour la perversité* » · accusatif de relation.

Ἐκ τριηράρχου[1] λογογράφος[2] ἀνεφάνη, τὰ πατρῷα καταγελάστως προέμενος· ἄπιστος δὲ καὶ περὶ ταῦτα[3] δόξας εἶναι καὶ τοὺς λόγους ἐκφέρειν τοῖς ἀντιδίκοις[4], ἀνεπήδησεν ἐπὶ τὸ βῆμα[5]· πλεῖστον δ' ἐκ τῆς πολιτείας[6] εἰληφὼς ἀργύριον, ἐλάχιστα περιεποιήσατο. Νῦν μέντοι τὴν δαπάνην ἐπικέκλυκεν[7] αὐτοῦ τὸ βασιλικὸν χρυσίον[8]· ἔσται δ' οὐδὲ τοῦθ' ἱκανόν·

1. Ἐκ τριηράχου, « *à la suite de sa triérarchie* ». Ind., n° 104. — En 363, au moment où le procès engagé par Démosthène contre son tuteur Aphobos allait venir à l'audience, un ami de celui-ci, Thrasyloque, désigné comme *syntriérarque*, avait refusé d'accomplir sa liturgie, déclarant que la charge en devait retomber sur Démosthène, plus riche que lui. Ainsi provoqué, Démosthène devait, ou faire l'*échange des biens* (τὴν ἀντίδοσιν), ce qui comportait l'abandon des revendications relatives à la succession paternelle, ou payer sa part de triérarchie. Très perplexe, il avait d'abord consenti à l'*échange* en réservant l'action intentée à ses tuteurs. Puis, le temps lui manquant pour plaider sur cette réserve, il avait renoncé à l'*échange* et accepté la *liturgie*. Mais pour cela il avait dû engager sa maison et tous ses biens. C'est ce qu'Eschine appelait « *laisser perdre* (προΐεσθαι) *d'une façon ridicule son patrimoine* » (cf. Démosthène, *Contre Aphobos*. II, 17, et *Contre Midias*, 78).

2. Λογογράφος. Cf. II, 180, n. 7.

3. Καὶ περὶ ταῦτα, « *même en cela, même dans cette profession* (*décriée*) ».

4. Τοὺς λόγους... τοῖς ἀντιδίκοις, « *communiquer aux parties adverses les discours* (*composés pour ses clients*) ». Suivant Eschine (II, 165), lors du procès intenté par Apollodore au banquier Phormion, Démosthène, qui avait composé pour le défenseur de ce dernier un plaidoyer très habile, l'aurait communiqué à son adversaire avant l'audience. (Voyez sur ces faits Dareste, *Plaidoyers civils de Démosthène*, II, p. 294-295, et A. Croiset, *Littérature grecque*, IV, p. 542.)

5. Ἀνεπήδησεν ἐπὶ τὸ βῆμα. Cf. § 149, n. 6. — L'affaire de Phormion est de 352. Les débuts de Démosthène à la tribune datent de 354 (*Discours sur les Symmories*). On voit le cas qu'il faut faire du rapport établi par Eschine entre les deux faits.

6. Τῆς πολιτείας. Cf. III, 134, n. 5.

7. Ἐπικέκλυκεν, « *a couvert* ». Mais notre métaphore est loin d'avoir l'énergie et le pittoresque du verbe ἐπικλύζειν (*noyer*).

8. Τὸ βασιλικὸν χρυσίον. Suivant Eschine (III, 239), Démos-

οὐδεὶς γὰρ πώποτε πλοῦτος τρόπου πονηροῦ περιεγένετο[1]. Καὶ τὸ κεφάλαιον, τὸν βίον οὐκ ἐκ τῶν ἰδίων προσόδων πορίζεται, ἀλλ' ἐκ τῶν ὑμετέρων κινδύνων. [174] Πρὸς δ' εὐγνωμοσύνην[2] καὶ λόγου δύναμιν πῶς πέφυκε; δεινὸς λέγειν, κακὸς βιῶναι[3]. Ἔπειτα[4] τί συμβαίνει τῇ πόλει; οἱ μὲν λόγοι καλοί, τὰ δ' ἔργα φαῦλα.

[175] Πρὸς δὲ ἀνδρείαν[5] βραχύς μοι λείπεται λόγος. Εἰ μὲν γὰρ ἠρνεῖτο μὴ δειλὸς εἶναι, ἢ ὑμεῖς μὴ συνῄδετε, διατριβὴν ὁ λόγος ἄν μοι παρέσχεν· ἐπειδὴ δὲ καὶ αὐτὸς ὁμολογεῖ[6] ἐν ταῖς ἐκκλησίαις, καὶ ὑμεῖς σύνιστε, λοιπὸν ὑπομνῆσαι[7] τοὺς περὶ

thène aurait détourné à son profit 70 talents sur les 300 qui lui avaient été confiés par le roi de Perse Darius III pour soulever les États grecs contre Alexandre. Cf. § 156, n. 8 et 11.

1. Περιέγενετο, « *a résisté* » (περιγίγνεσθαι, litt. : *être au-dessus de*) : aoriste d'expérience.

2. Πρὸς δ' εὐγνωμοσύνην. Cf. § 170, n 5.

3. Κακὸς βιῶναι. Eschine fait allusion à certains actes d'immoralité qu'il reproche à Démosthène. — La construction de κακός avec l'infinitif est amenée par l'antithèse δεινὸς λέγειν, et l'infinitif est à l'aoriste, sans doute pour éviter la chute désagréable κακὸς ζῆν.

4. Ἔπειτα, « *et après cela* ». Cf. Lysias, XII, 26, n. 1.

5. Πρὸς δὲ ἀνδρείαν, « *sous le rapport du courage* ». Eschine dirigeait contre Démosthène des accusations de natures assez différentes. Il lui reprochait notamment un certain manque de virilité dû à son éducation particulière (II, § 179), sa timidité et ses frayeurs lorsqu'il lui fallait parler ou agir dans de graves circonstances (II, 22 et 34), et enfin sa lâcheté à la guerre (§ 148). C'est sur ces trois points que porte ici sa critique, quoique la discussion, qui suit, de la loi de Solon, montre qu'il s'agit surtout du dernier.

6. Καὶ αὐτὸς ὁμολογεῖ. Eschine (II, 106) prête ces mots à Démosthène : Ἐγὼ δὲ ὁμολογῶ μαλακὸς εἶναι καὶ τὰ δεινὰ πόρρωθεν δεδιέναι. Cf. Démosthène (*Discours sur la Chersonèse*, 68-69, et surtout *Amb.*, 206).

7. Ὑπομνῆσαι... νόμους. En sa qualité d'ancien greffier, Eschine connait bien la législation athénienne. Il ne perd pas l'occasion de le montrer.

τούτων κειμένους νόμους. Ὁ γὰρ Σόλων[1] ὁ παλαιὸς νομοθέτης ἐν τοῖς αὐτοῖς ἐπιτιμίοις[2] ᾤετο δεῖν ἐνέχεσθαι τὸν ἀστράτευτον[3] καὶ τὸν λελοιπότα τὴν τάξιν καὶ τὸν δειλὸν ὁμοίως· εἰσὶ γὰρ καὶ δειλίας γραφαί. Καίτοι θαυμάσειεν ἄν τις ὑμῶν εἰ εἰσὶ φύσεως γραφαί[4]. Εἰσίν. Τίνος ἕνεκα; Ἵν' ἕκαστος ἡμῶν τὰς ἐκ τῶν νόμων ζημίας φοβούμενος μᾶλλον ἢ τοὺς πολεμίους, ἀμείνων ἀγωνιστὴς ὑπὲρ τῆς πατρίδος ὑπάρχῃ. [176] Ὁ μὲν τοίνυν νομοθέτης τὸν ἀστράτευτον καὶ τὸν δειλὸν καὶ τὸν λιπόντα τὴν τάξιν ἔξω τῶν περιρραντηρίων[5] τῆς ἀγορᾶς ἐξείργει, καὶ οὐκ ἐᾷ στεφανοῦσθαι, οὐδ' εἰσιέναι εἰς τὰ ἱερὰ τὰ δημοτελῆ[6]· σὺ δὲ τὸν ἀστεφάνωτον ἐκ τῶν νόμων κελεύεις ἡμᾶς στεφανοῦν, καὶ τῷ σαυτοῦ ψηφίσματι τὸν οὐ προσήκοντα[7] εἰσκαλεῖς τοῖς τραγῳδοῖς[8] εἰς τὴν ὀρχήστραν[9], εἰς τὸ ἱερὸν τοῦ Διονύσου[10] τὸν τὰ ἱερὰ δειλίᾳ προδεδωκότα[11];

1. Ὁ Σόλων. Cf. § 257, n. 4.

2. Ἐπιτιμίοις. Cf. II, 146, n. 1.

3. Τὸν ἀστράτευτον... κ.τ.λ. Cf. Ind., n° 68.

4. **Φύσεως γραφαί.** Expression formée sur le modèle de δειλίας, ἀστρατείας γραφαί : des accusations qui mettent en question le naturel, le caractère.

5. Περιρραντηρίων. Ind., n° 123.

6. Τὰ ἱερὰ τὰ δημοτελῆ, « *les sacrifices offerts par l'État* », distincts des ἱερὰ δημοτικά, cf. Ind., n° 2. Le réfractaire (au sens le plus large du mot) était exclu des cérémonies officielles.

7. Τὸν οὐ προσήκοντα... κ.τ.λ. Notez la construction. Les deux parties de la phrase s'opposent l'une à l'autre et sont composées chacune de deux membres se correspondant, mais disposés dans un ordre inverse.

8. Τοῖς τραγῳδοῖς, datif de temps, « *au moment du concours de tragédie* ». Cf. 154, n. 4.

9. Τὴν ὀρχήστραν. Ind., n° 118.

10. Τὸ ἱερὸν τοῦ Διονύσου dans lequel se trouvait le Théâtre (Ind., n° 125). Mis ici pour amener l'antithèse τὸν... προδεδωκότα.

11. Τὸν... προδεδωκότα. Par sa

Ἵνα δὲ μὴ ἀποπλανῶ ὑμᾶς ἀπὸ τῆς ὑποθέσεως[1], ἐκεῖνο μέμνησθε, ὅταν φῇ δημοτικὸς εἶναι· θεωρεῖτ' αὐτοῦ μὴ τὸν λόγον, ἀλλὰ τὸν βίον, καὶ σκοπεῖτε μὴ τίς φη ιν εἶναι. ἀλλὰ τίς ἐστιν.

IV

FRAGMENT DE LA PÉRORAISON

(§§ 255-260)

Ce morceau forme, en quelque sorte, la contre-partie de celui qui termine le discours *sur l'Ambassade*. Accusé, Eschine avait fait paraître à ses côtés ses parents et ses amis : accusateur, il prévient les juges contre ceux qui vont prêter leur appui à Démosthène.

[255] Μὴ οὖν ὡς ὑπὲρ ἀλλοτρίας, ἀλλ' ὡς ὑπὲρ οἰκείας τῆς πόλεως βουλεύεσθε, καὶ τὰς φιλοτιμίας[2] μὴ νέμετε[3], ἀλλὰ κρίνετε, καὶ τὰς δωρεὰς εἰς βελτίω σώματα καὶ ἄνδρας ἀξιολογωτέρους ἀπόθεσθε[4], καὶ μὴ μόνον τοῖς ὠσὶν[5], ἀλλὰ καὶ τοῖς ὄμμασι

fuite à Chéronée, Démosthène avait en quelque sorte livré les sanctuaires à l'ennemi.

1. Τῆς ὑποθέσεως, « *du sujet* ».

2. Τὰς φιλοτιμίας, « *les honneurs* ». Eschine (§ 23) fait dire dans le même sens à Démosthène par le peuple : μὴ ἅρπαζε τὴν φιλοτιμίαν (cf. § 45). — Σώματα. Cf. II, 182, n. 2.

3. Μὴ νέμετε, « *n'accordez pas (sans réflexion)* ». Le sens du verbe est précisé par l'opposition avec ἀλλὰ κρίνετε.

4. Ἀπόθεσθε, « *mettez de côté, réservez* ».

5. Τοῖς ὠσίν dépend de βουλεύσασθε, et s'oppose à τοῖς ὄμμασι διαβλέψαντες. Sous une forme emphatique, c'est le lieu commun traditionnel. Les juges doivent s'en rapporter à ce qu'ils voient, non à ce qu'ils entendent. Cf. Lysias, XII, 33, n. 6.

διαβλέψαντες εἰς ὑμᾶς αὐτοὺς βουλεύσασθε τίνες ὑμῶν εἰσιν οἱ βοηθήσοντες[1] Δημοσθένει, πότερον οἱ συγκυνηγέται[2] ἢ οἱ συγγυμνασταὶ αὐτοῦ, ὅτ' ἦν ἐν ἡλικίᾳ. Ἀλλὰ μὰ τὸν Δία τὸν Ὀλύμπιον οὐχ ὗς ἀγρίους κυνηγετῶν, οὐδὲ τῆς τοῦ σώματος εὐεξίας ἐπιμελόμενος, ἀλλ' ἐπασκῶν τέχνας ἐπὶ τοὺς τὰς οὐσίας κεκτημένους διαγεγένηται. [256] Ἀλλ' εἰς τὴν ἀλαζονείαν ἀποβλέψαντες[3], ὅταν φῇ[4] Βυζαντίους μὲν ἐκ τῶν χειρῶν πρεσβεύσας ἐξελέσθαι τῶν Φιλίππου, ἀποστῆσαι δὲ Ἀκαρνᾶνας[5], ἐκπλῆξαι δὲ Θηβαίους[6] δημηγορήσας· οἴεται γὰρ ὑμᾶς εἰς τοσοῦτον εὐηθείας[7] ἤδη προβεβηκέναι ὥστε καὶ ταῦτα

1. Οἱ βοηθήσοντες. Cf. II (Péroraison et note préliminaire).

2. Οἱ συγκυνηγέται... οἱ συγγυμνασταί. Allusion ironique à l'éducation de Démosthène. Il n'a ni compagnons de chasse, ni camarades de gymnase, parce qu'à l'âge où les Athéniens de bonne famille se livrent à la chasse et fréquentent le gymnase, il s'exerçait à tendre des pièges aux citoyens riches (ἐπασκῶν... κεκτημένους). Cf. Esch. (I, 170) : Δημοσθένης γὰρ, ἐπειδὴ τὴν πατρῴαν οὐσίαν ἀνήλωσε, περιῄει τὴν πόλιν θηρεύων νέους πλουσίους ὀρφανούς. Une des victimes aurait été Aristarque (p. 255, n. 1).

3. Ἀλλ(ὰ) ... ἀποβλέψαντες. Après s'être laissé emporter par le développement de son idée, Eschine reprend le mouvement commencé au § 255 avec ἀλλὰ διαβλέψαντες.

4. Ὅταν φῇ... Φιλίππου. Cf. Démosthène (*Cour.*, 88-90 et 244). En 341, Démosthène envoyé à Byzance avait réussi à renouer avec cette ville, malgré les efforts des envoyés de Philippe, les relations interrompues depuis la guerre Sociale. En 340, un secours commandé par Charès, avait été, également sur les instances de Démosthène, amené aux Byzantins. Cf. Hist., II, n° 10.

5. Ἀποστῆσαι Ἀκαρνᾶνας, vers l'époque de la reprise des relations avec Byzance. Le parti antimacédonien travaillait alors à soulever la Grèce contre Philippe. On voit, d'après ce passage (cf. 95 et 97), que les Acarnaniens entrèrent dans la ligue qui se formait (cf. Plutarque, *Vie de Démosthène*, 17).

6. Ἐκπλῆξαι Θηβαίους. Cf. le morceau sur l'Alliance thébaine.

7. Εὐηθείας. Cf. II, 22, n. 7.

ἀναπεισθήσεσθαι, ὥσπερ Πειθὼ[1] τρέφοντας, ἀλλ' οὐ συκοφάντην ἄνθρωπον ἐν τῇ πόλει.

[257] Ὅταν δ' ἐπὶ τελευτῆς ἤδη τοῦ λόγου συνηγόρους[2] τοὺς κοινωνοὺς αὐτῷ τῶν δωροδοκημάτων παρακαλῇ, ὑπολαμβάνετε ὁρᾶν[3] ἐπὶ τοῦ βήματος, οὗ νῦν ἑστηκὼς ἐγὼ λέγω, ἀντιπαρατεταγμένους πρὸς τὴν τούτων ἀσέλγειαν τοὺς τῆς πόλεως εὐεργέτας, Σόλωνα[4] μὲν τὸν καλλίστοις νόμοις κοσμήσαντα τὴν δημοκρατίαν, ἄνδρα φιλόσοφον καὶ ποιητὴν ἀγαθὸν, σωφρόνως, ὡς προσῆκον αὐτῷ, δεόμενον ὑμῶν μηδενὶ τρόπῳ τοὺς Δημοσθένους λόγους περὶ πλείονος ποιήσασθαι[5] τῶν ὅρκων καὶ τῶν νόμων[6], [258] Ἀριστείδην[7] δὲ τὸν τοὺς φόρους τάξαντα τοῖς Ἕλλησιν, οὗ τελευτήσαντος τὰς θυγατέρας ἐξέδωκεν[8] ὁ δῆμος, σχετλιάζοντα ἐπὶ τῷ τῆς δικαιοσύνης προπηλακισμῷ, καὶ ἐπερωτῶντα εἰ οὐκ αἰσχύνεσθε

1. Πειθώ, « *la déesse Persuasion* ».

2. Συνηγόρους. Cf. Ind., n° 87.

3. Ὑπολαμβάνετε ὁρᾶν : exemple de la figure appelée διατύπωσις. Cf. § 153, n. 5.

4. **Σόλωνα... τὴν δημοκρατίαν.** Solon était considéré comme le fondateur de la démocratie. Toutes les lois anciennes lui étaient attribuées. Cf. § 175.

5. Περὶ πλείονος ποιήσασθαι. Cf. Isocrate, XVII, 1, n. 2.

6. Τῶν ὅρκων καὶ τῶν νόμων. Dans les exordes et dans les péroraisons, les orateurs rappellent aux juges qu'ils doivent rendre leur sentence conformément aux lois et à leur serment. — Sur le serment des *héliastes*, cf. Ind., n° 57.

7. Ἀριστείδην. Cf. II, 23, n. 3 (et III, § 181).

8. Τὰς θυγατέρας ἐξέδωκεν. Cf. Plutarque (*Vie d'Aristide*, chap. XXVI). L'État s'était fait le tuteur des deux filles d'Aristide et les avait mariées (ἐκδίδωμι) en donnant à chacune d'elles une dot de 3000 drachmes (environ 2 910 fr. ce qui représenterait actuellement en *valeur réelle* près de 40000 fr.). On sait qu'à Athènes les dots n'étaient jamais très élevées. Cf. Ind., n° 7.

εἰ οἱ μὲν πατέρες[1] ὑμῶν Ἄρθμιον τὸν Ζελείτην[2] κομίσαντα εἰς τὴν Ἑλλάδα τὸ ἐκ Μήδων χρυσίον, ἐπιδημήσαντα εἰς τὴν πόλιν, πρόξενον[3] ὄντα τοῦ δήμου τοῦ Ἀθηναίων, παρ' οὐδὲν μὲν ἦλθον[4] ἀποκτεῖναι, ἐξεκήρυξαν δ' ἐκ τῆς πόλεως καὶ ἐξ ἁπάσης ἧς ἄρχουσιν Ἀθηναῖοι, [259] ὑμεῖς δὲ Δημοσθένην, οὐ κομίσαντα[5] τὸ ἐκ Μήδων χρυσίον, ἀλλὰ δωροδοκήσαντα καὶ ἔτι καὶ νῦν κεκτημένον, χρυσῷ στεφάνῳ μέλλετε στεφανοῦν. Θεμιστοκλέα δὲ καὶ τοὺς ἐν Μαραθῶνι τελευτήσαντας καὶ τοὺς ἐν Πλαταιαῖς καὶ αὐτοὺς τοὺς τάφους τοὺς τῶν προγόνων οὐκ οἴεσθε στενάξειν[6], εἰ ὁ μετὰ τῶν βαρβάρων ὁμολογῶν[7] τοῖς Ἕλλησιν ἀντιπράττειν στεφανωθήσεται;

1. Εἰ οἱ μὲν πατέρες, opposé à ὑμεῖς δέ. Traduisez : « *si, tandis que vos ancêtres... vous au contraire* ». Cf. Lysias, XXIV, 12, n. 3. — Notez l'emploi différent des deux εἰ, l'un après un verbe interrogatif (interrogation indirecte), l'autre après un verbe exprimant un sentiment.

2. Ἄρθμιον τὸν Ζελείτην. Arthmios de Zéleia (ville de Troade) était sans doute au nombre des émissaires chargés par Mardonius de provoquer des défections parmi les cités grecques (Hérodote, IX, 2). Sur la proposition de Thémistocle, il avait été frappé d'*atimie* (privé probablement des droits que lui conférait son titre de *proxène*). — Démosthène, qui avait déjà cité cet exemple (*Phil.*. III, § 42 sq.), l'avait repris contre Eschine, dans le discours *sur l'Ambassade* (§ 271). Dinarque l'invoque également (*Contre Aristogiton*, § 24).

3. Πρόξενον. Cf. Ind., n° 11.

4. Παρ' οὐδὲν ἦλθον, « *il s'en fallut de rien qu'ils ne le tuassent* » Voyez dans Hypéride, III, § 18, un emploi semblable de παρά.

5. Οὐ κομίσαντα... κ.τ.λ. Arthmios avait apporté l'or des Perses pour le distribuer : Démosthène a gardé les sommes qu'il avait mission de répandre. Cf. §§ 156, n. 11, et 173, n. 8.

6. Τοὺς τάφους.. στενάξειν. La hardiesse de la figure s'explique par le caractère pathétique du passage.

7. Ὁ ὁμολογῶν, Allusion à la

[260] Ἐγὼ μὲν οὖν, ὦ γῆ καὶ ἥλιε[1] καὶ ἀρετὴ καὶ σύνεσις καὶ παιδεία, ᾗ διαγιγνώσκομεν τὰ καλὰ καὶ τὰ αἰσχρὰ, βεβοήθηκα[2] καὶ εἴρηκα. Καὶ εἰ μὲν καλῶς καὶ ἀξίως τοῦ ἀδικήματος κατηγόρηκα, εἶπον ὡς ἐβουλόμην, εἰ δὲ ἐνδεεστέρως, ὡς ἐδυνάμην. Ὑμεῖς δὲ καὶ ἐκ τῶν εἰρημένων λόγων καὶ ἐκ τῶν παραλειπομένων αὐτοὶ τὰ δίκαια καὶ τὰ συμφέροντα ὑπὲρ τῆς πόλεως ψηφίσασθε.

campagne entreprise par Démosthène, de concert avec la Perse, contre les Macédoniens. Toute la question est de savoir si ceux-ci représentaient l'hellénisme.

1. Ὦ γῆ καὶ ἥλιε... κ.τ.λ. Cette fin du discours est célèbre. Démosthène, qui ne dédaignait pas cependant d'invoquer la Terre et les dieux (*Contre Androtion*, 78; *Couronne*, 158, etc.), la tourne en ridicule dans sa réponse (*Couronne*, §§ 127-128).

2. Βεβοήθηκα, sous-ent. ὑμῖν.

IV

HYPÉRIDE

Discours pour Euxénippe[1].

(III)

Argument.

Le discours *pour Euxénippe* est le seul discours d'Hypéride qui nous soit parvenu en son entier. Ce n'est, il est vrai, qu'une *deutérologie*[2]. Hypéride ne fait que compléter la défense de l'accusé. Mais nous y gagnons de l'entendre parler en son nom, de le voir donner de sa personne. Comme les questions qu'il aborde sont de nature assez différente, il se montre à nous sous plusieurs aspects, avec toute la richesse, toute la variété de son tempérament. Enfin, quelques-unes de ces questions ont au point de vue historique une grande importance : il est intéressant de voir avec quelle largeur d'esprit Hypéride les pose et les résout.

L'objet du procès est lui-même curieux. Après la bataille de Chéronée, Philippe avait adjugé aux Athéniens le territoire d'Oropos. En vertu d'un décret, ce territoire fut partagé en cinq lots et un tirage au sort répartit les lots entre les dix tribus groupées deux à deux. Le partage fait, on découvrit qu'un de ces lots, celui des tribus Acamantide et Hippothondide, appartenait au héros Amphiaraos, honoré à Oropos. On ne pouvait, sans impiété, dépouiller Amphiaraos : d'autre part, les

1. Titre donné par le Papyrus : Ὑπὲρ Εὐξενίππου εἰσαγγελίας ἀπολογία πρὸς Πολύευκτον.

2. Cf. Ind., n° 87.

deux tribus faisaient valoir leurs droits. Pour trancher la difficulté, il fut décidé qu'Euxénippe, citoyen riche, considéré, et déjà âgé, irait à Oropos avec deux compagnons. Tous trois devaient passer la nuit dans le temple d'Amphiaraos et rapporter fidèlement à leurs concitoyens ce qu'ils auraient vu et entendu. C'était là une des manières de consulter les oracles.

Mais les oracles ne répondaient pas toujours avec une netteté parfaite, surtout lorsque leurs intérêts étaient en jeu. Le récit que fit Euxénippe du songe qu'il avait eu, dut être assez ambigu pour ne mécontenter ni le héros, ni les tribus[1]. Comme il fallait prendre une résolution, Polyeucte, citoyen du dème de Kydantides, proposa de restituer au dieu le domaine contesté et de demander pour les deux tribus ainsi dépouillées un dédommagement aux huit autres. Le décret fit l'objet d'une γραφὴ παρανόμων[2] et valut à son auteur une amende de vingt-cinq drachmes. Cette amende était légère; néanmoins, Polyeucte irrité de son échec se retourna contre Euxénippe et lui intenta une *eisangélie*[3], sous prétexte qu'il s'était laissé corrompre et n'avait pas rapporté fidèlement au peuple l'oracle du héros[4]. C'est cette *eisangélie* qui fait l'objet du discours.

La procédure de l'*eisangélie* s'appliquait-elle bien au cas d'Euxénippe? Hypéride le conteste, non sans raison. D'après le texte de la loi, l'*eisangélie* atteignait tout orateur qui était convaincu de n'avoir pas conseillé les mesures les plus favorables au peuple et d'avoir pour cela touché de l'argent. En admettant qu'Euxénippe se fût vendu et n'eût pas dit la vérité, il restait qu'il l'avait fait comme simple particulier et non comme orateur. Il devait donc être à l'abri de la poursuite. C'est ce qu'Hypéride établit dans une argumentation très serrée, qui rappelle la manière de Lysias, mais avec quelque chose de

1. On a cru pouvoir prouver, d'après les §§ 14 et 15 du discours, tantôt que la réponse de l'oracle était favorable aux tribus, tantôt qu'elle leur était défavorable. Il ne me paraît pas possible de conclure ni dans un sens ni dans l'autre. Les considérants du décret de Polyeucte (§ 16), proposé à l'occasion du songe et du récit d'Euxénippe, semblent indiquer que celui-ci s'était, dans sa réponse, référé prudemment aux décisions des commissaires chargés de la répartition.

2. Cf. Ind., n° 33.

3. Cf. Ind., n° 92.

4. C'est, du moins, ce que dit Hypéride. Mais pour justifier son *eisangélie*, Polyeucte invoquait peut-être une autre raison plus solide. Cf. § 19 et les notes.

plus libre et de plus simple. Il élève la question et dénonce, avec exemples à l'appui, l'abus qu'on fait de l'*eisangélie*. Cette procédure, qui n'était, dans le principe, applicable qu'aux délits les plus graves dans l'ordre politique, est maintenant appliquée aux faits les plus divers, sans discernement ni mesure. Sous prétexte que violer une loi c'est attaquer les institutions de la cité, on intente une *eisangélie* à Diognidès et à Antidoros pour avoir loué trop cher des joueuses de flûte, ou à Agasiclès du Pirée pour s'être fait inscrire sur le registre d'Halimonte! Exagérations dangereuses qui faussent l'esprit de la législation et ruinent la démocratie.

Ce n'est pas là le seul avertissement donné par Hypéride à ses concitoyens. A plusieurs reprises, Polyeucte a insinué qu'Euxénippe était riche, espérant entraîner sa condamnation par l'appât d'une confiscation. Toute considération de justice mise à part, est-ce là un moyen d'enrichir l'État? N'est-ce pas pour un profit immédiat, mais de mince importance, détruire la confiance des citoyens dans l'État et du même coup supprimer l'esprit d'initiative et tarir les véritables sources de la richesse? Qu'on regarde plutôt ce qui s'est passé pour les mines! Des sycophantes ont voulu faire condamner des concessionnaires qui s'étaient enrichis dans leur exploitation. Si on les avait écoutés, l'État aurait réalisé, sur le moment, certains bénéfices. Mais, la sécurité n'étant plus garantie aux concessionnaires, les adjudicataires auraient été moins nombreux, la valeur des mines aurait diminué et un des revenus les plus considérables de l'État aurait été réduit à rien. Aussi a-t-on sagement fait de repousser les accusations des sycophantes. Grâce à la sagesse que les juges ont montrée contre eux, la confiance a augmenté : les adjudicataires se présentent plus nombreux et la valeur des concessions s'est accrue.

De telles vues sont d'un homme d'État et honorent Hypéride. On verra, en lisant les extraits qui suivent, avec quel art elles sont rattachées à l'objet du procès. Très libre dans l'argumentation, Hypéride ne s'écarte cependant pas de sa cause. Nulle part les transitions n'apparaissent : un développement amène l'autre et le discours touche aux objets les plus divers sans jamais surprendre. La trame en est à la fois légère et solide. Le style a la même fermeté et la même aisance. Toujours clair et net, abondant et mesuré, il s'élève à l'occasion sans rien perdre de sa grâce familière. Une certaine véhémence, du pathétique même par endroits rehaussent le ton. Hypéride, arrivé à sa maturité, donne dans ce plaidoyer la mesure de ses meilleures qualités.

Nous ignorons quelle fut l'issue du procès. Il est même difficile d'en déterminer exactement la date. Tout ce qu'on sait, c'est qu'il est postérieur à la mort d'Alexandre d'Épire et antérieur à celle de Lycurgue. Il doit donc être placé entre 330 et 324.

I

EXPOSÉ ET DISCUSSION DES FAITS

(§§ 14-23)

[Une *deutérologie* ne comportait pas, à proprement parler, d'*exorde*. Dans un court préambule, Hypéride dénonce, non sans ironie, l'abus qu'on fait de l'*eisangélie*; puis, examinant le texte de la loi relative à cette procédure, il montre que son client peut, quoi qu'en dise Polyeucte, l'invoquer pour sa défense. Enfin, il établit le droit qu'il a de se présenter lui-même comme *synégore* §§ 1-13.]

[14] Νὴ Δία, τὰ γάρ[1] πεπραγμένα αὐτῷ[2] δεινά ἐστι καὶ ἄξια θανάτου, ὡς σύ[3] λέγεις ἐν τῇ κατηγορίᾳ. Σκέψασθε δή, ὦ ἄνδρες δικασταί, καθ' ἓν ἕκαστον αὐτῶν ἐξετάζοντες. Ὁ δῆμος[4] προσέταξεν Εὐξενίππῳ τρίτῳ αὐτῷ[5] ἐγκατακλιθῆναι εἰς[6] τὸ

1. Γάρ, « *c'est que* », introduit ce qui suit comme une justification présentée par l'adversaire de la conduite qu'il a adoptée à l'égard d'Euxénippe.

2. Αὐτῷ, « *lui* », Euxénippe. Notez l'emploi du datif de la personne avec un verbe passif au parfait.

3. Σύ s'adresse à l'accusateur Polyeucte.

4. Ὁ δῆμος. Pas de liaison, comme il arrive fréquemment au début d'un exposé de faits.

5. Τρίτῳ αὐτῷ, « *lui troisième* », c.-à-d. accompagné de deux autres.

6. Εἰς. Il y a mouvement pour *aller* coucher dans le temple. Cf.

ἱερὸν, οὗτος δὲ κοιμηθεὶς ἐνύπνιόν φησιν ἰδεῖν, ὃ τῷ δήμῳ ἀπαγγεῖλαι[1]. Τοῦτ' εἰ μὲν ὑπελάμβανες ἀληθὲς εἶναι, καὶ ὃ εἶδεν ἐν τῷ ὕπνῳ τοῦτ' αὐτὸν ἀπαγγεῖλαι πρὸς τὸν δῆμον, τί καὶ[2] ἀδικεῖ, ἃ ὁ θεὸς αὐτῷ προσέταττε ταῦτ' ἐξαγγείλας πρὸς Ἀθηναίους; [15] εἰ δὲ, ὥσπερ νυνὶ λέγεις, ἡγοῦ αὐτὸν καταψεύσασθαι τοῦ θεοῦ καὶ χαριζόμενόν[3] τισι μὴ τἀληθῆ ἀπηγγελκέναι τῷ δήμῳ, οὐ ψήφισμα χρῆν σε πρὸς[4] τὸ ἐνύπνιον γράφειν, ἀλλ' ὅπερ ὁ πρότερος[5] ἐμοῦ λέγων εἶπεν, εἰς Δελφοὺς πέμψαντα πυθέσθαι παρὰ τοῦ θεοῦ τὴν ἀλήθειαν. Σὺ δὲ τοῦτο μὲν οὐκ ἐποίησας, ψήφισμα δὲ αὐτοτελὲς[6] ἔγραψας κατὰ δυοῖν φυλαῖν οὐ μόνον ἀδικώτατον, ἀλλὰ καὶ ἐναντίον αὐτὸ ἑαυτῷ[7]· δι' ὅπερ ἥλως[8] παρανόμων, οὐ δι' Εὐξένιππον.

[16] Ἐξετάσωμεν δὲ περὶ αὐτοῦ τουτονὶ τὸν

Eschine, II, 154 : ἐπιδημῶν εἰς τὴν πόλιν.

1. Ἀπαγγεῖλαι. Le verbe d'une proposition relative dépendant d'un infinitif est ainsi assez souvent attiré lui-même à l'infinitif.

2. Τί καί, « *quid tandem ?* ».

3. Χαριζόμενον, participe marquant l'effort : « *cherchant à plaire* ». Cette circonstance contribuerait à justifier l'emploi de l'*eisangélie*.

4. Πρός, « *à l'occasion de, à la suite de* ». Cf. l'expression πρὸς ταῦτα (*là-dessus*) ἀπεκρίνατο.

5. Πρότερος. Le discours d'Hypéride n'est donc qu'une *deutérologie*. Voyez l'Argument.

6. Αὐτοτελές. On appelle ainsi, disent les lexiques anciens, un décret qui est présenté directement à l'assemblée du peuple, sans avoir passé par le Conseil (μὴ προβεβουλευμένον). Ind., n° 24.

7. Ἐναντίον αὐτὸ ἑαυτῷ, c.-à-d. contenant une contradiction.

8. Ἥλως pour ἑάλως : cette contraction est très rare en attique sauf chez Xénophon. — Le verbe ἁλίσκεσθαι se construit avec le génitif du nom qui désigne le délit.

τρόπον. Αἱ φυλαὶ[1] σύνδυο[2] γενόμεναι τὰ ὄρη τὰ ἐν Ὠρωπῷ[3] διείλοντο, τοῦ δήμου αὐταῖς δόντος. Τοῦτο[4] τὸ ὄρος ἔλαχεν Ἀκαμαντὶς[5] καὶ Ἱπποθωντίς. Ταύτας τὰς φυλὰς ἔγραψας[6] ἀποδοῦναι[7] τὸ ὄρος τῷ Ἀμφιαράῳ[8] καὶ τὴν τιμὴν ὧν ἀπέδοντο[9], ὡς[10] πρότερον τοὺς ὁριστὰς[11] τοὺς πεντήκοντα ἐξελόντας αὐτὸ τῷ θεῷ[12] καὶ ἀφορίσαντας, καὶ οὐ προσηκόντως τὰς δύο φυλὰς ἐχούσας τὸ ὄρος. [17] Μικρὸν δὲ διαλιπὼν[13] ἐν ταὐτῷ ψηφίσματι γράφεις τὰς ὀκτὼ[14] φυλὰς πορίσαι τοῖν δυοῖν φυλαῖν τὰ διάφορα[15] καὶ ἀποδοῦ-

1. Αἱ φυλαί. Pas de liaison ; cf. § 14, n. 4.

2. Σύνδυο γενόμεναι, « *s'étant groupées deux à deux* ».

3. Ὠρωπῷ. Oropos, petite ville dans les montagnes entre l'Attique et la Béotie, et sans cesse disputée entre les deux peuples. Elle avait été donnée aux Athéniens par Philippe à la paix de Démade.

4. Τοῦτο, celle dont il est question dans le procès. — Le singulier ἔλαχεν est assez surprenant, les deux sujets étant exprimés immédiatement. Peut-être s'explique-t-il par le fait qu'au point de vue du partage les deux tribus réunies ne constituent qu'une unité?

5. Ἀκαμαντίς... Ἱπποθωντίς, noms de deux tribus, tirés de *Hippothoön*, fils de Poséidon, et d'*Acamas*, fils de Thésée. Ind., n° 1.

6. Ἔγραψας et l'infinitif, « *tu as proposé par décret que...* ».

7. Ἀποδοῦναι. Cf. Esch., II, 45, n. 4.

8. Ἀμφιαράῳ. Amphiaraos, héros considéré comme rendant des oracles et opérant des guérisons. Il était honoré d'une façon particulière à Oropos, où se trouvait son principal sanctuaire.

9. Ὧν ἀπέδοντο, des produits récoltés sur ce territoire et que les tribus avaient vendus.

10. Ὡς, ici suivi du participe à l'accusatif absolu, introduit les considérants du décret, avec un léger mépris de la part d'Hypéride, « *sous prétexte que* ».

11. Ὁριστάς. Magistrats temporaires (arpenteurs géomètres) élus dans des cas donnés pour opérer des délimitations et des répartitions.

12. Τῷ θεῷ, « *pour la divinité* ». — Ἀφορίζειν, « *exclure de la répartition* ».

13. Μικρὸν... διαλιπών, « *quelques lignes plus loin* ». Litt. : *ayant laissé un petit intervalle.*

14. Τὰς ὀκτώ. Cf. Esch., III, 143, n. 7. Nous dirions *les huit autres.*

15. Τὰ διάφορα désigne proprement la *différence*, la *balance* d'un compte.

ναι[1], ὅπως ἂν μὴ ἐλαττῶνται. Καίτοι εἰ μὲν ἴδιον ὂν τῶν φυλῶν ἀφῃροῦ τὸ ὄρος, πῶς οὐκ ὀργῆς ἄξιος εἶ[2]; Εἰ δὲ μὴ προσηκόντως εἶχον αὐτὸ, ἀλλὰ τοῦ θεοῦ ὂν[3], διὰ τί τὰς ἄλλας φυλὰς ἔγραφες αὐταῖς προσαποδιδόναι ἀργύριον; ἀγαπητὸν[4] γὰρ ἦν αὐταῖς εἰ τὰ τοῦ θεοῦ ἀποδώσουσιν καὶ μὴ προσαποτείσουσιν ἀργύριον.

[18] Ταῦτ' ἐν τῷ δικαστηρίῳ ἐξεταζόμενα οὐκ ὀρθῶς ἐδόκει γεγράφθαι, ἀλλὰ κατεψηφίσαντό σου οἱ δικασταί. Εἶτ'[5] εἰ μὲν ἀπέφυγες τὴν γραφὴν, οὐκ ἂν κατεψεύσατο[6] οὗτος τοῦ θεοῦ, ἐπειδὴ δὲ συνέβη σοι ἁλῶναι, Εὐξένιππον δεῖ ἀπολωλέναι; καὶ σοὶ μὲν τῷ τοιοῦτο ψήφισμα γράψαντι πέντε καὶ εἴκοσι δραχμῶν[7] ἐτιμήθη, τὸν δὲ καταχλιθέντα εἰς τὸ ἱερὸν

1. Ἀποδοῦναι, « *donner qqch. comme dû* ». Cf. Eschine, II, 45, n. 4.

2. Ἄξιος εἶ; Le présent malgré εἰ ἀφῃροῦ, comme plus haut (§ 14) τί ἀδικεῖ; à côté de εἰ ὑπελάμβανες. — On voit qu'Hypéride manie avec une grande dextérité le dilemme.

3. Ἀλλὰ τοῦ θεοῦ ὄν, opposé à μὴ προσηκόντως.

4. Ἀγαπητὸν ἦν, εἰ, « *elles* (*les deux tribus*) *devaient être bien heureuses de* ». — Προσαποτείσουσι, en expiation du sacrilège. Notez πρός, « *en outre* ».

5. Εἶτα annonce une interrogation indignée qui porte sur les deux propositions coordonnées par μέν et δέ. Cf. Lysias, XII, 26, n. 1.

6. Οὐκ ἂν κατεψεύσατο. Entendez : « (*tu n'aurais pas trouvé*) *qu'il avait fait un faux rapport* ». Sous cette forme vive, Hypéride fait ressortir les véritables motifs de la conduite soi-disant désintéressée de Polyeucte.

7. Πέντε καὶ εἴκοσι δραχμῶν : génitif de prix, ordinaire après les verbes marquant l'évaluation d'une peine (ἐτιμήθη, « *il a été fixé une amende de* »). Cette amende est extrêmement faible : sans doute le décret avait été trouvé juste au fond, et l'on punissait seulement l'irrégularité de la forme. Peut-être en n'empêchant pas cette condamnation, Lycurgue avait-il voulu ménager les huit tribus que menaçait le décret de Polyeucte.

τοῦ δήμου κελεύσαντος μηδ' ἐν τῇ Ἀττικῇ δεῖ τεθάφθαι[1];

[19] Ναί[2]· δεινὰ γὰρ ἐποίησεν περὶ τὴν φιάλην[3], ἐάσας Ὀλυμπιάδα[4] ἀναθεῖναι εἰς τὸ ἄγαλμα τῆς Ὑγιείας[5]. Τοῦτο γὰρ ὑπολαμβάνεις, ἐφόδιον ἑαυτῷ[6] εἰς τὸν ἀγῶνα τὸ ἐκείνης ὄνομα παραφέρων καὶ κολακείαν[7] ψευδῆ κατηγορῶν Εὐξενίππου, μῖσος καὶ ὀργὴν αὐτῷ συλλέξειν[8] παρὰ τῶν δικαστῶν. Δεῖ δέ, ὦ βέλτιστε, μὴ ἐπὶ τῷ Ὀλυμπιάδος ὀνόματι καὶ τῷ Ἀλεξάνδρου[9] τῶν πολιτῶν τινα[10] ζητεῖν κακόν

1. Τεθάφθαι. La peine dans une *eisangélie* était presque toujours la mort, que le condamné pouvait éviter en s'exilant. Ind., n° 92. Or, dans l'exil, ce qu'il y a de plus pénible aux yeux d'un Grec, c'est de mourir et d'être enseveli en terre étrangère.

2. Ναί est censé être une réponse de Polyeucte, suivie de l'argument δεινὰ γάρ κ.τ.λ. Cf. Esch., III, 168, n. 1.

3. Φιάλην, petite coupe peu profonde, sans pieds ni anses, semblable à une écuelle.

4. Ὀλυμπιάδα. Mère d'Alexandre, en même temps reine d'Épire, et très puissante en Macédoine pendant l'absence de son fils. Acharnée contre les Grecs, elle était l'objet de toutes les foudres des orateurs.

5. Ὑγιείας, déesse de la santé, fille d'Asclépios. Nous savons par Pausanias qu'elle avait une statue dans le temple d'Amphiaraos, à Oropos. C'est peut-être dans cette complaisance à l'égard d'Olympias qu'était le vrai motif de l'*eisangélie*, spécifié par la loi : connivence avec l'ennemi, haute trahison.

6. Ἑαυτῷ. Ce pronom réfléchi se trouve assez souvent employé pour les deux premières personnes (ici pour la deuxième, au lieu de σεαυτῷ). — La métaphore ἐφόδιον, quoique rare, se rencontre encore chez Hypéride, VI, § 27, n. 8.

7. Κολακείαν. — Κατηγορεῖν se construit avec le génitif de la personne accusée et l'accusatif du grief allégué. Cf. cependant au § 23, κατ' Εὐξενίππου... κατηγορεῖς.

8. Μῖσος... συλλέξειν. Cette proposition est le développement de τοῦτο. L'expression μῖσος καὶ ὀργὴν συλλέξειν (*amasser*) est rare et remarquable.

9. Ἀλεξάνδρου. Sans doute Polyeucte accusait aussi Euxénippe d'avoir reçu quelque argent d'Alexandre.

10. Τῶν πολιτῶν τινα, régime de κακόν τι ἐργάσασθαι.

τι ἐργάσασθαι, [20] ἀλλ' ὅταν ἐκεῖνοι πρὸς τὸν δῆμον τὸν Ἀθηναίων ἐπιστέλλωσι[1] μὴ τὰ δίκαια μηδὲ τὰ προσήκοντα, τότε ἀναστάντα ὑπὲρ τῆς πόλεως ἀντιλέγειν καὶ πρὸς τοὺς ἥκοντας παρ' αὐτῶν δικαιολογεῖσθαι καὶ εἰς τὸ κοινὸν τῶν Ἑλλήνων συνέδριον[2] πορεύεσθαι βοηθήσοντα τῇ πατρίδι. Σὺ δ' ἐκεῖ[3] μὲν οὐδεπώποτε ἀνέστης, οὐδὲ λόγον περὶ αὐτῶν ἐποιήσω, ἐνθάδε δὲ μισεῖς Ὀλυμπιάδα ἐπὶ[4] τῷ ἀπολέσαι Εὐξένιππον, καὶ φῂς κόλακα αὐτὸν εἶναι ἐκείνης καὶ Μακεδόνων· [21] ὃν ἐὰν δείξῃς ἀφιγμένον πώποτε εἰς Μακεδονίαν, ἢ ἐκείνων τινὰ ὑποδεξάμενον[5] εἰς τὴν αὑτοῦ οἰκίαν, ἢ χρώμενον τῶν ἐκεῖθέν[6] τινι ἢ ἐντυγχάνοντα, ἢ λόγους καὶ οὑστινασοῦν[7] ἢ ἐπ' ἐργαστηρίου[8] ἢ ἐν τῇ ἀγορᾷ ἢ ἄλλοθί που περὶ τούτων τῶν πραγμάτων εἰρη-

1. Ἐπιστέλλωσι. Après la ruine de Thèbes, Alexandre avait sommé Athènes de lui livrer certains orateurs (parmi lesquels Démosthène et peut-être Hypéride) qui avaient parlé en faveur du soulèvement. Ce sont ces exigences qu'Hypéride appelle μὴ δίκαια μηδὲ προσήκοντα.

2. Συνέδριον. L'Assemblée de Corinthe, qui pouvait faire revenir Alexandre sur sa décision. Celui-ci se radoucit en effet sur les instances de Démade et de Phocion, qui jouèrent le rôle qu'Hypéride reproche à Polyeucte de n'avoir pas joué.

3. Ἐκεῖ... ἐνθάδε, au sens temporel : *« alors... en ce moment »*.

4. Ἐπί, avec le datif, *« en vue de »*. Entendez : *« tu fais profession de haïr Olympias afin de... »*.

5. Ὑποδεξάμενον, *« ayant reçu secrètement »*. Notez le sens de ὑπό en composition.

6. Ἐκεῖθεν, *« de là-bas »* (= de Macédoine). — Sur χρώμενον, cf. Esch., II, 184, n. 1.

7. Καὶ οὑστινασοῦν, *« même quelconques , = même insignifiants »*. Cf. un emploi semblable dans Isocrate, XV, 288, n. 10.

8. Ἐπ' ἐργαστηρίου, *« auprès d'un atelier »*. Ἐργαστήριον désigne une *boutique* où l'on *travaille*, par exemple l'officine d'un barbier ou l'ἐργαστήριον de l'Invalide dans Lysias, XXIV.

κότα, καὶ μὴ κοσμίως καὶ μετρίως τὰ αὑτοῦ πράττοντα ὥσπερ[1] εἴ τις καὶ ἄλλος τῶν πολιτῶν, χρησάσθωσαν[2] αὐτῷ οἱ δικασταὶ ὅ τι βούλονται.

[22] Εἰ γὰρ ταῦτα ἦν ἀληθῆ ἃ κατηγορεῖς, οὐκ ἂν σὺ μόνος ᾔδεις, ἀλλὰ καὶ οἱ ἄλλοι πάντες οἱ ἐν τῇ πόλει, ὥσπερ καὶ περὶ τῶν ἄλλων ὅσοι τι ὑπὲρ ἐκείνων[3] ἢ λέγουσιν ἢ πράττουσιν, οὐ μόνον αὐτοὶ[4] ἀλλὰ καὶ οἱ ἄλλοι Ἀθηναῖοι ἴσασι καὶ τὰ παιδία[5] τὰ ἐκ τῶν διδασκαλείων καὶ τῶν ῥητόρων τοὺς παρ' ἐκείνων μισθαρνοῦντας καὶ τῶν ἄλλων τοὺς ξενίζοντας τοὺς ἐκεῖθεν ἥκοντας[6] καὶ ὑποδεχομένους καὶ εἰς τὰς ὁδοὺς ὑπαντῶντας ὅταν προσίωσι· καὶ οὐδαμοῦ ὄψει οὐδὲ παρ' ἑνὶ[7] τούτων Εὐξένιππον

1. **Ὥσπερ... κ. τ. λ.** Mélange bizarre de deux constructions connues : ὥσπερ τις καὶ ἄλλος, « *comme n'importe quel autre* », et εἴπερ τις καὶ ἄλλος, « *si quelque autre* (en a fait autant) », c.-à-d., « *plus que n'importe quel autre* ».

2. Χρησάσθωσαν. Si ce n'est pas sur le papyrus une faute du copiste pour χρησάσθων, il est curieux de voir Hypéride se servir juste en ce moment d'une forme *macédonienne*. Ces formes pénètrent dans la langue vers la fin du ɪᴠᵉ siècle

3. Ἐκείνων, les Macédoniens.

4. Αὐτοί, « *eux-mêmes* (*les complaisants de la Macédoine*) *le savent* », c'est-à-dire, « *en ont conscience* ».

5. Καὶ τὰ παιδία, etc., est une addition au sujet ἄλλοι Ἀθηναῖοι. Le verbe ἴσασι a pour complément καὶ τῶν ῥητόρων τοὺς... et καὶ τῶν ἄλλων τούς.... La phrase devait s'arrêter après διδασκαλείων, et le sens eût été complet ; mais l'orateur, changeant un peu sa construction, l'a continuée en donnant un complément à ἴσασι. — Tout ce passage constitue un curieux et pittoresque tableau de l'état des esprits à Athènes vers la fin du ɪᴠᵉ siècle.

6. Τοὺς ἐκεῖθεν ἥκοντας est complément de ξενίζοντας : ceux des orateurs qui sont à la solde des Macédoniens, et ceux des autres citoyens qui hébergent leurs émissaires, les reçoivent secrètement et vont à leur rencontre sur les routes quand ils approchent d'Athènes.

7. Οὐδὲ παρ' ἑνί, plus fort que παρ' οὐδενί.

καταριθμούμενον. [23] Σὺ δ' ἐκείνων[1] μὲν οὐδένα κρίνεις, οὐδ' εἰς ἀγῶνα καθίστης, οὓς πάντες ἴσασι ταῦτα πράττοντας, κατ' Εὐξενίππου δὲ κολακείαν κατηγορεῖς, οὗ ὁ βίος τὴν αἰτίαν[2] οὐ παραδέχεται.

[Soulever cette discussion, c'est commettre une faute politique. Ce n'est pas au moment où Olympias conteste aux Athéniens le droit d'envoyer une théorie à Dodone et de rendre des honneurs à la statue de Dioné qu'il convient de lui reprocher une offrande faite à celle d'Hygie, §§ 24-26.]

II

PROCÈS POLITIQUES INTENTÉS PAR HYPÉRIDE

(§§ 27-30)

L'orateur, tout en opposant sa conduite à celle de son adversaire, revient à la discussion de la procédure que celui-ci a suivie.

[27] 'Αλλ' οὐκ ἔστιν, ὦ Πολύευκτε, ὡς ἐμοὶ δοκεῖς, ὅθεν κατηγορίαν οὐκ ἂν ποιήσαιο. Καίτοι σε χρῆν, ἐπείπερ προῄρησαι πολιτεύεσθαι, καὶ νὴ Δία καὶ δύνασαι[3], μὴ τοὺς ἰδιώτας κρίνειν[4] μηδ' εἰς τούτους νεανιεύεσθαι, ἀλλὰ τῶν ῥητόρων ἐάν τις ἀδικῇ, τοῦτον κρίνειν, στρατηγὸς[5] ἐάν τις μὴ τὰ δίκαια

1. 'Εκείνων annonce οὕς, etc.

2. Τὴν *αἰτίαν*. L'article a ici son sens démonstratif : « *cette accusation* ».

3. Δύνασαι. On peut se demander s'il faut prendre cet éloge au sérieux.

4. Κρίνειν, « *mettre en jugement* ». De même dans ce qui suit.

5. Τῶν ῥητόρων... στρατηγός : l'absence de liaison entre ces deux propositions fait mieux ressortir les deux seuls cas où il y a place pour une accusation politique.

πράττῃ, τοῦτον εἰσαγγέλλειν[1]· παρὰ γὰρ τούτοις ἐστὶ καὶ τὸ δύνασθαι βλάπτειν τὴν πόλιν, ὅσοι ἂν αὐτῶν προαιρῶνται[2], οὐ παρ' Εὐξενίππῳ οὐδὲ τῶν δικαστῶν τούτων οὐδενί. [28] Καὶ οὐ[3] σὲ μὲν οὕτως οἴομαι δεῖν πράττειν, αὐτὸς δὲ ἄλλον τινὰ τρόπον τῇ πολιτείᾳ κέχρημαι, ἀλλ' οὐδ' αὐτὸς ἰδιώτην οὐδένα πώποτε ἐν τῷ βίῳ ἔκρινα[4], ἤδη δέ τισι καθ' ὅσον ἐδυνάμην ἐβοήθησα.

Τίνας οὖν κέκρικα καὶ εἰς ἀγῶνα καθέστακα[5]; Ἀριστοφῶντα[6] τὸν Ἀζηνιέα, ὃς ἰσχυρότατος ἐν τῇ πολιτείᾳ γεγένηται· καὶ οὗτος ἐν τούτῳ τῷ δικαστηρίῳ παρὰ δύο ψήφους[7] ἀπέφυγε· [29] Διοπείθη

1. Εἰσαγγέλλειν. Voyez l'Argument, et Ind., n° 92.

2. Ὅσοι... προαιρῶνται, « *tous ceux d'entre eux qui prennent ce parti* » (= *toutes les fois qu'ils le veulent*).

3. Οὐ porte sur les deux membres de phrase reliés par μέν et δέ. Cf. Esch., III, 144, n. 6. A cet οὐ s'oppose ἀλλ(ά) : « *Tandis que je ne crois pas que tu doives..., d'autre part je n'use pas moi... mais au contraire...* ».

4. Ἰδιώτην... ἔκρινα. Entendez : pour cause politique. C'était le cas d'Euxénippe simple particulier visé par une *eisangélie*.

5. La forme καθέστακα (sens transitif, tandis que καθέστηκα est neutre) est extrêmement rare ; on n'en connaît pas d'autre exemple dans la langue classique.

6. Ἀριστοφῶντα. Aristophon, qui avait été stratège à Céos au moment où la ville de Ioulis essayait de se détacher de la confédération athénienne, avait, à son retour, pris des mesures pour faire restituer à Athènes une somme de 3 talents due par les habitants de Ioulis. (Le décret d'Aristophon nous a été conservé par une inscription.) C'est probablement à l'envoi de magistrats chargés de recouvrer cette somme que se rattache le procès. L'affaire dut être plaidée vers 358. Hypéride avait alors trente-deux ans et faisait ses débuts comme accusateur. Cf. Eschine, III, § 139, n. 3.

7. Παρὰ δύο ψήφους, « *à la majorité de deux voix* ». Le discours d'Hypéride est plusieurs fois cité par les anciens, mais ils ne nous en ont conservé que deux ou trois mots.

τὸν Σφήττιον[1], ὃς δεινότατος ἐδόκει εἶναι τῶν ἐν τῇ πόλει· Φιλοκράτη τὸν Ἁγνούσιον[2], ὃς θρασύτατα καὶ ἀσελγέστατα τῇ πολιτείᾳ κέχρηται· τοῦτον εἰσαγγείλας ἐγὼ ὑπὲρ ὧν Φιλίππῳ ὑπηρέτει κατὰ τῆς πόλεως, εἷλον[3] ἐν τῷ δικαστηρίῳ, καὶ τὴν εἰσαγγελίαν ἔγραψα δικαίαν[4] καὶ ὥσπερ ὁ νόμος κελεύει, « ῥήτορα ὄντα λέγειν[5] μὴ τὰ ἄριστα τῷ δήμῳ τῷ Ἀθηναίων, χρήματα λαμβάνοντα καὶ δωρεὰς παρὰ τῶν τἀναντία πραττόντων τῷ δήμῳ· » [30] καὶ οὐδ' οὕτως ἀπέχρησέ μοι τὴν εἰσαγγελίαν δοῦναι[6], ἀλλ' ὑποκάτω παρέγραψα· « Τάδ' εἶπεν[7] οὐ τὰ ἄριστα τῷ δήμῳ χρήματα λαβών, » εἶτα τὸ ψήφισμα αὐτοῦ ὑπέγραψα· καὶ πάλιν· « Τάδε εἶπεν οὐ τὰ ἄριστα τῷ δήμῳ χρήματα λαβών, » καὶ τὸ ψήφισμα

1. Διοπείθη τὸν Σφήττιον. Aucune trace du discours prononcé contre lui n'a subsisté; de même pour le suivant. Aucun renseignement non plus sur le procès, dont le résultat ne doit pas avoir été favorable à Hypéride.

2. Φιλοκράτη. Cf. Argument du discours d'Eschine *sur l'Ambassade*, p. 228.

3. Εἷλον, *« je le convainquis »*.

4. Δικαίαν. Allusion au développement par lequel Hypéride avait commencé son discours, et où il se plaignait qu'on employât alors la procédure de l'*eisangélie* pour une foule de causes sans importance, au lieu de la réserver à celles pour lesquelles la loi l'avait instituée. — Sur cette loi, cf. Ind., n. 92.

5. Ῥήτορα... λέγειν. Cette proposition infinitive dépend de εἰσαγγελίαν ἔγραψα et exprime le contenu de la plainte.

6. Δοῦναι εἰσαγγελίαν ne signifie pas *intenter une eisangélie* (εἰσαγγελίαν ποιεῖσθαι), mais remettre au magistrat la formule d'accusation avec un exposé développé des motifs.

7. Τάδ' εἶπεν est la formule ordinaire au début d'un décret; entre cette formule et le texte du décret qu'il reprochait à son adversaire d'avoir proposé, Hypéride, pour bien montrer combien son accusation était fondée, notait ces deux faits : οὐ τὰ ἄριστα τῷ δήμῳ et χρήματα λαβών. De même pour un second décret (πάλιν· « τάδ' εἶπεν...).

παρέγραφον. Καὶ ἔστι μοι πεντάκις ἢ ἑξάκις τοῦτο γεγραμμένον· δίκαιον γὰρ ᾤμην δεῖν τὸν ἀγῶνα καὶ τὴν κρίσιν ποιῆσαι. Σὺ δ' ἃ μὲν εἰπεῖν[1] Εὐξένιππον φὴς οὐ τὰ ἄριστα τῷ δήμῳ, οὐκ εἶχες γράψαι εἰς τὴν εἰσαγγελίαν, ἰδιώτην δ' ὄντα κρίνεις ἐν τῇ τοῦ ῥήτορος τάξει[2].

[Au lieu de s'en tenir au texte de la loi, Polyeucte dirige contre Euxénippe des accusations étrangères au procès, § 31.]

III

INSINUATIONS DE POLYEUCTE RELATIVES A LA FORTUNE D'EUXÉNIPPE. COURTE PÉRORAISON

(§§ 32-41)

[32] Καὶ τὸ πάντων δεινότατον[3] τῶν ἐν τῷ λόγῳ λεγομένων ὑπὸ σοῦ, ὃ σὺ ᾤου λανθάνειν ὧν ἕνεκα λέγεις[4], οὐ λανθάνων, ὁπότε παραφθέγγοιο[5] ἐν τῷ λόγῳ πολλάκις ὡς πλούσιός ἐστιν Εὐξένιππος, καὶ πάλιν διαλιπὼν[6], ὡς οὐκ ἐκ δικαίου[7] πολλὴν οὐ-

1. Εἰπεῖν. En effet, Euxénippe, n'étant pas *orateur politique*, ce qu'il avait dit ne pouvait faire l'objet d'une *eisangélie*. Car le texte de la loi portait : ἐάν τις ῥήτωρ ὢν μὴ λέγῃ τὰ ἄριστα τῷ δήμῳ... κ. τ. λ. De là encore l'opposition qui suit entre ἰδιώτην et τοῦ ῥήτορος.

2. Ἐν τῇ τοῦ ῥήτορος τάξει « *au rang de l'orateur* », c.-à-d. *comme si c'était un orateur*.

3. Τὸ πάντων δεινότατόν (ἐστιν) est développé plus loin par ὁπότε παραφθέγγοιο. — Sur cette formule de transition, cf. Isocrate, XV, 281, n. 2.

4. Ὃ... λέγεις = *quod quibus de causis diceres fugere credebas*.

5. Παραφθέγγεσθαι, « *dire en passant* ».

6. Διαλιπών. Cf. § 17, n. 13.

7. Οὐκ ἐκ δικαίου = ἐξ οὐ δικαίου, qui ne serait pas grec.

σίαν συνείλεκται· ἃ εἰς μὲν τὸν ἀγῶνα τοῦτον οὐδέν δήπου ἐστίν[1], εἴτε πολλὰ οὗτος κέκτηται εἴτε ὀλίγα, τοῦ δὲ λέγοντος[2] κακοηθία[3] καὶ ὑπόληψις εἰς τοὺς δικαστὰς οὐ δικαία, ὡς[4] ἄλλοθί που οὗτοι τὴν γνώμην ἂν σχοίησαν[5] ἢ ἐπ' αὐτοῦ τοῦ πράγματος καὶ πότερον ἀδικεῖ ὑμᾶς[6] ὁ κρινόμενος ἢ οὔ.

[33] Κακῶς μοι δοκεῖς εἰδέναι, ὦ Πολύευκτε, καὶ σὺ καὶ οἱ ταὐτὰ γιγνώσκοντες, ὅτι οὔτε δῆμός[7] ἐστιν οὐδὲ εἷς ἐν τῇ οἰκουμένῃ, οὔτε μόναρχος, οὔτε ἔθνος μεγαλοψυχότερον τοῦ δήμου τοῦ Ἀθηναίων, τοὺς δὲ συκοφαντουμένους τῶν πολιτῶν[8] ὑπό τινων ἢ καθ' ἕνα ἢ ἀθρόους οὐ προΐεται, ἀλλὰ βοηθεῖ. [34] Καὶ πρῶτον μὲν Τείσιδος[9] τοῦ Ἀγρυλῆθεν ἀπογράψαντος τὴν Εὐθυκράτους οὐσίαν ὡς

1. Οὐδέν... ἐστίν, « *n'a rien à voir* ». — Εἴτε, etc. développe ἅ.

2. Τοῦ δὲ λέγοντος, etc., « *et c'est de la part de l'orateur...* ».

3. Κακοηθία. Cf. Eschine, II, 22, κακοήθεια qui a le même sens. Les substantifs féminins dérivés d'adjectifs en ής, gén. έος, ont soit la forme en ία, soit la forme en εια. Pour quelques-uns, l'usage semble avoir hésité entre les deux formes.

4. Ὡς dépend de l'idée du verbe ὑπολαμβάνειν, contenue dans ὑπόληψις.

5. Σχοίησαν pour σχοῖεν, très rare dans la langue classique. — **Καὶ πότερον**, « *et (sur la question de savoir) si* ».

6. Ὑμᾶς. La fin de la phrase est adressée aux juges.

7. Δῆμος, un peuple en république; μόναρχος, un monarque, c.-à-d. un peuple en monarchie; ἔθνος, une nation quelconque, sans indication de gouvernement.

8. Τῶν πολιτῶν, génitif partitif. — Βοηθεῖ, sous-ent. αὐτοῖς.

9. Τείσιδος... Εὐθυκράτους... Φιλίππου... Ναυσικλέους. Nausiclès est peut-être le démagogue patriote, en même temps général, qui combattit énergiquement Philippe, surtout après Chéronée, et fut maintes fois couronné. Euthycratès et Philippe nous sont inconnus, ainsi que le sycophante Tisis.

δημοσίαν[1] οὖσαν, ἢ πλεόνων[2] ἢ ἑξήκοντα ταλάντων ἦν, καὶ μετ' ἐκείνην πάλιν ὑπισχνουμένου τὴν Φιλίππου καὶ Ναυσικλέους ἀπογράψειν, καὶ λέγοντος ὡς ἐξ ἀναπογράφων[3] μετάλλων πεπλουτήκασι, τοσοῦτον οὗτοι[4] ἀπέλιπον τοῦ προσέσθαι τινὰ τοιοῦτον λόγον ἢ τῶν ἀλλοτρίων ἐπιθυμεῖν, ὥστε τὸν ἐγχειρήσαντα συκοφαντεῖν αὐτοὺς εὐθὺς ἠτίμωσαν[5], τὸ πέμπτον μέρος τῶν ψήφων οὐ μεταδόντες.

[35] Τοῦτο δ', εἰ βούλει, τὸ πρώην[6] ὑπὸ τῶν δικαστῶν πραχθὲν τοῦ ἐξελθόντος μηνὸς πῶς οὐ μεγάλου ἐπαίνου ἄξιόν ἐστι; Φήναντος γὰρ Λυσάνδρου[7] τὸ Ἐπικράτους μέταλλον τοῦ Παλληνέως ὡς ἐντὸς τῶν μέτρων[8] τετμημένον, ὃ ἠργάζετο[9] μὲν

1. Δημοσίαν. S'il avait été démontré que la fortune d'Euthycratès avait été acquise dans les conditions illégales qu'on verra plus loin, elle aurait été en effet confisquée. On sait d'ailleurs que tout citoyen peut dénoncer un préjudice fait à l'État. — Sur ἀπογράψαντος, cf. Ind., n° 66.

2. Πλεόνων ἢ ἑξήκοντα, litt. : *plus nombreux que soixante*.

3. Ἀναπογράφων. Il s'agit des mines d'argent du Laurion, qui sont propriété de l'État. Des particuliers en sont concessionnaires et payent un fermage. Exploiter une concession non déclarée et *non inscrite*, c'est léser l'État, et on est passible d'un procès ἀγράφου ou ἀναπογράφου μετάλλου.

4. Οὗτοι, le tribunal.

5. Ἠτίμωσαν, cf. Ind., n° 97. — Τὸ πέμπτον μέρος, *ibid.*, n° 66.

6. Πρώην, litt. : *avant-hier*, c.-à-d. tout récemment; plus exactement spécifié par l'addition de τοῦ ἐξελθόντος μηνός.

7. Λυσάνδρου... Ἐπικράτους. Nous connaissons, par un fragment de Lycurgue, un Épicratès, riche de plus de 600 talents, auteur d'une loi sur les éphèbes qui lui valut une statue : c'est peut-être le même. Le sycophante Lysandre nous est inconnu.

8. Ἐντὸς τῶν μέτρων. Les concessions ont des limites définies. Une loi (μεταλλικὸς νόμος) interdit de pratiquer des fouilles dans l'étendue de la concession (littéralement : *en dedans des limites*) d'autrui.

9. Ἠργάζετο. A l'époque classique, l'augment d'ἐργάζομαι est en η à l'imparfait et à l'aoriste, en ει au parfait.

ἤδη τρία ἔτη, μετεῖχον[1] δ' αὐτοῦ οἱ πλουσιώτατοι σχεδόν τι τῶν ἐν τῇ πόλει, ὁ δὲ Λύσανδρος[2] ὑπισχνεῖτο τριακόσια τάλαντα εἰσπράξειν[3] τῇ πόλει· τοσαῦτα[4] γὰρ εἰληφέναι αὐτοὺς ἐκ τοῦ μετάλλου· [36] ἀλλ' ὅμως οἱ δικασταὶ οὐ πρὸς τὰς τοῦ κατηγόρου ὑποσχέσεις ἀποβλέποντες, ἀλλὰ πρὸς τὸ δίκαιον, ἔγνωσαν ἴδιον[5] εἶναι τὸ μέταλλον, καὶ τῇ αὐτῇ ψήφῳ τάς τε οὐσίας αὐτῶν[6] ἐν ἀσφαλείᾳ κατέστησαν, καὶ τὴν ὑπόλοιπον ἐργασίαν[7] τοῦ μετάλλου ἐβεβαίωσαν. Τοιγαροῦν[8] αἱ καινοτομίαι[9] πρότερον

1. Μετεῖχον δ'αὐτοῦ. Légère anacoluthe, ordinaire après une phrase relative (cf. Lysias, XXV, 11, n. 3). — Nous savons, en effet, que plusieurs particuliers pouvaient s'associer pour l'exploitation d'une mine; le nom de l'un d'eux servait de raison sociale à la compagnie. C'est Xénophon qui avait donné l'idée de pareilles associations.

2. Ὁ δὲ Λύσανδρος. Le génitif absolu du début est oublié, et l'orateur recommence une autre construction.

3. Εἰσπράξειν, « *faire rentrer* ».

4. Τοσαῦτα... κ.τ.λ. dépend de : *il disait*, facile à sous-entendre.

5. Ἴδιον. Non pas que la mine fût propriété *personnelle* d'Épicratès, mais elle lui avait été régulièrement concédée, et il n'était pas sorti des limites de sa concession.

6. Αὐτῶν, d'Épicratès et de ses associés.

7. Τὴν ὑπόλοιπον ἐργασίαν. Les concessions nouvelles (voir note 9) étaient faites pour dix ans; on vient de voir que l'exploitation durait déjà depuis trois ans. Ces mots désignent donc les sept années restantes.

8. Τοιγαροῦν, « *et voilà pourquoi* ». Cf. Isocrate, VII, 30, n. 9.

9. Καινοτομίαι. On distingue les mines déjà exploitées (ἀνασάξιμα, ἐργάσιμα, παλαιὰ μέταλλα), et les concessions nouvelles (καινοτομίαι). Les premières étaient affermées pour trois ans, les autres pour dix. Dans une concession nouvelle, on était plus exposé aux dénonciations des sycophantes, qui pouvaient, avec plus de vraisemblance, accuser de pénétrer dans la concession d'autrui. D'autre part, les risques y sont plus considérables : on ne sait si l'exploitation sera lucrative, et on est obligé de faire de nombreux travaux préalables avant de commencer à exploiter.

ἐκλελειμμέναι[1] διὰ τὸν φόβον[2] νῦν ἐνεργοί[3], καὶ τῆς πόλεως αἱ πρόσοδοι[4] αἱ ἐκεῖθεν πάλιν αὔξονται, ἃς ἐλυμήναντό τινες τῶν ῥητόρων ἐξαπατήσαντες τὸν δῆμον καὶ δασμολογήσαντες τοὺς ἐκεῖθεν. [37] Ἔστι[5] γὰρ, ὦ ἄνδρες δικασταὶ, οὐχ οὗτος χρηστὸς πολίτης, ὅστις μικρὰ δοὺς πλείω[6] βλάπτει τὰ κοινὰ, οὐδ' ὅστις εἰς τὸ παραχρῆμα ἐξ ἀδίκου πορίσας[7] κατέλυσε τῆς πόλεως τὴν ἐκ δικαίου πρόσοδον, ἀλλ' ὅτῳ μέλει καὶ τῶν εἰς τὸν ἔπειτα χρόνον ὠφελίμων τῇ πόλει καὶ τῆς ὁμονοίας τῶν πολι-

1. Ἐκλελειμμέναι. Nous savons, en effet, que vers le milieu du IVe siècle, l'activité, au Laurion, était fort ralentie, et que l'on n'ouvrait plus guère de galeries nouvelles; on se contentait d'affermer et d'exploiter les chantiers anciens. C'est Xénophon qui le dit dans son traité *des Revenus*, en 355. Il en voit la cause dans la pauvreté des entrepreneurs. Celle que donne ici Hypéride est plus juste et plus profonde.

2. Διὰ τὸν φόβον se rattache à ἐκλελειμμέναι.

3. Ἐνεργοί (εἰσι). En effet, sous l'administration d'Eubule et de Lycurgue, l'exploitation du Laurion reprit beaucoup d'activité. La preuve de cette prospérité est dans l'élévation des bénéfices : on vient de voir que la société d'Épicratès avait gagné 300 talents en trois ans. D'autres discours de la même époque fournissent d'autres preuves.

4. Πρόσοδοι. La ferme des mines est, en effet, un des principaux revenus de l'État. Pour être concessionnaire, un entrepreneur doit s'inscrire devant les magistrats nommés *polètes*, et leur payer une somme équivalente à 1/24 au minimum du produit éventuel de la concession. Donc, plus les concessionnaires de καινοτομίαι se présentent en grand nombre, plus les sommes payées à l'État sont élevées. En effet, il y a concurrence, adjudication, et le prix du fermage monte. En 484, le revenu des mines fut de 100 talents. Il était tombé fort bas à l'époque où Xénophon écrivit son traité *des Revenus*. On voit par Hypéride et par d'autres témoignages qu'il s'était beaucoup relevé à la fin du IVe siècle.

5. Ἔστι, ainsi placé en tête de la phrase, est une tournure familière aux orateurs.

6. Πλείω, adverbial.

7. Πορίσας (πρόσοδόν τινα).

τῶν καὶ τῆς δόξης τῆς ὑμετέρας· ὧν ἔνιοι οὐ φροντίζουσιν, ἀλλὰ τῶν ἐργαζομένων ἀφαιρούμενοι πόρους[1] φασὶ τούτους πορίζειν, ἀπορίαν ἐν τῇ πόλει παρασκευάζοντες· ὅταν γὰρ ᾖ φοβερὸν[2] τὸ κτᾶσθαι καὶ φείδεσθαι, τίς βουλήσεται κινδυνεύειν;

[38] Τούτους μὲν οὖν ἴσως οὐ ῥᾴδιόν ἐστι κωλῦσαι ταῦτα πράττειν, ὑμεῖς δὲ, ὦ ἄνδρες δικασταί, ὥσπερ καὶ ἄλλους πολλοὺς σεσώκατε τῶν πολιτῶν ἀδίκως εἰς ἀγῶνας καταστάντας, οὕτω καὶ Εὐξενίππῳ βοηθήσατε, καὶ μὴ περιίδητε αὐτὸν[3] ἐπὶ πράγματι οὐδενὸς ἀξίῳ καὶ εἰσαγγελίᾳ τοιαύτῃ[4], ᾗ οὐ μόνον οὐκ ἔνοχός ἐστιν, ἀλλὰ καὶ αὐτὴ[5] παρὰ τοὺς νόμους ἐστὶν εἰσηγγελμένη[6] καὶ πρὸς τούτοις ὑπ' αὐτοῦ τοῦ κατηγόρου τρόπον τινὰ ἀπολελυμένη. [39] Εἰσήγγελκε γὰρ αὐτὸν Πολύευκτος λέγειν[7] μὴ τὰ ἄριστα τῷ δήμῳ τῷ Ἀθηναίων χρήματα λαμβάνοντα καὶ δωρεὰς παρὰ τῶν τἀναντία πραττόντων τῷ δήμῳ τῷ Ἀθηναίων. Εἰ μὲν οὖν ἔξωθεν τῆς πόλεώς τινας ᾐτιᾶτο εἶναι, παρ' ὧν τὰ δῶρα εἰλη-

1. Πόρους. Notez le rapprochement πόρους, πορίζειν, ἀπορίαν. — Πόρους... πορίζειν, « *ils disent que ce sont là des ressources qu'ils procurent, alors que...* ». Cf. Lys., XXIV, 10, n. 3.

2. Φοβερός se dit ordinairement d'un objet qui inspire de la crainte, ici par exception d'une action qu'on ne peut accomplir sans craindre des malheurs.

3. Αὐτόν. Suppléez (ὄντα) ἐπὶ πράγματι..

4. Τοιαύτῃ... ἐστιν, « *que non seulement il ne tombe pas sous son application* ». Cf. Esch., II, 37, n. 3 et 146, n. 1.

5. Ἀλλὰ καὶ αὐτή. Cf. Lys., XXV, 11, n. 3.

6. Εἰσηγγελμένη, figure dite étymologique.

7. Λέγειν, κ.τ.λ., voy. § 30, n. 1.

φότα Εὐξένιππον συναγωνίζεσθαι[1] αὐτοῖς, ἦν ἂν αὐτῷ[2] εἰπεῖν ὅτι, ἐπειδὴ ἐκείνους οὐκ ἔστι τιμωρήσασθαι, δεῖ τοὺς ἐνθάδε αὐτοῖς ὑπηρετοῦντας δίκη δοῦναι. Νῦν δὲ Ἀθηναίους φησὶν εἶναι, παρ' ὧν τὰς δωρεὰς εἰληφέναι αὐτόν. Εἶτα[3] σὺ ἔχων ἐν τῇ πόλει τοὺς ὑπεναντία πράττοντας τῷ δήμῳ, οὐ τιμωρῇ, ἀλλ' Εὐξενίππῳ πράγματα παρέχεις;

[40] Βραχὺ δ' ἔτι[4] εἰπὼν περὶ τῆς ψήφου ἧς ὑμεῖς μέλλετε φέρειν, καταβήσομαι. Ὅταν γὰρ μέλλητε, ὦ ἄνδρες δικασταί, διαψηφίζεσθαι, κελεύετε ὑμῖν τὸν γραμματέα ὑπαναγνῶναι τήν τε εἰσαγγελίαν καὶ τὸν νόμον[5] τὸν εἰσαγγελτικὸν καὶ τὸν ὅρκον τὸν ἡλιαστικόν[6]· καὶ τοὺς μὲν λόγους ἁπάντων ἡμῶν ἀφέλετε, ἐκ δὲ τῆς εἰσαγγελίας καὶ τῶν νόμων σκεψάμενοι ὅ τι ἂν ὑμῖν δοκῇ δίκαιον καὶ εὔορκον εἶναι, τοῦτο ψηφίσασθε.

[41] Ἐγὼ μὲν οὖν σοί, Εὐξένιππε, βεβοήθηκα ὅσα εἶχον. Λοιπὸν δ' ἐστὶ δεῖσθαι τῶν δικαστῶν καὶ τοὺς φίλους[7] παρακαλεῖν καὶ τὰ παιδία ἀναβιβάζεσθαι.

1. Συναγωνίζεσθαι, et plus bas εἰληφέναι. Sur ces infinitifs dans des propositions relatives, cf. § 14, p. 331, n. 1.

2. Ἦν ἂν αὐτῷ, « *il serait en son pouvoir* ».

3. Εἶτα. Cf. Lys., XII, 26, n. 1. Hypéride passe brusquement ici de la 3e personne à la 2e.

4. Βραχὺ δ' ἔτι... κ.τ.λ. Cf Esch., II, 183.

5. Νόμον, voy. § 29.

6. Ὅρκον ἡλιαστικόν. Cf. Ind., n° 57.

7. Τοὺς φίλους... ἀναβιβάζεσθαι. Cf. la péroraison du discours d'Eschine *Sur l'Ambassade* et la notice qui l'accompagne.

Contre Athénogène.

(V)

Argument.

Il n'y a pas encore dix ans que ce plaidoyer a été retrouvé en Égypte, sur un papyrus à peu près complet. Il était auparavant impossible de se faire une idée de ce qu'avait été Hypéride comme logographe. Les anciens citaient, comme ses chefs-d'œuvre en ce genre, ses discours pour Phryné et contre Athénogène. L'Égypte nous rendra peut-être aussi le premier.

Un métèque, c'est-à-dire un étranger domicilié à Athènes, nommé Athénogène, possédait trois boutiques de parfumerie gérées par des esclaves à lui. C'était ce que nous appellerions un homme d'affaires (ἀγοραῖος), et par-dessus le marché un logographe[1]. On sait que ce métier n'était pas toujours fort honorable, et qu'on y rencontrait beaucoup d'étrangers et beaucoup de gens peu recommandables. Athénogène était évidemment de ceux-ci. A la tête d'une de ses boutiques était un esclave nommé Midas, père de deux enfants. Un bon bourgeois, nommé Épicratès, se prit de la plus vive affection pour l'un d'eux, et, afin de pouvoir se l'attacher, offrit à Athénogène de lui payer son affranchissement. L'autre flaira une bonne affaire et refusa. Les désirs du bonhomme n'en devinrent que plus violents : il offrit davantage. Athénogène refusa encore, mais cependant il dépêchait secrètement à Épicratès une femme, Antigona, peut-être sa maîtresse, en tous cas aussi fourbe que lui, et qui avait fait et faisait encore les plus vilains métiers. La rusée amena Épicratès à des offres magnifiques : il consentit à payer l'affranchissement de Midas et de ses deux fils. Mais cela ne suffisait pas encore. Au moment de conclure l'affaire, Athénogène feignit de se raviser dans l'intérêt d'Épicratès, et au lieu d'affranchir ses esclaves moyennant finance, il les vendit à Épicratès[2]. Il semble même — bien que les savants

1. Cf. Ind., n° 86.

2. Épicratès nous explique lui-même (§ 7) la différence qu'il y avait entre ces deux façons de procéder et le piège que recouvrait la seconde.

ne soient pas d'accord sur ce point — qu'il lui vendit le fonds de boutique en sus. Dans le contrat, prêt d'avance et signé séance tenante, il avait inséré que ses esclaves avaient quelques petites dettes, qui incomberaient naturellement à l'acheteur. Au bout de quelque temps, Épicratès s'aperçut que ces dettes montaient fort haut, que des sociétés avaient placé dans la boutique des sommes qu'il fallait leur rendre. Bref, pour quarante mines, il avait acheté cinq talents de dettes. Il essaya de faire annuler le contrat : c'est le sujet du procès.

Épicratès, peu capable de lutter seul contre Athénogène, fourbe et habile logographe, s'adressa à plus habile que lui encore et alla chercher Hypéride. L'affaire était difficile à plaider. La loi était formelle : tout contrat régulier est exécutoire; c'était à Épicratès à prendre ses précautions et ses renseignements. Hypéride tourna la difficulté et chercha à démontrer qu'il y avait eu dol et tromperie sur la qualité de la marchandise. Encore y fallait-il beaucoup d'habileté, car il ne semble pas que la loi athénienne admît la résiliation d'un contrat pour dol. L'avocat devait donc faire oublier aux juges le point de droit, et attirer leur attention uniquement sur les machinations dont le pauvre Épicratès avait été victime.

Hypéride s'est acquitté de sa tâche avec une verve qui a été pour nous une révélation. Il ne manque pas de tableaux de mœurs dans les plaidoyers anciens : on a pu en lire plus haut tirés de ceux de Lysias; il n'en existe pas de plus vivant. La crédulité du bonhomme, qu'une seule passion domine, et qui mord si bien aux appâts des deux compères, est rendue avec une naïveté extrêmement habile. Les juges durent se moquer d'Épicratès, mais avoir pitié de lui. Il n'y a pas lieu de faire ici une analyse du plaidoyer : nous en avons extrait les récits les plus piquants, ne laissant de côté que deux ou trois passages où Hypéride s'efforce de donner le change aux juges sur le point de droit, en assimilant des cas fort différents. La langue y est partout si claire, si naturelle, le ton y est si enjoué, la narration si amusante, qu'on lira sans peine ces pages tant goûtées des anciens, et dont de longues années d'admiration n'ont pas gâté pour nous la fraîcheur.

Les indications manquent pour dater ce discours avec précision : on voit seulement par l'un des derniers paragraphes (§ 32) qu'il est postérieur à 330.

EXPOSÉ DES FAITS
(§§ 1-12)

La première partie de cet exposé est malheureusement perdue ainsi que l'exorde. Le papyrus commence avec le morceau cité ici.

[1].... Εἰπόντος δέ μου πρὸς αὐτὴν[1] τά τε πεπραγμένα, καὶ ὅτι μοι Ἀθηνογένης χαλεπὸς εἴη καὶ οὐδὲν ἐθέλοι τῶν μετρίων συγχωρεῖν, τοῦτον μὲν ἔφη ἀεὶ τοιοῦτον εἶναι, ἐμὲ δ' ἐκέλευε θαρρεῖν· αὐτὴ γάρ μοι πάντα συναγωνιεῖσθαι[2]. Καὶ ταῦτ' ἔλεγεν σπουδάζουσά τε τῷ ἤθει[3] ὡς ἔνι μάλιστα, καὶ ὀμνύουσα τοὺς μεγίστους ὅρκους, ἦ μὴν[4] μετ' εὐνοίας τῆς ἐμῆς[5] λέγειν καὶ ἐπὶ πάσης ἀληθείας, [2] ὥστ' ἐμέ, ὦ ἄνδρες δικασταί, (εἰρήσεται γὰρ πρὸς ὑμᾶς τἀληθὲς[6]) ταῦτα πεπεῖσθαι. Οὕτως, ὡς ἔοικεν, ἐξίστησιν ἀνθρώπου φύσιν ἔρως, προσλα-

1. Αὐτήν : Antigona. — Τὰ πεπραγμένα, les pourparlers avec Athénogène et les refus de celui-ci. Voir l'Argument.

2. Αὐτή... συναγωνιεῖσθαι : style indirect; sous-entendez ἔφη. Αὐτή est au nominatif, selon la règle grecque, comme apposition au sujet de συναγωνιεῖσθαι, lequel est le même que celui de ἔφη.

3. Σπουδάζουσα τῷ ἤθει, « *prenant l'air sérieux* » (ἦθος, *ton, air, manière d'être*). Elle n'avait pas la mine de plaisanter.

4. Ἦ μήν. Cf. Isoc., XVII, 19, n. 3.

5. Εὐνοίας... ἐμῆς, « *bonne volonté pour moi* »; le possessif a ici le sens d'un *génitif objectif*. — Ἐπὶ πάσης ἀληθείας, « *en toute sincérité* ».

6. Εἰρήσεται... τἀληθές. Le plaideur, avec une naïveté habile, avoue sa crédulité et s'en excuse.

6ὼν[1] γυναικὸς πονηρίαν. Ἐκείνη γοῦν[2] φενακίζουσα ἅπαντα ταῦτα, προσπεριέκοψεν[3] αὐτῇ μ' ἔτι εἰς[4] παιδίσκην τριακοσίας δραχμὰς εὐνοίας ἕνεκα[5]. Ἴσως μὲν οὖν, ὦ ἄνδρες δικασταὶ, οὐδέν ἐστι θαυμαστόν με ὑπὸ Ἀντιγόνας[6] τὸν τρόπον τοῦτον παιδαγωγηθῆναι[7].... [3] Καίτοι ἥτις καθ' ἑαυτὴν οὖσα[8] τοιαῦτα διεπράττετο, τί οἴεσθε αὐτὴν νυνὶ ποιεῖν, προσλαβοῦσαν συναγωνιστὴν Ἀθηνογένην, ἄνθρωπον λογογράφον[9] τε καὶ ἀγοραῖον, τὸ δὲ μέγιστον, Αἰγύπτιον[10]; [4] Τέλος δ' οὖν[11], ἵνα μὴ μακρολογῶ, μεταπεμψαμένη γάρ[12] με πάλιν ὕστερον εἶπεν ὅτι πολλοὺς λόγους ἀναλώσασα πρὸς τὸν Ἀθηνογένην, μόλις εἴη συμπεπεικυῖα[13] αὐτὸν ἀπολῦσαί μοι τόν

1. Προσλαβών, « *quand il a pris pour alliée* ».

2. Γοῦν sert à revenir au fait particulier après la petite maxime générale.

3. Προσπεριέκοψεν. Notez la métaphore familière. A περικόπτειν, « *couper tout autour*, *rogner*, d'où *gratter*, *grappiller* », πρός ajoute l'idée de *en plus*. Ce composé, qui ne se trouve pas ailleurs, est par suite absent des dictionnaires actuels.

4. Εἰς, « *pour l'achat de* ». C'est le prix de son entremise, sa *commission*. — Παιδίσκην, « *une petite esclave* ».

5. Εὐνοίας ἕνεκα « *pour reconnaitre ses bons offices* ».

6. Ἀντιγόνας La forme et la déclinaison du nom en décèlent l'origine étrangère.

7. Ici un passage rendu inintelligible par les lacunes du papyrus, et où était relaté quelqu'un des anciens exploits d'Antigona.

8. Καθ' ἑαυτὴν οὖσα, litt. : *étant suivant elle-même*, d'où : « *par elle-même* », « *à elle seule* ».

9. Λογογράφον. Voir l'Argument.

10. Αἰγύπτιον. Les Égyptiens étaient considérés par les Grecs comme des maîtres fripons, δεινοὶ πλέκειν μηχανάς, comme dit Eschyle.

11. Δ' οὖν, « *quoi qu'il en soit* », un peu comme γοῦν plus haut, marque le retour à la question.

12. Γάρ. Cette particule nous paraît superflue ici : les Grecs aiment à la mettre au début d'une explication. Cf. Esch., II, 46.

13. Εἴη συμπεπεικυῖα, forme or-

τε Μίδαν καὶ τοὺς υἱεῖς ἀμφοτέρους[1] τετταράκοντα μνῶν[2], καὶ ἐκέλευέ με τὴν ταχίστην[3] πορίζειν τὸ ἀργύριον, πρὶν μεταδόξαι τι Ἀθηνογένει. Συναγαγὼν δ' ἐγὼ πανταχόθεν, καὶ τοὺς φίλους ἐνοχλήσας, καὶ θεὶς ἐπὶ τὴν τράπεζαν[4] τὰς τετταράκοντα μνᾶς, ἧκον ὡς[5] τὴν Ἀντιγόναν.

[5] Κἀκείνη συνήγαγεν ἡμᾶς εἰς τὸ αὐτό, ἐμέ τε καὶ Ἀθηνογένην, καὶ διήλλαξε, καὶ παρεκελεύσατο τοῦ λοιποῦ εὖ ποιεῖν ἀλλήλους. Καὶ ἐγώ τ' ἔφην ταῦτα[6] ποιήσειν, καὶ Ἀθηνογένης οὑτοσὶ ὑπολαβὼν εἶπεν ὅτι τῶν πεπραγμένων δεῖ με χάριν ἔχειν Ἀντιγόνᾳ, « Καὶ νῦν », ἔφη, « ταύτης ἕνεκα ἤδη σοι ἐνδείξομαι ὅσα σε ἀγαθὰ[7] ποιήσω. Σὺ μὲν γὰρ », ἔφη, « τὸ ἀργύριον ἐπ' ἐλευθερίᾳ καταβάλλεις τοῦ

dinaire de l'optatif parfait ; la forme simple est à peine usitée en attique.

1. Ἀμφοτέρους. L'objet des désirs d'Épicratès était l'un des fils de Midas. L'habileté des deux compères consiste à l'avoir amené à acheter en même temps l'autre fils, leur père, et le fonds de parfumerie, actif et passif. Pour le moment, Athénogène ne *vend* pas Midas et ses enfants : il consent seulement à les affranchir moyennant 40 mines (3 880 fr. environ). Mais comme cela ne fait pas encore son affaire, il va transformer cette convention en une véritable vente.

2. Τετταράκοντα μνῶν. Cf. Isocr., XV, 288, n. 6.

3. Τὴν ταχίστην, « *le plus vite possible* » (litt. : *par le chemin le plus rapide*).

4. Θεὶς ἐπὶ τὴν τράπεζαν. En attendant le jour du payement, Épicratès, qui ne veut pas garder chez lui cette somme considérable, la dépose à la banque.

5. Ὡς (= πρός) ; préposition qui ne s'emploie que devant un nom de personne. Cf. Lys., XXIV, 19.

6. Ταῦτα, pluriel fréquemment employé bien qu'il ne s'agisse que d'une seule chose (εὖ ποιεῖν).

7. Ἀγαθά. Ce qu'Athénogène lui représente comme avantageux est justement ce qui causera sa ruine. Épicratès a consenti à acheter la liberté de Midas et de ses fils : Athénogène lui accorde comme une faveur de remplacer cette convention par une vente.

Μίδα καὶ τῶν παίδων· ἐγὼ δέ σοι ἀποδώσομαι αὐτοὺς ὠνῇ καὶ πράσει[1], ἵνα πρῶτον μὲν μηδεὶς παρενοχλῇ μηδὲ διαφθείρῃ τὸν Μίδαν, εἶτ' αὐτοὶ μὴ ἐγχειρῶσι πονηρεύεσθαι μηδὲν διὰ τὸν φόβον[2]· [6] τὸ δὲ μέγιστον[3], νῦν μὲν ἂν δόξειαν δι' ἐμὲ γεγονέναι ἐλεύθεροι· ἐὰν δὲ πριάμενος σὺ ὠνῇ καὶ πράσει, εἶθ'[4] ὕστερον, ὅταν σοι δοκῇ, ἀφῇς αὐτοὺς ἐλευθέρους, διπλασίαν ἕξουσίν σοι τὴν χάριν. Ὅσον μέντοι ὀφείλουσιν ἀργύριον, μύρου τέ τινος τιμὴν Παγκάλῳ[5] καὶ Προκλεῖ, καὶ εἴ τι ἄλλο κατέθετό τις[6] ἐπὶ τὸ μυροπώλιον τῶν προσφοιτώντων[7], οἷα[8] γίγνεται, ταῦτα, » ἔφη, « σὺ ἀναδέξῃ. Ἔστιν δὲ μικρὰ κομιδῇ, καὶ πολλῷ πλείω φορτία ἐστὶν τούτων[9] ἐν τῷ ἐργαστηρίῳ, μύρον καὶ ἀλάβαστροι[10] καὶ ζμύρνα[11] »,

1. Ὠνῇ καὶ πράσει, « *par achat et vente, par un contrat en bonne et due forme* », formule commerciale.

2. Διὰ τὸν φόβον, sous-ent. σου, « *la crainte que tu inspireras* ».

3. Τὸ δὲ μέγιστον. Cf. Isocr., XV, 281, n. 2.

4. Εἶτα, « *ensuite* » (c.-à-d.: après les avoir achetés), ne sert qu'à reprendre et résumer la proposition précédente.

5. Παγκάλῳ. Nous connaissons le titre d'un discours d'Hypéride, *contre Pancalos* : peut-être se rapportait-il à cette affaire?

6. Εἴ τι... κατέθετό τις. C'est une façon obscure de désigner les πληρωταὶ τῶν ἐράνων, dont il va être question § 7, n. 8. Grâce à l'expression volontairement ambiguë d'Athénogène, Épicratès peut croire qu'il s'agit de dépôts sans importance.

7. Τῶν προσφοιτώντων dépend de τις.

8. Οἷα = ὡς. Il semble que la petite épargne grecque allait volontiers chez les petits commerçants.

9. Τούτων désigne les dettes et dépend de πλείω.

10. Ἀλάβαστροι. L'*alabastre* est un petit vase destiné à renfermer les parfums de prix, fait d'albâtre (d'où son nom), d'onyx ou même d'or, et de forme particulière (poire ou bouton de rose).

11. Ζμύρνα, parait le même mot que μύρρα : c'est la *myrrhe*, gomme venant d'un myrte d'Arabie.

καὶ ἄλλ' ἄττα ὀνόματα[1] λέγων, « ὅθεν[2] πάντα ταῦτα διαλυθήσεται[3] ῥᾳδίως ».

[7] Ἦν δὲ, ὦ ἄνδρες δικασταὶ, ὡς ἔοικεν, ἐνταῦθα ἡ ἐπιβουλὴ καὶ τὸ πλάσμα τὸ μέγα. Εἰ μὲν γὰρ ἐπ' ἐλευθερίᾳ καταβάλλοιμι αὐτῶν[4] τὸ ἀργύριον, τοῦτο μόνον ἀπώλλυον[5] ὃ δοίην αὐτῷ, ἀλλ' οὐδὲν δεινὸν ἔπασχον· εἰ δὲ πριαίμην ὠνῇ καὶ πράσει, ὁμολογήσας αὐτῷ τὰ χρέα ἀναδέξεσθαι, ὡς[6] οὐθενὸς[7] ἄξια ὄντα, διὰ τὸ μὴ προειδέναι, ἐπάξειν μοι ἔμελλεν ὕστερον τοὺς χρηστὰς καὶ τοὺς πληρωτὰς τῶν ἐράνων[8], ἐν ὁμολογίᾳ λαβών[9]· ὅπερ ἐποίησεν. [8] Ὡς γὰρ εἰπόντος αὐτοῦ ταῦτα ἐγὼ προσωμολό-

1. Ὀνόματα, des noms étranges de vases ou de parfums, noms inconnus à Épicratès, et qui l'ont ébloui.

2. Ὅθεν : l'adverbe remplace le pronom précédé d'une préposition (ἀφ' ὧν), « *au moyen de quoi* ».

3. Διαλυθήσεται, « *seront acquittées* ».

4. Αὐτῶν dépend de ἐλευθερίᾳ.

5. Ἀπώλλυον, ἔπασχον. L'imparfait présente la chose avec plus de vivacité, comme en français; mais l'optatif δοίην dans la proposition relative nous rappelle que nous sommes dans une phrase conditionnelle. — Ἀπώλλυον est au moins aussi usité que la forme régulière ἀπώλλυν.

6. Ὡς « *m'imaginant que* ». Cf. Lys., XII, 2, n. 7. Épicratès s'était laissé prendre aux formules d'Athénogène.

7. Οὐθενός. La forme οὐθείς pour οὐδείς appartient à la fin du IVe siècle : on la trouve fréquemment chez Aristote, et dans les inscriptions à partir de 378 jusqu'à l'ère chrétienne.

8. Πληρωτὰς τῶν ἐράνων. On appelle ἔρανος toute société constituée en vue d'un but quelconque et exigeant de ses membres une cotisation régulière. Ces membres s'appellent πληρωταί. Le produit des cotisations était placé, comme cela se fait aujourd'hui ; mais les sociétés choisissaient surtout comme placement le commerce, et retiraient leurs fonds à mesure des besoins. Plusieurs sociétés avaient ainsi placé leurs fonds dans le commerce d'Athénogène.

9. Λαβών, « *m'ayant pris* » dans l'engagement (comme dans un filet).

γησα, εὐθὺς ἐκ τῶν γονάτων[1] λαβὼν τῶν αὐτοῦ γραμματεῖόν τι προγεγραμμένον ἀνεγίγνωσκεν· ἦσαν δὲ αὗται συνθῆκαι[2] πρὸς ἐμέ· ὧν ἐγὼ ἀναγιγνωσκομένων μὲν ἤκουον, ἔσπευδον μέντοι[3] ἐφ' ὃ ἧκον, τοῦτο διοικήσασθαι. Καὶ σημαίνεται τὰς συνθήκας εὐθὺς ἐν τῇ αὐτῇ οἰκίᾳ, ἵνα μηδεὶς τῶν εὖ φρονούντων[4] ἀκούσαι[5] τὰ ἐγγεγραμμένα, προσεγγράψας μετ' ἐμοῦ Νίκωνα[6] τὸν Κηφισιέα. [9] Ἐλθόντες δ' ἐπὶ τὸ μυροπώλιον, τὸ μὲν γραμματεῖον τιθέμεθα παρὰ Λυσικλεῖ[7] Λευκονοεῖ· τὰς δὲ τετταράκοντα μνᾶς ἐγὼ καταβαλὼν τὴν ὠνὴν ἐποιησάμην. Τούτου δὲ γενομένου προσῆεσάν μοι οἱ χρησταὶ οἷς ὠφείλετο παρὰ τῷ Μίδα[8], καὶ οἱ πληρωταὶ τῶν ἐράνων, καὶ διελέγοντό μοι· καὶ ἐν τρισὶν μησὶν ἅπαντα τὰ χρέα φανερὰ ἐγεγόνει, ὥστ' εἶναί[9] μοι σὺν τοῖς

1. Ἐκ τῶν γονάτων « *de sur ses genoux* ». Les interlocuteurs étaient assis.

2. Ἦσαν αὗται συνθῆκαι, « *c'étaient des conventions* », attraction régulière. Cf. la même tournure à l'accusatif, Lys., XXIV, 10, n. 3. — Sur πρός, Esch., II, 47, n. 5.

3. Μέντοι s'oppose à μέν plus fortement que δέ. Épicratès laisse entendre qu'il suivait la lecture d'une oreille distraite, en homme qui est pressé d'en finir. — Τοῦτο est l'antécédent de ἐφ' ὅ.

4. Μηδεὶς τῶν εὖ φρονούντων = μηδεὶς εὖ φρονῶν. Le plaideur, toujours avec la même franchise habile, avoue que lui-même n'était pas εὖ φρονῶν. Cf. § 2.

5. Ἀκούσαι, forme rare à l'époque attique pour ἀκούσειε.

6. Νίκωνα. Ce Nicon est évidemment un ami du demandeur. Son nom, comme on le verra au § 20, figurait ici à titre de garant de l'exécution du contrat.

7. Λυσικλεῖ. On déposait ainsi les originaux des contrats chez des tiers, tandis que les parties conservaient des *copies* (ἀντίγραφα, § 10). Cf. Isocr., XVII, 20.

8. Παρὰ τῷ Μίδᾳ, « *chez Midas* », et non *de la part de Midas* (il y aurait le génitif); cela revient d'ailleurs au même pour le sens.

9 Ὥστε... τάλαντα, « *de sorte qu'elles* (*les dettes*) *s'élevaient* (εἶναι)... *environ à cinq talents*

ἐράνοις, ὅπερ καὶ ἀρτίως[1] εἶπον, περὶ πέντε τάλαντα.

[10] Ὡς δ' ᾐσθόμην οὗ ἦν κακοῦ[2], τότ' ἤδη τοὺς φίλους καὶ τοὺς οἰκείους συνήγαγον, καὶ τὰ ἀντίγραφα τῶν συνθηκῶν ἀνεγιγνώσκομεν, ἐν αἷς ἐγέγραπτο μὲν τὸ τοῦ Παγκάλου καὶ τοῦ Πολυκλέους[3] ὄνομα διαρρήδην, καὶ ὅτι[4] μύρων τιμαὶ ὠφείλοντο, ἃ[5] ἦν βραχέα τε, καὶ ἐξῆν αὐτοῖς[6] εἰπεῖν ὅτι τὸ μύρον ἄξιον εἴη τοῦ ἀργυρίου τὸ ἐν τῷ ἐργαστηρίῳ· τὰ δὲ πολλὰ τῶν χρεῶν καὶ τὰ μέγιστα οὐκ ἐνεγέγραπτο ἐπ' ὀνομάτων[7], ἀλλ' ἐν προσθήκης μέρει[8], ὡς οὐδὲν ὄντα· « Καὶ εἴ τῳ[9] ἄλλῳ ὀφείλει τι Μίδας. » [11] Καὶ τῶν ἐράνων εἷς μέν, οὗ Δικαιοκράτης[10] ἐνεγέγραπτο, οὗ ἦσαν λοιπαὶ τρεῖς φοραί[11],

(près de 30 000 francs) ». On dit ἐστί (ou γίγνεται) pour désigner le total d'une addition. — Σύν, rare dans la prose attique, a ici le sens spécial de *y compris*.

1. Ἀρτίως, dans le début perdu du plaidoyer.

2. Κακοῦ (génitif neutre) dépend de l'adverbe relatif οὗ. Littéralement : *à quel point de malheur j'étais*.

3. Πολυκλέους. Ce Polyclès ne fait vraisemblablement qu'un avec le personnage appelé Proclès au § 6. Il faut supposer une négligence du copiste dans l'un des deux passages.

4. Καὶ ὅτι, « *et aussi que* », fait encore partie du sujet.

5. Ἃ se rapporte grammaticalement à μύρων, mais en réalité à τιμαί. — Il y a une légère irrégularité dans la construction de la phrase. Les deux propositions réunies par τε... καί ne sont pas tout à fait de même nature.

6. Αὐτοῖς, à Athénogène et à sa complice.

7. Ἐπ' ὀνομάτων, « *nominativement* ».

8. Ἐν... μέρει, litt.: *au rang de*.

9. Καὶ εἴ τῳ... κ. τ. λ. Texte même de la formule vague sous laquelle Athénogène avait dissimulé les sommes dues par Midas.

10. Οὗ Δικαιοκράτης. Le premier οὗ est adverbe de lieu, le second est le relatif au génitif. — Dicéocratès est sans doute le président d'une des sociétés dont il a été parlé au § 7.

11. Φοραί. Ce sont les *termes*

οὗτος μὲν[1] ἐπὶ τοῦ Δικαιοκράτους ὀνόματος ἦν γεγραμμένος, οἱ δ' ἄλλοι ἐφ' οἷς εἰλήφει[2] πάντα ὁ Μίδας, νεοσύλλογοι[3] δ' ἦσαν, τούτους δ' οὐκ ἐνέγραψεν ἐν ταῖς συνθήκαις, ἀλλ' ἀπεκρύψατο.

Βουλευομένοις δ' ἡμῖν ἔδοξεν πορεύεσθαι πρὸς τοῦτον καὶ διαλέγεσθαι, καὶ καταλαβόντες αὐτὸν πρὸς τοῖς μυροπωλίοις[4] ἠρωτῶμεν εἰ οὐκ αἰσχύνοιτο ψευδόμενος καὶ ἐνεδρεύσας[5] ἡμᾶς ταῖς συνθήκαις, οὐ προειπὼν τὰ χρέα. Ὁ δ' ἀπεκρίνατο ἡμῖν ὡς οὔτε τὰ χρέα γιγνώσκοι ἃ λέγομεν, οὔτε προσέχοι ἡμῖν τὸν νοῦν, γραμματεῖόν τ' εἴη αὐτῷ κείμενον πρὸς ἐμὲ περὶ τούτων. [12] Πολλῶν δ' ἀνθρώπων συλλεγομένων καὶ ἐπακουόντων τοῦ πράγματος, διὰ τὸ ἐν τῇ ἀγορᾷ τοὺς λόγους γίγνεσθαι, καὶ κατατεμνόντων[6] αὐτὸν, κελευόντων δ' ἀπάγειν[7] ὡς ἀν-

fixes des cotisations qui doivent être payées par les πληρωταὶ τῶν ἐράνων. Ces trois termes (sur quatre sans doute) n'ayant pas encore été payés et placés dans le commerce d'Athénogène, la dette était faible de ce côté-là.

1. Οὗτος μέν. Ce μέν ne fait que répéter celui qui est après εἷς. De même plus bas, οἱ δὲ... τούτους δέ. Cf. Lys., XXIV, 8, n. 4.

2. Εἰλήφει. Pour ces autres ἔρανοι, toutes les cotisations avaient été acquittées et versées aux mains de Midas. Parmi les sommes reçues, Athénogène n'avait donc pas mentionné dans son contrat les plus importantes.

3. Νεοσύλλογοι δ' ἦσαν. Changement de tournure pour éviter la répétition du relatif. Cf. Lys., XXV, 11, n. 3.

4. Τοῖς μυροπωλίοις. L'endroit de l'Agora où étaient groupés les μυροπώλια. Cf. Ind., n° 123.

5. Ἐνεδρεύσας : encore une expression familière et pittoresque.

6. Κατατεμνόντων. Le présent ici marque seulement l'effort vers l'action, « *menaçant de l'écharper* ». L'expression familière est également à noter.

7. Ἀπάγειν : terme technique ; cf. Ind., n°s 91 et 65. On ne voit pas trop d'ailleurs comment Athénogène pouvait être traité d'ἀνδραποδιστής : il n'a réduit en esclavage aucun homme libre. Mais ce

δραποδιστὴν, τοῦτο μὲν οὐκ ᾠόμεθα δεῖν ποιεῖν, προσεκαλεσάμεθα[1] δὲ αὐτὸν εἰς ὑμᾶς κατὰ τὸν νόμον. Πρῶτον μὲν οὖν ὑμῖν τὰς συνθήκας ἀναγνώσεται[2]· ἐξ αὐτῶν γὰρ τῶν γεγραμμένων μαθήσεσθε τὴν ἐπιβουλὴν αὐτοῦ.

[Sans doute la loi oblige à observer les conventions (ὅσα ἂν ἕτερος ἑτέρῳ ὁμολογήσῃ, κύρια εἶναι). Mais elle n'entend parler que des conventions justes. La preuve, c'est qu'une loi enjoint ἀψευδεῖν ἐν τῇ ἀγορᾷ, une autre oblige de déclarer les tares d'un esclave mis en vente, sous peine d'action rédhibitoire; d'autres ne reconnaissent comme valables les conventions des fiançailles et des testaments que si elles sont justes et ont été obtenues sans pression. Ce n'est pas le cas ici : les conventions sont injustes et ont été arrachées par la ruse d'Athénogène et d'Antigona, §§ 13-18].

I

FRAGMENT DE L'ARGUMENTATION
(§§ 19-22)

[19].... Ἀλλὰ[3] ἐγὼ μὲν ὁ οὐδὲ συνιεὶς τὰ ἐν ἀγορᾷ, ἀτρέμα δ' ἔχων, ἐν τρισὶ μησὶν ἅπαντα τὰ χρέα καὶ τοὺς ἐράνους ἐπυθόμην· οὗτος δὲ ὁ ἐκ τριγονίας ὢν μυροπώλης, καθήμενος δ' ἐν τῇ ἀγορᾷ

mot, comme celui de συκοφάντης, par exemple, devait avoir absolument perdu son sens littéral.

1. Προσεκαλεσάμεθα. Cf. Ind., n° 75. La *citation* s'oppose à l'ἀπαγωγή.

2. Ἀναγνώσεται, sous-entendu le greffier (ὁ γραμματεύς).

3. Ἀλλά. Épicratès discute une objection d'Athénogène qu'il devait formuler dans ce qui précède, mais dont le texte est complètement mutilé. Le sens est facile à restituer : « Il vous dira qu'il ne pouvait connaître les *éranes* déposés chez Midas ».

ὅσαι ἡμέραι[1], τρία δὲ μυροπώλια κεκτημένος, λόγους[2] δὲ κατὰ μῆνα λαμβάνων, οὐκ ᾔδει τὰ χρέα. Ἀλλ' ἐν μὲν τοῖς ἄλλοις οὐκ ἰδιώτης ἐστὶν, πρὸς δὲ τὸν οἰκέτην οὕτως εὐήθης[3] ἐγένετο, καί τινα μὲν τῶν χρεῶν, ὡς ἔοικεν, ᾔδει, τὰ δέ φησιν οὐκ εἰδέναι, ὅσα μὴ βούλεται.

[20] Ὁ δὲ τοιοῦτος αὐτοῦ λόγος, ὦ ἄνδρες δικασταὶ, οὐκ ἀπολογία ἐστὶν, ἀλλ' ὁμολόγημα[4] ὡς οὐ δεῖ με τὰ χρέα διαλύειν· ὅταν γὰρ φῇ[5] μὴ εἰδέναι ἅπαντα τὰ ὀφειλόμενα, οὐκ ἔστιν αὐτῷ δήπου ἅμα εἰπεῖν ὡς προεῖπέ μοι περὶ τῶν χρεῶν, ὅσα δ' οὐκ ἤκουσα παρὰ τοῦ πωλοῦντος, ταῦτα οὐ δίκαιός εἰμι διαλύειν[6]. Ὅτι μὲν οὖν ᾔδεις, ὦ Ἀθηνόγενες, ὀφείλοντα Μίδαν τὰ χρήματα ταῦτα, οἶμαι πᾶσιν εἶναι δῆλον ἐξ ἄλλων τε πολλῶν, καὶ[7] ἐκ τοῦ αἰτεῖν σε τὸν Νίκωνα ὑπὲρ ἐμοῦ ἐγγυητὴν[8], εἰδότα[9] οὐκ ἄν με πρὸς τὰ χρέα ὄντα ἱκανὸν μόνον ἄνευ ἐκείνου.

1. Ὅσαι ἡμέραι, expression familière : *« autant de jours qu'il y en a, tous les jours que Dieu fait »*.

2. Λόγους, *les comptes* que Midas devait lui présenter tous les mois.

3. Εὐήθης. Cf. Esch., II, 22, n. 7.

4. Il y a jeu de mots entre ἀπολογία et ὁμολόγημα.

5. Ὅταν γὰρ φῇ... κ. τ. λ. L'argumentation se ramène au dilemme suivant : ou Athénogène connaissait les dettes de Midas, et il ment quand il dit qu'il les ignorait : ou il les ignorait vraiment, et alors il n'a pu en prévenir Épicratès.

6. Δίκαιός εἰμι διαλύειν = δίκαιόν ἐστιν ἐμὲ διαλύειν.

7. Ἄλλων τε... καί. Hellénisme correspondant à notre expression : « *Entre autres beaucoup de raisons... pour celle-ci...* »

8. Ἐγγυητήν. Si Athénogène avait ajouté sur le contrat que Nicon se portait garant de l'exécution, c'est qu'il pensait bien que la fortune du demandeur seule ne suffirait pas à acquitter les dettes.

9. Εἰδότα se rapporte à σέ.

[21] Οὐ μὲν δὴ ἔγωγ', ἀλλ'[1] ὁμόσε βούλομαι τῷ λόγῳ σου τούτῳ ἐλθεῖν[2]. Ὡς[3] δὴ ἀγνοοῦντος καὶ οὐκ εἰδότος τίς τί ἔτυχεν καταθέμενος[4] καὶ τῶν χρεῶν ἕκαστον, σκοπῶμεν τουτονὶ τὸν τρόπον. Εἰ σὺ μὲν διὰ τὸ μὴ εἰδέναι μὴ προεῖπάς μοι πάντα τὰ χρέα, ἐγὼ δὲ ὅσα ἤκουσα ταῦτα μόνον οἰόμενος εἶναι[5] τὰς συνθήκας ἐθέμην, πότερος δίκαιός ἐστιν[6] ἐκτεῖσαι; ὁ ὕστερος πριάμενος, ἢ ὁ πάλαι κεκτημένος, ὅτ' ἐδανείζετο; ἐγὼ μὲν γὰρ[7] οἴομαι σέ. Εἰ δ' ἄρ' ἀντιλέγομεν περὶ τούτου, διαιτητὴς[8] ἡμῖν γενέσθω ὁ νόμος, ὃν οὐχ οἱ ἐρῶντες[9] οὐδ' οἱ ἐπιβουλεύοντες τοῖς ἀλλοτρίοις ἔθεσαν, ἀλλ' ὁ δημοτικώτατος Σόλων[10]· [22] ὃς εἰδὼς ὅτι πολλαὶ ὠναὶ γίγνονται ἐν τῇ πόλει, ἔθηκε νόμον δίκαιον, ὡς παρὰ πάντων ὁμολογεῖται[11], τὰς ζημίας ἃς ἂν ἐργάσωνται[12] οἱ οἰκέται καὶ τὰ ἀναλώματα διαλύειν τὸν δεσπότην παρ'

1. Οὐ μὲν δὴ ἔγωγ', ἀλλά. Expression très elliptique et où la place de ἔγωγε est fort extraordinaire. Rapprochez οὐ μὴν ἀλλά, cf. Isoc., IV, 85, n. 4, et οὐ γὰρ ἀλλά, signifiant *pourtant*. Le sens paraît être : « *cependant je n'en dis pas plus, et je veux bien...* ».

2. Ἐλθεῖν. Joignez ὁμόσε... ἐλθεῖν. On peut traduire : « *entrer dans ton raisonnement* ».

3. Ὡς, « *dans l'hypothèse que* ».

4. Τίς... καταθέμενος, litt. : *qui se trouvait ayant déposé quoi ?*

5. Εἶναι, employé absolument : « *exister* ».

6. Δίκαιός ἐστιν. Cf. § 20, n. 6. — Ἐκτεῖσαι, orthographe du papyrus, meilleure que ἐκτῖσαι.

7. Γάρ est l'explication d'une proposition sous-entendue : je pose cette question, car. Même formule au § (26.)

8. Διαιτητής. Cf. Ind., n°s 54-56.

9. Οἱ ἐρῶντες, comme Épicratès, οἱ ἐπιβουλεύοντες τοῖς ἀλλοτρίοις, comme Athénogène.

10. Σόλων. Cf. Esch., III, 257, n. 4.

11. Ὡς... ὁμολογεῖται porte sur δίκαιον.

12. Ζημίας... ἐργάσωνται. « *Les dommages qu'auraient causés* ». Ζημίας ἐργάζεσθαι se trouve avec ce sens dans Isée (VI, 20).

ᾧ ἂν ἐργάσωνται οἱ οἰκέται[1]· εἰκότως[2]· καὶ γὰρ ἐάν τι ἀγαθὸν πράξῃ ἢ ἐργασίαν εὕρῃ ὁ οἰκέτης, τοῦ κεκτημένου αὐτὸν γίγνεται[3]. Σὺ δὲ τὸν νόμον ἀφεὶς περὶ συνθηκῶν ἐπιβεβουλευμένων διαλέγῃ. Καὶ ὁ μὲν Σόλων οὐδ' εἴ τις δικαίως ἔγραφεν ψήφισμα, οὐδενὸς νόμου οἴεται δεῖν κυριώτερον εἶναι[4]· σὺ δὲ οἴει τὰς ἀδίκους συνθήκας δεῖν κρατεῖν πάντων τῶν νόμων.

[Dans la suite du plaidoyer, Épicratès explique à nouveau comment il fut amené par Athénogène à prendre, outre l'enfant, le frère, le père et le fonds de commerce. Le reste est fort mutilé, sauf un passage où, selon l'habitude, le plaideur incrimine toute la vie privée et publique de son adversaire, citant surtout sa lâcheté et sa fuite à Trézène lors de la bataille de Chéronée. Il ne reste plus grand'chose de la péroraison.]

1. Cette loi de Solon ne nous est connue que par le discours d'Hypéride. Tandis qu'à Rome l'action « voyageait avec l'esclave », et que seul le maître *actuel* était responsable, on tenait compte à Athènes, avec plus de justice, de l'*époque* où le délit avait été commis. Mais comme on le voit, Solon ne parle que de dommages causés et de dépenses faites, et non des obligations qui ont pu être contractées par l'esclave : c'est par analogie que le plaideur étend la loi à ce dernier cas. Il a d'ailleurs tort, puisque, dans l'espèce, le contrat de vente contenait une clause formelle à ce sujet.

2. Εἰκότως, « *et c'est à bon droit* ». Cf. Esch., III, 148, n. 6.

3. Γίγνεται avec le génitif : « *devient la propriété de* ».

4. Οὐδ' εἴ τις... εἶναι. Cette seconde loi était déjà connue par Andocide (*Myst.*, § 89) et Démosthène (*contre Aristocratès*, 87), qui donne le texte : ψήφισμα μηδὲν μήτε βουλῆς μήτε δήμου νόμου κυριώτερον εἶναι. Cf. Ind., n° 33. L'argument qu'Hypéride en tire est purement oratoire.

Oraison funèbre.

(VI)

Argument.

L''Επιτάφιος λόγος d'Hypéride, retrouvé sur un papyrus égyptien il y a une cinquantaine d'années, est pour nous d'un intérêt très particulier, parce que c'est le seul spécimen authentique d'un genre très florissant dans la Grèce classique. L'oraison funèbre de Gorgias est un exercice d'école; celle de Thucydide, si belle, ne reproduit pas exactement les paroles de Périclès; celle de Lysias et celle de Démosthène sont faussement attribuées à ces auteurs, et n'ont jamais été prononcées; le *Ménexène* de Platon est une piquante raillerie du genre. Seule l'oraison funèbre d'Hypéride a été réellement prononcée, et dans une circonstance critique de l'histoire d'Athènes.

Autrefois, le chef des familles faisait l'éloge de ses parents morts après chaque campagne. Puis il y eut, dans les cités, des poètes officiels chargés de ce soin. A Athènes la poésie fit bientôt place à l'éloquence. Seule entre toutes les villes grecques, elle institua de brillantes cérémonies pour honorer ses morts. Après toutes les guerres, on réunissait dans dix larges bières, les restes des membres des dix tribus que l'on avait pu retrouver, et l'on ajoutait une onzième bière vide pour les disparus. Les funérailles se faisaient magnifiques, au milieu d'un grand concours de peuple, et un orateur, choisi officiellement, faisait l'éloge des morts. Toutefois, vers le ɪvᵉ siècle, la solennité eut lieu tous les ans, qu'il y eût eu campagne ou non, et il fallut, tous les ans, prononcer une oraison funèbre. Le genre devint rapidement faux et banal, la forme conventionnelle. Mais, en une circonstance spéciale, un grand orateur pouvait cependant trouver des accents nouveaux.

C'est ce qui arriva à Hypéride. Il fut orateur désigné l'année où Athènes avait fait un suprême effort pour son indépendance et pour la liberté de la Grèce, l'année de la guerre Lamiaque (323). On trouvera, dans les notes, les détails historiques nécessaires à l'intelligence du texte. Il suffira de rappeler ici que c'est le dernier soulèvement de la Grèce contre la domination macédonienne, la ligue de presque toutes les nations contre Antipater après la mort d'Alexandre, ligue puissante tant que Léosthène l'Athénien fut à sa tête, malheureusement désagrégée et affaiblie après sa mort. C'est l'éloge de Léosthène et de ses compagnons que prononce Hypéride, avant la défaite de son successeur Antiphilos et la triste paix imposée à Athènes. Ce sont ces guerriers, dignes successeurs des héros des guerres Médiques, qu'il eut à louer devant Athènes enthousiasmée.

Hypéride, chef avec Démosthène du parti antimacédonien, se tira à sa gloire de cette noble tâche. Asservi au cadre traditionnel des oraisons funèbres, il sut en briser la monotonie par les accents du patriotisme le plus vaillant. Tout en composant, selon les règles, un discours de forme très châtiée et presque impeccable, il l'anima d'un souffle guerrier que nous sentons encore. Athènes n'eût-elle fait que lancer en tombant ce noble cri de victoire, elle aurait mérité de rester éternellement au souvenir de l'humanité. Et si, dans le discours d'Hypéride, quelqu'un s'offense de quelques procédés connus, de lieux communs déjà vus, d'exagérations pour nous étranges, il oubliera vite ces légères taches, en songeant que celui qui avait encouragé et qui célébrait si fièrement ce dernier et brillant réveil de la gloire athénienne, allait l'expier dans quelques mois en succombant sous les coups des sicaires d'Antipater, avant de voir sa courageuse mais trop légère cité, tombée dans une servitude malheureusement définitive[1].

1. Voyez le chapitre consacré à ce discours par M. J. Girard dans ses *Études sur l'éloquence attique*.

I

ÉLOGE DE LÉOSTHÈNE ET DE SES SOLDATS
(§§ 6-16)

[*Exorde* sur la difficulté du sujet : les oublis de l'orateur seront réparés par la mémoire des auditeurs. *Plan* : éloge de la cité, des morts, de leur chef Léosthène. Mais l'éloge de la cité serait trop long à faire en détail ; après quelques généralités, l'orateur passe à celui des guerriers morts, §§ 1-5.]

[6] Ἀλλὰ περὶ μὲν τῶν κοινῶν ἔργων τῆς πόλεως, ὥσπερ προεῖπον, φράσαι παραλείψω, περὶ δὲ Λεωσθένους καὶ τῶν ἄλλων τοὺς λόγους ποιήσομαι. Ἀπορῶ δὲ πόθεν ἄρξωμαι[1] λέγων, ἢ τίνος πρώτου μνησθῶ. Πότερα[2] περὶ τοῦ γένους αὐτῶν ἑκάστου διεξέλθω ; ἀλλ' εὔηθες εἶναι ὑπολαμβάνω· [7] τὸν μὲν γὰρ ἄλλους τινὰς ἀνθρώπους ἐγκωμιάζοντα, οἳ πολλαχόθεν[3] εἰς μίαν πόλιν συνεληλυθότες οἰκοῦσι γένος ἴδιον ἕκαστος[4] συνεισενεγκάμενος, τοῦτον μὲν[5] δεῖ κατ' ἄνδρα γενεαλογεῖν ἕκαστον· περὶ δὲ Ἀθηναίων ἀνδρῶν τοὺς λόγους ποιούμενον, οἷς ἡ κοινὴ γένεσις αὐτόχθοσιν[6] οὖσιν

1. Ἄρξωμαι... μνησθῶ... διεξέλθω, et plus bas, § 8, ἐπιμνησθῶ, subjonctifs délibératifs.

2. Πότερα... ἀλλά... ἀλλά. Sur la construction de la phrase, cf. Lysias, XXIV, 24, n. 6.

3. Πολλαχόθεν. Cf. Isocrate, IV, 24.

4. Ἕκαστος, attribut partitif au sujet de οἰκοῦσι, entraine l'accord du participe συνεισενεγκάμενος.

5. Τοῦτον μὲν reprend τὸν μέν... ἐγκωμιάζοντα.

6. Αὐτόχθοσιν. Cf. Isocrate, IV, 25, n. 1.

ἀνυπέρβλητον τὴν εὐγένειαν ἔχει, περίεργον ἡγοῦμαι εἶναι ἰδίᾳ τὰ γένη ἐγκωμιάζειν. [8] Ἀλλὰ περὶ τῆς παιδείας αὐτῶν ἐπιμνησθῶ, καὶ ὡς ἐν πολλῇ[1] σωφροσύνῃ παῖδες ὄντες ἐτράφησαν, καὶ ἐπαιδεύθησαν ἅπερ εἰώθασιν[2] παιδεύειν; Ἀλλ' οἶμαι πάντας εἰδέναι ὅτι τούτου ἕνεκα[3] τοὺς παῖδας παιδεύομεν, ἵνα ἄνδρες ἀγαθοὶ γένωνται· τοὺς δὲ γεγενημένους ἐν τῷ πολέμῳ ἄνδρας ὑπερβάλλοντας τῇ ἀρετῇ, πρόδηλόν ἐστιν ὅτι παῖδες ὄντες καλῶς ἐπαιδεύθησαν.

[9] Ἁπλούστατον οὖν ἡγοῦμαι εἶναι τὴν ἐν τῷ πολέμῳ διεξελθεῖν[4] ἀρετήν, καὶ ὡς πολλῶν ἀγαθῶν αἴτιοι γεγένηνται τῇ πατρίδι καὶ τοῖς ἄλλοις Ἕλλησιν. Ἄρξομαι δὲ πρῶτον ἀπὸ τοῦ στρατηγοῦ[5]. Καὶ γὰρ δίκαιον. [10] Λεωσθένης γὰρ ὁρῶν τὴν Ἑλλάδα πᾶσαν τεταπεινωμένην καὶ ἤδη κατεπτηχυῖαν, κατεφθαρμένην[6] ὑπὸ τῶν δωροδοκούντων[7] παρὰ Φιλίππου καὶ Ἀλεξάνδρου κατὰ τῶν

1. Ὡς ἐν πολλῇ = ἐν ὡς πολλῇ (qui ne se dit pas) = ἐν ὅσῃ. Mais ὡς πολύς est plus plein et plus sonore que ὅσος et va mieux dans le style oratoire. Cf. § 9 : ὡς πολλῶν.

2. Εἰώθασιν, sujet *on*.

3. Τούτου ἕνεκα annonce la proposition finale ἵνα ἄνδρες κ. τ. λ.

4. Διεξελθεῖν, mot déjà employé au § 6. On a noté dans les discours précédents d'Hypéride des répétitions de ce genre.

5. Ἀπὸ τοῦ στρατηγοῦ. Sur cette importance accordée à l'éloge du général, cf. J. Girard (*Ouvrage cité*, p. 214-215).

6. Κατεφθαρμένην, « *ruinée* (*qu'elle était*) ». Ce participe équivaut en effet à une proposition causale et explique les deux précédents. De là, l'absence de liaison.

7. Τῶν δωροδοκούντων. Hypéride ne semble faire ici allusion à personne en particulier, mais aux orateurs du parti macédonien, et non pas seulement dans

πατρίδων τῶν αὐτῶν, καὶ τὴν μὲν πόλιν ἡμῶν δεομένην ἀνδρός, τὴν δ' Ἑλλάδα πᾶσαν πόλεως[1] ἥτις προστῆναι δυνήσεται τῆς ἡγεμονίας, ἐπέδωκεν ἑαυτὸν μὲν τῇ πατρίδι, τὴν δὲ πόλιν τοῖς Ἕλλησιν εἰς τὴν ἐλευθερίαν[2]. [11] καὶ ξενικὴν[3] μὲν δύναμιν συστησάμενος, τῆς δὲ πολιτικῆς ἡγεμὼν καταστάς[4], τοὺς πρώτους ἀντιταξαμένους τῇ τῶν Ἑλλήνων ἐλευθερίᾳ Βοιωτοὺς[5] καὶ Μακεδόνας καὶ Εὐβοᾶς καὶ τοὺς ἄλλους συμμάχους αὐτῶν ἐνίκησε[6] μαχόμενος ἐν τῇ Βοιωτίᾳ. [12] Ἐντεῦθεν δ' ἐλθὼν εἰς Πύλας[7] καὶ καταλαβὼν τὰς παρόδους,

Athènes, mais dans les diverses villes grecques, comme l'indique le pluriel πατρίδων.

1. Πόλεως (δεομένην).—Ἥτις... δυνήσεται, *quæ posset*. Ἀνδρός est aussi l'antécédent de ἥτις, mais l'accord se fait seulement avec le dernier mot.

2. Ἐπέδωκεν... εἰς τὴν ἐλευθερίαν. On remarquera le balancement exact des propositions, et l'importance donnée par là aux trois derniers mots, laissés en dehors de la correspondance.

3. Ξενικήν. Pausanias parle de 50 000 mercenaires asiatiques attirés par Léosthène. Le chiffre est exagéré, mais le fait est mentionné par Diodore de Sicile.

4. Καταστάς. On ne sait s'il avait une mission officielle. En tout cas, Athènes lui fournit de l'argent et des armes. — Sur τῆς πολιτικῆς, cf. Esch., III, 147, n. 6.

5. Βοιωτούς, mis en tête pour l'opposition avec ἐν τῇ Βοιωτίᾳ. Cf. § 38. — Tandis qu'un grand mouvement se dessinait contre Antipater, Thèbes et l'Eubée lui restaient fidèles. — Τοὺς ἄλλους συμμάχους, en particulier les Acarnaniens et plusieurs villes de Thessalie.

6. Ἐνίκησε. Léosthène et ses mercenaires étaient déjà aux Thermopyles quand Athènes leur envoya un renfort de 5500 citoyens et 2000 mercenaires. Ces troupes furent arrêtées au Cithéron par les Béotiens et leurs alliés. Il fallut que Léosthène vînt leur ouvrir le passage : c'est la victoire dont il est question ici.

7. Πύλας. Les *Thermopyles*; le mot πάροδος est le seul exact, car ce n'est pas un défilé entre deux montagnes, mais un chemin resserré entre la montagne et la mer, comme le défilé de Saint-Albert sur la Meuse près de Sedan, illustre depuis 1870. Aujourd'hui la mer s'est retirée et il n'y a plus de

δι' ὧν καὶ πρότερον[1] ἐπὶ τοὺς Ἕλληνας οἱ βάρβαροι ἐπορεύθησαν, τῆς μὲν ἐπὶ τὴν Ἑλλάδα πορείας Ἀντίπατρον[2] ἐκώλυσεν, αὐτὸν δὲ καταλαβὼν ἐν τοῖς τόποις τούτοις καὶ μάχῃ νικήσας, ἐπολιόρκει κατακλείσας εἰς Λαμίαν[3]· [13] Θετταλοὺς δὲ καὶ Φωκέας καὶ Αἰτωλοὺς καὶ τοὺς ἄλλους ἅπαντας τοὺς ἐν τῷ τόπῳ συμμάχους[4] ἐποιήσατο, καὶ ὧν Φίλιππος καὶ Ἀλέξανδρος ἀκόντων ἡγούμενοι ἐσεμνύνοντο, τούτων Λεωσθένης ἑκόντων τὴν ἡγεμονίαν[5] ἔλαβεν. Συνέβη δ' αὐτῷ τῶν μὲν πραγμάτων ὧν προείλετο κρατῆσαι, τῆς δὲ εἱμαρμένης[6] οὐκ ἦν περιγενέσθαι. [14] Δίκαιον δ' ἐστὶν μὴ μόνον ὧν ἔπραξεν Λεωσθένης ζῶν χάριν ἔχειν αὐτῷ πρώτῳ, ἀλλὰ καὶ τῆς ὕστερον γενομένης μάχης[7]

Thermopyles : le passage a près de deux kilomètres.

1. Καὶ πρότερον : au temps des guerres Médiques, et plus tard au temps de Philippe.

2. Ἀντίπατρον. Ce lieutenant d'Alexandre, déjà vice-roi de Macédoine pendant l'absence de celui-ci, était depuis 323 le chef de la puissance macédonienne La Grèce s'était soumise à lui; en 330 il avait battu Agis et les Spartiates (p. 291, n. 4). Tuteur de la famille d'Alexandre, il vainquit bientôt toutes les résistances, fit mettre à mort les principaux orateurs du parti antimacédonien (Démosthène, Hypéride), et mourut en 318.

3. Λαμίαν. Sur le Sperchios, dans la partie méridionale de la Thessalie.

4. Συμμάχους est attribut de tous les accusatifs compléments d'ἐποιήσατο. — La cavalerie thessalienne surtout fut une perte pour Antipater, car depuis longtemps elle aidait puissamment les troupes macédoniennes.

5. Notez l'antithèse ἀκόντων ἡγούμενοι, ἑκόντων ἡγεμονίαν, et le ton solennel du verbe ἐσεμνύνοντο.

6. Τῆς εἱμαρμένης. Pendant le siège de Lamia, transformé en blocus, Léosthène fut atteint d'une grosse pierre et mourut en deux jours.

7. Μάχης. Après la mort de Léosthène, la ligue se désagrégea quelque peu. Son successeur Antiphilos ne put la reformer. Lamia résistait toujours, et Léonnatos

μετὰ τὸν ἐκείνου θάνατον, καὶ τῶν ἄλλων ἀγαθῶν τῶν ἐν τῇ στρατείᾳ ταύτῃ συμβάντων τοῖς Ἕλλησιν· ἐπὶ γὰρ τοῖς ὑπὸ Λεωσθένους τεθεῖσιν θεμελίοις[1] οἰκοδομοῦσιν οἱ νῦν τὰς ὕστερον πράξεις.

[15] Καὶ μηδεὶς ὑπολάβῃ με τῶν ἄλλων πολιτῶν μηδένα λόγον ποιεῖσθαι, ἀλλὰ Λεωσθένη μόνον ἐγκωμιάζειν. Συμβαίνει γὰρ τὸν Λεωσθένους ἔπαινον ἐπὶ ταῖς μάχαις ἐγκώμιον καὶ τῶν ἄλλων πολιτῶν εἶναι[2]· τοῦ μὲν γὰρ βουλεύεσθαι καλῶς ὁ στρατηγὸς αἴτιος, τοῦ δὲ νικᾶν[3] μαχομένους οἱ κινδυνεύειν ἐθέλοντες τοῖς σώμασιν· ὥστε ὅταν ἐπαινῶ τὴν γεγονυῖαν νίκην, ἅμα τῇ Λεωσθένους ἡγεμονίᾳ καὶ τὴν τῶν ἄλλων ἀρετὴν ἐγκωμιάζω. [16] Τίς γὰρ οὐκ ἂν δικαίως ἐπαινοίη τῶν πολιτῶν[4] τοὺς ἐν τῷδε τῷ πολέμῳ τελευτήσαντας, οἳ τὰς ἑαυτῶν ψυχὰς ἔδωκαν ὑπὲρ τῆς τῶν Ἑλλήνων ἐλευθερίας, φανερωτάτην ἀπόδειξιν ταύτην[5] ἡγούμενοι εἶναι τοῦ βούλεσθαι τῇ Ἑλλάδι τὴν ἐλευ-

venait au secours d'Antipater avec une autre armée. Antiphilos quitta Lamia pour marcher à sa rencontre; il le battit et le tua sur les frontières de la Macédoine. C'est le dernier succès de cette guerre. Mais le discours est prononcé sans doute avant la défaite de Krannon.

1. Θεμελίοις. La métaphore chez nous est banale et usée: elle est d'une rare hardiesse en grec et n'est acceptable que grâce au ton soutenu de tout le discours. — Hypéride paraît faire allusion à deux ou trois succès remportés sur des flottes macédoniennes qu'on empêcha de débarquer.

2. Construisez : τὸν... ἔπαινον ἐπὶ ταῖς μάχαις εἶναι ἐγκώμιον καὶ (*aussi*) τῶν, etc.

3. Τοῦ δὲ νικᾶν, sous-ent. αἴτιοί εἰσιν.

4. Τῶν πολιτῶν : génitif partitif.

5. Ταύτην = τοῦτο (par at-

θερίαν περιθεῖναι, τὸ μαχόμενοι τελευτῆσαι[1] ὑπὲρ αὐτῆς.

[Ce qui augmente leur gloire, c'est qu'ils ont combattu en Béotie, devant les ruines de Thèbes et les souvenirs des colères d'Alexandre, qui étaient de nature à les décourager. Quant au combat des Thermopyles, il éternisera leur mémoire : deux fois par an, en se réunissant en cet endroit, les Amphictyons se souviendront d'eux. Sans eux, la terre entière obéissait à un seul maître, et on peut juger de ce qui serait arrivé par les exemples que l'on a déjà des insolences des Macédoniens, et de ce roi qui fait adorer sa personne comme une divinité et ses domestiques comme des héros, 17-22.]

II

GRANDEUR DU BUT POURSUIVI PAR LÉOSTHÈNE ET SES SOLDATS FÉLICITÉ QUI LES ATTEND

(§§ 23-30)

[23] Οὐδεμία γὰρ στρατεία τὴν τῶν στρατευομένων ἀρετὴν ἐνεφάνισεν μᾶλλον τῆς νῦν γεγενημένης, ἐν ᾗ γε[2] παρατάττεσθαι μὲν ὁσημέραι ἀναγκαῖον ἦν, πλείους δὲ μάχας ἠγωνίσθαι διὰ[3] μιᾶς στρατείας ἢ τοὺς ἄλλους πάντας συμβαίνει[4] ἐν

traction) et est développé dans τὸ... τελευτῆσαι. Cf. Lysias, XXIV, 10, n. 3.

1. Μαχόμενοι τελευτῆσαι. — Notez le nominatif μαχόμενοι et comparez, au § 15 : τοῦ νικᾶν μαχομένους. C'est qu'ici le sujet est exactement le même que celui de ἡγούμενοι.

2. Ἐν ᾗ γε. L'addition de la particule γε donne un sens causal au relatif, « *puisque dans cette expédition* ».

3. Διά, « *au cours de* ».

4. Συμβαίνει, entendez : μάχας ἠγωνίσθαι. L'exagération est manifeste; dans une oraison funèbre elle ne choquait pas trop.

τῷ παρεληλυθότι χρόνῳ, χειμώνων δ' ὑπερβολὰς[1] καὶ τῶν καθ' ἡμέραν ἀναγκαίων ἐνδείας τοσαύτας καὶ τηλικαύτας οὕτως ἐγκρατῶς ὑπομεμενηκέναι, ὥστε καὶ τῷ λόγῳ χαλεπὸν εἶναι φράσαι. [24] Τὸν δὴ τοιαύτας καρτερίας ἀόκνως ὑπομεῖναι[2] τοὺς πολίτας προτρεψάμενον Λεωσθένη, καὶ τοὺς τῷ τοιούτῳ στρατηγῷ προθύμως συναγωνιστὰς σφᾶς αὑτοὺς[3] παρασχόντας, ἆρ' οὐ διὰ τὴν τῆς ἀρετῆς ἀπόδειξιν εὐτυχεῖς μᾶλλον, ἢ διὰ τὴν τοῦ ζῆν ἀπόλειψιν ἀτυχεῖς[4] νομιστέον; οἵτινες[5] θνητοῦ σώματος[6] ἀθάνατον δόξαν ἐκτήσαντο, καὶ διὰ τὴν ἰδίαν ἀρετὴν[7] τὴν κοινὴν ἐλευθερίαν τοῖς Ἕλλησιν ἐβεβαίωσαν[8]. [25] ....[9] Οὐ γὰρ ἀνδρὸς ἀπειλήν, ἀλλὰ νόμου φωνὴν κυριεύειν δεῖ τῶν εὐδαιμόνων[10],

1. Ὑπερβολάς. Notez le pluriel du mot abstrait; même remarque sur ἐνδείας et καρτερίας (cf. p. 132, n. 5). Remarquez aussi l'abondance de mots sonores, comme τοσαύτας et τηλικαύτας. — Les historiens ne disent pas que les Athéniens aient eu à souffrir de l'hiver pendant la guerre Lamiaque.

2. Ὑπομεῖναι après ὑπομεμενηκέναι : encore une répétition.

3. Σφᾶς αὐτούς = ἑαυτούς. Toutefois l'expression est plus solennelle et insiste plus sur la *personne* du sujet.

4. Ἀπόδειξιν εὐτυχεῖς... ἀπόλειψιν ἀτυχεῖς. Double exemple d'une de ces figures (ici la *Paronomase*) que Gorgias avait mises à la mode, et qui, malgré l'influence d'Isocrate, constituaient encore un des ornements du genre d'apparat. Plus loin, on notera aussi les antithèses θνητοῦ... ἀθάνατον et ἰδίαν... κοινήν.

5. Οἵτινες. Cf. Isocrate, XVII, 17, n. 1.

6. Θνητοῦ σώματος : génitif de prix.

7. Διὰ τὴν... ἀρετήν. Cf. l'*Oraison funèbre* attribuée à Lysias (§ 44) : τῇ ἰδίᾳ ἀρετῇ κοινὴν τὴν ἐλευθερίαν καὶ τοῖς ἄλλοις ἐκτήσαντο.

8. Ἐβεβαίωσαν. Les événements allaient bientôt contredire cette assertion de l'orateur.

9. On a omis une phrase dont le texte est gravement altéré.

10. Κυριεύειν... τῶν εὐδαιμόνων, « *décider du bonheur des gens* ». Τῶν εὐδαιμόνων est au neutre.

οὐδ' αἰτίαν[1] φοβερὰν εἶναι τοῖς ἐλευθέροις, ἀλλ' ἔλεγχον, οὐδ' ἐπὶ[2] τοῖς κολακεύουσιν τοὺς δυνάστας καὶ διαβάλλουσιν τοὺς πολίτας τὸ τῶν πολιτῶν ἀσφαλὲς[3], ἀλλ' ἐπὶ τῇ τῶν νόμων πίστει γενέσθαι[4]. [26] Ὑπὲρ ὧν ἁπάντων οὗτοι πόνους πόνων διαδόχους ποιούμενοι[5], καὶ τοῖς καθ' ἡμέραν κινδύνοις τοὺς εἰς τὸν ἅπαντα χρόνον φόβους[6] τῶν πολιτῶν καὶ τῶν Ἑλλήνων παραιρούμενοι, τὸ ζῆν ἀνήλωσαν εἰς τὸ τοὺς ἄλλους καλῶς ζῆν.

[27] Διά τοι τούτους πατέρες ἔνδοξοι, μητέρες[7] περίβλεπτοι τοῖς πολίταις γεγόνασι· ἀδελφαὶ γάμων τῶν προσηκόντων ἐννόμως τετυχήκασι καὶ τεύξονται· παῖδες ἐφόδιον[8] εἰς τὴν πρὸς τοῦ δήμου εὔνοιαν τὴν τῶν οὐχ[9] ἀπολωλότων ἀρετὴν — οὐ

1. **Αἰτίαν**, l'accusation portée devant les tribunaux; **ἔλεγχον**, le reproche adressé par la voix publique. Avec **ἔλεγχον**, sous-entendez **φοβερὸν εἶναι**.

2. Ἐπί, « *au pouvoir de* ».

3. **Τὸ... ἀσφαλές**, très peu différent de ἡ ἀσφάλεια. Les adjectifs neutres ainsi employés sont de style plus soutenu, et depuis Gorgias ils sont fréquents dans les oraisons funèbres.

4. Γενέσθαι dépend de **δεῖ**.

5. Πόνους ποιούμενοι = **πονοῦντες**. Cette périphrase, très fréquente surtout dans le style élevé, a ici permis à Hypéride de hasarder l'expression très curieuse **πόνους πόνων διαδόχους**: on peut rapprocher Euripide (*Androm.*, 802) : **κακὸν κακῷ διάδοχον**.

6. Τοὺς... φόβους. C'est le pluriel κινδύνοις qui entraîne le pluriel φόβους. — C'est aussi la symétrie qui détermine la place de **εἰς τὸν ἅπαντα χρόνον**, opposé à **καθ' ἡμέραν** : car logiquement ces mots se rattachent à **παραιρούμενοι**. — Les génitifs **τῶν πολιτῶν**, **τῶν Ἑλλήνων** dépendent de ce participe.

7. Πατέρες... μητέρες. L'absence de liaison s'explique par le caractère pathétique de cette énumération.

8. Ἐφόδιον est attribut : « *comme viatique* ».

9. **Οὐχ**. Cette négation tombe uniquement sur le *mot* **ἀπολωλότων**. Hypéride veut dire qu'en parlant d'eux on n'a pas le droit

γὰρ θεμιτὸν τούτου τοῦ ὀνόματος τυχεῖν τοὺς οὕτως ὑπὲρ καλῶν[1] τὸν βίον ἐκλιπόντας — ἀλλὰ τῶν τὸ ζῆν εἰς αἰώνιον τάξιν[2] μετηλλαχότων ἕξουσιν. [28] Εἰ γὰρ ὁ τοῖς ἄλλοις ὢν ἀνιαρότατος θάνατος τούτοις ἀρχηγὸς[3] μεγάλων ἀγαθῶν γέγονε, πῶς τούτους οὐκ εὐτυχεῖς κρίνειν δίκαιον, ἢ πῶς ἐκλελοιπέναι τὸν βίον[4], ἀλλ' οὐκ ἐξ ἀρχῆς γεγονέναι καλλίω γένεσιν τῆς πρώτης ὑπαρξάσης; τότε[5] μὲν γὰρ παῖδες ὄντες ἄφρονες ἦσαν, νῦν δ' ἄνδρες ἀγαθοὶ γεγόνασιν[6].... [30] Τίς γὰρ καιρὸς ἐν ᾧ τῆς τούτων ἀρετῆς οὐ μνημονεύσομεν; τίς τόπος[7] ἐν ᾧ ζήλου καὶ τῶν ἐντιμοτάτων ἐπαίνων τυγχάνοντας[8]

d'employer ce mot. C'est ce qu'explique οὐ γὰρ θεμιτόν, etc. Cf. Isocrate, IV, 92.

1. Οὕτως ὑπὲρ καλῶν = ὑπὲρ οὕτω καλῶν, qui ne serait pas grec.

2. Τάξις désigne tout groupe régulièrement constitué : αἰώνιος τάξις, c'est *le rang des immortels*. Notez μεταλλάττεσθαί τι εἴς τι, *changer quelque chose pour quelque chose*.

3. Ἀρχηγός... γέγονε. Cette personnification de la mort constitue encore une figure oratoire.

4. Ἐκλελοιπέναι τὸν βίον. L'interrogation obscurcit ici la pensée. Il faut construire : comment (serait-il juste de dire)... et non pas plutôt...? — Revenant sur l'idée qu'il vient d'exprimer, Hypéride déclare qu'à de tels morts l'expression qui convient, c'est, non pas ἐκλελοίπασι τὸν βίον, mais γεγόνασι καλλίω γένεσιν. — Notez cette dernière expression, exemple assez rare de l'accusatif étymologique.

5. Τότε, lors de leur naissance naturelle.

6. Ἄνδρες... γεγόνασιν. Cette expression est absolument banale au sens de *s'être montrés vaillants*, et s'emploie surtout de ceux qui sont morts en combattant. Mais Hypéride lui donne une valeur nouvelle en pressant le sens de γεγόνασι : c'est comme une naissance à un état nouveau, celui d' ἄνδρες ἀγαθοί.

7. Τίς καιρός... ; τίς τόπος. Notez l'absence voulue de liaison. Ces questions ainsi accumulées sont un procédé oratoire fréquent à l'époque de Démosthène.

8. Τυγχάνοντας. Entendez : αὐτούς (eux, les guerriers morts) τυγχάνοντας ζήλου... κ. τ. λ.

οὐκ ὀψόμεθα; Πότερον[1] οὐκ ἐν τοῖς τῆς πόλεως ἀγαθοῖς; ἀλλὰ τὰ διὰ τούτους γεγονότα τίνας ἄλλους ἐπαινεῖσθαι καὶ μνήμης τυγχάνειν ποιήσει; ἀλλ' οὐκ ἐν ταῖς ἰδίαις εὐπραξίαις; ἀλλ' ἐν[2] τῇ τούτων ἀρετῇ βεβαίως αὐτῶν ἀπολαύσομεν[3].

III

LES EXPLOITS DE LÉOSTHÈNE ET DE SES SOLDATS COMPARÉS A CEUX DES HÉROS QUI LES ONT PRÉCÉDÉS

(§§ 35-40)

[35] Ἐν Ἅιδου δὲ λογίσασθαι ἄξιον τίνες οἱ τὸν ἡγεμόνα δεξιωσόμενοι τὸν τούτων. Ἆρ' οὐκ ἄν[4] οἰόμεθα φοιτᾶν Λεωσθένη δεξιουμένους καὶ θαυμάζοντας τῶν ἡμιθέων[5] καλουμένων τοὺς ἐπὶ Τροίαν στρατεύσαντας, ὧν οὗτος ἀδελφὰς[6] πράξεις ἐνστησάμενος τοσοῦτον διήνεγκε, ὥστε οἱ μὲν μετὰ πάσης τῆς Ἑλλάδος μίαν πόλιν εἷλον[7], ὁ δὲ μετὰ τῆς

1. Πότερον... ἀλλὰ... ἀλλά. Même construction qu'au § 7. Tournure oratoire pour dire simplement : nous nous souviendrons d'eux en tout temps, aussi bien en voyant la prospérité de la cité que celle des particuliers.

2. Ἐν, « *par, grâce à* ».

3. Ἀπολαύσομεν est une forme tout à fait rare : on emploie ordinairement le moyen. — Αὐτῶν = τῶν εὐπραξιῶν.

4. Ἄν tombe sur φοιτᾶν, qui a pour sujet τῶν ἡμιθέων... τοὺς στρατεύσαντας et pour complément Λεωσθένη.

5. Ἡμιθέων. Cf. Isocrate, IV, 84.

6. Ὧν... ἀδελφάς, c'est-à-dire ἀδελφὰς τῶν πράξεων ἃς ἐκεῖνοι ἔπραξαν. Cf. Isocrate, IV, 71, n. 3, et Lysias, XII, 74, n. 3. — Ἐνίστασθαι πρᾶξιν, « *s'engager dans une action* ».

7. Εἷλον. Même raisonnement dans Isocrate, IV, 83 (et IX, 65). — Τοσοῦτον ὥστε, litt. : *à tel*

'αυτοῦ πατρίδος μόνης πᾶσαν τὴν τῆς Εὐρώπης καὶ τῆς 'Ασίας ἄρχουσαν δύναμιν ἐταπείνωσεν. [36] Κἀκεῖνοι μὲν ἕνεκα μιᾶς γυναικὸς[1] ὑβρισθείσης ἤμυναν, ὁ δὲ πασῶν τῶν Ἑλληνίδων τὰς ἐπιφερομένας ὕβρεις[2] ἐκώλυσεν, μετὰ τῶν συνθαπτομένων νῦν αὐτῷ ἀνδρῶν[3], τῶν μετ' ἐκείνους μὲν γεγενημένων, ἄξια δὲ τῆς ἐκείνων[4] ἀρετῆς διαπεπραγμένων. [37] Λέγω δὴ τοὺς περὶ Μιλτιάδην καὶ Θεμιστοκλέα καὶ τοὺς ἄλλους, οἳ τὴν Ἑλλάδα ἐλευθερώσαντες ἔντιμον μὲν τὴν πατρίδα κατέστησαν, ἔνδοξον δὲ τὸν αὑτῶν βίον ἐποίησαν[5], [38] ὧν οὗτος τοσοῦτον ὑπερέσχεν ἀνδρείᾳ καὶ φρονήσει ὅσον οἳ μὲν ἐπελθοῦσαν τὴν τῶν βαρβάρων δύναμιν ἠμύναντο, ὁ δὲ μηδ' ἐπελθεῖν ἐποίησεν. Κἀκεῖνοι μὲν ἐν τῇ οἰκείᾳ[6] τοὺς ἐχθροὺς ἐπεῖδον[7] ἀγωνιζομέ-

point que, dans la mesure où, c'est-à-dire « *en ceci que* » : c'est pourquoi ὥστε est suivi de l'indicatif. On trouvera plus loin dans le même sens l'expression plus rare τοσοῦτον ὅσον employée également par Isocrate.

1. Μιᾶς γυναικός : Hélène.

2. Ὕβρεις. Ici l'antithèse entraîne l'orateur : les femmes grecques ne couraient aucun danger à la victoire des Macédoniens.

3. Le texte de cette phrase paraît mal conservé. Tel qu'il est, on doit prendre μετά dans le sens de *concurremment avec, de la même manière que*, et traduire συνθαπτομένων νῦν αὐτῷ par « *qui deviennent aujourd'hui ses compagnons dans la tombe* ».

4. Ἐκείνους... ἐκείνων, désignent les soldats de la guerre de Troie.

5. Ἔντιμον... κατέστησαν, ἔνδοξον... ἐποίησαν : deux membres pareils (πάρισα) à terminaison semblable (ὁμοιοτέλευτα), suivant la manière de Gorgias et des anciens orateurs.

6. Τῇ οἰκείᾳ... τῇ τῶν ἐχθρῶν, sous-entendu γῇ. — Tous ces raisonnements sont de pure rhétorique, et Hypéride s'asservit trop ici aux procédés courants de l'oraison funèbre.

7. Ἐπεῖδον. Cf. Isocrate, XV, 268, n. 3 (p. 198).

νους, οὗτος δὲ ἐν τῇ των ἐχθρῶν περιεγένετο τῶν ἀντιπάλων.

[39] Οἶμαι δὲ καὶ τοὺς τὴν πρὸς ἀλλήλους φιλίαν τῷ δήμῳ βεβαιότατα ἐνδειξαμένους, λέγω δὲ Ἁρμόδιον καὶ Ἀριστογείτονα, οὐθένας οὕτως αὑτοῖς οἰκείους εἶναι νομίζειν[1], ὡς Λεωσθένη καὶ τοὺς ἐκείνῳ συναγωνισαμένους, οὐδ' ἔστιν οἷς[2] ἂν μᾶλλον ἢ τούτοις πλησιάσειαν ἐν Ἅιδου. Εἰκότως[3]· οὐκ ἐλάττω γὰρ ἐκείνων ἔργα διεπράξαντο, ἀλλ' εἰ δέον εἰπεῖν, καὶ μείζω. Οἳ μὲν γὰρ τοὺς τῆς πατρίδος τυράννους[4] κατέλυσαν, οὗτοι δὲ τοὺς τῆς Ἑλλάδος ἁπάσης. [40] Ὢ καλῆς[5] μὲν καὶ παραδόξου τόλμης[6] τῆς πραχθείσης ὑπὸ τῶνδε τῶν ἀνδρῶν, ἐνδόξου δὲ καὶ μεγαλοπρεποῦς προαιρέσεως ἧς προείλοντο.

1. Construisez : οἶμαι τοὺς... ἐνδειξαμένους νομίζειν οὐθένας (cf. p. 353, n. 7) οὕτως εἶναι οἰκείους αὐτοῖς ὡς, etc. — Οὐθένας est sujet de εἶναι, et αὐτοῖς renvoie à τοὺς ἐνδειξαμένους.

2. Ἔστιν οἷς, « *il y a des gens à qui* » : dans cette expression le verbe reste le plus souvent au singulier.

3. Εἰκότως, Cf. Hypéride, V, 32, n. 2.

4. Τυράννους, les Pisistratides. — On sait que les noms d'Harmodios et d'Aristogiton devaient revenir dans tout discours consacré à la gloire de la république athénienne. Hypéride fait à Léosthène un incroyable honneur en le plaçant au-dessus de ces héros.

5. Ὢ καλῆς κ. τ. λ. L'interjection ὢ est suivie, comme souvent, d'un génitif de cause. — Il y a là un procédé oratoire, ignoré au temps d'Isocrate, mais fréquent à l'époque d'Hypéride.

6. Τόλμης πραχθείσης. — Τόλμα a ici le sens d'*acte d'audace*

IV

PÉRORAISON
(§§ 41-43)

Cette péroraison depuis longtemps célèbre nous a été conservée par Stobée.

[41] Χαλεπὸν μὲν ἴσως ἐστὶ τοὺς ἐν τοῖς τοιούτοις ὄντας πάθεσι παραμυθεῖσθαι· τὰ γὰρ πένθη οὔτε λόγῳ οὔτε νόμῳ κοιμίζεται[1], ἀλλ' ἡ φύσις ἑκάστου καὶ φιλία πρὸς τὸν τελευτήσαντα τὸν ὁρισμὸν[2] ἔχει τοῦ λυπεῖσθαι. Ὅμως δὲ χρὴ θαρρεῖν καὶ τῆς λύπης παραιρεῖν εἰς τὸ ἐνδεχόμενον[3], καὶ μεμνῆσθαι μὴ μόνον τοῦ θανάτου τῶν τετελευτηκότων, ἀλλὰ καὶ τῆς ἀρετῆς ἧς καταλελοίπασιν[4]. [42] Εἰ γὰρ θρήνων ἄξια πεπόνθασιν, ἀλλ'[5] ἐπαίνων μεγάλων πεποιήκασιν. Εἰ δὲ γήρως θνητοῦ[6] μὴ μετέσχον, ἀλλ' εὐδοξίαν ἀγήρατον εἰλήφασιν,

1. **Κοιμίζεται** sent la langue poétique.

2. Ὁρισμός veut dire en général *délimitation* ou *définition*; on peut traduire ici par : *la mesure*. Ceux qui aiment peu sont peu affligés..., ceux qui aiment plus, le sont davantage. — Ἔχει, « *trouve en elle-même* ».

3. Εἰς τὸ ἐνδεχόμενον, « *dans la mesure du possible* ».

4. Ἧς (pour ἥν) καταλελοίπασιν. L'expression s'explique par le sens qu'a ici ἀρετή, « *honneur, considération* ».

5. Ἀλλά, ici et dans la phrase suivante, s'oppose à εἰ avec le sens de « *du moins* ». Cf. Eschine, III, 155, n. 12. — Ἐπαίνων μεγάλων, sous-ent. ἄξια.

6. Γήρως θνητοῦ, « *une vieillesse sujette à la mort* »; cette expression à demi poétique est là pour s'opposer à εὐδοξίαν ἀγήρατον, expression elle-même remarquable.

εὐδαίμονές τε[1] γεγόνασι κατὰ πάντα. Ὅσοι μὲν γὰρ αὐτῶν ἄπαιδες τετελευτήκασιν, οἱ παρὰ τῶν Ἑλλήνων ἔπαινοι παῖδες αὐτῶν[2] ἀθάνατοι ἔσονται. Ὅσοι δὲ παῖδας καταλελοίπασιν, ἡ τῆς πατρίδος εὔνοια ἐπίτροπος[3] αὐτοῖς τῶν παίδων καταστήσεται. [43] Πρὸς δὲ τούτοις, εἰ μέν ἐστι τὸ ἀποθανεῖν ὅμοιον τῷ μὴ γενέσθαι[4], ἀπηλλαγμένοι εἰσὶ νόσων καὶ λύπης καὶ τῶν ἄλλων τῶν προσπιπτόντων εἰς τὸν ἀνθρώπινον βίον· εἰ δ' ἔστιν αἴσθησις ἐν Ἅιδου καὶ ἐπιμέλεια[5] παρὰ τοῦ δαιμονίου, ὥσπερ ὑπολαμβάνομεν[6], εἰκὸς τοὺς ταῖς τιμαῖς τῶν θεῶν καταλυομέναις[7] βοηθήσαντας πλείστης[8] κηδεμονίας ὑπὸ τοῦ δαιμονίου τυγχάνειν.

1. Τε est ainsi souvent employé par Thucydide dans la proposition qui sert de conclusion à la phrase. Les exemples de cet emploi sont rares chez les orateurs.

2. Αὐτῶν reprend ὅσοι... τετελευτήκασιν. — Bien que l'idée soit fréquemment exprimée dans les oraisons funèbres, on doit remarquer la hardiesse de cette métaphore : les louanges des Grecs seront pour ces héros comme une postérité immortelle.

3. Ἐπίτροπος. Pour comprendre la valeur de cette expression, rapprochez Eschine, III, 154. — Αὐτοῖς : datif d'intérêt.

4. Τῷ μὴ γενέσθαι : formule imitée d'Euripide (*Troyennes*, 636) : τὸ μὴ γενέσθαι τῷ θανεῖν ἴσον λέγω. Tout ce passage est un souvenir de l'*Apologie* de Platon (40 C).

5. Ἐπιμέλεια. Cf. l'expression de Platon (*ibid.*, 41 D) : οὐδὲ ἀμελεῖται ὑπὸ θεῶν τὰ τούτου (τοῦ ἀγαθοῦ) πράγματα.

6. Ὥσπερ ὑπολαμβάνομεν. Hypéride a toujours passé pour un disciple de Platon. Les autres oraisons funèbres que nous possédons ne font aucune allusion à la vie future, et on peut trouver que celle-ci même est bien timide.

7. Ταῖς τιμαῖς... καταλυομέναις. On ne voit pas bien le sens de ces mots : la guerre Lamiaque n'avait pas le caractère d'une guerre sacrée.

8. Πλείστης, superlatif relatif. *plus grande que tous les autres.*

INDEX ANALYTIQUE

EXPLICATION DES TERMES RELATIFS AUX INSTITUTIONS GRECQUES QUI FIGURENT DANS LES EXTRAITS

POPULATION DE L'ATTIQUE

DIVISIONS SOCIALES ET ADMINISTRATIVES

Depuis Clisthène (508) la population de l'Attique est répartie en *tribus* et en *dèmes*. Cette organisation laisse subsister des groupements antérieurs, ayant principalement un caractère religieux : le γένος (la *gens* des Latins) et la *Phratrie*.

1. **Les Tribus** (αἱ φυλαί), au nombre de 10, empruntaient leurs noms à d'anciens héros de l'Attique ('Ερεχθηΐς, Κεκροπίς, 'Ιπποθωντίς). Elles servaient de cadres pour la désignation d'un grand nombre de fonctionnaires : de là l'importance du chiffre 10 et de ses multiples dans la constitution Athénienne.

2. **Les Dèmes** (οἱ δῆμοι) sont répartis, en nombre inégal suivant leur importance, entre les *tribus*. Le dème n'était primitivement qu'une bourgade (= κώμη). C'est Clisthène qui en fit une circonscription administrative, ayant sa vie propre, ses assemblées, ses magistrats (le plus important est le *Démarque*), ses cultes (ἱερὰ δημοτικά), mais faisant partie intégrante de la cité : le registre du dème (ληξιαρχικὸν γραμματεῖον) est un véritable registre d'*État civil*. Le mot de δῆμος s'applique aussi bien aux circonscriptions rurales qu'aux circonscriptions urbaines. (**Κῶμαι** dans Isoc., VII, 46, désigne une subdivision des dèmes urbains = *quartiers*.)

3. **La Gens** (τὸ γένος), sorte de communauté patriarcale, est à l'origine l'association de tous les citoyens se rattachant par les mâles à un ancêtre commun. Avec le temps seulement le γένος devient un groupe artificiel. Les γεννῆται ont un tombeau commun dans lequel seuls les membres du γένος peuvent être ensevelis. Ils ont aussi leurs cultes particuliers : culte du héros fondateur de la *gens*; cultes patrimoniaux dont ils conservent le sacerdoce, même quand ces cultes sont entrés dans la religion de l'État. C'est ainsi que les Étéoboutades qui honorent le héros Boutès fournissent la prêtresse d'Athéna Polias. De même les Eumolpides et les Céryces descendants d'Eumolpos et de Céryx fournissent le *hiérophante* et le *dadouque* aux mystères d'Éleusis.

4. **La Phratrie** (ἡ φρατρία ou plus rarement φατρία), dont l'organisation est mal connue, est une association qui comprend à la fois des γένη et des groupes appelés tantôt *Thiases* et tantôt *Orgéons*. Les Φράτερες ont un culte commun, celui de Ζεὺς φράτριος et d'Ἀθηνᾶ φρατρία; mais ils peuvent de plus participer à certains cultes propres à tel ou tel γένος. Lorsqu'Eschine, qui n'appartenait peut-être pas, malgré ses prétentions, à un γένος, mais seulement à un *thiase*, se vante d'avoir part aux mêmes autels que les *Étéoboutades* (II, 147), cela veut dire que les membres de sa *phratrie* étaient admis aux sacrifices célébrés par les descendants de Boutès, en l'honneur de Poseidon Érechtheus, et rien de plus. On voit que la noblesse de sa famille n'en était pas accrue.

Citoyens.

5. Pour être *citoyen*, il fallait : α) être né de père et de mère athéniens; β) être inscrit sur le registre de la *phratrie* et sur celui du *dème*.

α) *Être né de père et de mère athéniens.* Cette première disposition était loin d'être toujours observée : il fallut plusieurs fois la remettre en vigueur. Établie par une loi de Solon, elle fut reprise en 451 par Périclès, puis sous l'archontat d'Euclide (403) par Aristophon d'Azénia. En 330, Eschine, III, 172, reproche à Démosthène d'avoir pour mère une Scythe.

β) *Être inscrit sur le registre de la phratrie et sur celui du dème*. Dix jours après sa naissance, l'enfant recevait un nom (on donnait assez souvent au fils aîné celui de son grand-père paternel). — La même année, au troisième jour de la fête des Apaturies, il était présenté aux membres de la phratrie à laquelle appartenait son père. Celui-ci offrait un sacrifice et affirmait sous serment que l'enfant était de naissance légitime. Les Φράτερες, après enquête et discussion, décidaient par un vote s'il y avait lieu de l'admettre sur le registre de la phratrie (κοινὸν ou φρατρικὸν γραμματεῖον). — La présentation au dème n'avait lieu que plus tard, lorsque le jeune homme avait atteint 18 ans, âge de la majorité (ἐπὶ διετὲς ἡβᾶν = dépasser de deux ans la majorité naturelle, c'est-à-dire 16 ans). Le candidat est introduit par son père ou par son κύριος (rôle de Philodémos dans Esch., II, 150). Les *démotes*, réunis sous la présidence du *démarque*, examinent : 1° s'il a atteint l'âge légal; 2° s'il est de condition libre et de naissance légitime; et, après avoir prêté serment, décident s'il y a lieu de l'admettre sur le registre civique (ἐγγράφειν εἰς τοὺς δημότας, εἰς τὸ ληξιαρχικὸν γραμματεῖον). En cas de refus, le jeune homme peut faire appel à un tribunal. Est-il condamné? il est vendu comme esclave; obtient-il gain de cause? il est inscrit d'office sur le registre du dème. — Dès lors il est en possession de ses droits civils et politiques et ajoute à son nom celui de son dème (Ex. : Ἀριστοφῶν Ἀζηνιεύς et plus rarement Ἀζηνιᾶθεν ou ἐξ Ἀζηνιέων). « *Cela fait, le Conseil procède à la revision* (δοκιμασία) *des jeunes gens inscrits, et s'il lui parait que l'un d'eux n'a pas atteint l'âge de 18 ans, les membres du dème sont mis à l'amende* » (Aristote, XLII). — C'est, soit à l'examen devant les *démotes*, soit plutôt à cette revision devant le Conseil qu'il faut rapporter les expressions fréquentes chez les orateurs de δοκιμασία εἰς ἄνδρας, δοκιμάζεσθαι εἰς ἄνδρας, ou simplement δοκιμάζεσθαι. A partir de ce moment le jeune homme entrait dans la catégorie des hommes faits (εἰς ἄνδρας).

6. **Διαψήφισις**. De temps à autre, on était obligé de procéder à une revision de la *liste civique*. Les choses se passaient à peu près comme pour l'admission des nouveaux inscrits. Le démarque faisait l'appel des noms portés sur la liste et les démotes décidaient par un vote (διαψηφίζεσθαι) le

maintien ou la radiation de chacun d'eux. Tout membre du dème pouvait se porter accusateur (**κατήγορος**) : celui dont le nom était rayé rentrait dans la catégorie des *métèques*. S'il n'acceptait pas la décision, il pouvait faire appel devant le tribunal ; mais, en cas de condamnation, il était vendu comme esclave. On connaît deux revisions générales, l'une en 445-444, l'autre en 346-345. (Voyez Démosthène, *Contre Euboulidès*.)

7. **Mariage**. Au point de vue juridique, l'acte essentiel est l'ἐγγύησις. En présence de témoins, la personne qui a autorité sur la femme (κύριος), se porte garant de la légitimité de sa filiation et la remet à son mari. C'est celui-ci qui devient désormais son κύριος. (*Donner en mariage*, ἐγγυᾶν, ἐκδιδόναι ; *recevoir en mariage*, ἐγγυᾶσθαι, λαβεῖν γυναῖκα).

C'est d'ordinaire au moment de l'ἐγγύησις que se fait la constitution de la dot. L'usage pour la femme d'*apporter une dot* (ἐπιφέρεσθαι) est si général, à l'époque classique, qu'il devient presque le signe du mariage légitime. La dot était fournie (*donner une dot*, ἐπιδιδόναι : litt. *donner en plus de la fille*. Cf. Lysias (XVI, 10) : δύο ἀδελφὰς ἐξέδωκα, ἐπιδοὺς τριάκοντα μνᾶς ἑκατέρᾳ) par le père et, à son défaut, par les frères ou par le plus proche parent. En l'absence de tous parents, l'*Archonte* devait prendre les intérêts de l'orpheline : dans des cas exceptionnels, il pouvait la doter aux frais de l'État (Esch., III, 258).

Un citoyen athénien ne pouvait épouser une étrangère. L'infraction à cette loi (cas supposé par Esch., III, 172) était punie d'une amende de 1000 drachmes.

8. **Épiclère** (ἡ ἐπίκληρος). On donne ce nom à la fille qui, en l'absence d'héritiers mâles, est appelée à transmettre la succession paternelle et, en même temps, la religion de la famille. L'*épiclère* n'hérite pas : la fortune et le culte paternels passent par son intermédiaire à ses enfants. Aussi son plus proche parent peut-il la réclamer en mariage : s'ils sont l'un ou l'autre mariés, ils ont le droit de recourir au divorce. L'institution a surtout un caractère religieux ; mais il va de soi que plus la succession est importante, plus les prétendants sont nombreux. Quand plusieurs parents *revendiquent* (ἀμφισβητεῖν) simultanément une *épiclère*, une διαδικασία (n° 64) s'engage, dont l'instruction est confiée à l'Ar-

chonte. L'envoi en possession prononcé à la suite de cette διαδικασία tient lieu de l'ἐγγύησις.

Étrangers.

9. **Métèques** (οἱ μέτοικοι). Etrangers domiciliés qui, moyennant le paiement d'une taxe annuelle de 12 drachmes (μετοίκιον), participaient à certains des droits des citoyens. Le métèque ne pouvait remplir ni fonctions publiques, ni sacerdoces tirés au sort. Le paiement de la taxe ne l'exemptait d'aucune charge : Lysias, XII, 20, se vante d'avoir, ainsi que son père, exercé plusieurs fois *la chorégie* (n° 102) et payé de nombreuses εἰσφοραί (n° 100). Au contraire du citoyen, le métèque était obligé de fournir des *garants* (ἐγγυητάς) même dans les actions privées. Enfin il avait besoin dans certains cas mal déterminés de l'assistance d'un *patron* (προστάτης).

10. **Isotèles** (οἱ ἰσοτελεῖς). Étrangers domiciliés comme les *métèques* mais qui ne paient pas le μετοίκιον. L'*Isotélie* (= *égalité des charges*) était à la fois un privilège financier (nullement politique) et une distinction honorifique qui en entraînaient quelquefois d'autres (par ex. : l'ἔγκτησις, droit d'acquérir des biens-fonds en Attique).

11. **Proxènes** (οἱ πρόξενοι). Étrangers qui, dans la ville où ils résident, prennent en main les intérêts d'Athènes, reçoivent ses envoyés officiels, se mettent à la disposition de ses citoyens en voyage. Pour reconnaître ces services, on leur confère certains privilèges. Avec le temps, la *proxénie* devint une distinction honorifique, qui fut accordée même à des étrangers domiciliés à Athènes.

Esclaves.

12. **Les Esclaves** (οἱ δοῦλοι, τὰ ἀνδράποδα) jouissaient en Attique d'une situation assez favorable. On les employait au service de la maison. Souvent on leur confiait, moyennant une redevance, l'exercice d'un métier (cf. Lys., XXIV, 6, n. 8 et le cas de Midas dans Hyp., V). *Affranchis* (ἀπελεύθεροι) ils étaient, pour leur condition juridique, assimilés aux *métèques* n° 9).

13. **Ἀφαίρεσις εἰς ἐλευθερίαν** (*vindicatio in libertatem*). Tout citoyen peut intervenir en faveur d'un individu qui, jouissant de la liberté, a été arrêté comme esclave par un maître ou prétendu maître, et *soutenir que cet individu est libre* (ἀφαιρεῖσθαι ou ἐξαιρεῖσθαι εἰς ἐλευθερίαν). L'affaire est portée devant le magistrat (*Archonte* ou *Polémarque* suivant la condition des parties, n°ˢ 42 et 44). Si le maître ou prétendu maître peut établir ses droits et prouver la condition servile de l'individu arrêté, il a droit à des dommages et intérêts. Aussi, avant tout débat, peut-il exiger de son adversaire et celui-ci est-il tenu de fournir trois garants pour le paiement de l'indemnité réclamée (κατεγγυᾶν τινα πρὸς τὸν πολέμαρχον, *demander des garants pour qqn devant le Polémarque*; διεγγυᾶσθαι, *fournir des garants*). — En principe, le maître seul peut revendiquer un esclave (ἄγειν εἰς δουλείαν) : le cas du *Trapézitique* montre que ce droit s'étend à quiconque est intéressé à faire reconnaître quelqu'un comme esclave.

L'ARÉOPAGE

14. **L'Aréopage**, ou, plus exactement, le *Conseil siégeant sur l'Aréopage* (ἡ ἐν Ἀρείῳ Πάγῳ βουλή) est une très ancienne institution athénienne dont les pouvoirs ont été en se limitant à mesure que la démocratie se développait.

15. Dès l'origine, c'est à la fois un corps politique et un tribunal. Ses attributions sont mal définies mais apparaissent comme très étendues. « *Le Conseil de l'Aréopage avait pour mission de veiller sur les lois, détenait la plus grande et la plus importante partie de l'administration et réprimait souverainement, par l'amende ou des châtiments corporels, toutes les infractions au bon ordre.* » (Aristote, III.)

16. Dracon limita ses attributions judiciaires qui passèrent en partie aux *Éphètes*. L'Aréopage resta néanmoins « *le gardien des lois et fut chargé de veiller à ce que les magistrats s'y conformassent dans l'exercice de leurs charges* (φύλαξ ἦν τῶν νόμων, καὶ διετήρει τὰς ἀρχὰς ὅπως κατὰ τοὺς νόμους ἄρχωσιν). *Tout citoyen qui se prétendait la victime d'une injustice de la part d'un magistrat pouvait porter une eis-*

angélie (n° 92) *devant l'Aréopage, en précisant la loi qui avait été violée à son égard.* » (Aristote, IV.)

'17. Solon rendit à l'Aréopage les attributions que Dracon lui avait enlevées, et, comme le prouve le témoignage d'Isocrate, VII, 46 sq., lui conserva toutes les autres. Ce qui faisait la force de cette assemblée et lui donnait un caractère aristocratique c'est qu'elle se composait des archontes sortis de charge. Les modifications apportées au système de désignation de ces magistrats (cf. n° 47) diminuèrent dans la suite son autorité.

18. Affaibli sans doute par les réformes démocratiques de Clisthène, l'Aréopage redevint après les guerres Médiques, « *le pouvoir dirigeant* » (τῆς ἐξ Ἀρείου πάγου βουλῆς ἐπιστατούσης. Aristote, XLI); cf. Isoc., VII, 52. Mais bientôt sa décadence se précipita. « *Sous l'archontat de Conon* (462-461) *Éphialte dépouilla l'Aréopage de toutes les attributions qui faisaient de lui le gardien de la Constitution et les répartit entre les Cinq-Cents, le peuple et les tribunaux* » (Aristote, XXV). Périclès, peu après, lui enleva encore quelques prérogatives.

19. Aussi, au IVe siècle, le Conseil de l'Aréopage est-il surtout un tribunal, mais un tribunal dont les attributions sont très limitées. C'est devant lui que sont portées les affaires de meurtre avec préméditation, d'empoisonnement et d'incendie. Comme il a la surveillance des *Oliviers sacrés*, il prononce également sur les *accusations d'impiété* (γραφαὶ ἀσεβείας, n° 67) relatives à la destruction de ces arbres. Quoique déchu au point de vue politique, il conserve encore, grâce à l'antiquité de son origine, un prestige moral qui lui permet de jouer un rôle dans les circonstances graves. Pendant le siège d'Athènes, il veille au salut public (Lys., XII, 69). On le voit également intervenir pour substituer Hypéride à Eschine désigné comme ambassadeur à Délos. Plus tard, c'est à lui qu'est confiée, dans l'affaire d'Harpale, l'enquête qui aboutit à la condamnation de Démosthène.

LES ORGANES DU GOUVERNEMENT

20. Les principaux organes du gouvernement au IVe siècle sont, d'une part, *le Conseil* (ἡ βουλή) et l'*Assemblée du peuple* (ἡ ἐκκλησία) qui ont de concert l'initiative des mesures à prendre, et, d'autre part, les *magistrats* (οἱ ἄρχοντες) qui se partagent le pouvoir exécutif.

LE CONSEIL

21. Le Conseil (ἡ βουλή) était la réunion de 500 citoyens âgés de plus de trente ans, jouissant de tous leurs droits (ἐπίτιμοι) tirés au sort (à raison de 50 par tribu) et renouvelés chaque année. Il siégeait tous les jours — sauf les jours déterminés par la religion — dans le βουλευτήριον. C'est là que se trouvait l'autel consacré au culte de l'Ἑστία (*divinité du foyer*) βουλαία (invoquée par Démosthène dans Esch., II, 45).

Les membres du Conseil touchaient, au IVe siècle, une indemnité de cinq oboles (environ 0 fr. 80) par séance. Avant d'entrer en charge, ils subissaient l'*examen* (δοκιμασία, cf. n° 50) devant le Conseil sortant : à l'expiration de leur mandat, ils étaient soumis à une *reddition de comptes* (cf. n° 52).

22. Les Prytanes. Pour assurer la suite dans la direction des affaires, les cinquante délégués de chaque tribu restaient en permanence pendant la dixième partie de l'année (*Prytanie*). On appelait cette tribu : φυλὴ πρυτανεύουσα, et ceux qui la représentaient, *les prytanes* (οἱ πρυτάνεις). Les prytanes prenaient leurs repas en commun, aux frais de l'État, dans la *Rotonde* (ἡ θόλος). C'est à eux qu'incombait le soin de réunir le *Conseil* ainsi que de *convoquer l'Assemblée* (ποιεῖν ἐκκλησίαν) et de régler l'*ordre du jour* (πρόγραμμα) de l'un et de l'autre. Jusqu'au IVe siècle, c'était leur président (ὁ ἐπιστάτης) qui dirigeait les débats. Mais, au début du IVe siècle, pour diminuer l'influence de la φυλὴ πρυτανεύουσα, on avait renoncé à cet usage (cf. n° 28).

23. Γραμματεῖς. Parmi les fonctionnaires se rattachant au *Conseil* se trouvent le γραμματεὺς τῆς βουλῆς (qui se confond probablement avec le γραμματεὺς κατὰ πρυτανείαν), personnage

important, pris dans le *Conseil*, qui rédige les procès-verbaux du *Conseil* et de l'*Assemblée*, et fait graver et exposer les décrets (son nom figure dans l'intitulé); le γραμματεὺς τῇ βουλῇ καὶ τῷ δήμῳ élu à mains levées par le peuple, chargé exclusivement de la lecture des pièces dans le *Conseil* et dans l'*Assemblée*; le *héraut* (τὸν κήρυκα τῆς βουλῆς καὶ τοῦ δήμου), salarié, qui a surtout pour fonction de lire les proclamations.

24. **Προβούλευμα.** Le *Conseil* exerçait un droit de contrôle sur toutes les affaires dont s occupait l'*Assemblée*. Une proposition ne pouvait être soumise aux délibérations du peuple que sous la forme d'un *avis préalable* (προβούλευμα) dont le texte était arrêté par le Conseil. Cet usage avait pour but de mettre l'Assemblée en garde contre des entraînements irréfléchis. La démocratie grandissante parvint cependant à s'y soustraire : on en vint à délibérer sur des affaires introduites directement devant l'Assemblée (ἀπροβούλευτα).

C'est en vertu de ce même droit de contrôle que le *Conseil* était le premier à recevoir les rapports des *Ambassadeurs* et à entendre les envoyés des puissances étrangères.

25. **L'examen des Invalides** (ἡ δοκιμασία τῶν ἀδυνάτων). — Voyez pp. 59-60 l'Argument du discours *pour l'Invalide*.

L'ASSEMBLÉE

26. **L'Assemblée** (ἡ ἐκκλησία; *tenir une assemblée pour délibérer sur quelque chose*, ἐκκλησιάζειν περί τινος), comprend en théorie tous les Athéniens majeurs qui ont la complète jouissance de leurs droits politiques. En fait, elle ne réunissait guère plus de deux ou trois mille citoyens. Le μισθὸς ἐκκλησιαστικός (indemnité de 3 oboles accordée à ceux qui assistaient aux séances) institué vers 395, ne diminua pas le nombre des abstentions, mais modifia profondément le caractère de l'Assemblée en permettant aux gens de métier, aux pauvres, de prendre part aux délibérations.

27. **Séances.** L'Assemblée se réunissait en séances ordinaires quatre fois par *Prytanie* (n° 22). Quand les circonstances l'exigeaient, elle tenait des séances extraordinaires (σύγκλητοι ἐκκλησίαι). Ainsi en 346, dans l'Assemblée ordinaire du 5

Élaphébolion, Démosthène demande la convocation d'une Assemblée extraordinaire pour le 8, et, dans la séance du 8, la convocation de deux nouvelles Assemblées extraordinaires pour le 18 et le 19. (Voir Hist. II, n° 5.)

28. **Les Proèdres.** Antérieurement au IVe siècle, le bureau est formé par les *prytanes* et la présidence appartient à l'*Épistate des prytanes* (n° 22). A partir du IVe siècle, avant chaque séance, celui-ci tire au sort neuf *proèdres* (πρόεδροι), un dans chacune des tribus qui n'avaient pas la prytanie. Les *proèdres* forment alors le bureau : un *épistate* tiré au sort parmi eux a la présidence. C'est cet *épistate* qui met aux voix les résolutions proposées (ἐπιψηφίζειν τὰς γνώμας, correspondant à τὴν γνώμην εἰπεῖν, *proposer une résolution*). Même à cette époque, les Prytanes restent chargés de *convoquer l'Assemblée* (ποιεῖν ἐκκλησίαν), et de *rédiger son ordre du jour* qui devait être publié quatre jours avant la séance.

29. **Le Sacrifice expiatoire** (τὸ καθάρσιον, καθαίρειν τὴν ἐκκλησίαν). La séance commençait par un sacrifice : les *Péristiarques* immolaient un porc et d'autres victimes dont ils répandaient le sang autour des assistants (περιφέρειν τὸ καθάρσιον). Puis le héraut récitait, à la suite du secrétaire, des prières (αἱ εὐχαί) accompagnées d'imprécations contre ceux qui chercheraient à tromper le peuple.

30. **Les Décrets** (τὰ ψηφίσματα ; *proposer un décret*, ψήφισμα γράφειν). — En principe, le président ne peut *mettre en délibération* (χρηματίζειν) une proposition sur laquelle le Conseil n'a pas rédigé d'*avis préalable* (προβούλευμα). En fait, l'initiative de l'Assemblée est assurée de plusieurs manières. L'auteur d'un projet peut : *a*), demander à l'Assemblée d'inviter le Conseil à présenter un προβούλευμα sur un objet déterminé ; *b*), demander directement au Conseil l'autorisation de se présenter devant l'Assemblée pour y soutenir une proposition qu'il indique (Ex. Isoc., (VII, 1), περὶ σωτηρίας τὴν πρόσοδον ἐποιησάμην, cf. VII, 15) ; *c*), proposer un amendement ; *d*), déposer un contre-projet, à condition de rester dans les limites de la question fixée par le προβούλευμα. — Cette initiative n'est pas entravée par le Conseil dont les προβουλεύματα ne concluent jamais au rejet d'une proposi-

tion. Si le Conseil est favorable au projet, il le dit; s'il est défavorable, il remet un προβούλευμα sans conclusion.

31. **Le Vote.** Tout citoyen jouissant de la plénitude de ses droits peut intervenir dans la discussion. Une fois la délibération terminée, on passe au vote qui se fait à *mains levées* (χειροτονία, χειροτονεῖν). Dans certains cas, cependant, il a lieu au scrutin secret : on se sert alors de *jetons de vote* (ψῆφοι, ψηφίζεσθαι).

32. **Les lois** (οἱ νόμοι). En matière législative, l'initiative de l'Assemblée est limitée. Chaque année, à la séance du 11 Hécatombéon (1re de l'année), on procède par un vote à une revision des lois (ἐπιχειροτονία τῶν νόμων). Si une modification quelconque de la législation est déclarée nécessaire, tout citoyen est invité à déposer une proposition et reçoit le droit de soutenir celle-ci dans le Conseil. La loi à reviser et les projets proposés sont affichés dans l'Agora. Lorsque le Conseil a présenté son rapport, l'Assemblée délibère et, après délibération, ou bien rejette purement et simplement le projet, ou bien décide qu'il y a lieu de le prendre en considération. Dans ce dernier cas, le projet est porté devant une commission de *nomothètes* (pris parmi les *jurés*). Là un véritable procès s'engage : cinq *avocats* (συνήγοροι) sont chargés par l'Assemblée de soutenir la loi existante : la loi proposée est défendue par son auteur. Mais l'Assemblée n'intervient plus.

33. **Action d'illégalité** (γραφὴ παρανόμων). Action intentée à l'auteur d'un *décret* ou d'une *loi* en contradiction avec une loi existante. Le principe qu'*un décret ne peut prévaloir contre aucune loi* (ψήφισμα οὐδενὸς νόμου κυριώτερον εἶναι), est formel. — La γραφὴ παρανόμων peut être intentée, soit avant, soit après le vote du décret proposé : elle est accompagnée d'un serment (ὑπωμοσία) qui a pour effet, soit d'arrêter la délibération, soit de suspendre l'application du décret jusqu'à ce qu'il ait été statué par un tribunal. L'affaire était en effet portée devant les jurés réunis sous la présidence des *Thesmothètes* (n° 45). Si l'auteur de la proposition était condamné, son décret était aboli *ipso facto*, et on procédait à un second vote pour la fixation de la peine (ἀγὼν τιμητός, n° 62) qui était soit une amende, soit même la mort. Celui qui

avait été condamné trois fois dans une γραφὴ παρανόμων perdait le droit de proposer de nouveaux décrets.

34. Les Élections (αἱ ἀρχαιρεσίαι). Quelques magistrats étaient élus (καθιστάναι τινὰ εἰς στρατηγίαν : *élire quelqu'un stratège*). L'Assemblée procédait aux élections dans la première prytanie après la sixième où les auspices étaient favorables. (Pour le contrôle exercé par l'Assemblée sur les magistrats, cf. n° 51.)

35. Affaires extérieures : Ambassades. L'Assemblée a le droit de paix et de guerre. Lorsqu'elle juge qu'il y a lieu d'engager des négociations avec une puissance étrangère, elle fixe par un décret le nombre d'*ambassadeurs* (πρέσβεις) à élire; elle détermine les attributions de ceux qui seront choisis; enfin, par un *vote à mains levées* (χειροτονία), et après *avis préalable* du Conseil (προβούλευμα), elle procède à l'élection. Les candidats sont souvent *proposés* (προβάλλεσθαι) par des hommes politiques influents. — Au cours de leur mission, les envoyés sont tenus de se conformer aux instructions de l'Assemblée et, le retour à Athènes, ils doivent *rendre compte de l'Ambassade*. successivement *devant le Conseil et devant le Peuple* (ἀπαγγεῖλαι τὴν πρεσβείαν πρὸς τὴν βουλὴν καὶ ἐν τῷ δήμῳ). S'ils paraissent s'être acquittés de leur tâche d'une manière satisfaisante, l'Assemblée peut — toujours sur avis préalable du Conseil — leur accorder quelques-unes des distinctions honorifiques en usage : éloge public (ἐπαινέσαι), couronne (στεφανῶσαι), invitation à la table du Prytanée (καλέσαι ἐπὶ δεῖπνον εἰς τὸ Πρυτανεῖον). C'est ce qui a lieu lors de la première ambassade pour la paix de 346. Eschine, II, 46, nous a conservé la formule du décret proposé par Démosthène au Conseil : « *Il y a lieu de décerner une couronne de feuillage à chacun des ambassadeurs à cause de ses bonnes dispositions à l'égard du peuple athénien* (remplacé au § 53 par *décerner un éloge*) *et de les inviter tous au repas du Prytanée pour demain* ». C'est là une formule courante : quand il s'agissait d'étrangers, on remplaçait dans l'invitation ἐπὶ δεῖπνον par ἐπὶ ξένια (*à un repas d'hospitalité*).

Cette présentation du rapport sur l'Ambassade est distincte de la *Reddition des Comptes* (cf. n° 52), à laquelle sont soumis individuellement tous les ambassadeurs.

C'est également l'Assemblée qui entend les ambassadeurs étrangers. Elle leur accorde un sauf-conduit (σπείσασθαι), fixe le jour où les Prytanes devront la convoquer pour discuter avec eux, leur donne le droit de se présenter devant elle (πρόσοδον) et examine en leur présence leurs propositions. Elle peut aussi leur accorder certaines distinctions, par ex. : le droit de s'asseoir dans le théâtre aux places d'honneur (προεδρία).

LES MAGISTRATS

36. **Magistratures** (αἱ ἀρχαί; *les magistrats*, οἱ ἄρχοντες; *exercer une magistrature*, ἄρχειν). Ce mot s'applique *stricte sensu* à toute fonction conférant à celui qui en est revêtu le pouvoir de *prendre des résolutions* (βουλεύσασθαι) sous sa responsabilité propre et en se conformant aux lois; d'*imposer ces résolutions* (ἐπιτάξαι); d'*infliger des amendes* (ἐπιβάλλειν ἐπιβολάς) aux contrevenants; d'introduire des procès devant des tribunaux dont ils ont la présidence (Cf. n° 53).

37. **Les épimélètes** (οἱ ἐπιμεληταί) au contraire n'agissent qu'en vertu d'instructions qui leur sont données (par ex. : *les ambassadeurs*, οἱ πρέσβεις; *les pylagores*, οἱ πυλάγοροι; *les commissaires des travaux de fortification*, οἱ τειχοποιοί).

Magistrats et *épimélètes* sont directement responsables devant l'Assemblée du peuple.

38. Les *magistrats* proprement dits forment généralement des commissions ou *collèges*, la plupart de dix membres (un par tribu, au moins à l'origine). La durée d'une magistrature est ordinairement d'un an. On ne peut exercer deux magistratures en même temps, ni deux fois la même magistrature. Exception est faite pour les magistratures militaires qui sont indéfiniment renouvelables. Les différents magistrats ont un local (ἀρχεῖον) dans lequel ils tiennent leurs réunions. Au IVe siècle, la plupart touchent une indemnité. Plusieurs ont le droit ou l'obligation de se faire aider dans leur tâche par des *assesseurs* (πάρεδροι). Ils sont également assistés par des fonctionnaires subalternes (ὑπηρέται), comme les *greffiers* (γραμματεῖς) et *greffiers en sous-ordre* (ὑπογραμματεῖς), esclaves ou affranchis qui, grâce à la pratique des affaires, peuvent acquérir une très grande influence.

Principaux fonctionnaires. a) *Fonctionnaires financiers.*

39 **Les Intendants de la caisse des spectacles** (οἱ ἐπὶ τὸ θεωρικόν) sont des magistrats élus, au nombre de dix, qui restent en charge pendant une période de quatre années (d'une fête des Panathénées à la suivante). Chargés de l'administration de la caisse dans laquelle étaient versés tous les excédents de revenus, ils avaient en fait la direction de toute l'organisation financière. **En 339**, en vertu d'une loi de Démosthène, les excédents de revenus furent remis au *trésorier des fonds militaires* (ταμίας τῶν στρατιωτικῶν). La plupart des attributions des *intendants du théorique* furent alors réunies dans les mains de l'*intendant général* (ὁ ἐπὶ διοικήσει). Mais on ne sait à quelle date remontent la création des *intendants du théorique* et celle de l'*intendant général*, ni si les deux fonctions avaient existé simultanément.

b.) *Fonctionnaires militaires.*

40. Les Stratèges (οἱ στρατηγοί), au nombre de dix, étaient élus primitivement à raison de un par tribu, puis, à partir du milieu du ve siècle, sans distinction de tribus (ἐξ ἁπάντων τῶν Ἀθηναίων), et restaient indéfiniment rééligibles. En sortant de charge, ils rendaient leurs comptes (εὔθυναι) et pouvaient être l'objet d'accusations sous forme soit de γραφαί soit d'*eisangélies*. Ils formaient un collège et se réunissaient dans le σρατηγεῖον.

Pouvoirs militaires : En principe les stratèges commandaient à tour de rôle. Pour donner plus de suite aux opérations militaires, le peuple prit l'habitude de confier à l'un d'entre eux le commandement en chef. Au cours du ivᵉ siècle on commença à leur attribuer des compétences spéciales (stratège des hoplites, stratège du territoire.... etc.) — *Rôle politique* : Malgré l'influence croissante des démagogues, les stratèges pouvaient jouer un rôle politique. Dans Athènes, ils jouissaient de certains privilèges : droit de faire inscrire leurs propositions à l'ordre du jour de l'Assemblée avant tous les autres, droit de demander la convocation d'assemblées extraordinaires, droit d'assister dans certaines circonstances aux séances secrètes du Conseil. A l'extérieur, ils agissaient officieusement comme ambassadeurs et comme diplomates et négociaient des traités sous réserve de l'approbation de l'Assemblée. Ce furent les stratèges qui reconstituèrent en grande partie la confédération maritime athénienne. — *Compétence judiciaire* : Elle s'étend à deux sortes d'affaires. Les stratèges ont l'ἡγεμονία δικαστηρίου (n° 53) : 1° pour les actions relatives à des délits proprement militaires (γραφὴ λιποταξίου, δειλίας, ἀστρατείας); 2° pour les contestations concernant certaines liturgies : *équipement des vaisseaux* (τριηραρχία n° 104), *avance de l'impôt sur les biens* (προεισφορά n° 100).

c.) *Fonctionnaires civils.*

41. **Les neuf archontes** (οἱ ἐννέα ἄρχοντες) constituent la plus haute magistrature civile. Réunis en collège, ils ont surtout pour fonction de présider aux élections et aux différents tirages au sort. Dans la plupart des cas, ils agissent séparément.

42. **L'Archonte** proprement dit (ὁ ἄρχων), celui qui donne son nom à l'année (d'où son titre d'ἐπώνυμος à l'époque romaine), est compétent pour toutes les questions relatives aux droits de la famille, lorsque les intéressés sont citoyens, et possède l'ἡγεμονία δικαστηρίου (n° 53) dans toutes les affaires qui s'y rapportent. Il a aussi certaines attributions religieuses, notamment l'organisation et la surveillance des Dionysies.

43. **Le Roi** (ὁ βασιλεύς) remplit surtout des fonctions religieuses (c'est lui par exemple qui a la direction des Mystères). Sa juridiction embrasse tout ce qui concerne la religion, et, en particulier, les *accusations d'impiété* (γραφὴ ἀσεβείας) et celles de *meurtre* (γραφὴ φόνου).

44. **Le Polémarque** (ὁ πολέμαρχος), dépossédé de la plupart de ses attributions militaires par l'institution des stratèges, avait conservé cependant l'organisation des cérémonies funèbres (ἐπιτάφια) en l'honneur des citoyens morts à la guerre. Au point de vue judiciaire, rentrent dans sa compétence toutes les actions privées relatives aux *métèques* qui relèveraient de l'*Archonte* s'il s'agissait de citoyens, ainsi que les affaires dans lesquelles un étranger était partie.

45. **Les six Thesmothètes** (οἱ θεσμοθέται) forment un collège. Comme leur nom l'indique, ils ont la surveillance des lois, les revisent chaque année, signalent les contradictions que présente la législation, inscrivent les lois nouvelles. Ce sont eux qui fixent les jours où les tribunaux doivent siéger et répartissent les différentes sections de juges entre les magistrats. Ils président également au tirage au sort des archontes, à l'*examen* (δοκιμασία) des magistrats et à la reddition de comptes des stratèges. Au point de vue judiciaire, ce qui se rapporte à l'exercice du pouvoir législatif (*Action d'illégalité*, γραφὴ παρανόμων) ou qui concerne la sûreté de l'État (Accusation de *trahison* (προδοσίας), de *menées antidémocratiques* (δήμου καταλύσεως), de *corruption* (δώρων); *eisangélies*, etc.) est de leur juridiction.

46. **Les Onze** (οἱ ἕνδεκα). Magistrats judiciaires, désignés par le sort, chargés de surveiller la prison (τὸ δεσμωτήριον) et de faire exécuter les sentences. Les procédures sommaires, notamment l'ἀπαγωγή (n° 91), rentrent dans leur compétence. De là le rôle important et particulièrement odieux qu'ils jouèrent sous les Trente.

Désignation des magistrats.

47. L'adoption du tirage au sort sans restriction, pour la désignation des magistrats, était une des dernières conquêtes de la démocratie. L'histoire en est obscure et ne peut être faite que pour les neuf archontes.

Au temps de Solon, ceux-ci étaient bien tirés au sort, mais sur une liste de 40 citoyens présentés par les Tribus (dix par tribu) et choisis dans les deux premières classes. Ce système, supprimé par Pisistrate, qui avait rétabli l'élection directe, avait été remis en vigueur, avec quelques modifications, en 487. La liste des candidats comprenait alors 500 citoyens, pris toujours dans les deux premières classes, mais présentés par les dèmes. A une date indéterminée, le droit de *désigner préalablement* (προκρίνειν) les candidats fut donné aux dix tribus qui proposaient chacune dix noms. Un nouveau progrès fut réalisé cinq ans après la mort d'Éphialte : les citoyens de la 3ᵉ classe furent admis à prendre place sur la liste des candidats. Enfin les réformes d'Euclide supprimèrent la désignation préalable par voie d'élection. A l'époque d'Aristote, les neuf archontes et leur sécrétaire sont tirés au sort, au scrutin de la fève (κυαμεύειν), à raison de un par tribu, sur une liste de 100 candidats (10 par tribu) préalablement désignés, non plus par l'élection, mais par un premier tirage au sort (κληροῦν).

L'examen et les Comptes.

48. Pour prévenir les inconvénients qui auraient pu résulter et des surprises du hasard dans le tirage au sort, et des entraînements populaires dans les élections, les magistrats étaient soumis à trois sortes d'épreuves : avant leur entrée en fonctions, l'*examen* (ἡ δοκιμασία) ; pendant l'exercice de leur charge, le *vote de confiance* (ἡ ἐπιχειροτονία) ; à l'expiration de leur mandat, la *reddition de comptes* (λόγοι καὶ εὔθυναι).

49. **L'examen** (ἡ δοκιμασία ; *procéder à l'examen*, δοκιμάζειν) ne portait pas sur les aptitudes professionnelles du magistrat désigné, mais sur la question de savoir s'il remplissait certaines conditions exigées pour l'exercice de sa magistrature. Il devait justifier qu'il était citoyen athénien en ligne paternelle et en ligne maternelle à partir de la 3e génération (c'est-à-dire en remontant à son grand-père), qu'il honorait Apollon Patròos et Zeus Herkéios, qu'il avait des tombeaux de famille, qu'il respectait ses parents, qu'il payait les contributions afférentes à sa classe et qu'il avait rempli ses obligations militaires. Certaines magistratures imposaient des conditions particulières : les neuf archontes ne devaient pas être frappés d'infirmités corporelles ; les stratèges devaient posséder des propriétés foncières en Attique, etc. En dehors de ces points particuliers sur lesquels des questions précises étaient posées, l'examen s'étendait à toute la vie privée du magistrat désigné.

Procédure.— L'*examen* avait lieu devant un tribunal de jurés réunis sous la présidence des *Thesmothètes*. Après que le magistrat avait répondu, en fournissant des témoins, à toutes les questions posées, le président demandait si quelqu'un voulait se porter accusateur. Une accusation se produisait-elle? un débat contradictoire s'engageait, puis l'on passait au vote. Si, au contraire, aucune accusation n'était formulée, on votait immédiatement. La sentence du tribunal était sans appel. Le magistrat auquel elle était contraire était *invalidé* (ἀποδοκιμασθείς).

50, Pour les archontes, l'*examen* devant le tribunal était précédé d'un premier examen devant le Conseil en exercice au moment du tirage au sort.

C'est également devant ce Conseil que les citoyens désignés au début de l'année pour faire partie du nouveau Conseil devaient subir l'examen.

51. **Le vote de confiance** (ἡ ἐπιχειροτονία), était un vote à mains levées auquel on procédait dans l'assemblée principale de chaque prytanie. Tout citoyen pouvait alors proposer la déposition d'un magistrat.

52. **Reddition de Comptes.** Tous ceux qui ont exercé une magistrature (οἱ τὰς ἀρχὰς ἄρξαντες), magistrats ordinaires et extraordinaires, élus ou tirés au sort, tous ceux qui ont manié les fonds publics (οἱ χρήματα διαχειρίσαντες τῆς πόλεως) comme ceux qui ont eu la garde des intérêts de l'État, sont tenus, en déposant leur charge, de *remettre et de faire vérifier leurs comptes* : λόγους καὶ εὐθύνας (ou εὐθύνας seul quand il n'y a pas eu gestion financière) διδόναι.

Avant d'avoir accompli cette formalité, le *comptable* (ὁ ὑπεύθυνος) ne peut ni quitter le pays, ni disposer librement de ses biens, ni passer par adoption dans une autre famille. La loi défend de lui décerner une couronne pour la façon dont il s'est acquitté de sa charge : ὁ νόμος ἀπαγορεύει τοὺς ὑπευθύνους μὴ στεφανοῦν (Esch. III. 11).

Sont préposés aux *redditions de comptes* les dix *auditeurs des comptes* (οἱ λογισταί), les dix *avocats* (οἱ συνήγοροι), les dix *redresseurs* ou *vérificateurs* (οἱ εὔθυνοι) assistés chacun de deux *assesseurs* (οἱ πάρεδροι).

Procédure. — Le magistrat qui sort de charge remet dans un délai de trente jours ses comptes aux *auditeurs des comptes.* Ceux-ci les examinent de concert avec les *avocats* et soumettent leurs conclusions à un tribunal de 501 membres réuni sous leur présidence. S'ils relèvent des *détournements*, des *faits de corruption* ou des *prévarications*, ils introduisent l'affaire sous la forme de l'action publique correspondante (γραφὴ κλοπῆς δημοσίων χρημάτων, δώρων, ἀδικίου, cf. n° 71). Les *avocats* soutenaient l'accusation. Si les comptes étaient reconnus exacts, les *auditeurs* demandaient au tribunal *décharge* pour le magistrat.

Cette décharge ne libérait pas cependant le *comptable*. Pendant les trois jours qui suivaient la sentence, celui-ci pouvait être actionné par le premier citoyen venu devant les *vérificateurs* et leurs *assesseurs*. (C'est à cette procédure qu'Eschine fait allusion II, § 182, et c'est sans doute aussi celle que Démosthène avait suivie dans l'affaire de l'Ambassade.) Ceux-ci examinaient la plainte. Si elle leur paraissait fondée ils la portaient, suivant les cas, devant les *juges des dèmes* (οἱ κατὰ δήμους δικασταί) ou devant les *Thesmothètes*, qui l'introduisaient à leur tour devant le tribunal. Le procès était un ἀγὼν τιμητός : la décision des juges était définitive.

LA JUSTICE

53. A part certaines affaires d'une gravité exceptionnelle ou présentant un caractère religieux, toutes les causes, tant civiles que criminelles, étaient portées par un magistrat, soit devant un *Arbitre public*, soit devant le *Jury*. Le magistrat avait ce qu'on appelait l'ἡγεμονία δικαστηρίου : il était chargé de recevoir la plainte, d'instruire le procès et de présider les débats. Le choix de ce magistrat était déterminé par la nature de l'affaire et la qualité des parties.

LES ARBITRES

54. Pour alléger la tâche des tribunaux, les *procès privés* (n° 61) étaient, sauf quelques exceptions, portés devant les *Arbitres* (οἱ διαιτηταί). Il y avait deux catégories d'*arbitres* : les arbitres *publics* et les arbitres *privés*.

55. **Arbitres publics** (κληρωτοὶ διαιτηταί, litt. : *arbitres tirés au sort*). Cette fonction est remplie par les citoyens de soixante et soixante et un ans qui résident à Athènes et ne sont pas cette année-là désignés pour une autre charge. Ces arbitres sont répartis en dix sections, chacune correspondant à une des dix tribus. — Procédure : Lorsque le magistrat compétent a exa-

miné une affaire (procès privé), il la transmet à un *diétète* tiré au sort (κληρωτός) dans la section correspondant à la tribu de l'accusé. Le *diétète* essaye d'abord de concilier les deux parties : s'il n'y réussit pas, il rend une sentence. Contre cette sentence, il y a deux moyens de recours : ou une *opposition*, quand l'une des parties a fait défaut, ou un *appel*. En cas d'opposition, l'affaire est portée devant un nouveau *diétète*; en cas d'appel, elle est introduite par le magistrat primitivement chargé de l'instruction, et dans les formes ordinaires, devant un tribunal de jurés. Les *arbitres publics* constituent donc une sorte de juridiction de première instance.

56. **Arbitres privés** (αἱρετοὶ διαιτηταί, litt. : *arbitres choisis*). Il ne s'agit plus d'une fonction obligatoire. Deux citoyens qui ont un différend se mettent d'accord pour en confier la solution à un ou plusieurs *arbitres* qu'ils désignent eux-mêmes et qui peuvent toujours se récuser. Quelquefois les conditions de l'arbitrage sont limitées (δίαιτα ἐπὶ ῥητοῖς) : les deux parties rédigent un contrat dans lequel elles insèrent une clause pénale et remettent à un tiers le soin de décider si le contrat a été rempli et si la clause pénale est exécutoire (Isoc., XVII, 19). Les décisions des *arbitres privés* sont sans appel.

LE JURY

57. **Les Jurés** (οἱ δικασταί) étaient au nombre de 6000. Ils étaient désignés, au commencement de chaque année, probablement par un tirage au sort, parmi ceux des citoyens ayant la jouissance de tous leurs droits (ἐπίτιμοι) et âgés de plus de trente ans qui se faisaient inscrire. Aussitôt après leur désignation ils prêtaient un *serment* (ὅρκος ἡλιαστικός) auquel il est souvent fait allusion chez les orateurs, et par lequel ils s'engageaient « *à voter suivant les lois et suivant les décrets du Peuple et du Conseil des Cinq-Cents* » (ψηφιεῖσθαι κατὰ τοὺς νόμους καὶ τὰ ψηφίσματα τὰ τοῦ δήμου καὶ τῆς βουλῆς τῶν πεντακοσίων) ainsi qu'à « *prêter audience également aux deux parties* » (ὁμοίως ἀμφοῖν ἀκροάσασθαι).

58. **Δικαστήρια**. Les 6000 jurés étaient répartis en 10 *sections* (δικαστήρια) de 600 membres (dont 100 supplémentaires), comprenant chacune des représentants de toutes les tribus en

nombre à peu près égal. Suivant la nature et l'importance de la cause, on convoquait une ou deux ou plusieurs sections, parfois même une partie seulement d'une section. On avait ainsi des jurys de 200, 500, 1000 membres, etc. (ou plutôt 201, 501, 1001, les jurés étant toujours en nombre impair).

Les jurés se réunissaient dans des locaux appelés également δικαστήρια et qui étaient déterminés par la qualité du magistrat chargé d'instruire l'affaire. Le plus important de ces locaux était l'*héliée* (ἡλιαία) : d'où le nom d'*héliastes* (ἡλιαστής) donné par extension à tous les jurés.

59. Pour prévenir les tentatives de corruption, les jurés qui devaient prononcer dans chaque affaire n'étaient pas connus à l'avance. Le jour de l'audience, on procédait *devant les tribunaux*[1] (πρὸ τῶν δικαστηρίων, Isoc., VII, 54) à deux tirages au sort : l'un pour désigner les jurés qui auraient à siéger, l'autre pour désigner ceux qui siègeraient dans chaque tribunal.

60. **Μισθὸς δικαστικός, ἡλιαστικός** : *Indemnité accordée aux jurés.* Cette indemnité instituée par Périclès était d'abord d'une obole par séance : elle fut ensuite portée à deux ; Cléon le démagogue l'éleva jusqu'à trois. Instrument de progrès démocratique, le *triobole* fut toujours l'objet des critiques des conservateurs et des aristocrates (cf. Isoc., VII, 54). L'oligarchie des *Quatre-Cents* le supprima en 411. Rétabli la même année, il disparut sous les Trente avec les tribunaux eux-mêmes, mais fut de nouveau rétabli par la démocratie victorieuse.

LES CAUSES

61. **Γραφαί. — Δίκαι.** Les *causes* (οἱ ἀγῶνες) sont ou *publiques* (δημόσιοι) ou *privées* (ἴδιοι). Elles sont *publiques* lorsque l'intérêt général est considéré comme atteint, soit dans la personne de l'État, soit même dans la personne d'un particulier. Elles sont *privées* lorsque des intérêts particuliers seuls sont en jeu. A ces deux sortes de causes correspondent deux sortes d'*actions* : *actions publiques* (δίκαι δημόσιαι ou simplement γραφαί) et *actions privées* (δίκαι ἴδιαι ou simplement δίκαι). Le

1. Ou peut-être « *avant l'ouverture des tribunaux* ».

domaine des *actions publiques* est très étendu. Même dans des cas aujourd'hui dévolus au droit privé, les Athéniens voyaient matière à une *action publique*.

Pratiquement, les différences entre les γραφαί et les δίκαι peuvent se ramener à trois.

a). Tout citoyen (ὁ βουλόμενος τῶν Ἀθηναίων) jouissant de la plénitude de ses droits et inscrit sur le *registre civique* (ληξιαρχικὸν γραμματεῖον, cf. n° 5, β.) peut *intenter une action publique* (γράψασθαι). On ne déroge à cette règle que dans certains cas particuliers : en matière de *meurtre* (φόνος) et de *coups et blessures avec préméditation* (τραύματα ἐκ προνοίας), la victime, ou, si elle a succombé, ses proches parents peuvent seuls poursuivre le coupable. — Les δίκαι au contraire ne peuvent être intentées que par les intéressés ou leurs représentants : le *gardien légal* (κύριος) ou le *tuteur* (ὁ ἐπίτροπος) pour une femme, ou un mineur ; le maître pour l'esclave, le *patron* (ὁ προστάτης) pour l'*étranger domicilié* (ὁ μέτοικος, cf. n° 2), le *proxène* (cf. n° 11) ou un ami personnel pour l'étranger qui ne jouit d'aucun privilège.

b). Dans les *actions publiques*, les amendes infligées reviennent à l'État. Dans les *actions privées*, les condamnations sont prononcées au profit du demandeur. Cette distinction n'est vraie qu'en principe et disparaît souvent dans la pratique.

c). Dans les *actions publiques*, l'accusateur qui échoue n'est passible d'aucune peine, pourvu que son échec soit honorable et que sa bonne foi ne puisse être suspectée. Celui qui n'obtient pas le cinquième des suffrages exprimés, ou qui se désiste de son accusation avant les débats, peut être frappé d'une amende de 1000 drachmes et privé du droit d'intenter de nouveau la même action (*atimie partielle*, cf. n° 97). Dans les *actions privées* au contraire, l'accusateur qui n'obtient pas le cinquième des suffrages est condamné à payer l'*épobélie* (amende égale au sixième de la somme en litige), mais il a le droit de se désister de sa plainte.

62. **Ἀγῶνες τιμητοί, ἀτίμητοι.** Les *procès*, tant *publics* que *privés*, se subdivisent en *procès avec estimation* (ἀγῶνες τιμητοί) et en *procès sans estimation* (ἀγῶνες ἀτίμητοι) Ils sont dits τιμητοί, lorsque la fixation de la peine est laissée à

l'appréciation des juges : ils sont dits ἀτίμητοι, lorsque la peine est fixée d'avance par la loi.

63. **Γραφαὶ κατά τινος, πρός τινα**. On distingue encore les *actions (publiques et privées)* en *actions* κατά τινος, entraînant une sanction pénale (ce qui est le cas de presque toutes les γραφαί) et en *actions* πρός τινα, ayant pour objet la reconnaissance d'un droit contesté au demandeur.

64. **Διαδικασία** (*Réclamation contentieuse*). Action engagée lorsque plusieurs personnes contradictoirement intéressées revendiquent l'attribution d'un droit, ou l'exemption d'une charge. Il y a, par exemple, διαδικασία lorsque plusieurs prétendants font valoir leurs droits sur une *épiclère* (cf. n° 8) (διαδικασία τῆς ἐπικλήρου). De même, lorsqu'il s'agit de décider entre deux personnes qui refusent d'exercer une *liturgie* (cf., n° 107).

Actions mentionnées dans les Extraits.

65. **'Ανδραποδισμοῦ γραφή**. On appelle ἀνδραποδιστής : 1° celui qui s'empare d'un homme libre et le vend comme esclave (ὁ τὸν ἐλεύθερον καταδουλούμενος. Pollux, III, 78); 2° celui qui s'approprie un esclave qui ne lui appartient pas. — Magistrats compétents : les Onze. — Pénalité : la mort. Contre l'ἀνδραποδιστής on peut aussi recourir à l'ἀπαγωγή (n° 91).

66. **'Απογραφή**. Action intentée à un détenteur de biens appartenant à l'État (par ex., à celui qui conserve des biens confisqués). Le mot ἀπογραφή désigne proprement l'*inventaire* des biens contestés. et ne s'applique que par extension à l'action elle-même. — Magistrats compétents : les Onze. — Sanction : Si l'accusateur obtient gain de cause, il reçoit une part de la somme qu'il a fait restituer à l'État. S'il est condamné sans avoir pour lui le cinquième des suffrages, il paie une amende de 1000 drachmes et perd le droit d'intenter une nouvelle ἀπογραφή (*atimie partielle*, cf. n° 97).

67. **'Ασεβείας γραφή** : *Accusation d'impiété*. Son domaine très étendu embrasse tout ce qui touche les intérêts des

dieux. — Magistrat compétent : l'Archonte-Roi. — Pénalité : tantôt fixée par la loi, tantôt laissée à l'appréciation des juges (ἀγὼν τιμητός). La γραφή ἀσεβείας, portée ordinairement devant les *jurés*, peut dans certains cas être soumise à l'Aréopage (cf. n° 19).

68. **'Αστρατείας** (*Refus de service militaire*), **Λιποταξίου** (*Abandon de poste*), **Δειλίας** (*Lâcheté*) **γραφαί**. Une loi de Solon citée par Eschine, III, 175, distingue ces trois actions. La première atteint ceux qui, après la publication de la liste d'appel par les stratèges, et, sans être légalement dispensés, s'abstenaient de prendre part à une expédition. La seconde est dirigée contre ceux qui, au cours d'une expédition, abandonnaient le poste à eux assigné, soit pour en prendre un plus avantageux, soit pour rentrer dans leurs foyers. La troisième est intentée à ceux qui, sur le champ de bataille, donnaient quelque preuve de lâcheté (par ex. en jetant leur bouclier). — Magistrats compétents : les Stratèges, les Taxiarques. — Pénalité : *Atimie partielle* (cf. n° 97) qui n'entraîne pas la confiscation des biens mais qui interdit au condamné l'accès de l'Agora, la participation aux sacrifices publics (τὰ ἱερὰ τὰ δημοτελῆ), le droit de recevoir une couronne.

69. **Δωροδοκίας, Δώρων γραφή** : *Accusation de corruption*, dirigée contre les magistrats, membres du Conseil, membres de l'Assemblée, ambassadeurs, orateurs, juges qui se faisaient donner ou promettre de l'argent pour prendre ou conseiller une résolution contraire à l'intérêt de l'État. — Magistrats compétents : les Thesmothètes. — Pénalité variable : amende avec atimie, confiscation, la mort ('Αγὼν τιμητός). Contre la corruption l'*eisangélie* (cf. n° 92) est aussi possible.

70. **Παρανόμων γραφή** : *Action d'illégalité*. Voyez n° 35.

71. **Παραπρεσβείας γραφή**. *Accusation pour infidélité dans une ambassade*, intentée au moment de leur *reddition de comptes* (εὔθυναι) aux ambassadeurs qui, ou bien n'avaient pas transmis exactement les volontés du peuple, ou bien avaient trahi d'une manière quelconque l'intérêt de l'État, ou enfin s'étaient laissé corrompre. — Magistrats compétents : les *Auditeurs de comptes* ou les *Thesmothètes* selon les cas

(cf. n° 52). — Sanction : le procès est un ἀγὼν τίμητός. — Contre ce délit, l'*eisangélie* était également recevable.

72. **Ἐπιτροπῆς δίκη.** Voyez pp. 94-95, l'Argument du discours *Contre Diogiton*.

73. **Παρανοίας δίκη.** Action intentée. « *lorsqu'on accuse un individu atteint de démence de dissiper son patrimoine* ». (Aristote, LVI.) Le but n'est pas de mettre l'insensé hors d'état de nuire à la société, mais de lui retirer la gestion de ses biens : c'est donc une action qui intéresse la famille. Aussi le magistrat compétent est-il l'Archonte.

PROCÉDURE ORDINAIRE

74. Sauf certaines différences, qui seront signalées à leur place, la *procédure* était la même pour les *actions publiques* et pour les *actions privées*.

La Citation.

75. **La Citation** (ἡ πρόσκλησις; *citer*, προσκαλεῖσθαι). Le demandeur en personne, assisté de témoins, allait trouver la partie adverse, généralement dans un lieu public, et l'assignait à comparaître, dans un délai de..., devant le magistrat compétent. (Nous supposerons dans tout ce qui suit que l'affaire était portée devant l'Archonte.)

Au jour fixé, les deux parties se retrouvaient devant l'Archonte. Le demandeur déposait sa *plainte* (λῆξις. ἔγκλημα). Le magistrat examinait celle-ci, voyait si elle était régulière dans la forme, si elle rentrait dans sa compétence, si elle n'était pas contraire à la loi. Cet examen terminé, il prenait les mesures de publicité prescrites et, si l'inculpé était un étranger, le faisait *arrêter* (συλλαμβάνειν) et garder à la disposition de la justice dans la *prison* (τὸ δεσμωτήριον). Comme plusieurs affaires pouvaient être portées en même temps devant lui, le magistrat *tirait au sort* l'ordre (κληροῦν) dans lequel il les examinerait. De là l'expression λαγχάνειν δίκην τινὸς κατά τινα (ou τινί « *obtenir par le sort une action en* (*mauvais traitements, par exemple*) *contre quelqu'un* ». Si l'archonte déclarait la plainte *recevable* (εἰσαγώγιμος) les deux parties se présentaient de nouveau devant lui. Le défenseur remettait des *conclusions écrites* (ἀντιγραφή) en réponse à celles du demandeur. Lorsqu'il n'opposait pas d'exceptions dilatoires, la procédure suivait son cours. Quand l'action était une action privée, les deux parties ou l'une des deux seulement, suivant les cas, déposaient des *consignations* dont le montant variait suivant la nature de la cause.

L'Instruction.

76. **L'instruction** (ἡ ἀνάκρισις) avait pour but de réunir entre les mains de l'Archonte les éléments du procès. Un élément qui n'avait pas figuré à l'instruction ne pouvait être invoqué pendant les débats.

Après avoir affirmé sous serment le bien fondé de leurs prétentions, les deux parties indiquaient leurs moyens de défense. Ces moyens étaient de plusieurs sortes :

77. α) **Les lois** (οἱ νόμοι). Le demandeur et le défendeur remettaient à l'Archonte une copie des textes sur lesquels ils comptaient s'appuyer

78. β) **Les pièces écrites.** Les deux parties devaient également remettre une copie, ou, lorsque la chose était possible, l'original des pièces écrites qu'elles devaient invoquer : texte des contrats (αἱ συνθῆκαι) qu'elles avaient pu passer entre elles, extraits des registres publics, extraits des livres de banque, etc.

79. γ) **Les dépositions des témoins** (αἱ μαρτυρίαι). La preuve testimoniale était considérée comme beaucoup plus importante que la preuve écrite. Les témoins déposaient en personne devant le magistrat chargé de l'affaire : l'interrogatoire était dirigé non par ce magistrat mais par les parties; les dépositions étaient recueillies dans un *procès-verbal* (τὸ γραμματεῖον) qui était joint à la procédure et qui, présenté à l'audience, devait être certifié conforme par le témoin lui-même. — Si, pour cause de maladie, les témoins ne pouvaient comparaître en personne, on leur demandait une *déclaration écrite* (ἐκμαρτυρία) dont l'authenticité devait être garantie par de nouveaux témoins. Le témoignage par ouï-dire ἀκοὴν μαρτυρεῖν) n'était admis que lorsque le témoin était mort. Tout témoin cité devait ou *faire sa déposition* (μαρτυρεῖν), ou,

s'il s'y refusait, *s'excuser par serment* ἐξομνύναι), soit qu'il ignorât les faits, soit qu'il eût une excuse légale. En se dérobant à l'une et à l'autre de ces obligations, il s'exposait à un *appel à comparaître* (κλήτευσις) et, en cas de refus, à une amende de 1000 drachmes. De plus, la partie privée de son témoignage pouvait lui intenter une *action pour refus de témoignage* (λιπομαρτυρίου δίκη) — Lorsque, le procès terminé, on s'apercevait qu'il y avait eu *faux témoignage*, la partie lésée avait à sa disposition une *action* spéciale en *dommages-intérêts* contre le *faux témoin* (δίκη ψευδομαρτυριῶν) et même une *action de dol* (δίκη κακοτεχνιῶν) contre celui qui l'avait suborné. Dans certains cas même le jugement rendu etait annulé de plein droit. Malgré ces précautions, les faux témoins étaient nombreux.

80. δ) **Les déclarations des esclaves.** Ces déclarations avaient beaucoup plus de poids que les dépositions d'un citoyen libre. Mais elles n'avaient force de preuve que si elles étaient arrachées à l'esclave par *la question judiciaire* (ἡ βάσανος; *mettre à la question*, βασανίζειν). Les épreuves (μαστιγοῦν, *fouetter*; ἐπὶ τοῦ τροχοῦ στρεβλοῦν, *mettre au supplice de la roue*) infligées par le *bourreau* (ὁ βασανιστής) avaient surtout pour objet de couvrir la responsabilité des esclaves vis-a-vis de leurs maîtres. La partie qui voulait faire entendre un esclave, adressait *sommation* (πρόκλησις) à la partie adverse, soit de *livrer pour être mis à la question* (παραδοῦναι βασανίζειν) l'esclave lui appartenant, soit de *recevoir* (παραλαβεῖν) celui qu'elle-même prétendait citer. — Le refus de laisser appliquer la question constituait une présomption de culpabilité. Aussi, pour se dérober, alléguait-on souvent que l'individu désigné comme esclave était libre.

81. ε) **Le serment** (ὁ ὅρκος) prêté par l'une des parties, sur la *demande* (πρόκλησις) de la partie adverse et dans les termes fixés par elle. En raison de son caractère religieux le serment avait une grande autorité (cf. Lys., XXXII, 13, n. 4).

82. L'instruction terminée, le magistrat instructeur enfermait sous scellés dans deux urnes appelées *hérissons* (ἐχῖνοι) les pièces fournies par les parties. Puis, s'il s'agissait d'un procès privé (sauf quelques exceptions), l'affaire était portée

devant un *arbitre public* n° 55); s'il s'agissait d'un procès public, ou d'un appel d'une sentence arbitrale, elle était introduite devant le tribunal.

L'Audience.

83. Les débats étaient publics. Au jour fixé par les thesmothètes d'accord avec l'Archonte, celui-ci *introduisait* l'affaire (εἰσάγειν, terme auquel correspond pour les parties celui de εἰσιέναι, *se présenter*) devant *les jurés* réunis sous sa présidence.

84. **Après le sacrifice** et les prières, le *greffier* (ὁ γραμματεύς) lisait l'*acte d'accusation* et le *mémoire de la défense*. Le demandeur (ὁ κατήγορος, plus rarement ὁ κατηγορῶν, ὁ διώκων) et le défendeur (ὁ φεύγων) avaient chacun leur *tribune* (τὸ βῆμα; *passer devant les juges pour monter à la tribune*, παριέναι ἐπὶ τὸ βῆμα; *descendre de la tribune*, καταβαίνειν ἀπὸ τοῦ βήματος; *monter, faire monter à la tribune*, ἀναβαίνειν, ἀναβιβάζεσθαι ἐπὶ τὸ βῆμα).

85. **Plaidoyers**. (*Discours d'accusation*, κατηγορία, d'où κατηγορεῖν; *défense*, ἀπολογία, d'où ἀπολογεῖσθαι). Le *demandeur* avait le premier la parole. La *partie adverse* (ὁ ἀντίδικος) répondait. Dans les affaires civiles, on admettait la réplique. La longueur des discours était fixée à l'avance et mesurée par la clepsydre. Les Grecs ne connaissaient pas, à proprement parler, la profession d'avocat : les parties devaient plaider elles-mêmes. Pour remédier aux inconvénients de ce système, on recourait à l'assistance d'un λογογράφος ou d'un συνήγορος.

86. **Le Logographe** était un professionnel qui se chargeait de composer, moyennant salaire, des discours pour les plaideurs inexpérimentés.

87. **Le Synégore** était celui qui, souvent par intérêt (Démosthène, synégore de Ctésiphon dans le procès de *la Couronne*) mais toujours gratuitement (au moins en théorie), prêtait son concours à l'une des parties. Le plaideur parlait alors — parfois en quelques mots et pour la forme — puis, avec l'agrément des juges, le *synégore* prenait la parole (συνειπεῖν) et prononçait soit une péroraison (ἐπίλογος), soit un nouveau

discours (δευτερολογία). Grâce à Hypéride (*Pour Lycophron*, § 20), on peut se rendre compte de la façon dont le plaideur réclamait le droit de faire intervenir un synégore : « *Si vous le permettez, ô juges, j'invoquerai l'assistance de quelqu'un. — Théophile, monte à la tribune et dis en ma faveur ce que tu as à dire : les juges le permettent* ».

88. **Lecture des Pièces.** Au cours de son plaidoyer, l'orateur pouvait s'interrompre et faire lire par le *greffier* (ὁ γραμματεύς) les pièces et les témoignages. Pour les témoignages, on lisait le procès-verbal rédigé à l'instruction et les témoins étaient invités à venir en garantir l'authenticité à la tribune. (De là des formules comme κάλει μοι τοὺς συμπρέσβεις καὶ τὰς μαρτυρίας αὐτῶν ἀνάγνωθι, ou bien καί μοι τούτων ἀνάβητε μάρτυρες). — Pendant la lecture des pièces le greffier arrêtait la clepsydre.

89. **Le Vote.** Les parties entendues, on passait, sans discussion préalable, au vote qui était secret. Deux urnes étaient placées sur la tribune : l'une qu'on appelait l'*urne maîtresse* (κύριος καδίσκος), l'autre qu'on appelait l'*urne sans valeur* (ἄκυρος καδίσκος). Les juges recevaient deux jetons de vote, petits disques métalliques, traversés en leur milieu par une tige également métallique, qui, dans l'un, était pleine, et, dans l'autre, creuse. Pour voter, ils quittaient leurs places, montaient à la tribune et déposaient dans l'urne maîtresse en le tenant entre le pouce et l'index par les extrémités de la tige, le jeton exprimant leur opinion. Dans l'autre urne ils déposaient le jeton qui ne leur avait pas servi. Eschine nous a conservé la formule par laquelle le héraut les invitait à voter : « *Que ceux qui sont d'avis que l'accusé est coupable se servent de celui de leurs jetons qui est percé; que ceux qui sont d'avis qu'il n'est pas coupable se servent de celui de leurs jetons qui est plein* ». Après le vote on faisait un contre-appel; puis on comptait les suffrages. Le partage des voix était porté au bénéfice du défendeur (ψηφίζεσθαι, διαψηφίζεσθαι, *voter*; ἀποψηφίζεσθαι, ἀφιέναι, *acquitter*; καταψηφίζεσθαι, *condamner*). S'il y avait condamnation et que le procès fût un ἀγὼν τιμητός, les juges fixaient le montant de la condamnation en décidant par un second vote entre l'*estimation* (τίμημα) proposée par

le demandeur et la *contre-estimation* (ἀντιτίμημα) opposée par le défendeur.

90. Les sentences des héliastes étaient sans appel. Le principe de l'autorité de la chose jugée était absolu. La partie qui avait été condamnée pouvait seulement former opposition lorsqu'elle avait été condamnée par défaut ou que la citation n'avait pas été faite régulièrement. — Elle pouvait aussi recourir à la δίκη ψευδομαρτυριῶν (cf. n° 79).

PROCÉDURES PARTICULIÈRES

91. **Ἀπαγωγή, Ἔνδειξις, Ἐφήγησις.** Lorsque le coupable était surpris en flagrant délit (ἐπ' αὐτοφώρῳ), on pouvait recourir à la *prise de corps* (ἀπάγειν εἰς τὸ δεσμωτήριον, litt. : *entraîner en prison*; ἀπαγωγή, *manus injectio*), à la ***délation*** (ἔνδειξις) ou à la *constatation* (ἐφήγησις, litt. : *action d'amener le magistrat sur le lieu du délit*; ἐφηγεῖσθαι, ἐπάγειν). Ces trois formes de procédure entraînent l'arrestation immédiate du délinquant. Dans l'ἀπαγωγή, c'est l'accusateur lui-même qui procède à l'arrestation et qui traîne le coupable devant le magistrat. Cette procédure d'abord limitée aux κακοῦργοι (par ex. : aux ἀνδραποδισταί; cf. n° 65) s'était beaucoup étendue en raison des facilités qu'elle procurait. (Cf. l'arrestation de Polémarque dans Lysias, XII). — Dans l'ἔνδειξις l'accusateur signale le délit au magistrat. — Dans l'ἐφήγησις, il amène le magistrat sur le lieu du délit et lui laisse le soin de s'assurer du coupable. Aucune de ces procédures ne comportait d'enquête. Le magistrat faisait fonction de juge : l'accusé qui avouait était condamné de suite par lui, et la sentence était immédiatement exécutée; celui qui niait était déféré à un tribunal.

92. **L'Eisangélie** (ἡ εἰσαγγελία) est une forme particulière de procédure criminelle suivant laquelle une affaire était portée soit devant le *Conseil* (εἰσαγγέλλειν εἰς τὴν βουλήν), soit devant l'*Assemblée* (εἰσαγγέλλειν εἰς τὸν δῆμον). Nous ne nous occuperons que du deuxième cas, tel qu'il pouvait se présenter au IVe siècle.

D'après *la loi relative à l'eisangélie* (νόμος εἰσαγγελτικός) citée par Hypéride (III, §§ 7-8), l'εἰσαγγελία est recevable *«contre celui qui travaille à renverser le gouvernement démo-*

cratique à Athènes, ou qui conspire avec quelqu'un pour le renverser, ou qui forme une société secrète, — contre celui qui livre une cité (cf. Esch., III, 171), *ou des vaisseaux, ou une armée de terre, ou une flotte, — contre l'orateur qui reçoit de l'argent pour ne pas conseiller au peuple les mesures les plus favorables* (ex. : Philocrate accusé par Hypéride). En théorie l'*eisangélie* n'était applicable qu'à ces délits. En pratique, on en avait beaucoup étendu le domaine. Comme elle avait l'avantage de supprimer les formalités de la citation, d'écarter les artifices de procédure, et, jusqu'en 338 (?), de ne pas exposer le plaideur téméraire à l'amende de 1000 drachmes, elle s'était substituée dans beaucoup de cas à la procédure ordinaire des γραφαί.

Tout citoyen (ὁ βουλόμενος) pouvait introduire une *eisangélie* devant le peuple par l'intermédiaire des Thesmothètes. L'Assemblée votait sur la question de savoir s'il y avait lieu d'accueillir ou de rejeter la plainte. Si elle se prononçait pour l'affirmative, les Onze avaient mission de s'assurer du coupable, et, à moins qu'il ne fournît trois cautions (ἐγγυητάς), de le garder en prison jusqu'à la fin du procès. Deux cas pouvaient alors se présenter : ou bien l'Assemblée se constituait en haute cour de justice et prononçait elle-même sur le fond : les formes observées étaient analogues à celles qu'on suivait devant les tribunaux ordinaires; on exigeait seulement, pour que la sentence fût valable, la présence de 6000 votants; — ou bien, et c'était le cas le plus fréquent, l'assemblée renvoyait l'affaire devant un tribunal et désignait des *synégores* (citoyens investis d'une sorte de ministère public) pour soutenir l'accusation de concert avec l'accusateur. (D'après Eschine, III, 171, Gylon, grand-père de Démosthène, poursuivi par voie *d'eisangélie*, avait quitté la ville sans attendre la sentence et avait été condamné à mort. Le scholiaste explique qu'il était permis de s'exiler μετὰ τὴν πρώτην κρίσιν — sans doute après le prononcé du jugement et avant la fixation de la peine. — Peut-être, si les faits sont exactement rapportés, faut-il entendre que Gylon, laissé en liberté sous caution, avait simplement pris la fuite, mais sans user d'un droit).

93. **La Dénonciation** (ἡ μήνυσις) offre beaucoup de rapports avec l'*eisangélie*, mais elle en diffère en ce que le

dénonciateur (ὁ μηνυτής) se contente de faire ses révélations sans assumer le rôle d'accusateur. Aussi cette procédure convient-elle à ceux qui n'ont pas le droit de se présenter en justice, notamment aux esclaves. Pour les encourager à se faire dénonciateurs, on va jusqu'à leur promettre la liberté : mais une dénonciation qui est reconnue fausse est punie de mort.

PÉNALITÉS

94. Les peines étaient, soit des peines pécuniaires, applicables dans les procès privés et dans les procès publics, soit des peines corporelles, applicables seulement dans les procès publics.

95. **Amendes**. On a vu que, suivant la nature des causes, elles étaient fixées par la loi, ou laissées à l'appréciation des juges.

96. **Confiscations** (αἱ δημεύσεις ; *confisquer les biens*, τὰ ὄντα δημεῦσαι, τῶν ὄντων ἀποστερῆσαι). Des confiscations pouvaient être prononcées dans un très grand nombre de cas. Aussi beaucoup de procès n'avaient-ils d'autre but que d'enrichir le trésor public aux dépens de citoyens jouissant d'une grande fortune (cf. Lys., XII, 6, et Hyp., III, fin). Les biens confisqués n'étaient pas, en règle générale, distribués directement au peuple (cf. cependant le cas d'Apollodore de Mégare dans Lysias, VII, 4). Ils étaient vendus aux enchères publiques, souvent à vil prix, par les soins des *Polètes*.

97. **Privation des droits de citoyen** (ἡ ἀτιμία ; *priver quelqu'un de ses droits*, ἀτιμῶσαι, ἄτιμον ποιῆσαι). L'atimie revêtait plusieurs formes : tantôt elle laissait au citoyen la jouissance de ses droits civiques, mais lui en interdisait temporairement l'exercice (c'était le cas des débiteurs du trésor public jusqu'à extinction de leur dette) ; tantôt elle le privait de la jouissance de tout (*atimie totale*) ou partie (*atimie partielle*) de ces mêmes droits. L'*atimie totale* entraînait pour le citoyen l'interdiction de siéger dans le Conseil, dans l'Assemblée, dans les tribunaux ; de prendre la parole devant le peuple, d'intenter aucune action publique, d'exercer aucune magistrature, d'être entendu comme témoin,

de se présenter dans certains lieux publics ou à certaines cérémonies religieuses.

Au citoyen ἄτιμος s'oppose l'ἐπίτιμος (cf. Lys., XXV, 27, : τοὺς δ' ἀτίμους ἐπιτίμους ἐποιήσατε, *vous avez rendu la jouissance et l'exercice de leurs droits à ceux qui en étaient privés*.)

98. **Exil** (φυγή, ἀειφυγία; *bannir*, ἐκκηρῦξαι, ἐξελάσαι). Dans beaucoup de cas l'exil est la peine prévue par la loi; mais dans les affaires portées devant l'Aréopage, le coupable peut, sans attendre le jugement, et après la première plaidoirie, prévenir par un *exil volontaire* une condamnation à mort imminente. L'exilé est frappé d'atimie totale, ses biens sont confisqués; s'il se présente dans un lieu interdit, il peut être tué impunément; après sa mort, il ne peut être enseveli dans le tombeau de sa famille. L'exil en masse est souvent prononcé par les partis politiques.

99. **Mort** (*condamner quelqu'un à mort*, καταγιγνώσκειν τινὸς θάνατον). L'exécution de la peine (généralement : *boire la ciguë*, πίνειν κώνειον; cf. Lys., XII, § 17, n. 1) était confiée aux *aides des Onze* (οἱ τῶν ἕνδεκα ὑπηρέται). Elle avait lieu dans la prison.

FINANCES

IMPÔTS ET LITURGIES

100. **Εἰσφορά**. Ce mot, qui signifie proprement *contribution*, désigne un impôt sur le capital, levé seulement dans certaines circonstances extraordinaires pour subvenir aux dépenses de la guerre. En 378-377 on avait adopté pour la répartition de cet impôt le système dit des *Symmories* (αἱ συμμορίαι). Les contribuables sont divisés en groupes (*Symmories*) dont chacun représente une portion sensiblement égale de la richesse publique et paie, par conséquent, la même part de l'εἰσφορά. A l'intérieur de la *Symmorie* la répartition se fait d'après la fortune que chaque contribuable déclare posséder. Cette déclaration est sans doute contrôlée; mais il y a toujours dans l'estimation des biens, surtout des biens mobiliers, une part d'appréciation personnelle. Quoique l'εἰσφορά soit un impôt obligatoire, on peut donc et se faire un mérite de s'en

être acquitté et reprocher à un adversaire de s'y être soustrait.

Jusque vers le milieu du ɪvᵉ siècle, l'εἰσφορά est perçue directement par les agents de l'État. A cette époque on institue un nouveau système, la προεισφορά : les trois cents plus riches citoyens avancent à l'État la somme demandée et la lèvent ensuite à leurs risques et périls sur les contribuables. La προεισφορά est ce qu'on appelle une *liturgie*.

101. Liturgies (αἱ λῃτουργίαι, proprement *services publics*; λῃτουργεῖν, *exercer un service public*) : fonctions onéreuses que l'État impose aux plus riches citoyens et dont ceux-ci supportent les frais. Suivant que ces fonctions répondent à des nécessités revenant régulièrement chaque année, ou à des nécessités accidentelles, les *liturgies* sont dites *périodiques* (ἐγκύκλιοι) ou *extraordinaires*.

Liturgies périodiques.

102. La Chorégie (ἡ χορηγία, χορηγεῖν). Obligation pour certains citoyens désignés parmi les plus riches de fournir, d'équiper et d'entretenir les chœurs qui, dans les grandes fêtes athéniennes, prennent part aux différents concours (tragédie, comédie, dithyrambe, etc.).

Pour le concours de tragédie (τραγῳδοῖς), les *chorèges* (οἱ χορηγοί) sont au nombre de trois, désignés par l'Archonte et pris dans l'ensemble du peuple athénien, sans distinction de tribus (ἐξ ἁπάντων Ἀθηναίων) — Pour le concours de comédie (κωμῳδοῖς), ils sont au nombre de cinq, primitivement choisis par l'Archonte, et, à l'époque d'Aristote, désignés par les tribus et présentés à l'Archonte. De toutes manières c'est ce magistrat qui les investit de leur fonction (καθιστάναι τινὰ χορηγόν).

Toutes les *chorégies* n'étaient pas également lourdes à supporter : la chorégie tragique était une des plus lourdes. Les chiffres suivants donnés par Lysias (XXI, 1-4), permettent d'apprécier l'importance de ces différents services : chœur tragique, 3000 drachmes; chœur d'hommes faits aux Dionysies, 5000 drachmes; chœur d'enfants, 1500 drachmes; chœur comique, 1600 drachmes).

103. **L'Hestiase** (ἡ ἑστίασις). Obligation pour un citoyen désigné de subvenir, à l'occasion de grandes solennités religieuses (Dionysies, Panathénées), aux frais d'un repas réunissant les membres de sa tribu. Liturgie mal connue.

Liturgies extraordinaires.

104. **Triérarchie** (ἡ τριηραρχία, τριηραρχεῖν). Obligation pour un ou plusieurs citoyens d'équiper à leurs frais un navire. L'État fournissait la coque du vaisseau et les agrès au *triérarque* : celui-ci devait rassembler l'équipage, puis, pendant toute la durée de sa charge, commander le navire, tenir en état les objets qui lui étaient confiés, et pourvoir aux dépenses souvent considérables qui pouvaient être nécessaires (réparations, primes destinées à attirer les meilleurs matelots, etc.).

Au ve siècle, il n'y avait qu'un triérarque par vaisseau équipé ; à l'époque de la guerre du Péloponnèse on autorise deux citoyens à s'associer pour supporter en commun les frais de la *triérarchie*. C'est la *syntriérarchie* qui fonctionne à côté de la *triérarchie* jusqu'en 357-56. A cette date, la loi de Périandre transporte à la marine le système des *Symmories* institué en 378 pour la levée de l'εἰσφορά (cf. n° 100). Mais les Symmories triérarchiques, au nombre de vingt, ne comprennent que les 1200 plus riches citoyens.

105. **Προεισφορά**. Voyez n° 100.

106. On pouvait se soustraire aux liturgies, soit en invoquant certaines *excuses légales* (σκήψεις), soit en recourant à l'*échange des biens*.

107 **Échange des biens** (ἡ ἀντίδοσις ; ἀντιδοῦναι). Un citoyen désigné pour l'exercice d'une *liturgie* et qui, soit qu'on eût fait une appréciation inexacte de ses biens, soit qu'il eût éprouvé des revers de fortune, se jugeait incapable de la supporter, pouvait sommer un autre citoyen, exempt de *liturgies* et qu'il estimait plus riche que lui, de prendre sa place. Si celui-ci refusait, le débiteur de la *liturgie* était autorisé à lui proposer d'*échanger* sa fortune contre la sienne.

Ils engageaient alors une διαδικασία (n° 64). Le premier acte de la procédure était la production par les deux parties d'un inventaire détaillé de leurs fortunes. Cet inventaire une fois dressé — ce qui soulevait souvent de nombreuses difficultés — différents incidents pouvaient se produire (voyez p. 318, n. 1, le cas de Démosthène). Enfin lorsque ces incidents étaient écartés, l'affaire était portée devant un tribunal de *jurés*, présidé, s'il s'agissait d'une προεισφορά ou d'une triérarchie, par les stratèges; s'il s'agissait d'une chorégie, par l'Archonte. Le tribunal examine les inventaires et décide quelle est celle des deux parties qui doit exercer la *liturgie*. Le demandeur est-il condamné? il doit s'acquitter de sa fonction et — pourvu que sa bonne foi soit reconnue — perd seulement le droit de recourir dans l'avenir à l'*antidosis*. Obtient-il gain de cause? le défendeur est mis dans l'alternative ou d'accepter la liturgie, ou de consentir à l'*échange des biens*.

AMPHICTYONIE

108. On appelle *Amphictyonie* une association de plusieurs peuples (ἀμφικτύονες ou, d'après les inscriptions, ἀμφικτίονες) groupés autour d'un même sanctuaire et réunis pour l'administration de ce sanctuaire et la défense d'intérêts communs. Cette définition explique les expressions dont se sert Eschine, (II, 116) : ἔθνη δώδεκα τὰ μετέχοντα τοῦ ἱεροῦ; et III, 117, 122 : ἐξείργειν τοὺς Ἀθηναίους, εἴργειν πόλιν τοῦ ἱεροῦ. Les Amphictyons sont liés entre eux par des serments. Eschine, III, 109-110 et (II, 115), nous a conservé la formule dont se servaient ceux de Delphes.

109. L'Amphictyonie Delphique avait été formée au temps où les peuplades helléniques étaient encore réunies en Thessalie. Son centre était alors le temple de Déméter à Anthéla (petite ville du territoire des Maliens, près des Thermopyles). Ce n'est que plus tard (vraisemblablement à l'époque de la première guerre Sacrée) qu'elle avait pris sous sa protection le sanctuaire d'Apollon à Delphes.

Cette origine explique l'organisation de l'Amphictyonie Delphique à l'époque classique. L'Assemblée d'Anthéla groupait douze peuples : ce sont ces douze peuples qui constituent l'Amphictyonie Delphique. Quoiqu'ils se fussent inégalement développés avec le temps, chacun ne possédait toujours que deux voix dans l'Assemblée. Mais ces deux voix s'étaient divisées : les Athéniens, par exemple, ne conservaient qu'une des deux voix attribuées primitivement aux Ioniens.

110. Sessions. Les Amphictyons tiennent deux sessions par an : l'une à l'automne (ὀπωρινὴ Πυλαία) au mois Boukatios, deuxième mois de l'année Delphique correspondant au deuxième mois athénien (Métageitnion, 15 août-15 septembre) ; l'autre au printemps (ἐαρινὴ Πυλαία) au mois Bysios de l'année Delphique (= à Athènes, Anthestérion, 15 février-15 mars). Le terme de Πυλαία (sous-ent. ἡ σύνοδος, *l'assemblée de Pyles*) remonte à l'époque où les deux sessions avaient lieu à Anthéla.

Dans les circonstances exceptionnelles, les Amphictyons peuvent provoquer une session extraordinaire (cf. Esch., III, 124). Le lieu de réunion est soit Anthéla, soit Delphes. A Delphes, l'Assemblée se tient en dehors de la ville, près du Θυτεῖον dans un endroit découvert d'où on embrasse la plaine de Cirrha.

111. Les Hiéromnémons (οἱ ἱερομνήμονες) et **les Pylagores** (οἱ πυλάγοροι) sont les représentants des Amphictyons. A l'époque d'Eschine et de Démosthène les *hiéromnémons* ont la garde des intérêts matériels du dieu. Ils veillent à maintenir l'intégrité du territoire. Chaque année ils font une tournée d'inspection et s'assurent qu'on n'a pas *mis en culture* (ἐπεργάζεσθαι) le territoire consacré, qu'on n'y a élevé ni maisons d'habitation, ni moulins à blé, ni moulins à huile et qu'on ne lève aucun droit sur les pèlerins : tout cela conformément à un ancien oracle (Esch., III, 108 sq.). Ils s'occupent de l'entretien du temple et de l'organisation des jeux Pythiques Comme tels ils font proclamer la *trève sacrée* (ἐκεχειρία) qui avait lieu à l'occasion de la fête de Delphes comme à l'occasion de toutes les grandes fêtes religieuses. De plus c'est eux qui dans l'assemblée disposent du vote (κύριοι τῶν ψήφων). — Les *pylagores* ne votent pas : ils sont envoyés par les villes pour soutenir leurs droits. Ce sont des orateurs, des hommes politiques. Leur talent peut leur donner une grande influence : Eschine, III, 114, accuse Démosthène *pylagore* de s'être vendu aux Amphissiens. A Athènes le *hiéromnémon* est désigné par le sort : il est nommé pour un an (deux sessions), au début de l'année, aussitôt après le tirage au sort des archontes. Sa charge n'est jamais renouvelable[1]. Les *pylagores*, au nombre de trois, sont élus à mains levées (cf. Esch., III, 114 : Δημοσθένης πυλάγορος χειροτονηθείς) par le peuple pour chaque session.

Les Amphictyons sont assistés d'un *héraut* (ὁ κῆρυξ) et d'un secrétaire (ὁ γραμματεύς) dont les charges semblent avoir été héréditaires.

112. **Συνέδριον**. Les *hiéromnémons* et les *pylagores* réunis forment le συνέδριον ou *assemblée ordinaire*. Les pylagores n'ont que voix consultative : après avoir défendu les intérêts de leur ville, ils se retirent. Les hiéromnémons restés seuls délibèrent et votent[2].

L'Assemblée est présidée par un *hiéromnémon* (ὁ τὰς γνώμας ἐπιψηφίζων, *celui qui met aux voix les propositions*) ; à l'époque d'Eschine, par le *hiéromnémon* thessalien. La compétence de l'Assemblée embrasse, non seulement les propositions relatives aux intérêts du dieu, mais les accusations portées contre les villes faisant partie de l'Amphictyonie. Dans l'un et l'autre cas, l'*initiative* (εἰπεῖν γνώμην, *émettre un avis*), appartient aussi bien aux *hiéromnémons* qu'aux *pylagores* (c'est en qualité de *pylagore* qu'Eschine élève son accusation contre les Amphissiens). Souvent *hiéromnémons* et *pylagores* sont munis d'instructions précises et présentent au συνέδριον une *résolution* (δόγμα εἰσφέρειν) adoptée par le peuple qu'ils représentent. Quand une ville doit être l'objet d'une accusation dans l'Assemblée, elle doit en être prévenue à l'avance par une *citation* (πρόσκλησις). La *résolution* (τὸ δόγμα) ou *sentence* (ἡ κρίσις) des *hiéromnémons* s'exprime dans un *décret* (ψήφισμα) qui est conservé par une inscription gravée sur les murs du temple

1. L'hypothèse signalée p. 281, n. 4, est en contradiction avec Aristote (*Constitution d'Athènes*, LXII) : « *on peut exercer plusieurs fois les magistratures militaires* (τὰς κατὰ πόλεμον ἀρχάς), *non les autres* (οὐδεμίαν τῶν ἄλλων). » Or le hiéromnémon exerce une magistrature civile.

2. Cf. Esch., III, 124. Ce qui distingue l'ἐκκλησία du συνέδριον « c'est, dit-il, qu'à l'ἐκκλησία on convoque non seulement les *hiéromnémons* et les *pylagores*, mais aussi... etc. » Donc *hiéromnémons* et *pylagores* faisaient partie du συνέδριον. — Sur le rôle des uns et des autres cf. Esch., III, 122 : ἐπειδὴ ἀπηλλάγην καὶ μετέστην ἐκ τοῦ συνεδρίου... ὁ λόγος ἦν οὐκέτι περὶ τῶν ἀσπίδων... κ. τ. λ. »

et dont une copie est délivrée aux villes ou aux particuliers intéressés.

113. En théorie, tous les Amphictyons doivent assurer l'exécution d'une sentence rendue par les *hiéromnémons* et pour cela au besoin lever une armée. En fait ces sentences ne sont exécutées que quand un peuple puissant y trouve son intérêt. Cf. Esch., III, §§ 108 et 125-130 (résumés p. 288).

114. **'Εκκλησία**. Dans certains cas, lorsqu'il s'agissait, par exemple, de s'assurer le concours de tous les petits États faisant partie de l'Amphictyonie, on provoquait une *assemblée générale* (ἐκκλησία) à laquelle assistaient non seulement les *hiéromnémons* et les *pylagores*, mais aussi ceux qui *offraient des sacrifices* et ceux qui *consultaient le dieu*.

115. D'après un passage d'Eschine, III, 120-121, c'est lorsque la délibération était terminée dans le συνέδριον que les *Amphictyons* offraient le sacrifice solennel.

LA RELIGION

LES DIONYSIES

116. **Les Dionysies de la ville** (τὰ Διονύσια τὰ ἐν ἄστει, ou τὰ μεγάλα), la plus brillante des fêtes en l'honneur de Dionysos, comprenaient plusieurs parties : le προάγων (*présentation des acteurs*), la *procession*, le *concours dithyrambique*, le κῶμος, et en dernier lieu les *concours tragique* et *comique*.

117. **La procession** (ἡ πομπή) avait pour objet de conduire la statue de Dionysos du temple où elle était honorée (nº 125) au théâtre, mais après une longue promenade dans la ville et plusieurs stations dans les lieux consacrés. Parti du sanctuaire du dieu (sud de l'Acropole), le cortège gagnait l'Agora, où les chœurs dansaient en l'honneur des douze dieux; de là il se dirigeait, par la porte du Dipylon, vers l'Académie (nord-ouest de la ville), où se trouvait un petit temple. La statue était posée sur un autel : on exécutait des hymnes, puis on reprenait le chemin de la ville de façon à arriver au théâtre à la tombée de la nuit.

Des processions de ce genre étaient célébrées à l'occasion de presque toutes les fêtes, aux Anthestéries, aux Lénéennes, aux Panathénées, et on voit par Isocrate, VII, 53, qu'elles étaient l'objet d'un grand déploiement de luxe.

118. Avant le *concours tragique* avaient lieu deux cérémonies : la présentation au peuple des fils des citoyens morts à l'ennemi (cf. Esch., III, 154) et la *proclamation* (ἡ ἀνάρρησις) des couronnes décernées par les cités étrangères (Eschine reproche à Ctésiphon de vouloir faire proclamer dans le théâtre et non dans l'Assemblée la couronne décernée à Démosthène par le peuple). De ces deux cérémonies, la première avait disparu à l'époque d'Eschine.

LES ÉLEUSINIES

119. **Les Éleusinies** étaient célébrées chaque année à Éleusis au mois de Boédromion (septembre) en l'honneur de Déméter et de Korè.

120. **L'initiation** (ἡ τελετή) était la partie secrète de la fête. Elle comportait trois éléments : 1° τὰ δρώμενα : représentation de l'enlèvement de Korè par Hadès et des courses errantes de Déméter. La légende conservée par les Eumolpides (famille attachée au culte d'Éleusis), plus riche que la légende populaire, renfermait sur les services (αἱ εὐεργεσίαι) rendus jadis à Déméter des détails que seuls les initiés (οἱ μεμυημένοι) pouvaient connaître; 2° τὰ δεικνύμενα : on faisait parcourir aux *mystes* les diverses régions du monde souterrain figurées dans la salle d'initiation, pour les amener brusquement au séjour des bienheureux où ils étaient admis à contempler les ἱερά, objets sacrés appartenant au culte des deux déesses; 3° τὰ λεγόμενα, qui semblent avoir été des formules fournissant à l'initié des instructions précises et pratiques pour se diriger dans les demeures souterraines. C'est la connaissance de ces formules qui permettait d'affronter la mort sans crainte et donnait ces espérances d'éternelle félicité dont parle Isocrate, IV, 28.

TOPOGRAPHIE

121. **Acropole** (ἡ Ἀκρόπολις) : la principale colline d'Athènes, située au sud de la ville. Sur le plateau, en partie naturel, en partie artificiel (longueur 310 m., largeur 140 m.), s'élevaient les sanctuaires les plus importants : à l'ouest, le petit temple d'Athéna Nikè (dit de la Victoire Aptère), au sud, le Parthénon, dans lequel se trouvait la statue chryséléphantine d'Athéna, au nord l'Érechthéion consacré à Athéna Polias. On y accédait par les Propylées.

122. **Aréopage** : petite colline située à l'ouest de l'Acropole sur laquelle siégeait le célèbre tribunal auquel elle a donné son nom.

123. **Agora**, au nord-ouest de l'Acropole : place où se tenait le marché et où avaient lieu à l'origine les séances de l'assemblée. L'Agora formait une sorte d'enceinte sacrée, dont les limites étaient très probablement indiquées par les περιρραντήρια (*vases d'eau lustrale*) dont parle Eschine, III, 176. L'entrée de cette enceinte était interdite à certaines catégories de condamnés (Esch., II, 148). C'est à l'Agora qu'était le centre de la vie politique et commerciale d'Athènes. La plupart des δικαστήρια étaient situés dans le voisinage. De même le Μητρῷον, sanctuaire de la *mère des dieux*, où étaient conservées les archives et dans l'enceinte duquel se trouvaient le βουλευτήριον (n° 21) et la *Tholos* (monument rond où les prytanes prenaient leurs repas). — L'Agora constituait une véritable petite ville où les commerçants et les gens de métier étaient groupés en quartiers (voyez dans Hypéride, V, 11, τὰ μυροπώλια).

124. **Pnyx** : colline située, à ce qu'on pense, au sud-ouest de l'Acropole et sur laquelle se tinrent les assemblées lorsque le commerce eut envahi l'Agora (de Clisthène jusqu'à l'époque de l'orateur Lycurgue). On croit retrouver dans un bloc de rocher que six marches permettent de gravir, l'ancienne tribune aux harangues (βῆμα) d'où l'orateur pouvait en parlant voir l'Aréopage et l'Acropole. Derrière le βῆμα et un peu audessus, on distingue taillées dans le roc, trois rangées de

gradins qui seraient les sièges sur lesquels les prytanes prenaient place. Lorsque l'Assemblée se fut transportée au théâtre de Dionysos, la *Pnyx* resta réservée aux séances où avaient lieu les élections.

125. **Sanctuaire de Dionysos** (τὸ ἱερὸν τοῦ Διονύσου). L'enceinte consacrée à Dionysos était située sur le versant sud de l'Acropole et renfermait, outre le théâtre, deux temples, dont l'un antérieur aux guerres médiques. Le théâtre comprenait : 1° le θέατρον proprement dit ou κοῖλον, dans lequel pouvaient prendre place 30 000 spectateurs; 2° l'ὀρχήστρα, emplacement réservé aux évolutions du chœur et des acteurs; 3° la σκηνή, édifice, d'abord en bois, puis, au IVe siècle, en pierre, qui tenait lieu de coulisses, et dont la façade servait de mur de fond. Les dernières recherches de M. Dörpfeld, d'après diverses fouilles récemment faites, portent à croire que l'hypothèse d'un λογεῖον (scène où *parlent* les acteurs) surélevé doit être définitivement abandonnée, au moins en ce qui concerne le IVe siècle.

126. **Le temple d'Hèphæstos** (Ἡφαιστεῖον) est très vraisemblablement le temple dorique encore debout au nord-est de l'Acropole et connu sous le nom de Théseion. Il renfermait une statue célèbre d'Hèphæstos par Alcamène et une statue d'Athéna.

127. **L'Ennéakrounos** (Ἐννεάκρουνος : fontaine aux neuf bouches) est généralement identifiée avec la source Kallirrhoé, sur l'Ilissos, au sud-est et en dehors de la ville. Récemment M. Dörpfeld, a cru en retrouver les traces du côté opposé, à l'ouest, au pied de l'Aréopage, entre l'Acropole et la Pnyx. La fontaine fort ancienne, avait été embellie par Pisistrate. Ses différentes bouches (le chiffre de neuf qui se retrouve ainsi dans plusieurs composés grecs, ne doit probablement pas être pris à la lettre) étaient ornées de têtes de lion.

FIN

TABLE DES MATIÈRES

LYSIAS

ISOCRATE

ESCHINE

HYPÉRIDE

Imprimé en France par I.M.E. - 25110 Baume-les-Dames
Dépôt légal n° 1687-04/1997
Collection n° 76 - Edition n° 40
13/1345/1